马铃薯产业与绿色发展

MALINGSHU CHANYE YU LÜSE FAZHAN

（2021）

金黎平　吕文河　主编

黑龙江科学技术出版社

图书在版编目（CIP）数据

马铃薯产业与绿色发展.2021／金黎平，吕文河主编.—哈尔滨：黑龙江科学技术出版社，2021.6
ISBN 978-7-5719-0986-4

Ⅰ.①马… Ⅱ.①金…②吕… Ⅲ.①马铃薯—绿色产业—产业发展—中国—2021—文集 Ⅳ.①F326.11-53

中国版本图书馆 CIP 数据核字（2021）第 110924 号

马铃薯产业与绿色发展（2021）
MALINGSHU CHANYE YU LÜSE FAZHAN (2021)

金黎平　吕文河　主编

责任编辑	梁祥崇
封面设计	贺　祯
出　　版	黑龙江科学技术出版社
	地址：哈尔滨市南岗区公安街 70-2 号　邮编：150007
	电话：(0451) 53642106　传真：(0451) 53642143
	网址：www.lkcbs.cn
发　　行	全国新华书店
印　　刷	哈尔滨午阳印刷有限公司
开　　本	787 mm×1092 mm　1/16
印　　张	31.75
字　　数	750 千字
版　　次	2021 年 6 月第 1 版
印　　次	2021 年 6 月第 1 次印刷
书　　号	ISBN 978-7-5719-0986-4
定　　价	100.00 元

编　委　会

主　编　金黎平　吕文河

副主编　石　瑛　张春燕

编　委（按姓氏笔画排序）

王　静　王玉波　方玉川　石　瑛

田　洵　吕文河　吕金庆　汤慧娟

孙　磊　吴丽莉　汪　奎　张丽莉

张春燕　张铉哲　张朝澍　陈宇飞

武新娟　金黎平　赵雪君　唐鑫华

程晓非　魏峭嵘

序 言

　　到 20 世纪末，我国温饱问题基本解决，农业的促增收功能逐渐被重视，提高作物产量成为农业生产的重要目标。科技进步使作物获得高产，同时也伴生了水土资源低效利用、化肥农药过量施入、畜禽粪污大量排放等问题，农业生态系统和农村环境遭到破坏，制约了农业的可持续发展，农业发展方式亟须转变。1994 年国务院颁布的《中国 21 世纪议程》对农业发展提出了全新目标——农业可持续发展，2017 年党中央出台第一个农业绿色发展的重要文件——《关于创新体制机制推进农业绿色发展的意见》。历经二十余年，中国农业绿色发展的政策目标逐渐清晰，形式内容不断丰富，农业绿色发展已被提升到生态文明建设的高度。农业生产除了履行原有的保供给、促增收功能外，生态功能日益凸显。"绿水青山就是金山银山"是指导农业绿色发展的根本思想，在乡村振兴战略实施的伟大实践中，农业的社会功能和文化功能将得以全面开发与呈现。

　　马铃薯于明朝万历年间进入中国，此后的百余年间，因其环境适应性强而得到广泛传播。种植马铃薯对季节和土壤要求不甚严格，可以一年两熟，特别是在干旱、少肥、栽培管理粗放的条件下也能获得一定产量。因此在华北、西北和西南的高寒冷凉山区，马铃薯种植面积迅速扩大，成为当地百姓赖以生存的主粮。特别是在清朝中后期人口激增、但食物匮乏的年代里，马铃薯为广大民众提供了更多的全营养健康食物，为促进社会经济发展发挥了重要作用。中国马铃薯产业经过了近二十余年的跨越式发展，产业链条逐渐完整、各环节紧密衔接，可主食、蔬菜和加工原料兼用，是保障国家增粮、农民增收、产业增值、人民健康的重要作物！在 2020 年底刚刚结束的脱贫攻坚战役中，马铃薯是诸多贫困地区产业扶贫的主角，未来也必将在乡村振兴和新农村建设中担当大任！

近年来，中国马铃薯种植总面积稳定在 470 万 hm^2，总产量稳定在 9 500 万 t；单产快速提升的科技贡献率超过 50%；马铃薯栽培技术改进大，多样化种植模式已在主产区遍地开花。马铃薯绿色生产技术集成模式研究与示范工作在各产区蓬勃发展，并取得了丰硕成果，核心技术涵盖：绿色优质新品种选育、脱毒健康种薯繁育应用、水肥高效利用、病虫害综合精准防控、遥感数字化监测、全程机械化和主食产品加工等。为适应中国马铃薯产业高质量发展的新形势和绿色发展的新要求，大力推广绿色品种，适量减少化学肥料与农药使用，推广主产区耕地轮作制度和节水灌溉技术，建立旱地马铃薯绿色生产新模式，将是未来一段时期的重要工作任务。新起点，新挑战！

位于陕西省北部的榆林市，地处毛乌素沙漠与黄土高原结合带，马铃薯种植历史悠久。近年来，马铃薯种植面积已达 20 万 hm^2，规模化种植比例超过 10%，加工能力大幅度提升，"榆林马铃薯"的品牌效应逐渐凸显。2009 年，榆林市曾成功举办过"第十一届中国马铃薯大会"，大会主题是"马铃薯产业与粮食安全"。时隔 12 年，2021 年 7 月，"第二十三届中国马铃薯大会"将再次在榆林市召开，大会主题是"马铃薯产业与绿色发展"。从"粮食安全"到"绿色发展"，马铃薯已然从解决吃饭问题和实现脱贫致富的"温饱薯""小康薯"，逐渐转变成可为美丽中国绿色发展贡献力量的"健康薯""文化薯"。这个曾经繁荣过印加帝国数千年，并改变了欧洲与世界的古老作物，必将在中国农业绿色发展的新阶段再创佳绩！

《马铃薯产业与绿色发展》是为本届大会召开而编撰出版的专业论文集，围绕会议主题汇集了近年来马铃薯全产业链的部分科技研发成果与产业发展情况，共收录论文(含大摘要)106 篇，可为广大从业人员了解国内马铃薯产业科技现状提供参考。

中国作物学会马铃薯专业委员会会长　　金黎平
国家马铃薯产业技术体系首席科学家

2021 年 5 月

目　　录

产 业 开 发

研 究 进 展

遗 传 育 种

栽 培 生 理

土 壤 肥 料

病 虫 防 治

产业开发

2020 年中国马铃薯产业发展形势分析

罗其友，高明杰*，刘子萱，鲁洪威，张　烁

（中国农业科学院农业资源与农业区划研究所，北京　100081）

摘　要：通过实地调研与数据分析，发现 2020 年全国马铃薯具有种植面积略减、总产增加明显、但商品量减少，规模化和设施化生产趋势加快，价格分化明显，加工原料供应受限，贮藏量较大，国际贸易规模回落等特点。综合考虑多种因素，做出 2021 年中国马铃薯面积基本稳定、总产量稳中有增，品种结构调整效益导向将更加明显，生产的机械化、智能化水平将明显提升，价格回归合理水平，马铃薯加工业步入转型升级阶段等预判，提出探索核心种苗监测和种薯生产基地认证制度，以淀粉加工专用种植为突破口推进生产结构与布局优化，加强各领域适用机械的研发，各地因地制宜推进"绿色兴薯"行动，大力促进马铃薯加工业转型升级，宣传引导消费侧结构性改革，加强信息发布和产业引导等对策建议。

关键词：马铃薯产业；基本特征；发展趋势；对策建议

1　2020 年马铃薯产业基本特征

1.1　面积略减，总产明显增加

根据体系省级负责专家上报数据统计，2020 年全国 29 个省（直辖市、自治区）马铃薯种植面积为 559.6 万 hm^2，较 2019 年减少 5.33 万 hm^2，减幅为 1%；总产量 12 294.4 万 t，较 2019 年增加 480 万 t，增幅为 4.1%。内蒙古自治区、陕西省、河北省种植面积下降较多，分别减少 4.87 万、3.53 万和 2.47 万 hm^2；种植面积增加较多的有甘肃省和贵州省，分别增加 4.33 万和 3.73 万 hm^2。绝大多数省份产量变化趋势与种植面积变化趋势基本一致，只有黑龙江省和四川省面积减少 0.67 万 hm^2 左右，产量增加却超过 100 万 t。

1.2　单产显著增加，商品量减少

2020 年全国马铃薯平均产量 1 464.5 kg/667 m^2，较 2019 年增幅较大，超过 5%。北方一季区气候呈现"前旱后涝"的特点，对马铃薯单产的负面影响由西向东逐渐增大，但从最终单产来看整体有利；其他主产区虽局部遭受晚疫病、干旱、洪涝等危害，但未出现对单产影响较大的区域性显著灾害。但由于北方一季区降水偏多，能形成商品量的商业化种植户的产量总体下降，且收获时坏薯、烂薯比较多，耐贮性也下降，综合判断当季收获马铃薯能够上市的商品马铃薯将明显减少。

作者简介：罗其友（1964—），男，博士，研究员，研究方向为马铃薯产业经济与农业区域发展。
基金项目：现代农业产业技术体系专项资金资助（CARS-9）。
*通信作者：高明杰，博士，副研究员，研究方向为马铃薯产业经济、产业扶贫与农业产业布局，e-mail：gaomingjie@caas.cn。

1.3 生产模式和品种结构出现新调整

首先，生产规模化趋势明显。公司、家庭农场、专业合作社等新型经营主体的种植规模扩大，以西北和西南地区较为明显。其次，生产设施化比例继续扩大。地膜、二膜、三膜等栽培方式的种植面积在全国各大区域都呈现了明显增加态势，西南山区冬春早熟马铃薯面积进一步扩大。第三，品种结构出现新变化。全国栽培品种逐步向多品种方向发展，尤其是北方地区，近两年市场价格较好的品种栽培面积进一步扩大，"康尼贝克""兴佳2号""夏坡蒂""费乌瑞它"等传统品种面积继续缩减，前两年由于产量高而深受市场欢迎的"冀张薯12号"由于耐贮性差，栽培面积有所降低。

1.4 市场分化明显

首先，上下半年分化明显。2020年中国马铃薯价格"前高后低"的过山车特征明显，受疫情影响上半年上市马铃薯价格整体有30%左右的涨幅，部分地区(如福建)产地价格创历史新高；下半年则整体不如2019年，尤其是产地价格从9月开始一直低于2019年同期。虽然全年价格数据上体现的总体略好于2019年，但由于全国上市量比较大的下半年价格不如2019年，行业总体感受却不如2019年。其次，品种分化明显。黄皮黄肉、薯形好的品种市场价格明显高出白皮白肉品种，平均高30%~50%，且走货速度也明显要好。

1.5 加工稳步发展，原料供应受限

2020年马铃薯淀粉市场行情大起大落，2019年马铃薯淀粉产量同比下滑24.91%，受货源供应偏紧影响，价格一度涨到近5年的最高水平，主流市场价格在8 000元/t左右。但受公共卫生事件影响，国内下游需求恢复不畅，各行业对淀粉消耗有限。6月产区部分淀粉厂家开始生产，随着市场供应量的增加价格不断下滑，一直到9月主流市场价格跌破6 500元/t，随后持续上涨。9月进入淀粉主要生产季，华北、西北淀粉厂家开工率开始逐渐走高。但原料紧缺状况基本延续了2019年的趋势，整体各类加工原料薯供应均严重不足，加工企业原料薯运距长、数量严重不足、达产率低。淀粉原料薯的短缺将长期化，适宜不同主产区的淀粉等专用品种的选育和专业化种植成为马铃薯产业链中一个急需解决的问题。

1.6 马铃薯贮藏量处于高位

2020年9月北方一作区马铃薯大量收获，货源供大于求矛盾突出，种植户多不愿接受地头的低价，西北、华北及东北地区地头销售量同比2019年明显减少，种植户被迫入库量明显增多，在张家口坝上地区交通条件稍微好点的地段甚至出现"一库难求"的状况。据专家估计，总贮藏量略低于2019年，但由于总产量增加，贮藏量却依然可观。10月中旬之后库(窖)内货源逐渐成为市场供应主体，由于国内市场需求不佳，到10月底产地库存货价格虽然居高未下，但购销处于僵持量小状态。11月北方一作区马铃薯供应主体彻底转向库存货源，随着时间推移，在马铃薯贮藏损失的压力下，多地贮藏户出货意愿较前期增强，但总体库存薯销售进度缓慢。

1.7 国际贸易规模有所回落

2020年，中国马铃薯制品进出口总额56 360.19万美元，其中进出口额分别为19 549.09万和36 811.09万美元，分别较2019年同期减少9 320.6万、797.13万和

8 523.47万美元，降幅分别为14.19%、3.92%和18.82%。受中美贸易战和新冠疫情影响，进口主导产品以冷冻薯条为主的非醋方法制作或保藏的冷冻马铃薯进口明显减少，进口量和进口额分别下降21.6%和23.6%。

2 发展趋势预判

2.1 面积基本稳定，总产量稳中有增

由于近年秋季马铃薯价格比较低，且北方压缩水浇地马铃薯面积的力度不会减小，预计2021年北方一季区马铃薯种植面积将进一步减少，但中原二季区和西南混作区在较好效益刺激下，仍有一定增长潜力，判断全国整体面积基本稳定。在品种、技术等科技因素的作用下，平均单产水平稳步提升，在不出现大范围灾害影响的前提下，总产量基本稳定或略增。

2.2 品种结构调整，效益导向将更加明显

很多小型种薯企业出于利益考虑，纷纷登记退出自己品种，已经具有一定市场认可度的"希森6号""雪川V7"，以及抗逆高产的"冀张薯12号""青薯9号"等品种对"荷兰15""克新1号"等品种的替代进一步增加。此外，连续两年的淀粉加工薯的短缺，让一些生产者认识到种植淀粉加工专用薯的市场机会，部分淀粉加工厂建设自有生产基地的意识逐步加强，淀粉加工专用品种面积将明显增加。

2.3 生产机械化、智能化水平将明显提升

随着农村主要劳动力的减少及人口老龄化的进一步加剧，小农户的种植面积将会减少，总体呈现下降趋势，规模化种植比例将继续提高。随着疫情防控常态化，劳动力紧张程度将进一步加剧。通过马铃薯生产的切块、田间转运、分级、仓储等各个环节的机械化和智能化，实现对人工的替代将是一个不可逆转的趋势。

2.4 价格回归合理水平，马铃薯功能化逐渐开发

2021年全年总体价格回归2019年的正常走势。马铃薯产品市场细分趋势即将显现，马铃薯种植逐渐向有机化种植和功能化种植（观光、餐饮）、特色化种植（彩色薯等）过渡，功能型或保健型马铃薯品种的接受度将逐步提高。

2.5 马铃薯加工业将逐步步入转型升级阶段

马铃薯淀粉行业将会进一步整合，相关生产、环保设备完善升级，行业生产能力及淀粉质量趋于稳定，变性淀粉及高端需求仍是马铃薯淀粉发展的重要方向。马铃薯食品的开发主要围绕进一步改善口感和风味，食品加工型品种将逐步趋于本地化生产。

3 发展建议

3.1 探索核心种苗监测、种薯生产基地认证制度

加大种苗的病毒病检测力度，核心种苗检测的参数尽可能全面，检测的比例尽可能达到100%。建立种薯生产基地认证机制，严格执行原原种生产环境、设施应达到相关标准。政府设立监管机构，或者给马铃薯相关的协会赋权，支持开展病毒检测和种薯追溯体系建立等工作，监督种薯企业的经营行为，维护种薯市场秩序。

3.2 以淀粉加工专用种植为突破口，推进生产结构与布局优化

各主产区加强适合当地自然条件的中高淀粉品种种植，加大淀粉加工企业扶持力度，协助淀粉加工企业引进专用淀粉加工薯、扩大专用淀粉加工薯订单面积，淀粉加工专用品种具有实施订单生产、全程机械化、规模化、专业化生产的优势，在为淀粉加工业发展提供优质原料的同时，实现与鲜食菜薯的错位发展。

3.3 加强各领域适用机械的研发，提升劳动生产率

加快中小型马铃薯全程机械的研制，解决机械播种和机械收获的分段式作业研究与配套小型机械选型，加强马铃薯中小型农机农艺一体化技术研发进程。南方丘陵山区加强适宜黏重土壤条件下的机械化研究与机械选型，重点研究适应丘陵山地的动力底盘和丘陵山地小型耕整地机械。稻田机械化标准种植重点解决机械起垄覆土和机械收获，广泛开展冬闲稻田马铃薯轻简化栽培技术培训。中原二季作区，需要重点发展多层膜覆盖条件下的机械化种植技术，优化机具配套效能。针对地膜（特别是超薄地膜）大量使用所带来的回收难、污染重等问题，重点研究适应马铃薯和不同生产条件的农田残膜回收机。

3.4 各地因地制宜推进"绿色兴薯"行动

建议各马铃薯主产区根据自身自然生态和社会经济条件，执行马铃薯产业绿色发展战略，建立马铃薯绿色生产示范点，实施清洁生产行动。开展耕地轮作休耕制度，加快构建农膜回收体系，发挥马铃薯深加工龙头企业的带动作用，实施废水入田、废渣入饲料，发展种植、加工、养殖循环经济。

3.5 大力促进马铃薯加工业转型升级

大力发展加工业，加强民间马铃薯主食商品化关键技术研究，鼓励加大城郊马铃薯主食化加工对产地标准化半成品原料采购，开发其他新兴主食化产品，推行马铃薯主食化制品加工和产地薯泥、薯浆等标准化原料加工互融扶持政策，延长马铃薯产业链条，提升马铃薯加工转化率和效益增值。

3.6 宣传引导消费侧结构性改革

在推进马铃薯生产专用化的同时，通过大力宣传让社会大众认识到专用品种的特点、旱作等特殊生产方式的特点，引导马铃薯消费侧结构性改革，逐步形成"产消"对接的良性循环。

3.7 激活"中国马铃薯产业技术信息网"的信息发布与产业引导作用

借助体系力量，充分利用"中国马铃薯产业技术信息网"，做好马铃薯产业科技动态、市场动态、政策法规等信息的发布工作，真正起到服务产业、引导产业、宣传体系的作用。

中国贫困地区马铃薯产业发展概况

高明杰，罗其友*，薄沁箐，鲁洪威

（中国农业科学院农业资源与农业区划研究所，北京　100081）

摘　要：马铃薯生产的分布与贫困县分布高度契合，在保障中国贫困地区粮食安全、推进农业结构调整和促进农民持续增收方面具有不可替代的重要作用。调研发现，贫困地区马铃薯生产在全国的地位逐步提升、电商销售额猛增，但贫困地区马铃薯亩均产值增幅低于全国平均水平，存在农田基础设施严重不足、优质多抗专用化品种缺乏、种薯市场规范化程度较低、马铃薯加工业发展滞后、产业自身发展能力较弱等问题。提出合理优化产业区域布局、加快高产优质品种选育、加强产业基础设施建设、规范种薯生产与市场、加快培育新型经营主体等促进中国贫困地区马铃薯产业良性发展的对策建议。

关键词：贫困地区；马铃薯产业；存在问题；对策建议

1　马铃薯产业发展情况

1.1　全国总体情况

马铃薯耐干旱、耐瘠薄、抗灾能力强、稳产、高产，是唯一能在中国各省、市、自治区大面积种植的农作物，在保障国家粮食安全、推进农业结构调整和促进农民持续增收方面具有不可替代的重要作用（此部分数据为体系调查数据）。

1.1.1　中国马铃薯种植面积和总产量均有不同程度的减少，但单产却有明显的提高

2015~2019 年，全国马铃薯种植面积从 633.33 万 hm² 减少到 564.98 万 hm²，减少10.8%，年均减少 2.8%；鲜薯总产量从 1.25 亿 t 减少到 1.18 亿 t，减少 5.4%，年均减少1.4%；单产由 1 315.0 kg/667 m² 增长到 1 393.5 kg/667 m²，增长 6.0%，年均增长 1.5%。

1.1.2　生产者价格和产值总体均呈增长趋势，但在成本投入快速增长的抵消下，单位面积的投资回报率有所下降

2015~2019 年，马铃薯生产者价格从 1.10 元/kg 增长到 1.48 元/kg，增长 27.0%，主要来自于 2019 年的整体价格上涨；相应的平均产值也由 1 446.5 元/667 m² 增长到2 061.6 元/667 m²，增长幅度为 42.53%；但由于成本的快速增加，每亩投资利润率出现11%的下降，单位面积绝对净收益的增加主要来自于单产的提高。

1.1.3　中国马铃薯生产布局出现明显变化，重心逐渐向西南移动

2015~2019 年，中国云南、贵州、四川、重庆和湘西、鄂西等西南混作区种植面积占

作者简介：高明杰（1978—），男，博士，副研究员，研究方向为马铃薯产业经济、产业扶贫与农业产业布局。
基金项目：现代农业产业技术体系专项资金资助（CARS-9）。
***通信作者**：罗其友，博士，研究员，研究方向为马铃薯产业经济与农业区域发展，e-mail：luoqiyou@caas.cn。

全国比例由不足 45% 上升到 47.7%，而华北一季区和东北一季区种植面积比例却不断下滑。

1.2 贫困地区马铃薯产业发展情况

1.2.1 中国马铃薯生产的分布与贫困县分布高度契合

在 14 个连片特困区中都有马铃薯种植，由北向南从大兴安岭南麓山区、燕山太行山区、吕梁山区、六盘山区、秦巴山区，到武陵山区、乌蒙山区、滇桂黔石漠化区和滇西边境山区，均是中国马铃薯的主产区，全国 70% 以上面积的马铃薯在这些贫困地区种植，马铃薯是当地重要的粮食作物、经济作物和饲料作物，在精准扶贫中发挥着重要作用，已成为当地解决粮食安全和改善人民生活的重要支柱产业。

1.2.2 贫困地区马铃薯生产在全国的地位逐步提升

54 个调研贫困县种植面积、总产量均呈较大幅度的增长，单产提高幅度也高于全国平均水平，2015~2020 年马铃薯种植规模由 109.33 万 hm² 增长到 122.42 万 hm²，增长 12.0%，年均增长 2.9%，总种植面积占全国比重从 17.3% 增长到 21.7%；鲜薯总产量由 2 234.0 万 t 增长到 2 709.4 万 t，增长 21.3%，年均增长 4.9%，总产量占全国比重从 17.9% 增长到 22.9%；贫困地区马铃薯单产由 1 362.2 kg/667 m² 增长到 1 475.5 kg/667 m²，增长 8.3%，年均增长 2.0%。

1.2.3 贫困地区马铃薯亩均产值增幅低于全国平均水平，电商销售额猛增

2015~2020 年，产值从 246.8 亿元增长到 353.2 亿元，增长 43.1%，平均亩产值增幅小于全国平均水平；总销售额从 157.2 亿元增长到 215.4 亿元，增长 37.0%，其中电商销售额从 1.75 亿元增长到 9.78 亿元，增长 459.2%；注册商标数从 180 个增长到 330 个，其中"两品一标"数量从 36 个增长到 116 个，增长 222.2%；带动贫困人口从 190.9 万人增长到 231.1 万人，增长 21.1%；带动贫困户人均增收从 817.3 元增长到 1 188.6 元，增长 45.4%，年均增长 9.82%。

2 存在的问题与风险

2.1 农田基础设施严重不足

贫困地区的马铃薯生产区域主要分布在高寒山区和丘陵地区，立地条件导致田块破碎，田间道路、机耕路不配套，无法满足产品运输和机械耕作的需要。此外，干旱也是影响贫困地区马铃薯生产的主要限制因素，属于典型的雨养农业，北方地区马铃薯产区基本分布于半湿润半干旱区，而南方产区降水季节性分布不均，冬春干旱常发、频发，这些区域农田灌溉设施严重缺乏，对马铃薯生产造成严重影响。

2.2 优质多抗专用化品种缺乏

贫困地区生态条件复杂多变，频繁调种、特殊的气候及连作种植习惯造成马铃薯晚疫病发病较重，晚疫病生理小种进化快，原有种植品种抗性不断下降，病虫害种类不断增加，危险性病虫害易发、多发，目前优质、多抗新品种缺乏，晚疫病、土传病害防控难度加大。此外，多数地区马铃薯品种类型比较单一，主要以鲜食菜用型品种为主，适合当地生态条件的加工专用型马铃薯品种短缺。

2.3　种薯市场规范化程度较低

华北的坝上地区以及西北的甘肃定西均是中国马铃薯种薯的主产区，但马铃薯种薯经营"小、散、乱"问题比较突出，存在种薯繁育企业、合作组织无证生产和经营及种薯种植户私繁滥卖现象，这种松散的生产模式所产种薯质量差异较大。市场上由于种薯与商品薯、种薯质量等级的辨识难度大，种薯质量参差不齐、假冒伪劣现象突出。

2.4　马铃薯加工业发展滞后

贫困地区马铃薯加工量占总产量的比重和加工产品附加值不高，产业链不长，企业开工不足，对产业的拉动较小，同时加工环节污染问题比较突出，进一步限制了加工企业对马铃薯生产的带动作用。目前加工企业一般根据市场状况组织生产，加工原料的收购也是随行就市，对马铃薯产业的"稳定器"和龙头牵引作用发挥不够。

2.5　产业自身发展能力较弱

近年来，各级政府每年都安排不少资金扶持贫困地区马铃薯产业，但目前多数地区产业自身发展能力较弱。贫困地区马铃薯种植户中绝大部分有文化、有体力、有能力的青壮年劳动力外出打工，留守农民的科技文化素质普遍偏低，新技术推广困难。马铃薯经营主体规模小、层次和水平较低，市场组织化程度不够高，尤其是营销体系建设落后，基本未建立起稳定的产销对接渠道。

3　产业发展建议

3.1　合理优化产业区域布局

优化区域布局和品种结构，重点建设专业化生产基地和科学合理轮作制度。西南和西北立体种植区，在低海拔贫困地区大力发展早熟鲜食品种，中海拔贫困地区重点发展优质商品薯，高海拔贫困地区以脱毒种薯繁育为重点，有条件的地区逐步建立马铃薯产业内循环链条。马铃薯一季作区，要建立科学的马铃薯轮作制度，区域布局上充分考虑马铃薯生产轮作倒茬需求，解决多年连作导致的土层破坏和土传病害问题。

3.2　加快高产优质品种选育

充分利用科研机构和高校的研发资源，组织专家团队对高产优质种薯研发进行联合攻关，应用杂交育种和现代生物工程技术，加快实现高产优质马铃薯培育，并在此基础上开展专用型马铃薯品种的定向培育，尤其是选育高淀粉、品质好、抗逆性强的品种，切实增加马铃薯市场竞争力和有效供给。

3.3　加强产业基础设施建设

加大对农田基础设施建设的投入力度，建设适应山区农田灌溉的小塘坝、小水窖等"五小"水利工程，增加山区、半山区农田灌溉比例；推进标准薯田建设和高质量梯田改造，有效推进土地平整和土壤改良力度，适宜地区推广应用马铃薯种收全程机械化。配合马铃薯生产核心基地，因地制宜建设冷链物流和仓储设施，提高鲜薯仓储物流水平。

3.4　规范种薯生产与市场

中国马铃薯种薯生产基地基本都位于贫困地区，种薯生产与市场的规范运行事关全国马铃薯产业全局。探索建立种薯生产地方标准（或企业标准），提高种薯生产的标准化和规范化；建议政府管理部门设立监管机构或者给现存有资格的机构赋权，制定种薯市场的管理规定，提高种薯市场的准入门槛，质量检测合格的品种方可进入市场。建议给马铃薯相关的协会赋权，支持开展病毒检测和种薯追溯体系建立等工作，监督种薯企业的经营行为，维护种薯市场秩序。

3.5 加快培育新型经营主体

实施龙头企业培育行动，引导龙头企业强化精深加工技术的研发、引进和应用，推进马铃薯多重转化增值，打造若干马铃薯精深加工强县。加强流通市场的建设，完善营销体系，发挥销售大户、协会经纪人、农民合作组织联结分散农户与市场的作用，支持其建立稳定的销售市场网络。推动马铃薯生产、加工、物流、销售、服务有机结合，促进当地一二三产业融合发展，着力打造一批具有完整产业链、较强竞争力和较高知名度的区域优势特色马铃薯产业集群。

榆林市马铃薯产业现状及绿色发展对策

张春燕[1,2*]，方玉川[1,2]，张艳艳[1,2]，张媛媛[1]

(1. 榆林市农业科学研究院，陕西 榆林 719000；
2. 陕西省马铃薯工程技术研究中心，陕西 榆林 719000)

摘 要：榆林市马铃薯产业转方式、调结构、补短板，走绿色发展质量兴农之路。文章介绍了榆林市马铃薯产业发展现状，分析了目前存在的问题，最后提出了发展对策。

关键词：榆林市；马铃薯；品种；现状；对策

马铃薯是榆林市传统优势农作物，新中国成立初期是家家种植、顿顿皆食的"口粮"作物，20 世纪 60~70 年代经济困难时期是裹腹度灾的"救命"作物，改革开放初期是发展农业商品生产的"领军"作物，进入 21 世纪后成为脱贫攻坚的"致富"作物。近年来，为了促进马铃薯产业提质增效，实现由低水平的资源扩张型向高水平的质量效益型转变，榆林市马铃薯产业转方式、调结构、补短板，走绿色发展质量兴农之路。

1 榆林市马铃薯产业发展现状

1.1 种植规模稳定发展

据榆林市农业统计年鉴，近五年来榆林市马铃薯种植面积波动较小，稳定在 16.93 万 hm^2 左右，但种植马铃薯的经营主体发生了改变，小农户分散种植的面积减少，而规模化、标准化、集约化的家庭农场种植面积扩大。以小农户种植为主的定边县 2019 年马铃薯种植面积为 3.89 万 hm^2，较 2015 年减少 39.58%；而以规模化农场为主的榆阳区 2020 年种植面积 2.17 万 hm^2，较 2015 年增加 97.51%。总产量也是如此，全市马铃薯产量基本呈上升态势，2020 年总产量达到 304.74 万 t，较 2015 年增幅 20.83%。其主要原因是低产田种植面积下降，适度规模化种植面积增加，促进了全市马铃薯优势区域集中度和整体种植水平的提高，马铃薯单产水平实现了跨越式提升。榆阳区近年来马铃薯产量直线上升，较 2015 年增加 101.44%，总产量也从 2016 年开始超过定边县，成为榆林市马铃薯总产量第一大县(区)。

1.2 良种繁育体系形成

2013 年起，榆林市以探索马铃薯原种繁、供、贮、用新模式和补贴新办法为出发点，组织实施马铃薯良种繁供"一亩田"工程，按照县区每个乡镇 1/3 的村组实施的办法，三年

作者简介：张春燕(1974—)，女，高级农艺师，主要从事农作物育种、栽培及推广工作。
基金项目：国家现代农业产业技术体系专项资金(CARS-09)；陕西省农业协同创新与推广联盟示范推广项目(LM201905)；2019 年国家现代农业产业园-陕西省榆林市榆阳区现代农业产业园项目。
*通信作者：张春燕，e-mail：594166475@qq.com。

实现一个轮回。几年来，榆林市每年实施的面积逐渐增加，由最初的每年 0.23 万 hm² 增加到 0.47 万 hm²，品种由单一的"克新 1 号"增加到"克新 1 号""冀张薯 8 号""青薯 9 号"和"庄薯 3 号"4 个品种；截至 2017 年，累计实施 2.02 万 hm²，覆盖全市 12 个县区。目前，全市马铃薯脱毒种薯推广面积达到 8 万 hm²，占到全市马铃薯播种面积的 44.3%，增产幅度达到 15% 左右，全市马铃薯良种覆盖率达到 80% 以上。

1.3　技术支撑能力提升

2009 年第十一届中国马铃薯大会在榆林召开后，国家马铃薯产业技术体系榆林综合试验站落户榆林市农业科学研究院，陕西省农业农村厅、科技厅分别将榆林市农业科学研究院确立为陕西省马铃薯产业技术体系和陕西省马铃薯工程技术研究中心的依托单位。2014 年榆林市政府与西北农林科技大学签订《加强农业科技及产业合作推动现代农业发展框架协议》，共建马铃薯试验示范站。在这些科研平台的支撑下，榆林市马铃薯科技水平得到提高。引进筛选出四大类型 12 个新品种，品种结构得到有效改善。通过集成创新，制定出适宜全市不同区域的栽培技术规程，有 8 项成果获省部级奖励，其中一等奖 2 项，二等奖 3 项，三等奖 3 项。互通产业发展前沿动态，开展高新技术研究，解决产前、产中、产后发展中的技术难题，促进科技成果转化利用。

1.4　标准化生产基地初具规模

以实现山旱地马铃薯增产增效为目标，重点推广集优良品种、脱毒种薯、配方施肥、旱作节水、病虫害综合防控、小型机械化作业为一体的旱地马铃薯高产集成技术，平均增产 10% 以上；以实现滩水地马铃薯增产增效为目标，重点推广种薯脱毒化、灌溉节水化、施肥平衡化、耕作机械化、栽培大垄化、管理科学化等标准化栽培技术，马铃薯喷灌、滴灌水肥一体化达到 2 万多 hm²，平均单产达到 50 t/hm² 以上，平均节水 30%、节肥 20%，生产效益可观。

1.5　产业化经营水平提升

近年来，榆林市政府加大了对马铃薯加工企业的政策扶持力度，促进了马铃薯产业的转型升级。目前，全市有马铃薯加工企业 10 多家，专业加工村 20 多个，年加工转化能力 40 万 t，主要生产淀粉、粉条、粉皮、粉丝等产品；从事生产、销售的马铃薯专业合作社达到 60 多家，年外销鲜薯 150 万 t 以上。同时，把马铃薯产业开发作为招商引资和产业化扶持重点，陕西金中昌信农业科技开发公司在定边县建设"十万吨马铃薯主食化加工项目"，成功引进了荷兰科瑞欧、托斯玛公司 4 万 t 薯条生产线和 1 万 t 马铃薯全粉生产线设备。2021 年 3 月 11 日，定边县与北大荒马铃薯集团公司签订马铃薯产业项目投资框架合作协议，该集团将在定边县投资新建一座年产 3 万 t 的马铃薯淀粉加工厂及一座年产 3 万 t 的马铃薯全粉加工厂，全市马铃薯精深加工水平得到提高。

2　存在的问题

2.1　水肥过量施用

榆林市马铃薯标准化基地建设发展虽然较快，产量也较高，但都是通过大水大肥获得的。所以，要按照国家"一控两减三基本"要求，大力发展水肥一体化和病虫害绿色防控技术，从而达到控药减肥节水的目标。

2.2 病虫害发生较重

近年来由于轮作倒茬不合理和种薯调运监管不力，导致部分马铃薯土传病害、虫害滋生，产量和质量受到严重影响。据榆林市植保站统计，榆林市每年因病虫害导致马铃薯减产达到30%以上。

2.3 精深加工能力不足

榆林市目前缺乏主食化加工品种，现有马铃薯加工企业大都加工能力不足，产品粗加工多、传统消费多，精深加工少、品质消费少，缺乏从事马铃薯精淀粉、变性淀粉、全粉以及传统、特色、休闲化马铃薯主食产品研发和加工的科研单位和企业。

2.4 产后处理能力不足

榆林市马铃薯鲜薯贮藏大都以农户自贮为主，损失率达15%~30%。榆林市鲜薯上市时间集中，市场营销体系不健全，造成"旺季滞销，淡季断货"的市场尴尬局面。加之，品牌培育不力，产品知名度低，使得贮销压力大、价格上不去，丰产不增收。

3 绿色发展对策

3.1 指导思想

紧紧围绕"转方式、调结构"两条主线，推进农业供给侧结构性改革，充分发挥马铃薯产业发展资源优势，加大政策支持，加强基础建设，依靠科技创新，改进物质装备，着力构建马铃薯产业体系、生产体系、经营体系，全力打造榆林"沙漠绿色土豆"品牌，把榆林建设成为全国最优、国际知名的菜用商品薯基地。

3.2 发展措施

3.2.1 夯实产业发展基础

(1)建设脱毒种薯繁育基地，健全种薯质量检测控制体系，完善市县乡三级繁供种体系，促进脱毒种薯的快速推广。

(2)建立全方位、多层次的马铃薯展示示范网络，在榆林市农业科学研究院建设现代农业高新科技示范园，在12个县(区、市)分别建设集优良品种与先进实用技术于一体的示范基地，辐射带动全市马铃薯产业共同发展。

(3)充分发挥种植大户、种植能手等农民技术员"传、帮、带"的示范带动作用，提高示范引导的效果。

3.2.2 推进产业加工升级

(1)制定优惠政策，发展壮大加工龙头企业，加快产业化发展进程。

(2)通过引资新建和技术改造等多种形式，发展马铃薯精深加工，提高产品附加值。

(3)开展订单农业，帮助企业和农户真正建立起"风险共担、利益共享、互惠互利、共同发展"的利益联合体。

3.2.3 构建产业营销体系

强化市场硬件建设，多渠道筹集资金建设马铃薯批发市场，积极开拓销售市场，向南方市场提供种薯及商品薯、向国内大型马铃薯专用加工厂提供专用商品薯。积极申请无公害食品、绿色食品和有机食品基地，围绕"沙漠绿色土豆"特色，打造马铃薯种薯、鲜薯及其加工产品品牌。注重产品质量和信誉，提高市场竞争力。建设信息网络，通过信息服务，指导企业和农户的生产经营。

3.2.4 创建多元化投资机制

农业项目、资金的安排要向马铃薯产业重点倾斜。用好省市每年的马铃薯发展专项扶持基金，以"组合拳"捆绑使用国家、省各项农业发展补贴，增强投资效益。建立信贷绿色通道，加大政策性金融对农业开发中长期信贷支持。以财政资金为引导，吸引民间资本投入马铃薯产业开发，形成多元化的资金投入机制。

3.2.5 加强人才队伍建设

(1)建立以政府为主导的农业科技人才培养机制，以建设在榆林的陕西省马铃薯产业技术体系、陕西省马铃薯工程技术研究中心和西北农林科技大学榆林马铃薯试验示范站为基地，加强培训，提高科技服务能力。

(2)开展多种形式的技术合作，积极为薯农提供科技服务。

(3)大力发展农村职业教育，提高马铃薯科技入户率和到位率，用科技做大做强榆林马铃薯产业。

榆林市马铃薯脱毒种薯生产现状及建议

杨小琴*，张艳艳，张媛媛，陈丽娟

（榆林市农业科学研究院，陕西　榆林　719000）

摘　要：文章主要从脱毒马铃薯微型薯的概念、生产现状及繁育技术等方面作了简要概述，并提出了发展建议，以期为马铃薯脱毒种薯的大力推广应用提供理论依据。

关键词：马铃薯；微型薯；脱毒种薯

马铃薯是中国继水稻、小麦、玉米之后的第四大粮食作物，近年来，中国马铃薯栽培面积逐渐扩大，播种面积达 560 多万 hm^2，总产约 2 000 万 $t^{[1]}$，马铃薯营养价值极高，富含大量维生素、淀粉、蛋白质和少量脂肪，而且耐旱、耐贮藏，还是多种副食加工的良好原料，因此受到广大人民的喜爱。榆林市位于黄土高原北部，属干旱半干旱大陆性气候，土层深厚，光照充足，昼夜温差大，是中国马铃薯五大优生区之一，马铃薯也是榆林市优势最大、最具发展潜力的农业特色产业。2018 年榆林市马铃薯种植面积和产量分别为 16.79 万 hm^2 和 59.03 万 t，占到全市粮食总产的 22.18%[1]。但是，马铃薯是用块茎进行无性繁殖，连续的种植过程导致体内病毒逐渐积累，使品种失去原有的优良性，产量大幅下降。目前，对于病毒病的防治，尚缺乏有效的药剂，所以，提高马铃薯产量和品质的根本途径就是用马铃薯脱毒微型薯作种薯。

1　脱毒微型薯的概念

脱毒微型薯又称原原种，是以无土栽培的方式，在温室或网室等隔离条件下，利用经过病毒和类病毒检测的、符合国家标准的脱毒试管苗生产的第一代种薯，是马铃薯脱毒种薯生产体系的核心[2]。多年的实践结果表明，在马铃薯生产中，使用脱毒微型薯播种，不仅可避免病毒病和细菌性病害通过切刀传染，而且抗旱能力强，增产潜力大，可使产量提高 30%~50%[3]，另具有体积小、重量轻、便于携带、易于运输等优点。近年来，马铃薯脱毒种薯被广大种植者所重视，越来越广泛地应用于生产。

2　榆林市马铃薯脱毒种薯生产现状

中国从 20 世纪 70 年代初开始研究马铃薯茎尖脱毒，目前，全国有 60 多个科研单位

作者简介：杨小琴（1982—），女，硕士，农艺师，主要从事马铃薯茎尖脱毒和病毒检测工作。

基金项目：国家马铃薯产业技术体系专项资金（CARS-09）；陕西省科技重点产业创新链项目（2018ZDCXL-NY-03-01）；2019 年国家现代农业产业园-陕西省榆林市榆阳区现代农业产业园项目；陕西省农业科技创新驱动资金项目（NYKJ-2018-YL02）。

* **通信作者**：杨小琴，e-mail：jinglingyang1982@163.com。

— 15 —

陆续开展脱毒种薯的生产工作。榆林市农业科学研究院于 2012 年在榆卜界现代农业园区投资建成马铃薯组培中心 9 950 m²，智能温室 4 532 m²，防虫网棚 1 700 m²，具备年生产试管苗 4 000 万株，微型薯 6 000 万粒的能力。设施投入运行以来，开展的项目《马铃薯茎尖脱毒技术及其应用》，在生产上取得了显著的经济效益。脱毒原原种、原种、合格种使用面积分别达到 20，234 和 9 000 hm²，累计生产原原种 5 100 万粒、原种 7 000 t、合格种 20.25 万 t，为种薯企业和种薯种植户创造经济效益 11 055 万元[1]。同时也为富余劳动力提供了就业机会，带动了交通、运输、加工等相关产业的发展。

3 脱毒试管苗的繁育

常用的马铃薯脱毒方法是"茎尖剥离"培养技术。主要选择适合当地种植的主栽品种或引进的示范优良品种进行脱毒，同时，也对本地自己选育的新品种和株系进行脱毒。利用茎尖剥离、组织培养、病毒检测、获得脱毒试管苗后，再进行组培室继代扩繁，作为生产苗源[4-7]。试管苗培养条件为，温度 22℃、光照 12 h/d、光照强度 2 000 lx。继代扩繁多次后，试管苗会出现徒长现象，可通过增加自然散射光和调节养分浓度等方法加以调节。

4 脱毒微型薯的生产

4.1 苗床准备

防虫网棚苗床的基质为蛭石，基质厚度 10~20 cm，与基肥、杀菌剂和杀虫剂充分混匀、整平、浇透水，再用透光薄膜盖严苗床，收起遮阳网，让阳光直射，关闭通风口，密闭处理 7 d 后打开通风口，揭开苗床上覆盖的薄膜，使棚内药剂气味充分散发。

4.2 移　栽

在 5 月下旬至 6 月上旬开始移栽，移栽前将试管苗移入棚内进行炼苗，3 d 后打开瓶盖，再继续生长 3~5 d，使苗叶色深绿、茎秆强壮。定植时，将试管苗从瓶中取出，用自来水冲洗干净根部培养基，剪除过长部分，长度保留 2 cm 左右，根部蘸取生根粉溶液，按株行距(5~10) cm × 20 cm 定植在苗床内，移植深度为 2~3 cm，移栽时要用手指压实苗与基质的接触面，栽苗完成后浇透水，并用小拱棚塑料膜覆盖苗床，保温保湿一周左右，待苗成活长出新根时撤棚。

4.3 田间管理

试管苗成活后，每隔 7~10 d 浇水 1 次，保证基质具有一定的湿度。待遮阳网完全收拢 7 d 后，对小苗进行第 1 次追肥，20 d 左右，进行第 1 次培土，高度 10 cm 左右，在植株封行前，进行第 2 次追肥和培土，先追肥，后培土，要盖住肥料，压好匍匐茎，培土高度 15 cm 左右[8]。生长期间要注意病虫害防治，病害主要为早疫病和晚疫病，蕾期前后注意观察是否有早疫病发生，连续阴雨天注意观察是否有晚疫病发生，发现早晚疫病应及时拨除病株，同时加大剂量，用不同内吸性治疗剂交替防治，直到控制消灭为止。虫害主要为蚜虫和块茎蛾，用黄板诱杀，生长后期要逐渐减少水分供应，加快植株落黄，促使块茎表皮木栓化。

4.4 收获及贮藏

移栽后 75 d 左右即可收获。收获前 7 d 割去茎秆，并将茎秆及残叶运出大棚外。轻缓刨挖，避免机械损伤，剔除烂薯、病薯及杂物，并按品种装入网袋，系好标签，摊开晾晒4~7 d，存入通风干燥的种薯库。

5 存在的问题

榆林市马铃薯产业发展具有自然条件好、市场潜力大、经济效益明显的优势，但同时也存在制约产业发展的因素。

（1）马铃薯脱毒种薯品种结构单一，缺少专用、抗旱、抗病优质品种，满足不了市场需求。

（2）马铃薯脱毒种薯生产成本高，农民多采用自留种，导致品种混杂，产量下降，脱毒种薯得不到广泛推广应用。

6 发展建议

6.1 加大引种育种力度

从全国引进抗旱、抗病、高产、耐贮藏的优良马铃薯品种和专用薯品种进行试验示范，同时加快本市马铃薯的育种力度。在常规育种的前提下，结合远缘杂交、分子生物学等其他辅助手段，来加快育种步伐，解决品种单一现象、丰富当地的马铃薯品种。

6.2 加强科普宣传

由于老百姓观念落后，仍采用传统的马铃薯栽培模式，他们对脱毒种薯不认可，或对科学的栽培技术疑惑甚多，因此，应安排专业技术人员长期深入基层，面对面宣讲脱毒种薯的优势和潜力，并进行实地栽培试验，让种植户切切实实感受到脱毒种薯带来的益处。同时，政府应加大良种补贴力度，吸引更多的种植户参与推广。

6.3 降低生产成本

脱毒种薯繁育环节多，前期设备、人工等投入及后期管理投入相对较大，可定期选派科研人员外出学习国内外先进的脱毒技术和繁育方法，进而简化繁育流程，提高脱毒种苗的质量和数量。同时，加快实现开放式组培技术的应用，突破传统无菌操作的各种弊端[9]，从而减少人力物力，降低种薯生产成本。

6.4 实现科学贮藏

种薯库温度宜保持在1~5℃，湿度在60%~80%，保证种薯能贮藏保鲜5个月[10]。此外，应重视贮藏库内环境的清洁和消毒工作，及时剔除烂薯、病薯。

[参 考 文 献]

[1] 张媛媛.榆林地区马铃薯主栽品种的茎尖脱毒研究 [D]. 杨凌:西北农林科技大学,2020.

[2] 谢庆华,吴艺歆,张勇飞,等.固定物对马铃薯脱毒试管苗生长的影响 [J].中国马铃薯,2001,15(1):20-21.

[3] 左晓斌,邹积田.脱毒马铃薯良种繁育与栽培技术 [M]. 北京:科学普及出版社,2012.

[4] 梁淑敏,李燕山,杨琼芬,等.4个栽培密度对6个马铃薯基因型微型薯繁育的影响 [J].西南农业学报,2017,30(11):2 454-2 459.

[5] 张艳艳,杨小琴,张媛媛.陕北红洋芋的茎尖脱毒和分化培养基筛选 [J].长江蔬菜,2015(4):42-44.

[6] 张艳艳, 方玉川, 杨小琴, 等. 马铃薯品种夏波蒂的茎尖脱毒与培养基筛选 [J]. 农业科技通讯, 2017(3): 87-88.

[7] 常勇, 杨小琴, 张媛媛. 榆林市陇薯 7 号马铃薯茎尖脱毒培养基筛选 [J]. 现代农业科技, 2016(9): 71-72.

[8] 马纪. 脱毒马铃薯试管苗及微型薯繁育技术流程 [J]. 种子科技, 2018, 36(8): 58.

[9] 肖远鹏. 解读甘肃马铃薯脱毒种薯质量现状及发展 [J]. 农民致富之友, 2018(12): 25.

[10] 段伟伟. 马铃薯贮藏技术的研究现状 [J]. 农业科技通讯, 2012(4): 17.

2020 年广东省马铃薯产业现状、存在问题及发展建议

曹先维[1,2]，徐鹏举[2,3]，陈　洪[2,4]，全　锋[1,2]，

陈　琳[1,2]，罗建军[1,2]，贺春喜[2,5]，张新明[1,2]*

(1. 华南农业大学，广东　广州　510642；

2. 国家马铃薯产业技术体系广州综合试验站，广东　广州　510642；

3. 东莞市农业技术推广管理办公室，广东　东莞　523000；

4. 惠州市农业农村局，广东　惠州　516003；

5. 惠东县奕达农贸有限公司，广东　惠东　516300)

摘　要：对 2020 年广东省马铃薯生产、销售、加工、贮藏等状况进行论述，并分析了 2020 年广东省马铃薯产业中存在的主要问题和技术需求等。并针对广东省马铃薯产业现状提出了几点建议，为广东省马铃薯产业健康发展提供理论参考。

关键词：马铃薯产业；生产；销售；问题；建议

1　2020 年广东省马铃薯产业现状

1.1　生产情况

据统计，2020 年度广东省马铃薯收获面积约 4.14 万 hm^2（较 2019 年减少 10.0%），总产 105.6 万 t，平均产量为 25.5 t/hm^2（与 2019 年持平）；其中冬作（种）马铃薯种植面积占 90% 以上，约 3.73 万 hm^2，单产约 26.55 t/hm^2，冬作区总产约 98.8 万 t。主栽品种为费乌瑞它系列品种（包括"粤引 85-38""鲁引 1 号""津引 8 号""荷兰 7 号""荷兰 15 号"等），占冬种马铃薯面积的 90% 以上，其他如"中薯 3 号""中薯 18 号""中薯 20 号"和"大西洋"等品种，约占不到 10%。全省脱毒种薯应用率达 88% 以上，其中国家马铃薯产业技术体系广州综合试验站所辐射的 5 个示范县脱毒种薯应用率达到 95% 以上。

1.2　技术推广情况

广州综合试验站集成的冬作马铃薯高产高效栽培实用技术（含机械整地起垄、脱毒种薯应用、稻-稻-薯水旱轮作、平衡施肥、黑膜覆盖、晚疫病综合防控等关键技术）在惠东、恩平、开平、茂港和阳东 5 个示范县推广应用，并辐射到上述示范县所在地级市以及广州、中山、肇庆、云浮、潮州等其他冬作主产市县，推广总面积约达 1.33 万 hm^2 以上。

作者简介：曹先维(1962—)，男，硕士，研究员，主要从事马铃薯引种及其栽培生理研究。

基金项目：现代农业产业技术体系专项资金(CARS-09-ES18)。

*通信作者：张新明，博士，副教授，主要从事植物养分资源管理与安全农产品的教学与研究，e-mail：1992876243@qq.com。

1.3 市场销售情况

2020 年，广东冬作马铃薯销售呈现两大特点：一是销售市场多元化。由于受到新冠疫情的影响，出口和港澳市场销售总量继续萎缩，约占总产量的 2%；国内以华南、华东市场为主，华中和华北市场销量逐步上升，省外销量约占总产量的 30%；二是主收获季价格比 2019 年大幅提高。1 月下旬至 4 月上旬田头价格稳定在 3.0 元/kg 以上，部分时间段达到 3.8 元/kg，2020 年均价(3.0 元/kg)比较 2019 年均价(2.2 元/kg)提高 0.8 元/kg。

1.4 加工贮藏情况

广东省马铃薯加工不够规模，加工产品单一，仅有几家小型油炸薯片工厂，年需原料薯不足万吨，周年向全国马铃薯各产区应季收购。由于加工型品种产量潜力不够大(最高约 2 500 kg/667 m^2)，收购价格较低(约 2 300 元/t)，农民种植积极性不高，主要是一些农民合作社或涉农企业等新型经营主体开展订单生产，品种仅限于"大西洋"，总面积不超过 0.067 万 hm^2，主要由百事食品、百宜食品、四洲食品和上好佳等公司应季收购或订单委托种植。

广东省马铃薯生产以冬作为主，品质优良的马铃薯又以鲜薯食用型费乌瑞它系列品种为主，收获期在 1 月下旬~3 月底，销售期主要集中在 2 月上旬~4 月上旬，由于价格较好，且销售较为顺畅，到 4 月中旬已全部销售完毕，故基本上很少库存。但也有部分公司在 3 月低价位时规模收购，在冷库中贮藏 20~30 d 后于 4 月高价位时抛出，获取更高利润。

2 2020 年广东省马铃薯产业存在问题

2.1 品种单一

以"费乌瑞它"为代表的鲜食系列品种占 90% 以上，存在潜在的重大病害流行和抗灾能力降低的风险。

2.2 种薯质量监控保障体系落实不到位

广东主要从北方种薯基地购买脱毒种薯，但由于种薯质量监控保障体系不够完善，致使部分种植者因种薯质量不高造成减产和经济损失。

2.3 种植成本逐年攀升，价格年际波动较大

主要表现在用工成本和农资成本逐年提升，产地销售价格年际之间相差最高 1.0 元/kg 以上，部分影响了种植户和种薯公司的经济和心理承受能力。

2.4 马铃薯机械化水平仍较为落后

广东省马铃薯机械化发展起步晚，整体水平偏低，马铃薯机械化水平仍较为落后。多数马铃薯种植地区仍主要以传统种植方式为主，播种、管理、收获等环节一般都是人工操作。采用机械操作的多数在整地起垄和覆土阶段，有些新型经营主体在收获阶段使用收获机一次性完成薯块的挖掘、分离、铺放集条作业，最后人工分级捡拾装袋，使实际收获时间和收获成本升高。再加上广东省冬作区部分前茬土壤质地较为湿黏，收获季节又多为雨季，因此一些收获机在黏土中作业效率低，马铃薯破损率较高，适应季节性自然条件的机械仍较为缺乏。同时，目前广东省马铃薯收获机械设备一般主要做现场观摩会，示范演示较多，机械化实际推广应用较少。种植户对马铃薯收获机械的接受度不高，宣传、培训力度也不够，使农户熟练操作使用和维护马铃薯收获机械均有一定难度。马铃薯机械化发展

水平滞后，影响了产业的规模化发展进程。

3 技术需求问题

（1）不同熟制/用途抗病耐寒高产优质新品种的引进。

（2）种薯质量监控体系的建立、完善及严格执行。

（3）在黑色农膜覆盖条件下，一次性基肥施用技术的缓控释肥（或商品有机肥）的筛选、适宜施肥量范围、施肥技术及提高肥料利用率的技术等。

（4）适应广东冬作区不同种植规模的高垄双行马铃薯施肥、播种、覆膜（或覆盖稻草）及收获农机具的研发及推广。

（5）适于广东冬作马铃薯晚疫病和近年来生产中存在的其他病虫害（含地下害虫等）综合防治的预警系统和轻简高效综合防控技术体系等。

4 广东省马铃薯产业2021年预测

由于2020年商品薯销售价格大幅度回升，预计2021年广东省马铃薯种植面积比2020年增加约15%，主栽品种没有变化，仍以费乌瑞它系列品种为主。

由于受到同期其他蔬菜供应的影响，预计2021年平均田头价格较2020年同期会降低，具体各销售时间段的田头价格与天气情况和收获季蔬菜上市量及上市价格等紧密相关。

5 产业发展建议

5.1 推进马铃薯种植区域布局调整

根据广州综合试验站多年试验结果表明，广东冬作马铃薯的适宜生育期是从当年的10月中旬至第2年3月中旬，长达5个月，因此，处于不同地理位置和气候条件的种植区，应结合市场情况合理均衡安排播种期和选择早、晚熟品种，从而可以调节市场供应量，均衡实现错峰上市。

5.2 丰富品种结构

在发展鲜薯食用型品种的同时，注重多用途专化型品种的发展，一方面扩大加工型品种的发展，毕竟鲜薯食用型市场时间短、需求有限，而马铃薯加工是推进马铃薯产业持续、健康、快速、稳定发展的重要组成部分。另一方面，为适应偏冷地区马铃薯种植需求，引进、培育具有抗寒特性的马铃薯新品种。

5.3 加大新技术和适用性农机具的引进、研发及示范推广力度

主要是开展：

（1）在黑色农膜覆盖条件下，一次性缓控释肥施肥量、施肥技术及提高肥料利用率等技术的研发。

（2）适应南方冬作区高垄双行马铃薯施肥、播种、覆膜及收获小型农机具的引进、研发及示范推广。

（3）适于广东冬作马铃薯晚疫病等病虫草害综合防治的预警系统建立和新型喷洒农药设备的引进、研发和示范推广等。

2020年黑龙江省马铃薯产业发展现状、存在问题及"十四五"建议

盛万民*，李庆全，王绍鹏，牛志敏，南相日，张丽娟，高云飞

（黑龙江省农业科学院马铃薯研究所，黑龙江　哈尔滨　150086）

摘　要：对2020年黑龙江省马铃薯产业发展现状、存在问题作一简要概述，结合马铃薯产业发展需求，提出了黑龙江省"十四五"马铃薯产业发展的重点建议。

关键词：黑龙江；马铃薯；发展；问题；建议

1　2020年黑龙江省马铃薯产业发展现状

据黑龙江省农业调查数据，2020年种植面积11.99万hm^2，单产2.2 t/667 m^2，总产量395.6万t。单产较2019年增长19.0%，总产较2019年增长17.7%。主要种植的品种有"尤金""克新13号""克新23号""Favorita""中薯5号""延薯4号""龙薯12号""东农310""垦薯1号"等。登记自主育成新品种6个。全省原原种年设计生产能力500万粒以上种薯生产企业有17家，2020年实际生产原原种5 000万粒，生产原种2.5万t，一级种薯10万t，脱毒种薯覆盖率60%以上。2020年黑龙江省马铃薯鲜薯外销量15万t，当地销售55万t，加工原料薯45万t。全省共有规模化马铃薯加工企业30余家，其中龙头企业主要有北大荒薯业集团有限公司、麦肯食品(哈尔滨)有限公司、依安县汇利薯业有限公司、上好佳食品工业有限公司、黑龙江薯丰马铃薯产业有限公司等。加工产品种类主要有精淀粉、全粉、变性淀粉、粉丝、粉条、薯条、薯片等，2020年加工企业实现营业收入30.5亿元。

2　存在问题

2020年黑龙江省马铃薯单产水平有较明显提高，但与甘肃、内蒙古等马铃薯产业发展相对较好的省(自治区)相比，存在如下问题。

2.1　品种单一，结构不合理

马铃薯生产上对品种的选择仍存在着重产量轻品质的倾向，品种结构极其不合理，目前黑龙江省90%以上马铃薯种植面积为鲜食型品种，加工专用型品种比例低于10%。尤其是缺乏高淀粉、高干物质含量适合于淀粉或全粉加工专用品种及早熟、高产、多抗的鲜食

作者简介：盛万民(1967—)，男，博士，研究员，从事马铃薯遗传育种及种薯繁育工作。

基金项目：国家马铃薯产业技术体系(CARS-09)；黑龙江省省属科研院所科研业务费项目(CZKYF2020B005)。

***通信作者**：盛万民，e-mail：shengwanmin@163.com。

型品种。

2.2 产业效益不显著，且受新兴市场冲击较大

黑龙江省玉米、水稻、大豆等主粮面积扩大、单产提高、效益有所增加，尽管2020年马铃薯单产较高，但效益与玉米收益基本相当，因而对马铃薯种植面积有所替代，加之随着内蒙古、吉林、辽宁等省（自治区）马铃薯产业的迅速崛起，黑龙江省马铃薯市场受到较大冲击。

2.3 生育后期降水频繁，严重影响收获

2020年黑龙江省8月末、9月收获时期降水较历年同期明显增多，晚疫病危害较重，对马铃薯品质、产量的影响较大，再加上黑土地土壤黏重，导致薯块收获难度增加，造成较大损失。

2.4 产业链条发育不完善，整体效益没有得到发挥

马铃薯种植与加工之间的产业链条基本处于断裂状态。一方面加工企业在本地采购不到合格的加工原料，另一方面本地农民收获的马铃薯销售难，种植户得不到产业链延伸增值的益处。食品加工型品种生产环节成本高也是制约马铃薯产业化发展的关键难题。

3 "十四五"发展重点建议

"十四五"期间，黑龙江省省委、省政府将实施把黑龙江省打造成"马铃薯种薯和商品薯第一大省"的战略部署，结合黑龙江省马铃薯产业发展现状及需求，建议今后做好以下3个方面重点工作。

3.1 加强基地规划与建设，提高生产水平

加快推进克山县国家区域性马铃薯种薯繁育基地建设，提高脱毒种薯生产能力。重视齐齐哈尔、绥化、哈尔滨、黑河等马铃薯主产区基础设施建设，尤其要加强这些地区黑土改良工作，引导马铃薯规模化种植。

3.2 打造产业品牌，提升总体效益

积极向国家争取马铃薯产业方面的政策项目，鼓励马铃薯加工企业及合作社参加大型农产品展览推介活动，宣传推广马铃薯品牌，显著提升总体效益。

3.3 加强品种选育与推广

结合黑龙江省马铃薯产业对高淀粉、全粉加工或早熟优质鲜食型品种的急需，建议政府投入资金，设立马铃薯品种改良专项，夯实遗传育种基础研究，提升品种创新能力，力争在优质、抗病、专用马铃薯新品种选育研究上有所突破，同时加强全省马铃薯品种结构调整，扩大已育成优质专用新品种的种植面积与比例。

内蒙古中西部地区马铃薯乡村振兴发展策略

丁　强[1]，郭景山[2*]，韩志刚[2]，谢　锐[2]，郭斌煜[2]，徐利敏[2]，赵远征[2]，李志平[3]

(1. 达茂旗农牧局，内蒙古　达茂旗　014500；

2. 内蒙古农牧业科学院，内蒙古　呼和浩特　010031；

3. 内蒙古经济作物工作站，内蒙古　呼和浩特　010011)

摘　要：内蒙古马铃薯产业在当地经济发展中具有突出地位，具有其他农作物不可替代的重要性，内蒙古中西部地区农户70%的收入均来自马铃薯产业，搞好马铃薯产业是内蒙古自治区乡村振兴发展的必经之路。文章通过论述内蒙古地区马铃薯生产者基本情况，探讨马铃薯产业在乡村振兴中的突出作用，初步提出了当地马铃薯产业乡村振兴发展策略，适合当地生产实际的乡村振兴策略必将对当地农业生产产生重要影响，从而推动当地产业经济的发展。

关键词：马铃薯；乡村振兴；发展策略

马铃薯是内蒙古自治区的重要经济作物，近些年种植面积保持在34万~54万 hm^2，是全国五大马铃薯主产区之一。同时，马铃薯也是内蒙古自治区仅次于玉米的第二大粮食作物，种植马铃薯是内蒙古自治区脱贫致富的主要措施之一，尤其是内蒙古中西部地区，农户70%的收入均来自马铃薯产业[1-5]。马铃薯具有其他农作物不可替代的重要性，加上适宜的自然气候，当地政府的大力支持，这些综合因素保证了马铃薯在内蒙古中西部长期稳定发展。为此，搞好马铃薯产业经济是支撑引领当地乡村全面振兴的重要途径之一。

1　内蒙古中西部地区马铃薯生产者基本情况

1.1　当地马铃薯生产者基本分类

根据生产规模可以把马铃薯生产者分为以下几类：小农户(种植0.7 hm^2 以下)、一般规模农户(种植3~7 hm^2)、中等规模农民协会和私营合资(种植13~27 hm^2)、小公司(种植34~134 hm^2)、普通公司(种植200~334 hm^2)、集团化公司(种植334~1 333 hm^2)等。

1.2　当地马铃薯生产者基本情况分析

1.2.1　小农户生产情况

目前内蒙古中西部地区30%左右的马铃薯种植者是小农户。由于种植户基本上是60岁以上还可以劳作的老人，他们对马铃薯种植技术需求主要是品种的选择和收获后产品的销售信息和渠道，由于规模小、信息不畅、用种量少，良种补贴种子不容易得到，种子来

作者简介：丁强(1966—)，男，农艺师，长期从事马铃薯农业技术推广和农场经营管理工作。

基金项目：国家马铃薯产业技术体系(CARS-09)。

＊通信作者：郭景山，博士，研究员，长期从事马铃薯脱毒种薯高产栽培技术和产业经济方面研究，e-mail：gjs1215@qq.com。

源主要以换种为主，种植技术来源于传统种植习惯和经验，销售依靠当地经纪人。

1.2.2 一般规模农户生产情况

由于农村人口逐渐减少，年轻人基本外出打工土地流转比较容易，50~60岁有一定体力的种植者(村屯干部、因照顾老人无法离开者)，基本上以家庭为主，考虑到马铃薯种植收入相对高些，常年进行种植。这类人多数有条件获得良种补贴种薯或通过乡和村从当地农业局购买种薯，当地经纪人和他们也熟悉，销售不是太大问题。种植技术主要通过参观附近规模化种植基地，学习种植技术或与其他种植者交流学习种植经验，也有机会参加当地农业局和乡镇举办的技术培训班。技术需求主要是膜下滴灌覆膜种植技术、高垄滴灌种植技术等。他们经常接触农业局和乡镇农业技术人员，有技术难题主要找这些人解决。

1.2.3 中等规模农民协会和私营合资生产情况

一些在城里务工的年轻人，利用身为本地人的优势，获得价格相对低的空闲土地，回到农村合伙种植；或者当地个别村干部成立协会，吸引回村年轻人加入协会共同种植。这部分种植者主要采用滴灌和小喷灌种植，有一套简单的马铃薯种植农机具，少数人购买大型农机具。技术需求主要是马铃薯种植品种的选择、病虫草害防治、追肥技术(水肥一体化的应用)，其他技术需求受制于农机具(简易的打药机和收获机)。病虫草害防治方面主要是病害控制技术不成熟，对当地黑痣病防控能力不佳，时好时坏；如果购买了带疮痂病种薯，很快基地就不适合种植马铃薯了。其他早疫病、晚疫病基本上能控制，枯萎病、干腐病防治技术成熟。种薯选择是这部分人的关键问题。由于自留种的蚜虫防治、控制病毒传播方面缺少防范意识，导致自留种质量无法保证，经营水平参差不齐。

1.2.4 小公司规模化生产情况

经营者多为当地有多年种植经验的农民或市、县农业局技术人员或市农业科学研究所技术人员或曾在大种子公司工作过的技术人员。大部分种植者能享受到国家的各种农业补贴(种子、农机、化肥、地膜、灌溉设施等)，有成套马铃薯种植机械，掌握的种植技术比较全面。他们掌握种薯处理技术、田间管理技术(翻地、耙地、播种、中耕、打药、灌溉、液体追肥、杀秧、收获等环节)和贮藏技术等。他们的施肥方案由肥料厂家协助制定，植保方面由许多农药公司经销商和代理商根据经营者经济状况制定方案。黑痣病防控不稳定，要购买控制疮痂病的种薯，防治蚜虫控制病毒传播，用于生产的种薯质量时好时坏，多数有自己的贮藏窖。

1.2.5 普通公司规模化生产情况

普通公司设有总部，有自己的办公场所，公司人员有一定规模，各类技术人员齐全，公司进行正规化管理。有自己固定的生产基地和成套的生产机械设备，植保和施肥方面比小公司规模化生产选取的药剂和化肥更优质，田间作业比小公司规模化生产更先进，技术更全面，有一定规模的组培室和贮藏窖。

1.2.6 集团化公司规模生产情况

集团化公司实行正规化管理，有自己的办公场所，公司各类人员齐全。有较大规模生产基地，拥有多套国外马铃薯生产机械设备，拥有现代化组培室和大型现代化贮藏窖。田间作业比普通公司规模化生产设备更先进，技术更全面。许多农药公司和化肥厂家在公司基地进行产品对比试验，公司有时在不同生产基地选取不同厂家方案运用到生产中观察试验效果。

2 内蒙古中西部地区马铃薯在乡村振兴中的重要性及存在问题

2.1 乡村振兴战略实施工作中主要马铃薯生产者

现阶段内蒙古中西部地区通过土地流转形成许多从事种植业为主的规模化、集约化、商品化小型农场，其生产规模一般在 20～134 hm²，已经是当前不可小视的新型农业经营主体。其中有种植大户、家庭农场、专业农民合作社及涉农企业等，都是以土地资源为依托，以种植业为主要收入来源的新型农业经营主体，也称小型农场。

区域内的小型农场主要种植马铃薯、向日葵、甜菜、玉米等，定向生产不同类别的农产品。从技术层面上考察，他们引进新品种、改良栽培技术，提升了当地农业生产关键措施，提高了质量、产量、效率，其专业水平相对小农生产有了质的飞跃；从生产水平上考察，通过机械化的应用，大大提高了作业能力、农业装备水平。小型农场的出现，一方面为中国今后的现代农业发展打下良好的基础，另一方面也为区域内农村空心化、老龄化问题突出，土地粗放经营和撂荒问题严重，找到了现实可行的解决方案。以达尔罕茂明安联合旗为例，区域内总耕地面积 9 万 hm²，流转面积约为 3 万 hm²，农机动力保有量 28.4 万 kW。地处达茂联合旗巴音赛罕嘎查的内蒙古金绥润农牧业发展有限公司，在 2000 年流转土地 180 hm² 创办农场。初期是以马铃薯种薯生产为主导产业，但是该农场每年的马铃薯播种面积不超过 44 hm²，向日葵 40 hm²，倒茬作物玉米、草谷子、苜蓿每年在 100 hm² 左右。种植马铃薯纯收入在 1 500～2 000 元/667 m²，向日葵纯收入在 800～1 200 元/667 m²，而种植玉米、草谷子、苜蓿的纯收入只有 400～500 元/667 m²。该公司大面积的低收入倒茬作物支撑着经济作物马铃薯、向日葵，使整体农场的土壤生态环境良好保持，马铃薯、向日葵的土传病害很少发生。另外该公司于 2013 年开始发展舍施畜牧，利用冬季作物茬田放牧与圈养补饲结合的方式发展肉羊产业，规模每年在 1 500 只左右，羊粪每年还田肥地，经济和生态效益双丰收，十多年来从未赔过钱。新型的职业农民、新型的经营主体在推进现代化农业建设和实施乡村振兴战略过程中逐步成为骨干力量，发挥了引领作用。

2.2 乡村振兴战略实施工作中主要马铃薯生产者存在问题

2.2.1 初入行者经验不足

小型农场主在最初涉足农业生产经营时，由于经验不足、技术不到位、设备不配套、管理能力差，再加上农作物农艺环节多、时效性强、劳动密集，同时也受自然环境如风、旱、雹、涝、霜冻等因素胁迫，使初入行者面对具体问题时十分无奈，一些农场主在创办农场初期就以失败而告终。

2.2.2 土壤生态问题

目前专业种植农场的重茬、迎茬现象十分严重，使土壤内部生态系统发生变化。如马铃薯的土传病害、黑痣病、疮痂病、粉痂病等，向日葵的列当、菌核病等造成的损失都非常大。另外专项除草剂的使用，致使下一茬其他作物生长受到严重抑制。对于发生的上述问题，农场采取很多补救措施，如使用化学药剂、增施生物菌剂、增施有机肥，但收效一般。

因此，专业种植农场主到处去找(流转)适合自己种植的土地，打一枪换一个地方，种3~5年再换地方的路子今后行不通了。2000年在达茂旗创办的134~200 hm² 规模农场，如赛罕塔拉农场、开林河农场、红旗牧场农场的种植者每年大规模投入种植马铃薯、向日葵，初期1~2年收入可观，但3~5年后则病虫害逐渐发生，苦不堪言，最终导致失败。

笔者也可以算作一个小农场主，种植了20余年马铃薯，经营地点在达茂境内变更5处之多，基本上每隔5年就换一个经营地点，其中的水电配套、基本建设，工具搬运等费用投入不少，目前利用换基地的方法寻找合适的土壤，在当地已经很困难。

2.2.3 市场风险问题

农产品滞销是种植业最害怕的事情，尤其是农业规模经济的抗风险能力太差。很多小农场主因此一蹶不振，破产改行的不胜枚举。产品卖不出去赔本钱，同时也赔掉了经营的积极性，对土地和能源(化肥、燃油)等基础农业资源造成极大的浪费，迫切要求农业经营模式亟待改变。马铃薯滞销在达茂旗在2011和2017年发生2次，市场售价不足成本的50%左右，小农户的产品转向牧业饲料，悲中带喜。可怜的农场主则无路可走，赔钱的数不胜数。在2012和2018年整个马铃薯产业的种植面积缩减50%~70%。当地有很多农场主都改行了。近年来蔬菜及经济作物滞销频频发生，如圆葱、白菜、土豆、西瓜、南瓜、大蒜及中药材等在全国各地发生季节性过剩，产后无人收购，烂到田间地头，究其原因是多方面的。首先国家政府层面上种植非粮作物布局面积无计划，比如一个地区或者全国种植多少亩马铃薯就能够满足食用薯、加工薯、种薯的消费，完全由市场来决定生产面积，就会出现跟风种植、同质化生产，就会出现农产品过剩滞销问题。一个地区只有产业结构是多元的、多模式的，其初级产品才能够由高速增长向高质量发展。如果种植业产业结构单一，产品的加工、流通、销售不配套，市场风险必然由农场主承担。

2.2.4 适度规模问题

党的十九大做出实施乡村振兴战略的重大决策部署，要求发展多种形式的适度规模经营，培育新型农业经营主体，建设现代农业。现阶段土地、肥料、农机具、燃料、人工成本都比较高，人才管理、技术应用、资金问题都是生产经营者考量的因素。农场主应该综合各方面因素，确定自己的农场规模，贪大求多只讲规模化忘记集约化，最终结果事与愿违，往往是大不如强、强不如精。在稳定的基础上，扩大面积和经营种类是适度规模的根本。种植业是弱势产业，其内部的农艺技术、自然气候因素、生产力装备水平、市场行情等诸多因素相互作用，相互制约，是一个复杂的过程，不能抱有急功近利、一夜暴富的投机心理去经营。适度经营模式意味着土地需要集约耕种，并进行长远规划、改进生产设备、提高科技含量、管理精准合理，从而实现农业生产的相对可控。笔者了解周边几个农场主，土地流转了很多，步子迈的很大，结果管理跟不上出现不少漏洞，机械设备投入动辄几十万元、上百万元，土地、种子、化肥、人员工资开销也不少，结果因为草害、晚播、晚收、干旱、雨涝、市场滞销等因素，几年下来几千万元打了水漂。所以适度规模的"度"如何把握，是每个农场管理者思考的热点。种植不是光凭资本说了算，凭想象就能挣许多钱，需要认真学习种植技术、辛勤管理、拓展市场，才能获得一般的利润。任何一家农场只有政府投资、项目扶持、银行贷款、亲友帮助，而不去精打细算、科学管理农场作物，那么倒闭只是时间问题。笔者 20 多年种植马铃薯，种植过 67，54，34 和 20 hm² 等不同规模，其产品的产量、质量的差异极大，67 hm² 产量 2 t，废品薯居多，卖不上价格，20 hm² 产量 5 t 多，合格商品薯多，市场认可高，价高卖得快，所以说适度规模经营很关键。

3 乡村振兴战略实施工作的对策与建议

内蒙古马铃薯乡村振兴战略实施工作已经开展 2 年多，从实践经验中得出，发展适度规模经营是实现农业现代化的根本出路，国外发达国家的经验无不是通过农业的规模经营，以工厂化、企业化的方式推进农业现代化。现在的小型农场各具特色，是传统农业向现代化农业转化的产物，改变了传统一家一户家庭式生产经营的传统模式。随着城镇化、工业化的发展，结合农村出现的老龄化、空心化现象，小型农场将会有较大发展，也是现代农业发展的可喜之举。

3.1 乡村振兴战略实施工作的产业化经营思维

传统农业生产不存在土壤生态病害和食品安全问题，几千年的传统农业的土地用养结合、农牧结合、各栽培作物的良好搭配，承载农耕文明的大思维，即五谷丰登、六畜兴旺的小农经济。虽然专业水平、生产能力不高，但内部结构的联合是一个良好完善的生态功能布局，值得农场主们思考应用的大思维，发展现代化农牧业产业化首先要保持传统农业经营的大思维。自然生态系统要求各专业经营主体进行横向联合、跨界联合，克服分散单一规模的生产弊端，就是尊重科学，在自愿、互利原则的基础上，通过联合合作实现共同发展。社会分工越来越细，专业化程度越来越高，各作物专业生产的每一个农艺环节都需要工匠精神，才能达到提质增效，每一个农场主不可能成为全面手，只有联合才能技能互补、取长补短，达到可持续健康发展。

针对单一作物种植农场而言，单一作物的重茬、迎茬耕作使土壤生态恶化，需要"跨界"合作倒茬轮作，不同作物的种植农场形成产业化联合体，合理安排作物布局结构，解决土壤生态问题，解决固定资产投入问题，解决单一作物种植农场的技术缺失问题。

3.2 乡村振兴战略实施工作中要充分利用和发挥社会化服务功能

目前正处在传统农业向现代化农业转型过渡阶段，传统的小农户经营主体与各种现代化经营主体将在一段时间内多元共存。农场则是现代化农业的表现形式和重要载体。现代化农场在规划发展中要充分考虑传统农业中孕育的思维智慧，才能体现现代化优势。

农业社会化服务包括政府的公共服务和有关的社会经济组织，涉及个体户、农业合作组织、农业科研院校等，服务内容包括基础设施、生产资料、农业机具、技术推广、资金筹划、市场信息以及产前、产中、产后等一系列服务。专业农场要多元发展就离不开社会化服务，因为在一段时期农场主的每个生产、经营环节都不可能达到精通，其机械装备水平的完善程度绝对满足不了生产需求，达不到一二三产的深度融合程度。在理想和现实之间寻找平衡点，只能依托社会化服务。在农业的分工体系中，要充分利用市场系统的作用，精准地搞好农场各个环节的管理。农场生产在市场的作用下与各个服务组织(个人)形成了稳定的相互依存关系，形成一个有机整体。农业社会化服务，是农业生产商品化发展到一定阶段的产物，农业社会化服务形成一个完备的体系，则表明商品农业进入了高度发展阶段。

[参 考 文 献]

[1]　郭景山,李文刚,丁强,等.内蒙古中西部地区农户马铃薯生产状况的调研分析 [C]//陈伊里,屈冬玉.马铃薯产业与水资源高效利用.哈尔滨:哈尔滨工程大学出版社,2012:32-34.

[2]　郭景山,李文刚,丁强,等.内蒙古中西部地区马铃薯产业发展现状及对策 [C]//陈伊里,屈冬玉.马铃薯产业与水资源高效利用.哈尔滨:哈尔滨工程大学出版社,2012:35-38.

[3]　郭景山,李志平,徐利敏,等.内蒙古马铃薯脱毒微型种薯发展概况 [C]//屈冬玉,陈伊里.马铃薯产业与精准扶贫.哈尔滨:哈尔滨地图出版社,2017:278-282.

[4]　杨丽桃,郭斌煜,郭景山,等.内蒙古中西部地区气候条件与马铃薯产业重要性的分析 [C]//金黎平,吕文河.马铃薯产业与美丽乡村.哈尔滨:黑龙江科学技术出版社,2020:151-156.

[5]　李志平,郭景山.2019 年内蒙古马铃薯产业现状、存在问题及发展建议 [C]//金黎平,吕文河.马铃薯产业与美丽乡村.哈尔滨:黑龙江科学技术出版社,2020:129-133.

马铃薯缔造运动传奇

——用"运动营养科技"筑起健康国防的钢铁长城

马达飞*

(中薯粮(北京)农业科技有限公司，北京　100000)

摘　要：从营养之王——马铃薯的全营养价值、"二战大赢家"与马铃薯、马铃薯与运动营养、用运动营养学筑起健康的钢铁长城方面分析马铃薯与运动、营养、健康的关系。合理地运用运动营养科技成果，为提高官兵的整体健康水平与官兵战斗力提供重要保障。

关键词：马铃薯；营养；健康；运动

马克思主义认为，体育是满足人类个体及社会的物质与精神需要的实践活动，体育发展水平要与社会生产发展水平相适应。2017 年，总书记在天津会见全国群众体育先进单位、先进个人代表时强调："落实全民健身国家战略，不断提高人民健康水平。"总书记又提出："要加快推进体育改革创新步伐，更新体育理念，借鉴国外有益经验，更好发挥举国体制在攀登顶峰中的重要作用"。

总书记的强军思想指出："明确军民融合发展是兴国之举、强军之策，必须坚持发展和安全兼顾、富国和强军统一，形成全要素、多领域、高效益军民融合深度发展格局，构建一体化的国家战略体系和能力。"

把先进的运动营养理念，运用到部队的日常训练和野营拉练以及国防戍边等方面，有助于保护高强度运动下的士兵身体、提高身体健康水平，防控各类疾病发生、加强官兵战斗能力，应对新时代各种艰苦作战环境的挑战。尤其是在中国政府倡导马铃薯主粮化战略之际，运用这种优质且常见的食材，与建设军队大健康的趋势完全融合。

1　营养之王——马铃薯的全营养价值

马铃薯可作为蔬菜制作佳肴，亦可作为主粮。每人天吃 0.25 kg 的新鲜马铃薯，就能产生 100 多 kcal 的热量，而且食用后有很好的饱腹感，所以马铃薯十分耐饿，加上马铃薯没有异常味道，所以完全可作为主食。而其却比大米、面粉具有更多的优点：马铃薯蛋白质含量高，且拥有人体所必需的全部氨基酸，特别是富含谷类缺少的赖氨酸，因而马铃薯与谷类混合食用可提高蛋白质利用率。

马铃薯也是所有粮食作物中维生素含量最全的，其含量相当于胡萝卜的 2 倍、大白菜的 3 倍、番茄的 4 倍，B 族维生素更是苹果的 4 倍。特别是马铃薯中含有禾谷类粮食所没

作者简介：马达飞(1971—)，男，工程师，研究方向为马铃薯文化及食品研发、文创。

*通信作者：马达飞，e-mail：madafei@126.com。

有的维生素 C，其含量是苹果的 10 倍，且耐加热。有营养学家做过试验：0.25 kg 的新鲜马铃薯足够一个人 24 h 消耗所需的维生素。

马铃薯还是一个矿物质宝库，各种矿物质是苹果的几倍至几十倍不等，0.5 kg 马铃薯的营养价值大约相当于 1.8 kg 苹果的营养价值。美国新泽西州立大学和德国一些医科大学及医学院权威人士进行的一系列研究证明，如果人们每天只吃马铃薯，即使不补充其他任何食品，身体也能摄取 10 倍于传统食品中含有的维生素和 1.5 倍的铁元素。马铃薯还有很神奇的药用价值。马铃薯中的淀粉在体内吸收缓慢，不会导致血糖过快上升；膳食纤维在根茎类蔬菜中含量较高，常吃马铃薯可促进胃肠蠕动，且膳食纤维有助于降低罹患结肠癌和心脏病的风险；马铃薯钾元素含量很高，能够排除体内多余的钠，有助于降低血压。俄罗斯人须臾离不开马铃薯，俄罗斯的营养专家曾对莫斯科市 1 200 人进行了调查。结果表明，平时常吃马铃薯的人比不吃马铃薯的人患流感、传染性肝炎、痢疾、伤寒、霍乱等传染病的概率低 72.4%。营养专家研究证实，马铃薯的蛋白质可使肌体对自然界某些有害因素保持较强的抵抗力。

胃溃疡患者如果每天空腹吃些马铃薯泥可有效地缓解病情。著名营养学家对此有一个形象的比喻：得了胃溃疡，胃上就多了很多小窟窿，而马铃薯泥就如同小膏药，能把这些小窟窿牢牢地封上。

马铃薯以其对人体的多种益处，无愧被授予"十全十美的食物""营养价值之王"的称号。

2 "二战大赢家"与马铃薯

二战时，美国依靠强大的经济实力和科技实力，投入了大量的人力、物力和精力来为部队研发生产并提供营养全、易携带、耐贮存的"超级食物"。这些超级战场干粮正如车辆的燃料，武器的弹药，为美国大兵保持良好战斗力提供了保障。

当年，美国大兵在战场上餐餐离不了的是一种军用压缩饼干，以及"斯帕姆"(SPAM)午餐肉，而这两者的主要成分都是"土豆全粉"。午餐肉是由少量猪肉与大量的土豆全粉混合，再加入油和食盐制成的一种块状物品。这种肉被装在马口铁皮罐头里，后来逐渐风靡全球。而军用压缩饼干中 99% 的成分是土豆全粉，其他是结合剂和调味剂。1937 年，美国梅尔食品公司首次生产的富含马铃薯全粉的"罐头午餐肉"顺利成为二战盟军食品中的主要蛋白质来源。1941 年，日军袭击珍珠港，为给开赴前线的几十万美国大军准备便于携带、营养充分的超级干粮，美军后勤保障部门千挑万选后挑中了 SPAM 午餐肉，以及体积小易携带的军用压缩饼干。事实证明，午餐肉和压缩饼干作为士兵的主食是一件非常英明的决定。其主要成分是土豆全粉，几乎兼具了粮食、蔬菜、水果中的全部营养，又添加了油脂，绝对全营养。当时的盟军最高司令官曾说："在过去的四年里，是午餐肉和压缩饼干帮助我们打赢了战争！"

二战之后，美军食品的制备和菜谱已经发生了很大变化。午餐肉和"军用压缩饼干"也逐渐转变为即食口粮 MRE。越战期间，美军的野战食品中还加入了炖鸡和猪肉烧土豆。在海湾战争和伊拉克战争中，美军的主要食品是现成熟食。该食品系软包装食品，体积小，重量轻，口味好。熟食包括：奶油鸡块、土豆片夹火腿、土豆炖牛排、咸牛肉土豆泥等。所以，可以发现，小土豆始终在战场上扮演着重要角色。

3 马铃薯与运动营养

中国食品科学学会运动营养食品分会专家组成员介绍，运动时机体主要依靠碳水化合物来参与供能、维持运动强度，并为肌肉和大脑提供能量。与蛋白质和脂肪不同，身体中的碳水化合物贮备非常有限，如运动时人体得不到充足的碳水化合物供应，将导致肌肉出现疲乏而无动力。此外，碳水化合物还有利于节省肌体对蛋白质的消耗，有助于保持肌肉的形态和功能，这也是运动人士尽力想达到的效果。

日常的碳水化合物来源非常丰富，但健康并且低脂的才为优质碳水化合物，除了熟悉的谷类、面食外，马铃薯是极佳的碳水化合物来源，因此非常适合作为运动膳食。"一个中等大小的带皮马铃薯(0.148 kg)的碳水化合物总量为0.026 kg，并且不含脂肪和胆固醇。同时，马铃薯钾元素的含量非常高，其钾元素的含量比香蕉还要高，也比一般的谷类要高很多，钾元素有助于维持正常神经冲动的传递、帮助肌肉正常收缩，预防肌肉痉挛。"另介绍，马铃薯的特点就是烹调的方式多种多样，既能当主食又可以做菜蔬，能极大地丰富膳食种类。

近几年无论是在欧美、日本或海外都相当受欢迎的能量棒，以大豆、马铃薯为主要成分，当中还有植物性蛋白质、维他命，加上含有丰富的水果与坚果，能同时让身体摄取到养分及达到营养均衡。能量棒的体积小，便于随手带在身上，是运动时非常得力的助手。然而大豆制品并非人人适宜，鉴于此，市场迫切需要一种既能产生饱腹感、又非常安全的运动与营养产品。澳大利亚雪梨大学曾经制定过一个名为"饱腹感指数"的评价量表，对38种不同食物做出评价，其中马铃薯的分数最高，位居榜首。新的研究认为，马铃薯里含有一种特殊成分，对增加饱腹感进而减重的助益更大。这种成分就是Slendesta®马铃薯提取物中所含有的特征成分蛋白酶抑制剂II(Proteinase Inhibitor 2，PI2)，PI2能够有效促进胆囊收缩素(Cholecystokinin，CCK)的释放。经典研究认为，CCK是一种强大的内源肽，可以促使包括胃和大脑在内的部分器官发出饱腹感和满足感的信号。Slendesta®是一种天然蛋白质，源自美国种植的非转基因马铃薯，这种马铃薯在全球已经有数百年的食用历史。Slendesta®经水提取工艺和超滤技术获得，不含任何刺激成分，是纯天然来源的安全食品原料，大量临床研究证实其不会对人体产生任何副作用。

长期保持运动的人需要在运动前后更加注意钾元素的补充，同时，富含钾元素的食物包括马铃薯(土豆)、香蕉、橙子、蘑菇等。一些运动医学方面的专家指出，激烈运动时，除了人体中因排汗而流失掉一部分水分和盐分之外，钾元素也是其中重要的流失部分。钾元素是人体中一个重要的元素，起到维持神经、肌肉正常功能运作的一种元素，尤其是能够保证心肌正常运作。因此，人体中如果钾元素流失过多，就会明显感觉到疲倦、无力，精神和体能神经方面都会明显的下降，同时身体的耐热能力也会大幅度降低。另外，身体如果严重缺钾，也很有可能会导致心律失常和全身肌肉无力，因此专家建议，运动时需要养成常备富含钾元素能量棒的习惯，方便迅速调节体能。

因此，以马铃薯提取物为基底的各种能量棒产品，通过各种生物科技和种植技术的复合型融汇，已经获得中国农业大学食品与营养工程学院的技术支持和深度研发，即将广泛地应用于各种运动场景和机构，为全民大健康起到一个重要的引领和保障作用。

4 用运动营养学筑起健康的钢铁长城

运动营养学是研究运动员的营养需要，利用营养因素来提高运动能力，促进体力恢复和预防疾病的一门科学。运动营养学是营养学的一个分支，是营养学在体育实践中的应用，因而也有人将运动营养学视为应用营养学或特殊营养学，这门学科的成果完全可以用到部队的高强度训练当中。

营养是指人体从外部环境摄取、消化、吸收与利用食物和养料的综合过程。运动营养学研究运动员在不同训练和比赛情况下的营养需要、营养因素与机体功能、运动能力、体力适应以及防治运动性疾病的关系，从而提高运动能力。其是运动医学的重要组成部分之一，与运动生物化学、运动生理学、运动训练学、运动生物力学、运动员选材学、病理学、临床医学、营养与食品卫生学、食品化学、中医养生学、烹饪学等有着密不可分的确良联系。

合理营养有助于提高运动能力和促进运动后机体的恢复，合理营养支持运动训练，是士兵们保持良好健康和运动能力的物质基础，对运动员的机能状态、体力适应、运动后机体的恢复和伤病防治均有良好的效果。合理营养为运动员提供适宜的能量；合理营养有助于剧烈运动后机体的恢复；合理营养可延缓运动性疲劳的发生或减轻其程度；合理营养有利于解决运动训练中的一些特殊医学问题（不同体育项目、不同环境、不同年龄期的特殊医学要求）；合理的营养可保障肌纤维中能源物质（糖原）的水平稳定，减少运动性创伤的发生率。而在运动员中普遍食用的能量棒，完全可以用于部队的各种高强度训练中保护战士的身体，从而保护健康体魄，用最佳的状态随时随地应对复杂的国防需要和各种突发事件。

在新时代，军队军人的健康保障正在由单一的疾病防御走向多元化的全面防护，新时代，军人对于健康的需求已经不仅仅是预防疾病，开始呈现出多元化的需求，在这样的条件下，就有必要的引入运动健康营养管理。而当前军队目前的卫勤保障系统模式已经不能够满足军人日益增长的健康服务需求。军人对于运动健康营养需求的多样化也要求军队卫勤保障系统进一步革新，希望通过军民融合的方式，更加科学的方法和手段来保证军人的健康，降低疾病率，从而进一步减少不断增长的军人医疗费用，这对于保证军人健康，提升部队的战斗力是具有十分重要的现实作用，也是 21 世纪军队卫勤保障重要战略目标。

综上所述，在军队当中引入运动营养健康管理并不是一件一蹴而就的事情，需要相关的机构和领导重点关注并且也需要各种资源作为保障，但是不可否认的是，在军队当中进行健康管理，合理地运用运动营养科技成果，这也是提升军队士兵战斗力的重要保障。

2020 年内蒙古马铃薯产业现状、存在问题及发展建议

李志平[1]，郭景山[2]*

(1. 内蒙古经济作物工作站，内蒙古　呼和浩特　010011；
2. 内蒙古农牧业科学院，内蒙古　呼和浩特　010031)

摘　要： 文章概述了 2020 年内蒙古马铃薯生产、加工、销售等方面的基本情况和存在问题，根据内蒙古政府对马铃薯产业发展制定的最新政策，从"薯都"重点建设、基地标准化生产和发展壮大产地加工业等方面论述了 2021 年内蒙古马铃薯产业发展方向。

关键词： 内蒙古；马铃薯；产业现状；发展建议

2020 年是内蒙古马铃薯产业转型发展的重要时间节点，主要表现在面积回升、结构优化、政策出台、科技推动、项目提振，产业高质量发展的基础进一步夯实、目标进一步明确、措施更加具体。

1　2020 年内蒙古马铃薯生产、加工及市场情况

1.1　种植情况

1.1.1　种植面积回升，生产情绪回暖

2020 年内蒙古马铃薯种植面积在 34 万 hm^2 左右(调研分析)，较 2019 年增加 14.3%，10 年内首次实现回升，种植户情绪理性，生产积极性较高，生产回暖趋势明显。除鄂尔多斯市和赤峰市因退耕还林还草和倒茬需要，马铃薯面积减少外，其他盟市均持平或略增，其中乌兰察布市、锡林郭勒盟等阴山沿麓地区马铃薯优势区增幅近 15%。主要原因：一是就内蒙古而言，经过 10 年的回调，种植面积和目前市场需求之间的逆差大幅缩小，供求之间的矛盾大幅缓减，价格大幅波动的概率已经很低，市场对种植的影响将逐步进入平稳的正向引导期。二是品种结构的优化，高效技术的推广普及，马铃薯单产大幅提升，生产成本相对有所下降，承受价低巨亏的冲击能力有所增强。三是种植主体相对稳定，对稳定种植面积意义重大。以乌兰察布为例，全市大户、合作社、企业等新型经营主体规模种植(3 hm^2 以上)占马铃薯总播面积的 1/3 以上，规模种植鲜薯产量占到总产量的 1/2 以上。这些种植主体，种植理性，年种植马铃薯的面积基本稳定，实现了轮作生产，对周边散户的种植起到了极大的稳定带动作用。四是 2020 年度内蒙古自治区以及乌兰察布等盟市采取了项目补贴、政策扶持等措施，也刺激了生产的回暖。

作者简介： 李志平(1968—)，男，推广研究员，长期从事农业技术推广工作。
基金项目： 国家马铃薯产业技术体系(CARS-09)。
*通信作者： 郭景山，博士，研究员，长期从事马铃薯脱毒种薯高产栽培技术和产业经济方面研究，e-mail：gjs1215@qq.com。

1.1.2 单产基本稳定，略有下降

通过调研，2020 年内蒙古平均产量 1 500 kg/667 m²（统计数字为 1 492 kg/667 m²，基本一致），较 2019 年 1 544 kg/667 m²（统计数字）降低 44 kg/667 m²，减幅 2.8%；总产鲜薯 765 万 t 左右较 2019 年 689 万 t 增加 76 万 t 左右，增幅 11%。其中：乌兰察布市平均产量 1 000 kg/667 m² 左右，较 2019 年下降 36 kg/667 m²，减幅 3.5%。

单产下降的主要原因是气候影响，阴山沿麓主产区马铃薯生长前期，5~6 月气候低温干旱少雨，不利于马铃薯出苗生长，出苗期延迟到 6 月上中旬，较常年晚 10 d 左右，而且苗情长势相对较弱。7~8 月降雨较多，马铃薯炭疽病、早疫病、晚疫病、枯萎病、环腐病都有发生，尤其进入 8 月中下旬，各种病害集中爆发，晚疫病发生面积达 7 333 hm²，预计减产 20%~30%，对产量和品质造成了一定影响。

1.1.3 品种结构优化，多元化进程加速

调研显示，2020 年老旧品种"克新 1 号"占比 5% 左右，较 2019 年降低 5 个百分点；"冀张薯 12 号"占比达到 40% 左右，与 2019 年基本持平；"荷兰系列"占比 22% 左右，与 2019 年增加 2 个百分点，主要是"V7"等类似品种种植增加；"夏坡蒂"占比 5% 左右，较 2019 年下降 2 个百分点；"兴佳 2 号""华颂系列""中加系列""希森系列""后旗红""川引 2 号""青薯 9 号"等品种占比 28%，较 2019 年提高了 5 个百分点。"冀张薯 12 号"的种植面积略有增加，主要是散户种植较多，但占比与 2019 年基本持平，"一薯独大"的发展趋势受阻，相当部分的规模种植户选择种植相对耐储、价格较好的"V7""希森 6 号"等类似品种，品种多元化种植结构与市场的契合加速。

1.1.4 高效种植技术稳步推广

内蒙古马铃薯主推以滴灌种植为核心的节水栽培技术模式（滴灌种植模式以及在滴灌条件下的水肥一体化技术），推广应用面积占总种植面积的 45%，比 2019 年略增，平均产量 2 700 kg/667 m²，因气候影响比 2019 年下降 300 kg/667 m²，降幅 10%。

1.2 种薯生产及应用情况

全区实际生产微型薯 4 亿粒左右，基本上是常年的低限水平；原种生产面积 5 333 hm² 左右，总产原种 25 t 左右。全区脱毒种薯的普及率达到 90%，较 2019 年提升 5 个百分点。

1.3 贮藏情况

10 月中下旬，内蒙古马铃薯收获结束，入库贮藏量占总产量的近 55%，较 2019 年增加 10 个百分点。其中：农户占比为 50%，企业和专业合作社、种植大户占比 40%，经销商和收购商等占比 10%。截至 12 月底，马铃薯贮藏量占总产量的 35% 左右，较 2019 年同期多近 15 个百分点。

1.4 销售情况

8 月下旬至 9 月初，鲜薯产地收购价格 1.4~1.6 元/kg（150 g 鲜薯），和 2019 年基本持平；9 月中下旬开始，收获进入高峰期，产地销售价格 1.0~1.5 元/kg，较 2019 年同期降低 0.15~0.30 元/kg；9 月底 10 月初价格继续走低到 0.9~1.3 元/kg，较 2019 年同期降低 0.2~0.3 元/kg；进入 10 月中旬以后，内蒙古马铃薯收获进入尾声，马铃薯以库薯销售为主，因成本增加，出库价格上扬 1.0~1.4 元/kg，同比下降 0.1 元/kg。从收获到库薯销

售，相比 2019 年，客商较少，走货较慢，销售不顺。截至 11 月底，产地销售价格略有提升，趋势转好，出库价格 1.1~1.5 元/kg，较 2019 年同期下降 0.1~0.3 元/kg。主要外销西南、东北和北京、天津、上海、武汉、山东、重庆、广州等地。目前，市场表现不容乐观，但趋势向好，总体平稳，预测后期马铃薯市场收购价格以小幅提升为主导趋势，后市可期。

1.5 加工情况

马铃薯加工继续延续 2019 年的好形势，特别是淀粉加工企业，因为环保严管松动，开工率达到了 90%以上，淀粉市场向好，加工积极性高涨，原料薯收购价在商品薯价格低迷的情况下，达到 700~800 元/t，部分高淀粉含量品种甚至达到 850~900 元/t，与 2019年基本持平。据不完全统计，2020 年秋季加工期内，内蒙古马铃薯鲜薯加工量 70 万 t 左右，加工率 9%，比 2019 年同期增加 2 个百分点。

2 制约内蒙古马铃薯产业发展的主要因素

2.1 种薯市场急待规范

随着新品种的不断推出，以及处于品种审定制度改革的过渡期等因素，监管难度大，种薯市场较为混乱。主要表现：一是种薯生产检测不到位，质量难于保证；二是种薯销售来源不明，手续不全，质量无法保证；三是品种名称不规范，同一个品种不同的名称以及不同品种多名的现象较多，如"黄心226""小叶 V7"等情况，监管难度加大；四是调种渠道乱杂，方式多样，涉及地区多广，加剧了病虫草害的交叉传播危害。五是种薯繁育基地保护机制不健全，监管难、跟踪难、处置难。

2.2 加工业的带动作用急待强化

一是马铃薯清洗、分级、包装等初级加工发展滞后，初级产品的品相外观差，等级细分不到位，导致价格低且市场竞争力弱。二是精深加工企业数量少，订单生产规模小，带动力不强。三是加工企业和生产基地利益联结机制不紧密，加工业对生产基地的拉动作用不强。四是加工企业的环保问题还未得到根本解决，一但环保管理加强，没有排污处理设施设备或处理排污不达标的企业只能关门停产，带动作用不能稳定发挥。

3 2020 年内蒙古马铃薯产业发展动态

3.1 关于促进马铃薯产业高质量发展实施意见正式发布

2020 年 10 月 23 日，内蒙古自治区人民政府办公厅正式发布了《促进马铃薯产业高质量发展的实施意见》内政办发〔2020〕35 号文件。《意见》提出了马铃薯产业发展的总体要求，明确了发展目标，提出了重点措施，制定了支持政策，细化了保障措施，是近年来，内蒙古针对马铃薯产业发展做出的重要指导性决策，必将对马铃薯产业转型升级、高质量发展起到重要的推动作用。

3.2 重点项目落地"薯都"

内蒙古重点打造以乌兰察布为核心的马铃薯产业优势区，从项目、资金等各方面给予了全方位的扶持。乌兰察布市也积极的整合资源、着力推进马铃薯产业发展。

3.2.1　国家区域性良种繁育基地建设项目

农业农村部认定了 8 个马铃薯国家区域性良种繁育基地，其中 2 个落实在乌兰察布市的察右前旗和四子王旗。项目期限为 3 年，总投资 1.2 亿元。

3.2.2　国家现代农业产业园建设项目

2020 年，国家农业农村部、财政部正式批准察右前旗创建国家现代农业产业园，创建期为 3 年（2020~2022 年）。该产业园国家奖补资金 1 亿元。创建集马铃薯科研创新、良种繁育、标准化基地、精深加工、仓储营销及品牌建设为一体的马铃薯加工核心产业园，聚力建设马铃薯标准化生产基地，形成"生产 + 加工 + 科技"的现代农业产业集群。

3.2.3　一般地方政府债券支持马铃薯良繁体系和仓储库建设项目

针对良繁体系基础设施建设滞后、种薯供应能力不足、高标准仓储库不能满足仓储需求的现状，乌兰察布市利用新增债券项目，支持马铃薯良繁体系建设和高标准仓储库建设。2019 年拨付资金 1.995 8 亿元，2020 年计划拨付专项债券 2 亿元，一般债券 0.63 亿元。支持标准为：新建组培室支持 800 元/m^2，网室支持 267 元/hm^2，高标准仓储库支持 400 元/t。

3.2.4　利用地方财政预算资金和统筹玉米生产者补贴资金用于马铃薯良种补贴

2019 年，乌兰察布市借助李克强总理视察乌兰察布时提出的"土豆主粮化很有前途，要研究支持农民扩大品质好、有优势的土豆种植，发展成为大产业，助力脱贫攻坚"重要指示，积极与财政部，农业农村部沟通，争取马铃薯生产者补贴，出台了马铃薯脱毒种薯补贴政策。2020 年，申请专项补贴资金 1.6 亿元，用于实施脱毒种薯补贴和加工专用薯补贴。

3.2.5　马铃薯产业强镇项目

2020 年在乌兰察布市四子王旗东八号乡开展农业产业强镇示范项目，项目总投资 1 868 万元，其中财政投资 1 000 万元，企业自筹 868 万元。主要建设内容是：建设高标准马铃薯种薯种植繁育基地 167 hm^2、高标准农田 67 hm^2、组建专业化服务组织 2 个。

3.2.6　以马铃薯为前茬的轮作项目

2018 年开始实施的以马铃薯为前茬的轮作项目共 4 万 hm^2，其中四子王旗 2.7 万 hm^2，中旗 1.3 万 hm^2，每年补贴标准 150 元/667 m^2。通过轮作项目的实施，提升耕地地力，减轻马铃薯土传病害，提高马铃薯品质，实现马铃薯产业可持续发展。

3.2.7　马铃薯价格指数保险

从 2015 年开始，市县两级政府补贴试点实施马铃薯价格指数保险，累积开展 4 000 多 hm^2，稳定了参保种植户的收益，提升了种植户的信心。

3.2.8　"科技兴蒙"行动重点专项在"薯都"起动

2020 年 9 月，"科技兴蒙"行动重点专项"内蒙古自治区马铃薯种业技术创新中心"在乌兰察布起动创建。项目建设以乌兰察布市农牧业科学研究院为主体，总投资 3 100 万元，其中自治区科技经费拨款 1 000 万元，乌兰察布市配套拨款 1 000 万元，自筹 1 100 万元。自治区马铃薯种业技术创新中心创建，有利于打通技术、组织、商业、资本之间的分割与壁垒，进一步整合该市马铃薯产业技术、人才、研发平台等方面技术创新资源，破解马铃薯产业技术应用瓶颈，推动马铃薯种薯新品种研发能力建设、马铃薯种薯良繁体系建设和良繁基地建设，实现马铃薯产业从科技成果到生产技术的转化，促进马铃薯产业重大基础研究成果产业化。

4 内蒙古马铃薯产业发展的几点建议

4.1 突出重点，着力推进马铃薯标准化生产

以高标准农田建设和高效节水灌溉等农业基础设施建设项目为依托，整合相关资金和项目，以优势主产旗县为核心，以种植企业、合作社等规模种植户为实施主体，以农技推广、科研教学等技术部门为科技支撑，立足实际、实效，结合订单生产，打造标准化生产示范园区，建设标准化生产基地，以点带面，稳步推进马铃薯标准化生产。

4.2 强化监管，着力规范马铃薯种薯市场

一是加强种薯生产基地建设的监管，确保符合相关种薯生产的要求；二是加强马铃薯种薯生产的监管，严格执行种薯生产标准，健全种薯质量追溯体系，确保内蒙古出产的种薯质量；三是加强马铃薯种薯销售市场的监管，规范经营，合法经营；四是加强监测检疫，遏制检疫性病虫害的传播。

4.3 做大加工，着力提升企业的带动能力

一是合理布局加工企业，支持中小型加工企业兼并重组，建立马铃薯加工产业园区，集中进行二次加工利用或废水处理，探索实行以企业为主体，政府补贴的废水利用、治理模式。二是重点支持加工企业与规模经营主体，通过"企业＋基地＋合作社"等模式开展订单生产，建立利益共享、风险共担的利益联结机制。三是继续发挥产地优势，支持发展精深加工，提高就地加工转化能力，提升产品档次，提高产品附加值。四是发展马铃薯初加工，积极引导新型经营主体开展贮藏保鲜、产后净化、分级包装、净菜加工等初加工，提高产后商品化处理能力和水平，提升产品的附加值和市场竞争力。

5 2021 年马铃薯产业发展预测

5.1 种植方面

当前市场处于相对低位，但整体氛围较稳定，而且整体蔬菜价格平稳向上，综合分析各方面因素，马铃薯市场将会稳定向上，再加上政策和项目的引导和扶持，2021 年内蒙古马铃薯种植面积将会恢复性增加，但增幅不会太大，预计在 5%～10%，面积在 37 万 hm^2 左右。

5.2 科技方面

2020 年各级党委政府以及相关部门对马铃薯产业科技创新给予了多方位的支持，2021 年将是整合资源，夯实基础的关键年。通过项目、资金的扶持，科研团队逐步强化，研究目标进一步明确，科技支撑将更加有力，更注重实际实效。

5.3 加工方面

随着扶持政策和项目的落地，马铃薯加工业将迎来新的发展期，在规模上、加工种类上以及基地建设上会有较大的发展。

2020 年乌兰察布市马铃薯产业发展现状及 2021 年生产形势分析

林团荣，张志成，王玉凤，王 伟，王 真，范龙秋，

李慧成，黄文娟，邢 进，尹玉和*

（乌兰察布市农牧业科学研究院，内蒙古 乌兰察布 012209）

摘 要：马铃薯是乌兰察布市主要农作物之一。近年来，乌兰察布市紧紧围绕农业结构调整这一主线，将马铃薯作为特色优势作物，通过宣传鼓励、政策引导、良种引进繁育、基地建设、龙头培育、市场建设等一系列措施，使全市马铃薯及相关产业得到了快速发展。文章主要分析了 2020 年乌兰察布市马铃薯产业发展现状、技术需求及主要制约因素，并对 2021 年生产形势进行分析，以期为马铃薯产业在乌兰察布市健康、快速发展提供新思路。

关键词：马铃薯产业；发展现状；存在问题；形势分析

1 2020 年马铃薯生产、加工及市场情况

1.1 生产情况

1.1.1 种植面积及产量

2020 年乌兰察布市马铃薯播种植面积 20.4 万 hm^2，鲜薯产量 350 万 t，平均单产 17 250 kg/hm^2，较 2019 年面积减少 3.47 万 hm^2，减幅达到 14.6%，单产增加 1 650 kg/hm^2，增幅 10.6%；2020 年水浇地种植面积 5.7 万 hm^2，总产 212.5 万 t，平均单产 37 500 kg/hm^2，最高产量超过 75 t/hm^2；旱地种植面积 14.7 万 hm^2，总产量 137.5 万 t，平均单产 9 375 kg/hm^2。主产县四子王旗 4.4 万 hm^2（其中水地 1.8 万 hm^2，旱地 2.5 万 hm^2），平均单产 21 375 kg/hm^2（水地 37 500 kg/hm^2，旱地 9 563 kg/hm^2），察右中旗 3.4 万 hm^2（其中水地 0.8 万 hm^2，旱地 2.5 万 hm^2），平均单产 16 013 kg/hm^2（水地 38 250 kg/hm^2，旱地 9 000 kg/hm^2），商都 3.0 万 hm^2（其中水地 0.6 万 hm^2，旱地 2.4 万 hm^2），平均单产 14 513 kg/hm^2（水地 37 125 kg/hm^2，旱地 9 075 kg/hm^2）。

1.1.2 生产中运用的新生产技术和生产模式

生产中主要运用马铃薯浅埋滴灌精准水肥调控绿色高效栽培技术，该技术从 2017 年开始试验，从滴灌设施、播种、中耕、水肥管理等环节对马铃薯无膜高垄滴灌栽培技术进

作者简介：林团荣（1982—），女，硕士，高级农艺师，主要从事马铃薯遗传育种研究。

基金项目：现代农业产业技术体系（CARS-09-ES05）；内蒙古自治区重大专项（ZDZX2018019）；内蒙古农牧业科学院青年创新基金（2020QNJJN014）。

*通信作者：尹玉和，研究员，主要从事马铃薯栽培技术研究，e-mail：wlcbsyyh@163.com。

行改进，利用配套农机具，在垄上将滴灌带浅埋于土壤 5 ~ 8 cm 处，即可防止鸟类、野兔等破坏，又能将水肥按需要精准送到马铃薯根部。

1.1.3 高产创建、增产增效模式攻关、其他示范及区域整体推进

乌兰察布市作为自治区马铃薯产业发展重点地区，现已连续三年实施农牧业重大技术推广项目，该项目成效显著。2020 年继续实施农牧业重大技术协同推广计划试点—马铃薯绿色高效集成技术及其推广应用项目，以马铃薯专用新品种及绿色高效集成技术为主推技术，开展农科教协同推广，重点打造一批规模化经营、标准化生产、专业化管理、品牌化运营、社会化服务的绿色高质量发展的重大技术示范推广试点。构建横纵广泛协同，优势互补的农技推广协同服务新机制，实现技术创新与产业发展有机结合、技术服务与产业需求有效对接，加快推进质量兴农、绿色兴农、生态兴农和品牌强农战略的实施。项目在察右后旗、察右中旗、化德县、商都县、四子王旗 5 个重点旗县实施，每个旗县建 100 亩创新试验田，1 000 亩核心示范田，10 000 亩辐射带动田，总面积 55 500 亩。

1.1.4 应用的主要栽培品种及所占比例

目前乌兰察布市老品种"克新 1 号"种植面积几乎很小，零星在前山地区山旱地小农户种植，占比约 5% 左右；鲜食新品种"中加 2 号""希森 6 号""冀张薯 12 号""v7""华颂 7 号""麦肯 1 号""川引 2 号""雪川红"等新品种占比继续增加，占比约 65%，其他品种"夏坡蒂""荷兰 15""后旗红""大西洋"等老品种占比约 30%。加工型品种以"夏坡蒂""麦肯 1 号""大西洋""中加 2 号"为主，红皮土豆以"后旗红"为主，新品种"雪川红""川引 2 号"面积增长很快。

1.2 脱毒薯应用情况

1.2.1 原原种生产

乌兰察布市原原种生产能力 500 万粒以上企业 12 家（其中 4 家到期未续许可证），2020 年批准 8 家有资质的种薯企业进行种薯生产，种薯总面积 4.7 万 hm^2，产量 100 万 t，原原种播种面积 0.32 万 hm^2，产量 13 万 t。

1.2.2 种薯生产及管理中存在的主要问题

(1)品种多、乱、杂，未形成适应生产及市场需求的良好主栽品种

乌兰察布市马铃薯品种来源较复杂，存在一个品种多个名字，或一个名字多个品种的混乱现象，而且品种稳定性差，病害交叉感染严重，产量不稳定，很难形成当地的主栽品种，不能满足产业化、商品化生产的需要。

(2)病虫危害较严重

乌兰察布市马铃薯病害主要有病毒病、黑痣病、黑胫病、早疫病、晚疫病、枯萎病，除病毒病外，其他病害均造成薯块在生长或贮藏期间不同程度的腐烂，另外，存在过量施药，或不均匀施药，重复施药现象，严重影响马铃薯的产量及薯块质量，

(3)种薯繁育体系不健全

到目前为止，乌兰察布市还没有形成较为健全的马铃薯种薯繁育体系，造成种薯定级无标准，生产用种无条件，良种供应无保障等问题，严重制约了乌兰察布市马铃薯生产的进一步发展。

(4)科技素质较低，小农意识严重

马铃薯种薯生产中科学技术基础较薄弱，生产力水平低，耕作传统，管理粗放，造成马铃薯品质低劣，产量低而不稳，商品性差。

1.3 贮藏、加工情况

1.3.1 销售、贮藏情况，包括总的贮藏量及其结构

2020年生育期气温较普通年份偏低，早霜提前、收获期气温比较低。因此，2020年9月初，乌兰察布市马铃薯就进入大面积收获阶段，9月中旬进入收获高峰期，到10月上旬就已基本完成收获。

2020年马铃薯市场行情不及2019年，8月底早熟马铃薯加工品种1.4~1.6元/kg；9月大幅回落，10月中下旬收获结束后又小幅回升。截至10月底全市马铃薯总产量的50%左右(152.5 t)于地头销售，地头价1.0元/kg左右，较2019年同期低0.1~0.2元/kg，收购商倾向采购黄皮黄肉、沙地、个头大、装袋质量高、无虫害腐烂好货。总体情况是黄皮黄肉价格稍高1.1~1.3元/kg，白皮白肉价格较低0.8~1.0元/kg，"希森6号""V7""中加2号""华颂7号"等品种1.2~1.6元/kg，价格保持稳定。入窖后，马铃薯出窖价格略有回升，平均提高0.1元/kg。预计春节前马铃薯价格能够保持稳定，小幅上升，直到南方新薯上市。

1.3.2 主要加工企业、加工种类、设计加工量

乌兰察布市现有销售收入500万元以上的马铃薯加工企业26家，2020年实际加工能力29万t，其中全粉加工能力2.75万t，薯条薯片加工能力8万t，淀粉加工能力18.25万t，加工鲜薯总量达162.3万t，占鲜薯总产量的43.7%。2020年马铃薯总的加工量较2019年有所增加，主要以淀粉为主。2020年开工淀粉加工厂较多，淀粉市场行情较好，与2019年相比，淀粉厂原料收购价在商品薯价格下降的情况下，价格与2019年基本持平，达到700~800元/t，部分高淀粉含量品种甚至达到850~900元/t，淀粉厂订单多，收薯积极性高，价格偏高，种植户淀粉薯销售顺畅。目前两大薯条加工厂均已开工生产，商都蓝威斯顿计划收薯12万t，察右前旗凯达公司计划收薯4万t。

2 2020年生产中存在的问题

2.1 重大自然灾害

2020年马铃薯播种后，全市几乎无降雨，马铃薯出苗缓慢，到8月中下旬降雨频繁，早晚疫病、炭疽病等快速发生，防治不及时的块茎叶片过早发病、早衰、枯死，产量未正常形成，产量和商品率都低，土壤湿度大也造成块茎腐烂率增加。

2.2 存在的主要问题

2.2.1 良繁体系建设滞后

乌兰察布是全国马铃薯种薯优势产区，是全国重要的种薯供应基地，但种薯企业整体数量少、规模小、竞争力弱、抗风险能力差，种薯产业化水平低，市场覆盖面小，与建设种薯强市的要求有一定差距，面向全国提供优质种薯的潜力还未充分发挥出来。

2.2.2 科技支撑能力不足

受体制机制和投入等因素影响，乌兰察布市马铃薯科研基础设施薄弱、人才短缺，缺

乏科研领军人物，大专院校、科研院所和龙头企业的科研力量未能形成合力，马铃薯科研成果少。

2.2.3 马铃薯价格波动大

受宣传力度不够、信息不畅、品牌创建滞后、营销网络不配套、广告促销投入不足等因素影响，马铃薯市场不完善，竞争力不强，价格不稳，质优价不优，甚至出现卖难滞销的现象。

2.2.4 常态化的轮作制度尚未建立

乌兰察布市马铃薯重迎茬种植现象普遍存在，土传病害有逐年加重态势，严重影响马铃薯的品质和产量。

2.3 技术需求问题

由于地方财政紧张，科技投入不足，科研进展缓慢。育种和引种工作没能及时跟上，造成马铃薯品种更新慢，适宜加工和外销的优质品种应用比率低，效益增长缓慢，另外科研院所和企业生产脱节，没有建立起科研合作平台，存在科技成果与需求脱节、成果之间不衔接等问题，建议吸纳人才真正解决乌兰察布市缺品种、土传病害严重、单产水平低等问题。

2.4 产业政策问题

2.4.1 开展马铃薯价格指数保险补贴

针对马铃薯市场价格波动风险较大的突出问题，根据贫困地区农牧民要求，将乌兰察布市马铃薯价格指数保险纳入国家财政农业保险试点保费补贴范围，试点范围扩大到全市（依据中共中央国务院《关于完善支持政策促进农民增收的若干意见》（国办发〔2016〕87号）、《关于落实发展新理念加快农业现代化实现全面小康目标的若干意见》中提出探索开展重要农产品目标价格保险）。

2.4.2 扶持组建内蒙古自治区马铃薯种业技术创新中心

依托乌兰察布市科学技术局，乌兰察布市农牧业科学研究院牵头建立内蒙古自治区马铃薯种业技术创新中心，引进马铃薯科研高层次人才，聘请马铃薯知名科学家，整合国家和自治区马铃薯科研人才、资金、项目，建立健全马铃薯科研体制机制，集中力量对马铃薯产业进行科研攻关，打造乌兰察布市"蒙薯"品牌。

3 2021年马铃薯产业发展形势预测分析

3.1 生产情况

2021年预计种植面积会稳定到2020年水平，或在补贴政策力度减弱的情况下面积会有小幅下降。品种方面，"冀张薯12号""希森6号""华颂7号""兴佳2号""v7""青薯9号""甘引4号"等品种比例会继续增加。

3.2 市场情况

全国马铃薯种植总面积和不同季节上市马铃薯面积都在增加，马铃薯价格总的来看预计有下降的趋势。

4 产业政策措施

4.1 脱毒种薯补贴

2020年全市实施马铃薯脱毒种薯补贴面积4.72万 hm^2，补贴资金1.2亿元。其中原种 4.41 万 hm²，补贴资金 1.1 亿元；原原种 3 160 hm²，补贴资金 0.1 亿元。共涉及供种企业 45 家，主要品种有冀张薯系列、希森系列、中加系列、荷兰薯系列、华颂系列、"夏坡蒂""大西洋"等。未享受补贴的一级种覆盖面积 13.33 余万 hm²，脱毒种薯覆盖率达到 95% 以上。通过实施马铃薯良种补贴，有效调动马铃薯种植户和种薯生产经营企业的积极性，提高脱毒种薯应用率和新品种覆盖率，提升马铃薯的品质和综合生产能力，促进马铃薯产业稳定发展和农民持续增收，努力把乌兰察布市打造成全国知名的马铃薯种薯生产基地、种薯种植推广基地。

4.2 加工专用薯补贴

2020 年，乌兰察布市政府对种植或通过订单购买乌兰察布市加工专用薯的薯条、薯片、全粉生产加工企业进行补贴。全市共实施加工专用薯补贴面积 3 267 hm²，补贴资金 1 476.5 万元。涉及加工企业有凯达、蓝威斯顿、蒙薯、健坤 4 家企业，主要品种有"英尼维特""布尔班克""大西洋""夏坡蒂""希森 6 号""华颂 7 号"。

4.3 良繁体系建设

2020 年，新建组培室 21 000 m²，其中制种大县项目组培室 15 000 m²，另凉城胜龙合作社 1 000 m²、化德禾合 5 000 m²。新建网室 24.67 hm²，其中制种大县项目网室 2.67 hm²（鑫雨）、龙珠网室 1.33 hm²、商都七台镇东坊子村网室 6.67 hm²、七台镇二号村网室 6.67 hm²、小海子镇宋家村网室 4.67 hm²，集宁区新久农业专业合作社 2.67 hm²。

4.4 智能仓储库建设

高标准智能仓储库可以使马铃薯窖藏库损大幅度降低，马铃薯加工企业加工时间延长，也为市场销售提供了仓储保障。2020 年，乌兰察布市政府对全市的马铃薯精深加工企业建设高标准智能仓储库进行补贴，全市新建 5 000 t 以上的高标准智能仓储库 44 万 t，其中制种大县 32 万 t（凯达），商都健坤 4 万 t、化德禾合 8 万 t。

4.5 国家现代农业产业园建设

2020 年 4 月 27 日，国家农业农村部、财政部联合印发《关于公布 2020 年国家现代农业产业园创建名单的通知》（农规发〔2020〕8 号），正式批准察右前旗创建国家现代农业产业园，创建期为 3 年（2020~2022 年）。2020 年 5 月 26 日，正式举行了察右前旗国家现代农业产业园项目奠基仪式。该产业园中央奖补资金总额 1 亿元，以第一年 3 000 万元、第二年 3 000 万元、第三年 4 000 万元的方式进行奖补。

5　发展建议

围绕乌兰察布市种植业转型升级、优质绿色、节本提质增效，针对乌兰察布市资源禀赋，因地制宜、适度规模发展特色种植业，包括藜麦、水果玉米、大蒜、中药材等。重点向绿色有机高附加值方向发展。

支持加工环保设施建设，加强农业环保人才引进、资金投入，加大工作协调推进力度，对现有加工企业环保设施实施补贴，对年处理鲜薯 3 万 t 以上的加工企业新建和改造提升废水处理设备进行补贴，对新建马铃薯加工产业园内的 10 家企业，按照每套废水处理设备进行补贴。

面对当前农牧业生产的新形势，制定有利于乌兰察布市农牧业科技服务机制的模式，积极争取和整合有关科技服务扶持资金，鼓励农技人员在企业、合作社、大户等新型经营主体服务当中，大胆探索服务模式和机制，在农牧业科技一线建功立业。做到有利于加快科技成果转化、有利于提高农牧业生产效益、有利于提高新型经营主体收益。

2021年吉林省马铃薯产业发展趋势及政策建议

孙　静，徐　飞，韩忠才，王中原，张胜利*

（吉林省蔬菜花卉科学研究院，吉林　长春　13000）

摘　要：文章从吉林省马铃薯种植面积、产量、生产、销售及贮藏加工等实际情况，概述了2020年吉林省马铃薯产业现状，指出了发展中存在的问题，分析了2021年产业发展的趋势，并从产业政策、技术应用与推广、绿色防控等方面提出了一系列的发展建议。

关键词：吉林省；马铃薯；产业发展；建议

吉林省属于马铃薯种植北方一季作区，马铃薯单产在全国一直居于前列。吉林省的地域和气候条件适宜马铃薯生长，广袤的松辽平原，土壤疏松，土质肥沃，昼夜温差大，气候、土壤这些有利因素和先决条件，为吉林省马铃薯产业提供了广阔的发展空间。发展马铃薯产业对于促进乡村振兴、增加农民收入具有重要意义。

1　2020年马铃薯生产、加工及市场情况

1.1　马铃薯生产情况

1.1.1　种植面积及产量

2020年吉林省马铃薯种植面积10万hm^2（专家调查数据），平均产量为3.8万kg/hm^2，鲜薯总产量387.6万t。松原、四平、长春、白城、延边地区占全省种植面积的70%左右。松原、四平、长春、白城地区为吉林省鲜食商品薯、加工原料薯基地。延边地区为吉林省马铃薯种薯生产基地。

1.1.2　生产中运用的新生产技术和生产模式

吉林省露地旱种为主，主产区地膜覆盖种植模式逐年增加，占总种植面积的30%以上。覆膜种植且多为膜下滴灌种植模式。

"十三五"期间吉林省重点开展了"水、肥、药"节本、增效等关键技术示范与推广，通过减少化肥和农药的施用量，降低生产成本投入，达到农民经济增效的目的。

1.1.3　增产增效模式推进进展情况

近十年来，马铃薯产业技术体系长春和延边试验站通过重点扶持马铃薯新型种植主体开展新品种、新技术的试验示范、技术培训，利用种植大户、专业合作社、家庭农场等新型经营主体的示范带动作用，规模化种植水平进一步提升，同时实现了马铃薯绿色高产高效生产的目的。

作者简介：孙静（1984—），女，硕士，农艺师，主要从事马铃薯土肥栽培及综合技术推广。
基金项目：现代农业产业技术体系专项资金（CARS-09-ES07）。
*通信作者：张胜利，研究员，主要从事马铃薯遗传育种研究，e-mail：jlpotato@163.com。

重点针对吉林省以往存在的水肥管理粗放，肥药投放过度，机械化应用程度低所导致的生产成本高、效益差的问题，在主产区选择有代表性的生态区域建立生产示范基地，开展新品种、农机农艺配套、药肥双减、水肥一体化等节本增效技术的推广。科学施肥确保马铃薯高产和优质，推广平衡施肥技术将传统的盲目性施肥逐步向定量施肥方向转变，从传统的单一施肥逐步向有机肥方向转变，同时与微生物菌肥等配合施用，达到增产、节肥、品质改善、增收与平衡土壤养分的目的。在吉林省的长春、松原、白城、辽源、延边、公主岭市等地区建立马铃薯规模化示范基地，年示范面积 333 hm^2。

1.1.4 主要栽培品种

中晚熟品种种植占 60%左右，品种为"延薯 4 号""延薯 9 号"等；早熟品种近 40%，品种为"尤金""吉薯 1 号""费乌瑞它""春薯 10 号"等，早熟品种有逐年增加趋势。"东农 310""青薯 9 号""春薯 3 号"等高淀粉品种在吉林省西部地区有一定种植面积。

1.2 脱毒薯应用情况

1.2.1 脱毒种薯生产情况

吉林省年设计生产能力 500 万粒以上的原原种生产企业 3 家，设计生产能力 5 000 万粒，实际生产 2 000 万粒；全省脱毒种薯应用率 60%以上。一级种薯以内脱毒薯繁育面积 600 hm^2，产量 1.6 万 t。省内一级种薯以内脱毒薯普及率近 40%。

1.2.2 种薯生产及管理中存在的主要问题

吉林省生产的种薯秋季销售量小，主要是经贮藏翌年春季销售。2020 年秋季降雨量大导致晚疫病发病严重，收获季人工短缺，马铃薯种薯大部分未经挑选直接入库贮藏，贮藏期受气候等因素限制，病害发生将会较重。

1.3 贮藏、加工情况

1.3.1 贮藏情况

吉林省马铃薯贮藏量在 80 万 t 左右，主要以农民合作社、家庭农场、加工企业近年来建设的贮藏窖和组装式冷藏库进行贮藏，农户和经销户贮藏量占 80%以上，加工企业贮藏量不足 20%。

1.3.2 加工情况

2020 年除大型马铃薯加工企业在吉林省正常生产，有部分中、小型企业正常开工生产。吉林省天船农业产业发展有限公司两条生产线，长岭县建设规模年产马铃薯精淀粉 2 万 t，由于原料薯价格上涨等原因实际生产淀粉 1 000 t，榆树市新建设年产马铃薯淀粉 3 万 t 的生产线，实际生产淀粉 1 000 t。吉林省东太农业有限公司，建设规模年产马铃薯精淀粉 3 万 t，实际生产淀粉 400 t。11 月由于原料薯缺乏停产。

1.4 马铃薯销售情况

每年 9~10 月收获期为马铃薯集中销售期。鲜食市场销售的早熟品种"尤金""费乌瑞它""吉薯 1 号"正常年份是在 7 月中下旬开始收获和销售，由于受台风影响收获期延后近一个月，中晚熟品种在 9 月中旬后收获销售。

省内产区的早熟品种田间销售价格 1.2~1.4 元/kg，90%左右进入市场流通，10%库存待售；当地主栽品种"延薯 4 号"先期价格尚可，田间销售价格 0.8~0.9 元/kg；集中收获后价格下滑、销售不畅，田间销售价格 0.7~0.8 元/kg，有贮藏条件均进入库存待售，无贮藏条件转为加工原料薯，10月初加工原料薯价格620元/t，10月中旬价格720元/t，高淀粉品种价格800元/t。

2 2020年吉林省马铃薯产业中存在的问题

2.1 自然灾害

吉林西部的主产区春播期降水多，且透雨早。4月中下旬出现明显低温段，全省大部分地区出现明显雨雪、大风和倒春寒天气，影响播种进度。7月全省气温偏高，全省各地降水均较常年偏少，尤其中西部降水较常年少50%～60%，导致部分地方出现旱情，8～9月吉林省发生短时强降水、冰雹和暴雨洪涝灾害，造成一定损失。连续遭遇三次台风袭击，给收获带来严峻挑战，玉米倒伏严重，以人工收获为主，致使马铃薯收获期延后并出现用工荒，成本明显提高。

2.2 生产中存在的主要问题

2.2.1 品种单一，早、晚熟品种结构急待优化

省内主栽"延薯4号"晚熟品种，近几年市场价格持续低位，销售不畅，形成全国价格最低的市场现象。作为输出型市场的吉林省马铃薯产业需要商品性好的品种来改变现有的品种单一的情况。针对现有的"费乌瑞它""尤金"等商品性佳、抗病性较差的早熟品种，加强新品种引进与推广，并辅以较高的管理水平和投入成本进行规模化种植，逐步提高早熟品种种植比例，以此缓解品种结构不合理现象。

2.2.2 化肥使用缺乏科学性，有机肥、生物菌肥投放比例低

马铃薯是需肥量较大的作物。而且在不同时期，需肥种类也不同。目前主栽区普遍存在过量投肥，只投大量元素肥，多数不施中量元素钙、镁、硫，微生物菌肥少见使用。这种通过高量投肥追求达到高产高效的种植形式导致土壤微生物生态失衡，致使土传病害日益加剧，对吉林省马铃薯产业发展造成不可估量的危害。

2.2.3 加工企业在产业发展中推动作用不足，产业带动能力有限

一直以来，政府缺乏大型龙头加工企业扶持力度，导致马铃薯加工企业只能依靠自己有限的资金进行生产经营，企业发展速度慢，无法有效带动吉林省马铃薯种植业的发展。

2.3 技术需求问题

2.3.1 新品种的选育

主要开展优异种质发掘、创制，抗病、优质、高产新品种引进筛选、选育。通过品种的研发调整吉林省马铃薯品种结构，提供绿色优质的马铃薯新品种储备新材料，以解决不同地区、生产方式以及加工利用中缺乏优良新品种等问题。

2.3.2 养分高效、精准施用利用技术的研发

根据马铃薯水肥需求规律，利用水肥一体化滴灌系统分次追加水分和养分供应，实现马铃薯关键生育期的水肥精准供应。

2.3.3 病虫害绿色综合防控技术研发

重点防控晚疫病和早疫病以及土传病害，结合预测预报实时防控，形成马铃薯病虫害全程绿色防控技术。

2.3.4 贮运体系建设，提高资源利用水平

重点加强提质增效贮藏减损技术研发。由于马铃薯受品种、病虫害、气候、栽培、贮藏设施和技术等多种因素的影响，通过田间增施适量中微量肥料，建设具有规范通风系统的贮藏设施，加强贮藏管理技术等措施，实现良好贮藏，有效降低贮藏损失和保证高品质的深加工。

2.4 产业政策问题

重点在全省示范推广马铃薯全程机械化技术；东部地区实施"米豆轮作"种植，玉米与大豆轮作为主，以玉米与马铃薯、玉米与杂粮杂豆轮作为辅。

3 2021年吉林省马铃薯产业发展趋势分析

3.1 生产情况

2021年种植面积将较2020年减少。品种结构将有所转变，早熟品种、加工型品种种植规模将有所增加。加工企业等规模化承包土地进行加工原料薯生产形式将会有所增加。

3.2 市场情况

2021年春季马铃薯市场价格预计将提高，现阶段市场销售价格已达到2.4～3.0元/kg，春季销量与2020年春季相比也会有所增加。

3.3 地方政策

目前在马铃薯中、小型农机具应用水平的基础上，相应农机配套升级和大型机械配套使用的市场需求将会有增加趋势。吉林省重点推广马铃薯全程机械化作业技术模式和技术装备，也将继续实施马铃薯农机购置补贴。

4 2021年马铃薯产业发展建议

4.1 产业政策方面

（1）建议加强吉林省马铃薯种质资源保护与利用，保护好种业发展的源头，建立地方种质资源保存库、大数据平台及政策支撑体系，加速种业创新、加快种业发展。

（2）建议政府给予龙头企业政策扶持，充分发挥加工企业产业带动作用，有效地推进产业发展。鼓励加工企业与种植户、合作社等联合建立规模化、标准化的种植基地。

（3）建议出台农产品加工、农业产业化的相关政策，鼓励龙头企业提升加工设备、工艺技术水平；鼓励发展马铃薯精、深加工增值，拓展应用领域，提升加工产业发展水平和竞争能力，从而推动马铃薯产业的健康持续发展。

4.2 技术方面

（1）促进区域产业建设，主要围绕加工企业需求重点开展加工品种及配套技术的应用与推广。

（2）加强马铃薯脱毒种薯质量控制与溯源体系建设。

4.3 生产方面

针对各地区早、晚疫病及土传病害发生规律，加强马铃薯病虫害全程绿色防控技术的研发与推广。

2020 年辽宁省马铃薯产业发展现状、存在问题及建议

贾景丽*，郑玉宝，赵 娜

（本溪市马铃薯研究所，辽宁 本溪 117000）

摘 要：概述了 2020 年辽宁省马铃薯产业发展中生产、销售、贮藏加工、脱毒种薯应用等情况，通过对比分析马铃薯面积、产量、加工和市场变化，指出了存在的问题，并对 2021 年辽宁省马铃薯发展形势进行分析预测并提出产业发展建议。

关键词：马铃薯；发展现状；问题；建议；辽宁

1 2020 年辽宁省马铃薯生产、加工及市场情况

1.1 生产情况

1.1.1 种植面积及产量

2020 年，辽宁省马铃薯种植面积 8.3 万 hm^2（专家估计数据），总产量 262.9 万 t，平均产量 2 120.0 kg/667 m^2。与 2019 年相比，种植面积减少 0.4 万 hm^2，平均增产 90 kg/667 m^2。辽宁的马铃薯主产区为沈阳市、大连市、葫芦岛市、铁岭市和朝阳市，种植面积占总面积的 50%以上。

1.1.2 生产中运用的新生产技术和生产模式

水肥一体化技术在生产上推广面积进一步增加，2020 年辽宁省春季旱情严重，通过水肥一体化技术推广达到了节水、节肥、增产、增效的效果。辽宁省马铃薯种植有一季作和二季作两种类型：一季作区马铃薯种植面积占全省的 20%左右，种植方式以裸地种植为主，二季作马铃薯种植面积占全省的 80%左右，种植方式主要有三膜覆盖、双膜覆盖、地膜覆盖和裸地种植 4 种。

1.1.3 区域整体推进进展情况

2020 年共开展了"马铃薯优质安全综合生产技术示范""水肥一体化集成技术示范"和"马铃薯绿色增产增效生产技术示范"三项试验示范。示范区改变了传统种植模式，马铃薯产量比常规种植增加 10%以上。

1.1.4 生产上应用的主要栽培品种和各品种所占比例

一季作区种植品种主要为"克新 1 号""冀张薯 12 号""延薯 4 号"等；三膜覆盖和双膜覆盖种植品种为"早大白"，地膜覆盖和裸地种植品种有"费乌瑞它""尤金""中薯 5 号""富金""兴佳 2 号""闽薯 1 号"等，其中"费乌瑞它"种植面积比较大，占 40%左右。

作者简介：贾景丽(1973—)，女，高级农艺师，从事马铃薯栽培与育种研究。
基金项目：现代农业产业技术体系专项资金资助(CARS-09)。
*通信作者：贾景丽，e-mail：jiajingli1999@163.com。

1.2 脱毒薯应用情况

辽宁省马铃薯种薯生产企业 10 多家，没有原原种生产能力达 500 万粒以上的种薯生产企业。农民逐渐认识到脱毒种薯的产量高、抗性强、品质好等优点，应用面积达到 4.55 万 hm²，脱毒种薯利用率为 55% 左右；种薯的生产企业按照《马铃薯脱毒种薯生产技术规程》(DB21/T1735—2017) 要求进行种薯生产，种薯质量逐步提高。

1.3 贮藏、加工情况

在马铃薯贮藏方面，以农户分散贮藏为主，占 85% 左右，设施简陋、贮藏量小、损耗大。主产区周围和项目区逐步建设恒温贮藏库，收获季节贮备商品薯，缓解供需矛盾，提高收益。

辽宁省马铃薯加工主要是家庭作坊式加工，加工原料多以不能作为商品的鲜薯为主，加工产品主要为粗淀粉和粉条，粗淀粉销售给内蒙古大的加工公司进行深加工，粉条一般在当地市场销售。受疫情影响，辽宁省两家加工企业产量都有所减少。

1.4 马铃薯销售市场

2020 年，辽宁省马铃薯商品薯前期销售价格与 2019 年持平，后期略低。三膜覆盖马铃薯从 5 月中旬开始收获，地头收购价格为 2.0~2.4 元/kg；双膜覆盖马铃薯 5 月底开始收获，开始价格 2.0 元/kg，后期价格 1.4~1.6 元/kg；6 月上旬地膜覆盖马铃薯开始上市，开始价格在 1.2 元/kg，后期降至 1.0 元/kg；二季作裸地马铃薯 7 月初上市，开始价格在 1.0 元/kg，后期有些地区 0.8 元/kg。二季作马铃薯早期主要销往本地和东北地区，后期销往全国各地。一季作马铃薯地头平均收购价格 0.8~1.0 元/kg，主要销往辽宁省及全国各地。

1.5 与 2019 年对比面积、产量、加工和市场变化等

2020 年辽宁省马铃薯种植面积较 2019 年减少 0.4 万 hm²，平均增产 90 kg/667 m²，马铃薯商品薯前期价格与 2019 年总体持平，8 月中旬后价格较往年低。辽宁马铃薯加工企业少，马铃薯生产主要以鲜食品种为主，面积占总种植面积的 90% 以上，加工原料薯和种薯生产的面积不足 10%。

2 2020 年生产中存在的问题

2.1 重大自然灾害

4 中旬至 7 月中旬，辽宁大部分地区干旱，没有水浇条件的地块对产量有一定影响。7 月下旬以后，辽宁部分地区降雨较多，一季作地区马铃薯有不同程度晚疫病发生，影响产量。

2.2 生产中存在的主要问题

马铃薯种植过程中机械化程度低，人工成本高；地膜回收不彻底，影响下茬；施肥技术不完善，一些地区重施底肥，轻追肥，肥料利用率低。

2.3 技术需求问题

需求不同地区、不同栽培模式的马铃薯水肥一体化技术；及土传病害综合防治技术。

2.4 产业政策问题

辽宁省马铃薯种植面积较小，各级政府对马铃薯没有相应的扶持政策。但马铃薯种植

集中地区，如新民市、绥中县等地区，自发形成马铃薯产前、产中、产后一体化，这些都促进了当地马铃薯产业快速发展。

3 2021年马铃薯产业发展形势分析预测

3.1 生产情况

2021年的辽宁省马铃薯种植面积预计与2020年相比略有减少，种植品种以鲜食品种为主。

3.2 市场情况

2021年，马铃薯价格将与2020年持平或略有提升，随着栽培技术水平不断提高和脱毒种薯利用率提高，总产量和销售量增加。

3.3 地方政策

辽宁省没有种薯补贴，但符合国家规定的农机具有国家补贴。

4 发展建议

4.1 产业政策方面

建议将马铃薯纳入粮食补贴范围，建立政府良种补贴专项，提高农民种植马铃薯的积极性。鼓励科研单位与企业合作，加快技术创新，促进科技成果转化。

4.2 技术方面

近几年在马铃薯生长周期内极端天气出现的频率越来越高，制定应对极端天气的技术方案并根据现实情况逐步完善，达到丰产丰收；选育、筛选适合辽宁省不同区域种植的品种并示范推广；根据不同品种特性，集成配套栽培技术，重点提高品质、节水、节肥方面技术创新。

4.3 生产方面

生产上提高优质脱毒种薯利用率，增强抗病性，提高产量；加大力度推广已经示范成熟的新成果、新技术。

2020 年河南省马铃薯产业回顾、存在问题及发展建议

吴焕章，陈焕丽*，张晓静

（郑州市蔬菜研究所，河南　郑州　450015）

摘　要：河南省地处中原，以春季早熟马铃薯生产为主。阐述了 2020 年河南省马铃薯生产情况、生产技术与模式、主栽品种及市场销售情况，分析产业发展中存在的主要问题，并提出产业发展建议。

关键词：河南省；马铃薯；产业发展；现状；问题；建议

河南省地处中原腹地，交通便利，便于鲜薯外销外运，气候适宜，马铃薯种植时间较长，春夏季皆可生产，主要种植早熟鲜食品种，以补充 5 月中下旬至 7 月上旬中国马铃薯淡季供应需求。通过 2020 年河南省马铃薯产业回顾，分析产业发展中存在的主要问题，并提出发展建议，进一步推动河南省马铃薯产业高质量发展。

1　2020 年河南省马铃薯产业回顾

1.1　马铃薯生产情况

2020 年河南省马铃薯种植面积为 4.39 万 hm^2（该数据为不完全统计。数据来源部分是当地农业部门数据，部分是当地技术人员估计），较 2019 年（4.26 万 hm^2）略增，增产幅度为 3.05%。

2020 年总产量为 127.03 万 t，较 2019 年（115.63 万 t）增产 11.4 万 t，增产幅度为 9.86%；主产区单产略有提高，增产原因为：（1）2020 年春季没有出现极端天气，相反天气较好，适合马铃薯等各种蔬菜生长；（2）种植技术和种植水平提高，绿色高效栽培技术逐渐被接受和应用，有效提高马铃薯产量。

2020 年马铃薯单产为 2 106.5 kg/667 m^2（表 1），较 2019 年单产 2 033.4 kg/667 m^2 有所提高，增产 73.1 kg/667 m^2，增产幅度 3.6%。增产原因为：（1）2020 年河南气候稳定，保证了早出苗、苗齐，后期气温变化较平稳，没有较大的自然灾害，比较适宜马铃薯生长；（2）持续种植者及种植大户技术水平提高，对脱毒种薯的认识提高，严格把关种薯质量，注重病、虫、草害的综合防控，保证了产量。

作者简介：吴焕章（1964—），男，研究员，主要从事马铃薯栽培与遗传育种研究。
基金项目：现代农业产业技术体系建设专项资金资助（CARS-09-ES13）。
*通信作者：陈焕丽，助理研究员，主要从事马铃薯育种及栽培技术研究，e-mail：chl200808@126.com。

表 1　2020 年几个主产区生产情况

地点	面积（万 hm²）	总产（万 t）	单产（kg/667 m²）
商丘市	1.10	36.0	2 050
开封市	0.50	17.3	2 200
南阳市	0.30	10.5	1 880
郑州市	0.11	3.36	2 100
洛阳市	0.47	11.2	2 100（一季作 1 480）
合计	2.48	78.36	平均 2 106.5

1.2　生产技术与模式

轻简化技术得到认可和应用。如马铃薯种植-收获全程机械化技术得到长足发展，保水松土剂施用技术，生物菌剂种薯包衣技术，水肥药一体化技术，杂草苗前苗后综合防治技术，盐碱地改良调理马铃薯高产栽培技术得到示范应用，栾川富硒马铃薯种植得到重视，2020 年约有 66.7 hm² 马铃薯采用富硒马铃薯种植。

种植模式一部分为露地栽培，约占 20%；大部分为地膜覆盖，约占 75%；小部分为设施栽培（地膜 + 小拱棚、地膜 + 中棚），约占 5%。大部分为马铃薯与粮、棉、菜、瓜等多种形式的间作套种，约占 60%，主要为马铃薯—春玉米—秋花椰菜，马铃薯—秋胡萝卜、马铃薯—西瓜—辣椒、马铃薯—西瓜—大白菜等。小部分为单作，种植大户采用单作种植为主，便于机械化操作。

1.3　主要栽培品种

仍以早熟鲜食品种为主。种植面积较大的品种为："费乌瑞它""郑薯 7 号""郑商薯 10号""中薯 3 号"和"中薯 5 号"等。其中，"费乌瑞它"系列约占 51%；郑薯系列以"郑薯 7号"和"郑商薯 10"号为主，约占 30%；中薯系列以"中薯 3 号"和"中薯 5 号"为主，约占13%；其他约占 6%，主要为"商马铃薯 1 号""洛薯 8 号""希森 6 号"等。其中"荷兰 15"和"郑商薯 10 号"面积逐步扩大，"中薯 3 号"和"中薯 5 号"面积逐步减少，原来种植的"早大白"和克新系列品种逐步退出市场。

1.4　市场销售情况

销售时期为 4 月下旬至 7 月。6 月上中旬为收获盛期，也是销售集中时期。4 月销售价格在 2.8 ~ 3.2 元/kg，5 月在 1.4~2.8 元/kg，6 月在 1.2~1.6 元/kg，7 月 1.4~1.5 元/kg，整个销售季节平均价格 1.7 元/kg（表2），较 2019 年（1.8 元/kg）低 0.1 元/kg。

整体销售形势较 2019 年略差，呈现略降的趋势，7 月稍微回升。整个销售期销售价格呈现略低于 2019 年同期。4 月下旬提早上市一批，价格为 3.0 元/kg，5 月平均价格1.9 元/kg，较 2019 年（2.4 元/kg）低 0.5 元/kg；6 月销售盛季平均价格 1.4 元/kg，较2019 年（1.5 元/kg）低 0.1 元/kg；7 月平均价格 1.5 元/kg，较 2019 年（1.4 元/kg）高 0.1 元/kg。

销售市场以省内销售为主，约占 65%，82.57 万 t；省外销售约 35%，44.46 万 t，主要销往广东、广西、贵州、四川、山西、北京、武汉、襄阳、老河口以及陕西西安等；另外，整体受疫情影响，导致出口量下降。

表 2　2020 年几个主产区销售价格情况

（元/kg）

地点	4月	5月			6月			7月			平均
	下旬	上旬	中旬	下旬	上旬	中旬	下旬	上旬	中旬	下旬	
商丘市	3.2	2.8	2.2	1.8	1.4	1.3	1.5	1.5	1.4	1.5	1.9
开封市	—	—	1.6	1.4	1.3	1.2	—	—	—	—	1.4
南阳市	2.8	1.7	1.7	1.5	1.5	—	—	—	—	—	1.8
郑州市	—	—	—	1.8	1.4	1.2	1.2	—	—	—	1.4
洛阳市	—	1.8	2.4	1.8	1.6	1.5	1.4	—	—	—	1.8
平均	3.0	2.1	2.0	1.7	1.4	1.3	1.4	1.5	1.4	1.5	1.7

2　产业发展中存在的主要问题

2.1　品种问题

（1）品种结构不合理，二季作区马铃薯一直以菜用鲜食品种为主，极早熟、早熟，中早熟品种形不成阶梯，没有加工专用品种。

（2）脱毒种薯应用率低，现有品种中，种薯质量参差不齐，真正脱毒种薯不足 70%；其余 30% 的所谓脱毒种薯都是二级种薯，严重制约了马铃薯产业发展。

2.2　栽培问题

（1）疫情期间种薯流通不畅，种植时间推后。

（2）生物菌肥、有机肥、中量微量元素肥使用量极少，不足 2%，化学肥料特别是氮肥使用量大且结构不合理，盐碱化程度加重。

（3）连作重茬面积大、耕层浅、深耕面积小，90% 的种植面积没有深耕，只是旋耕后即播种。播种深度不足 15 cm。

（4）起垄低，绝大多数垄高为 10~15 cm，中耕培土施肥面积小，培一次土面积不足40%，培二次土面积不足 5%，中耕追肥面积不足 1%。

（5）浇水多采用大水漫灌，水肥一体化面积少。

（6）小型农业机械普及不够，马铃薯种植潜力不能充分发挥。

2.3　市场问题

（1）市场经营的种薯多乱杂，以次充好、以假乱真者多。

（2）销售市场，至今没有马铃薯收购销售市场，多在生产区路边销售，没有市场管理造成压级压价现象时有发生，对客户服务不到位，特别是包装运输、暂时存储等不能满足客户要求，使部分客户转向外地收购。

（3）没有马铃薯仓储库，更没有加工企业。

2.4　政策问题

（1）对马铃薯生产定位不准确，没有将马铃薯生产归类管理，没有出台有关扶持马铃薯生产的政策。

(2)政府投资少,涉农项目没有投向此产业。

(3)马铃薯专项科研经费不足。

3 产业发展建议

3.1 政策方面

建议成立省级马铃薯产业发展办事机构,整合人、财、物,明确管理机构性质。

建立省级马铃薯研究开发中心或马铃薯产业技术委员会。以省会现有的马铃薯研发机构为依托,整合全省从事马铃薯的研发人员,开展战略性、前瞻性的研究工作,加快产学繁育推一体化进程,做强做大马铃薯产业。

3.2 生产方面

加强新时期马铃薯生产技术研究与推广。如马铃薯小型全程机械化生产技术,马铃薯新型病害防治技术等。开展马铃薯联合育种和联合技术攻关,应对小气候条件下高产特色马铃薯的品种技术需求。

加快种薯繁育、监督、销售体系建设。依据新修订的《种子法》,在省级马铃薯研发中心设置五个职能部门负责建立五大体系。即实行资质认证制度建立脱毒快繁及微型薯生产体系;按照GB4006种薯生产标准建立三级种薯繁育体系;按照小麦、玉米种子质量要求,建立种薯质量保证体系;启动马铃薯配套技术研究专项,建立丰产栽培技术体系;以公司 + 经纪人(合作组织) + 农户的方式建立产品销售。

3.3 其他方面

以企业为依托成立河南省马铃薯产业发展协会,制定河南省马铃薯生产和种薯生产及病虫害绿色防控技术规程。

加大马铃薯的技术研究与示范资金的投入。多形式多渠道推进马铃薯产学研、繁育推一体化进程,尽快登记应用一批马铃薯新品种。

加大马铃薯产业的宣传,改变人们传统认识,充分发挥协会、农民专业合作社和农村经纪人的作用,实行"以销定产",找市场,抓生产,产销直挂,进一步扩大马铃薯产业的发展。

2020 年宁夏马铃薯产业现状、存在问题及政策建议

张国辉[1]，郭志乾[1*]，厚　俊[1]，王效瑜[1]，余帮强[1]，胡智琪[1]，

苏林富[2]，刘东川[2]，柳根生[3]，兰小龙[4]，马续彪[5]

（1. 宁夏农林科学院固原分院，宁夏　固原　756000；

2. 宁夏马铃薯工程技术研究中心，宁夏　固原　756000；

3. 隆德县种子管理站，宁夏　固原　756000；

4. 原州区农业技术推广服务中心，宁夏　固原　756000；

5. 宁夏佳立马铃薯产业有限公司，宁夏　固原　756000）

摘　要：文中详细阐述了 2020 年宁夏马铃薯产业发展状况，深入剖析了存在的问题，并对技术需求进行了全面分析，从完善产业政策和加大技术攻关方面提出了意见与建议，以期为地方制定马铃薯产业健康发展的政策建议提供依据。

关键字：宁夏；马铃薯；产业；现状；问题；建议

近些年，宁夏马铃薯坚持产业发展与扶贫开发有机结合，大力实施"富民工程"，"种薯繁育、鲜薯外销、淀粉加工、主食开发"四业并进，按照"科学合理布局，整合优势资源，强化科技支撑，提高单产质量，健全运行机制，促进升级增效"的发展思路，积极发挥资源优势，夯实生产基础，推动质量兴农、绿色兴农、品牌强农，推进马铃薯产业优化升级，产业发展质量效益显著提升。2020 年，全区马铃薯播种面积基本稳定，规模化、标准化、产业化发展水平进一步提升，脱毒种薯三级繁育体系进一步建完善，初步实现了一二三产业有机融合，产、加、销一体化的全产业链格局基本形成，总体上呈现稳定发展态势，产业转型升级持续推进，高质量发展进程不断加快，初步实现了农业增效、农民增收和脱贫致富。另外，全区马铃薯主产县区西吉县马铃薯种植业纯收入占到农民总收入的 35% 以上，农民平均用 30% 的马铃薯种植面积创造了 55% 的种植业收入，2020 年 11 月 16 日西吉县正式退出贫困县序列，标志着宁夏区域性整体贫困问题得以解决，历史性地告别绝对贫困。

1　2020 年马铃薯产业发展现状

全区种植面积约 11.3 万 hm^2（统计数据结合专家产业调研），较 2019 年度专家数据减

作者简介：张国辉（1983—），男，硕士，助理研究员，主要从事马铃薯新品种选育及配套栽培技术研究工作。

基金项目：国家重点研发计划专题（2020YFD1000804-4）；国家现代农业产业技术体系建设项目（CARS-10）。

＊**通信作者**：郭志乾，推广研究员，主要从事马铃薯新品种选育及农业技术推广工作，e-mail：nxguozhiqian@126.com。

少 1.1 万 hm²、减幅 9%；平均产量 1 672 kg/667 m²（统计数据结合专家实际测产），较 2019 年度专家数据增加了 122.94 kg/667 m²、增幅 7.94%；总产 284.24 万 t，减少了 5.12 万 t，减幅 1.77%。商品薯种植 10.6 万 hm²，占全区总面积 93.24%，减少 0.9 万 hm²、减幅 7.74%；平均产量约 1 643 kg/667 m²，较 2019 年平均增产 131 kg/667 m²、增幅 8.66%；总产 260.39 万 t，较 2019 年增加 0.63 万 t、增幅 0.24%。种薯繁育 0.8 万 hm²，占全区总面积 6.76%，减少了 0.2 万 hm²、减幅 23.33%；原种繁育 0.1 万 hm²，平均产量为 1 900 kg/667 m²，平均增产 5.5% 左右；一级种繁育 0.7 万 hm²，平均产量 2 100 kg/667 m²，增产 5% 左右；总产 23.85 万 t，减少了 5.75 万 t、减幅 19.43%。另外，全区繁育原原种约 1.36 亿粒。

1.1 发展特点

1.1.1 做优基地，夯实了产业基础

按照"区域化布局、标准化生产、规模化经营"的思路，全区着力培育马铃薯产业带，规模化种植马铃薯的企业、合作组织达到了 200 多家，种植大户上万家，由于统一品种、统一栽培、统一管理、统一收获、统一销售，具有较强的抗风险能力，较散户种植增产、增效显著，示范带动作用明显。全区种植马铃薯 11.3 万 hm²，其中商品薯种植 10.6 万 hm²，种薯繁育 0.8 万 hm²，分别占总播种面积的 93.24% 和 6.76%。商品薯，在中部干旱、南部山区河谷川道区建设优质早熟菜用薯生产基地 1.7 万 hm²，在南部山区半干旱、半阴湿区建设淀粉加工薯生产基地 4.1 万 hm²，在南部山区阴湿区周边地区建设晚熟菜用薯生产基地 4.5 万 hm²，在全区马铃薯高产示范基地及企业、合作社示范基地种植主食化品种 0.2 万 hm²，品种专用率达到 80% 以上、种薯脱毒率（一级以内）达到 90% 以上、栽培标准率达到 85% 以上、病虫害统防统治率达到 58% 以上、生产机械化率达到 46% 以上。种薯，全区繁育原原种约 1.36 亿粒，在六盘山麓海拔 1 900～2 200 m 冷凉山区建设马铃薯脱毒种薯繁育原种基地 0.1 万 hm²、一级种基地 0.7 万 hm²，进一步完善三级种薯繁育体系，"企业（合作社）+ 农户 + 基地"的模式不断健全，且主产县形成了县有繁育中心、乡有种薯基地、村有扩繁点、组有良种示范户的四级良繁体系。

1.1.2 做强龙头，提升了加工水平

基于加工能力、原料收购、废水处理等实际情况，政府部门继续特邀有关机构联合对淀粉加工企业全面进行"一厂一策"科学规划，就加工期限、生产数量、废水排放等做了明确规定。通过两年多整改，全区现有淀粉加工企业 27 家，其中：国家级龙头企业 1 家、自治区级龙头企业 14 家，淀粉生产能力达 40 万 t/年以上、"三粉"生产能力达 6 万 t/年以上。另外全区现有马铃薯主食开发试点企业 8 家，银川麦清香公司、西吉勇兴三粉公司等研发出马铃薯馒头、包子、馓子、麻花、挂面、米粉、饼干、面包、薯饼等 4 大类 100 多个主食化产品。2020 年，全区实际开工淀粉企业约 15 家，预计生产淀粉及全粉 8 万 t、"三粉"5 万 t，消耗鲜薯 100 余万 t，占全区马铃薯总产的 30% 左右，加工转化实现产值约 15 亿元以上。尤其是西吉"银鸥""万里"牌淀粉及"向丰""伊玉"三粉畅销全国，完全传承了"红色"基因的"红军粉"，也成为西吉马铃薯特色产品；研发的马铃薯方便粉丝、馓子、麻花等 30 多种主食产品和马铃薯百种做法深受消费者欢迎，"土豆宴"延伸了产业链条，

满足主食多样化需求。

1.1.3 做活市场，加快了产品流通

近年来，宁夏回族自治区不断加强马铃薯贮藏窖和专业批发市场建设，重点选择在交通方便、马铃薯生产量大的乡镇建设种薯和商品薯专业批发市场，旨在构筑完整的鲜薯外销体系，拓宽马铃薯销售渠道。新建现代化中型贮藏窖350多个、小型标准化马铃薯贮藏窖2万多座，重点扶持马铃薯流通型龙头企业20家及专业合作经济组织、销售协会170余家，配套建成西吉新营和将台、固原火车站、原州寨科和张易、海原树台、同心预旺、下马关等8个大型定点批发市场及一大批乡镇集贸市场为重要补充的马铃薯产地综合批发市场网络，有力地为马铃薯生产者、批发商、零售商提供交易平台，市场销售体系逐步完善。2020年，淀粉加原料薯销售约120万t，鲜食菜用薯销售约64万t，反季节销售贮藏约40万t，农户自食、留种、饲用等贮藏约36.39万t，分别占全区马铃薯商品薯总产量的46.08%、24.57%、15.36%、13.98%。另外，当年完成种薯销售约5万t，占种薯总产量的20.96%，其余由繁育企业、合作社、种植户进窖贮藏次年销售。就西吉县而言，目前全县有从事马铃薯生产经营的合作社40多家，销售代办点100多个，农民经纪人300多名，每年区外销售鲜薯50万t以上。

1.1.4 做靓品牌，增强了品牌效应

结合乡村振兴战略实施，全区积极落实高质量发展要求，坚持绿色兴农、质量兴农、品牌强农，不断做大做强马铃薯品牌。组织开展地理标志区域公用品牌宣传，重点鼓励企业或合作社争创马铃薯种薯自治区级著名商标和中国驰名商标品牌，通过参加"农交会地标专展""原产地农产品推介会"等重要展会宣传推介活动，提高品牌知名度、增强品牌影响力。积极与中央电视台、宁夏电视台、宁夏日报等新闻媒体联系，大力宣传西吉马铃薯，"西吉马铃薯"通过农业部地理标志认证，先后荣获中国驰名商标、宁夏著名商标、宁夏名牌产品、2017最受消费者喜爱的中国农产品区域公用品牌、2017年首届宁夏农产品区域公用品牌、2018年宁夏十大农产品区域公用品牌，2019年入选全国名特优新农产品名录、中国农业品牌目录2019农产品区域公用品牌，西吉县以马铃薯为重点开展了"十佳种植能手"和"十佳养殖能手"表彰、马铃薯菜品厨艺大赛、马铃薯手工粉现场制作品尝、马铃薯三级种薯及主食化产品等西吉特色农产品展示、马铃薯食材大宴展示品尝、马铃薯之歌等节目汇演系列活动。

1.1.5 做优服务，提升了服务水平

经过几年努力，全区依托龙头企业、农资公司、专业合作社、基层农技服务组织，以产前、产中技术服务为纽带，以产后营销为重点，初步建立起服务主体"多层次"、服务内容"多元化"、服务机制"多样化"的农业社会化综合服务站体系。目前，全区农业社会化综合服务站总数达到100家以上，各服务站积极拓展和发挥技术指导、农资供应、测土配肥、统防统治、农机作业、信息服务、土地托管、金融服务、电子商务、市场营销"十项功能"，马铃薯服务总面积达到2万hm²以上，托管、半托管示范基地马铃薯机械化率达到50%，配方施肥应用率达到100%，统防统治率达到60%。充分发挥农业社会化综合服务站功能，有效地提升了马铃薯生产的标准化、规范化水平，降低了生产成本，马铃薯产

业脱贫致富能力进一步提升。另外，以国家马铃薯产业技术体系固原综合试验站、宁夏马铃薯产业专家团队、宁夏马铃薯育种与栽培创新团队等为技术支撑，加强与区内外科研院校和种薯育、繁企业及精深加工企业技术合作，充分利用其技术资源，大力引进新优品种、先进生产和管理技术，不断提升种薯产量、质量和效益。

1.2 存在问题

1.2.1 重大自然灾害

（1）干旱天气。全区除个别小区域播种期出现短期旱情外，其他大部分地区风调雨顺，受灾面积在 1 万 hm² 左右，平均减产 50 ~ 100 kg/667 m²，产量损失约 1.125 万 t，种植环节直接经济损失约 112.5 万元。

（2）低温霜冻。进入 4 月下旬，全区气温偏低，导致出苗期延后 10 余 d，收获期提前降温，阴湿区部分田块遭受霜冻，受灾面积在 0.3 万 hm² 左右，平均减产 50 kg/667 m²，产量损失约 0.25 万 t，种植环节直接经济损失约 250 万元。

（3）洪涝灾害。进入 8 月下旬持续降雨，阴湿区部分田块遭受洪涝灾害，受灾面积在 0.5 万 hm² 左右，平均减产 100 kg/667 m²，产量损失约 0.8 万 t，种植环节直接经济损失约 800 万元。

（4）马铃薯病害。进入 7 月下旬持续降雨，但整体高温、潮湿气候环境不足，马铃薯晚疫病等频繁发生，但在农牧部门启动应急预案情况下，病情得到了有效控制。受灾面积约 1.7 万 hm²，平均减产 120 kg/667 m²，产量损失约 3 万 t，种植环节直接经济损失约 3 000 万元。

以上累计遭受灾害面积 3.5 万 hm²（次），平均减产 50 ~ 120 kg/667 m²，产量损失约 5.175 万 t，种植环节直接经济损失约 4 163 万元。

1.2.2 生产中存在的主要问题

（1）优质种薯流失严重。虽然全区每年繁育大量种薯，但由于产业链条连续性不足，市县缺乏种薯质量检测、管理、认定机构，种薯质量层次不齐，以及农民科学种田意识薄弱（或购买力不足）等原因，致使繁育的种薯销售不畅，收获后流失严重，大量优质种薯流失或转商，播种期大量外省区调种现象普遍，这也成为当前制约马铃薯产业发展的最大"瓶颈"。

（2）加工专用品种匮乏。目前，全区栽培品种繁多，大多为外引品种，而自主选育的"宁薯 16 号""宁薯 17 号""宁薯 18 号"推广步伐滞后。品种结构不合理，除"青薯 9 号""庄薯 3 号"等品种外，增产潜力大、抗逆能力强、品质优良的加工专用型品种十分缺乏，尤其配合地方全面贯彻国家"主食化"战略推广种植的生全粉加工型品种极度匮缺，主食化食品开发原料不足。

（3）绿色生产技术应用不足。目前，全国范围内围绕"一控两减三基本"发展目标，不断加大绿色高产高效创建和绿色增产模式攻关，大力发展高效节水农业，实施减肥减药"净土工程"，促进农业可持续发展。作为全国马铃薯主产区域之一，以秋季覆膜、早春覆膜和全膜覆盖为主的覆膜保墒旱作节水马铃薯生产发展迅速，但配方施肥技术和病虫害专业化统防统治、绿色防控技术推广应用还需进一步加强。

（4）机种机收率不平衡。在主产区，人工生产仍占主导地位，劳动力成本逐年上涨，尤其在南部山区，主力的 70 ~ 90 年新生代农民，大多选择外出打工，劳动力十分匮乏。近些年，虽然在各方积极推动下，马铃薯机械化发展迅速，但机种机收主要为山川地企业及合作社生产基地，而农户山台地种植仍以人工为主。在企业化连片种植基地，虽然实现了机种机收，但收获后仍需要人工装袋，由于劳动力缺乏，收获期延长，阴湿区部分田块因收获不及时出现冻薯现象，影响收入。

2　2021 年马铃薯产业发展趋势分析

2.1　生产情况

2.1.2　种植面积略有回升，但回升数量不大

宁夏马铃薯种植主要分布在南部山区与中部干旱带，旱坡地面积占到总面积的 80% 以上，马铃薯由于抗旱、稳产、优质特性，对比种植效益明显，2019 ~ 2020 年产量水平和淀粉原料薯收购价均达到近些年高峰值。2021 年，随着国家马铃薯"主食化"战略实施及新一轮轮作倒茬完成，以及淀粉加工企业全部完成技术改造，种植面积将有所回升，只是受草畜和小杂粮产业政策补贴导向影响，种植户存在观望倾向，马铃薯面积预计回升 0.3 万 hm² 左右，总面积达到 11.7 万 hm² 左右。

2.1.2　产量水平保持稳定，但可能略有提升

2020 年度，全区马铃薯平均产量专家估测 1 672 kg/667 m²，较 2019 年度增加 122.94 kg/667 m²，不仅得益于以脱毒种薯、配方施肥、春秋覆膜、节水灌溉、病害防控、机械化栽培为重点的新生产技术和生产模式应用，更得益于马铃薯生育期充沛降雨。2020 年，马铃薯生育期固原市降水量为 500 mm 左右，与历史同期值相比偏多 100 mm 左右。2021 年度，随着马铃薯示范区建设力度加大，必将辐射带动高效栽培技术进一步扩大应用，如自然降雨同于 2019 ~ 2020 年，标准化建设必将带动马铃薯单产水平稳中有增；如自然降雨同于 2018 年，马铃薯单产水平可能小幅下降。

2.2　市场情况

2020 年度，全区马铃薯产量水平大幅提高，但由于面积略有萎缩，总产水平降低，鲜食菜用薯销售形势一般，成交量较往年同期少了 10 ~ 15 个百分点，"陇薯 6 号"等白皮马铃薯平均销售价格 1.0 ~ 1.2 元/kg，"青薯 9 号"等红皮马铃薯 1.1 ~ 1.3 元/kg，价格低于 2019 年度 0.2 ~ 0.4 元/kg，而反季节销售贮藏量较往年同期高了 3 ~ 5 个百分点；淀粉原料薯区域供货紧张，淀粉含量高于 17% 的收购价格 1.1 ~ 1.3 元/kg，淀粉含量低于 17% 的收购价格 1.0 ~ 1.2 元/kg，收购价格普遍高于往年同期 0.1 ~ 0.2 元/kg，甘肃定西、陕西定边，乃至青海等周边马铃薯产区，出现跨区销售现象；优质种薯市场销售平稳。2021 年度，市场导向可能促使马铃薯面积回升，市场供应区域正常，销售形式和价格恢复正常。但随着马铃薯淀粉加工企业完成技术升级改造，废水处理系统验收合格后，大量开工，淀粉加工原料薯需求旺盛，预计全区马铃薯总产 45% 左右用于淀粉加工，具体价格取决于淀粉含量，可能保持稳定；30% 左右用于鲜薯外销，价格 1.2 元/kg 左右；25% 左右用于反季节销售贮藏和农户自食、饲用、留种。

2.3 地方政策

近些年，马铃薯以抗旱、高产、高效的特色优势，已成为宁南山区农民抗旱增收的当家作物，尤其对贫困地区经济社会的全面进步和可持续发展发挥了重要的促进作用和支撑作用。为了推动马铃薯产业持续健康发展，更大发挥脱贫致富作用，自治区对于种薯繁育、农机购置、贮藏窖建设、主食化产品购置等给予一定补贴。2021年度，为了巩固脱贫攻坚成果，助力乡村振兴，尤其随着播种面积水平可能回升和主食化战略的全面推进，加大种薯繁育基地建设、马铃薯主食化产品推广、马铃薯贮藏窖建设、农机农具补贴势在必行。

2.4 技术需求问题

2.4.1 需要选育优质专用化新品种

目前，生产上主推的新品种"青薯9号"，因淀粉含量问题，淀粉加工企业压价收购，比栽培品种"庄薯3号"低0.1元/kg，而"庄薯3号"由于龙葵素含量高，食用性比较差。应加大力度，选育高淀粉、食用品质好、抗逆性与"青薯9号"类似的品种，以及选育抗逆性好，品质与"大西洋""夏坡蒂"类似的炸薯片、薯条的高端品种。尤其是迫切需求适应国家主食化战略实施的生全粉加工型品种。

2.4.2 需要高质量、低成本种薯繁育技术

目前，宁夏马铃薯主要推广三级种薯繁育技术，从脱毒苗到一级种，时间周期较长，中间环节较多，优质种薯流失严重，需要提升原原种生产技术，全面解决基质生产成本高、脱毒苗易污染、茎尖剥离周期长等技术瓶颈，同时积极开展试管薯高效繁育体系，总结试管薯"两年制"繁育微型种薯栽培技术，缩短种薯繁育到商品薯生产年限。

2.4.3 需要研制适合山台地操作的一体化机械

对于宁夏单个农户而言，马铃薯多种植在山台地，由于干旱少雨，覆膜栽培技术应用面积逐渐增加。但由于缺乏适宜的膜上播种机，且青年壮劳力外出打动致使劳动力缺乏，人工膜上点播效率较低，限制了种植规模的进一步扩大，亟须研制起垄、覆膜、播种、施肥等一次性适合山台地操作机械及与之相匹配的收获机械。

2.4.4 需要完善马铃薯淀粉加工废渣废水处理技术

马铃薯淀粉加工废水废渣处理技术滞后严重制约宁夏马铃薯产业的优化升级，正在推广应用的马铃薯废水蛋白提取技术等建设投入成本高，如无政府设备补贴，企业无法承受大额投入，也不愿进行技术升级换代。因此亟需研究低成本马铃薯淀粉加工废渣废水处理技术，促进产业健康发展。

2.4.5 需要集成马铃薯综合性增产增效技术

近些年，宁夏马铃薯产业技术研发取得了突破性进展，起垄覆膜、轮作倒茬、配方施肥、疫病防控等技术都不同程度得到应用，但以上技术集成组装综合性增产增效技术缺乏，另外水肥一体化、连作障碍防控、精准施肥、土传病害防控等技术研究还有待进一步加强。随着马铃薯产业效益不断提高，对于生产投入高水肥，不仅促进马铃薯的快速生长，同时致使杂草丛生，急需基于减肥减药"净土工程"，集成总结马铃薯综合性增产增效技术。

2.4.6 需要进行"互联网 + 马铃薯"技术应用

加快马铃薯物联网区域试验，强化应用研究，积极推进自主研发、集成创新、形成全产业链一体化创新，从根本上提升信息化智能化创新应用技术水平，使决策者、科研推广服务、生产者掌握主动权，使相关信息进村入户，补短板，降成本，增效益。

3 2021年马铃薯产业发展建议

3.1 产业方面

继续实行种薯补贴和种植补贴政策，扩大贮藏窖建设和淀粉加工废水循环利用补贴，加大马铃薯主食化产品推广补贴力度。树立品牌战略，打造一批知名品牌；继续加强脱毒种薯三级繁育推广体系建设，积极打造种薯外销市场，建立健全质量监测认证制度。加强制度化建设，彻底解决政府主管、研究推广部门、企业、协会、合作社、农户等从职能、布局、产业扶持等方面凌乱不合理，各抓一头，各顾利益，甚至恶性竞争现象。扶持加工企业做大做强，研发以生全粉为原料的主食化产品。

3.2 技术方面

加快优质专用马铃薯品种的定向培育，尤其是选育高淀粉、食用品质好、抗逆性与"青薯9号"类似的品种。总结高质量、低成本种薯繁育技术，全面解决基质生产成本高、脱毒苗易污染、茎尖剥离周期长等技术瓶颈，总结试管薯"两年制"繁育微型种薯栽培技术，缩短种薯繁育到商品薯生产年限。研制起垄、覆膜、播种、施肥等一次性适合山台地操作机械及与之相匹配的收获机械，加大马铃薯种植机械化示范，刺激农民购买农业机械的积极性。完善总结高效化学除草技术及病虫害综合防控技术。研制高效防治药剂及总结安全防控技术，推广病虫害预测预报综合防治技术。

3.3 生产方面

以示范园区为平台，加强集优质种薯、抗旱栽培、精准施肥、病害综合防控等为一体的马铃薯综合性增产增效栽培技术示范推广。继续开展淀粉加工废水处理技术研究，总结低成本、高效率废水处理技术，完善淀粉加工废水冬闲田灌溉技术，示范推广引导生产实践；以废渣为原料，开发饲料和肥料产品，提升利用率。以农户生产群为主要对象，建议在条件较差的偏远山区，一方面基于现有窑洞、地窖贮藏条件，技术攻关，完善总结贮藏技术，降低损失；另一方面，加强资金补贴，推广建设适宜农户群体的高效贮藏窖，同时对窑洞、地窖全面提升改造，从根本上降低贮藏损失。

3.4 其他方面

加强"互联网 + 马铃薯"技术应用研究，加快马铃薯物联网区域试验，强化应用研究，完善市场基础设施，发展电子商务，积极推进自主研发、集成创新、全产业链一体化创新，从根本上提升信息化智能化创新应用技术水平。建立专业化服务队伍，培育多元化服务组织，为薯农提供一站式方便快捷的服务。广泛宣传，提高政府层面对马铃薯助力乡村振兴和保障粮食安全重要作用的认识。加强组织领导，加大政策扶持，加大市场营销，利用"中国马铃薯之乡"，打造固原马铃薯区域品牌，打造固原马铃薯区域品牌，提高宁夏马铃薯的知名度和占有率。

2021 年凉山州马铃薯产业发展趋势与政策建议

刘绍文，董红平*

(四川省凉山州西昌农业科学研究所，四川　西昌　615000)

摘　要： 2020 年凉山州马铃薯种植面积、鲜薯总产量、平均单产分别较 2019 年增加 713.33 hm²、9.23 万 t、16 kg/667 m²，鲜薯销售价格与 2019 年相当。预计 2021 年种植面积基本保持稳定，病虫害对生产影响加大，建议在商品薯基地建设、新品种繁育、机械化示范等方面给予政策支持。

关键词： 凉山州；马铃薯；产业；趋势；政策建议

1　2020 年凉山州马铃薯产业特点、问题

1.1　面积、总产、单产微增

据农情统计，全州马铃薯种植面积 16.18 万 hm²，鲜薯产量 373.03 万 t，平均产量 1 537 kg/667 m²，分别较 2019 年增加 713.33 hm²、9.23 万 t、16 kg/667 m²。

1.2　鲜薯销售与 2019 年相当

2020 年销售总体与 2019 年相当，春作田间销售单价 1.6 元/kg 左右。由于新品种的推广，老品种很少，一些口感好的老品种销售价格较新品种高 0.4~1.0 元/kg，特色品种如"乌洋芋"稀缺，单价 5.0~7.0 元/kg。

1.3　存在问题

(1)主产区种植地块多为坡地且地块小，机械化耕作受限，而主要收获季节 8 月雨水多、土壤湿度大，适宜机型少，因此，机械化程度太低，生产成本相对较高。

(2)种薯企业在优良新品种种薯的繁育与供给上比较单一，导致生产上大面积种植的品种较单一，一些新的优良品种推广应用速度缓慢。

(3)淀粉加工企业没有建立原料薯生产基地的意识，导致收不到适合加工用的原料薯，淀粉厂长期停产，产业链断裂。

2　2021 年马铃薯产业发展趋势分析

2.1　面积将基本保持稳定，或有小幅下降

2021 年是凉山州贫困县全面脱贫摘帽后巩固脱贫攻坚成果并转入乡村振兴之年，现代农业产业园区建设将成为农业产业发展的重点，果树、高山蔬菜、中草药等产业的发展将

作者简介：刘绍文(1967—)，男，推广研究员，主要从事马铃薯育种与栽培研究。

基金项目：现代农业产业技术体系建设专项资金(CARS-10-ES18)。

*通信作者：董红平，正高级农艺师，主要从事马铃薯育种与栽培研究，e-mail：280328728@qq.com。

在一些区域影响到马铃薯种植面积,加之很多地方异地扶贫搬迁后距离居住地较远的耕地会有撂荒,预计春作马铃薯会有减少,受冬马铃薯市场行情较好的影响,冬作面积会有小幅增加,因此,总面积将基本保持现有水平,或有小幅下降。

2.2 晚疫病对生产的影响将会更加明显

近几年推广的"青薯 9 号"品种面积 2020 年已到达 7.38 万 hm^2,前两年调进的种薯经过几年的种植,种薯代数增加、质量下降,加之品种较单一的问题也将形成新的隐患,因此,晚疫病加重对生产的影响将会更加明显。

2.3 包囊线虫的发生将对马铃薯种薯产生严重的影响

据四川省植保部门组织的包囊线虫调查,发现马铃薯主产区部分区域存在包囊线虫危害,其他区域也有可疑发生,因此,对于州内的种薯生产企业在本区域繁殖种薯将受到严重的影响。

2.4 自然气候对生产的影响依然很大

凉山马铃薯产区,除冬作区大部分有灌溉条件外,高山区都是无灌溉的雨养农业,近年气候变化异常,尤其是马铃薯生产季节连续阴雨天气的可能性常有,自然气候对生产的影响依然很大。

3 2021 年马铃薯产业发展建议

(1)加快建设优质商品薯和优质加工原料薯基地。在每个主产县交通方便的区域规划建立鲜薯生产销售基地,形成规模化生产,提升产品市场竞争力;另一方面,指导、扶持加工企业与专业合作社和种植大户合作建立以高淀粉品种为主的淀粉加工原料薯生产基地,并给予补贴,激活昭觉、越西、盐源等县的淀粉加工企业。

(2)恢复脱毒种薯繁育补贴政策,加快新品种和特色优品种脱毒种薯的繁育力度,加强检疫性病害的检疫与种薯质量监控。

(3)加快适宜山区使用的小型机械筛选及农机农艺配套研究与示范推广。在各县建立马铃薯全程机械化种植示范基地,大力开展农机手技术培训和专业合作社负责人、种植大户的观摩培训会。

(4)加大品牌建设力度,强力打造凉山马铃薯绿色、生态、营养、安全名片。

(5)加快马铃薯批发市场建设,建好马铃薯电商平台,培养一支连接全国市场的营销人才队伍。

黑龙江省马铃薯脱毒种薯生产现状、存在问题及对策

张丽莉，甘　珊，王堡槐，石　瑛*

（东北农业大学农学院，黑龙江　哈尔滨　150030）

摘　要：通过分析黑龙江省马铃薯脱毒种薯产业发展的优势、存在问题，提出了健全种薯质量监督体系，建立"育、繁、推"一体化种薯繁育体系，健全种薯生产销售社会化服务体系，加强标准化基地建设4个方面的对策和建议，以期为黑龙江省马铃薯种薯产业健康发展提供借鉴。

关键词：黑龙江省；脱毒种薯生产；现状；问题；对策

黑龙江省是中国马铃薯主产区，马铃薯种植历史悠久，种植面积在16万 hm^2 左右[1]，也是重要的马铃薯种薯优势产区。黑龙江省丰富而肥沃的土地资源、独特的自然环境以及良好的天然隔离条件、病毒性退化慢，是繁育马铃薯优质种薯的理想地区。黑龙江省种薯优势区主要集中在大兴安岭地区、克山、讷河、绥化、海伦、望奎、绥棱、嫩江、逊克、北安、五大连池和东部鹤岗一带[2]。

1　黑龙江省马铃薯脱毒种薯生产现状及优势

1.1　黑龙江省马铃薯脱毒种薯生产的自然优势

黑龙江省地处 N 43°22′~53°24′，E 121°13′~135°06′，属于温带、寒温带季风气候，7~8月平均气温 20~24℃，降水量 370~670 mm，昼夜温差大，此时所处温度和降水符合马铃薯块茎形成和快速增长的条件。黑龙江省的土质肥沃，黑土、黑钙土、草甸土等耕地占总耕地的60%以上，土质养分储量高，为马铃薯生产提供了有利的生长条件[3]。并且土地可以连片，大部分耕地坡度小于5°，80%集中分布在松嫩平原和三江平原，地势平坦，有利于马铃薯大规模机械化种植。马铃薯生长旺季正逢雨热同季，不利于传毒蚜虫的大规模迁飞，因而病毒感染轻，冷凉的气候条件减轻了病毒在植株体内的积累和增殖，是中国马铃薯种性低退化区。同时独特的自然地理条件为马铃薯的生长创造了良好的生长环境，是中国最理想的高纬度种薯繁育地区。

1.2　黑龙江省马铃薯脱毒种薯生产的科技优势

黑龙江省马铃薯研究历史悠久，在70年代末、80年代初，黑龙江省农业科学院克山

作者简介：张丽莉（1976—），女，博士，副教授，主要从事马铃薯栽培、新品种选育和脱毒种薯繁育技术研究。
基金项目：国家重点研发项目（2017YFD01011906）。
*通信作者：石瑛，副研究员，硕士生导师，从事马铃薯育种及栽培研究，e-mail：yshi@neau.edu.cn。

马铃薯研究所便开始进行了脱毒种薯研究。到了90年代初期，利用茎尖剥离生产马铃薯脱毒种薯技术进一步完善，从根本上解决了马铃薯产量低、品质退化的问题，增产效果十分明显，随着脱毒种薯质量的提高，马铃薯产量得到大幅度提高[4]。

马铃薯研究基础雄厚，从事马铃薯良种繁育相关研究的重要平台如下：东北农业大学、黑龙江八一农垦大学、黑龙江省农业科学院马铃薯研究所、黑龙江省农业科学院克山分院、黑龙江省农业科学院牡丹江分院、黑龙江省农业科学院绥化分院、大兴安岭地区农林科学研究院、黑龙江省农垦科学院经济作物研究所。

2 黑龙江省脱毒种薯繁育体系

2.1 中国脱毒种薯繁育体系

按照国家标准《马铃薯种薯》(GB 18133-2012)要求，目前中国马铃薯脱毒种薯繁育为四级体系，即原原种、原种、一级种、二级种。但多数地区为三代种薯繁育体系，以试管苗或试管薯在温、网室防虫隔离条件下，无土栽培生产重量 2~5 g 的微型种薯(第一代，原原种)，进而在隔离条件较好的高海拔或冷凉地区，以微型薯为种薯进行田间扩繁，生产一级原种(第二代)，再以一级原种为种薯在相似地区生产二级原种(第三代)。

原原种生产是脱毒种薯生产最为关键的环节，目前原原种生产的主要方式：

(1)基质栽培，是目前应用最为普遍的微型薯生产方式，约占全国微型薯产量的80%。河北张家口地区以蛭石穴盘或苗床离地栽培为主，生产能力(2 g 以上的微型薯)达20~25 万粒/667 m^2。甘肃、宁夏、云南和贵州等地区多为接地基质栽培，就地铺设营养土，上铺一层网纱，再铺设一层基质，生产能力可达到 25 万粒/667 m^2。

(2)网棚大田起垄栽培，主要在黑龙江、内蒙古等高纬度、高海拔地区应用。微型薯生产量约占总量的15%左右。

(3)气雾栽培，因前期固定设施投入大，技术要求高，目前仅在少数几家单位使用。生产量约占微型薯总生产量的5%[5]。

2.2 黑龙江脱毒种薯繁育体系

黑龙江省脱毒种薯繁育体系有四代繁育体系、三代繁育体系和二代繁育体系，微型薯生产主要方式就是网棚大田起垄栽培，大兴安岭地区、克山县、依安县等高纬度、高海拔地区，为降低成本，先将试管苗假植栽到苗盘或营养钵中，一般假植 20 d 左右，然后定植到大田，定植密度 8 000~1 2000 株/667 m^2。5月底至6月初定植到大田，9月中下旬收获。多数种薯企业微型薯(原原种)繁育一代作为商品种薯(标准原种)销售。少数企业采用蛭石、椰糠等基质栽培。

黑龙江省马铃薯原原种年设计生产能力 500 万粒以上种薯生产企业 7 家(表1)，设计生产能力 2.5 亿粒，2019 年实际生产原原种 5 000 万粒、原种 2.5 万 t、一级种薯 10 万 t[6]。2017 年 1 月由农业农村部认定的第一批区域性良种繁育基地中有 10 个马铃薯基地，黑龙江省克山县榜上有名，首批获得认定。克山县良繁基地原原种生产能力 4 000

万粒[7]。

表1　黑龙江省主要种薯企业及生产能力

序号	企业名称	原原种生产能力(万粒)	原种生产能力(t)
1	大兴安岭兴安薯业有限责任公司	1 500	4 200
2	大兴安岭兴佳种业有限责任公司	1 000	1 750
3	黑龙江万田金农业科技发展有限公司	1 200	4 000
4	黑龙江兴佳薯业有限责任公司	1 000	3 000
5	黑龙江春城优薯农业科技有限公司	1 200	20 000
6	克山县仁发现代农业农机专业合作社 (原克山哈克仁发种业有限公司)	2 000	20 000
7	北大荒黑土薯业有限公司种薯研发中心	1 000	20 000

3　黑龙江省脱毒种薯繁育体系存在问题及对策

3.1　黑龙江省脱毒种薯繁育体系存在的主要问题

3.1.1　脱毒种薯质量监督体系不健全，质量追溯体系不完善

黑龙江省马铃薯种薯标准与种薯生产严重脱节，只有少数单位可以进行正规的全程质量检测，种薯生产的标准化程度低。缺乏种薯质量检测及认证的权威机构，没有设专门的执法机构，种薯标准的强制执行难度很大。从事马铃薯质量控制的部门和人员根本不能满足质量控制的要求。在种薯生产(茎尖组织培养脱毒、脱毒苗的病毒检测、种薯田间质量检测、窖藏期间块茎检测等)和销售过程的诸多环节，缺少各种相关信息的记录，全程质量追溯难以实现。

3.1.2　种薯质量参差不齐、品种单一

部分中小型马铃薯种薯企业或种植大户不重视种薯质量，生产的脱毒种薯不能达到真正意义上的脱毒种薯，不论是马铃薯脱毒基础苗，还是马铃薯脱毒原原种、原种、一级种等各级别种薯带病植株的允许率不符合马铃薯脱毒种薯的国家标准。品牌培育意识淡薄，无商标，无产地认证。生产经营品种单一，种植的马铃薯主要是老品种如"尤金""中薯5号""早大白""费乌瑞它"等品种，缺少品质优良的加工型新品种。

3.1.3　种薯生产与需求信息不对称

缺少专业的马铃薯种薯生产销售信息网络平台和市场化信息供给机制，种薯企业和种植大户对马铃薯市场需求信息未能进行深入调查研究，种植过程中对品种选择具有很大的随意性和盲目性，种薯生产与市场需求脱节，销售渠道单一，销售依赖客商，价格波动大，经常出现所产的种薯过量积压，损失惨重。

3.1.4　种薯基地条件有待完善

黑龙江种薯繁育基地马铃薯种、管、收、贮全程机械化程度低，土地流转困难、连作繁种现象仍有发生，土传病害(马铃薯疮痂病、黑痣病)有加重的趋势。种薯多以分散贮藏

为主，通风控温和控湿条件差，贮藏过程中感病率高，损失大。

3.2 黑龙江省脱毒种薯繁育体系发展对策

3.2.1 健全种薯质量监督体系

脱毒种薯繁育体系的每个环节都必须进行严格质量控制。种薯标准体系是以种薯质量标准为核心。在生产中各环节开展质量监督检验确保种薯质量，确立种薯检验定级标准、种薯生产准入机制，建立种薯质量监督机构、种薯质量合格证认证制度和种薯质量检测监督制度，开展全程质量监督检验和质量追溯。

3.2.2 建立"育、繁、推"一体化的种薯繁育体系

高度整合扶持"育、繁、推"一体化的马铃薯种业，通过产学研联合机制扩展育种融资渠道，实现品种选育与市场需求紧密结合，育成一批具有强劲市场竞争能力的品种。按照高质量要求完善马铃薯良种繁育体系，建设一批优质种薯繁育基地。品种和基础种苗鉴定、保存、供应、供种体系(国家中心和区域分中心)向有资质的种薯生产企业提供品种可靠、质量有保证的原始种苗，以保证品种的真实性及高质量，打造以品种为核心的企业竞争力，拓展销售市场。

3.2.3 健全种薯生产销售社会化服务体系

加强种薯市场营销工作，扶持从事种薯购销的专业合作社，健全营销服务网络，推广"产前签订单，产中推技术，产后抓营销，销后抓服务"的市场经营模式，大力培育马铃薯现代营销主体，注重种薯企业品牌建设。组建多元化的网络营销队伍。

3.2.4 加强标准化基地建设

建设规模化、标准化种薯生产基地，完善种薯生产技术与装备，配套不同生产模式的种薯生产技术、水肥高效利用技术、病虫害综合防控技术和现代农机装备，有效提高种薯质量、降低成本，增强企业竞争力。

[参 考 文 献]

[1] 吕金庆, 杜长霖, 孙玉凯, 等. 黑龙江省马铃薯产业的现状、不足和发展趋势 [C]//金黎平, 吕文河. 马铃薯产业与美丽乡村. 哈尔滨: 黑龙江科学技术出版社, 2020: 157-162.

[2] 徐宁, 张荣华, 张洪亮. 2016 年黑龙江省马铃薯产业发展现状、存在问题及建议 [C]//屈冬玉, 陈伊里. 马铃薯产业与精准扶贫. 哈尔滨: 哈尔滨地图出版社, 2017: 47-53.

[3] 刘卫平, 张新宇. 黑龙江省马铃薯脱毒种薯繁育发展现状分析 [J]. 农业科技通讯, 2014(10): 57-59.

[4] 冯延江. 黑龙江省马铃薯脱毒种薯生产和销售的现状及前景展望 [J]. 黑龙江农业科学, 2003(1): 24-25.

[5] 王越, 曹琳琳, 冯杰, 等. 马铃薯微型薯基质栽培模式调研与成本分析 [C]//屈冬玉, 金黎平, 陈伊里. 马铃薯产业与健康消费. 哈尔滨: 黑龙江科学技术出版社, 2019: 230-235.

[6] 盛万民, 于洪涛, 董清山, 等. 2019 年黑龙江省马铃薯产业发展情况总结及 2020 年生产形势分析 [C]//金黎平, 吕文河. 马铃薯产业与美丽乡村. 哈尔滨: 黑龙江科学技术出版社, 2020: 57-59.

[7] 崔永伟, 杜聪慧, 李树君. 中国马铃薯种薯产业发展分析与展望 [J]. 农业展望, 2020, 16(1): 71-76.

四川省达州市马铃薯产业发展现状及对策

赵思毅*，范香全，杨小丽，黄 娟，吴明阳

(达州市农业科学研究院，四川 达州 635000)

摘 要：文章主要概述 2020 年四川省达州市马铃薯科研、生产、加工、脱毒种薯应用、品牌建设等方面的基本情况和存在问题，从品种选育、种薯繁育、机械化生产、生产加工、品牌打造等方面提出了达州市马铃薯产业发展建议。

关键词：达州市；马铃薯；产业现状；发展建议

达州市位于四川省东部，地处长江上游成渝经济带，是四川省盆周丘陵山区的一个人口大市、农业大市、资源富市、工业重镇和川渝陕结合部交通枢纽，素有"中国气都、巴人故里、红军之乡"之美誉。达州市下辖 7 个县市区，幅员面积 165.91 万 hm^2；2020 年户籍人口近 700 万人，居四川省地级市第三位；资源丰富，自然条件较好，2020 年 GDP 达 2 118 亿元；农作物种类繁多，素有"秦巴粮仓"之称，2020 年全市粮食播种面积 56.01 万 hm^2，位居全省第二；粮食总产量 319.37 万 t，居全省第一(达州市政府工作报告)，其中，马铃薯面积 10.03 万 hm^2，单产 20 363.25 kg/hm^2，总产 4.08 万 t(鲜产 204.22 万 t)，为全市粮食增产奠定了基础；在马铃薯生产、种薯生产和加工都有较好的基础，基本实现了马铃薯全产业链条的发展。

1 达州市马铃薯产业发展现状

1.1 面积、单产稳定

达州市马铃薯种植历史悠久，是马铃薯生产大市。2010～2020 年种植面积在 10 万 hm^2/年左右(达州市农业技术推广站年报)，单产稳定在 21 000 kg/hm^2 左右，已成为达州市第三大粮食作物，是四川省仅次于凉山州的第二大马铃薯主产区，也是四川省马铃薯生产布局重点区域。

1.2 科技创新充满活力

1.2.1 雄厚的技术力量

达州市马铃薯产业发展主要以达州市农业科学研究院为技术支撑单位，其设立了马铃薯育种、栽培、植保、加工、分析检测和生物技术等研究室，现从事马铃薯育种、栽培、种薯繁育和加工的研究人员 18 人，其中研究员 1 人，高级职称 9 人，其中博士 1 人，硕士 5 人。

作者简介：赵思毅(1966—)，男，研究员，主要从事作物遗传育种研究。

基金项目：国家现代农业产业技术体系四川薯类创新团队(川财教〔2019〕59 号)。

*通信作者：赵思毅，e-mail：1287440697@qq.com。

1.2.2 完善的科研设备条件

达州市农业科学研究院现建有 2 hm² 马铃薯高山试验站；500 m² 标准组培实验室；7 500 m² 标准繁育大棚；496 m² 低温低湿贮藏库；以及配套液相色谱仪、田间自动气象站、台式高速冷冻离心机等设施设备与办公用品 100 余台（套），可满足马铃薯育种、栽培、种质资源开发、综合利用等方面研究需要。

1.2.3 较好的科研平台

达州市农业科学研究院于 2004 年组建马铃薯育种课题，2016 年开展马铃薯脱毒种薯繁育，现为四川省"十二五""十三五""十四五"马铃薯育种攻关团队、四川省薯类创新团队、四川省马铃薯新品种区域联合试验成员单位。保存各种马铃薯资源材料 450 份，创制的中间材料达 1 000 份；在高山和平坝马铃薯育种基地，建有自己的马铃薯新品种选育体系，成功选育多个突破性马铃薯新品种，其中"达薯 1 号""达芋 2 号""达芋 3 号"推广面积达 56.85 万 hm²。

1.3 脱毒种薯繁育、应用

1.3.1 原原种繁育技术成熟

2009 年承担并实施"国家级脱毒马铃薯原原种繁育基地"项目，具有年生产原原种薯 1 000 万粒能力；多项发明专利获得授权，其中"脱毒马铃薯试管薯循环生产工艺"生产周期短、产量高，年产量达 3 万粒/m² 以上；"一种脱毒马铃薯原原种生产方法"创造国内原原种繁育高产纪录，达 1 000 粒/m² 以上；"一种脱毒马铃薯试管苗快繁方法及装置"在室外控制条件下进行开放快速繁育，提高生产效率 42.5%，成本减少 38.0%。

1.3.2 脱毒种薯繁育基地有规模

建有川东马铃薯种薯繁育基地和马铃薯品牌。万源市丛山峻岭，自然隔离，是种薯繁育的天然基地。有万源市萼山薯类种业开发有限公司和四川华硒生态农业开发有限公司每年繁育原种 33.33 hm²、栽培种 333.33 hm²，成为川东优质种薯繁育基地，种薯销售到除凉山外四川省的其他所有地区。

1.4 马铃薯加工步入正轨

2007 年成立的万源市花萼绿色食品有限公司是四川省农业产业化重点龙头企业，公司实力雄厚，以马铃薯为原料的主要产品有"香辣土豆豉酱""山椒土豆豉酱""富硒土豆全粉挂面"，投入市场后，深受广大消费者青睐，年销售收入在 1 000 万元以上。

1.5 区域品牌效应初显

"万源马铃薯"2009 年 5 月 27 日获得"农产品地理标记登记证书"，证书编号 AGI00137；"万源富硒马铃薯"2015 年 12 月 4 日获国家质量监督检验检疫总局"生态原产地产品保护证书"，证书编号 000137。马铃薯品牌效应初步显现，万源已成为四川省最大的天然富硒脱毒马铃薯和菜薯的生产供应基地，富硒马铃薯远销舟山地区；万源马铃薯的生产、销售不断上新台阶，马铃薯产业已逐步成为农民增加收入的主要经济来源和万源市农业中富民强市的支柱产业，促进了贫困山区的脱贫攻坚进程。

2 达州市马铃薯发展存在的问题

2.1 面积稳定，单产不高

近 10 年达州市马铃薯种植面积达 10 万 hm² 左右，总产为 200 万 t 左右，但是单产稳定在 19 500~21 000 kg/hm²，与先进发达国家平均 45 000 kg/hm² 相差甚远。

2.2 示范产量高，平均产量较低

集成创新马铃薯种植技术示范从 2005 年以来，先后在达川檀木镇、宣汉龙泉乡、万源八台和茶垭乡鲜薯平均单产 41 000 kg/hm² 以上，单个田块最高单产达到了 87 000 kg/hm²。但全市平均单产在 15 000~21 000 kg/hm²，总产从 2005 年以来随面积的增加而增加。

2.3 品种、新技术先进，应用面积不大

达薯系列品种的成功选育，应用面积年达到 1.33 万 hm² 左右，在产量和品种上有较大提高。但是仍存在"克新""川芋""渝薯 1 号""坝薯 10 号""中薯 3 号""马尔科"等老品种自由串换，种植面积还较大，极大地阻碍达州市马铃薯生产发展。研制形成的脱毒马铃薯高产栽培技术、栽培模式以及绿色防控技术仅在示范高产典型中应用效果非常好，但全市 60% 以上的面积仍是自留种、平板栽稀大窝、施肥重氮轻磷钾，广种薄收现象突出，致使达州市马铃薯生产水平偏低，马铃薯种植效益未能显现。

2.4 加工企业缺乏，马铃薯加工产品单一

据统计，达州市年生产 200 万 t 马铃薯，30% 用于小作坊加工淀粉和干薯片（果）、30% 鲜食、20% 作饲料、10% 种用、10% 烂掉。成规模生产淀粉和干薯片（果）的加工企业还没有，种薯企业也只有万源市培育了 3 家，马铃薯加工链条成为短板，从而大大影响马铃薯种植和加工业的发展。

3 达州市马铃薯产业发展建议

3.1 深化对发展马铃薯产业重要性的认识

马铃薯是世界少有的高产作物，其具有营养全面、适应性广、抗逆性强、高产稳产、产业链长、粮菜饲工业原料兼用等优良特性。抓马铃薯产业发展对促进广大农户增收致富、农业供给侧结构改革，促进马铃薯主粮化战略、保障国家粮食安全均具有重要作用。作为四川省第二大马铃薯主产区，达州市应将马铃薯产业作为达州"特色优势农业、扶贫重点产业"，"富硒特色"突破口，加大投入，重点培育，优先发展。

3.2 加强马铃薯种植规划，促进生产区域化

依据达州市生态环境、现状及发展需要，搞好马铃薯种植区域规划，集中力量打造优势产业带和专业乡镇，推动生产布局向优势区集中，规模生产，集群发展。高寒山区以繁育高质量脱毒种薯为主，中高山区以发展粮用、加工薯为主，平坝及城郊主要以发展各具特色的菜用薯为主。种植季节和面积上，以稳定秋马铃薯，发展春马铃薯，扩大冬马铃薯，建立马铃薯周年供应体系，满足市场多方需求。

3.3 引育并举，加强多用途品种的推广应用

在坚持自主选育同时，要从全国引进鉴定出适应达州不同区域气候的、各具特色的、不同用途的专用品种、特色品种，如菜用型（炒、蒸、煮）、油炸型（薯条、薯片）、淀粉加工型及不同早、中、晚熟品种等，优化品种结构，适应市场的各种需求，实现品种"优质化、专用化与多元化"。

3.4 建设脱毒种薯繁育基地，提高脱毒种薯覆盖率

推广以试管薯为主的四级繁育种薯体系。各级政府及主管部门要加大投入，对繁育基

地进行基础设施改造，改善基地道路、沟渠、水电、贮藏、交通运输等基础条件，提高脱毒种薯供给能力。完善种薯质量检测监管体系，实施种薯生产、经营资格认证、基地认证；加强田间检验、质量抽检、包装规范标签化管理。引进和培育种薯龙头企业，引导建立高标准、集成系统化的脱毒种薯生产线、生产基地，实现标准化、规模化生产，壮大马铃薯种业，以种业带产业。加大脱毒种薯生产扶持和良种补贴，促进优质脱毒种薯生产和应用，实现"良种化"。

3.5　加大马铃薯生产全程机械化推广力度

一是引进和筛选适合达州地形和土地条件的山地马铃薯中小型机械，重点引进中小型马铃薯种植、植保、收获机械，进行机具选型与配套，促进农机农艺融合，解决耕种和收获方面的难题，减轻劳动强度，降低生产成本。二是要在优势生产区域，加大马铃薯机械化生产示范和推广力度，推进坡改梯、高标准农田建设，集中连片打造优质马铃薯种薯基地、商品薯基地，进行马铃薯"全程机械化"示范区建设，推动规模化、集约化，提高市场竞争力和经济效益。

3.6　大力发展马铃薯加工业

大力发展以薯片、薯条、全粉、淀粉、面条和糕点等产品为主的马铃薯加工业；有计划、有目的地引进培育一批有实力的马铃薯精深加工企业，完善加工链，提升价值链。多形式宣传马铃薯全营养功能和多种多样食用方法，推进主食化加工，促进马铃薯由副食消费向主食消费转变，全面推进主食化进程。

3.7　实现产品品牌化，经营市场化

富硒是达州马铃薯特色和优势，应大力加强高富硒马铃薯新品种、富硒栽培提升技术的研发，真正让富硒马铃薯成为川东北农业一张名片。宣传上，要高举"绿色、优质、富硒"旗帜，提升达州马铃薯知名度和良好形象，可优先集中打造"万源马铃薯"区域品牌，"抓万源、带达州、辐射川渝陕"。

要拓宽营销渠道，培养和建设马铃薯营销队伍，开展"农超对接""农校对接""农社对接"；支持建设集交易批发、贮藏保鲜、加工包装、信息发布于一体的马铃薯综合交易市场；扶持发展"互联网+"马铃薯电子商务。培育马铃薯种植大户、家庭农场、马铃薯专业合作社和农业企业等，建立"协会＋龙头企业/专合社＋基地＋农户＋市场"的马铃薯生产经营新模式，促进小生产与大市场衔接，实现产业化经营。

3.8　建立马铃薯产业保障机制

成立马铃薯特色产业培育领导小组、马铃薯产业化推进办公室，建立市级领导联系特色优势产业制度，定期研究解决产业发展中的相关问题，强化组织保障。在达州市现有科技基础上，组建马铃薯工程实验室、马铃薯产业技术研究院；汇集马铃薯品种选育、种薯繁育、高产栽培、农技推广、加工、市场营销等方面专家、人才，建立市级马铃薯产业创新团队，推进"育-繁-推""产-学-研-用"一体化模式，攻克解决产业发展中的各种难题，强化科技支撑和保障。政府建立马铃薯特色产业发展专项资金，涉农资金、项目要多向马铃薯产业倾斜，强化投入保障。

2020年恩施州低山马铃薯生产调研及前景思考

覃竹山[1]，周春浓[1]，高剑华[2]，李大春[2]，杨国才[2]，郝　苗[2]*

（1. 湖北省来凤县农业技术推广中心，湖北　来凤　445700；

2. 湖北恩施中国南方马铃薯研究中心/恩施土家族苗族自治州农业科学院/

湖北省农业科技创新中心鄂西综合试验站，湖北　恩施　445000）

摘　要：为了解恩施州低山区域马铃薯生产情况及二作潜力，2020年对恩施夏收和秋播马铃薯的生产及销售情况进行了调研。结果表明，低山马铃薯生产是实现恩施州马铃薯周年生产供应的关键措施之一，特别是前年11月到第二年4月下旬的马铃薯收获淡季，马铃薯产值较高，平均田间鲜薯价能达到2.2元/kg。低山马铃薯市场已经初步打开，但低山马铃薯生产及研究还需要从品种、栽培（植保）技术、人才培养、机械应用、加工、贮藏、销售渠道、平台建设、科企合作等方面加以突破。

关键词：调研；低山马铃薯；生产；思考

马铃薯是湖北第四大粮食作物，种植历史已有300多年[1]，恩施州马铃薯种植面积和产量均占湖北省半壁江山[2]。恩施州海拔落差大，适合进行马铃薯周年生产，而低山区域马铃薯产业链的发展是实现全年鲜薯供应的关键。为了解恩施州低山（海拔高度低于800 m）区域马铃薯的生产、收益情况及二作潜力，2020年4月下旬至12月中旬恩施土家族苗族自治州农业科学院马铃薯所及湖北省来凤县农业技术推广中心相关专家通过企业调研、农技推广部门走访和基地实地验看等方式对恩施市、宣恩县、咸丰县、来凤县和巴东县低山马铃薯产出情况进行了调研。

1　2020年恩施州低山马铃薯生产及销售情况

2020年恩施州低山（海拔高度低于800 m）区域马铃薯种植面积约1.7万 hm²，占全州马铃薯生产面积的16.7%，二作潜力巨大。2020年新冠肺炎疫情对恩施州低山马铃薯种植影响较小，但对生产资料购买、人工聘请、马铃薯运输等产生了较大的影响，生产成本约增加10%。

夏收马铃薯播种时间为前年11月至第二年1月，种植模式分为单作、马铃薯-玉米套作、马铃薯-小林木套作、马铃薯-茶叶套作等，单作或马铃薯-玉米套作居多，赶早马铃薯多覆膜栽培。马铃薯收获后，种植紫山药、迟玉米、大豆、蔬菜等作物，若后茬作物生

作者简介：覃竹山（1966—），男，农艺师，从事马铃薯栽培及推广工作。

基金项目：现代农业产业技术体系建设专项资金（CARS-09）；恩施州2016年支持马铃薯主粮化建设专项资金资助。

*通信作者：郝苗，硕士，农艺师，从事马铃薯栽培及推广工作，e-mail：498757826@qq.com。

育期短，则有可能实现秋马铃薯生产，达到一地三作。秋马铃薯播种时间为当年8月中下旬至9月中旬，种植模式多为单作、单垄单行或单垄双行膜上覆土栽培，栽培过程中重点进行晚疫病和青枯病防控。

恩施州低山夏收马铃薯主要优势在于赶早，最早于3月25日左右收获，主要品种为"米拉""鄂马铃薯10号"和"费乌瑞它"，少数区域种植"中薯5号"。马铃薯平均产量750~2 000 kg/667 m²，最高鲜薯田间价、批发价和市场价(不包括电商和大型超市专供渠道)分别为6.4、7.6和8.0元/kg，平均鲜薯田间价、批发价和市场价分别为2.2、3.2和4.0元/kg，产值2 500~4 000元/667 m²。秋马铃薯最大优势在于填补春节前后市场空白，12月中旬开始收获，可以田间贮藏直至第二年3月。春节期间，秋马铃薯平均鲜薯田间价、批发价和市场价分别可达到3.0、4.0和6.0元/kg，产值3 000~9 000元/667 m²。

2 2020年选调县市低山夏收马铃薯生产及销售情况

恩施市低山马铃薯生产面积0.28万hm²，占总面积的17%，主要分布于沙地乡、红土乡、三岔镇、龙凤坝等地。因种植模式和水平差异，恩施低山马铃薯平均产量1 000~2 000 kg/667 m²，品种以"米拉"为主。播种时间范围为2019年11~12月，覆膜赶早马铃薯于4月初开始收获，产地价格2.4~3.0元/kg，50~100 g规格且薯形好的块茎最受市场欢迎。恩施市马铃薯栽培模式主要为双行玉米套种双行马铃薯，其次为单作。低山区域马铃薯晚疫病发生相对较轻，通常进行1~2次病害防控。

宣恩县低山马铃薯生产面积0.17万hm²，占全县播种面积的20%，分布于宣恩珠山镇、椒园镇等地。以"鄂马铃薯10号"为主，播种时间为2019年10~12月，3月底至4月初开始收获，田间价格2.0~3.0元/kg，单产1 000~1 500 kg/667 m²。

咸丰县低山马铃薯生产面积0.2万余hm²，占全县马铃薯总面积的16.7%，分布于坪坝营镇、忠堡镇、唐崖镇、小村乡等地，以种植"米拉""鄂马铃薯10号"为主。于2019年11~12月进行马铃薯播种，单垄双行，单作，直播，覆膜，少量大棚内覆膜生产，4月初开始收获，地头价2.0~3.0元/kg。马铃薯生长期间进行1~2次晚疫病病害防控。整体上种植水平较低，平均产量1 000 kg/667 m²。

来凤县低山马铃薯生产面积0.3万hm²，占全县马铃薯总面积的25%，其中秋马铃薯播种面积33.33 hm²，分布于三胡乡、旧司镇、百福司镇及大河乡等地，以种植"鄂马铃薯10号"(80%)、"米拉"(15%)为主，少量"中薯5号"和当地"白化洋芋"。播种时间为2019年11月至2020年1月，栽培模式以单作单垄双行、马铃薯-玉米套作为主，少数与枣树、梨树、药材套作。进行晚疫病病害防控1~2次，收获时间从4月初至5月底，价格在2.4~3.4元/kg，产量1 000~2000 kg/667 m²。

巴东县低山马铃薯生产面积0.53万hm²，占全县马铃薯总面积的31%，分布于信陵镇、溪丘湾乡、沿渡河镇、水布垭镇、官渡口镇等地，种植"鄂马铃薯10号"(90%)、"米拉"(10%)和"中薯5号"(少量)。播种时间为2019年11~12月，栽培模式以覆膜、单垄双行、马铃薯单作或马铃薯-玉米套作为主。巴东平阳坝马铃薯收获时间在恩施州最早，3月25日左右即上市，价格也最好，地头价保底2.0元/kg，最高达8.0元/kg。巴东县低山区域马铃薯种植水平较高，平均产量 1 500 kg/667 m²。

3 2020 年恩施州低山秋播马铃薯生产情况

2020 年恩施州秋马铃薯播种面积约 333.33 hm²，主要分布在恩施、来凤、建始、巴东等县市。低山地区秋马铃薯生产面积仅为夏收面积的 2% 左右，马铃薯效益和春马铃薯相当，有些县市甚至赶超春马铃薯。春节期间，巴东县秋马铃薯平均鲜薯田间价、批发价和市场价分别可达到 3.0，4.0 和 6.0 元/kg，秋马铃薯产量通常为 1 500～2 200 kg/667 m²，产值可达 3 000～5 000 元/667 m²（扣除残次薯）。

4 恩施州低山马铃薯发展前景思考

低山马铃薯生产是实现恩施州马铃薯周年生产供应的关键措施之一，特别是前年 11 月至第二年 4 月的马铃薯收获淡季，这部分马铃薯来源为库藏的夏收马铃薯和低山区域马铃薯生产，其中低山生产具有较大的供应潜力。调研结果表明，虽然恩施州马铃薯市场已经初步打开，但低山马铃薯生产及研究还需要从以下几个点进一步突破：

（1）适宜的马铃薯品种较为单一，种植户偏向于黄皮黄肉中晚熟品种，具有相应特征品质的早熟品种缺乏，品种上对于抢早上市没有优势，进一步选出可用替代品种是该区域增产增收的关键一步。

（2）种植技术较为落后，大部分马铃薯种植采用露地栽培，且密度随意、水肥搭配不合理、导致产量不高、标准规格薯块比例小且不能及时抢占早市，错失高价良机，加强技术研发和培训是实现高效生产的必要之举。

（3）农村人才资源缺乏，留守种植马铃薯的大多为老人和妇女，新知识接受能力较差。虽然在各级农技推广技术人员的不断努力下，马铃薯病害防控理念已经深入人心，但具体措施执行仍不到位，马铃薯减产较为严重，因而培养更多"一懂两爱"的职业农民势在必行。

（4）马铃薯生产机械化程度低，人力成本高，从整地、播种、除草、追肥、防病、收获到商品薯分级进入市场，缺乏相应机械和机械手，大部分需要密集的人工劳动，导致生产成本相对于同类经济作物偏高，联合生产，实现部分或全面机械化是提高农民种植积极性的有效途径。

（5）加工水平趋近于零，除了个别企业加工薯片、薯粉之外，90% 以上的马铃薯以鲜薯卖出，产品附加值较低，产品加工是实现产业链持续向好发展的必由之路。

（6）贮藏技术及设施普遍缺乏，设备非常简陋，马铃薯品质和供应周期得不到有效保证，不利于马铃薯产业的发展，加强相关技术的研究迫在眉睫。

（7）销售渠道不够通畅，多数企业反应供不应求，但部分企业仍然存在销售困难，企业之间的合作需要进一步加强。

（8）平台建设缺乏统一管理，很难形成有效的拳头产品，存在品牌多、品种杂、标的标识不符合规范、价格不统一、质量标准千差万别等现象，规范的市场管理有助于提升品牌形象和稳定品牌价值。

（9）科企合作有待于进一步加强，大部分企业在种植管理水平上仍然较为落后，一方面科企合作能将技术转化到产业中带来效益，另一方面能在产业中发现新的问题加以研究。

[参 考 文 献]

[1] 雷昌云, 杨媛, 柴婷婷. 湖北马铃薯产业发展现状及潜力品种推荐 [J]. 长江蔬菜, 2021(3): 11−15.

[2] 李求文, 于斌武, 钟育海, 等. 湖北恩施州率先推进马铃薯主粮化探索与建议 [J]. 中国马铃薯, 2017, 31 (4): 246−251.

乌兰察布市马铃薯价格波动原因和对策

王　伟，尹玉和*，林团荣，王　真，王玉凤

张志成，范龙秋，韩万军

（乌兰察布市农牧业科学研究院，内蒙古　察右前旗　012209）

摘　要：乌兰察布市是中国重要的马铃薯生产基地，发展马铃薯产业对乌兰察布市的经济发展具有重要意义。但是，近年来乌兰察布市马铃薯价格出现较大波动，这在很大程度上严重地损害了马铃薯从业人员和整个行业的利益。通过对多年来乌兰察布市马铃薯价格的走势情况进行分析，从国内外供给增加、周年供应格局形成、鲜食薯消费市场萎缩、供给与需求错位等方面阐述了影响乌兰察布市马铃薯价格波动的原因，最后从构建马铃薯营销网络、建设信息化支撑体系、壮大产地加工业等视角提出了缓解乌兰察布市马铃薯价格波动的相关措施和对策。

关键词：马铃薯；价格；波动；乌兰察布市

乌兰察布市位于中国正北方，内蒙古自治区中部，是连接东北、华北、西北三大经济区的交通枢纽，是通往蒙古、俄罗斯和东欧的国际通道。马铃薯在乌兰察布种植历史悠久，且具有雨热同期、昼夜温差大、土壤沙性等适宜马铃薯种植的气候优势[1]。经过多年发展，乌兰察布市已经成为国家重要的种薯、商品薯和加工专用薯生产基地[2]，取得的成就得到了社会的认可，乌兰察布市被评为"中国马铃薯之都""中国特色农产品优势区"等荣誉称号[3,4]。

乌兰察布马铃薯种植面积和产量占内蒙古的近1/2，占全国的近5%，农牧民来自马铃薯种植的收入占到种植业收入的1/2，马铃薯产业不仅是当地重要的支柱产业，更是助农脱贫的重要抓手。但是近年来由于多方面因素的影响，乌兰察布市马铃薯价格波动频率高，马铃薯市场与马铃薯生产者之间的矛盾日益突出，不仅严重地损害了马铃薯从业人员的利益，也大大地挫伤了马铃薯生产的积极性，不利于马铃薯市场和产业的平稳健康发展[5-7]。本文通过对多年来乌兰察布市马铃薯价格的波动情况和影响原因进行分析，提出相应的对策建议，以指导马铃薯生产。

1　乌兰察布市马铃薯价格走势情况分析

从2001年开始，乌兰察布市马铃薯的价格整体上呈上升态势，到2010年时乌兰察布市马铃薯平均价格能达到1.85元/kg，而到2011年就降到了0.9元/kg。2012～2013年马铃薯价格逐渐恢复到1.2元/kg左右。但是经过2011年的市场动荡，对部分薯农和企业造成了致命的打击，马铃薯严重滞销[8]。

作者简介：王伟（1990—），农艺师，硕士，主要从事马铃薯高产高效栽培技术研究。

* 通信作者：尹玉和，研究员，主要从事马铃薯育种和高产高效栽培技术研究，e-mail：wlcbsyyh@163.com。

2013 年乌兰察布市马铃薯大获丰收，再加上仓储条件的提升，薯农都在观望，本以为能够"稳赚"，没想到市场仓储过度，供需关系严重不对称，出现了增产不增收的现象。2014 年乌兰察布市旱情严重导致马铃薯产量不足且质量略差。2015 年种植面积减少，虽产量略有回升，但仍然不能满足市场，价格又一次被抬高，达到 1.5 元/kg 左右的平均价格。

近年来，乌兰察布市的马铃薯市场整体平稳有序，但 2017 年底到 2018 年初马铃薯价格发生剧烈波动，对当地的马铃薯市场造成又一次的打击。下面以 2016~2019 年的市场价格走势进行分析。

2016 年，马铃薯市场维持稳定状态，"荷兰十五""冀张薯 12 号""夏坡蒂"等品种价格能维持在 1.30 元/kg 及以上。2017 年马铃薯收获初期，同比价格持平略降，交易量同比减少三成，超过 60% 的马铃薯入窖贮藏，窖贮量同比增加 10%，而后随着马铃薯上市量增大价格逐渐下降，普遍走货较慢。自马铃薯大规模入窖时开始，市场持续低迷，一直到 2018 年 3 月底价格跌入谷底，大量窖贮商品薯不得不以 0.30~0.40 元/kg 的价格销往淀粉厂，不及往年秋季淀粉厂地头收购小薯价格[9]。以规模经营户为例，种薯投入 550 元/667 m²、化肥农药地膜 850 元/667 m²、机械作业和水电 250 元/667 m²、地租和人工 650 元/667 m²，共计 2 300 元/667 m²，按照产量 2 500 kg/667 m² 计算，成本约 0.92 元/kg，较常年亏损 1 000 元/667 m² 左右。同期，全国马铃薯主产区价格均有较大幅度的下跌，处于近十年来最低位。

2018~2020 年，随着多方的努力和市场的调节，马铃薯价格又回到 1.20~1.30 元/kg 的水平。但是经过 2018 年初的马铃薯价格"过山车"事件之后，大量的马铃薯从业人员纷纷转行，或破产或苦苦支撑，据统计乌兰察布市马铃薯种植面积较 2017 年减少约 2.67 万 hm²，剧烈的价格波动冲击对全区乃至全国的马铃薯市场都产生了消极的影响。

2 影响马铃薯价格波动的主要原因

马铃薯市场价格的波动往往是多重因素共同作用的结果，本文以 2017 年底到 2018 年初马铃薯价格波动事件为案例进行分析，从国内外供给的增加、周年供应格局的形成、鲜食薯消费市场萎缩、供给与需求错位、产地加工发展滞后等几方面阐述影响马铃薯价格波动的主要原因。

2.1 国内外供给增加

近年来，全国马铃薯种植面积和产量增长迅速。2017 年全国马铃薯种植面积、单产、总量均有增加[10]。据农业农村部统计，2017 年全国马铃薯种植面积约 604.47 万 hm²，同比增加 14.93 万 hm²，单产同比增加 1.2%，总产鲜薯约 1.1 亿 t，同比增加 380 万 t。同期，与乌兰察布市收获期相近的北方 8 省区产量增加 150 万 t，乌兰察布市传统南方销售区湖北、湖南、重庆、四川、云南等省(直辖市)产量增加 150 万 t。

虽然近年来中国马铃薯产品进出口贸易总额快速增长，但在世界市场所占份额仍然较小，与主要出口国家相比国际竞争力仍较弱，且生产效率竞争优势微弱。以东南亚马铃薯市场为例，东南亚的孟加拉国和巴基斯坦冬作马铃薯面积扩大比较明显，而且这些国家的种植成本较中国较低，且距离马铃薯主要进口国的距离近运费低，对中国东南亚的鲜薯出口形成较大的替代作用[11, 12]。

2.2 周年供应格局形成

中国马铃薯分为 4 个生产区域，各区域种植时间的差异使全年各月均有鲜薯上市，且各区域均有外销。乌兰察布市及东三省和甘肃等北方一季作区，鲜薯上市时间从 7 月中旬持续到 10 月下旬；河北、山东、江苏等中原二作区鲜薯 4 月上旬至 6 月中旬、11 月两次上市；云南、贵州、四川等西南混作区鲜薯 2 月中旬至 5 月下旬、7 月至 11 月两次上市；广东、广西等南方两作区鲜薯 2 月上旬至 5 月底、12 月两次上市，周年供应削弱了乌兰察布市窖贮马铃薯销售市场"补缺"优势。有研究表明，中国目前马铃薯综合比较优势在西北、西南和中东部地区呈现上升趋势，在东北、华北和中部地区呈现下降趋势[13]。

2.3 鲜食薯消费市场萎缩

近年来全国各地蔬菜等农副产品种类丰富、供给充足，特别是蔬菜供给的增长抑制了马铃薯消费的增长。据农业农村部统计，2017 年全国蔬菜产量 8.12 亿 t，同比增加 1 670 万 t，增幅 2.1%，全国 28 种蔬菜批发均价同比下跌 10.6%；据内蒙古自治区农牧厅统计，2017 年全区蔬菜产量 1 679.5 万 t，同比增加 3.8 万 t。

2.4 供给与需求错位

品种结构与需求错位，销售价格较高、市场需求增加较快的高质量加工专用薯供给不足，以加工专用品种"夏坡蒂"为例，价格高出"克新 1 号"等普通鲜食品种 0.2 元/kg 以上，但 2017 年乌兰察布市鲜食薯种植比重仍占 70% 以上，鲜食薯一薯独大的局面并未根本改变。据不完全统计，全市的薯片、薯条加工企业年需加工专用薯 20 万 t，目前全市能提供符合要求的加工专用薯不足 5 万 t。以薯条、薯片外资加工企业蓝威斯顿为例，年加工专用薯能力 12.5 万 t，但全市境内有效订单生产量不足 3 万 t。

品质结构与需求错位，当前市场对马铃薯品质的要求越来越高，薯形、色泽、口感、营养等品相好、质量高、有特色的产品销售较好。2017 年秋季，"中加 2 号"和"华颂 7 号"供不应求，售价一直保持在 1.60 元/kg 以上；当地特色品种"后旗红"，优质商品薯价格始终保持在 1.40 元/kg 左右，而"克新 1 号"秋季最高售价也仅 1.10 元/kg。

2.5 产地加工业发展滞后

加工专用薯基地建设滞后，原料供应与加工需求脱节，乌兰察布市马铃薯基地种植长期以传统商品薯为主，加工专用薯的引进、培育和推广速度慢、规模小，且加工薯种植大户、合作社尚未与加工企业形成订单农业、生产资料入股等紧密型利益联结机制，同时加工专用薯对土壤质量、栽培水平等都有较高要求，种植成本高，产品要求严格，效益得不到保障，导致农民种植的积极性不高，种植面积和产量都不能满足加工业迅速发展的需要。

加工产品结构单一，精深加工能力不足。目前，据统计乌兰察布市实际加工转化率仅为 26%。并且多数企业仍停留在初级加工阶段，加工产品以淀粉、粉丝和粉皮为主，变性淀粉、马铃薯全粉、薯条薯片等高科技含量、附加值较高的产品所占比重偏低，加工产品结构有待进一步调整优化。而且大部分加工企业生产规模小，技术设备落后，技术创新不足，新配方和新产品开发有限，导致马铃薯加工产业产品单一，科技含量低，附加值不高，产业效益难以实现最大化。

资源综合利用率低，面临环境污染压力大。由于马铃薯加工业产生的废水和废渣无害化处理投入大，大部分加工企业难以承受资金再投入需求负担，导致企业环保不合规，排放难达标，不能维持正常运营，目前约有2/3的企业处于停产、半停产状态，只有极少数大型龙头企业配置了废渣或废液无害化处理设备，这一问题已经成为制约马铃薯加工业持续发展的重要瓶颈[14]。

2.6 品牌效应发挥不足

品牌溢价能力发挥不够，乌兰察布市马铃薯有牌、有质、有量，但无溢价，品牌效应无法得到有效发挥，品牌价值不明显，受制于产品本身价值及国民生活方式限制，产品中高端输出路线受阻，输出方式多数依靠地头大批量低价走量。

品牌使用率不高。据企业实际情况反映，乌兰察布市马铃薯曾存在冠以"乌兰察布马铃薯"品牌后无人购买的窘境，效益无法保障致使品牌使用积极性不高。

品牌规划不足。截至目前，品牌发展尚无明确战略规划，品牌培育保护和发展机制不健全，品牌政策支持和市场监管亟待加强，规模大、科技含量高、带动能力强的"品牌"龙头企业数量较少。

2.7 区位优势发挥不足

乌兰察布市具有非常优越的区位优势。但是，运输成本高依然是一大问题，薯农以及部分经纪人大都不愿意去外地销售。主要是因为乌兰察布市的马铃薯在外地还没有充分打开市场，例如几年前乌兰察布市的马铃薯要进入北京市场，却要先到山东寿光再进入北京，既增加了成本也缩短了保鲜时间。在2017年马铃薯市场出现困境的情况下，即使南方很多市场上马铃薯的价格在2元/kg左右，但薯农也不愿意去开发市场，主要原因就是运输成本太高，存在"来五去五"的可能性。可见，乌兰察布市的区位交通优势还没有充分发挥出来。此外，由于供销信息不对称以及种植户期望收益过高，也影响了马铃薯的适期销售。

3 对策建议

3.1 构建马铃薯营销网络

发挥区位优势，打造多元市场。依托乌兰察布市经济纽带及区位物流通道，发挥短途物流交换频次高、时间短、运力足、信用关系稳定的优势，稳住蒙中晋北等传统近缘市场；融入京"物流三小时经济圈"，主攻京津冀市场，逐步打入京津冀"中央厨房"；作为对接俄蒙欧的桥头堡，拓展俄蒙欧、东南亚、朝韩日等海外市场。

培育马铃薯经纪人队伍，拓宽营销渠道。大力支持农民个体或合伙创办马铃薯营销公司，对马铃薯营销专业合作社、经纪人和运输大户以及流通企业，提供扶持措施和优惠政策。通过服务和引导，提高经纪人队伍的组织化程度，增强创收能力，最大限度地促进销售。扶持鼓励市内龙头企业、种植大户和经销商在终端市场建立马铃薯直销窗口，努力提高马铃薯产销衔接能力，如在北京、上海、广州等主要销售区建设马铃薯专业批发市场，同时，鼓励各大种薯企业在各个马铃薯主产区建立种薯直销点，并积极培育国外市场。

健全完善马铃薯市场体系，提高流通效率。在现有已建成的如乌兰察布市集宁区丰泰长信果品蔬菜批发市场、内蒙古亚雄农产品交易市场、察右后旗北方马铃薯批发市场、四子王旗北方马铃薯交易市场等大中型交易市场的基础上，加快集成农产品与食品交易、冷链仓储、物流配送、监测检测等功能。同时开展电子化交易和标准化工作，建立标准交割仓库，逐渐培育成为中国(北方)马铃薯期货交易市场，马铃薯期货交易市场将为政府的产业政策制定、农民的马铃薯种植销售、企业的收购提供权威的价格指导，有助于引导马铃薯产业种植结构调整，提高良种推广率和品种集中度，有利于避免马铃薯价格的暴涨暴跌，保护农民利益[15]。

3.2 建设信息化支撑体系

3.2.1 发挥大数据引擎作用

将马铃薯产业技术创新团队、龙头企业、合作社、种植大户和乌兰察布大数据服务中心等机构有效连接，协同发展，全力打造马铃薯大数据平台，汇集、分析、共享从种植、收获、销售、贮藏加工等环节数据，提供马铃薯全产业链大数据服务，让数据成为有力抓手，切实解决种薯企业、种植企业、加工企业、流通企业、仓储企业等实际运营过程中的"盲区"问题，对各个环节的数据进行分析统计，打通整个产业链，整体调控生产结构[16]。

3.2.2 打造马铃薯流通体系

结合乌兰察布马铃薯电子交易中心，利用虚拟数字技术、远程视频实景传播技术等，构建基于电子商务技术的马铃薯网络超市，建设农业综合性电子商务服务平台，提升园区、企业和新型经营主体马铃薯销售的网络化和订单化水平。支持以马铃薯为重点的智慧物流、即时供应，实现订单式生产、网络化采购、物流式配送。满足主要消费市场的个性化需求，形成以技术流、产品流、信息流为主要调控手段，以高效益、高产出为重要特征的现代化马铃薯经营业态。

3.3 壮大产地加工业

扩大加工专用薯种植面积。重点解决加工企业原料需求的问题，继续开展对加工薯条、全粉的专用薯种植生产实施补贴。根据现行市场需求，加工专用薯主要有"大西洋""希森6号""夏坡蒂""布尔班克""英尼维特""艾维拉瑟""麦肯1号"等。

大力支持鼓励马铃薯分级、包装等初加工技术应用，提升商品化水平；引导企业开展精深加工，推动技术装备改造升级，开发多元产品，延长产业链，提升价值链；推动马铃薯加工副产物循环利用、全值利用和梯次利用，提升副产物附加值。

认定一批马铃薯主食加工示范企业，推介一批中央厨房发展新模式，开发多元化产品，提升主食品牌化水平。如大力发展马铃薯主食厨房，与工厂企业学校等对接，实行预约点餐制，宣传马铃薯饮食文化，开发马铃薯美食和保健食品休闲食品、方便食品等。

引导建立低碳、低耗、循环、高效的马铃薯绿色加工体系，推进清洁生产和节能减排模式，政府出台利好马铃薯加工环保政策，帮助企业成长。促进马铃薯加工副产物综合利用企业与农民合作社等新型经营主体有机结合，推动马铃薯加工副产物综合利用原料标准化。

深化产业融合。支持农户、合作社、企业等经营主体建设、完善、提升初加工、主食加工、综合利用加工、休闲农业和乡村旅游等设施设备。鼓励马铃薯加工企业通过合作制的方式，与上下游各类市场主体组建产业联盟，积极发展电子商务、农商直供体验、中央厨房、个性定制等新产业新业态新模式，让农户分享二三产业增值收益。

3.4 提升品牌影响力

3.4.1 发挥品牌产品企业主体作用

引导企业进一步强化品牌竞争意识，深入实施品牌战略。指导企业建立健全品牌经营管理机构，制定品牌发展规划，确定目标，打造一流品牌。引导企业以国内外知名品牌为标杆，开展质量比对提升活动，使规模以上企业在规模增长的同时，更加注重品牌建设和质量提升。

3.4.2 完善品牌产品激励机制

强化品牌激励机制。建立健全品牌培育认定和品牌激励制度，推动企业从速度竞争、价格竞争向质量竞争、品牌竞争转变，对马铃薯知名商标、品牌产品企业实施奖励。通过政府激励引导，树立典范，推广经验，发挥知名品牌的导向和示范作用。

3.4.3 加强品牌宣传力度

将乌兰察布马铃薯宣传列入广播、电视、报刊、网络等大众传播媒介对内对外宣传的主要内容，积极主动通过各类展示展销活动和各级媒体推介品牌、宣传品牌，形成政府重视、企业主动、消费者认知、多方合力推进品牌建设的良好氛围。宣传部门要帮助企业做好品牌的宣传策划，促进品牌输出，扩大名牌农产品知名度。执法部门要加强对农产品品牌市场的净化，不断组织力量打假保真，保证品牌的纯净度和品牌的影响力。

3.5 开展马铃薯价格指数保险

针对马铃薯市场价格波动较大导致的"薯贱伤农"问题，从 2015 年开始，乌兰察布市先后在察右后旗、察右中旗、四子王旗 3 个旗县实施了马铃薯价格指数保险试点，试点面积由最初的 1 333 hm²，发展到 3 333 hm²，试点结果表明，马铃薯价格指数保险可以有效地化解部分规模经营主体的市场风险，深受薯农欢迎。但是受限于地方财力，进一步扩大规模难度较大。建议政府应该继续研究马铃薯价格指数保险新模式，积极争取中国银保监会保费补贴，将自治区财政、盟市和旗县财政、马铃薯种植户纳入一个整体，按比例分摊保费，全市整体推进，确保规模经营主体在遭受价格大幅下跌时仍能维持再生产的状态，保护免受毁灭性打击，稳定种植户收益，提高种植户积极性，促进乌兰察布市马铃薯产业可持续发展[17]。

3.6 继续加大政策支持力度

继续做好马铃薯种薯良种补贴，国家和内蒙古自治区从 2004 年开始在乌兰察布市实施，在补贴政策的影响下，农户种植成本降低，而且种植马铃薯的积极性得到提高。一些丰产性好、品质好、适应市场需求的新品种逐步得到推广，一些在乌兰察布市种植多年但不能满足目前市场需求的马铃薯品种逐步被淘汰。同时，随着国家"马铃薯主粮化"战略的提出，山东、海南、安徽、广州等地马铃薯种植面积不断扩大，但由于其气候、贮藏方式等限制因素，导致当地不能自己留种，来乌兰察布市调运种薯的区外客户逐年增加，种薯需求量市场被看好，乌兰察布市应该抓住这一利好形势，继续实施种薯补贴政策，大力发展种薯产业。

继续支持马铃薯现代化贮藏设施建设补贴。由于乌兰察布市独特的气候条件，马铃薯收获到封冻仅有一个多月的时间，销售时段非常有限，大量鲜薯需要通过贮藏后等待市场需求而逐步销售，因此建设贮窖非常关键，建议继续开展马铃薯贮藏设施建设补贴，指导种薯企业、加工企业、专业合作社、种植贩运大户进一步完善贮藏设施，做到贮销平衡。

继续争取马铃薯主食产品及产业开发补贴，农业部启动马铃薯主粮化发展战略以来，乌兰察布市马铃薯主食加工企业陆续开展了马铃薯主食等产品加工生产，现已开发生产出60多个马铃薯主食产品，在全市大小型超市销售，并辐射到周边地区，市场反响较好。建议持续关注马铃薯主食产品及产业开发并给予补贴，积极争取，促进马铃薯产业链延伸。

继续办好马铃薯展览洽谈会，创新政府"带货"模式。马铃薯展洽会是一种由政府引导和扶持直接有效的销售手段，乌兰察布市政府高度重视马铃薯宣传和销售的问题，大力支持举办马铃薯展览洽谈会，不仅有效地拓宽了销售渠道、实现了产销衔接，同时也向区内外展示了乌兰察布市马铃薯产业的发展状况，对提升乌兰察布市马铃薯品牌知名度和助力脱贫攻坚都产生了积极的推动作用。

[参 考 文 献]

[1] 熊春霞，刘丽楠.发挥乌兰察布优势，助力"中蒙俄经济走廊"建设 [J].商场现代化,2017(11):31-32.

[2] 孙春梅.立足乌兰察布资源优势，打造"中国薯都" [J].区域经济,2014(4):155-165.

[3] 边纪平.乌兰察布:书写"中国薯都"新辉煌 [J].中国品牌,2017(6):66-67.

[4] 董岩.乌兰察布市马铃薯产业竞争力研究 [D].呼和浩特:内蒙古农业大学,2020.

[5] 王欢.中国薯都乌兰察布 [J].农产品市场周刊,2018(27):25-27.

[6] "中国马铃薯之都"-内蒙古乌兰察布 [N].北京日报,2020-11-12(001).

[7] 叶明珠.价格波动视域下乌兰察布市马铃薯产业发展研究 [D].呼和浩特:内蒙古师范大学,2014.

[8] 韩丽霞."薯贱伤农"现象浅析——以乌兰察布市马铃薯产业发展为例 [J].内蒙古科技与经济,2013(14):3-4,7.

[9] 罗其友，高明杰，刘洋，等.2018~2019年中国马铃薯产业发展态势 [C]//屈冬玉，金黎平，陈伊里.马铃薯产业与健康消费.哈尔滨:黑龙江科学技术出版社,2019.

[10] 关佳晨，蔡海龙.我国马铃薯生产格局变化特征及原因分析 [J].中国农业资源与区划,2019,40(3):92-100.

[11] 张玉胜.中国马铃薯产品国际竞争力及出口潜力研究 [D].北京:中国农业科学院,2020.

[12] 曹非艳，常志有.南亚四国马铃薯价格竞争力分析 [J].合作经济与科技,2015(24):60-61.

[13] 张烁，罗其友，马力阳.我国马铃薯区域格局演变及其影响因素分析 [J].中国农业大学学报,2020,25(12):151-160.

[14] 李海燕，杨沈斌.环境污染治理与集宁区马铃薯加工产业发展研究 [J].环境科学与管理,2015,40(11):112-115.

[15] 徐开生.马铃薯产业急需期货市场助力 [N].期货日报,2012-08-30(002).

[16] 邱锋.乌兰察布市大数据产业发展实践与思考 [J].来自基层,2019(4):52-54.

[17] 吴迪.内蒙古马铃薯价格波动及目标价格保险研究 [D].呼和浩特:内蒙古农业大学,2018.

砥砺奋进求突破　转型升级谋发展

——乌兰察布市农牧业科学研究院马铃薯科研团队

林团荣，王　真，张志成，王玉凤，王　伟，范龙秋，黄文娟，尹玉和*

（乌兰察布市农牧业科学研究院，内蒙古　乌兰察布　012209）

摘　要：文章介绍了乌兰察布市农牧业科学研究院十年期间在人才团队打造、人才平台搭建、科研思路创新、科研能力提升、马铃薯新品种选育、集成技术应用、科技创新引领等方面科技成果，以期提升乌兰察布市农牧业科学研究院知名度，吸引更多高层次专业技术人才加入马铃薯科研团队，将乌兰察布市马铃薯产业做大做强。

关键词：乌兰察布；创新；搭建；提升；科技扶贫

自 2011 年以来，乌兰察布市农牧业科学研究院在乌兰察布市委、市政府的正确领导下，在自治区、市有关部门的大力支持下，紧紧围绕"稳定面积，优化品种，主攻单产，增大总量"的发展思路，把马铃薯产业作为农民脱贫致富的主导产业来抓。以"农业增效、农民增收"为目标，通过创新科研思路，健全培育机制，搭建人才平台，强化技术引领等措施的实施，在攻坚克难中取得了卓越的成效。

1　创新科研思路，打造人才团队

乌兰察布市农牧业科学研究院马铃薯科研工作在经历 20 世纪七、八十年代的辉煌之后，从九十年代至 2011 年基本上处于停滞状态，二十年间科研工作不但没有进步，反而将原有的科研优势消耗殆尽，导致马铃薯科研水平远远滞后于相邻的张家口、大同等地。2011 年之后乌兰察布市农牧业科学研究院新一届领导班子及时调整单位工作方向，强化战略引领，发扬"求真、务实、无畏、创新"的科学精神，在科技、人才发展战略的支持下，引进了多名从事农业专业的优秀毕业生，为团队注入新鲜血液。

乌兰察布市农牧业科学研究院注重团队成员的基本功训练和专业知识的培训，采取"请进来、走出去、学先进、拓眼界"的方式，邀请省内、外知名专家来院进行学术交流、开展讲座，加快科技人员知识更新和农村牧区实用人才培育。每年有计划地选派中青年骨干外出进修学习、参观考察，让团队成员开阔视野，增长学识，提高学习能力。通过各种形式广纳人才，为科研事业可持续发展储备了雄厚的人才资源，培养了一批优秀的学科带头人和技术骨干。现马铃薯科研团队 20 人，其中研究员 3 人，副研究员 8 人，中级职称 7

作者简介：林团荣（1982—），女，硕士，高级农艺师，主要从事马铃薯遗传育种研究。

基金项目：现代农业产业技术体系（CARS-09-ES05）；内蒙古自治区重大专项（ZDZX2018019）；内蒙古农牧业科学院青年创新基金（2020QNJJN014）；内蒙古自治区马铃薯种业技术创新中心。

***通信作者**：尹玉和，研究员，主要从事马铃薯栽培技术研究，e-mail：wlcbsyyh@163.com。

人，其他2人，其中研究生9人，能够欣喜地看到了一支励志、创新、高素质、严要求的科研团队正在向农业科学的高峰攀登。

2 搭建人才平台，提升创新能力

几年来，乌兰察布市农牧业科学研究院一直坚持"人才、基地、项目"相统一的科技创新发展理念，创新平台建设取得了突飞猛进的发展。先后建成了国家级创新平台5个，这些创新平台已经成为人才聚集、项目申报和科技产业化的重要基地，并对全面提升科技创新实力产生了巨大的推动作用。2011年5月成功申报农业农村部内蒙古马铃薯科学观测实验站，2017年3月在市政府与市委组织部的支持与引领下，积极筹建乌兰察布市马铃薯首席专家工作站，引进国家马铃薯产业技术体系首席科学家及其团队成员开展马铃薯合作育种工作。工作站的成立不仅可以获得相应的科研育种经费支持，最大限度地实现马铃薯研究育种的资源共享，及时全面了解马铃薯科研育种的最新前沿动态，而且有效提升乌兰察布市马铃薯科研育种工作在全国的知名度和影响力，2017年8月成功加入国家马铃薯产业技术体系并成立了乌兰察布综合试验站，2017年11月乌兰察布市农牧业科学研究院与企业、高校合作成立了乌兰察布市马铃薯协同创新中心，2020年在落实"科技兴蒙"实际行动中，乌兰察布市农牧业科学研究院牵头成立了由14家科研单位、高校及企业组建而成的内蒙古马铃薯种业技术创新中心，所有这些都必将推动乌兰察布市马铃薯科研工作在不久的将来实现新跨越，为乌兰察布市马铃薯发展再上新台阶，也为农牧业科技人才提升搭建新舞台。

3 强化技术引领，助推产业高质量发展

3.1 新品种选育有望突破

2017~2020年共引进首席科学家块茎家系材料71 310粒共计455个组合，引进高代品系120个，截至2020年筛选出单株1 044份，选出优良株系993份，筛选出薯形好、芽眼浅、抗病性强、中晚熟、产量高的预备品系222份，鉴定品系70份，筛选出产量45 t/hm²以上，干物质含量20%以上的高代品系11个，筛选出抗疮痂病新品种(系)11个，筛选出抗黑痣病新品种(系)5个。乌兰察布市农牧业科学研究院于2013年开始自主选育马铃薯新品种，截至目前，选育的马铃薯育种后代材料中，有高产、抗病、还原糖含量低的高代品系2个，分别命名为"蒙乌薯1号"和"蒙乌薯2号"，其中"蒙乌薯1号"为高产、优质、抗病品种，维生素C、蛋白质含量均较高。"蒙乌薯2号"为低还原糖品种，抗旱，田间抗性强，平均产量在2 500 kg/667 m²以上，已进入品种登记阶段，有望在马铃薯品种选育方面实现突破(图1)。

3.2 集成技术落地应用

乌兰察布市农牧业科学研究院依托国家马铃薯产业技术体系平台主要针对乌兰察布市马铃薯产业栽培技术落后，标准化水平低等技术问题，紧紧围绕产业需求及面临的实际问题进行关键技术研究，集成开展一批生产急需、先进适用的新技术进行技术示范和技术服务。主要开展土传病害综合防控、优质安全综合生产技术集成、马铃薯水肥一体化高效生产技术集成等关键生产技术攻关。2018~2020年马铃薯优质安全综合生产技术在四子王

旗、商都、察右后旗等 5 个示范旗县完成示范面积 90 hm²，平均产量 2 297 kg/667 m²，比普通栽培模式平均增产 14.46%，平均增效 15.44%。辐射总面积达到 3 万 hm²；马铃薯水肥一体化高效生产技术示范 36.2 hm²，平均产量 2 818 kg/667 m²，比普通水肥管理模式平均增产 8.22%，平均增效 10.3%，辐射总面积达到 880 hm²。黑痣病综合防控技术示范 29 hm²，示范田平均产量 2 420 kg/667 m²，比普通水肥管理模式平均增产 14.23%，平均增效 14.82%，平均防效 45.3%，辐射总面积 1 140 hm²。这些技术集成创新和示范推广对推动乌兰察布市马铃薯产业高质量发展具有十分重要的作用。

蒙乌薯 1 号　　　　　　　　蒙乌薯 2 号

图 1　自主选育品种

3.3　科技创新引领成效显著

根据国家马铃薯产业技术体系的要求，按马铃薯产业经济监测工作方案，及时对商都、察哈尔右翼后旗、四子王旗、兴和县及凉城 5 个示范旗县的马铃薯生产信息、市场信息、农户信息进行搜集，完成马铃薯产业数据库建设工作，并协助国家马铃薯产业技术体系岗位专家完成了马铃薯病虫害、有害生物、除草剂使用、气候、水资源利用、养分利用、种植制度、栽培技术及贮藏加工技术等数据采集工作，同时开展技术培训与引领工作，2017~2020 年开展各类技术培训共计 24 次，培训人员 1 685 人次，其中培训技术人员 411 人次，种植大户 1 274 人次。2018~2019 年，乌兰察布市农牧业科学研究院依托科技平台和技术成果优势，与10多家企业一道采取"科研单位 + 企业 + 示范基地 + 农户"的农牧业产业化发展模式。与嘉恒公司合作开展马铃薯标准化种薯生产技术、马铃薯绿色提质增效生产技术研究基地建设；与拜耳公司合作开展疮痂病药剂筛选创新技术研究基地建设；与中农绿康(北京)生物技术有限公司合作开展增施有机肥、生物肥、减少化肥用量技术研究基地建设。同时，紧密与中国农业大学、中国农业科学院、中国农业机械化科学研究院、张家口市农业科学院、内蒙古农牧业科学院、内蒙古农业大学6所院校所联合开展科研工作，使优势学科的定位更加准确，科技创新资源的利用空间不断拓展，科技创新的活力日趋增强。一系列科研合作为乌兰察布市马铃薯高质量发展提供强有力支撑的同时，必将加快科技成果转化的速度。

3.4 科技扶贫经典案例

根据国家马铃薯产业技术体系扶贫任务和市委市政府关于决战决胜脱贫攻坚的统一部署，乌兰察布市农牧业科学研究院在察哈尔右翼后旗、察哈尔右翼中旗、化德县、商都县、四子王旗、兴和县6个属于国家贫困旗县，开展马铃薯科技扶贫工作。建立了专家、科技人员与贫困县、贫困村及贫困户对接的科技扶贫工作机制，以马铃薯产业扶贫为突破口，通过引进新品种、新技术、提供脱毒种薯、技术培训、技术指导与咨询、建立示范基地等途径，重点针对"一村一品"规划的特色乡镇、龙头企业、专业合作社及建档立卡贫困户开展科技帮扶工作。具体主要从品种引进、良种繁育、标准化种植、病虫害防治等方面采取现场指导和组织培训授课的形式和方法，提供技术咨询与服务。四子王旗共扶贫39户，小海子镇共扶贫19户，共提供马铃薯原原种(39户×300粒、19户×300粒)17 400粒，重点推广马铃薯绿色高效节水栽培技术，带动该村18户34人增产增收，平均每户每年增加2 500元，退出贫困状态。通过科技服务带动，在四子王旗、商都县共建成优质种薯生产基地100 hm²，带动560余贫困户实现了增产增收，平均每户每年增收2 998元。

3.5 马铃薯创新团队成绩斐然

十年期间，借助科研平台共引进高层次人才9人，搭建科研平台5个，执行国家自然科学基金2项，内蒙古自然科学基金1项，内蒙古自治区重大专项2项，内蒙古农牧业科学院青年基金4项，乌兰察布市科技计划项目1项；选育新品种2个，验收成果4项，获奖成果7项，其中农业农村部丰收一等奖1项，自治区农牧业丰收一等奖2项，二等奖1项，三等奖2项，乌兰察布市科技进步二等奖1项，内蒙古科技成果登记1项；制定内蒙古自治区地方标准10项，发表科技论文20余篇，出版专著1部，参编专著2部。乌兰察布市农牧业科学研究院马铃薯科研团队2015年荣获内蒙古自治区"草原英才创新团队"称号，团队成员1人晋升为二级研究员，2人晋升为研究员，1人晋升为副研究员，1人入选西部之光访问学者、入选内蒙古自治区"草原英才"、入选全国农业先进工作者并享受国务院政府特殊津贴奖励，1人入选内蒙古自治区新世纪"321人才工程"第二层次人选、内蒙古自治区青年创新人才人选、内蒙古自治区"草原英才"工程青年创新创业人才。这一系列的荣誉与技术成果离不开个人的努力与付出，更离不开创新平台和项目的支撑和帮助。

舒城县马铃薯产业发展思考

龚 猛*

（舒城县农业技术推广中心，安徽 六安 231300）

摘 要：舒城县地处江淮之间，马铃薯是舒城县的主要粮食作物兼蔬菜作物之一，种植历史悠久，其生长发育规律与当地的自然气候特点相吻合，具有明显的资源优势，蕴藏着巨大的发展潜力。近几年，舒城县委、县政府为响应国家马铃薯主粮化战略，发挥地区比较优势，实施农业供给侧结构性调整，把马铃薯作为四大粮食作物之一来培育，使舒城县马铃薯产业得到了长足发展。但在进一步扩大种植模式中存在种薯生产基础条件薄弱，有待进一步提高。另外还存在脱毒种薯质量检测体系不健全，商品薯深加工严重不足、主食化气候没有形成，受蔬菜市场影响价格波动较大。为促进舒城县马铃薯产业绿色健康发展，推进马铃薯主食化战略，发挥优势、稳定面积、提高单产、改善品质、增加效益；培育龙头、壮大基地、强化外销、创造品牌、增强市场竞争力，提出适合舒城县马铃薯发展的应对措施，真正把舒城县建设成为脱毒种薯生产、加工专用薯、食用薯基地。

关键词：舒城县；马铃薯；生产现状；存在问题；技术对策

2018 年 1 月 14~29 日，随安徽省农业委员会组成的马铃薯外出培训团一道赴美国加州波莫纳州立理工大学等地接受培训和实地考察。通过考察发现美国马铃薯主粮化已经实行，为世界马铃薯食品的王国，至今无论在加工技术、食品品种或人均消费量等方面，均高居世界之首。美国的速冻薯条、油炸薯片以及麦当劳、肯德基等美式快餐有固定的消费群体，美国发达的马铃薯深加工业是世界首屈一指的，以马铃薯为主要粮食作物已成为必然。

美国马铃薯种植规模化、机械化已经形成。对马铃薯的标准很多，从种薯到鲜薯，从储存到加工，都要经过检测和认证。从种植到收获存储全程机械化操作，美国是马铃薯种植和深加工大国，具有先进的育种技术、繁多的品种资源和科学的生产技术，从种薯的选择、土地的轮作、田间管理、水肥管理、杂草控制、病害防控、收获运输及贮藏都有一整套的操作模式。马铃薯种植技术人员力量雄厚，一般具有农学学士学位。推广机构较完善，每个州都有推广机构，部分大学学院以及农学院都具有推广机构。美国马铃薯种薯都需经过检测、认证，具有一定资质方可销售。美国农业部对马铃薯主产地的检验是强制性的，从装运前开始，就要经过一系列的生理、生化检测。美国农业部在每个州都有检测机构，检测人员都经过农业部严格培训，符合要求的检测人员才能上岗。马铃薯全程机械化程度高，从种子切块、拌种、播种、管理、收获、销售全部是大型机械操作。

作者简介：龚猛（1969—），男，农业技术推广研究员，研究方向为马铃薯、生姜栽培与品种选育、蔬菜及粮食作物栽培，基层农业技术推广等。

*通信作者：龚猛，e-mail：gongmgg@126.com。

1 舒城县马铃薯生产现状、存在问题

马铃薯是舒城县的主要粮食作物之一，种植历史悠久，其生长发育规律与当地的自然气候特点相吻合，具有明显的资源优势，蕴藏着巨大的发展潜力。近几年，舒城县委、县政府为响应国家马铃薯主粮化战略，发挥地区比较优势，实施农业供给侧结构性调整，把马铃薯作为四大粮食作物之一来培育，使舒城县马铃薯产业得到了长足发展，2017 年，县农业委员会从水稻绿色高产高效创建项目资金中划拨 30 多万元支持马铃薯全程机械化和工厂化育秧大棚马铃薯生产。全县马铃薯播种面积由 1995 年 133 hm^2 增加到目前的 267 hm^2，单产由 1995 年的 1 500 kg/667 m^2 提高到目前 2 000 kg/667 m^2。

1.1 马铃薯产业化发展情况

1.1.1 马铃薯生产稳步发展

在"稳定面积、提高单产、改善品质、增加效益"的原则指导下，舒城县马铃薯产业稳步发展。舒城县马铃薯主栽品种目前主要有"中薯 5 号""早大白""中薯 20""费乌瑞它"等优良脱毒品种，马铃薯良种普及率显著提高。从区域布局上看，形成了以千人桥、杭埠、桃溪、干汊河等育秧工厂大棚为核心的大棚马铃薯生产基地。以城关、千人桥、干汊河等乡镇为核心的稻田马铃薯早熟栽培基地。

1.1.2 具有发展马铃薯得天独厚的优势

自然气候优势。年降水量是 1 000 mm 左右，马铃薯生长时期有充沛的自然降雨，加之雨热同季，有利于马铃薯块茎膨大、干物质积累，春季病虫害发生少，因而本地生产的马铃薯商品薯质量上乘。适合做蔬菜和主食。

技术优势。生产历史悠久，在长期的实践中积累了丰富的技术和经验。多年来，与安徽省农业科学研究院园艺所加强技术合作，舒城县被列入全省马铃薯生产示范县，在马铃薯生产上具有一定优势。

1.2 马铃薯产业发展中存在的主要问题

1.2.1 种薯生产基础条件薄弱

马铃薯种薯繁育要经过茎尖脱毒-组织培养试管苗-温室繁育-原种生产——级种薯—二级种薯多个环节，操作规程严，基地设施建设投资大，生产成本高，对环境条件要求高。近年来，县农业科学研究所，建起了组培室、标准温室等，一些良种繁育基础设施条件有了一定的改善，但还不够健全，还有相当部分种薯生产条件和脱毒设施依然比较简陋和缺乏，虽然脱毒马铃薯综合技术推广速度较快，但生产脱毒种薯相应的配套设施和规范操作技术还有待进一步完善，脱毒种薯的大田繁殖有待进一步落实。

1.2.2 脱毒种薯质量检测体系不健全

由于目前脱毒种薯检测体系不健全，制度不完善，当地检验方法和手段落后，缺乏有竞争优势的品牌，再加上参加马铃薯种薯生产与经营的单位与个人各种各样，良莠不齐，使一部分未经检测的薯种进入种子市场，甚至有的就是商品薯。乱繁滥制种薯现象的普遍存在，造成不合格种薯用于生产，对农民增产增收带来不利影响。

1.2.3 商品薯深加工严重不足、主食化气候没有形成

随着马铃薯生产的扩大，而深加工一直相对缺乏，本地生产马铃薯主要作为蔬菜销

售，一旦市场饱和，则导致滞销。特别是迟熟马铃薯，如 2017 年夏收马铃薯价格低迷，产值低下，严重影响大户种植积极性。

2 促进舒城县马铃薯产业发展总体思路及对策

总体发展思路：发挥优势、政策扶持、加大投入、加速发展；稳定面积、提高单产、改善品质、增加效益；培育龙头、壮大基地、强化外销、创造品牌、增强市场竞争力，真正把舒城县建设成为脱毒种薯、加工专用薯、食用薯基地。

2.1 提高认识，给予支持

农业部门要深刻反思在马铃薯产业发展过程中存在的问题和失误，要敢于面对错误和失败，接受教训，迎接挑战。要把马铃薯产业化发展放在整个供给侧结构性调整进行分析研究，从长远发展的高度出发，结合当前马铃薯生产实际，制定合理的发展规划和相关政策，各项政策一定要具备长期性、延续性、可操作性。此外，马铃薯产业化工作是一项系统工程，需要全社会、各有关部门共同参与、相互协调、密切配合共同完成。各级政府要组织和协调农业、科技、发改委、财政、扶贫、水利、农机、金融、电力等部门，切实为马铃薯产业的各项工作给予有力支持。

2.2 政策扶持，落实到位

为促进马铃薯产业持续、有序、高效地发展，需要各级政府积极协调帮助，制定优惠政策，营造宽松环境，给予政策扶持。

(1)政府要制定优惠政策，积极招商引资，特别是在龙头加工企业的兴建、基地建设和储窖、市场建设上多引进项目和资金，创造宽松的投资环境。在项目审批、资金信贷、配套服务、税收上给予支持和方便。

(2)要加强马铃薯良种繁育体系建设，加快品种更新换代的步伐。对种薯生产企业要予以资金补贴，不断扩大生产能力，提高种薯质量。对于应用脱毒薯原种的农民实行良种补贴，鼓励农民自觉应用优质专用脱毒品种，促进种薯的推广普及。

(3)要重用科技人员，发挥专家和中高级知识分子的作用。不断加强科研力量，逐步培养和扩大从事马铃薯研究与开发的专家队伍，为马铃薯产业的可持续发展奠定基础。扶持马铃薯科研、良种繁育、基地建设和龙头加工企业。为保证科研的顺利进行，要加大科研投入，农业委员会要安排一定专项或从农业项目划拨部分经费，作为马铃薯育种、引种、栽培试验的科技支撑经费，以科技带动产业的迅速发展。

今后要下大决心，花大力气狠抓马铃薯的科研工作，要依托省、市农业科学研究所马铃薯研究中心，成立马铃薯课题科研小组，重点加强各种专用马铃薯新品种引进、选育工作，同时要研究推广高水平的栽培技术，以大幅度提高产品的产量、品质和合格率，创造最大的效益。

2.3 加强种薯质量监督和管理，提高种薯质量

种子管理站要建立种薯档案，加强市场监管，确保从源头上保证种薯资源，实行种薯生产的市场准入机制和淘汰制度，对那些以次充好的生产单位和销售部门限期整改，否则予以取缔，强化竞争机制，促进质量提高。此外，建设一定面积的原种薯繁育基地，依托

省级农业科学研究院技术优势，快速提高种薯生产技术，生产出适合当地条件的合格种薯，减少运输成本。2020 年，部分农户所用部分种薯在特殊天气条件下存在不结薯或无商品薯的现象，严重影响农户效益和种植积极性。

2.4 充分发挥龙头企业的辐射带动作用，实现企业与基地双赢

政府及各有关部门要继续狠抓招商引资和扶持龙头企业的工作，特别是通过项目引进建设一批马铃薯精深加工企业，提高加工专用薯的转化能力。通过进一步完善合同条款，充分发挥合同的约束力，采取"企业 + 基地""企业 + 基地 + 农户"的形式，努力使加工专用薯全部实现订单生产，使企业和基地紧密联系在一起，双方都无后顾之忧，共同促进，共同发展，实现双赢。

为进一步完善加工专用薯基地建设，保证原料的供应，建议企业可以采取以下方式建立生产基地。

(1) 租赁农民的土地，企业自主经营。

(2) 实行反租倒包，由企业提供生资和生产费用，派专人管理。

(3) 企业为种植大户和农户提供部分生资和生产资金，并与他们签订生产合同，实行最低保护价收购。

(4) 充分发挥农村合作经济组织和营销大户的作用，为企业代收原料。

2.5 改善种薯贮藏条件，加强商品薯贮藏技术研究

要通过引进资金，建设一座高标准种薯气调贮藏库，减少优质脱毒种薯腐烂率。投资建设商品薯贮藏仓库，减少烂薯、青头，延长货架期。

恩施州马铃薯周年供应概述及进展

杨国才，李大春，郝　苗，高剑华*

（中国南方马铃薯研究中心/国家马铃薯产业技术体系恩施综合试验站/
农业部华中薯类农业科学观测实验站，湖北　恩施　445000）

摘　要：围绕湖北省恩施土家族苗族自治州马铃薯周年生产现状，介绍产业发展概况、周年生产季节划分标准、主要品种、价格变化及该产业在发展过程中出现的主要问题，并提出了相应的发展对策。

关键词：恩施；马铃薯；周年种植

1　恩施州马铃薯产业概况

马铃薯产量高，环境适应性强，对环境影响小，一直以来，是恩施州的主要粮食作物和饲料型作物。经过多年发展，恩施马铃薯产业成效明显，产业链初见雏形。

1.1　产业发展规模居全省第一

2020年恩施州马铃薯种植面积约为11.6万 hm^2，占全国总种植规模1.7%，占全省总种植规模48.6%，居全省第一位。产业规模比2019年净增0.6万 hm^2，其中低海拔早熟马铃薯种植面积约占20%左右，二高山、高山区域分别占45%、35%。全州马铃薯总产量170万 t，占全州夏粮总产的90%以上、全年粮食总产的25%左右。

1.2　产业综合效益大幅度提升

2019年，全州从事马铃薯生产的农民达100多万人，人均马铃薯收入约为3 680.00元/年，占年人均可支配收入的42.8%，马铃薯对全州农村居民人均可支配收入的贡献率为9.87%，占第一产业经营收入的6.2%，全州马铃薯加工企业每年带动农民就地就近转移就业5 000多人。

1.3　利益机制不断完善

全州从事马铃薯生产、加工、营销的企业、专业合作社、家庭农场206家，其中规模以上企业达到32家、省级农业产业化龙头企业13家。州及部分县市组建有马铃薯产业协会，加强行业自律和管理服务。形成了"企业 + 专业合作组织 + 农户 + 基地"发展模式，构建起了稳定的农企利益联结机制，极大地增强了抵御风险的能力。

1.4　品牌建设成效明显

组建成立了恩施州马铃薯产业协会，具体负责"恩施土豆""恩施硒土豆"品牌运营和

作者简介：杨国才（1986—），男，助理研究员，主要从事马铃薯脱毒、栽培以及品种繁育相关研究。

基金项目：国家马铃薯产业技术体系恩施综合试验站（CARS-09-ES15）。

* **通信作者**：高剑华，高级农艺师，主要从事马铃薯脱毒、新品种选育研究与示范推广，e-mail：80538373@qq.com。

管理；组织制定《恩施硒土豆生产技术规程》《恩施硒土豆团体标准》《恩施土豆地理标志使用管理办法》，明确生产技术、质量标准和品牌使用规则，从严管理和规范公用品牌使用。州、县组织策划了一系列品牌宣传和营销推广活动，积极主办、承办和参加各类展会，"恩施土豆""恩施硒土豆"品牌影响力和知名度大幅提升[1]。

2 恩施州马铃薯周年种植季节划分标准

研究表明，气温是影响马铃薯生长发育的主导气象因子，降水对于马铃薯的生长发育也有很重要的影响[2]。根据这两个要求，将恩施马铃薯分为 4 个种植模式。

冬作模式：分布于恩施、来凤、巴东中低海拔区域，种植早熟品种，播种面积 1.7 万 hm^2。一般 12 月至次年 1 月播种，2 月出苗，4~5 月收获。冬作的特点是规模较小，产量约 1 200 kg/667 m^2，市场需要旺盛。主要问题是单产较低、易受倒春寒影响。

春作模式：分布于恩施中高海拔区域，种植中晚熟品种，播种面积 8 万 hm^2。2~3 月播种，6~8 月收获，特点是生产面积大，总产量高，倒春寒影响较小，平均产量 2 000 kg/667 m^2、收购价格较低，种植效益中等。主要问题是晚疫病发生较重，市场竞争较大。

夏作模式：分布于利川、鹤峰、建始 1 600 m 以上高海拔区域，种植中晚熟品种，播种面积 0.3 万 hm^2。5~6 月播种，9~10 月收获，产量 1 200 kg/667 m^2，收获时间与北方市场相近，没有价格优势，常用于种薯生产。

秋作模式：分布于恩施、来凤、巴东、宣恩低海拔区域，与冬作区较为相近，一般每年在 7 月中下旬至 9 月初播种，种植早熟品种，12 月至次年 3 月收获，产量 1 200 kg/667 m^2，播种面积不到 667 hm^2。秋作栽培的可在地块里过冬、贮藏，贮藏成本低，市场价格好，产量一般低于冬作和春作马铃薯。

马铃薯在全州范围内均有种植，高、中、低海拔分别占 45%、35% 和 20%。充分利用区域内垂直海拔优势和气调库、保温库建设，基本实现了马铃薯周年供应。全州新建马铃薯贮藏库 25 万 m^3，其中马铃薯气调库 2.5 万 m^3，贮藏能力达到 60 万 t 以上，可实现周年供给。

3 恩施州种植的马铃薯品种

目前适宜在恩施州种植的马铃薯早熟品种有"费乌瑞它""希森 6 号""中薯 5 号""鄂马铃薯 12""华渝 5 号"等；中晚熟品种有"鄂马铃薯 5 号""鄂马铃薯 10 号""鄂马铃薯 14""鄂马铃薯 16""米拉""青薯 9 号等"[3]。

4 价格变化

恩施一年的马铃薯价格变化可见(图 1)，全年恩施马铃薯鲜薯田间均价 2.0 元/kg 左右。春节之后，即 2 月后开始上涨，3 月中旬最高，此时期贮藏的商品薯已食用完毕，或者商品薯开始长芽，无法食用，对鲜薯需求旺盛，形成买方市场，故价格较高，之后价格逐渐递减，6~10 月价格相对稳定，此时期恩施中晚熟品种持续上市，市场供需平衡，价格稳定。10月以后北方马铃薯收获，形成供方市场，价格下滑。

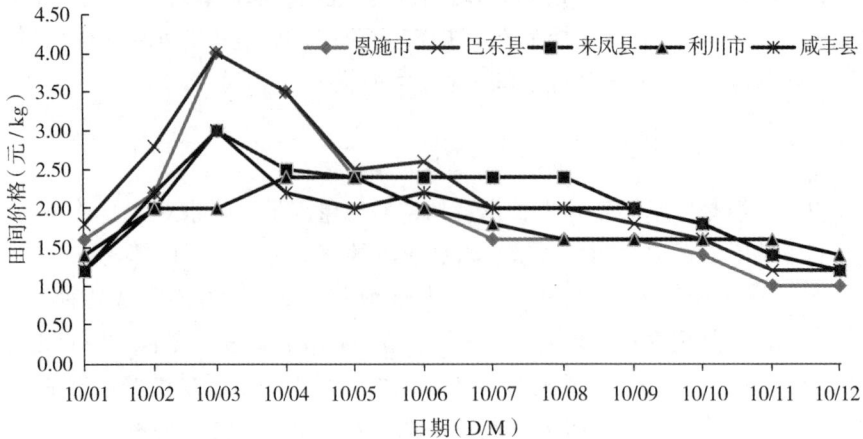

图1　各县市价格变化

5　发展中的瓶颈与对策

5.1　发展中的瓶颈

5.1.1　品种结构单一，种薯繁育成本高，推广难度大

（1）从品种上看，目前市场上畅销的还是"米拉"（马尔科），以及与之在外型接近的"鄂马铃薯10号""鄂马铃薯13"。早熟和特色品种缺乏，目前全州的早熟品种主要靠品种引进种植，如"中薯5号""希森6号""费乌瑞它"等；精深加工专用型品种缺乏且种植规模小。

（2）种薯繁育企业少。恩施土家族苗族自治州农业科学院生产基础种苗、具有生产经营资质的企业开展原原种生产的企业极少，目前仅有湖北清江种业有限责任公司，生产1粒脱毒原原种成本在0.2元左右，且在高海拔地区生产，生产季节遇梅雨季节，病害风险大。全州具备脱毒种薯生产企业共有5家（恩施市1家、巴东县2家、鹤峰县1家、宣恩县1家），可解决全州12.5%～18.8%用种问题，但离40%的脱毒种薯覆盖率仍有距离。

（3）种薯推广难度大。恩施州立体农业的特征，使得农户一致有高山换种、高种低用和自留种的习惯，脱毒种薯的成本和售价较高，如果没有政策的补贴和支持，农户甚至市场主体的购种愿望和积极性极低[4]。

5.1.2　商品薯大面积连片生产基地少，大田种植组织化程度低

（1）全州商品薯大面积连片生产基地缺乏，导致统一管理难度加大。全州个体户种植比例约70%以上，组织化程度低，技术应用不足，大部分马铃薯种植采用自留种、露地栽培，且密度随意、水肥搭配不合理、病虫草害不防控，新品种、新技术的应用率极低[5]，导致产量基本维持在1 000 kg/667 m² 左右。而以企业或者合作社发展的基地产量一般稳定在1 500 kg/667 m² 以上，两者产量和收益差距较大。

（2）全州农机作业率为15%。生产机械化程度低，人力成本高，从整地、播种、除草、追肥、防病、收获，缺乏相应机械和农机手，大部分需要密集的人工劳动，生产成本

比同类经济作物高。

5.1.3 贮藏及运输能力不足、商品化处理成本高

（1）在利川硒源公司、三岔惠生专业合作社新建马铃薯气调库近 1.2 万余 m^3，以架藏方式贮藏，在 1~2 月，8~12 月利用率较高，贮藏成本主要体现在用电量上，随着海拔上升，成本降低，相比未贮藏商品薯，发芽、变绿、腐烂较多，损失率达 80% 以上。

（2）从目前全州开展消费扶贫推进恩施农副产品大量销售情况来看，"三通一达"、邮政物流等大型物流公司在物流规模、冷链运输、服务能力等方面显得严重不足，加之土豆属于鲜活农产品，物流延时或挤压运输等造成土豆发芽和变绿的现象时有发生，严重影响到"恩施土豆"品牌形象和企业经营信誉。运输成本在 1.2 元/kg 左右。

（3）马铃薯加工利用率低。目前，全州马铃薯加工率不到 10%，且精深加工企业少，除亚麦食品公司马铃薯休闲食品、平安农业公司油炸薯片、湖北百顺公司马铃薯水晶粉丝和来凤三丰薯业马铃薯粉条等产品加工量较高以外，其他加工企业均处于试运行阶段。

（4）马铃薯加工缺乏"领袖型"龙头企业，恩施硕品农业有马铃薯蛋白和附属产品加工依托恩施土家族苗族自治州农业科学院技术研发进行，企业缺乏自身主导产品，市场销售未全面打开，其他加工企业附加值不高，加工深度、消化能力和利用率偏低，经济效益不高，综合加工利用效率低。

（5）加工薯收购成本偏高。恩施马铃薯加工薯的成本与北方相比较，至少高出 40% 以上。北方加工薯收购价在 1.0 元/kg 以内，加工企业基本都没有利润，而恩施加工薯收购价在 1.6 元/kg 以上，加工企业无法走传统加工途径，加工的产品从价格上来看缺乏市场竞争力。

（6）马铃薯商品化处理能力严重不足。目前，全州仅有 2~3 家企业具有清洗、精细分选分级和包装设备，其他经营主体大多人工分选或简易分选设备，自动化程度低，人工投入成本高。加之，因地制宜多样化的贮藏方法和技术欠缺，高标准恒温气调库储量不足，导致周年供应问题不能根本性解决。此外，马铃薯商品化处理及加工设备用电均按工业用电标准收取，运行成本高直接影响到企业经营效益[6]。

5.1.4 品牌建设未全面铺开，在全省范围内尚未形成影响力

品牌营销方面。2015 年以来，全州上下着力打造"恩施土豆""恩施硒土豆"区域公用品牌，先后组织 2015、2016 两届南方（恩施）马铃薯大会和 2019 年第 21 届中国马铃薯大会，品牌建设取得实效。但在全省、全国品牌影响力较小。初步计算恩施本地消费的商品薯为 80%，销往州外其他地区占 20%。以本土消费为主。

5.2 发展对策

（1）不断加强马铃薯科技研发和培训。重点开展适应市场需求的新品种选育、绿色增产增效标准化生产、病虫草害综合防控、高效贮藏等方面的研究，不断将新技术、新品种、新材料、新农机、新模式集成组装，为恩施马铃薯周年供应提供强有力的科技支撑，不断提高技术推广覆盖面，提升马铃薯生产水平，组织农技人员针对产业链产前、产中、产后每个环节开展技术培训。

（2）改善供给体系，调减一般化品种，调增专用型品种，调优中高档品种，打造品牌

产品，精准对接市场需求。一是要立足特色，以鲜食销售为主，加工为辅，因恩施州本着绿色、生态、旅游的发展理念，建设加工厂投入高、难度大，污染大，近几年推广的"恩施马铃薯""恩施硒土豆""恩施炕洋芋"等均以鲜食为主。加工主要解决高端产品需求及滞销产品。二是引导农户种植彩色、迷你型等特色品种，满足特色化市场需求。三是政府应加强马铃薯区域公用品牌建设，制定评价体系，规范生产标准，设立准入门槛，打造一批特色明显、辨识度高、美誉度高的马铃薯区域公用品牌。

(3)抓好马铃薯脱毒种薯基地建设。引进产量高、抗性强的鄂马铃薯系列新品种。针对种植、加工、销售企业要合理分工，做精做细，做大做强，加快建立利益联结带贫台账，结合线上线下销售情况，明确责任主体，按照应统尽统的原则分别建立带贫台账。一个企业不可能把所有产业涵盖。做到有大生意，能够有效供给所需货源。加快信息采集上报，明确部门职责、统一统计口径，全面规范信息采集和数据统计，及时汇总应报尽报。

(4)针对销量大的地区，如杭州、北京，建立恩施马铃薯专有仓库进行分销，用专列运送，降低运输成本。完善"农户 + 基地 + 企业"产品精深加工产业链、"仓储 + 运输 + 配送"物流链、"产品培育 + 品牌打造 + 质量监测"服务链等3个链条。

[参 考 文 献]

[1] 庞中伟, 张凯. 湖北恩施州马铃薯产业发展现状与形势 [J]. 农业工程技术, 2016, 36(35): 16, 20.

[2] 文黎明, 高剑华, 于斌武. "恩施土豆"产业发展的 SWOT 分析 [C]//屈冬玉, 金黎平, 陈伊里. 马铃薯产业与健康消费. 哈尔滨: 黑龙江科学技术出版社, 2019: 22-27.

[3] 高剑华, 沈艳芬, 李大春, 等. 2019 年恩施州马铃薯产业发展趋势及政策建议 [C]//屈冬玉, 金黎平, 陈伊里. 马铃薯产业与健康消费. 哈尔滨: 黑龙江科学技术出版社, 2019: 103-106.

[4] 杨国才, 李大春, 郝苗, 等. 恩施州早熟鲜食马铃薯引种筛选试验 [J]. 湖北农业科学, 2019, 58(16): 12-14.

[5] 王亚宁, 王绪文. 恩施市马铃薯种植气候适宜性区划分析 [J]. 湖北农业科学, 2019, 58(s2): 222-224.

[6] 于斌武. "小土豆"变成了"金豆豆"——"恩施硒土豆"产业蝶变之路 [J]. 农村工作通讯, 2018(21): 21-22.

昭通市马铃薯高标准示范基地建设典型做法及经验

胡　祚[1]，余进隆[1]，阮俊光[1]，杨　菊[2]，李　周[1*]

（1. 昭通市农业科学院，云南　昭通　657000；
2. 昭通市天麻特产局，云南　昭通　657000）

摘　要： 马铃薯是昭通市的重要农作物之一，是昭通贫困覆盖面最广的农业产业，是脱贫攻坚的支柱产业。昭通市从顶层设计、组织领导、政策扶持、标准执行、科技支撑等方面整合社会资源，在山区建设 3 333 hm² 马铃薯高标准示范基地，并构建了有效的利益联结机制，促进企业与薯农增产增收，取得了较好效果。

关键词： 马铃薯；示范基地；典型做法

马铃薯在昭通分布广泛，从高寒山区到江边河谷均有种植，马铃薯优势区覆盖全市建档立卡贫困人口约 60%[1]，是昭通脱贫攻坚最为重要的农业产业。2020 年，在昭通市委、市政府的高度重视和高位推动下，昭通市 3 333 hm² 马铃薯高标准示范基地（品牌打造为"洋芋帝国"）建设成效显著，形成了可复制推广的典型做法及经验，有力推动了全市马铃薯产业高质量、高效益发展。

1　典型做法

1.1　抓顶层设计，强化规划引领

昭通市委、市政府专题研究部署昭通市 3 333 hm² 马铃薯高标准示范基地建设工作，坚持以高度组织化为根本，以网格化管理为抓手，围绕"昭通大洋芋、世界马铃薯、扶贫大产业"目标定位，做实做细规划设计。按照"大产业、新主体、新平台"的思路，遵循"政府主导、企业主体，统一规划、分期实施，体现内涵、示范引领"的原则，建设昭永公路西魁至茂林段 10 km 的一条"洋芋帝国"走廊、昭阳靖安西魁梁子和永善茂林永安两个中心示范基地，以及昭阳区西魁、小金瓜、新立和永善县永安、南林、长海 6 个示范片区，形成"一走廊、两中心、六片区"空间布局。全力打造以"基地（高质量种薯生产基地）、示范（科技创新与产业扶贫示范）、窗口（"昭通大洋芋"和"昭通种薯"品牌对外宣传窗口）"为主要内涵的 3 333 hm² 马铃薯高标准示范基地。

1.2　抓高位推动，强化组织领导

昭通市委、市政府成立了以分管副市长任指挥长，县区政府主要领导为副指挥长的"洋芋帝国"建设现场指挥部，指挥部下设办公室，明确各工作机构及其负责人职能职责。

作者简介： 胡祚（1979—），男，硕士，高级农艺师，主要从事马铃薯新品种选育、种薯生产技术研究、马铃薯科技推广。

* **通信作者：** 李周，硕士，农艺师，主要从事马铃薯新品种选育、种薯繁育技术及推广，e-mail：lizhou1313@163.com。

指挥部办公室下设综合协调组和规划建设、生产技术、宣传招商3个专项指导组,实行组长负责制,统筹开展指导服务工作。现场指挥部派驻人员在基地集中办公,点对点细化人员分工,制定技术服务分类指导、基地建设分片责任、驻地工作、信息调度和请示报告、限时办理、督促指导推动等工作机制、制度,形成"统分结合、高效运转,协调推进、深入一线,上下贯通、反应及时"的网格化工作机制,确保疫情防控、基地建设"两不误、双推进"。

1.3 抓资金投入,强化政策扶持

为进一步优化营商环境,帮助企业解决基地建设中的困难,当好服务企业的"娘家人",市级财政专门预算1 000万元资金专项用于3 333 hm² 马铃薯高标准示范基地("洋芋帝国")建设,扶持的重点环节包括支持生产主体和科研单位开展新品种新技术试验示范、马铃薯重要病虫防控及监测、种薯质量监管、宣传培训等。同时,昭阳区、永善县针对各地实际,出台了相应的扶持政策支持基地建设。

1.4 抓过程管理,强化标准落地

牢固树立"不干则已、干则极致"的登顶意识,严格落实"五有、四化、三统一"措施,积极建立生产、管理、流通专业合作组织,坚定不移推进组织化、标准化、专业化、品牌化发展。在具体工作中,严格把住每一个环节和细节,配套高标准农田建设项目高质量推进"洋芋帝国"建设。

(1)多渠道吸纳生产主体参与基地建设并构建农机、农资、植保、营销、劳动力保障等专业化服务组织,基地专业化组织实现全覆盖。

(2)围绕项目地块布局、面积落实、生产主体对接、土地流转、土地整理、利益联结机制建立等工作,由点到面进行工作督促,形成行业督促指导与行政责任落实无缝对接、同频共振、合力推动。

(3)整合市、县、乡三级技术力量和生产主体资源深入一线,技术专家团队挂联到企业、坚守到田间地块,面对面讲授技术、手把手操作示范,实现了专家指导服务全覆盖、良种良法技术配套无盲区,不让一株马铃薯游离于监管之外。

1.5 抓精准施策,强化服务指导

围绕"洋芋帝国"建设需求,多渠道吸纳金融资金、社会资本、民间资金,投入示范基地建设,昭通市指挥部办公室安排专人根据生产主体贷款需求,逐一与担保机构协调沟通、与承贷金融机构精准对接,搭建金融服务新型经营主体有效平台,开展"一对一""保姆式"服务,各级金融机构发放贷款2 000余万元,生产主体融资需求得到有效解决。在基地安装马铃薯生态气象监测站2个,并建立起专业气象监测站网,全天候动态监测农田的气温、湿度、风向风速、雨量、日照、土壤水分和土壤温度等气象要素,积极加强马铃薯气象监测、预报预警和评估等服务工作,共发布的马铃薯气象服务简报17期。成立昭通市马铃薯产业发展协会,"洋芋帝国"生产主体实现抱团发展,切实提高马铃薯企业发展能力,提升经营管理能力和水平。

1.6 抓科技攻关,强化内涵延伸

体现科技内涵,加强与云南省内外科研院校合作交流"洋芋帝国",推动马铃薯产业产量与品质、规模与效益的同步提升。加大优质高抗马铃薯新品种的引试及推广力度，基地展示示范马铃薯品种(系)达318个，开展了马铃薯品种评价、提质增效高产栽培技术配套研究、新型肥料评价、药剂筛选等26项试验示范。设立高产创建、优质特色、科技创新、组织建设4个考核激励奖项，涌现出了一批工作扎实、成绩突出的先进典型，营造出了争先恐后勇攀高峰的浓厚氛围。

2 成功经验

2.1 立机制，保障高度组织化推进"洋芋帝国"高效建设

建立了工作联动机制，分条列块逐级把关，工作任务限时办结，工作情况定期汇报；会议议事机制，一周一次协调会，两周一次调度会；工作调度机制，片区工作动态日收集，整体工作动态周报告；督导推动机制，分片指导、统筹推进，组长负责、责任到人，由点到面、分级对接，查找问题、及时整改。工作机制执行贯穿"洋芋帝国"基地建设各个环节，从方案制定、政策出台、招商落地、土地流转、土地整理、融资助建、农资准备、用工组织、科技运用、春耕播种、中耕管理、采收贮存、市场营销、耕地轮作、乃至各环节的问题化解等，均实现了高度组织化、精准化及高效化。

2.2 定标准，技术规范化支撑产业标准化体系建设

因地制宜制定了马铃薯高标准生产技术手册，严格落实统一脱毒良种、统一行向、统一节令、统一覆盖生物降解膜、统一规格密度、统一测土配方施肥、统一病虫害综合防控"七统一"生产技术。强化技术培训推广，确保市、县、乡、村及生产主体农技人员熟练掌握马铃薯生产管理技术，有效提高从业人员的科技素质和基地的科技应用水平，深入基地督促指导，抽派技术骨干长期驻守工作，省、市、县、乡、村、企高效联动，严格执行技术标准，深入开展田间巡查和指导服务，确保马铃薯生产及管理技术不折不扣落实到位。

2.3 夯基础，完善农业配套基础设施保障产业规模化集约化现代化建设

打破一家一户耕地边界，为旋耕机整地、无人机飞防等现代化农机具大面积推广使用提供了必要的空间条件，促进了机械化生产和病虫害统防统治，有效推进农业生产现代化；全面开展高标准农田建设，修建产业道路连通基地每一个山头，进入每一片基地，实现路相通、地相连、土平整，农用物资运输便捷，方便生产管理，降低了生产成本；建设安装气象监测仪、马铃薯晚疫病监测仪和移动通信等设施，确保信息畅通，实现田间气象条件、病害发生趋势得到适时监测，科学合理配置水、电设施，更好地为基地建设保驾护航和提质增效。

2.4 拓路径，多元化增收路径助力贫困群众脱贫致富

通过土地流转 + 基地务工、土地流转 + 外出务工或创业、标杆示范带动增收方式，当地农户将土地流转给企业或合作社，并在基地建设中参与务工，不仅每年获得稳定的土地流转费收入，还就地就近获得了可观的务工收入及创业增收，"洋芋帝国"基地建设示范带动，为当地群众做出了榜样，树立了标杆，基地及周边农户纷纷学习效仿，积极主动对自耕自种的马铃薯进行标准化生产和管理，马铃薯产量、品质、效益均获得了极大提升。

3 取得成效

2020 年，昭通市 3 333 hm² 马铃薯高标准示范基地实现平均产量 37. 80 t/hm²，创造了全国规模化马铃薯单产最高水平，极量攻关点净收达到 90. 225 t/hm²，创造了西南片区马铃薯实测产量最高记录，实现总产量 12.6 万 t、农业生产产值 3 亿元，带动基地涉及区域农户及靖安易迁安置区劳动力共计增收 4 600 余万元，取得了较好的带贫增收效果。昭通市马铃薯产业总体上存在种植产业组织化程度较低、生产基础薄弱等问题[1-3]，3 333 hm²先行示范区取得的典型做法及成功经验，将在昭通大地全面开花结果，开启马铃薯产业发展新篇章，"世界马铃薯高原种薯之都"响亮名片必将在乡村振兴、产业兴旺中大放异彩。

[参 考 文 献]

[1] 昭通市人民政府. 发展马铃薯产业 助推脱贫攻坚 [C]//屈冬玉，陈伊里. 马铃薯产业与脱贫攻坚. 哈尔滨: 哈尔滨地图出版社, 2018.

[2] 李德雄. 昭通市马铃薯产业回顾与展望 [J]. 云南农业, 2020(10): 32-35.

[3] 刘小红，岳万勇，李梅，等. 昭通市马铃薯种薯产业存在问题及发展对策 [J]. 南方农业, 2020, 14(3): 135-136.

中化 MAP 模式助力北方马铃薯规模种植可持续发展

李文娟*，曹明慧，吴会生，杜鹏翔

（中化现代农业有限公司，北京 100069）

摘 要：结合中国北方农牧结合区的发展特点，以"关键技术 + 供应链优化"为核心，实现"北美"模式在马铃薯规模化种植上的推广应用，全力推进农业现代化进程，达到减肥增产、节支增收的目的。中化农业的 MAP 技术服务中心为周边 100 km 范围内的规模化种植客户提供综合解决方案，主要服务内容有全程营养：即测土配方施肥，原料物理掺混制成 BB 肥后配送施用，追肥采用中心复配液体肥；全程植保：制定植保方案，在 MAP 中心物理预混后配送施用；土壤改良：由中化提供技术，合作伙伴生产有机肥，提供土壤改良服务；农机作业：与外部农机平台合作，为客户提供全程农机服务；其他智慧农业、种子筛选、农业金融等。

关键词：全程营养；全程植保；土壤改良

无论是种植面积还是总产量，中国的马铃薯都高居世界之首[1]。而美国马铃薯的种植面积和总产量远不如中国，却在马铃薯的世界贸易中大放异彩，成为世界上利用马铃薯挣钱最多的国家。美国马铃薯种植以加利福尼亚州、爱达荷州、科罗拉多州、华盛顿州等州为主，7 000 多农户种植马铃薯，85%种植户为家庭农场，种植规模在 320~400 hm^2，规模最大达 3 200 hm$^{2[2]}$。美国马铃薯产业发展是以高度的机械化装备为基础，规范化种植、产业化经营、集约化推进。更有先进的综合农业服务站，为农场主提供配套的种植服务，包括营养、植保、机械等服务，而农场主更需关注农场的经营状况。而在中国内蒙古马铃薯一季作区，马铃薯的种植已有了规模化的发展，拥有较为完善的灌溉设施，为引入现代农业模式创造了条件。但是，在这些规模化马铃薯种植农场，其用肥方案还依旧依赖于过往经验，还在过量使用化肥，不能科学合理的制定全程的用肥计划，导致化肥利用率不及发达国家的一半。另一方面，由于过度关注种植，往往在经营上关注度少，不利于企业做强做大。同时，马铃薯市场价格低迷、化肥价格上涨和人工成本增加，导致种植效益持续走低。而国内种植者常以高产为目标，未有科学指导，以过量投入肥料、农药提高产量为主，也导致土壤质量、环境质量下降等问题日益突出。因此，针对马铃薯种植遇到的一系列问题，为提高中国北方规模化马铃薯种植的科学性及专业性，中化 MAP 可提供综合解决方案，促进马铃薯产业可持续发展。

1 内蒙古地区马铃薯生产现状

内蒙古是中国马铃薯的优势主产省区，常年种植面积53.3 万~66.7 万 hm^2，约中国马

作者简介：李文娟（1982—），女，博士，主要从事植物营养管理工作。

*通信作者：李文娟，e-mail：liwenjuan06@sinochem.com。

铃薯总播面积的 10% 左右[3]；内蒙古马铃薯种植业近年来走"集约化"发展模式，在种植面积稳定的基础上，产量总体不断提高，良种繁育体系逐步完善，同时销售地区较为广泛，成为内蒙古经济增长的重要组成部分[4]。内蒙古作为马铃薯一季作区，气候冷凉、病虫害发生少，是中国主要的种薯产地和加工原料薯生产基地。该地区降雨在 400 mm 以下，属于干旱半干旱地区。随着现代化节水技术迅速推广，内蒙古地区也大力推广节水灌溉设施，快速扩展马铃薯水浇地种植规模，水浇地种植地区产量可达 2 500 kg/667 m² 以上[3]。

2 中化 MAP 在内蒙古地区服务情况

中化 MAP 服务在内蒙古地区建设大型技术服务中心，具有自动配肥装置、自动植保药剂混配设备、特殊农机具、实验室等功能，为周边 100 km 范围内的规模化种植客户提供综合解决方案。运用中化 MAP 强大的供应链优势，引进北美服务站模式，依靠测土配方施肥、生育期植株监测等手段，制定科学的植物营养方案，运用智能化设备精准配肥，气喷式撒肥机施用固体肥料，依据叶柄检测结果追施液体肥，形成了一套科学合理的马铃薯化肥减施增效技术。

2019 年马铃薯全程服务涉及正蓝旗、兴和，服务马铃薯面积 0.35 万 hm²，品种 40 个，加工薯面积占 42%，种薯 39%，菜薯 19%，平均单产达 3.4 t/667 m²。2020 年马铃薯全程服务涉及正蓝旗、兴和、达旗、海拉尔、武川和榆林 6 个区域，涉及总面积近 0.83 万 hm²，品种 36 个，其中种薯占 25%，菜薯占 53%，加工薯占 22%。共完成植物营养方案 61 个，植保 23 个。在平衡养分的基础上，实现马铃薯磷、钾纯养分减施率分别为 9.7% 和 9.0%。

3 开展 MAP 综合解决服务方案的重要意义

3.1 全程营养服务，运用液体肥料提升养分利用率

以聚磷酸铵(APP)、尿素硝铵(UAN)溶液为主要追肥原料，以其他全水溶固体原料及氨基酸、腐殖酸等有机液体原料，配制有机无机复混液体肥料；配制好的液体肥料直接运送至田间地头随滴灌、喷灌灌溉系统施用，肥随水走，精准控制肥料养分的供应。APP 和 UAN 在发达国家的农业生产中已得到广泛使用，是液体肥料的主要品种，但在中国还处于小规模试验示范阶段，这样大量运用于农业规模化生产还属首例。其中 APP 的应用显著降低了磷在土壤中的固定，提高了磷肥利用率，还对中微量元素有螯合作用，提高其在土壤中的有效性。

3.2 全生育期养分监测，及时调整施肥量

植株体内养分状况是土壤养分供应、作物对养分的需求及吸收能力的综合反映。通过马铃薯体内养分进行检测，可获知马铃薯当前养分状况，为马铃薯养分诊断和制定施肥方案提供依据。研发不同马铃薯品种生育期叶柄营养诊断模型，实时监控马铃薯体内养分的情况，测定结果分析养分盈亏，推荐追肥种类和用量，做到按需供肥。目前中化 MAP 服务可以做到收到鲜样 1~2 d 内出具检测结果，根据 3 年的数据积累，已逐步建立不同品种叶柄营养诊断模型，以该诊断模型为服务客户及时调整施肥方案。

3.3 液体种肥同播技术壮苗促生长

种肥同播技术在国外被广泛应用,以液体磷肥作为种肥直接播撒在根际土壤中,可使磷肥被快速利用且没有烧种风险,并能降低土壤中游离阳离子(钙、铝等)将磷肥固定的速度,增加磷肥利用率,促进作物生长,有利于减少肥料投入。中化已基本完成马铃薯液体种肥同播机的改造,经预实验、小区实验验证后,2020年,分别在中旗、四子王旗、正蓝旗开展示范。结果表明,液体磷肥种肥同播对于促进马铃薯根系的生长发育、促进结薯效果显著,出苗30 d后种肥同播处理鲜重提高29.11%,根长增加34.02%。

3.4 全程植保精准施药,减少包装污染

中化MAP针对目前种植者使用农药无法准确配置,且农药包装小,污染无法集中处理等问题,自主设计全程植保农药混配项目,通过站内预混和车载混配系统,实现农药制剂精准混配,施药精度控制±2%;通过传统农药施用模式创新,打药机作业效率提高42.85%;通过站内预混,实现农药包装物低成本集中收集、集中处理;杜绝农药包装乱扔污染环境问题;通过全自动化车载混配系统,完全取代传统人工配药,降低农业从业人员农药触伤风险。

3.5 土壤改良,保护耕地质量

结合北方农牧业结合的特点,以中化膜发酵技术为支撑,就地取材,利用马铃薯生产区域内畜禽粪便和秸秆配以微生物发酵菌剂生产有机肥,作为秋施肥用于马铃薯生产。相对于其他发酵技术,该技术具有发酵时间短,发酵温度高,发酵成本低,产品质量好,环境适应性强,无污染,生产规模可灵活控制,投资相对较小等优点。通过持续的有机肥投入,逐渐改善土壤质量,从而减少化学肥料的投入,推动生态农牧业建设的健康发展。具有显著的生态环境效益、社会效益和经济效益。

3.6 全程农机服务,提升作业效率

在内蒙古地区春季风大,施固体肥常用抛肥机,从而影响肥料撒施的均匀性、且作业效率低,不利于大面积作业。中化MAP针对这一问题,专门购置气喷式撒肥机,在7级大风下作业也能喷洒颗粒均匀。同时,对于农机具短缺的合作社、中小种植企业,中化MAP与外部农机平台合作,为客户提供全程农机服务,提升客户作业效率,保证适时耕作。

3.7 智慧农业,助力农业种植管理

中化MAP专门开发线上智慧农业服务,为种植户提供线上的服务管理、精准气象、遥感巡田、运营管控、品控溯源等服务,保证服务的及时性准确性及农产品安全。种植服务管理提供地块可视化、服务计划监控、检测数据可视化。精准气象提供精准气象数据、异常天气预警。遥感巡田提供7~10 d不同时期遥感图片,便于种植户线上监控作物长势情况。运营管控可以实时掌握物资到货情况、进行服务确认、服务进度把控。同时MAP beside可进行全程品控溯源,在产前地里环境认证、产中种植管理、产后加工流通管控、产品品质评价,为消费者提供放心农产品。

4 展望

发达国家农业发展是典型的商业,核心的种植者(种植公司、家庭农场、合作社)都是

公司化经营，农业从事人员逐年降低，农业自动化程度高，人员专业程度高。中国也正从自给自足的小农经济向规模化专业经营转变。新型规模种植主体逐步成为中国农业的主力军，不同于传统种植者的自给自足，新型种植主体是面向市场的商业化经营，必然带来农业生产方式和需求的结构性变化。中化 MAP 的服务模式正是符合现代农业发展趋势的，为规模化种植者提供全程营养、全程植保方案、农机服务等综合种植解决方案，依靠"关键技术 + 供应链优化"，通过"服务 + 订单"，帮助马铃薯种植者打通供给两侧，实现种植的专业化、标准化，高效化，达成 MAP 战略目标"种出好品质，卖出好价格"。

[参 考 文 献]

[1] 李文华,吕典秋,闵凡祥.中国、荷兰和比利时马铃薯生产概况对比分析[J].中国马铃薯,2018,32(1):54-60.

[2] 姜振宏,王梅春,李鹏程,等.借鉴美国成功经验全面提升定西马铃薯产业整体水平 [J].中国农业信息,2013(3):171-172.

[3] 李志平.内蒙古马铃薯产业发展现状及应对措施 [J].中国农技推广,2017,33(11):8-11.

[4] 韩鹏,付羚.内蒙古马铃薯种植业发展现状、问题及对策研究 [J].内蒙古财经大学学报,2017,15(6):8-11.

研 究 进 展

StCDF1 在马铃薯中的研究进展

江　鹏，景晟林，覃　骏，谢　锦，孙小梦，宋波涛*

（华中农业大学园艺林学学院/
农业农村部马铃薯生物学与生物技术重点实验室，湖北　武汉　430070）

摘　要：马铃薯作为中国以及世界重要的粮食、经济作物，其对周围环境各种因素的响应以及块茎的发育调控，一直以来都是热门话题并被广泛研究。DOF 家族转录因子 Cycling Dof Factor 1（*CDF1*），在植物中参与多种生长发育过程，在马铃薯中更是与植物抗逆和块茎发育有着直接联系。本文主要从等位变异和调控机制出发，综述了 *StCDF1* 在马铃薯中的研究进展。

关键词：马铃薯；Cycling Dof Factor 1；块茎发育；干旱

马铃薯（*Solanum tuberosum* L.），茄科，一年生草本植物。作为世界第四大粮食作物，近年来马铃薯种植面积不断增加，目前世界马铃薯总产量仅次于玉米、水稻、小麦。马铃薯块茎含有丰富的淀粉以及蛋白质、膳食纤维、维生素等，含多种生物活性物质，必需氨基酸含量高，营养价值高，虽然也有着自身营养缺陷，但与大米、小麦等主粮形成互补[1]。正是自身特性优良，马铃薯被认为是解决全球人口增长而粮食短缺问题和消除贫困的重要作物，是保障中国粮食安全、储量和社会稳定的重要支柱[2]。

马铃薯块茎发育的调控及对各种非生物胁迫的响应一直是马铃薯生物学的重点，关系着马铃薯产业的发展。近年来，在这些领域进行了大量研究并取得较大进展，转录因子 *StCDF1* 便是其中之一。Cycling Dof Factor（*CDFs*）转录因子最初在拟南芥中发现[3]，参与植物光周期开花调控及其他生物过程[4-6]，在后来进一步的研究中还发现 *CDFs* 与植物逆境响应有关[7-11]；在马铃薯中，*CDF1* 也有着相似的功能和作用方式。不同的是，*CDF1* 还参与了马铃薯中块茎发育，这也赋予了 *CDF1* 在马铃薯中的重要地位[12]。本文以 *CDF1* 在拟南芥和马铃薯中的克隆作起点，介绍了 *StCDF1* 及其等位基因，重点综述了 *StCDF1* 在马铃薯中的重要功能以及与此密切相关的结构，为后续对 *StCDF1* 的研究提供较为全面的了解。

1　*CDF1* 在拟南芥和马铃薯中的克隆

最初在拟南芥中，为探究上游蓝光受体蛋白 FKF1 调控 CO 蛋白的分子机制，从与 FKF1 存在互作的蛋白中筛选出 3 个 Dof 家族转录因子，由于其在给定光照下的表达水平具有昼夜节律震荡的特点，将其命名为 Cycling Dof Factor 1（*CDF1*）、*CDF2*、*CDF3*[3]。进一步的研究表明拟南芥中 *AtCDF1* 作为光周期感应和开花的桥梁，有着重要功能；拟南芥

作者简介：江鹏（1999—），男，主要从事马铃薯发育研究。

　***通信作者**：宋波涛，教授，主要从事马铃薯遗传育种，e-mail：songbotao@mail.hzau.edu.cn。

中昼夜节律钟核心调控蛋白 GI 可与 FKF1 形成复合物，进而再与 CDF1 产生互作并导致 CDF1 的降解[4]；而 CDF1 可与共抑制子 TPL(TOPLESS)互作，并直接结合到下游 CO 基因启动子抑制其表达，导致成花素 Flowering Locus T(*FT*) 的表达受到抑制[5,6]，开花受阻。

　　StCDF1 在马铃薯中的鉴定，由 Kloosterman 等[12]完成。通过对马铃薯植株成熟表型的定位，研究者在马铃薯 5 号染色体鉴定出一个 *CDF* 同源基因并命名为 *StCDF1* (PGSC003DMG400018408)；此外，*StCDF1* 等位基因的自然变异被认为是马铃薯摆脱依赖短日照结薯的重要原因[12]。马铃薯起源于南美的安第斯山脉，块茎由地下匍匐茎发育而来，由于起源地接近赤道，马铃薯结薯具有短日照依赖性，在安第斯山脉高地全年都可以通过块茎繁殖；而 16 世纪马铃薯向欧洲传播，在更高纬度长日照条件下，短日照马铃薯不会形成块茎[13]。显然，欧洲马铃薯的繁荣以及后来更大范围的传播，首要条件就是马铃薯的长日照适应结薯。研究表明：一方面，马铃薯进入欧洲最开始是赤霉素途径发生了变异而产生预适应[13]；另一方面，*StCDF1* 适应性的插入被证明可能是从欧洲起始的，说明 *StCDF1. 1* 等位基因是偶然出现在欧洲马铃薯中，并由于其遗传和育种优势被迅速固定下来[12,13]，也成为了马铃薯广泛传播的一个基础。

2　*CDF1*：Cycling Dof factor 1

2.1　*DOF* 转录因子

　　DOF(DNA-binding one zinc finger) 转录因子，自玉米中分离出第一个含 DOF 域的基因[14]，之后便在多个物种中鉴定到，并进行了广泛研究。DOF 因子属于 C2H2 型锌指家族蛋白，植物特异性转录因子，在植物中分布广泛，在裸子植物和被子植物中都有许多拷贝，也存在于低等植物中；在高等植物的大多数组织中都表达，但通常在功能上冗余[15,16]。

　　DOF 转录因子通常包含位于蛋白质 N 端高度保守的 DOF DNA 结合域，由 52 个氨基酸残基组成，以特征性的锌指构型结合 Zn^{2+}，而 DOF 域两侧序列在不同的蛋白中差异较大，尤其 C 端蛋白区域具有高度可变的结构，包含了特定的蛋白相互作用域和其他调控元件；保守的 DOF 结构域赋予 DOF 蛋白以相似的特性，而 DOF 结构域之外的多样化区域给予不同蛋白独特性功能[17]。通过各种体内和体外方法分析 DOF DNA 结合域活性，发现 DOF 转录因子可结合到 5'-AAAG-3'序列或其互补序列 5'-CTTT-3'，这种结合取决于蛋白质中高度保守的 DOF 结构域的存在，而 AAAG 结合位点侧翼的序列也可影响这种结合[17]；当然，也并非所有 AAAG 序列串都是 DOF 结合位点[18,19]。DOF 因子参与高等植物多种重要过程，包括光和植物激素介导的调控、种子成熟和发芽、植物对外界胁迫的反应等[15,16,19-21]；显然，DOF 转录因子在植物中有着不可缺少的作用。

2.2　*StCDF1* 及其等位基因

　　CDFs 蛋白氨基酸一般介于 200～450 个，蛋白质序列包括位于 N 端区域的核定位信号、DOF DNA 结合域，以及涉及转录活性或蛋白稳定性控制的其他结构域。尽管 DOF 结合域序列高度保守，但 CDF 家族不同成员 C 末端的氨基酸组成和长度通常高度可变。通常 CDFs 蛋白在其 C 端包含两个重要的蛋白互作域——GI 和 FKF1 结合域，这也使得 GI 和

FKF1 可以对 CDFs 产生翻译后调控[3,4,12]；此外还包含一个功能未知的 SPTLGKHSRDE 序列；而在其 N 端通常含有一个非 EAR 基序样的保守结构域，该结构域是 CDF 蛋白与共抑制子 TPL 互作的基础，也是 CDF 调控下游基因表达行使功能的基础[5]。

实际上 StCDF1 蛋白序列与经典 CDFs 序列基本一致，从 N 端到 C 端依次包含：TPL 结合域、DOF DNA 结合域、GI 结合域、FKF1 结合域，这与 StCDF1 在马铃薯中重要功能是密切相关的[12]。另有研究指出，*StCDF1* 基因上游存在 6 个串联的 TGAC 基序，2 个串联位点之间最大存在一个 30 bp 的接头，这 6 个串联基序正是 BEL-KNOX 结合识别序列[22,23]。另一方面，*StCDF1* 存在着 4 个等位基因（*StCDF1.1*、*StCDF1.2*、*StCDF1.3*、*StCDF1.4*），其中 *StCDF1.1* 具有完整的序列，而另 3 个等位基因在 C 端有缺失[12,13]；*StCDF1.2* 在 C 端有一个 7 bp 的插入导致无义突变，造成其 FKF1 结合域的缺失[12]；*StCDF1.3* 在 C 端有一个 865 bp 的插入，使一段新的 52 aa 序列代替了原先的 22 aa 残基，结果是同样缺失了 FKF1 结合域[12]；*StCDF1.4* 与 *StCDF1.2* 相似，只是插入的 7 bp 序列不同[13]；这些变异对他们功能的行使有重要影响。此外，有研究指出 *StCDF1* 存在一个 N 端缺失转录本，缺失 N 端的 TPL 结合域[24]，但未进行进一步的探索。

3 *StCDF1* 在马铃薯中的功能

3.1 *StCDF1* 在块茎发育中的功能及路径

CDFs 蛋白在植物中具有广泛的功能，在番茄中对干旱、温度和高盐等胁迫响应、对果实大小及内含物有影响[7,8]；在拟南芥中对下胚轴伸长、光周期开花、多种胁迫调控[9,10]；以及在油菜、胡椒、杨树、胡萝卜等多种植物中都扮演着相似的角色[11]。而 *StCDF1* 在马铃薯中得到关注，主要归结于其在块茎发育中的调控功能。如前所述，*StCDF1* 天然等位基因的变异使得马铃薯获得长日照结薯适应[12]，为后来的传播提供基础。另一方面，*StCDF1* 在结薯过程中发挥功能的分子机制已经得到了很好解析。马铃薯中光敏色素可促进昼夜节律钟核心调控蛋白 StGI 的表达，StGI 长日照下和蓝光受体蛋白 StFKF1 以及 StCDF1 产生相互作用，通过泛素化途径降解 StCDF1 蛋白；而 StCDF1 是下游蛋白 StCO 的抑制子，CO 蛋白可促进 *SP5G* 的表达，*SP5G* 抑制马铃薯 FT 同源基因 *SP6A* 的表达[12,25,26]；而在短日照下，StGI1/StFKF1/StCDF1 复合物无法形成，StCO 不能通过 phyB 增强自身蛋白稳定性，最终结果是成薯素 *StSP6A* 表达，块茎形成。*StCDF1.1*、*StCDF1.2*、*StCDF1.3* 3 种等位基因的结构，以及其纯合基因型植株所对应的晚结薯、早结薯、早结薯的表型，也进一步验证了该功能及作用机制[12]。另有研究指出，*StCDF1* 超表达植株中花蕾发育被抑制，这主要归结于 *StSP6A* 对花蕾发育的抑制作用[27]。

除了 GI-FKF1 对 StCDF1 的翻译后调控之外，马铃薯中 BEL 类转录因子 StBEL5 可通过串联的 TGAC 基序结合到 *StCDF1* 启动子上，对 *StCDF1* 进行转录水平上的调控[22]。有趣的是该研究还分析了各种胁迫下 *StCDF1* 的表达以及 *StCDF1* 上游顺式元件；在给定的不同光照下，与拟南芥中 *AtCDF1*∷*GUS* 转基因植株观察不同[3]，马铃薯中 *StCDF1* 基因表达差异显著，研究者认为这是由于 *StCDF1* 启动子中存在多个光调节元件（LRE）[22]。长日照下在 *StCDF1*∷*GUS* 植株中，在叶脉、茎顶端分生组织的叶原基底部、茎节间连接处以及根等部位都可以观察到 GUS 活性[22]，而拟南芥中根部位不存在 GUS 活性[3]。此外，与拟南芥中 CDFs 冗余性调控光周期开花不同[28]，*StCDF1* 非冗余性调控结薯[29]。

3.2 *StCDF1* 的抗旱功能

除了在结薯中的功能之外，最近的研究也表明 *StCDF1* 在马铃薯水分调控中也有贡献[29]。研究发现 *StCDF1* 位点还编码一个反义长链非编码 RNA（lncRNA，被命名为 FLORE），通过对表达模式的分析发现 *FLORE* 和 *StCDF1* 之间的表达是一种相互抑制的关系；在 *StCDF1.1/1.2/1.3* 3 个等位基因不同的杂合或纯合基因型植株中，也进一步验证了这种抑制。研究发现 *FLORE* 和 *StCDF1* 共定位于维管组织中，但 *StCDF1* 单独在气孔保卫细胞中被发现；通过表型和细胞学上的进一步探索发现，*FLORE* 表达的增强可以提高植株的抗旱能力，StCDF1-FLORE 可通过改变气孔密度、保卫细胞大小和 ABA 响应两个途径来实现对马铃薯的水分调控。

4 *StCDF1* 在马铃薯中的展望

近年来 *StCDF1* 在马铃薯中的功能及作用机制有了较大解析，尤其在块茎发育调控方面。但对于 *StCDF1* 的 N 端缺失转录本还没有什么研究，TPL 结合域的缺失虽然让 *StCDF1* 失去原有对 *StCO* 的调控，但该缺失转录本是否也因此扮演着其他功能呢？

StCDF1 作为马铃薯中光周期/昼夜节律到块茎形成的中间调控因子，其上游 StGI/StFKF1 复合物对 StCDF1 的作用已经有了清楚地解析，但是 StCDF1 对下游 *StCO* 基因的抑制还没有具体的分子机制，那么是否和拟南芥中相同？通过与共抑制子 TPL 的互作从而结合到 *CO* 基因启动子，抑制 *CO* 的表达。此外，TPL 蛋白，Groucho（Gro）/Tup1 共抑制子家族中的一员，因其在拟南芥中突变体缺失了茎端而得名；在拟南芥中，TPL 蛋白参与多条分子通路，生长素、茉莉酸、乙烯信号通路，还有生物钟和开花时间等发育调控路径；其抑制机制也有多种，包括通过组蛋白去乙酰化酶介导的染色质重塑、核小体重定位以及对通路中间复合物的阻断[30]；基于此，在马铃薯中开展 TPL 相关研究是有意义的。

另一方面，在功能上，*StCDF1* 显然在马铃薯块茎发育中起着重要作用，然而在对外界胁迫响应中，目前只有 *StCDF1* 及其反义转录体 *FLORE* 在水分调控中的作用有所揭示，而结合其他植物中 *CDFs* 所参与的各种生物过程及所起角色，以及 *StCDF1* 启动子序列中鉴定的多种非生物和生物胁迫响应基序，包括 ABA、JA 响应基序和干旱、真菌、损伤诱导基序等[22]，可以认为 *StCDF1* 很有可能在马铃薯中还存在其他功能，尤其是在植物抗逆中。因此，有必要揭示 *StCDF1* 及其他 *CDFs* 在马铃薯中多样化的功能[22]。

[参 考 文 献]

[1] 曾凡逵,许丹,刘刚.马铃薯营养综述 [J].中国马铃薯,2015,29(4):233-243.

[2] 谢从华.马铃薯产业的现状与发展 [J].华中农业大学学报:社会科学版,2012(1):1-4.

[3] Imaizumi T, Schultz T F, Harmon F G, *et al*. FKF1 F-Box protein mediates cyclic degradation of a repressor of CONSTANS in *Arabidopsis* [J]. Science, 2005, 309(5732):293-297.

[4] Sawa M, Nusinow D A, Kay S A, *et al*. FKF1 and GIGANTEA complex formation is required for day-length measurement in

Arabidopsis [J]. Science, 2007, 318(5848): 261-265.

[5] Goralogia G S, Liu T K, Zhao L, *et al*. CYCLING DOF FACTOR 1 represses transcription through the TOPLESS co-repressor to control photoperiodic flowering in *Arabidopsis* [J]. The Plant Journal, 2017, 92(2): 244-262.

[6] Suárez-López P, Wheatley K, Robson F, *et al*. *CONSTANS* mediates between the circadian clock and the control of flowering in *Arabidopsis* [J]. Nature, 2001, 410(6832): 1 116-1 120.

[7] Corrales A R, Nebauer S G, Carrillo L, *et al*. Characterization of tomato Cycling Dof Factors reveals conserved and new functions in the control of flowering time and abiotic stress responses [J]. Journal of Experimental Botany, 2014, 65(4): 995-1 012.

[8] Renau-Morata B, Carrillo L, Cebolla-Cornejo J, *et al*. The targeted overexpression of *SlCDF4* in the fruit enhances tomato size and yield involving gibberellin signalling [J]. Scientific Reports, 2020, 10(1): 10 645.

[9] Martín G, Veciana N, Boix M, *et al*. The photoperiodic response of hypocotyl elongation involves regulation of *CDF1* and *CDF5* activity [J]. Physiologia Plantarum, 2020, 169(3): 480-490.

[10] Corrales A R, Carrillo L, Lasierra P, *et al*. Multifaceted role of cycling DOF factor 3 (*CDF3*) in the regulation of flowering time and abiotic stress responses in *Arabidopsis* [J]. Plant Cell and Environment, 2017, 40(5): 748-764.

[11] Renau-Morata B, Carrillo L, Dominguez-Figueroa J, *et al*. *CDF* transcription factors: plant regulators to deal with extreme environmental conditions [J]. Journal of Experimental Botany, 2020, 71(13): 3 803-3 815.

[12] Kloosterman B, Abelenda J A, Gomez Mdel M, *et al*. Naturally occurring allele diversity allows potato cultivation in northern latitudes [J]. Nature, 2013, 495(7440): 246-250.

[13] Gutaker R M, Weiß C L, Ellis D, *et al*. The origins and adaptation of European potatoes reconstructed from historical genomes [J]. Nature Ecology and Evolution, 2019, 3(7): 1 093-1 101.

[14] Yanagisawa S, Izui K. Molecular cloning of two DNA-binding proteins of maize that are structurally different but interact with the same sequence motif [J]. Journal of Biological Chemistry, 1993, 268(21): 16 028-16 036.

[15] Yanagisawa S. The Dof family of plant transcription factors [J]. Trends in Plant Science, 2002, 7(12): 555-560.

[16] Noguero M, Atif RM, Ochatt S, *et al*. The role of the DNA-binding One Zinc Finger (DOF) transcription factor family in plants [J]. Plant Science, 2013, 209: 32-45.

[17] Yanagisawa S, Schmidt R J. Diversity and similarity among recognition sequences of Dof transcription factors [J]. Plant Journal, 1999, 17(2): 209-214.

[18] Kisu Y, Ono T, Shimofurutani N, *et al*. Characterization and expression of a new class of zinc finger protein that binds to silencer region of ascorbate oxidase gene [J]. Plant Cell Physiology, 1998, 39(10): 1 054-1 064.

[19] Gupta S, Malviya N, Kushwaha H, *et al*. Insights into structural and functional diversity of Dof (DNA binding with one finger) transcription factor [J]. Planta, 2015, 241: 549-562 .

[20] Shaw L M, McIntyre C L, Gresshoff P M, *et al*. Members of the Dof transcription factor family in *Triticum aestivum* are associated with light-mediated gene regulation [J]. Functional and Integrative Genomics, 2009, 9(4): 485-498.

[21] Liu Y, Liu N, Deng X, *et al*. Genome-wide analysis of wheat DNA-binding with one finger (Dof) transcription factor genes: evolutionary characteristics and diverse abiotic stress responses [J]. BMC Genomics, 2020, 21(1): 276.

[22] Kondhare K R, Vetal P V, Kalsi H S, *et al*. BEL1-like protein (StBEL5) regulates cycling DOF Factor1 (*StCDF1*) through tandem TGAC core motifs in potato [J]. Journal of Plant Physiology, 2019, 241: 153 014.

[23] Sharma P, Lin T, Hannapel D J. Targets of the *StBEL5* transcription factor include the FT Ortholog *StSP6A* [J]. Plant Physiology, 2016, 170(1): 310-324.

[24] Hardigan M A, Laimbeer F P E, Newton L, *et al*. Genome diversity of tuber-bearing *Solanum* uncovers complex evolutionary history and targets of domestication in the cultivated potato [J]. Proceedings of the National Academy of Sciences of the United States of America, 2017, 114(46): E9999-E10008.

[25] Navarro C, Abelenda J A, Cruz-Oró E, *et al*. Control of flowering and storage organ formation in potato by flowering locus T [J]. Nature, 2011, 478(7367): 119-122.

[26] Dutt S, Manjul A S, Raigond P, *et al*. Key players associated with tuberization in potato: potential candidates for genetic engineering [J]. Critical Reviews in Biotechnology, 2017, 37(7): 942−957.

[27] Plantenga F D M, Bergonzi S, Abelenda J A, *et al*. The tuberization signal *StSP6A* represses flower bud development in potato [J]. Journal of Experimental Botany, 2019, 70(3): 937−948.

[28] Fornara F, Panigrahi K C, Gissot L, *et al*. *Arabidopsis* DOF transcription factors act redundantly to reduce *CONSTANS* expression and are essential for a photoperiodic flowering response [J]. Developmental Cell, 2009, 17(1): 75−86.

[29] Ramírez Gonzales L, Shi L, Bergonzi SB, *et al*. Potato cycling DOF Factor 1 and its lncRNA counterpart *StFLORE* link tuber development and drought response [J]. Plant Journal, 2020, 105(4): 855−869.

[30] Liu Z, Karmarkar V. Groucho/Tup1 family co-repressors in plant development [J]. Trends in Plant Science, 2008, 13(3): 137−144.

水分胁迫对马铃薯碳代谢变化及响应机制的研究展望

贾立国[1], 陈玉珍[2], 苏亚拉其其格[3], 樊明寿[1]*

(1. 内蒙古农业大学农学院, 内蒙古 呼和浩特 010019;
2. 呼和浩特民族学院环境工程系, 内蒙古 呼和浩特 010051;
3. 内蒙古农业大学生态环境学院, 内蒙古 呼和浩特 010019)

摘 要：马铃薯是中国重要的粮经兼用作物, 但是水分供应不足和不合理的灌溉导致其植株胁迫问题非常严重, 严重地阻碍了马铃薯产业的可持续发展。非结构性碳水化合物(NSC)的积累和分配在许多作物上被证明在缓解干旱胁迫、稳定作物产量方面扮演重要作用, 但是在马铃薯上鲜见报道。就该领域的研究进展进行了综述, 对马铃薯相关研究进行展望, 以期为马铃薯应对干旱胁迫和水分高效利用提供参考。

关键词：马铃薯; 干旱胁迫; 非结构性碳水化合物; 渗透胁迫

中国马铃薯的种植面积居于世界首位, 而马铃薯种植的省区主要分布在偏远落后、水资源短缺和农业技术落后的西部地区。广阔的西部地区马铃薯生长季内日照时间长, 光照充足, 昼夜温差大, 满足了马铃薯喜凉特性和对积温的要求, 具有发展马铃薯生产独特的气候优势, 但是降雨量少, 无效降水的频率高, 有限的水分又不能得到合理的利用成为该区域产业可持续发展的瓶颈[1]。而这些产区地下水资源十分有限, 具有灌溉条件的地区少, 灌溉的时间和数量上又带有很大的盲目性, 造成淡水资源的极大浪费, 而且不可避免地对土壤造成次生盐碱化[2,3]。水分供应不足和不合理的灌溉是中国马铃薯主产区存在的普遍问题, 从植株的角度来讲, 均会不同程度的造成渗透胁迫。

1 马铃薯响应水分胁迫的渗透调节

渗透胁迫的生理和分子机制在拟南芥和水稻等模式植物上已经进行了深入研究, 但是在马铃薯上的研究很少且不深入[4,5]。目前只有部分课题组对PEG-6000处理下的马铃薯试管苗进行了一些常规抗性指标的检测, 吴雁斌等[6]研究发现PEG-6000胁迫可使低温下马铃薯试管苗丙二醛含量增加, 超氧化物歧化酶(SOD)、过氧化物酶(POD)和过氧化氢酶(CAT)等酶活性表现出不同程度的上升趋势, 贾琼等[7]的研究表明, PEG-6000胁迫下脯氨酸和可溶性蛋白质含量逐渐升高, 过氧化物酶(POD)活性随胁迫加剧呈现先升高后下降的变化趋势, 抗旱性强的品种表现出更强的POD活性, 而超氧化物歧化酶(SOD)在轻度

作者简介：贾立国(1982—), 男, 副教授, 主要从事马铃薯水分及营养生理的研究。
基金项目：内蒙古重大专项(2020ZD0005-0301); 内蒙古科技计划项目(2019GG248); 内蒙古自治区高等学校科学技术研究项目(NJZY21220)。
*通信作者：樊明寿, 教授, 主要从事植物营养生理的教学与研究, e-mail: fmswh@126.com。

胁迫下活性下降，丙二醛（MDA）在轻中度胁迫下含量上升。关于渗透胁迫条件下马铃薯块茎形成方面的研究可追溯到 1943 年，Magrou[8] 在无菌条件下培养的马铃薯植株上诱导出了块茎，打破了块茎形成的共生假说，提出块茎形成是由于匍匐茎顶端积累了高浓度的碳水化合物而造成高的渗透压而引起的。罗玉和李灿辉[9] 的研究指出，高浓度蔗糖诱导块茎发生不是通过其产生的渗透胁迫因子实现，认为蔗糖诱导块茎形成主要通过蔗糖本身来实现，但是试验结果还需更进一步的证实，具体的机制也不清楚。内蒙古农业大学马铃薯高产高效创新团队最新的研究显示，外源添加低浓度的甘露醇和山梨醇模拟渗透胁迫会诱导试管薯的提前形成，但是随着渗透胁迫程度的增加结薯数会减少[10]。

2 非结构性碳水化合物对水分胁迫响应的研究进展

非结构性碳水化合物（NSC）在植物体内的含量可以反映植物的碳供应状态，其在植株体内的代谢在很大程度上影响着植株的生长及对环境的响应，可作为表征植物生长和存活能力以及应对外界胁迫干扰缓冲能力的一项重要指标[11,12]。包括蔗糖在内的果聚糖、果糖及淀粉等是植物光合作用过程中生产过剩而暂时储存的主要光合产物，统称为非结构性碳水化合物，以区别于用于植物体的形态建成的木质素、纤维素等结构性碳水化合物[13]。在苹果上的研究表明，适度的水分胁迫处理促使苹果叶片和根系中蔗糖含量升高，淀粉含量显著降低，说明水分胁迫条件下淀粉和蔗糖之间的转化在抵御水分胁迫中扮演一定的作用[14]。相关的研究在其他作物上也有报道，一般都表现水分胁迫条件下植物叶片的 NSC 的组分发生改变，蔗糖的合成增加而淀粉的合成减少[15]。干旱胁迫下碳素同化总量下降，可溶性碳水化合物的含量增加可以提高细胞的渗透势，有利于植物对水分的吸收与保持，与此相对应的是蔗糖磷酸合成酶活性的提高和蔗糖合成的增加[16]。但是，不同植物碳水化合物含量变化对水分胁迫的响应机制是不同的，如菜豆（*Phaseolus vulgaris* L.）在水分胁迫下蔗糖磷酸合成酶活性降低，同时以淀粉的合成速率降低更大的幅度来提高蔗糖的浓度[17]。

越来越多的研究结果显示，植物茎中 NSC 在产量形成和应对逆境胁迫方面扮演重要的作用，20 世纪 60 年代发生的绿色革命使小麦的产量大幅度提高，很大程度上就是由于 NSC 在茎中的转移和分配发生变化所致[18,19]。茎秆矮化的品种把更多的碳水化合物转移到收获器官，在集约化施肥的条件下植株不易倒伏，大大的提高了作物的产量[20]。许多植物节间薄壁组织细胞中能够积累大量的可溶性碳水化合物，特别是像甘蔗和甜高粱等作物，理论上这些茎库会对如种子、块根和块茎等产量形成器官产生竞争作用，而研究结果显示这些茎中积累的碳水化合物并不与植物的其他库器官形成竞争；相反，只有植物库较弱的时候才在茎中贮藏多余的光合产物[21]。目前，普遍被接受的观点是植物茎中贮藏的大量碳水化合物可以对不同生育时期和外界环境条件下源库协调中起到缓冲的作用[17,22]。

研究显示，当光合作用削弱时玉米茎中的非结构性碳水化合物的重新动员增强，从而加速籽粒的灌浆和成熟过程。在高投入的农业生产中，茎中的碳水化合物不能直接的增加玉米的产量潜力，但是当植株受到生物和非生物胁迫时（比如生长在干旱地区的植物）对稳定产量方面具有很大的贡献[19,23]。对茎中的 NSC 进行调控可以作为对玉米应对不利环境条件的一种途径，具有很大的发展潜力[24]。微阵列分析显示，干旱条件下甘蔗中许多与蔗糖代谢相关的基因表达量发生显著的变化[25]。不同于其他的作物碳水化合物的分配，水稻叶片中碳水化合物的贮藏形式是蔗糖，而在茎中以淀粉和蔗糖两种形式存在[26]。部分根区干旱条件可以促进水稻茎中的碳水化合物动员，加速籽粒的灌浆过程，从而提高产量和收获指数[27]。小麦上的研究显示在干旱和其他不利环境条件下茎中碳水化合物的贮藏量与维持稳定高产之间存在直接的相关性。干旱条件下茎中高浓度的非结构性碳水化合物的品种有利于提高小麦花的育性、籽粒的灌浆和产量的稳定性，但是在灌溉条件下茎中不同碳水化合物积累的品种间在这些特性上没有显著的差异[28, 29]。可见茎中积累的非结构性碳水化合物在干旱和其他逆境条件下发挥重要的作用，非结构性碳水化合物在灌浆期发生干旱的条件下可以贡献最终产量的70%以上[30]。

马铃薯的收获器官是埋藏在地下的块茎，相关的研究主要集中在叶片及块茎中非结构性碳水化合物的积累及分配。Xu 等[31]报道了马铃薯茎中碳水化合物的积累和分配，研究发现块茎膨大期干旱条件下主茎的干物质重和碳水化合物浓度均降低，与对照相比茎中碳水化合物减少对块茎干重的贡献增加37%。最新的研究表明，块茎中非结构性碳水化合物种类对水分胁迫的响应不同，其中可溶性糖和淀粉随着胁迫的增加呈现出增加的趋势，而蔗糖含量降低，推测可能是对干旱胁迫的一种适应机制[32]。但是，关于马铃薯 NSC 在适应干旱胁迫的机制还缺乏深入研究。

3 马铃薯响应水分亏缺的激素调控进展及展望

Yang 等[33, 34]在水稻上的研究结果表明，轻度干旱或者外源施加适当浓度的脱落酸（ABA）可以促进茎鞘中非结构性碳水化合物向籽粒中的转运，从而提高灌浆速度而增加产量。关于马铃薯块茎形成过程中激素的调控已有很多报道，研究发现 ABA 能够影响块茎的形成，但是研究的结果却不尽一致[35, 36]。另外一个报道较多的与块茎形成相关的激素是细胞分裂素（CK），早在 1969 年 Palmer 和 Smith[37]就证明 CK 可以促进块茎的形成，并指出在块茎形成前 CK 已经在匍匐茎中大量积累。CK 促进块茎的形成是通过激活细胞分裂，从而形成一个强大的块茎库，以利于蔗糖和氨基酸的累积。马铃薯除了作为收获器官的块茎外，还有匍匐茎和地上茎，这些不同结构的茎都可以贮存和运输碳水化合物，但是在渗透胁迫（干旱或者盐碱）条件下与激素的调控关系还不清楚。综合前人的研究结果，推测 ABA 和 CK 在马铃薯块茎形成过程中碳水化合物积累和分配方面具有重要的调控作用。

干旱胁迫条件下马铃薯器官间 NSC 的积累分配及其对产量形成的调控机制还不清楚，开展相关的研究对马铃薯产业具有重要的理论意义和的实践价值。

[参 考 文 献]

[1] 胡琦,潘学标,邵长秀,等.内蒙古降水量分布及其对马铃薯灌溉需水量的影响 [J]. 中国农业气象, 2013, 34(4): 419-424.

[2] 宰松梅,仵峰,温季.节水灌溉条件下土壤次生盐碱化趋势与对策 [C]//中国农业生态环境保护协会和农业部环境保护科研监测所.第二届全国农业环境科学学术研讨会论文集, 2007: 286-289.

[3] 贾立国, 陈玉珍, 苏亚拉其其格, 等. 灌溉马铃薯水分高效利用途径及其机理 [J]. 土壤通报, 2018, 49(1): 226-231.

[4] Yoshida T, Mogami J, Yamaguchi-Shinozaki K. ABA-dependent and ABA-independent signaling in response to osmotic stress in plants [J]. Current Opinion in Plant Biology, 2014, 21: 133-139.

[5] Dobránszki J, Magyar-Tábori K, Takács-Hudák Á. Growth and developmental responses of potato to osmotic stress under *in vitro* conditions [J]. Acta Biologica Hungarica, 2003, 54(3): 365-372.

[6] 吴雁斌, 王一航, 张武, 等. PEG 与 SNP 对低温下马铃薯试管苗相关生理指标的影响 [J]. 核农学报, 2010, 24(3): 645-649.

[7] 贾琼, 张冬红, 蒙美莲, 等. PEG6000 渗透胁迫对马铃薯生理特性的影响 [J]. 中国马铃薯, 2009, 23(5): 263-267.

[8] Magrou J. From the orchidaceae to the potato, a sketch of symbiosis [M]. Unknown: Unknown, 1943.

[9] 罗玉, 李灿辉. 糖类及其衍生物对马铃薯块茎形成的影响 [J]. 昆明学院学报, 2012, 33(6): 85-89.

[10] 梁俊梅, 贾立国, 段玉, 等. 模拟干旱胁迫对马铃薯组培苗发育及试管薯形成的影响 [J]. 分子植物育种, 2020(5): 1 617-1 625.

[11] Würth M K R, Peláez-Riedl S, Wright S J, et al. Non-structural carbohydrate pools in a tropical forest [J]. Oecologia, 2005, 143(1): 11-24.

[12] Myers J A, Kitajima K. Carbohydrate storage enhances seedling shade and stress tolerance in a neotropical forest [J]. Journal of Ecology, 2007, 95(2): 383-395.

[13] 潘庆民, 韩兴国, 白永飞, 等. 植物非结构性贮藏碳水化合物的生理生态学研究进展 [J]. 植物学通报, 2002, 19(1): 30-38.

[14] 李天红, 李绍华. 水分胁迫对苹果苗非结构性碳化水合物组分及含量的影响 [J]. 中国农学通报, 2002, 18(4): 35-39.

[15] Zrenner R, Stitt M. Comparison of the effect of rapidly and gradually developing water stress on carbohydrate metabolism in spinach leaves [J]. Plant, Cell and Environment, 1991, 14(9): 939-946.

[16] Quick W P, Chaves M M, Wendler R, et al. The effect of water stress on photosynthetic carbon metabolism in four species grown under field conditions [J]. Plant, Cell and Environment 1992, 15(1): 25-35.

[17] Vassey T L, Sharkey T D. Mild water stress of *Phaseolus vulgaris* plants leads to reduced starch synthesis and extractable sucrose phosphate synthase activity [J]. Plant Physiology, 1989, 89(4): 1 066-1 070.

[18] Rae A L, Grof C, Casu R E, et al. Sucrose accumulation in the sugarcane stem: pathways and control points for transport and compartmentation [J]. Field Crops Research, 2005, 92(2-3): 159-168.

[19] Slewinski T L. Non-structural carbohydrate partitioning in grass stems: a target to increase yield stability, stress tolerance, and biofuel production [J]. Journal of Experimental Botany, 2012, 63(13): 4 647-4 670.

[20] Schmidhuber J, Tubiello F N. Global food security under climate change [J]. Proceedings of the National Academy of Sciences of the United States of America, 2007, 104(50): 19 703-19 708.

[21] Slafer G A. Genetic basis of yield as viewed from a crop physiologist's perspective [J]. Annals of Applied Biology, 2003, 142(2): 117-128.

[22] Ruuska S A, Rebetzke G J, van Herwaarden A F, et al. Genotypic variation in water-soluble carbohydrate accumulation in wheat [J]. Functional Plant Biology, 2006, 33(9): 799-809.

[23] Rajcan I, Tollenaar M. Source: sink ratio and leaf senescence in maize: I. Dry matter accumulation and partitioning during grain filling [J]. Field Crops Research, 1999, 60(3): 245-253.

[24] Shiferaw B, Prasanna B M, Hellin J, et al. Crops that feed the world 6. Past successes and future challenges to the role played by maize in global food security [J]. Food Security, 2011, 3(3): 307-327.

[25] Papini-Terzi F, Rocha F, Vencio R, et al. Sugarcane genes associated with sucrose content [J]. BMC Genomics, 2009, 10: 120.

[26] Scofield G N, Ruuska S A, Aoki N, et al. Starch storage in the stems of wheat plants: localization and temporal changes [J]. Annals of Botany, 2009, 103(6): 859-868.

[27] Yang J, Zhang J. Crop management techniques to enhance harvest index in rice [J]. Journal of Experimental Botany, 2010, 61 (12): 3 177-3 189.

[28] Asseng S, Van Herwaarden A F. Analysis of the benefits to wheat yield from assimilates stored prior to grain filling in a range of environments [J]. Plant and Soil, 2003, 256(1): 217-229.

[29] Foulkes M J, Sylvester-Bradley R, Weightman R, et al. Identifying physiological traits associated with improved drought resistance in winter wheat [J]. Field Crops Research, 2007, 103(1): 11-24.

[30] Rebetzke G J, Van Herwaarden A F, Jenkins C, et al. Quantitative trait loci for water-soluble carbohydrates and associations with agronomic traits in wheat [J]. Crop and Pasture Science, 2008, 59(10): 891-905.

[31] Xu Z, Yutaka J, Takayoshi T, et al. Effects of drought and shading on non-structural carbohydrate stored in the stem of potato (solanum tuberosum L.) [J]. Plant Production Science, 2009, 12(4): 449-452.

[32] 苏亚拉其其格, 樊明寿, 陈玉珍, 等. 马铃薯非结构性碳水化合物含量对水分胁迫的响应 [J]. 植物生理学报, 2019, 55 (12): 1 839-1 850.

[33] Yang J, Zhang J, Wang Z, et al. Hormonal changes in the grains of rice subjected to water stress during grain filling [J]. Plant Physiology, 2001, 127(1): 315-323.

[34] Yang J, Zhang J, Wang Z, et al. Post-anthesis development of inferior and superior spikelets in rice in relation to abscisic acid and ethylene [J]. Journal of Experimental Botany, 2006, 57(1): 149-160.

[35] 舍楞, 郑金梅, 王春. 内蒙古马铃薯产业现状及发展对策 [J]. 农业工程技术: 农产品加工业, 2012(4): 20-25.

[36] Vreugdenhil D. Potato biology and biotechnology: advances and perspectives [M]. Amsterdam: Elsevier, 2007: 237.

[37] Palmer C E, Smith O E. Cytokinins and tuber initiation in the potato solanum tuberosum L. [J]. Nature, 1969, 221(5177): 279-280.

基于消除土壤病原菌的马铃薯连作
障碍缓解措施研究进展

马海艳[1]，龚　静[1]，向竹清[1]，刘娟娟[1]，秦嘉浩[1]，李　杨[1]，

黄文森[1]，胡婷园[1]，郑顺林[1,2*]

（1. 四川农业大学农学院，四川　温江　611130；

2. 成都久森农业科技有限公司，四川　新都　610508）

摘　要：连作障碍导致的产量降低、品质下降、病虫害严重等危害在马铃薯集约化生产过程中难以避免。研究以马铃薯连作障碍的表现为切入点，阐述了土壤微生物群落结构失衡对马铃薯生长的影响，详细论述了目前可应用于缓解马铃薯连作障碍的消除土壤病原菌的生物防治方法，并对今后连作障碍的研究方向进行了展望。

关键词：连作障碍；生物防治；土壤微生物

马铃薯（*Solanum tuberosum* L.）自 16 世纪引入欧洲后，其重要性在粮食作物中逐渐提升。马铃薯作为主要谷类作物的关键替代品，其优势不仅体现在适应性广、产量高、耐贫瘠、种植季节短，还体现在营养丰富且全面，能弥补谷物类作物的部分人体必需营养元素缺失[1]。对于世界，尤其是发展中国家，马铃薯对于解决粮食问题的作用不可替代。马铃薯是粮食作物兼蔬菜作物，营养全面且价格低廉，同时，马铃薯也是推动贫困地区脱贫攻坚最有效的作物之一[2]。但随着马铃薯需求量的不断提升和集约化种植模式的增加，中国马铃薯连作障碍现象较为普遍。

1　马铃薯连作障碍的表现

连作障碍是指在同一块土壤中连续栽培同种或同科作物时，即使在正常的栽培管理状况下，也会出现长势变弱、产量降低、品质下降、病虫害严重等现象[3]。中国马铃薯需求量大，集约化种植普遍，连作障碍显现的时间会因为不同地区的环境条件以及栽培管理措施的不同有所差异，但一般在第 3~5 年马铃薯植株长势、土壤理化性质、土壤酶活性以及土壤微生物结构均会显著变化，导致马铃薯产量降低，品质下降[4]。

产生连作障碍的马铃薯根系变弱，不仅表现在根长、根粗、根表面积以及根体积的下降，其根系活力也会显著降低，植株积累的养分不足导致植株营养器官发育不良，植株矮

作者简介：马海艳（1996—），女，博士研究生，主要研究方向为马铃薯连作障碍防控。

基金项目：主要粮油作物新品种关键栽培技术创新与应用（21ZDYF2178，2021—2025）；突破性薯类育种材料和方法创新及新品种选育（2021YFYZ0019）；国家现代农业产业技术体系四川薯类创新团队项目（sccxtd-2021-09）。

*通信作者：郑顺林，博士，教授，主要从事马铃薯高产栽培研究，e-mail：248977311@qq.com。

小[5]。此外，马铃薯叶面积以及叶绿素含量降低会导致植株所能截获的可利用光减少，所能同化的光能也不足以维持整个植株的健康生长，因而连作制度下植株的源受到抑制，马铃薯产量下降。连作模式下马铃薯植株体内所积累的活性氧含量增加，导致质膜过氧化程度加深进而损伤膜系统。植株体内的抗氧化酶虽然对活性氧有一定的清除作用，但是过多的活性氧积累会造成活性氧代谢紊乱，抗氧化酶活性显著降低，进而植株体内所积累的MDA、可溶性蛋白以及可溶性糖含量显著增加，不利于植株正常生长[6-8]。

淀粉是评价马铃薯品质的主要指标。植株叶片通过光合作用合成淀粉，再分解成单糖及双糖运输至块茎，再合成淀粉于块茎储存。但连作马铃薯同化能力低下，导致块茎淀粉合成不足，块茎品质下降，产量降低。不仅如此，回振龙等[9]研究发现，连作马铃薯块茎的还原糖，维生素C以及可溶性蛋白含量均显著降低。这与徐雪风等[10]研究基本一致，且徐雪风等[10]还发现，连作4年马铃薯薯块硬度下降，影响马铃薯的品质。此外，连作条件下的马铃薯土传病害发生率显著增加，如枯萎病[11]、黑痣病[12]、疮痂病[13]等，这与连作土壤环境以及连作马铃薯根系分泌物的变化密切相关。

2 土壤微生物群落结构失衡对马铃薯生长的影响

土壤微生物区系是指在某一特定土壤环境中所存在的微生物种类、数量以及参与物质循环的代谢活动强度[14, 15]。土壤微生物利用分泌的化学物质（包括挥发物和激素）与植株进行交流，对植物生长至关重要[16, 17]。同时，土壤微生物的代谢活动是保证土壤碳氮循环以及磷素循环正常运行的重要组成部分，可改善植物的营养，影响土壤中物质循环和生态平衡，还推动着土壤肥力的发展和植物营养元素的转化过程，并协同植株抵御病原体攻击，在植物生产力、养分吸收和抗病性方面起着关键作用[18, 19]。植株的生长不良往往伴随着微生物群落的变化，如微生物丰度、结构和功能的改变。细菌和真菌的多样性与结构往往反映着土壤肥力水平，细菌占主导地位的土壤肥力水平较高，真菌占主导地位的土壤肥力水平低下，同时，土壤中细菌与真菌的比值越高，土壤抗病性越强[20, 21]，而连作会使土壤微生物结构由"细菌型"转变为"真菌型"[22]。研究发现，长期连作的植株土壤中芽孢杆菌属（Bacillus）、鞘氨醇纲（Sphingobacteria）等细菌比例下降甚至消失，粪壳菌纲（Sordariomycetes）肉座菌目（Hypocreales）等真菌随连作年限增加比例上升[23]。同时，该研究还发现，罗尔斯通菌属（Ralstonia）等致病细菌增加，这说明真菌和细菌在土壤中的比值并不是判断土壤产生连作障碍的唯一准则，应该同时关注连作土壤中病原菌种类和数量的波动，虽然这些致病菌可能不会引起某种确切病害。

连作植株土传病害严重的原因有以下几点：

（1）植株土传病害一般是真菌型病害，而连作条件下的偏酸性土壤环境适合真菌生存繁殖，如由尖镰孢菌（Fusarium oxysporum）引起的马铃薯枯萎病以及由立枯丝核菌（Rhizoctonia solani）引起的植株黑痣病，这两种土传病害在连作植株中发病率最高[11]。

（2）土壤微生物的养分来源主要是植株根系分泌物，而不同植株根系分泌物的种类不同，植株也可以通过根系分泌物选择性构建微生物结构。而连作植株根系分泌物与非连作植株根系分泌物相比有较大变化，而这些特殊分泌物的释放可能为病原菌提供了大量营养。

（3）细菌的逐渐消亡为真菌的增殖提供了大量空间与资源，为病原菌的生长提供了较好的生存环境。前人研究认为，连作条件下细菌群落多样性的胁迫诱导反应导致根际土壤条件变差，作物产量下降可能与根际细菌群落功能减弱有关[24, 25]。同时，孟品品等[26]对连作马铃薯土壤真菌种群结构的研究发现，根际土壤病原真菌种群过渡成为优势种群，影响根系正常生长，最终导致产量大幅度下降。这说明连作对土壤微生物区系平衡发展有着严重的负面影响。

3 连作障碍的生物防治方法

生物防治是利用有益菌与病原菌之间的相互作用抑制病原菌生长但不破坏原有微生物群落结构的生态治理方式。传统的物理灭菌方式如高温闷棚、蒸汽灭菌、物理灼烧的灭菌效果一般且投入较大，化学灭菌方式如土壤熏蒸能消除土壤中大部分有害菌，但易损伤人体以及破坏大气，且这两种灭菌方式均会在消灭土壤中病原菌的同时也将土壤中有益菌杀死，这种方式形成的耕层生态位空缺容易诱导更深层次或者大气中的有害菌迅速定殖，进而造成新一轮或者更为严重的土壤病害。而生物防治方式不会大范围破坏土壤微生物群落结构，在精准治疗土壤疾病的同时恢复土壤微生物群落结构多样性，提高土壤对抗外界病原菌入侵的能力。

3.1 引入拮抗菌

针对病原菌的拮抗菌是自然存在的，但由于病原菌在土壤中占主导地位，导致土壤中生态位紧缺以及资源争夺，拮抗菌的抑制效果往往不明显，外源施加拮抗菌是对其抑制作用效果的补充。连作障碍可以导致多种植株的枯萎病、根腐病等，其病原菌主要为尖孢镰刀菌属，同时，枯草芽孢杆菌作为尖孢镰刀菌的拮抗菌已被广泛研究。Zhang 等[27]研究发现，相较于施用不添加枯草芽孢杆菌的有机肥，黄瓜枯萎病发病率在添加枯草芽孢杆菌后显著降低，产量显著提升。此外，镰刀菌的菌落形成单位数在有枯草芽孢杆菌的存在下显著降低，说明枯草芽孢杆菌使患枯萎病黄瓜产量升高的主要原因是抑制了镰刀菌的生长。季倩茹等[28]进一步研究表明，几种具有抑制镰刀菌生长的枯草芽孢杆菌菌株混合施用，其作用效果要显著高于施用单个拮抗菌，且他们抑制镰刀菌的作用机理主要有 3 方面，（1）分泌蛋白酶降解镰刀菌细胞壁上的蛋白组分，（2）分泌几丁质酶降解镰刀菌细胞壁上的几丁质，（3）产生嗜铁素与镰刀菌竞争土壤中稀缺铁元素抑制其生长。但由于从外源施入土壤中的拮抗菌由于土著微生物的抵制很难成功在土壤中定殖，在大田生产中一般不具有明显的效果，因此还需进一步结合实际土壤环境考察判定此类土壤中的物理化学条件是否适合外源拮抗菌生存，或者从患病土壤中筛选出土著拮抗菌增大其定殖成功率。

3.2 引入专性噬菌体

专性噬菌体以特定细菌为宿主，在其体内迅速增殖使其破裂，进而达到抑制病原菌的目的，同时由于专性寄生，宿主数量的减少进而也会导致专性噬菌体数量的减少，进而不会破坏土壤中微生物群落结构，相反还会腾出更多的生态位供其他微生物定殖。Wang 等[29]针对番茄青枯病病原菌，从多地筛选出了 4 种作用效果强的专性烈性噬菌体施入土壤中进行防治效果验证，结果表明，单种噬菌体的数量越多，噬菌体组合种类越多，青枯病发病率越低。此外，青枯病病原菌的密度越小，噬菌体的密度越小，说明噬菌体密度依赖于宿主丰度。当噬菌体作用于病原菌之后，土壤微生物多样性得到一定程度的提高，使得土壤自身抗性增加。相较于拮抗菌，噬菌体在土壤中的定殖率高，不会消耗土壤中有限的资源，不会影响其他微生物活动，因此效果较好。

3.3 引入捕食性微生物

大田植株发病通常表现出多种病症共存，即土壤中的病原菌不止一种，而目前只针对植株所表现出的主要病害探寻相应措施可能不太全面，也潜在地帮助了其他有害菌争夺生态位。捕食性微生物在土壤中可针对多种病原菌进行非靶向捕食，同时改善土壤微生物群落结构，提高土壤抗病性。Ye 等[30]研究发现，在种植黄瓜土壤中接种黏细菌会显著降低黄瓜的枯萎病发病率，且将含有黏细菌的固体基质埋在土壤中的移植方式相较于直接施入液体基质到土壤中防治枯萎病的效果更好，同时，黏细菌进入土壤后会在根部周围形成高度相连的微生物群落，降低病原体入侵的成功率。

3.4 诱导植株招募有益菌

自然界都具有自我修复的能力，易感病的宿主植物连续种植期间爆发疾病，可以增加土壤微生物种类，诱导土壤对某种致病菌产生特异性抑制的作用，而这特异性抑制作用与土壤中微生物和植株分泌特异的根系分泌物有关。Yuan 等[31]研究发现，经过假单胞菌致病变种诱导后的土壤再次种植拟南芥时，其发病率要显著低于首次接种病原菌的正常土壤，且植株体内茉莉酸水平显著提高，诱导植株防御反应，导致植株地上部生物量显著降低。此外，经病原菌诱导后的土壤中会显著富集 *Roseiflexus*，可能是诱导植株产生防御反应的有益菌。同时，抗病土壤中植株分泌的长链有机酸和氨基酸显著高于正常土壤，将这两类物质外源施加到土壤中也会显著降低植株发病率，且与土壤微生物的存在有很大关系，证实了在抗病土壤中，拟南芥在受到病原菌侵染后可通过改变根系分泌物成分(增加氨基酸和长链有机酸分泌量)，调控土壤微生物群落来加强自身抵御病害的能力。但作者并没有验证植株在抗病土壤中分泌的差异分泌物招募了哪类有益菌，且有益菌是通过何种方式缓解植株病害。Wen 等[32]在其基础上较为清晰地研究了植株如何通过根系分泌物招募有益菌。他们发现，黄瓜感病(尖孢镰刀菌)品种比抑病土壤能够聚集更多的有益菌，且感病植株土壤中丛枝单胞菌科以及黄单胞菌科显著增加。感病土壤中从属于丛枝单胞菌科的编号为 G11、FM2 的菌株与从属于黄单胞菌科的编号为 G2、M8、G47 的菌株菌能够抑制镰刀菌生长，这也就证明了感病品种确实能够招募特定有益菌群抑制病菌生长。此外，感病和抗病品种的根系分泌物的前 10 种核心差异代谢物中有 4 种(柠檬酸、延胡索酸、丙酮酸及琥珀酸)都与 TCA 循环有关。而 Fish Taco 预测发现 TCA 循环通路的变化可能对丛枝单胞菌科有显著影响，将所鉴定出的这 4 种有机酸混合外源施入土壤中会显著改变土壤中微生物群落结构，并且能够显著富集丛枝单胞菌科微生物，其中包括 G11 菌株。这也就证明了感病品种可以通过分泌与 TCA 循环有关的代谢物来招募丛枝单胞菌科微生物帮助植株抵抗镰刀菌侵染。相应地，在生产上可以向土壤中施入与 TCA 循环有关的柠檬酸、延胡索酸、丙酮酸及琥珀酸混合物来抑制镰刀菌生长。植株在于病原菌的共同进化过程中已经进化出了很多应对生物胁迫的机制，为了更好地应用于农业生产，解决现有的农业问题，需要深入研究植株-病原菌的互作机理加以应用。

4 展 望

土壤微生物群落结构失衡是导致马铃薯连作障碍发生的主要因素之一，如何使产生连作障碍的土壤中微生物群落结构恢复正常是缓解马铃薯连作障碍的有效途径。目前，针对特定病原菌筛选拮抗菌的研究较多，但将其应用到实际生产效果并不明显，主要原因是其定殖困难。作为外来物种，土著微生物将其视为入侵者加以消灭；没有足够的生态位点供其定殖；土壤理化环境不利于其生存繁殖等诸多因素造成这一现状。因此，若能够调动土著微生物中的拮抗菌便可缓解这一现象。

土壤微生物群落组成与宿主植株根系所分泌的代谢产物密切相关。植株将自身光合同化产物的25%以根系分泌物的方式释放到土壤中，为大部分土壤微生物提供营养的同时聚集特殊微生物类群。微生物对养分具有偏好性，加之资源争夺，当根系分泌物成分发生改变时会塑造新的微生物群落。研究已证实植株受到生物胁迫后可以通过两种方式招募有益菌群，一种是通过释放非挥发性化合物来招募近距离的有益菌，另一种是通过释放挥发性有机化合物（VOCs）来招募远距离的有益菌。探明植物通过哪些特异物质招募有益微生物有助于应用于现代农业精准管理，减少化肥农药施用，缓解马铃薯连作障碍，绿色发展马铃薯产业。

[参 考 文 献]

[1] Niederhauser J S. International cooperation and the role of the potato in feeding the world [J]. American Potato Journal, 1993, 70(5): 385-403.

[2] 仲乃琴, 李丹, 任园园, 等. 现代农业科技助力马铃薯产业精准扶贫—中国科学院微生物研究所马铃薯产业科技扶贫实践与启示 [J]. 中国科学院院刊, 2019, 34(3): 244, 349-356.

[3] 侯慧, 董坤, 杨智仙, 等. 连作障碍发生机理研究进展 [J]. 土壤, 2016, 48(6): 1 068-1 076.

[4] 孙权, 陈茹, 宋乃平, 等. 宁南黄土丘陵区马铃薯连作土壤养分、酶活性和微生物区系的演变 [J]. 水土保持学报, 2010, 24(6): 208-212.

[5] 熊湖. 连作对马铃薯的连作障碍及缓解方法研究 [D]. 雅安: 四川农业大学, 2019.

[6] 刘星, 邱慧珍, 张文明, 等. 连作马铃薯植株库源关系及其对块茎产量的调节机理 [J]. 应用生态学报, 2017, 28(5): 1 571-1 582.

[7] 沈宝云, 刘星, 王蒂, 等. 甘肃省中部沿黄灌区连作对马铃薯植株生理生态特性的影响 [J]. 中国生态农业学报, 2013, 21(6): 689-699.

[8] 刘星, 张书乐, 刘国锋, 等. 连作对甘肃中部沿黄灌区马铃薯干物质积累和分配的影响 [J]. 作物学报, 2014, 40(7): 1 274-1 285.

[9] 回振龙, 李朝周, 史文煊, 等. 黄腐酸改善连作马铃薯生长发育及抗性生理的研究 [J]. 草业学报, 2013, 22(4): 130-136.

[10] 徐雪风, 沈宝云, 回振龙, 等. 钙处理对连作马铃薯生长发育的影响及其机理 [J]. 华北农学报, 2016, 31(s1): 289-295.

[11] 谢奎忠, 陆立银, 罗爱花, 等. 长期连作对马铃薯土传病害和产量的影响 [J]. 中国种业, 2018(2): 65-67.

[12] 朱明明, 张岱, 赵冬梅, 等. 马铃薯黑痣病生防芽孢杆菌的筛选与鉴定 [J]. 江苏农业科学, 2018, 46(14): 97-101.

[13] 靳海波, 王文丽, 邱慧珍, 等. 生物有机肥 GSJ-1 对马铃薯土壤疮痂病病原菌分布影响及生防效果研究 [J]. 干旱地区农业研究, 2015, 33(2): 165-169.

[14] 薛超, 黄启为, 凌宁, 等. 连作土壤微生物区系分析、调控及高通量研究方法 [J]. 土壤学报, 2011, 48(3): 612-618.

[15] 胡元森, 吴坤, 李翠香, 等. 黄瓜连作对土壤微生物区系影响 II——基于 DGGE 方法对微生物种群的变化分析 [J]. 中国农业科学, 2007, 40(10): 2 267-2 273.

[16] Alori E T, Glick B R, Babalola O O. Microbial phosphorus solubilization and its potential for use in sustainable agriculture [J]. Frontiers in microbiology, 2017(8): 971.

[17] Xi N, Zhang C, Bloor J M. Species richness alters spatial nutrient heterogeneity effects on above-ground plant biomass [J]. Biology letters, 2017, 13(12): 20170510.

[18] Guttman D S, McHardy A C, Schulze-Lefert P. Microbial genome-enabled insights into plant-microorganism interactions [J]. Nature Reviews Genetics, 2014, 15(12): 797-813.

[19] Jin T, Wang Y, Huang Y, et al. Erratum to: Taxonomic structure and functional association of foxtail millet root microbiome [J]. GigaScience, 2018, 7(11): 99.

[20] 王超, 吴凡, 刘训理, 等. 不同肥力条件下烟草根际微生物的初步研究 [J]. 中国烟草科学, 2005(2): 12-14.

[21] 吴凡, 李传荣, 崔萍, 等. 不同肥力条件下的桑树根际微生物种群分析 [J]. 生态学报, 2008(6): 2 674-2 681.

[22] 韩剑, 张静文, 徐文修, 等. 新疆连作、轮作棉田可培养的土壤微生物区系及活性分析 [J]. 棉花学报, 2011, 23(1): 69-74.

[23] 秦越, 马琨, 刘萍. 马铃薯连作栽培对土壤微生物多样性的影响 [J]. 中国生态农业学报, 2015, 23(2): 225-232.

[24] Li W H, Liu Q Z, Chen P. Effect of long-term continuous cropping of strawberry on soil bacterial community structure and diversity [J]. Journal of Integrative Agriculture, 2018, 17(11): 2 570-2 582.

[25] Wan W, Tan J, Wang Y, et al. Responses of the rhizosphere bacterial community in acidic crop soil to pH: Changes in diversity, composition, interaction, and function [J]. Science of the Total Environment, 2020, 700: 134418.

[26] 孟品品, 刘星, 邱慧珍, 等. 连作马铃薯根际土壤真菌种群结构及其生物效应 [J]. 应用生态学报, 2012, 23(11): 3 079-3 086.

[27] Zhang S, Raza W, Yang X, et al. Control of Fusarium wilt disease of cucumber plants with the application of a bioorganic fertilizer [J]. Biology and Fertility of Soils, 2008, 44(8): 1 073-1 080.

[28] 季倩茹, 陈静, 胡远亮, 等. 3 种芽孢杆菌菌剂对黄瓜枯萎病的防效及其作用机制初探 [J]. 华中农业大学学报, 2020, 39(5): 101-107.

[29] Wang X, Wei Z, Yang K, et al. Phage combination therapies for bacterial wilt disease in tomato [J]. Nature biotechnology, 2019, 37(12): 1 513-1 520.

[30] Ye X, Li Z, Luo X, et al. A predatory myxobacterium controls cucumber Fusarium wilt by regulating the soil microbial community [J]. Microbiome, 2020, 8(21): 201.

[31] Yuan J, Zhao J, Wen T, et al. Root exudates drive the soil-borne legacy of aboveground pathogen infection [J]. Microbiome, 2018, 6(1): 1-12.

[32] Wen T, Yuan J, He X, et al. Enrichment of beneficial cucumber rhizosphere microbes mediated by organic acid secretion [J]. Horticulture Research, 2020, 7(1): 1-13.

关于马铃薯病毒病综合防控的思考

邹　莹，张远学，闫　雷，高剑华，郝　苗，张等宏，沈艳芬*

（湖北恩施中国南方马铃薯研究中心/
恩施土家族苗族自治州农业科学院，湖北　恩施　445000）

摘　要：植物病毒是专性寄生物，在其寄主的活细胞才能复制，而马铃薯为块茎繁殖，病毒在寄主体内随继代繁殖而逐渐积累，导致马铃薯种性退化，产量严重降低，块茎大小、形状、口感等原有品质下降，影响马铃薯的商品性，最严重的减产达90%以上。侵染马铃薯的病毒及类病毒约40种，但是危害严重的只有几种，如马铃薯 Y 病毒（Potato virus Y，PVY）、马铃薯卷叶病毒（Potato leafroll virus，PLRV）、马铃薯 A 病毒（Potato virus A，PVA）、马铃薯 X 病毒（Potato virus X，PVX）、马铃薯 S 病毒（Potato virus S，PVS）和马铃薯纺锤块茎类病毒（Potato spindle tuber viroid，PSTVd）。这些病毒与类病毒在世界范围内普遍发生，其中 PVY 和 PLRV 是感染马铃薯的病毒中最为广泛并造成严重经济损失的两种病毒。因此对马铃薯病毒病的防治非常重要。从品种、栽培管理、脱毒种薯生产体系等方面对马铃薯病毒病进行综合防控，为马铃薯病毒病综合防治提供理论依据。

关键词：马铃薯；病毒病；防控

1　马铃薯病毒病综合防控的重要性

病毒病是马铃薯生产中最重要的生物限制性因素之一，从最开始发现马铃薯病毒病的近一个世纪里，对这些病原体有了越来越多的了解，在过去10年中，随着植物病毒学研究中高通量测序的发展和应用，对病毒病有了更深入的研究认识。大部分马铃薯病毒病的研究都集中在欧洲和北美这样的温带马铃薯生产种植区域里。然而，在亚洲和非洲的热带和亚热带农业生态系统中，马铃薯面积正在迅速扩大，这给这种作物生产和病毒控制带来了一系列独特的问题。

就人类消费而言，马铃薯是目前全球第三大重要的粮食作物，仅次于水稻和小麦，且目前一半以上的产量均发生在发展中国家[1]。在过去的几十年里，全球马铃薯产量的增长速度显著高于其他主要农作物，这种增加主要也发生在位于热带和亚热带区域的发展中国家。由于马铃薯可以在单位时间和单位面积提供大量营养和热量来满足人们每日的基本需求，同时还具有一定的经济价值，因此，在很多地区，农民都愿意种植马铃薯。未来，培育新的耐热且早熟的马铃薯品种将有可能使马铃薯生产领域进一步扩大到温暖的热带地

作者简介：邹莹（1992—），女，农艺师，主要从事马铃薯遗传育种及高产栽培研究。

基金项目：恩施州农业科学院青年创新基金项目（2020-003；2020-007）。

*通信作者：沈艳芬，研究员，主要从事马铃薯遗传育种及病害防治研究，e-mail：13872728746@163.com。

区,然而,随着环境温度的升高,病毒病的发生和流行会更加丰富,病毒传播的媒介昆虫和病毒种类的增加,会增加病毒病的发生频率,因此,马铃薯病毒病防控在发展中国家中显得尤为重要,防控不当会使马铃薯潜在总产量损失一半或者更多[2]。因此,在一些常年栽培马铃薯的热带地区,且缺乏冷凉的高山气候来生产优质种薯,两者都加剧了这些地区马铃薯病毒病的问题。近十年,关于马铃薯病毒病的危害、经济损失、影响因素、检测方法、分子变异、抗性基因和进化等方面均有研究报道[3-9]。

2 马铃薯病毒病综合防控方法

除了半持续性或持续性媒介传播的病毒外,例如马铃薯卷叶病毒病(PLRV),在种薯生产过程中,采用药剂拌种或者叶面施药的方法,对马铃薯病毒病有一定的防治作用,但这种方法对于控制非持续性媒介传播病毒(如 PVY)却通常没有效果[6];并且生产优质脱毒种薯经济成本较大,因此对于大多数发展中国家而言,缺乏完善的种薯生产体系[10],选择培育新型的抗病品种是控制马铃薯病毒病最有效最经济的方法。然而,对于拥有比较完善的优质脱毒种薯生产体系的发达国家而言,品种病毒抗性相比其他性状如高产、块茎质量以及对环境的适应能力等,显得并不那么重要。

马铃薯 Y 病毒是目前在大多数国家传播最为普遍的病毒病,现阶段,许多育种家们已经将控制 PVY 的抗性基因转入到马铃薯栽培种中,然而,这些抗性基因只识别某些特异性株系,这些病毒抗性基因在识别 PVY 后能够迅速起作用,并且在感染初期杀死大部分被 PVY 侵染的细胞,导致植株局部坏死病变,但有时这些抗性基因作用较慢,导致系统侵染,植株也可能完全死亡,这种抗性被称为"过敏抗性",这与"极端抗性"成为对比,"极端抗性"在病毒入侵期间不会产生任何发病症状,此外,连接植物细胞并被病毒用于从一个细胞传递到另一个细胞的胞间连丝有时会被阻断,从而阻止了病毒在植株体内的进一步传播。

因此,马铃薯病毒病防治主要采用以下 3 种方法:依赖寄主植物的抗性、完善的优质脱毒种薯生产体系、科学规范的栽培管理技术[11-14]。现阶段,在许多发达国家,马铃薯病毒病主要是通过生产标准优质健康的脱毒种薯来控制的,部分通过品种抗性来控制。但是,另一方面,尽管进行了多年的投资试验,马铃薯种薯质量检测认证仍然具有一定的局限性,即便有比较完善的种薯质量检测认证体系,大部分种植户依然会选择上一年种植的自留种薯或者通过其他渠道购买价格低廉的劣质种薯,原因在于种薯生产价格昂贵,而大部分种植区缺乏资金来源和基础设施。

3 栽培管理对马铃薯病毒病综合防控的影响

许多栽培方法在国内只有小部分种薯生产者使用,例如,及时消除有明显病毒症状的植株、消除可能携带病毒的杂草、利用黄板控制媒介昆虫、加强田间管理等。并且,一般种植户都会选择出售或者食用大块茎,而将小块茎留作种薯,这样的种植习惯会使种薯中病毒含载量处于一个较高的水平,因为感染病毒的植株通常是结出最小块茎的植株。Gildemacher 等[15]和 Schulte-Geldermann 等[16]研究表明,选择外观健康的植株作为母株,将其块茎留作种薯，可以使后续作物病毒病发病率降低 35%～40%，相应增产 30% 左右。分析表明，选择健康植株生产种薯的方法和马铃薯种薯质量检测认证方法，在病毒病防治上同样有效[17]。然而，这种方法无法鉴别病毒含量少或者被病毒侵染后无症状的植株，而且，其他检测技术在农户生产中应用很少。

在印度采用的种薯生产基地技术(马铃薯种薯质量检测认证为基础)也是通过栽培技术来保证种薯健康无毒，采用病虫害综合治理的方法，在虫害低发的地点和季节种植马铃薯，在病毒媒介达到临界最高值前时收获马铃薯。秸秆覆盖[18]、矿物油喷雾剂或者间作套种在控制 PVY 的效果上比较明显，特别是多种方法结合使用时效果更为明显[19]，但其所获得的经济效益仅仅适用于种薯生产，并不适合普通农户栽培[20]。

在安第斯山脉，传统种植习惯于将低海拔种植多年后的土豆转移到高海拔地区种植，对其进行种薯改良，防止退化[21]。Bertschinger 等[22]研究表明，在高海拔地区种植马铃薯，可以显著减少从感病植株中产生感病块茎数量，而且在高海拔地区，病毒传播的媒介昆虫数量较少，也有利于减少病毒的发生，提高产量和品质。然而，相对低海拔地区而言，高海拔地区感病植株产生感病块茎数量会减少的机理尚不明确，这也可能与环境条件影响的 RNA 沉默机制有关，弄清这个问题可以为消除病毒感染植株提供新的思路。

其他方法也可以减少马铃薯病毒病感染造成的损失，特别是在农村地区，引进的健康种薯种植的植株比自留种更容易感染新的和更为严重的病毒，原因可能在于农户世代以来选择了感染温和病毒的植株，只能造成有限的产量损失，但是保护了更严重的病毒株系。尽管该问题至今尚未得到解释，但这一研究现象却很有意义，尝试使用温和菌株研究新的鉴定方法以控制病毒病在马铃薯上造成的产量损失。

4 讨 论

病毒病依然是马铃薯生产上的全球性问题，尽管有些病毒在全球世界范围内重要性有所增加或减少，这些相对重要的变化是一系列因素造成的，不仅包括全球贸易的增加，也包括品种使用、种植模式、优质健康脱毒种薯认证和诊断检测制度、新病毒和病毒株系的出现和进化以及病媒群体的区域变化等，这些因素之间相互作用，并进一步受到气候变化因素的影响，这使得对病毒病发生、预测和防控变得相对困难。一种病毒能否在一个区域稳定下来，并且成为马铃薯生产过程中持久性问题，受很多因素影响，自马铃薯从安第斯山引入到世界范围内开始种植的 500 多年历史中，这种现象时有发生，因为病毒只在安第斯山脉以外的地区感染马铃薯，马铃薯在离开安第斯山脉以前几乎没有遇到过病毒。

随着全球气候变暖，生产优质健康脱毒种薯将变得愈加困难，在气候温暖的国家，特别是缺乏冷凉山区的国家，迁移到较冷且病毒传播媒介压力较小的地方的机会越来越少。一些低温气候的国家会将种薯生产基地转移到更极端的低纬度地区，但这种模式并不适用于经济较落后的发展中国家，因此，为了满足生产上对脱毒种薯的需求，对在可控环境条件下生产快繁健康脱毒种薯的技术要求越来越高。尽管目前已经挖掘了一些抗性基因，例如 PVY 抗性基因，但由于马铃薯复杂的遗传机制，很难实现将病毒抗性基因和其他优良性状基因重新组合以形成新的品种，且只有少部分马铃薯资源具有非特异性寄主抗性，有效的分子标记和二倍体马铃薯育种将改变这样的现状[23]。但是现阶段，结合当地经济情况和气候条件对马铃薯种薯退化情况进行控制，可能是发展中国家行之有效的办法，毕竟昂贵且复杂的种薯生产体系现阶段并不可行。

[参 考 文 献]

[1] Devaux A, Kromann P, Ortiz O. Potatoes for sustainable global food security [J]. Potato Research, 2014, 57(3): 185-199.

[2] Harahagazwe D, Condori B, Barreda C, et al. How big is the potato (Solanum tuberosum L.) yield gap in Sub-Saharan Africa and why? A participatory approach [J]. Open Agriculture, 2018: 3(1): 180-189.

[3] Valkonen J. Viruses: Economical losses and biotechnological potential [M]//Vreugdenhil D. Potato biology and Biotechnolog, advances and perspectives. Oxford: Elsvier, 2007: 619-641.

[4] Gray S, Boer S D, Lorenzen J, et al. Potato virus Y: An evolving concern for potato crops in the United States and Canada [J]. Plant Disease, 2011, 94(12): 1 384-1 397.

[5] Karasev A V, Gray S M. Continuous and emerging challenges of potato virus Y in potato [J]. Annual Review of Phytopathology, 2013, 51(1): 571-586.

[6] Jones R. Virus disease problems facing potato industries worldwide: viruses found, climate change implications, rationalizing virus strain nomenclature, and addressing the potato virus Y issue [M]//Navarre R, Pavek M. The potato botany, production and uses. United States: CABI Publishing, 2014: 202-224.

[7] Gibbs A J, Ohshima K, Yasak R, et al. The phylogenetics of the global population of potato virus Y and its necrogenic recombinants [J]. Virus Evolution, 2017, 3(1): 2.

[8] Lacomme C, Glais L, Bellstedt D U, et al. Potato virus Y: biodiversity, pathogenicity, epidemiology and management [M]. Berlin: Springer International Publishing, 2017.

[9] Santillan F W, Fribourg C E, Adams I, et al. The biology and phylogenetics of potato virus S isolates from the Andean region of South America [J]. Plant Disease, 2018, 102(5): 869-885.

[10] 郭喜文. 山西省马铃薯病毒病区系分布及综合防治的研究 [D]. 晋中: 山西农业大学, 2014.

[11] 吴兴泉, 张慧聪, 时妍, 等. 我国部分马铃薯产区主要病毒病发生情况调查 [J]. 河南农业科学, 2013, 42(7): 84-87.

[12] 肖雅, 何长征, 聂先舟, 等. 马铃薯病毒病防治策略 [J]. 中国马铃薯, 2008, 22(2): 106-110.

[13] 黄萍, 颜谦, 丁映. 贵州省马铃薯S病毒的发生及防治 [J]. 贵州农业科学, 2009, 37(8): 88-90.

[14] Jones R. The ecology of viruses infecting wild and cultivated potatoes in the Andean region of South America [J]. Pests, Pathogens and Vegetation, 1981: 89-107.

[15] Gildemacher P R, Schulte-Geldermann E, Borus D, et al. Seed potato quality improvement through positive selection by smallholder farmers in Kenya [J]. Potato Research, 2011, 54(3): 253.

[16] Schulte-Geldermann E, Gildemacher P R, Struik P C. Improving seed health and seed performance by positive selection in three Kenyan potato varieties [J]. American Journal of Potato Research, 2012, 89(6): 429-437.

[17] Thomas-Sharma S, Andrade-Piedra J, Yepes M C, et al. A risk assessment framework for seed degeneration: informing an integrated seed health strategy for vegetativelypropagated crops [J]. Phytopathology, 2017, 107(10): 1 123-1 135.

[18] Kirchner S M, Hiltunen L H, Santala J, et al. Comparison of straw mulch, insecticides, mineral oil, and birch extract for control of transmission of potato virus Y in seed potato crops [J]. Potato Research, 2014, 57(1): 59-75.

[19] Dupuis B, Bragard C, Carnegie S, et al. Potato virus Y: control, management and seed certification programmes [M]// Lacomme C, Glais L, Bellstedt D U, et al. Potato virus Y: biodiversity, pathogenicity, epidemiology and management. Cham: Springer, 2017: 177-206.

[20] Dupuis B, Cadby J, Goy G, et al. Control of potato virus Y (PVY) in seed potatoes by oil spraying, straw mulching and intercropping [J]. Plant Pathology, 2017, 66(6): 960-969.

[21] Haan S D, Thiele G, Jarris D I, *et al*. In situ conservation and potato seed systems in the Andes [M]//Devra I, Sevilla-Panizo J R, Chávez-Servia J L, *et al*. Seed systems and crop genetic diversity on-farm. Pucallpa: The International Plant Genetic Resources Institute (IPGRI), 2003: 126.

[22] Bertschinger L, Bühler L, Dupuis B, *et al*. Incomplete infection of secondarily infected potato plants - an environment dependent underestimated mechanism in plant virology [J]. Frontiers in Plant Science, 2017, 8: 74.

[23] Taylor M. Routes to genetic gain in potato [J]. Nature Plants, 2018, 4: 631-632.

彩色马铃薯花青素的研究进展

逯春杏[1]，王晓娇[1]，许　飞[1]，姜金涛[2]，曹春梅[1]*

（1. 内蒙古自治区农牧业科学院，内蒙古　呼和浩特　010031；
2. 内蒙古智诚物联股份有限公司，内蒙古　乌兰察布　012000）

摘　要：彩色马铃薯富含花青素，具有抗氧化、抗癌，保护视力等功能。近10年来，针对马铃薯花青素的研究已成为热点，主要介绍了花青素的结构、提取纯化方法、生物合成与表达调控以及其生物学活性，为彩色马铃薯花青素的进一步开发利用提供理论基础。

关键词：彩色马铃薯；花青素；研究进展；展望

马铃薯，别名土豆、洋山芋、洋番薯、山药蛋，与玉米、小麦、水稻、燕麦被称为世界五大粮食作物。马铃薯因其营养丰富而有"地下人参"的美誉。其块茎中约含淀粉15%~25%，蛋白质2%~3%，脂肪0.7%，粗纤维0.15%，还含有丰富的钙、磷、铁、钾等矿物质及维生素C、维生素A及B族类维生素。

马铃薯分为普通马铃薯和彩色马铃薯。普通马铃薯是指块茎薯肉为白色或黄色。所谓彩色马铃薯是指薯肉为深紫色、紫色、红色等颜色的马铃薯块茎，其不仅含有普通马铃薯的营养物质，还富有花青素成分。

花青素属于类黄酮类，是一种广泛存在于植物中的水溶性色素，通常使植物呈现红、蓝、紫色。花青素抗氧化能力比维生素C和维生素D高很多，是目前公认的最佳天然抗氧化剂。

同时其还具有抗癌、预防衰老、心血管疾病及美容等生理功能。因其具有较大的应用前景，彩色马铃薯花青素的研究近几年来已成为热点。

1　花青素的结构

花青素的结构越来越多，但仅来源于大约30多种不同的花青素。其中最为常见的花青素有6类，分别为天竺葵色素(Pg)[1]、矢车菊色素(Cy)、飞燕草色素(Dp)、芍药色素(Pn)、牵牛花色素(Pt)和锦葵色素(Mv)。花青素的基本结构为α-苯基苯并吡喃阳离子，即花色基元具有一个基本C6(环)-C3-C6(B环)的碳骨架结构，由于环上不同位置发生的

作者简介：逯春杏(1990—)，女，博士研究生，助理研究员，主要从事马铃薯育种及生理栽培研究。

基金项目：国家重点研发计划项目(2018YFD020080705)；自治区财政支持农牧业科技推广示范项目(2020TG02-2)；内蒙古自治区科技计划项目(2020GG008003)；内蒙古自然科学基金项目(2019MS03005)；内蒙古农牧业创新基金项目(2019CXJJN07-1)；内蒙古农牧业科学院青年创新基金项目(2021QNJJN14)；内蒙古自治区马铃薯种业技术创新中心。

*通信作者：曹春梅，研究员，主要从事马铃薯遗传育种及病虫害防治研究，e-mail：906738310@qq.com。

甲基化和羟基化修饰，主要为 B 环上 R1 和 R2 位置的基团不同，从而形成不同的花青素种类。

2 花青素的提取纯化方法

提取花青素的方法一般包括溶剂提取法、组织培养法、超声波提取、超临界流体萃取、酶解法及超高压辅助提取等。

超临界萃取技术目前在花青素方面的研究较少。使用酶解法容易造成花青素结构的破坏，造成纯化工作更加复杂，所以也限制了使用；超声波辅助法是一种"高新技术"，但是由于设备比较昂贵等缺陷，限制了这种新技术在花青素提取方面的应用。而溶剂提取法因为提取的成本比较低且工序简单易上手操作，所以是目前报道使用最多的一种提取方法。国外常用的提取剂是盐酸化甲醇[2,3]、丙酮、硫酸、盐水溶液，国内多以酸性乙醇溶剂提取马铃薯花青素。童丹等[4]在不同提取溶剂对"黑美人"马铃薯中花青素提取研究表明，在供试 6 种提取溶剂中，0.5%盐酸-乙醇溶液对马铃薯样品中花青素的提取效率最高，为 3.68 mg/100 g 鲜重。

花青素纯化精制的方法主要有柱层析(CC)、纸层析(PC)、薄层层析(TLC)、高效液相色谱(HPLC)以及高速逆流色谱(HSCCC)等。

3 花青素生物合成与表达调控

花青素的生物合成途径是类黄酮代谢途径中的一个分支。马铃薯花青素的生物合成主要分为 3 个阶段。第 1 阶段，起始于一个 4-香豆酰-CoA 分子；第 2 阶段是 4-香豆酰 CoA 经过丙二酰 CoA 形成二羟黄酮醇；第 3 阶段是在 DFR 作用下，将无色二羟黄酮醇转化为无色花青素，再通过 ANS/LDOX 的催化，经氧化、脱水形成未修饰、有颜色的花青素[5]。

花青素合成途径中结构基因所编码的酶决定了最终花青素生成的种类，而转录因子则影响基因表达模式和花青素合成的部位。

花青素代谢途径中的许多结构基因已经在茄科植物矮牵牛、西红柿和茄子等其他作物中发现。胡朝阳等[6]发现，在马铃薯中赤霉素能够促进花青素的积累并且检测到 *StCHS* 的高表达，证明其是紫色马铃薯积累花青素的一个关键酶基因类黄酮-3′,5′-羟化酶(F3'5'H)：在马铃薯中，该酶的结构基因为前人定位的 *P* 基因。F3'5'H 是植物花青素生物合成途径中一个关键酶，是细胞色素 P450 单加氧酶一类[7]。李军等[8]从紫色土豆中克隆得到 *F3'5'H* 基因，cDNA 全长 1 854 bp，ORF 长 1 530 bp，编码了 509 个氨基酸。实验同时证明，赤霉素和蔗糖能促进紫色土豆 *F3'5'H* 基因的表达，进而促进花青素的积累。

在四倍体马铃薯中，也有已知的 4 个基因位点调控马铃薯花青素合成，分别是 R、P、D 和 F 位点。D 位点对应 I 位点作为薯皮着色的开关[9]，控制花青素在薯皮中的特异积累[10]。*D* 基因编码一个 R2R3-MYB 转录因子，调控薯皮中 *R* 基因和 *P* 基因的表达，使得花青素在薯皮中特异积累。R2R3-MYB 中 R2 和 R3 基序能够特异性识别基因序列，R3 的 C 端螺旋结构能特异结合目标基因的启动子区顺式作用元件中的核心序列[11]。

4 彩色马铃薯花青素的生物学活性

4.1 抗氧化性

彩色马铃薯含花青素高，是普通马铃薯的 3~4 倍，之所以具有抗氧化性是因为其结构中的羟基化程度、酰基和糖苷基类型决定的，属于天然多酚类化合物，是天然抗氧化剂，能够清除体内的自由基，维持内环境的平衡。彩色马铃薯氧自由基清除能力是普通马铃薯的 2.5~3.0 倍。除此之外，花青素还能与马铃薯块茎中的其他抗氧化物质产生积极作用，使马铃薯的总抗氧化能力加强。人体食用彩色马铃薯可防治高脂所造成的氧化损伤，提高肝脏、血清抗氧化酶的活性；还可促进盲肠的发酵作用并能促进类固醇排泄，减少血液中的胆固醇含量[12]。

4.2 抗癌活性

花青素对肿瘤细胞具有有效的抑制作用。同时，花青素还能促使肿瘤细胞凋亡、防止肿瘤细胞的转移等作用。抑制肿瘤细胞转移是治疗癌症关键所在。彩色马铃薯花青素含量高，在抗肿瘤中起到很好的效果。研究表明，紫色马铃薯中的花青素能诱导结肠癌细胞凋亡[13]。Reddivari 等[14]研究表明，马铃薯花青素提取物可以明显抑制前列腺癌细胞的增殖。Hayashi 等[15]研究发现，红色马铃薯的花青素能够诱导人的胃癌细胞凋亡，对老鼠胃癌细胞有明显的抑制作用，说明食用含有花青素的彩色马铃薯对胃癌有预防作用。

4.3 抗病毒活性和抗菌作用

Hayashi 等[15]发现红色马铃薯花青素具有抗流感病毒的作用。对 A 型流感病毒和 B 型流感病毒有灭活作用，其抗病毒活性与花青素的分子结构密切相关，具有一定的协同作用。花青素同某些酶结合后，使细胞失活，导致细胞死亡，从而产生良好的抗菌效果[16]。有研究表明花青素能抑制口腔中的白色念珠菌的生长和繁殖，阻止口腔上皮细胞发生炎症[17]。

4.4 其他保健功能

彩色马铃薯的花青素还具有降低血糖、抗衰老、减肥等多种保健功能。能有效抑制胶原酶、弹性酶的活性从而保持血管和皮肤弹性，还可以有效抑制脂肪细胞分化，减少细胞中脂质积累，具有抗衰老性。

5 彩色马铃薯花青素的应用

随着食品特色加工业的快速发展，天然色素的开发成为食品领域的研究热点。花青素是一种纯天然的植物源色素，添加在食物中，不仅可以令食品五彩缤纷富有食欲，更能增强食品的抗氧化性，对人体具有多种营养和保健功能。在食品工业中主要应用在彩色薯片、薯条加工，彩色糕点等休闲食品，如日本的卡乐比公司生产的彩色薯条、辽宁彩客彩刻食品有限公司生产的彩色薯片等。

6 展 望

很多研究表明，彩色马铃薯高富含花青素同时具有颇多有益作用。利用彩色马铃薯这一资源将可能开发出更多有效的花青素医药用品或保健食品，但花青素的合成代谢过程还未被充分认知与证实，所以花青素的应用受到一定的局限性。然而，随着现代生物技术的快速发展，人们对花青素的生物合成过程中的调控机制、代谢机制，很快会有更深入的认识，为花青素的进一步开发利用提供了理论基础。

对彩色马铃薯花青素的研究离不开彩薯，可喜的是，中国在彩色马铃薯的育种方面已经开展了大量的工作，取得了骄人的成绩，已育成的彩色马铃薯品种有"红美""桂彩薯1号""紫洋""黑金刚"等，广为人们认识并在生产中种植面积逐年加大，为马铃薯花青素的提取提供了丰富的原料。探究彩色马铃薯花青素的高效提取、高纯度制备技术的开发，花青素相关产品的加工技术研究及产业化开发，如何通过改变其结构等方法提高彩色马铃薯花青素的稳定性都值得继续深入研究。

[参 考 文 献]

[1] 贾赵东, 马佩勇, 边小峰, 等. 植物花青素合成代谢途径及其分子调控 [J]. 西北植物学报, 2014, 34(7): 1 496-1 506.

[2] Grigoras C G, Destandau E, Zubrzycki S, et al. Sweet cherries anthocyanins: an environmental friendly extraction and purification method [J]. Separation and Purification Technology, 2012, 100(24): 51-58.

[3] Wiczkowski W, Szawara-Nowak D, Topolska J. Red cabbage anthocyanins: profile, isolation, identification, and antioxidant activity [J]. Food Research International, 2013, 51(1): 303-309.

[4] 童丹, 杨声, 韩黎明, 等. 定西地产"黑美人"马铃薯中花青素提取工艺研究 [J]. 甘肃高师学报, 2015, 20(5): 50-52.

[5] Albert N W, Lewis D H, Zhang H, et al. Light-induced vegetative anthocyanin pigmentation in *Petunia* [J]. Journal of Experimental Botany, 2009, 60(7): 2 191-2 202.

[6] 胡朝阳, 周友凤, 龚一富, 等. 紫色马铃薯查尔酮合成酶基因(*CHS*)的克隆及分析 [J]. 中国农业科学, 2012, 45(5): 832-839.

[7] Holton T A, Brugliera F, Lester D R, et al. Cloning and expression of cytochrome *P450* genes controlling flower colour [J]. Nature, 1993, 366: 276-279.

[8] 李军, 龚一富, 胡朝阳, 等. 紫色马铃薯类黄酮-3' 5'-羟化酶基因(*St F3' 5' H*)的克隆及分析 [J]. 生物学杂志, 2014, 31(5): 23-28.

[9] Holton T A, Cornish E C. Genetics and biochemistry of anthocyanin biosynthesis [J]. Plant Cell, 1995, 7(7): 1 071-1 083.

[10] Salaman R N. The inheritance of colour and other characters in the potato [J]. Journal of Genetics, 1911, 5(1): 192-193.

[11] Ogata K, Morikawa S, Nakamura H, et al. Comparison of the free and DNA-complexed forms of the DNA-binding domain from c-Myb [J]. Nature Structural and Molecular Biology, 1995, 2(4): 309-320.

[12] Han K H, Kim S J, Shimada K L, et al. Purple potato flake reduces serum lipid profile in rats fed a cholesterol-rich diet [J]. Journal of Functional Foods, 2013, 5(2): 974-980.

[13] Madiwale G P, Reddivari L, Holm D G, et al. Storage elevates phenolic content and antioxidant activity but suppresses antiproliferative and pro-apoptotic properties of colored-flesh potatoes against human colon cancer cell lines [J]. Journal of Agricultural and Food Chemistry, 2011, 59(15): 8 155-8 166.

[14] Reddivari L, Vanamala J, Chintharlapalli S, et al. Anthocyanin fraction from potato extracts is cytotoxic to prostate cancer cells through activation of caspase－dependent an caspase－independent pathways [J]. Carcinogenesis, 2007, 28(10): 2 227－2 235.

[15] Hayashi K, Mori M, Knox Y M, et al. Anti influenza virus activity of a red-fleshed potato anthocyanin [J]. Food Science and Technology Research, 2003, 9(3): 242-244.

[16] 卢立真. 紫甘薯花色苷的高效提取及抗衰老、抗糖尿病和抗肿瘤活性 [D]. 苏州: 苏州大学, 2010.

[17] Feldman M, Tanabe S, Howell A, et al. Cranberry pro－anthocyanidins inhibit the adherence properties of Candida albicans and cytokine secretion by oral epithelial cells [J]. BMC Complementary and Alternative Medicine, 2012, 12(1): 6.

马铃薯粉痂病研究进展

王　真[1]，王玉凤[1]，林团荣[1]，王　伟[1]，张志成[1]，刘智慧[2]，尹玉和[1*]

(1. 乌兰察布市农牧业科学研究院，内蒙古　乌兰察布　012000；

2. 乌兰察布市种子管理站，内蒙古　乌兰察布　012000)

摘　要：马铃薯粉痂病是马铃薯生产中非常重要的一种土传病害，在世界各国马铃薯栽培区都有发生。中国随着马铃薯种植面积的不断加大，马铃薯粉痂病的危害也日益增加。文中就马铃薯粉痂病的危害、分布、病害侵染循环及其防治方法等方面的研究作一综述，重点总结梳理了中国马铃薯粉痂病的发生危害及防治情况，以期为中国马铃薯粉痂病病原菌的致病机理及病害防控方法等研究提供方向。

关键词：马铃薯；粉痂病；发生；防治

1　马铃薯粉痂病的危害

马铃薯粉痂病是由粉痂菌 *Spongospora subterranea*（Wallr.）Lagerh f. sp. *subterranea*（简称Sss）侵染马铃薯引起的一种马铃薯真菌性病害，粉痂菌（Sss）属于原生动物界鞭毛菌亚门根肿菌纲粉痂菌属真菌[1]，是活体营养型病原菌，也是土壤专性寄生菌[2]。1841年德国人Wallroth首次发现粉痂病，并将其病原菌病名为 *Erysibe subterrane*[3]。1886年，科学家Brunchhorst[4]为此病原菌更名为 *Spongospora solani*。Lagerheim[5]在前人研究的基础上，最终将该病原菌定名为 *Spongospora subterranea*（Wallr.）Lagerh。

粉痂病菌侵染马铃薯块茎，初期可在块茎皮层上形成褐色的小点，小点逐渐膨大，形成外围具有半透明晕环的疱疹，其表皮尚未破裂，为粉痂的"封闭疱"阶段。待病原菌成熟后，囊泡崩裂呈火山口状，并向外释放出褐色粉状病菌休眠孢子囊球。严重时星星点点的小病斑可连成大病斑，危害整个薯块。在马铃薯贮藏期间或者病原菌侵染后期，病斑失水，中心呈凹陷状，病斑周围可见残留的破碎表皮，严重时整个薯块干缩、变形。粉痂病菌还可侵染马铃薯根系，在马铃薯根部形成根瘿[6]，导致根部受损，植株萎蔫早衰，影响产量。马铃薯粉痂病的发生不仅导致马铃薯产量降低，而且影响外观表现，商品价值大幅下降[7]。粉痂病病原菌的有性阶段较短；无性阶段相对长，休眠孢子产生初生游动孢子，游动接触寄主时，双鞭毛褪去，形成子弹头状物在寄主上形成空洞侵染寄主，在寄主内完成生活史产生次生游动孢子继续侵染别的细胞[8]，休眠孢子可在土壤中存活10年以上。粉痂菌又是马铃薯帚顶病毒 Potato mop-top virus（PMTV）的传播媒介[9]，粉痂病的大面积

作者简介：王真(1991—)，男，助理研究员，主要从事马铃薯栽培、病虫害防治工作。

基金项目：现代农业产业技术体系(CARS-09-ES05)。

*通信作者：尹玉和，研究员，主要从事马铃薯育种、栽培研究，e-mail：wlcbsyyh@163.com。

发生，也许会导致 PMTV 的发生。

2 马铃薯粉痂病在中国的分布

中国有关马铃薯粉痂病的报道相对较晚，张学博[10]于 1956～1958 年对福建福州附近马铃薯粉痂病的发生做了调查，结果发现重茬地发生重，病害发生率达 99.3%。湖北省利川市 1975 年的文章发现有粉痂病的记载[11]。之后，农林部在全国范围内普查马铃薯粉痂病的发生情况，结果发现吉林、内蒙古、甘肃、江西、贵州、云南、广东、浙江及湖北等地均报道有该病发生[12]。此外，1978 年，恩施地区农业研究所调查发现，该病蔓延很快，发生面积占全区马铃薯生产面积的 60% 以上[13]。近年来，在中国，马铃薯产业为脱贫攻坚贡献了巨大能量，随着马铃薯种植面积的不但扩大，马铃薯粉痂病的发生也呈现出上升趋势。该病害几乎分布于所有马铃薯主产区[14-19]，给马铃薯种薯及商品薯的生产带来了严重的不利影响。

3 马铃薯粉痂病原菌的侵染循环

病菌以休眠孢子囊球随种薯或附着病残体越冬。病薯和土壤中的病残体为病害的初侵染来源。病菌远距离传播主要依靠种薯，田间传播主要通过浇水、病土、病肥等。当条件适宜时，休眠孢子囊球萌发产生游动孢子，能动的（初代和次级）游动孢子是侵染的开始。马铃薯粉痂病原菌可侵染茄科、禾本科、菊科等不同科的作物[20]，有研究也表明，粉痂病菌在游动孢子阶段，寄主范围很广，但是只有个别寄主能使其产生孢子囊完成生活史[21]。马铃薯依然是最易感病的作物，被病菌侵染的马铃薯，根部形成的根瘤和块茎病变的病原体，可以在一个季节里产生大量的寿命长短不一的休眠孢子体，这些孢子体很可能是再侵染发生的罪魁祸首。

有时相对较高的土壤温度能刺激游动孢子的释放，例如带菌土壤加热到 20℃持续 8 d，或者 40℃持续 2 d，可增加游动孢子的释放[22]。游动孢子释放后，在植物根系的趋化下游向寄主，黏附在宿主细胞上 5～24 h 后慢慢渗入宿主细胞[23,24]。游动孢子向寄主根系游动的时候需要土壤中有大量的自由水，这可以解释为什么土壤湿度越大，块茎发病越重。其中土壤湿度是早期或者二代孢子侵染的重要条件，因为孢子需要自由水游到马铃薯的根系或者块茎附近[25]。在马铃薯块茎膨大期，频繁的灌溉使得土壤中自由水的数量激增，这有利于孢子聚集，有利于其游向寄主并感染马铃薯块茎，造成病害严重发生[26,27]。粉痂病的发生及危害程度与土壤质地有关。比如黏土多的土壤或者含水量比较多的土壤容易感染此病。但研究表明在沙质土和有机质土中粉痂病发生最严重[28]，Graaf 等[29]盆栽试验也发现，用沙质土培养的比黏土培养的马铃薯粉痂病发生的概率更大。但是一般情况下，沙质土的土温偏高，土壤易干旱，似乎不利于粉痂病的发生，试验的结果可能与试验中频繁的灌溉有关。未发现有关土壤 pH 与发病水平有直接的关系报道，但不同土壤 pH 条件下，微生物的类型及其活性是不一样的[30]。拮抗微生物的分泌物可能会诱导或者打破孢子的休眠，从而对土壤中的粉痂病菌起到一定的抑制作用[8]。有研究认为氮肥大量多次的使用，在一定程度增加了粉痂病的发生与严重程度[31]。在被污染的土地里，即使种植无病的种薯，如果种薯不是对粉痂病的高抗品种，只要病原菌量能达到一定的接种水平，加上有利的环境条件，也能爆发此病[32]。而且粉痂病病原菌有极其顽强的生命能力，有研究发现，在山羊和牛的粪便中检测到了存活的粉痂病休眠孢子，即粉痂病的休眠孢子在动物肠道的消化过程中依然保持活性，并且仍然具有感染性[33]。此外，也有研究表明粉痂病可能对寄主植物的生产力有影响，与未感染的植物相比，感染粉痂病的寄主生理功能下降，需水量降低，吸收营养和干物质减少，并且枝条变小，叶子减少，严重降低产量[34]。

4 防治措施

马铃薯粉痂病，作为一种土传病害，主要影响马铃薯的块茎，对种薯、商品薯均有影响，直接降低其产量，造成损失，其防治难度较大。土传病害的防治大多采取抗病品种的选育、合理地轮作倒茬、土壤的综合改良和利用化学防控药剂等措施。但对于马铃薯粉痂病，根据国外报道，至今尚未发现完全抗粉痂病的品种[35]，有的马铃薯品种在一定程度上都能感染此病，一直没有选育出来有效的抗马铃薯粉痂病的品种[36,37]。但国内，云南报道品种会对粉痂病表现出较强且稳定的抗性。总体来说，马铃薯抗病品种来防治马铃薯粉痂病尚需要进一步的深入研究。目前，主要是采用化学防治和田间管理等措施来防治马铃薯粉痂病。

4.1 农业防治措施

4.1.1 选择合适地块、加强栽培管理

防治马铃薯粉痂病，选择地块种植时，应考虑地块的种植历史，选择无病地块进行种植，不能在污染田地种植，不能使用受污染的肥料或未知来源的肥料。另外，土质和种植环境也很重要。保水性好的土质更易病害的发展，土质疏松，雨水丰沛的田块病害发生较轻。加强田间栽培管理，选择自排水田块和深耕细作方式以降低土壤湿度，抑制病菌发生蔓延。应该进行合理的灌溉和建设良好的排水设施。

4.1.2 选用无病种薯

严格选用无病种薯对马铃薯粉痂病的侵害和流行传播起着重要的作用。严格实施种薯的植物检疫可以有效减少病害的发生和传播，在种薯的选种、拌种、播种、收获、晾晒过程中均要层层筛选，仔细清查，彻底清除遗漏的病薯伤残体，发现病薯及病株残体应及时集中处理。在云南省发病区通常采取的防治方法是选留无病种薯，把好播种、收获关[38]。简单来说，就是在无污染的土壤里，种植无病种薯[39]。

4.1.3 合理轮作

Dorojkin[40]认为在意大利和俄罗斯可以与非寄主作物轮作 3 年来防治粉痂病，而Wale[7]认为在苏格兰至少要轮作 5 年。国内报道，马铃薯和其他禾谷类作物 4~5 年的轮作可有效防治多种土传和病残体传播病害的发生[41]。轮作田地上种植芸薹属植株要比种植牧草或是谷物有效减少马铃薯粉痂病菌的含量[42]，油菜和茄科曼陀罗也可减少菌的含量[43]。马铃薯粉痂菌可以在土壤中存活很多年，有报道称休眠孢子囊在土壤中存活可长达 12 年之久，采取轮作可以有效减少粉痂病菌传播的可能性，轮作的周期至少为 5 年[44]。为了确保马铃薯的高质量，保持马铃薯的商品需求和经济价值，预防马铃薯粉痂病的发

生，轮作是很有必要的措施。

4.2 化学防治

化学方法防治粉痂病从种薯处理、土壤处理等方面开展，报道较多。播种前用2%盐酸溶液或40%福尔马林200倍液浸种5 min，再用塑料布严闷2 h，晾干播种[45]。土壤消毒中用五氯硝基苯处理有一定的防效，同时，用好肥料作底肥也可控制马铃薯粉痂病的发生又可实现增产[42]。在20世纪早期主要用福尔马林、硫酸铜进行种薯处理[46-48]。研究发现用五氯硝基苯和含汞杀菌剂的混合物浸种对粉痂病有很好的防治效果[49]。Dutt 和 Strivastava[50]发现氯化汞能很好地防治粉痂病。Parker[51]报道用氧化锌和代森锰锌的混合物防治粉痂病有较好的效果。甲基托布津掺水浇灌及甲醛处理土壤都可有效减少土壤中的病原菌[52]。有研究发现只要在种植的前一天用氟啶胺处理种薯，就能很好地控制粉痂病菌[53]，并进一步证实土壤带菌是导致马铃薯粉痂病发病的主要因素，也有研究发现氟啶胺是目前已知的效果最好的药剂，有效期30 d左右[54]。而且这种药剂在新泽西已被正式登记注册[55]。国内对氟啶胺的相关研究多集中在对马铃薯晚疫病和疮痂病的防治上[56]，化学药剂虽然报道较多，但是未见防效较好的，仍需进一步深入研究。

[参 考 文 献]

[1] 张中义, 冷怀琼, 张志铭, 等. 植物病原真菌学 [M]. 成都: 四川科学技术出版社, 1988.

[2] Qu X S, Christ B J. Genetic variation and phylogeny of *Spongospora subterranean* f. sp. *subterranea* based on ribosomal DNA sequence analysis [J]. American Journal of Potato Research, 2004, 81(6): 385-394.

[3] Bittara F G, Secor G A, Gudmestad N C. Chloropicrin soil fumigation reduces *Spongospora subterranea* soil inoculum levels but does not control powdery scab disease on roots and tubers of potato [J]. American Journal of Potato Research, 2017, 94(2): 129-147.

[4] Brunchhorst J. Uebereinesehr verbreitete Krankheit der Kartoffel knollen [M]//Separata from Bergens: Museums Aarsberetning, 1886: 217-226.

[5] De Lagerheim G. Remarks on the fungus of a potato scab (*Spongospora solani* Brunch.) [J]. The Journal of Mycology, 1892, 7(2): 103-104.

[6] Falloon R E, Merz U, Butler R C, *et al.* Root infection of potato by *Spongospora subterranea*: knowledge review and evidence for decreased plant productivity [J]. Plant Pathology, 2016, 65(3): 422-434.

[7] Wale S J. Summary of the session on national potato production and the powdery scab situation [C]//Merz U, Lees A K. Proceedings of the first European powdery scab workshop. Scotland: Aberdeen, 2000: 20-22.

[8] Harrison J G, Searle R J, Williams N A. Powdery scab disease of potato-a review [J]. Plant Pathology, 1997, 46(1): 1-25.

[9] Kirk H G. Mop-top virus, relationship to its vector [J]. American Journal of Potato Research, 2008, 85(4): 261-265.

[10] 张学博. 马铃薯粉痂病防治初步研究 [J]. 植物保护学报, 1964(4): 414.

[11] 佚名. 马铃薯粉痂病的初步调查 [J]. 湖北农业科学, 1975(6): 22-23.

[12] 《中国农作物病虫图谱》编绘组. 中国农作物病虫图谱 [M]. 北京: 农业出版社, 1984.

[13] 佚名. 马铃薯粉痂病的消长规律与综合防治技术总结 [J]. 湖北农业科学, 1978(11): 17-19.

[14] 高忠仁. 北方草原地马铃薯粉痂病的危害、症状及防治 [J]. 乡村科技, 2014(14): 3-4.

[15] 惠娜娜, 李继平, 李建军, 等. 甘肃省马铃薯窖藏期粉痂病的初步调查 [J]. 中国蔬菜, 2009(21): 24-25.

[16] 刘霞, 杨艳丽, 罗文富. 云南马铃薯粉痂病发生情况初步研究 [J]. 植物保护, 2006, 32(3): 63-67.

[17] 罗满先, 严梅, 乐春, 等. 镇雄县马铃薯粉痂病防治药效试验 [J]. 云南农业科技, 2020(2): 35-37.

[18] 李蒙,李真真,郑叶叶,等.内蒙古地区马铃薯粉痂病病原鉴定与检测 [C]//金黎平,吕文河.马铃薯产业与美丽乡村.哈尔滨:黑龙江科学技术出版社,2020:615-618.

[19] 杨艳丽,王利亚,罗文富,等.马铃薯粉痂病综合防治技术初探 [J].植物保护,2007(3):118-121.

[20] Balendres M A, Tegg R S, Wilson C R. Key events in pathogenesis of *spongospora* diseases in potato: a review [J]. Australasian Plant Pathology, 2016, 45(3): 229-240.

[21] Nuismer S L, Otto S P. Host-parasite interactions and the evolution of ploidy [J]. Proceedings of the National Academy of Sciences of the United States of America, 2004, 101(30): 11 036-11 039.

[22] Kole A P. A contribution to the knowldge of *Spongospora subterranea* (wallr.) lagerh, cause of powdery scab of potatoes [J]. Tijdschrift over Plantenziekten, 1954, 60: 1-65.

[23] Merz U. Infectivity inoculum density and germination of *Spongospora subterranea* resting spores: a solution-culture test system [J]. Eppo Bulletin, 2010, 19(3): 585-592.

[24] Qu X, Christ B J. Single cystosorus isolate production and restriction fragment length polymorphism characterization of the obligate biotroph *Spongospora subterranea* f. sp. *subterranea* [J]. Phytopathology, 2006, 96(10): 1 157-1 163.

[25] Rashid A, Ahmed H U, Xiao Q, et al. Effects of root exudates and pH on Plasmodiophora brassicae resting spore germination and infection of canola (*Brassica napus* L.) root hairs [J]. Crop Protection, 2013, 48: 16-23.

[26] Graaf P, Lees A K. Effect of soil inoculum level and environmental factors on potato powdery scab caused by *Spongospora subterranea* [J]. Plant Pathology, 2005, 54(1): 22-28.

[27] Taylor P A, Flett S P, De Boer R F, et al. Effects of irrigation regimes on powdery scab disease and yield of potatoes [J]. Australian Journal of Experimental Agriculture, 1986, 26(6): 745-750.

[28] Van de Haar J. The powdery scab situation in the Netherlands [C]//Merz U, Lees A K. Proceedings of the first European powdery scab workshop. Scotland: Aberdeen, 2000: 21-22.

[29] De Graaf P V, Wale S J, Lees A K. Factors affecting the incidence and severity of *Spongospora subterranea* infection and galling in potato roots [J]. Plant Pathology, 2010, 56(6): 1 005-1 013.

[30] Braselton J P. Current status of the plasmodiophorids [J]. Critical Reviews in Microbiology, 1995, 21(4), 263-275.

[31] Tuncer G. The effect of irrigation and nitrogen on powdery scab and yield of potatoes [J]. Potato Research, 2002, 45(2): 153-161.

[32] Merz U, Zala M, Jaquiery P Y. Characteristics of a field population of *Spongospora subterranea* f. sp. *subterranea* [C]//Rush C M. Proceedings of the 6th symposium of the International Working Group on Plant Viruses with Fungal Vectors, Italy: Bologna, 2005: 162-165.

[33] Merz U, Jaquiery P Y, Keiser A, et al. Powdery scab of potato: an integrated strategy to improve seed quality in Switzerland [C]//Falloon R E, Cromey M J, Stewart A, et al. Proceedings of the 4th Australasian soilborne diseases symposium. New Zealand: Queenstown, 2006: 22.

[34] Lister R A, Falloon R E, Curtin D, et al. *Spongospora subterranea* reduces host (*Solanum tuberosum*) growth [C]//Ophel Keller K M, Hall B H. Proceedings of the 3rd Australasian soilborne diseases symposium. South Australian Research and Development Institute, Adelaide, 2004: 30-31.

[35] Jellis G J, Phuil P S, Starling N C. Evaluation of potato germplasm for resistance to poedery scrb [J]. Tests of Agrochemicals and Cultivars, 1987, 110: 154-155.

[36] De Boer R F. Summary of the session on recognising the components of an integrated control approach to powdery scab and the potato mop top virus [C]//Proceedings of the first European powdery scab workshop, Scotland: Aberdeen, 2000: 101-104.

[37] Iftikhar S, Rattu A, Asad S, et al. Susceptibility of potato cultivars to *Spongospora subterranea* under field conditions [J]. Pakistan Journal of Botany, 2007, 39(4): 1 329.

[38] 余光海,黄吉会,付兆聪,等.云南省会泽县马铃薯粉痂病发生情况调查分析初报 [J].中国植保导刊,2008,23(5):23-25.

[39] Merz U, Falloon R E. Review: powdery scab of potato-increased knowledge of pathogen biology and disease epidemiology for effective disease management [J]. Potato Research, 2009, 52(1): 17-37.

[40] Dorojkin N A. Summary of seven years' investigation on powdery scab of potato, *Spongospora subterranea* (Wallr.) Johnson [M]//Powdery Scab of Potato. Mins k: White Russian Academy of Science, Institute of Biological Sciences, 1936: 5-38.

[41] 杨光辉. 马铃薯种薯主要病害的防治 [J]. 黑龙江农业科学, 2005(4): 55-59.

[42] Falloon R E. Control of powdery scab of potato: towards integrated disease management [J]. American Journal of Potato Research, 2008, 85(4): 253-260.

[43] Winter W, Winiger F A. Einfluss verschiedener Fangpflanzen sowievon Kalk und Kalstickstof aufdie Bodenverseuchungmit *Spongospora subterranea*, dem Erregerdes Pulverschorfes bei Kartofeln [J]. Mitteilungen Fuer Die Schweizerische Landwirtschaft, 1983, 31: 190-206.

[44] Leon J, Lawton M A, Raskin I. Hydrogen peroxide stimulates salicylic acid biosynthesis in tobacco [J]. Plant Physiology, 1995, 108(4): 1 673-1 678.

[45] 韩文素, 张树发, 沈福英, 等. 氰氟虫腙 SC 对阿维菌素抗性种群和敏感种群的小菜蛾室内毒力测定及田间药效分析 [J]. 河北北方学院学报: 自然科学版, 2010, 26(3): 35-38.

[46] 张露, 艾玉廷, 马健, 等. 不同比例氟啶胺对马铃薯块茎疮痂病防治效果 [J]. 中国马铃薯, 2013, 27(3): 175-178.

[47] 龙光泉, 马登慧, 李建华, 等. 6 种杀菌剂对马铃薯晚疫病的防治效果 [J]. 植物医生, 2013, 26(4): 39-42.

[48] Johnsont. Further observations on powdery potato scab *Spongospora subterranea* (Wallr) [J]. Scientific Proceedings of the Royal Dublin Society, New Series, 1909, 12: 165-174 .

[49] PethybridgE G H. (Title not given) [J]. Journal of the Department of Agriculture and Technical Instructi on for Ireland, 1911, 11: 26-29.

[50] Duttb L, Strivastava D S. Chemical control of scab disease of Potato [J]. Proceedings of Indian National Science Academy, 2015, 37(5): 341-344.

[51] Parker A. Evaluation of chemical dip treatments for the control of powdery scab of potatoes [J]. Annals of Applied Biology, 1984, 104(sl): 62-63.

[52] Melhus I E, Rosenbaum J, Schultz E S. *Spongopora subterranean* and Phoma tuberose on the Irish potato [J]. Journal of Agricultural of Agricultural Research, 1916, 7: 213-254.

[53] Nachmias A, Krikun J. Etiology and control of powdery scab of potato in a semi-arid region of Israel [J]. Phytoparasitica, 1988, 16(1): 33-38.

[54] Falloon R E, Wallace A R. Assessment of seed tuber, in-furrow, and foliar chemical treatments for control of powdery scab (*Spongospora subterranea* f. sp. *subterranea*) of potato [J]. Taylor and Francis Group, 2010, 24(3): 341-353.

[55] 张智芳, 杨海鹰, 云庭, 等. 几种化学药剂处理对马铃薯粉痂病的防治效果 [J]. 中国马铃薯, 2016, 30(3): 175-180.

[56] 王久恩. 马铃薯粉痂病发病规律及对策 [C]//屈冬玉, 陈伊里. 马铃薯产业与中国式主食. 哈尔滨: 哈尔滨地图出版社, 2016: 513-515.

2020 年马铃薯田草害防控研究进展

王 甄，肖春芳，高剑华，张远学，张等宏，闫 雷，邹 莹，沈艳芬*

（湖北恩施中国南方马铃薯研究中心/恩施土家族苗族自治州农业科学院，湖北 恩施 445000）

摘 要：杂草问题严重影响马铃薯产业发展，且呈逐年加重的趋势，为了减少杂草的危害，目前主要采取的措施有农业防治、物理防治、化学防治、生物防治等。同时，充分了解马铃薯田间杂草种类、杂草生物学特性、杂草消长规律，有针对性的进行科学除草，为马铃薯产业的健康发展提供技术支撑。

关键词：马铃薯田；杂草；防控；研究进展

1 杂草生物学分析

从狗尾草基因组资源中发现了控制农艺性状有价值的位点，通过 CRISPR-Cas9 基因组编辑，验证了控制农艺性状基因的功能，可应用于生物技术改良方面[1]。CFM1 是 CRM 结构域蛋白家族的成员，在狗尾草中的叶绿体第二组内含子剪接中起作用[2]。通过叶绿体 RNA 测序和其他分子分析，在狗尾草褪绿突变体和幼苗致死突变体中确定了叶绿体基因表达的关键功能[3]。铁元素在植物根内集中分布于雀稗、狗尾草和小花雀的细胞壁和液泡中，而狗尾草则集中在铁蛋白中，转移到狗尾草芽部的铁形态为柠檬酸和苹果酸的三铁配合物；在叶片中，所有物种在叶束鞘细胞液泡中积累铁，在质体中作为铁蛋白复合体积累铁[4]。在 5℃下浸种 24~36 h，可提高纳罗克非洲狗尾草种子活力及发芽率[5]。

阿拉伯婆婆纳新鲜种子存在休眠，赤霉素处理能有效打破休眠，种子萌发对温度要求不高，15~35℃发芽率均在 90% 以上，最适合萌发温度为 25~30℃，种子在土壤表层和覆土 0.5 cm 时萌发情况较好，种子能较好地耐受低盐胁迫[6]。婆婆纳通过自身生理调节比白三叶能更快响应干旱胁迫，且复水后补偿效应明显强于白三叶[7]。

在氮和磷不同养分浓度下进行水分胁迫实验，表明水分胁迫下增加氮和磷可促进空心莲子草的入侵[8]。分析发现空心莲子草 ApMTP 具有组织特异性表达和响应根部低钾等不同处理的特征[9]。在被空心莲子草入侵的湿地中，细菌杆菌（55.94%）、拟杆菌（5.74%）、酸杆菌（6.66%）、绿弯曲菌（4.67%）是优势菌门，入侵地区的酸性细菌、放线菌和芽孢杆菌的丰度明显高于正常栖息地，酸性细菌与有机氮浓度之间显著正相关关系[10]。阳生和阴生两种光环境下的空心莲子草叶片快速叶绿素荧光诱导动力学曲线（OJIP 曲线）存在明

作者简介：王甄（1988—），女，硕士，农艺师，主要从事马铃薯病害防治与遗传育种研究。

基金项目：现代农业产业技术体系专项资金资助（CARS-09）；农业部华中薯类观测试验站；湖北省农业科技创新中心创新团队项目（2016-620-000-001-061）；恩施州农科院青年创新基金项目（2021-001）。

*通信作者：沈艳芬，研究员，从事马铃薯遗传育种及病害防治研究，e-mail：13872728746@163.com。

显差异，但其 PI_{ABS} 却无差异[11]。土壤资源利用率高，小范围内异质性较小，可相对增加外来入侵空心莲子草的竞争力[8]。低钾胁迫后，空心莲子草叶片栅栏组织中叶绿体和叶肉细胞含量增加，总叶绿素含量、超氧化物歧化酶活性和净光合速率增加[12]。

苣荬菜卷叶发病率取决于基因型和环境条件的相互作用，硝酸盐含量受温度的影响大于品种的影响[13]。对苣荬菜进行遗传关系分析，用限制性位点相关 DNA 标记测序法获得的 4 621 个单核苷酸多态性能够完全鉴别出 32 份菊苣属材料，确定了 3 个携带非同义 SNP 的基因，其中一个与延长子复合物亚基 1 AtELP1 同源，可更好了解苣荬菜叶片形状的潜在机制[14]。从杂草菊苣根中提取的 FOS 肉豆蔻是一种很有前途的益生元果聚糖来源[4]。优化黄酮提取方法操作简单、结果可靠、黄酮得率较高，提取自苣荬菜中的黄酮对金黄色葡萄球菌有一定的抑制作用[15]。

利用高精度 PacBio SMRT 第三代测序技术构建了 Bursa-pastoris 的完整荠菜线粒体基因组，全长 287 799 bp，包含 32 个蛋白质编码基因，3 个 rRNAs，25 个 tRNAs 对应 15 个氨基酸，8 个 RNAseq 数据支持的开放阅读框[16]。聚合酶 IV 在荠菜花粉发育中扮演着非常重要的角色，NRPD1 基因的敲除导致花粉减数分裂后小孢子发育停滞[17]。相对于低海拔地点，高海拔处的反枝苋具有萌发基础温度低，萌发热量需求高、变幅小的特点，这种差异反映出反枝苋对环境的强适应性[18]。反枝苋和孜然的种子蛋白提取物对棉铃虫消化蛋白酶有抑制作用，对棉铃虫的生存有不利影响，并有望在将来作为一种成功的生物农药被引入市场[19]。

杂草小飞蓬入侵程度低会增加植物分类学多样性和生态系统的稳定性，入侵程度高会降低植物分类学多样性和生态系统稳定性。高度入侵改善了植物功能多样性。记录了杂草小飞蓬瘦果到 4 mm 幼苗的发育进程，并描述了幼苗对水分吸收的反应[20]。小飞蓬入侵后会导致土壤中的根际微生物丛枝菌根真菌减少，降低该菌的丰度，从而成功入侵[21]。有人研究了蓼属杂草中酚类化合物(类黄酮和羟基肉桂酸)的组成特征，并对鉴定出的成分进行定量表征[22]。温度影响粗毛牛膝菊种子的萌发，同时也推迟其萌发时间且出苗不整齐，25℃是其种子萌发的最适温度[23]。牛膝菊抗、敏种群叶片的 ATP 酶均定位于细胞壁，且酶的活性反应无明显差异；2℃低温处理后，抗、敏种群叶片的 ATP 酶定位位点和活性反应表现出明显差异[24]。

敏感稗草激素较快变化，不利于其应对除草剂胁迫；抗性稗草激素变化相对平缓，赋予了其对除草剂的适应性，且 MeJA 处理增强了其对二氯喹啉酸的抗性。稗草植株体内 ABA 和 JA 激素信号在其抵抗二氯喹啉酸胁迫过程中可能发挥重要的生物学功能[25]。对日本看麦娘全质体的特征及系统发育进行了分析，基因组的长度为 136 408 bp，由 80 512 bp 的大单拷贝区域，12 836 bp 的小单拷贝区域和两个 21 530 bp 的反向重复区域组成[26]。

2 种鸭跖草科杂草新娘草和铺地锦竹草宜用于轻中度遮光的环境，不宜应用于全光环境，新娘草的光适应能力大于铺地锦竹草[27]。探究了干旱胁迫及复水对鸭跖草科植物叶色色素苷含量、叶绿素含量、总抗氧化性、查尔酮异构酶活性、苯丙氨酸解氨酶活性、丙二醛含量等生理生化的影响[28]。研究发现 65% 光照更适宜紫鸭跖草的生长[29]。

2 杂草化学防控

利用一种基于视频处理和元启发式分类器的机器视觉原型，用于现场识别和分类马铃薯和杂草，该机器具有98%高精度，能够以高达0.15 m/s的速度正确鉴别出马铃薯田间杂草[30]。当添加了表面活性剂后，药滴落在白藜叶片上时不仅可以增大固定的可能性，也增加了固定体积[31]。在生物炭上固定化的MB3R有助于修复MB影响的土壤细菌群落结构，改善被污染土壤，恢复土壤菌群[32]。助剂使用有利于草甘膦在硬叶黑麦草和小飞蓬等杂草上的吸附、吸收和转运，使用后使除草剂在杂草体内的移动速度更快、幅度更大[33]。施用生长素除草剂后杂草小飞蓬叶片中脱落酸ABA含量持续增加，比干旱胁迫下叶片中ABA含量高3倍，提出了一种新的除草模型[34]。不同浓度黄腐酸通过影响生长素类物质合成相关基因促进或抑制稗草的生长[35]。羊脂酸处理显著影响小飞蓬叶片*CcLhca-Z6*基因的表达，并随着处理时间的延长呈现先升高后降低的趋势[36]。建立对马铃薯中甲萘威、治螟磷、二甲戊灵3种农药的快速检测(QuEChERS)方法[37]。

二甲戊灵及其与咪唑乙草胺混合使用后不影响根际(0~10 cm)中真菌和放线菌的数量，对微生物安全[31]。丙草胺微囊悬浮液(PMS)具有延迟释放能力并对稗草有除草活性[38]。新化合物$C_{19}H_{17}N_3O_2$在3 000 g a.i/hm²剂量时对稗草的茎叶处理抑制率为91.81%[39]。新合成的新型香豆素衍生物目标化合物对双子叶植物的抑制率为100%，与2,4-D的防效相当，具有作为先导化合物进一步优化的价值[40]。SAR分析显示芳环上取代基的类型和位置极大地影响了化合物的活性，吡苯并辛类似物可能充当前药，用于优化除草剂结构研究[41]。在质量浓度为100 mg/L下设计合成的9种新型的2-芳胺基-7-乙硫基吡啶并[4,3-d][1,3]噁嗪衍生物对单子叶植物稗草的根和茎的生长具有很好的抑制作用，抑制率均达到了100%[42]。磺酰草吡唑对百日菊、苘麻、狗尾草和稗草均具有优异的防治效果[43]。混配除草剂施药对苣荬菜的株防效和鲜重防效存在差异防除效果良好[44]。使用25%环吡·异丙隆可分散油悬浮剂，含环吡氟草酮3%、异丙隆22%防除抗性大龄日本看麦娘效果较好[45]。泰草达和使它隆对空心莲子草的防治效果最好，泰草达对空心莲子草的再生抑制性最好[46]。化合物5c具有除草活性，对马唐根的生长抑制率达65%，优于莠去津(58%)[47]。1.25 mL/L 20%氯氟吡氧乙酸和0.75 mL/L 20%氟磺胺草醚更适合作为粗毛牛膝菊的防控药剂，尤其是对开花期的粗毛牛膝菊具有良好的防除效果[24]。施用新型农药氟咯草酮和二甲戊灵与海藻有机肥，马铃薯商品率为53.55%，产量增加13.5%[48]。

3 化感作用

臭椿化感作用的次生代谢产物中发现了4个具有化感潜力的化合物，证明铁屎米酮类生物碱具有化感作用，诱导莴苣细胞内活性氧的产生，导致细胞活力降低，最终影响杂草幼苗的生长发育[49]。从八宝景天花不同相萃取物中筛选出5种潜在化感物质，测试植物中白三叶最敏感，棕榈酸甲酯、安息香酸和苯酚对其化感综合抑制效应达100%[50]。用室内生物测定方法研究油菜秸秆不同部位水浸提液对马唐、旱稗、马齿苋、反枝苋和醴肠5种杂草种子萌发和生长的化感效应，油菜叶水浸提液对旱稗和醴肠的化感综合抑制效应较强；根水浸提液对醴肠的化感综合抑制作用较强；主茎水浸提液对醴肠和马齿苋的化感综合抑制效应较强[51]。研究谷子不同部位不同浓度浸提液对反枝苋、藜、狗尾草3种谷田恶性杂草的化感作用，谷子叶片、茎秆水浸提液对3种杂草均存在显著化感作用，且不同浓度浸提液化感作用存在差异[52]。对桉树油化学成分分析及α-松油醇的化感作用进行研究，盆栽条件下，α-松油醇处理过的土壤会显著影响反枝苋的出苗率、地上鲜重和地上干重[53]。甘薯根，茎，叶水提取物对入侵种空心莲子草分株生长具有化感作用[54]。紫花苜蓿茎叶甲醇提取液对马唐的种子萌发和幼苗生长存在明显的化感作用，对马唐根部的抑制作用大于其他部分，苜蓿处理液对马唐的萌发和地上部生长表现为低促高抑的化感效应[55]。

4　杂草物理防控

研究了油橄榄植被、水和堆肥提取物对反枝苋、小锦葵、马齿苋、苦菜等4种杂草种子萌发的影响，在较低浓度下，油橄榄植被水对杂草种子萌发有促进作用；反枝苋对橄榄植被水分敏感；堆肥浸提液对杂草种子萌发无影响[56]。研究覆盖物松皮（PB），硬木（HW）和松草（PS）对杂草狗尾草和飞扬草出苗的影响，结果表明 PB 和 PS 对杂草种子出苗抑制效果较好于 HW[57]。作物冠层和留茬对马唐种子休眠释放和出苗有延迟的影响[58]。通过深耕将种子深埋，以控制粗毛牛膝菊传播扩散[59]。

5　杂草生物防控

从艾蒿叶提取物中筛选出具有除草剂生物活性的化合物[60]。从艾蒿中提取出一种新型的植物源伞形花素，可能代表倍半萜氧基香豆素的生物合成前体，并具有更复杂的结构[10]。用青蒿提取物对植物进行叶面处理，对马铃薯叶片中叶绿素 a 和 b 含量的增加及其总浓度具有积极作用[61]。从薰衣草中分离的具有潜在除草活性的植物毒倍半萜类化合物 A 和 B，对反枝苋种子发芽率和幼苗胚根和下胚轴长度的抑制作用较强，对种子发芽率和幼苗胚根和下胚轴长度的抑制作用较强，可作为天然生物除草剂进行开发[62]。从孜然中提取的含氧单萜类香精油（EO）具有除草活性，EO 对反枝苋、莴苣、紫花苜蓿和顶羽菊的发芽指数和幼苗生长均表现出抑制作用，发芽率与浓度相关，该 EO 有望成为广泛应用的天然除草剂候选者[63]。刺菜蓟不同栽培品种的叶片提取物均对杂草反枝苋、马齿苋、繁缕和琉璃繁缕的种子发芽和平均发芽时间均表现出抑制作用，通过冻干的叶子获得的乙醇提取物可完全抑制所有杂草中的种子发芽；HPLC 分析表明，主要化合物是咖啡酰奎尼酸，其次是黄酮（芹菜素和木犀草素衍生物）和倍半萜内酯西诺哌汀[64]。烟叶中棕榈酸、棕榈烯酸、油酸、叶绿醇等挥发性化感物质的化感作用可在抑制杂草种类的竞争能力中起着至关重要的作用，并且是控制杂草侵染的替代方法之一[65]。黄顶菊茎秆水提液对狗尾草、紫花苜蓿和黑麦草种子萌发和幼苗生长有一定的抑制作用，且随着黄顶菊茎秆水提液浓度的增加，抑制效应也逐渐增强[66]。黄菊茎叶浸提液对白茅和狗尾草的综合化感效应表现为抑制作用[67]。

从内生真菌，土壤真菌和海洋真菌次生代谢物中分离出 28 种化合物，并通过光谱法阐明了他们的结构，测试了分离出的化合物分别对植物病原菌和稗草具有抗菌和除草活性[68]。马铃薯疮痂病菌链霉菌和其他放线菌类植物病原体产生一组具有独特结构特征和良好除草活性的天然产物硝化二酮哌嗪类菌素类植物毒素[69]。从发病的种子和马唐幼苗基部分离致病菌，通过形态学观察以及 ITS 序列分析对致病菌进行鉴定，菌株 HD-06 对马唐有较好的生物防治作用[70]。

土壤微生物群落会影响杂草种子腐烂，研究发现免耕土壤条件会降低杂草种子活力对杂草种子的抑制作用；此外，纤维素降解微生物对种子库寿命起着重要作用，纤维素降解活性测定可作为土壤杂草种子抑制的早期监测生物指标[71]。空心莲子草叶甲来防控外来入侵植物空心莲子草，动态框架模拟结果表明，对这种新型入侵植物的控制是可行的[68]。化学计量特征在大空间尺度上受到异质性生境的显著影响，根据不同生境特点制定合适的防治措施可有效遏制空心莲子草的入侵蔓延[72]。

6 除草剂研究

通过有机溶剂甲硅烷基化进行常规萃取后，研究了二甲戊灵残留物，结果显示，在土壤中未发现母体二甲戊灵，与有机基质共价结合而形成的，在自然条件下迁移的可能性很小[73]。纳米制剂中除草剂用量的增加会显著影响纳米胶囊的表面粗糙度，降低其表面平滑度，结果表明，Triton-X100 是制备纳米胶囊的最佳表面活性剂，除草剂含量最低的样品包封率和载药效率最好[74]。2,4-D 对草甘膦抗性群体有明显的拮抗作用，对草甘膦敏感群体拮抗作用微弱，这种拮抗作用与草甘膦吸收减少有关[75]。替代 Arg-128-Gly 是反枝苋对除草剂氟磺胺草醚产生抗性的主要原因[76]。杂草看麦娘中 197-Tyr 突变轻微降低了 ALS 的底物亲和力，而 574-Leu 突变显著增加了这些动力学，与他们对 ALS 动力学的影响高度相关，574-Leu 比 197-Tyr 更容易发生突变[77]。抗性日本看麦娘种群对精噁唑禾草灵和甲基二磺隆的抗性机制，经除草剂诱导后，植株体内基于 GSTs 代谢酶介导的代谢反应水平升高，加快植株对除草剂的代谢解毒反应；抗性种群 AFT 的 *ACCase* 基因和 *ALS* 基因中发生的氨基酸突变和 GSTs 活性的增强可能是其产生抗药性的重要原因[78]。

[参 考 文 献]

[1] Roshanfar M, Khanlarian M, Rashchi F, *et al*. Phyto-extraction of zinc, lead, nickel, and cadmium from a zinc leach residue [J]. Journal of Cleaner Production, 2020, 266: 121539.

[2] Feiz L, Asakura Y, Mao L, *et al*. CFM1, a member of the CRM-domain protein family, functions in chloroplast group II intron splicing in *Setaria viridis* [J]. The Plant Journal, 2020, 105(3): 639-648.

[3] Feiz L, Strickler S R, Eck J, *et al*. *Setaria viridis* chlorotic and seedling-lethal mutants define critical functions for chloroplast gene expression [J]. 2020, 104(4): 917-931.

[4] Mariano T B, Higashi B, Lopes S, *et al*. Prebiotic fructooligo saccharides obtained from escarole (*Cichorium endivia* L.) roots [J]. Bioactive Carbohydrates and Dietary Fibre, 2020, 24: 100233.

[5] 黄萍, 张亚菲, 陈云, 等. 阿拉伯婆婆纳种子萌发特性及萌发期耐盐性研究 [J]. 扬州大学学报: 农业与生命科学版, 2020, 41(2): 46-50.

[6] 徐翠,陈梅,刘金海,等.浸种温度与时间对纳罗克非洲狗尾草种子萌发的影响 [J]. 草原与草坪, 2020, 40(3): 75-79.

[7] 黄萍,张新俊,朱彬彬,等.阿拉伯婆婆纳和白三叶对干旱胁迫的生理响应及抗旱性比较 [J]. 甘肃农业大学学报, 2020, 55(2): 133-137, 147.

[8] Sun J, Javed Q, Azeem A, et al. Addition of phosphorus and nitrogen support the invasiveness of *Alternanthera philoxeroides* under water stress [J]. CLEAN-Soil Air Water, 2020, 48(9): 242.

[9] 杨蕾,蒋昕晨,杨杰,等.空心莲子草 MTP 基因家族的鉴定、特征及表达分析 [J]. 草业科学, 2020, 37(8): 1 516-1 527.

[10] Serena F, Salvatore G, Lucia P, et al. Umbelliprenin as a novel component of the phytochemical pool from *Artemisia* spp. [J]. Journal of Pharmaceutical and Biomedical Analysis, 2020: 184.

[11] 胡文海,李海超,周兵.阴生和阳生环境下空心莲子草叶片快速叶绿素荧光诱导动力学的比较 [J]. 井冈山大学学报: 自然科学版, 2020, 41(4): 38-42.

[12] Li L, Lyu C, Li J, et al. Quantitative proteomic analysis of alligator weed leaves reveals that cationic peroxidase 1 plays vital roles in the potassium deficiency stress response [J]. International Journal of Molecular Sciences, 2020, 21(7): 2 537.

[13] Bautista A S, Gromaz A, Ferrarezi R S, et al. Effect of cropping system and humidity level on nitrate content and tipburn incidence in endive [J]. Agronomy, 2020, 10(5): 749.

[14] Patella A, Palumbo F, Ravi S, et al. Genotyping by RAD sequencing analysis assessed the genetic distinctiveness of experimental lines and narrowed down the genomic region responsible for leaf shape in endive (*Cichorium endivia* L.) [J]. Genes, 2020, 11(4): 462.

[15] 滕艾静,李宇飞,郭东会,等.苣荬菜中黄酮提取工艺改进及其抑菌分析 [J]. 泰山医学院学报, 2020, 41(7): 531-534.

[16] Omelchenko D O, Makarenko M S, Kasianov A S, et al. Assembly and analysis of the complete mitochondrial genome of *Capsella bursa-pastoris*. [J]. Plants, 2020, 9(4): 469.

[17] Li Y, Pan H, Chang Y, et al. Identification of key sites determining the cofactor specificity and improvement of catalytic activity of a steroid 5β-reductase from Capsella rubella [J]. Enzyme and Microbial Technology, 2020, 134: 109483.

[18] 王雅馨,杨婷,魏永胜,等.渭河阶地不同生境反枝苋种子萌发的热量需求研究 [J/OL]. 西北农业学报, 2020(12): 1-8. [2021-03-29]. http://kns.cnki.net/kcms/detail/61.1220.S.20201204.0957.028.html.

[19] Azimi S, Rahmani S, Pazhouhandeh M. Effect of protein extracts of *Amaranthus retroflexus* (Amaranthaceae) and *Cuminum cyminum* (Apiaceae) on digestive proteinases and biological characters of *Helicoverpa* (*Heliothis*) armigera (Hübner) (Lepidoptera: *Noctuidae*) [J]. The Canadian Entomologist, 2020, 152(5): 646-662.

[20] Molin W T, Parys K, Beck C L. Early growth and development of horseweed (*Conyza canadensis* (L.) Cronq.) [J]. American Journal of Plant Sciences, 2020, 11(1): 40-50.

[21] Ezáová V, Konvalinková T, ŘezáčM. Decreased mycorrhizal colonization of *Conyza canadensis* (L.) Cronquist in invaded range does not affect fungal abundance in native plants [J]. Biologia, 2020, 75(5): 1-7.

[22] Gudkova A A, Perova I B, Eller K I, et al. Phenolic compounds in *Polygonum persicaria* herb growing in Voronezh region [J]. Pharmaceutical Chemistry Journal, 2020, 54(3): 284-289.

[23] 杨霞,贺俊英.入侵植物粗毛牛膝菊种子形态及其萌发特性的研究 [J]. 内蒙古师范大学学报: 自然科学汉文版, 2020, 49(5): 453-459.

[24] 贺俊英.用超微细胞化学定位技术揭示 ATP 酶在牛膝菊低温适应性中的作用 [J]. 电子显微学报, 2020, 39(3): 307-312.

[25] 曹晶晶,彭琼,杨霞,等.外源茉莉酸甲酯诱导抗性与敏感稗草对二氯喹啉酸抗性的差异及机理 [J]. 应用生态学报, 2020, 31(7): 2 293-2 298.

[26] Guo X, Dai C, Wang R, et al. Characterization and phylogenetic analysis of the complete plastome of *Alopecurus japonicus* (Gramineae), an annual weed [J]. Mitochondrial DNA Part B, 2020, 5(1): 396-397.

[27] 陈斌, 刘筱玮, 徐畅, 等. 不同光合有效辐射对 2 种鸭跖草科植物生理指标及超微结构的影响 [J]. 东北林业大学学报, 2020, 48(11): 14-22.

[28] 代磊, 简在友, 周修任, 等. 黄顶菊茎秆水提液对三种牧草的化感效应 [J]. 黑龙江畜牧兽医, 2020(15): 120-124.

[29] 钟娟, 余玮, 吴仕兰. 不同光照处理对紫鸭跖草生长特性的影响 [J]. 安徽农业科学, 2020, 48(9): 144-146.

[30] Sabzi S, Abbaspour-Gilandeh Y, Arribas J I. An automatic visible-range video weed detection, segmentation and classification prototype in potato field [J]. Heliyon, 2020, 6(5): e03685.

[31] Huet O D, Massinon M, Cock N D, et al. Image analysis of shatter and pinning events on hard-to-wet leaf surfaces by drops containing surfactant [J]. Pest Management Science, 2020, 76(10): 3 477-3 486.

[32] Aqwa B, Saa B, J Am C, et al. Immobilization of metribuzin degrading bacterial consortium MB3R on biochar enhances bioremediation of potato vegetated soil and restores bacterial community structure [J]. Journal of Hazardous Materials, 2020, 390: 121493.

[33] Bautista C P, Guadalupe J, Travlos I, et al. Effect of adjuvant on glyphosate effectiveness, retention, absorption and translocation in *Lolium rigidum* and *Conyza canadensis* [J]. Plants, 2020, 9(3): 297.

[34] Mccauley C L, Mcadam S A M, Ketaki B, et al. Transcriptomics in *Erigeron canadensis* reveals rapid photosynthetic and hormonal responses to auxin herbicide application [J]. Journal of Experimental Botany, 2020, 71(12): 3 701-3 709.

[35] 王聪, 周尚峰, 杨浩娜, 等. 黄腐酸对稗草幼苗及其生长素类物质合成相关基因的影响 [J]. 农药, 2020, 59(8): 616-620.

[36] 徐晶晶, 苑平, 柏浩东, 等. 小飞蓬捕光蛋白 CcLhca-Z6 基因克隆及羊脂酸胁迫下的表达分析 [J]. 核农学报, 2020, 34(5): 932-938.

[37] 刘文冰, 付春艳, 黄旻捷. QuEChERS-HPLC-MS 测定马铃薯中三种农药残留 [J]. 科技视界, 2020(16): 278-280.

[38] Chen H, Liu X, Deng S, et al. Pretilachlor releasable polyurea microcapsules suspension optimization and its paddy field weeding investigation [J]. Frontiers in Chemistry, 2020, 8: 826.

[39] 杨子辉, 李婉, 王雨华, 等. 含二芳胺基的吡啶甲酰胺的合成、晶体结构与除草活性(英文) [J]. 化学通报, 2020, 83(12): 1 127-1 132.

[40] 丁建芬, 刘莉, 夏梅, 等. 新型香豆素衍生物的设计、合成及除草活性研究 [J/OL]. 合成化学: 1-10 [2021-03-29]. https://doi.org/10.15952/j.cnki.cjsc.1005-1511.20252.

[41] Xiang L, Zhang L, Wu Q, et al. Synthesis and herbicidal activity against barnyard grass of novel diarylmethanone O-(2, 6-bis((4, 6-dimethoxypyrimidin-2-yl) oxy) benzoyl) oximes [J]. Pest Management Science, 2020, 76(6): 2 058-2 067.

[42] 吴莲莲, 李志强, 朱咏梅, 等. 新型 2-芳胺基-吡啶并[4, 3-d][1, 3]噁嗪衍生物的合成与除草活性测试 [J]. 江西师范大学学报: 自然科学版, 2020, 44(1): 71-75.

[43] 秦博, 英君伍, 崔东亮, 等. 磺酰草吡唑的合成与生物活性研究 [J]. 现代农药, 2020, 19(4): 19-22.

[44] 柳建伟, 史广亮, 李青梅, 等. 3 种混配除草剂对多年生杂草苣荬菜的防除效果 [J]. 安徽农业科学, 2020, 48(3): 136-138.

[45] 方雅琴. 防除抗性大龄日本看麦娘要选高效药 [J]. 农药市场信息, 2020(4): 55.

[46] 方莉, 陈淋, 罗中魏. 不同除草剂对空心莲子草的田间防治效果比较分析 [J]. 南方农机, 2020, 51(18): 37-38.

[47] 李晓天, 任达, 高卫, 等. 吡唑杂环类衍生物的合成及除草活性评价 [J]. 河北农业大学学报, 2020, 43(3): 74-78, 95.

[48] 刘君堂, 魏有海, 程亮, 等. 化肥和农药减施替代技术对马铃薯产量的影响 [J]. 青海大学学报, 2020, 38(5): 34-39.

[49] 张爽. 臭椿和甘草化感作用次生代谢产物与机制研究 [D]. 青岛: 青岛大学, 2020.

[50] 王宇轩, 唐宗寿, 曹梦琳, 等. 八宝景天花对三种杂草的化感作用及潜在化感物质鉴定 [J]. 草业学报, 2020, 29(1): 175-182.

[51] 李淑英, 路献勇, 程福如, 等. 油菜秸秆对 5 种杂草种子萌发和生长的化感效应 [J]. 杂草学报, 2020, 38(2): 33-42.

[52] 董淑琦, 曹鹏, 胡春艳, 等. 谷子秸秆不同部位水浸液对 3 种杂草的化感作用 [J]. 应用生态学报, 2020, 31(7): 2 243-2 250.

[53] 李奥欣, 侯新村, 曾加佳, 等. 桉树油化学成分分析及 α-松油醇的化感作用 [J]. 应用生态学报, 2020, 31(7):

2 195-2 201.

[54] Deng L, Lyu P, Huang X, *et al*. Allelopathic effects of water extracts from sweet potato on the growth of invasive alien species *Alternanthera philoxeroides* [J]. Chinese Journal of Appied Ecology, 2020, 31(7): 2 202-2 210.

[55] 白倩, 苗福泓, 高峰, 等. 紫花苜蓿甲醇提取液对马唐种子萌发和幼苗生长的影响 [J]. 青岛农业大学学报: 自然科学版, 2020, 37(3): 183-189.

[56] Tubeileh A M, Souikane R T. Effect of olive vegetation water and compost extracts on seed germination of four weed species [J]. Current Plant Biology, 2020, 22: 100 150.

[57] Saha D, Marble S C, Pearson B, *et al*. Emergence of garden spurge (*Euphorbia hirta*) and large crabgrass (*Digitaria sanguinalis*) in response to different physical properties and depths of common mulch materials [J]. Weed Technology, 2020, 34(2): 172-179.

[58] Oreja F H, Batlla D, Fuente E. *Digitaria sanguinalis* seed dormancy release and seedling emergence are affected by crop canopy and stubble [J]. Weed Research, 2020, 60(2): 111-120.

[59] 杨霞. 粗毛牛膝菊的入侵生物学特性及化学防除 [D]. 呼和浩特: 内蒙古师范大学, 2020.

[60] Thangjam N M, Taijong J, Kumar A. Phytochemical and pharmacological activities of methanol extract of *Artemisia vulgaris* L. leaves [J]. Clinical Phytoscience, 2020, 6(1): 1-8.

[61] Pavol Findura, Sławomir Kocira, Patryk Hara, *et al*. Extracts from *Artemisia vulgaris* L. in potato cultivation. Preliminary research on biostimulating effect [J]. Agriculture, 2020, 10(8): 1 224.

[62] Gudkova A A, Perova I B, Eller K I, *et al*. Phenolic compounds in *Polygonum persicaria* herb growing in voronezh region [J]. Pharmaceutical Chemistry Journal, 2020, 54(3): 284-289.

[63] Ghasemi G, Fattahi M, Alirezalu A. A new source of oxygenated monoterpenes with phytotoxic activity: essential oil of *Cuminum cyminum* L. from Iran [J]. Natural Product Research, 2018, 34(6): 843-846.

[64] Scavo A, Pandino G, Restuccia A, *et al*. Leaf extracts of cultivated cardoon as potential bioherbicide [J]. Scientia Horticulturae, 2019, 261: 109024.

[65] Mushtaq W, Ain Q, Siddiqui M B, *et al*. Allelochemicals change macromolecular content of some selected weeds [J]. South African Journal of Botany, 2020, 130: 177-184.

[66] 代磊, 简在友, 周修任, 等. 黄顶菊茎秆水提液对三种牧草的化感效应 [J]. 黑龙江畜牧兽医, 2020(15): 120-124.

[67] 古龙, 夏翩翩, 李建安. 黄菊对油茶林 2 种杂草萌发和幼苗生长的化感作用 [J]. 经济林研究, 2020, 38(2): 34-45.

[68] Rubén Portela, Joana R Vicente, Sergio R Roiloa, *et al*. A dynamic model-based framework to test the effectiveness of biocontrol targeting a new plant invader-the case of *Alternanthera philoxeroides* in the Iberian Peninsula [J]. Journal of Environmental Management, 2020: 110 349.

[69] Aqwa B, Saa B, J Am C, *et al*. Immobilization of metribuzin degrading bacterial consortium MB3R on biochar enhances bioremediation of potato vegetated soil and restores bacterial community structure [J]. Journal of Hazardous Materials, 2020, 390: 121 493.

[70] 钟娟, 余玮, 吴仕兰. 不同光照处理对紫鸭跖草生长特性的影响 [J]. 安徽农业科学, 2020, 48(9): 144-146.

[71] Nikolić N, Squartini A, Concheri G, *et al*. Weed seed decay in no-till field and planted riparian buffer zone [J]. Plants, 2020, 9(3): 150.

[72] 吴昊, 韩美旭, 韩雪. 环境因子对入侵杂草空心莲子草化学计量特征的影响 [J]. 西南农业学报, 2020, 33(8): 1 816-1 823.

[73] Luks A K, Zegarski T, Nowak K M, *et al*. Fate of pendimethalin in soil and characterization of non-extractable residues (NER) [J]. Science of The Total Environment, 2020, 753(3): 141 870.

[74] Mahmoudian M, Torbati S, AliMirzayi N, *et al*. Preparation and investigation of poly (methylmethacrylate) nano-capsules containing haloxyfop-R-methyl and their release behavior [J]. Journal of Environmental Science and Health Part B, 2019, 55(4): 301-309.

[75] Li J, Han H, Bai L, *et al*. 2, 4-D antagonizes glyphosate in glyphosate-resistant barnyard grass *Echinochloa colona* [J].

Journal of Pesticide Science, 2020, 45(2): 109-113.

[76] Huang Z, Cui H, Wang C, *et al*. Investigation of resistance mechanism to fomesafen in *Amaranthus retroflexus* L. [J]. Pesticide Biochemistry and Physiology, 2020, 165: 104560.

[77] Zhao N, Yan Y, Du L, *et al*. Unravelling the effect of two herbicide resistance mutations on acetolactate synthase kinetics and growth traits [J]. Journal of Experimental Botany, 2020, 71(12): 3 535-3 542.

[78] 陈斌, 刘筱玮, 徐畅, 等. 不同光合有效辐射对 2 种鸭跖草科植物生理指标及超微结构的影响 [J]. 东北林业大学学报, 2020, 48(11): 14-22.

遗 传 育 种

钠对马铃薯苗生长的影响

邬春雨[1]，苏日古嘎[1]，张婷婷[1]，陈有君[2*]，蒙美莲[1]，代　源[2]

(1. 内蒙古农业大学农学院，内蒙古　呼和浩特　010019；

2. 内蒙古农业大学生命科学学院，内蒙古　呼和浩特　010019)

摘　要：为了系统地评价钠对马铃薯苗生长的影响，以 MS 培养基为基础在 14 个 Na 浓度下，观测了马铃薯品种"费乌瑞它"的脱毒苗的生长情况。结果表明，在小于 20 mmol/L 以下节长、根长、发根率和单根重随 Na 浓度增加变化较小。株高、节数和根数等形态指标随着钠浓度的增加而增大，在 10 mmol/L 处达到最大值，浓度进一步增加则下降，在 10 ~ 40 mmol/L 斜率较大，在 40 mmol/L 以上，各处理均小于无钠处理，且斜率变小。单株干重、单节重、单根根重在钠浓度为 10 mmol/L 的条件下达到最大值，随着浓度的增加在 10 ~ 50 mmol/L 成波动下降，50 mmol/L 以上，下降趋势变缓，低于无钠的处理。植株和根的线密度均随着浓度的增加呈上升趋势。在高浓度条件下，马铃薯的根长、发根率和单根等与根相关的指标均下降，而使总根重降低；其中发根率可能是对根系重影响的重要因素。说明钠浓度较大的条件下对马铃薯的生长有抑制作用，这种抑制作用增加的趋势在钠浓度大于 40 mmol/L 以上虽然仍在增加，但增加的趋势变小。引起茎叶延长生长抑制的浓度约 20 mmol/L 左右，引起根伸长生长开始抑制的浓度在 30 ~ 40 mmol/L；而完全抑制根萌发的浓度要远低于完全抑制茎萌发的浓度，40 mmol/L 下就有不发根的，80 mmol/L 下基本完全抑制了发根；但茎叶虽然长的小，但基本都萌发。

关键词：钠；马铃薯；MS 培养基

　　钠以盐的形式广泛存在于自然界中，几乎所有植物的生存环境中都有 Na 存在，尤其是在盐碱土中因以钠为主的盐类过量积聚，造成盐害，严重危害植物的生长。一般植物正常生长发育所需的钠元素量都是很低，适宜的范围也特别窄，钠不足影响其生长，过量则又产生毒害作用[1,2]。钠也普遍存在于植物体内，平均占干物质的 0.1% 左右[1]，如马铃薯为 0.09%[3]；有些植物含量较高，如甜菜可达 3%[1,4]，盐生植物含量更高，如生长在滨海沙土上的海蓬子氯化钠的含量可达 30%[4]。钠对某些作物的生长是有益的，也会影响植物的产量、产品质量及生长状况。钠在一些 C_4 植物光合作用中有特殊作用，缺钠会使植物干重下降，某些植物缺钠不能正常生长，钠可能是这一类植物的必需矿质元素之一[5]。对于绝大部分植物来说，虽然钠有时并不一定是植物生长所必需，但是，其或能部分地代替钾的功能[6]，在钾的营养缺乏时，通过增加钠的量可以极大的促进植物的生长，从而使农作物产量有所提高[7]。钠能调节细胞的渗透压，这对于许多盐生植物来说都有明显的生长

作者简介：邬春雨(1995—)，女，硕士研究生，主要从事马铃薯栽培生理研究。

基金项目：现代农业产业技术体系建设专项(CARS-09-P10)。

*通信作者：陈有君，教授，主要从事马铃薯栽培生理研究，e-mail：chyj@imau.edu.cn。

效应,钠在这方面的作用比钾元素更明显[8]。这里对生长起作用的钠并不是作为微量营养元素,而是作为一种渗透物质调节植物渗透压,从而适应高盐的环境[9]。

钠也是 MS 培养基的组分之一,一般为 0.201 mmol/L。但其对植物的作用,含量是足还是缺,还缺乏系统研究。MS 培养基中的成分基本都是植物生长所必须的营养物质,无论哪种元素过量或缺乏,都会影响植物的正常生长[10, 11]。马铃薯(Solanum tuberosum L.)是世界上的第四大农作物,在其生产上的重要环节——脱毒快繁中普遍应用 MS 培养基。马铃薯在生长过程中也吸收利用钠,钠含量为:块茎 0.01%、茎 0.23%、叶 0.33%;不同品种及不同氮肥水平下,各器官的含钠量不同[3]。MS 培养基中 NaCl 含量较高的条件下,会对马铃薯苗造成胁迫,植株干重和株高降低,生长受抑制[12, 13]。但是低浓度的钠对马铃薯生长有啥作用,MS 培养基中的 Na 是否适合马铃薯苗的生长以及对马铃薯生长有何影响还缺失系统研究。为了明晰钠对马铃薯苗生长的影响,本研究观测了生长在含有不同钠浓度的 MS 培养基中的马铃薯苗的生长状况。

1 材料与方法

1.1 试验设计

以 MS 培养基为基础,观测分析了培养基中钠含量对马铃薯品种"费乌瑞它"脱毒苗生长的影响。试验设 14 个浓度(0、0.1、0.2、0.4、1、2、3、4、10、20、30、40、50 和 80 mmol/L),每个浓度处理重复 30 次。培养基 pH 调至 6.2 左右,在 300 mL 培养瓶中装入 50 mL 培养基,每个培养瓶中接入 20 个单节茎段。培养温度(23 ± 2)℃,光强 2 000 lx,每天光照 16 h。

培养 25 d,将幼苗从培养瓶中取出,洗净,用吸水纸吸干表面水分,去除母茎段。测定株高、根长;计数茎节数、根数;烘干(65℃烘干 48 h)称重。

1.2 数据处理

采用 Excel 2010 进行数据处理和统计分析。

2 结果与分析

2.1 钠浓度对苗生长的影响

从苗的长势看,在培养基中钠浓度小于 10 mmol/L 的条件下,马铃薯苗长的都很好,不同浓度处理的苗长势差异不明显。茎叶颜色浓绿,有些叶背或茎秆呈紫色。如果钠浓度大于 20 mmol/L,随钠浓度增大植株变矮,叶片变小,叶侧缘弧度变大(近直线);茎叶颜色逐渐变浅,钠浓度为 50 和 80 mmol/L 的条件下,植株颜色变为浅黄绿色。

2.1.1 Na 对苗节数的影响

图 1 是马铃薯苗节数随钠浓度的变化曲线。可以看出,茎节数随 Na 浓度的变化,在 10 和 40 mmol/L 处各出现一个拐点,把曲线分成 3 段。在钠浓度小于 10 mmol/L 的条件下,苗的节数随着浓度的增加呈上升趋势,斜率为 0.1 个/(mmol/L)(0 ~ 10 mmol/L;$r = 0.820 > r_{0.01} = 0.798$)。10 mmol/L 处理的节数最多。钠浓度大于 10 mmol/L 的条件下,节数随着浓度的增加呈缓慢下降趋势,分成两段,第一段 10 ~ 40 mmol/L,曲线斜率为

-0.073 个/（mmol/L）$(r = 0.964 > r_{0.05} = 0.95)$；第二段 $40 \sim 80$ mmol/L，斜率为-0.009 $(r = 0.994 \approx r_{0.05} = 0.997)$个/（mmol/L）。表明在高浓度下浓度变化引起的节数变化比低浓度下小。t 检验显示浓度为 $0 \sim 20$ mmol/L，各处理的茎节数之间差异不显著；40，50 和 80 mmol/L 3 个处理的茎节数之间差异也没有达到显著水平；但浓度为 30 或大于 30 mmol/L 的各处理的苗节数显著低于小于 30 mmol/L 各处理。用浓度 $0 \sim 40$ mmol/L 做二次回归分析，得到节数(J)与 Na 浓度(C)之间的关系式为：

$$J = -0.002\,6C^2 + 0.065\,5C + 8.499(r = 0.871\,4 > r_{0.001} = 0.072) \tag{1}$$

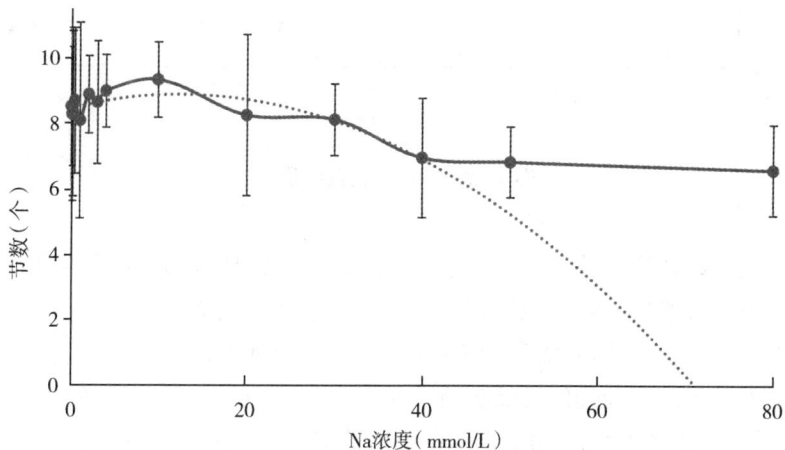

图 1 马铃薯苗节数与钠浓度的关系

根据(1)式计算出节数最大的 Na 浓度为 12 mmol/L。说明钠浓度对节数的影响在不同浓度范围内作用可能不同，小于 10 mmol/L 的条件下，钠浓度增加有促进节数增加的作用；大于 10 mmol/L 以上，随浓度增加，节数有下降趋势，大于 20 mmol/L 以上，节数均小于没钠的处理，说明对节数形成有抑制作用，这种抑制作用增加的趋势在钠浓度大于 40 mmol/L 以上虽然仍在增大，但增大的趋势变小。

2.1.2 Na 对马铃薯苗株高的影响

图 2 是马铃薯苗高随钠浓度的变化趋势，可以看出，在钠浓度为 10 mmol/L 的条件下，苗高出现了最大值，但 10 mmol/L 及低于这个浓度的各处理之间差异很小，除 Na 浓度为 0.1mmol/L 的处理显著或接近显著地低于 $0.4 \sim 10$ mmol/L 各处理外，其余各处理的株高间没有显著差异；随浓度增加略有升高趋势。在大于 10 mmol/L 的条件下，株高随着钠浓度的增加而降低，浓度大于 40 mmol/L，各浓度处理的株高极显著地低于低浓度各处理。在浓度为 30 mmol/L 的浓度下，除了与 0.1 和 20 mmol/L 处理的株高间的差异达到显著性水平外，与其他各浓度处理的株高之间的差异都达到极显著性水平。钠浓度为 20 mmol/L 的处理，苗高显著低于浓度为 10，3 和 0.4 mmol/L 处理，与其他各处理差异不显著，尤其与 $0 \sim 0.2$ mmol/L 各处理之间的差异更小。$0 \sim 20$ mmol/L 各点二次回归相关达显著水平，极值在 8.6 mmol/L 附近。说明 $0 \sim 8$ mmol/L 株高可能随钠浓度的增加而增大。

Na 浓度大于 10 mmol/L 的各处理的变化趋势延长线与浓度轴的交点为 87.03 mmol/L，10 ~ 50 mmol/L 变化趋势延长线与浓度轴的交点在 70.8 mmol/L。

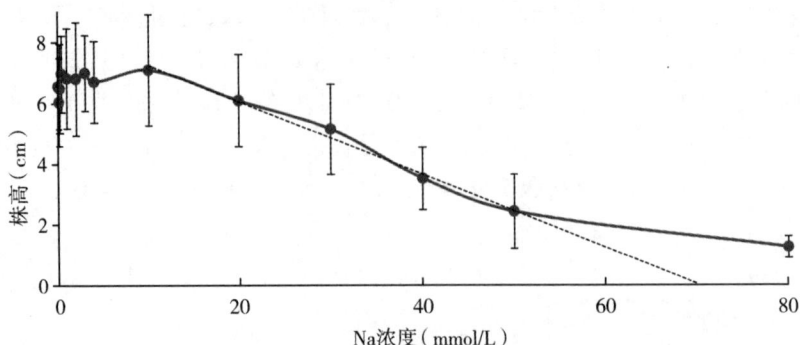

图 2 Na 浓度对苗高的影响

根据株高及节数计算出的节间长度，在 Na 浓度小于 10 mmol/L 的条件下，各浓度处理，节长间没有显著差异，趋势也不明显(图 3)，说明 Na 浓度在 10 mmol/L 以下可能对茎节长度没有明显影响。浓度大于 10 mmol/L，苗节长随着浓度的增加呈缓慢下降趋势。大于 30 mmol/L 的各浓度处理的马铃薯苗节长基本均极显著地低于低浓度各处理(只有浓度为 30 mmol/L 处理与 0.1 和 20 mmol/L 处理的茎节长度差异没有达显著性水平，$P = 0.119$ 和 0.099)。在浓度为 20 mmol/L 的条件下，只与 0.4 和 3 mmol/L 两个低浓度处理的单节长差异达到极显著性水平。回归分析，0 ~ 50 mmol/L 节长(Jc)与浓度的关系方程为：

$$Jc = -0.000\ 2C^2 + 0.001\ 5C + 0.741\ 1(r = 0.980 > r_{0.001} = 0.823) \tag{2}$$

Na 浓度大于 10 mmol/L 条件下，节长随浓度的变化趋势延长线与浓度轴的交点为 98.9 mmol/L。二次回归曲线[式(2)]外延与浓度轴的交点为 59.77 mmol/L。

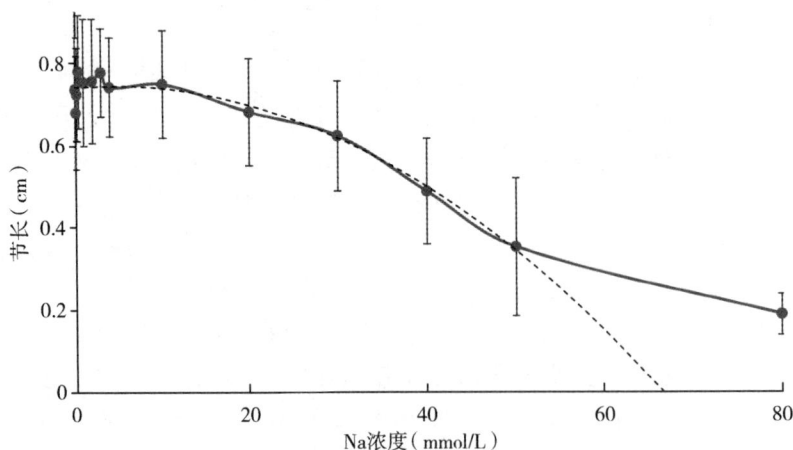

图 3 钠浓度对节间长的影响

2.1.3 茎叶干重

图 4 是单株茎叶干重随钠浓度的变化趋势，可以得出，在培养基中钠的浓度小于 10 mmol/L 的条件下，马铃薯苗的单株干重随着浓度的增加略有上升趋势，但是除了浓度为 0.4 与 4 mmol/L 的处理之间差异显著外，其余各处理的单株干重之间差异均不显著。在 Na 浓度为 10 mmol/L 的条件下单株干重最大，且极显著地高于 Na 浓度大于 20 及浓度为 0.1 和 0.2 mmol/L 的各处理，显著地高于浓度为 2 和 4 mmol/L 的处理；与 0 和 3 mmol/L 处理的差异也接近显著水平。在钠的浓度大于 10 mmol/L 的条件下，马铃薯苗的单株干重随着浓度的增加而呈下降趋势。20 mmol/L 处理，单株干重与小于 10 mmol/L 各处理之间差异不显著，但极显著地低于 10 mmol/L 处理，而极显著地高于大于 30 mmol/L 各处理。30 mmol/L 处理的植株干重除与 20，0.1 和 0.2 mmol/L 之间的差异不显著外，显著或极显著地低于其余各低浓度的处理。培养基中 Na 浓度为 40 mmol/L 或更高的各处理，植株干重都极显著地低于各低浓度的处理。

0 ~ 10 mmol/L 各点做直线回归分析及 0 ~ 20 mmol/L 各点做二次回归分析，相关都达到了显著水平，说明 0~10 mmol/L 随钠浓度增加单株重有增加的趋势，在 10 mmol/L 附近有最大值。Na 浓度大于 10 mmol/L 的各处理的变化趋势延长线与浓度轴的交点为 139 mmol/L，而 10 ~ 50 mmol/L 各处理的单株干重连线延伸后与浓度轴交点在 79 mmol/L。

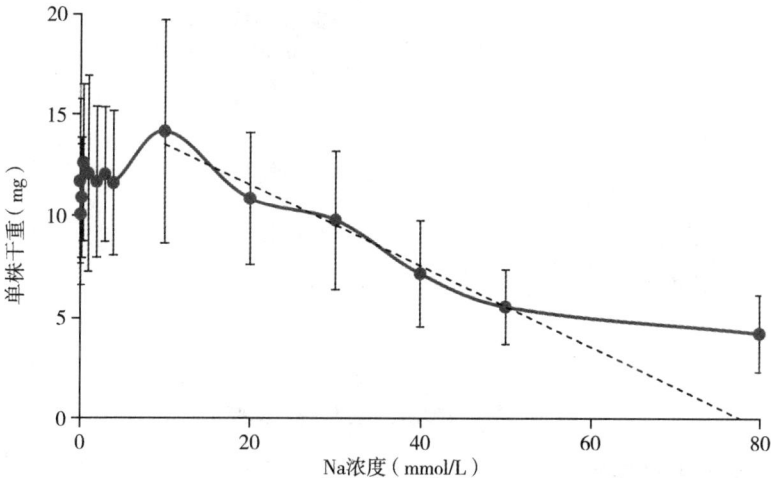

图 4　单株干重随 Na 浓度的变化

根据植株干重与茎节数分析发现，培养基中钠浓度对马铃薯苗的单节重也有影响。在 Na 含量为 10 mmol/L 的培养基上生长的植株单节重最大，显著或极显著高于钠浓度大于 10 及 0.1 和 0.2 mmol/L 的各处理。在钠的浓度小于 30 mmol/L 的各处理中，还有浓度为 0.1 mmol/L 的处理显著低于 0.4，2 和 3 mmol/L，以及 30 mmol/L 显著低于 0.4 mmol/L 处理外，其余各处理之间差异不显著。Na 浓度大于 10 mmol/L 条件下，马铃薯苗的单节重随着浓度的增加呈下降趋势。Na 浓度为 40 mmol/L 或更大的浓度下，各处理的单节重基本都极显著低于低浓度各处理。

Na 浓度大于 10 mmol/L 的各处理的变化趋势延长线与浓度轴的交点为 150 mmol/L，

而 10~50 mmol/L 各处理的单节重连线延伸后与浓度轴交点在 80 mmol/L(图 5)。

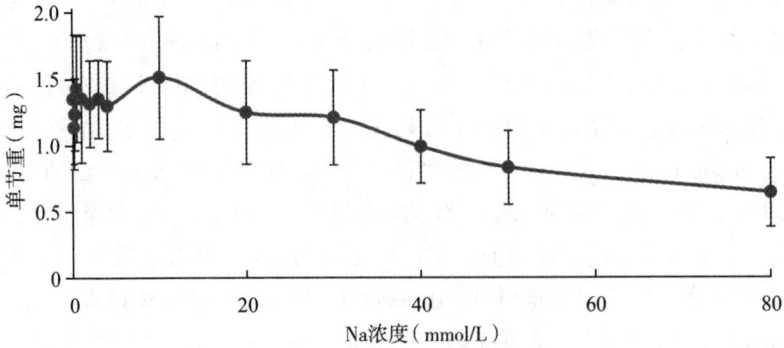

图 5　节重随钠浓度变化

从苗的单位高度干重(株高密度)的变化趋势(图 6)可以看出,株高密度随着浓度的增加略有上升的趋势,二次回归及直线回归都表明单位长度苗的干重随钠浓度的增加而显著增加。但是不同钠浓度处理的株高密度之间差异不显著。

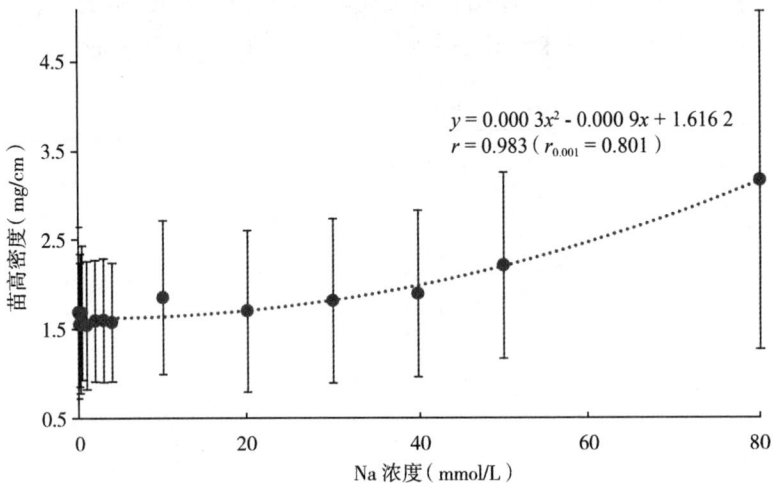

图 6　苗单位长度干重随钠浓度变化

2.2　钠浓度对根生长的影响

根系也会受到钠浓度的影响,尤其是在较高浓度下,无根植株数量增加,在浓度达 80 mmol/L 的条件下,会有整瓶所有植株都不发根的情况。在较高浓度下还会观察到,根分枝减少,变坚硬,呈螺旋状。

2.2.1　根　长

图 7 是根长随钠浓度变化的曲线,可以看出,在小于 20 mmol/L 条件下,各浓度处理的马铃薯苗根长之间基本没有显著的差异(只有浓度 0.2 mmol/L 处理的显著低于 0.4,3 和 10 mmol/L 处理的)。而 Na 浓度大于或等于 40 mmol/L 的各处理基本均极显著地低于各低浓度处理的根长。回归计算 0 ~ 50 mmol/L 范围内根长(G)与浓度(C)的关系方程为:

$$G = -0.003\ 3C^2 + 0.071\ 9C + 13.02(r = 0.952 \gg r_{0.001} = 0.823) \tag{3}$$

Na 浓度大于 20 mmol/L 的各处理的变化趋势延长线与浓度轴的交点为 132.8 mmol/L。这说明钠浓度小于 20 mmol/L 的条件下对根长没有明显的影响，而钠浓度大于 20 mmol/L，钠会抑制根长。

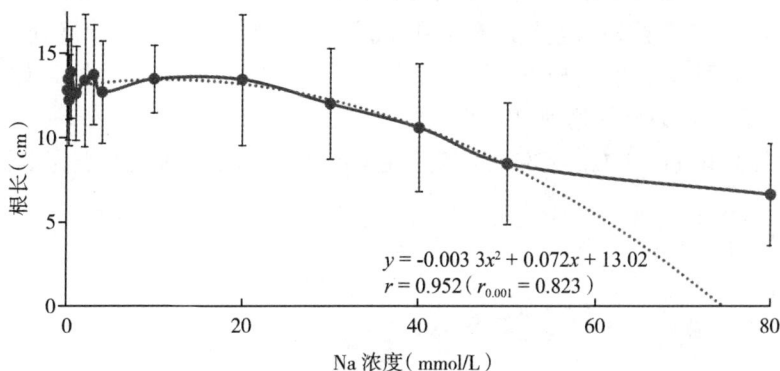

$$y = -0.003\,3x^2 + 0.072x + 13.02$$
$$r = 0.952\,(r_{0.001} = 0.823)$$

图 7　根长随钠浓度变化

2.2.2 发根率

不同处理的条件下，植株发生根的情况不同。为说明钠对马铃薯生根的影响，在统计根系数和植株数的基础上，计算了根系数与植株数的比值，折算成每百株苗具有的根系个数，称为发根率，简称根率。结果绘成图 8，t 检验显示在 Na 浓度 ≤30 mmol/L 的条件下，各浓度处理的根率没有显著差异；尤其是 ≤20 mmol/L 的条件下，各处理之间基本没有差异。如果钠的浓度大于 20 mmol/L，马铃薯苗的根率随着浓度的增加呈下降趋势，Na 浓度为 80 mmol/L 的处理，根率极显著地低于各低浓度处理；浓度为 40 和 50 mmol/L 的处理，根率也显著或极显著地低于大部分低浓度处理。

回归分析表明，根率（V）与钠浓度（C）之间的二次相关达极显著水平。方程：

$$V = -0.008\,2\,C^2 + 0.080\,2\,C + 96.375\,(r = 0.991 \gg r_{0.001} = 0.801) \tag{4}$$

根率与浓度的二次曲线与 C 轴的交点为 118 mmol/L。

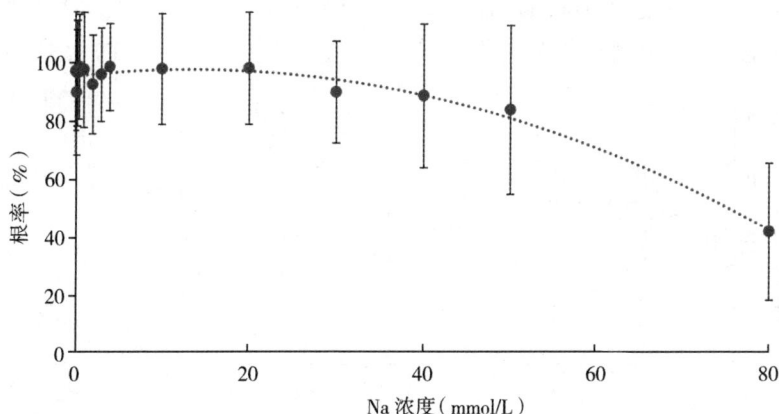

图 8　根率随钠浓度变化

每个根系含有的根数可以多达 10 多条，但平均每个根系的根数都在 1.5 ～ 3.0 条，最大值出现在钠浓度为 10 mmol/L 条件下。在钠浓度小于 10 mmol/L 的条件下，根数的变化不明显，根系的平均根数有由 2.5 向 3.0 过渡的趋势(图 9)。在钠浓度大于 10 mmol/L 的条件下，根系的根数随着钠浓度的增加而降低，在浓度为 50 ～ 80 mmol/L 的条件下，除了与无钠处理的马铃薯苗根数差异没有达到显著性水平外，与其他各浓度处理的根数之间的差异都达到显著性水平或极显著性水平。在浓度为 20 mmol/L 的条件下，只有与 0.1 mmol/L 处理的根数差异达到显著性水平。

Na 浓度大于 10 mmol/L 的各处理的变化趋势延长线与浓度轴的交点为 143.3 mmol/L。

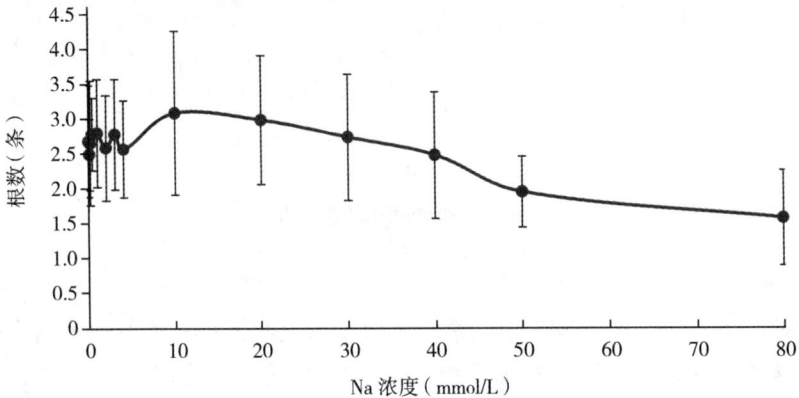

图 9　根数随钠浓度变化

2.2.3　根干重

图 10 是不同钠浓度处理下的马铃薯苗根系干重的变化趋势，可以看出，在 MS 培养基中钠的浓度小于 10 mmol/L 的条件下，马铃薯苗的根系干重随着浓度的增加略有上升的趋势，但是不同钠浓度处理的根系干重之间差异不显著。在钠的浓度大于 20 mmol/L 的条件下，马铃薯苗根系的干重随着浓度的增加呈下降趋势。在钠的浓度为 80 mmol/L 的条件下，根系干重极显著地低于其它低浓度各处理；浓度为 50 mmol/L 的条件下，根系干重低于低浓度各处理；除了与 40 mmol/L 处理的差异不显著外，与其他处理之间的差异均达到了极显著性水平。在浓度为 40 mmol/L 条件下的根系干重，与 0.4，3，10 和 20 mmol/L 处理的根系干重差异达到显著或极显著性水平，与 0，2 和 30 mmol/L 的干重差异接近显著

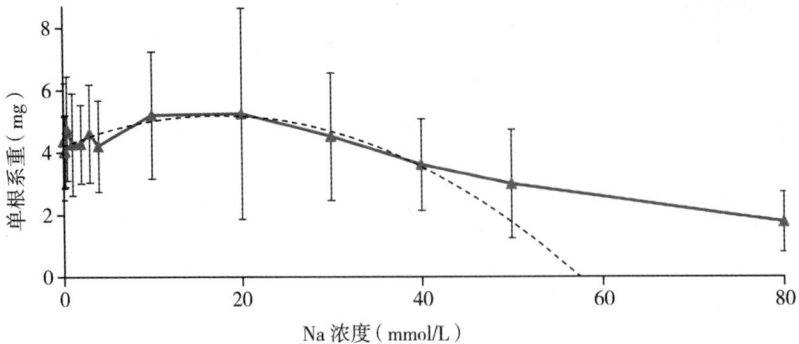

图 10　根系干重随钠浓度变化

水平(P = 0.099、0.068 和 0.059)。回归分析得到 0 ~ 40 mmol/L 根系干重(Gz)与浓度(C)之间的关系为:

$$Gz = -0.003\ 2\ C^2 + 0.111C + 4.203(r = 0.865 > r_{0.002} = 0.847) \tag{5}$$

Na 浓度大于 20 mmol/L 的各处理的变化趋势延长线与浓度轴的交点为 116 mmol/L,而二次回归线与浓度轴的交点为 57.2 mmol/L。

从图 11 单根干重的变化趋势可以看出,在 MS 培养基中钠浓度小于 10 mmol/L 的条件下,马铃薯苗的单根根重随着浓度的增加有上升的趋势(单根重与钠浓度之间具有显著的直线相关系数 r = 0.701 > $r_{0.05}$ = 0.666),说明钠浓度有促进根系增重的作用,10 ~ 40 mmol/L 稍有变化,但没有明显的趋势。在钠的浓度大于 40 mmol/L 的条件下,马铃薯苗的单根根重随着浓度的增加呈下降趋势。在钠的浓度为 80 mmol/L 的条件下,除了与 0 mmol/L 处理的差异不显著外,其单根根重均显著或极显著的低于其他各浓度处理的单根根重。

Na 浓度大于 10 mmol/L 的各处理的变化趋势延长线与浓度轴的交点为 137.5 mmol/L,而 40 ~ 80 mmol/L 各处理的单根根重连线延伸后与浓度轴交点在 118 mmol/L。

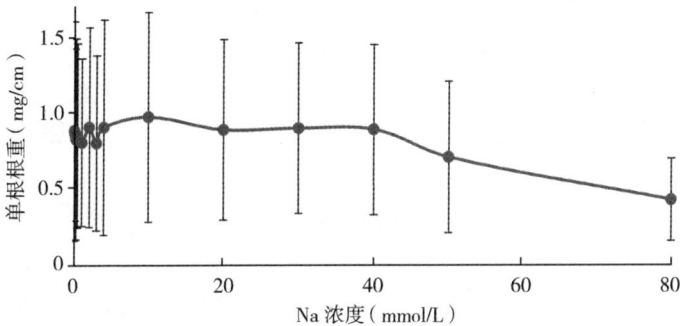

图 11　单根干重随钠浓度变化

用单根重或单根系重除以根长分别计算出单位长度的根重或单位长度根系重,分别称之根长密度或根系长密度。根系的这两个线密度都随培养基中钠浓度的增加而增大。图 12 是根长密度随钠浓度变化的趋势图。

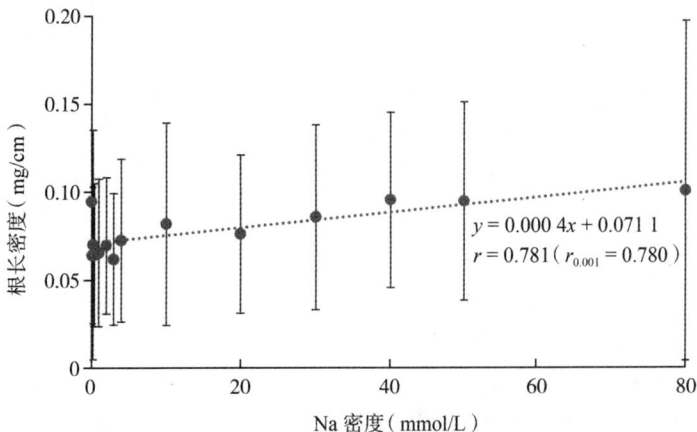

$$y = 0.000\ 4x + 0.071\ 1$$
$$r = 0.781(r_{0.001} = 0.780)$$

图 12　根长密度随钠浓度变化

3 讨 论

比较根的各项指标可以看出，在钠浓度低的条件下，根长、发根率和单根重似乎不受钠浓度变化的影响，尤其是发根率在 Na 浓度小于 20 mmol/L 以下，基本上百分百植株都发根，但是每个根系的根数及单位长度根重却随钠浓度增加而增大，所以，尽管每条根的平均重量基本不变，但根系的平均重量却随钠浓度的增加而增大。在钠浓度较大的条件下，因所有根相关的指标均下降，而使总根重降低，其中发根率在钠浓度达 40 mmol/L 以上便受到钠的显著影响，是对根系重的重要影响因素。根数与根长都是计算的现有根，没有计入无根植株，如果把无根植株作为 0 计入平均，根长和根系数在高钠浓度下还会有更大的下降幅度。

王朝霞[12]研究发现随着培养基中 NaCl 浓度的增加，植株中叶绿素含量下降，一般认为这是因为盐胁迫造成的[14,15]。本试验中也发现在较高 Na 浓度下，植株颜色变浅，可能也是因为过高浓度的钠离子造成的胁迫而引起的叶绿素含量降低造成的。叶绿素等光合色素含量下降，必定会降低植株的光合效率，光合产物积累减少，抑制生长。

植株的线密度(单位株高重和单位根长重)随钠浓度的增加而增大。茎叶包括茎和叶两部分，虽然，随钠浓度的增加，节间缩短，单位长度内叶数会增加，但叶片会变小变薄，因而叶在茎叶中所占的比例可能降低，意味着茎的线密度增大。王朝霞[12]发现，钠的浓度从 0.2 mmol/L 增加到 75.2 mmol/L，茎粗增加了 31.5%。根密度中没有其他成分，根长密度增加只是根的单位长度物质增加。这说明根和茎这两大运输器官中积聚了代谢产物。

本研究得出结论：

(1)培养基中钠浓度大于 40 mmol/L 的条件下，会对马铃薯苗和根的延长生长及根的发生造成严重抑制，但对苗及叶的形成影响较小。最小抑制延长生长的浓度，苗小于根，说明苗较根敏感；而抑制发生的浓度，根远小于苗。

(2)植株的线密度(单位根长重和单位株高重)都随钠浓度的增加而增大，表明高浓度的 Na 抑制了植株的延长生长，代谢产物在运输器官聚集。

(3)低浓度的钠可能对发根率、根长、节长以及单根重没有明显影响；而有促进节数、茎叶重增大的作用。

[参 考 文 献]

[1] 李孟收. 植物体内的钠及其营养功能 [J]. 植物杂志, 1999(2)：37-38.

[2] Parida A K, Das A B. Salt tolerance and salinity effects on plants: a review [J]. Ecotoxicology and Environmental Safety, 2005, 60(3)：324-349.

[3] 张婷婷. 马铃薯氮素高效利用生理响应及差异基因表达的研究 [D]. 呼和浩特: 内蒙古农业大学, 2020.

[4] 邹邦基. 钠的植物营养与生态生理 [J]. 植物生理学通讯, 1980(5)：5-11.

[5] 罗红艺, 景红娟. 植物营养中新的必需元素——钠、镍、硅 [J]. 高等函授学报: 自然科学版, 2002, 15(3)：14-18.

[6] 刘东斌. 钠钾离子在菠菜生长中交互与拮抗效应的研究 [J]. 土壤肥料, 1998(1)：30-32.

[7] Mäser P, Gieth M, Schroeder J I. Molecular mechanisms of potassium and sodium uptake in plants [J]. Plant and Soil,

2002, 247(1): 43-54.

[8] 陆景陵. 植物营养学 [M]. 2 版. 北京: 中国农业大学出版社, 2003: 114-117.

[9] 王晓丽, 姜存仓, 郝艳淑, 等. 钠和其他离子对钾离子替代作用的研究进展 [J]. 中国土壤与肥料, 2012(1): 1-6, 13.

[10] 陈永波, 李卫东, 赵清华, 等. 营养元素的缺乏与过量对马铃薯脱毒苗生长的影响 [J]. 中国马铃薯, 2004, 18(5): 260-263.

[11] 崔晓阳. 植物对有机氮源的利用及其在自然生态系统中的意义 [J]. 生态学报, 2007, 27(8): 3 500-3 512.

[12] 王朝霞. 钙、钾营养对 NaCl 胁迫下马铃薯生长和生理特性的影响 [D]. 呼和浩特: 内蒙古农业大学, 2012.

[13] 魏翠果. 钙对 NaCl 胁迫下马铃薯调控机制的研究 [D]. 呼和浩特: 内蒙古农业大学, 2014.

[14] 刁丰秋, 章文华, 刘友良. 盐胁迫对大麦叶片类囊体膜组成和功能的影响 [J]. 植物生理学报, 1997, 23(2): 105-110.

[15] 朱新广, 张其德. NaCl 对光合作用影响的研究进展 [J]. 植物学通报, 1999, 16(4): 332-338.

不同马铃薯品种产量及鲜食品质比较

孙莎莎[1,2]，崔长磊[1,2]，张志凯[1,2]，王珍珍[1,2]，李学洋[1,2]，

王　越[1,2]，王　乾[1,2]，吕　健[1,2]，胡柏耿[1,2]*

(1. 国家马铃薯工程技术研究中心，山东　乐陵　253600；

2. 乐陵希森马铃薯产业集团有限公司，山东　乐陵　253600)

摘　要：对马铃薯品种"费乌瑞它""冀张薯 12 号""晋薯 16 号""克新 1 号""青薯 9 号""希森 6 号"产量、营养指标及薯块蒸烤食品质等方面进行了综合评价。结果表明，"希森 6 号"产量最高(64 156 kg/hm²)，显著高于其他品种，较"费乌瑞它"增产 23.22%，"希森 6 号"类胡萝卜素含量 252.25 μg/100 g，营养价值较高，烤食综合评分 33.80 分，位居第一；"青薯 9 号"产量位居第二，较"费乌瑞它"增产 2.95%，但大薯率只有 65.34%，干物质和淀粉含量高，分别为 18.97%和 13.21%，抗坏血酸和蛋白质含量相对较低(13.35 mg/100 g 和 1.64%)，烤食评分最低(29.10 分)；"晋薯 16 号""克新 1 号""冀张薯 12 号"分别较"费乌瑞它"减产 16.85%、22.56%、23.20%，其中"晋薯 16 号"的优点是蒸食综合评分最高(32.86 分)，烤食评分第二(32.35 分)，但蛋白质和抗坏血酸含量最低；"克新 1 号"的优点是蛋白质和抗坏血酸含量最高(1.97%和 21.20 mg/100 g)，铁元素和钙元素含量高(8.30 和 93.80 mg/kg)，但烤食综合评分较低；"冀张薯 12 号"大薯率和商品薯率较高，其他指标表现不理想；"费乌瑞它"块茎产量排列第三，达到 52 066 kg/hm²，大薯率和商品薯率高，其他指标均不突出。

关键词：马铃薯；产量；营养指标；蒸烤食评价

马铃薯是中国第四大农作物，也是贫困地区的主要粮食作物。中国是世界马铃薯生产大国，20 世纪 90 年代以来，生产规模总体呈现快速增长的趋势[1]。据美国农业部 USDA 年度报告显示，中国在 2020～2021 年度销售马铃薯鲜薯产量预计为 9 900 万 t，较 2019～2020 年度销售增加 3%。而中国 60%的马铃薯是在家庭或餐馆用于鲜食消费。在 2019 中国种子大会分论坛"马铃薯产业发展论坛"上，讨论表示，马铃薯的育种目标比较复杂，既要考虑农艺性状、抗病抗逆，又要顾及到加工品质、营养品质、外观性状，这也是优质马铃薯品种诞生的一大困境。试验以"费乌瑞它""冀张薯 12 号""晋薯 16 号""克新 1 号""青薯 9 号""希森 6 号"6 个马铃薯主栽品种为试验材料，进行了田间试验、营养指标检测、薯块蒸烤食感官评价，比较农艺性状和鲜食品质，为广大薯农和消费者提供一定的选择依据。

作者简介：孙莎莎(1989—)，女，硕士，农艺师，主要从事马铃薯育种及栽培生理研究。

基金项目：山东省中央引导地方科技发展资金项目(YDZX20203700002756)；2017 年泰山产业领军人才工程高效生态农业创新类计划项目(LJNY201712)；山东省 2016 年重点研发计划(第四批)国家工程技术研究中心建设项目(2016GGH4510)。

*通信作者：胡柏耿，博士，高级工程师，主要从事马铃薯育种及新品种推广，e-mail：hubaigeng@163.com。

1 材料与方法

1.1 试验地概况

试验地点在内蒙古自治区乌兰察布市商都县西坊子村，该地平均海拔 1 400 m，属中温带大陆性季风气候，光资源丰富，干燥少雨，地下水富集。年平均气温为 3.1℃，无霜期 115~120 d，年均降水量 350 mm 左右。试验地为沙壤土，前茬作物为玉米。

1.2 试验材料

试验材料选择不同地区的主栽品种"费乌瑞它""冀张薯 12 号""晋薯 16 号""克新 1号""青薯 9 号""希森 6 号"。

1.3 试验方法

1.3.1 试验设计

试验采用随机区组设计，3 次重复，株距 0.2 m，行距 0.9 m，小区面积 21.6 m² (长 6.0 m×宽 3.6 m)。5 月 2 日播种，施基肥(N:P:K = 12:19:16)900 kg/hm²，幼苗期分 3 次追施尿素(N 46%)135 kg/hm²，蕾期追肥(N:P:K = 20:0:24)600 kg/hm²，花期和薯块膨大期分 3~5 次追施硝酸钾(K₂O 46%、N 13.5%)300 kg/hm²，防病虫 5 ~ 7次，中耕、灌溉、溶肥、喷药采用全程机械化管理，9 月 7 日收获，测小区产量。生育期及收获时试验数据调查记录参照农业行业标准"农作物种质资源鉴定技术规程 马铃薯"执行[2]。

1.3.2 测定项目及测定方法

收获后 15 d，对 6 个品种块茎进行下列营养指标检测。

干物质和淀粉含量：每个小区取 5 kg 块茎，采用淀粉含量测定仪(HD-W10A 型，哈尔滨汉达科技开发有限公司)进行测定。

还原糖含量：采用食品安全国家标准中的直接滴定法进行测定[3]。

蛋白质含量：采用食品安全国家标准中的凯氏定氮法进行测定[4]。

抗坏血酸含量：采用食品安全国家标准中的 2,6-二氯靛酚滴定法进行测定[5]。

1.3.3 块茎蒸烤食评价试验

采用家用蒸箱和烤箱，在相同条件下对"费乌瑞它""晋薯 16 号""克新 1 号""青薯 9号""希森 6 号"5 个品种进行蒸制、烤制，并对其进行感官盲评。感官评价采取评价小组打分制，选择具有相关专业背景的人员 9 人，男女比例相当。评价项目、标准描述及评分细则见表 1[6,7]。

表 1 马铃薯块茎蒸烤食感官评价指标

项目	评分细则	评分
观感	颜色鲜亮	8 ~ 10
	色泽雾蒙	5 ~ 7
	颜色暗淡	0 ~ 4

续表1

项目	评分细则	评分
口感	软、绵、细腻	8～10
	较硬、较沙	5～7
	硬、沙	0～4
口味	没有感到辣或麻	8～10
	感到较辣或较麻	5～7
	感到明显的辣或麻	0～4
风味	浓郁的薯香味	8～10
	浅淡的薯香味	5～7
	无薯香味、有怪味异味	0～4

1.4 数据处理

试验数据采用 SPSS 23.0 进行方差及差异显著性分析。

2 结果与分析

2.1 农艺性状特征

2.1.1 生育期植株性状

调查结果显示(表2),参试品种间出苗期相差不大,最大相差4 d,但不同品种生育期差别较大,"费乌瑞它"为早熟品种,"冀张薯12号""克新1号"和"希森6号"为中熟品种,"晋薯16号"为中晚熟品种,"青薯9号"为晚熟品种。"青薯9号"株高最高(110.23 cm),其次为"晋薯16号"(95.03 cm),"费乌瑞它"株高最矮(72.37 cm),"冀张薯12号""克新1号"和"希森6号"3个品种的株高中等,他们之间无显著差异。"晋薯16号"的茎粗1.76 cm,显著粗于"费乌瑞它""青薯9号"和"希森6号",与"冀张薯12号"和"克新1号"差异不显著;除"晋薯16号"外,其余5个品种之间无显著差异。"晋薯16号""克新1号""青薯9号""希森6号"的主茎数都在2.10以上,他们之间无显著差异,"青薯9号"的主茎数显著高于"费乌瑞它"和"冀张薯12号"。

表2 参试马铃薯生育期及农艺性状

品种	出苗期 (D/M)	收获期 (D/M)	熟性	株高 (cm)	茎粗 (cm)	主茎数 (个)
费乌瑞它	30/05	07/09	早熟	72.37 ± 12.67 d	1.51 ± 0.13 b	1.80 ± 0.46 b
冀张薯12号	03/06	07/09	中熟	76.27 ± 1.10 cd	1.60 ± 0.06 ab	1.63 ± 0.31 b
晋薯16号	01/06	07/09	中晚熟	95.03 ± 3.39 b	1.76 ± 0.08 a	2.37 ± 0.60 ab
克新1号	03/06	07/09	中熟	87.27 ± 3.96 bc	1.59 ± 0.05 ab	2.20 ± 0.46 ab
青薯9号	30/05	07/09	晚熟	110.23 ± 6.57 a	1.50 ± 0.09 b	2.83 ± 0.32 a
希森6号	30/05	07/09	中熟	81.90 ± 0.85 cd	1.53 ± 0.14 b	2.10 ± 0.44 ab

注:不同小写字母表示0.05水平差异显著。下同。

2.1.2 块茎性状及产量

6个品种块茎的性状和产量如表3所示。"费乌瑞它"薯形为长椭圆，"晋薯16号"为扁圆，其他品种均为椭圆；皮色除"青薯9号"为红色，其他品种均为黄色；"青薯9号"和"希森6号"肉色为黄色，"费乌瑞它"为浅黄色，其他品种为白色；除"费乌瑞它"和"克新1号"芽眼为中等，其他品种芽眼均浅。

"希森6号"折合产量最高（64 156 kg/hm²），显著高于其他品种，较"费乌瑞它"增产23.22%；"青薯9号""晋薯16号""克新1号""冀张薯12号"分别较"费乌瑞它"增产2.95%、−16.85%、−22.56%、−23.20%。"费乌瑞它""冀张薯12号""晋薯16号"和"希森6号"大薯率较高，四者之间差异未达显著水平；"青薯9号"大薯率最低，显著低于其他5个品种。商品薯率除"青薯9号"最低外，其他品种间无显著差异。

表3 参试马铃薯品种块茎性状及产量

品种	薯形	皮色	肉色	芽眼	折合产量 （kg/hm²）	较费乌瑞它增减 （%）	大薯率 （%）	商品薯率 （%）
费乌瑞它	长椭圆	黄	浅黄	中	52 066 ± 5 821 b	—	88.64 ± 1.70 a	97.26 ± 1.00 a
冀张薯12号	椭圆	黄	白	浅	39 986 ± 3 486 c	−23.20	85.97 ± 6.99 ab	97.59 ± 2.08 a
晋薯16号	扁圆	黄	白	浅	43 293 ± 4 309 bc	−16.85	86.67 ± 2.59 a	96.01 ± 1.37 a
克新1号	椭圆	黄	白	中	40 323 ± 1 870 c	−22.56	77.31 ± 2.13 b	95.48 ± 1.61 a
青薯9号	椭圆	红	黄	浅	53 601 ± 7 293 b	2.95	65.34 ± 6.75 c	91.52 ± 3.21 b
希森6号	椭圆	黄	黄	浅	64 156 ± 8 012 a	23.22	81.92 ± 3.50 ab	95.56 ± 2.67 a

2.2 块茎品质

试验结果表明（表4），"青薯9号"的干物质和淀粉含量都最高，分别达到18.97%和13.21%，显著地高于除"晋薯16号"外的其他4个品种；其次是"晋薯16号"和"希森6号"，含量分别是干物质18.47%和17.89%，淀粉12.71%和12.13%；"费乌瑞它""冀张薯12号"和"克新1号"3个品种的干物质和淀粉含量都显著低于其他3个品种。从表4中可以看出品种之间还原糖含量差异显著，其中"青薯9号"和"希森6号"的含量分别为0.29%和0.24%，显著低于其他品种。"克新1号"和"希森6号"蛋白质含量高，分别达到1.97%和1.94%；"晋薯16号"的蛋白质含量只有1.29%，其他品种之间蛋白质含量无显著差异。"费乌瑞它""冀张薯12号""克新1号""希森6号"4个品种抗坏血酸含量较高，四者之间无显著差异，而"青薯9号"和"晋薯16号"的含量则显著低于其他4个品种。

表 4　参试马铃薯品种块茎营养品质

品种	干物质含量 （%）	淀粉含量 （%）	还原糖含量 （%）	蛋白质含量 （%）	抗坏血酸含量 （mg/100 g）
费乌瑞它	16.75 ± 0.49 c	10.99 ± 0.49 c	0.80 ± 0.07 b	1.78 ± 0.09 a	19.02 ± 3.00 a
冀张薯 12 号	16.75 ± 0.45 c	10.99 ± 0.45 c	0.90 ± 0.03 a	1.71 ± 0.48 ab	19.72 ± 0.71 a
晋薯 16 号	18.47 ± 0.25 ab	12.71 ± 0.25 ab	0.57 ± 0.05 d	1.29 ± 0.23 b	10.97 ± 0.44 b
克新 1 号	16.18 ± 0.12 c	10.42 ± 0.12 c	0.66 ± 0.04 c	1.97 ± 0.16 a	21.20 ± 1.67 a
青薯 9 号	18.97 ± 0.33 a	13.21 ± 0.33 a	0.29 ± 0.02 e	1.64 ± 0.07 ab	13.35 ± 2.53 b
希森 6 号	17.89 ± 0.54 b	12.13 ± 0.54 b	0.24 ± 0.01 e	1.94 ± 0.16 a	18.06 ± 1.85 a

委托中国科学院兰州化学物理研究所对"费乌瑞它""克新 1 号""希森 6 号"的糖苷生物碱含量、类胡萝卜素含量及钾、铁、锌、钙 4 种元素含量进行检测（表 5）。结果表明，"希森 6 号"总糖苷生物碱含量为 7.10 mg/kg，低于"费乌瑞它"（23.50 mg/kg）和"克新 1 号"（7.60 mg/kg）。"希森 6 号"总类胡萝卜素含量（252.25 μg/100 g）及检测到的类胡萝卜素的种类（4 种），均高于"费乌瑞它"（231.53 μg/100 g）和"克新 1 号"（246.57 μg/100 g）。"克新 1 号"除钾元素含量低于"希森 6 号"外，其他 3 种元素含量均高于"费乌瑞它"和"希森 6 号"。

表 5　不同品种其他营养指标

品种	糖苷生物碱含量（mg/kg）		类胡萝卜素含量（μg/100 g）				元素含量（mg/kg）			
	α-卡茄碱	α-茄碱	叶黄素	玉米黄质	紫黄质	花药黄质	钾	铁	锌	钙
费乌瑞它	3.20	20.30	231.53	—	√	√	1 980	7.80	4.13	69.00
克新 1 号	2.80	4.80	246.57	—	√	—	2 350	8.30	4.25	93.80
希森 6 号	3.70	3.40	230.84	21.41	√	√	2 460	7.30	3.89	63.90

2.3　块茎蒸食、烤食感官评价

块茎蒸食评价结果显示（表 6、图 1），"晋薯 16 号"综合评分最高达到 32.86 分，其次是"青薯 9 号"和"希森 6 号"，分别为 31.83 分和 31.59 分，二者与"晋薯 16 号"没有显著差异；综合评分最差的是"克新 1 号"，显著低于其他品种（"费乌瑞它"除外）。

表 6　不同品种块茎蒸食感官评分

品种	观感	口感	口味	风味	总评分
费乌瑞它	7.89 ± 1.05 ab	7.94 ± 1.24 ab	7.17 ± 0.87 ab	7.00 ± 0.87 ab	30.00 ± 3.00 ab
晋薯 16 号	8.19 ± 1.00 ab	8.39 ± 0.93 a	8.22 ± 0.83 a	8.06 ± 0.95 a	32.86 ± 3.54 a
克新 1 号	7.11 ± 1.54 b	7.26 ± 1.27 b	6.44 ± 1.33 b	6.17 ± 1.22 b	26.98 ± 4.14 b
青薯 9 号	8.28 ± 1.20 ab	7.87 ± 0.90 ab	7.74 ± 1.04 a	7.94 ± 1.01 a	31.83 ± 3.34 a
希森 6 号	8.46 ± 0.74 a	8.08 ± 0.57 ab	7.50 ± 1.17 ab	7.55 ± 1.16 a	31.59 ± 3.09 a

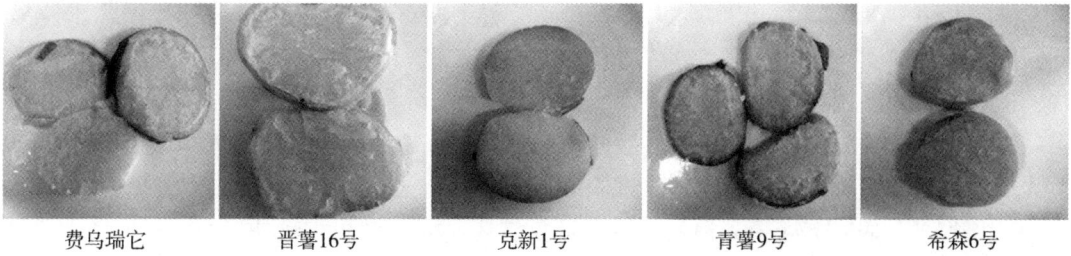

| 费乌瑞它 | 晋薯16号 | 克新1号 | 青薯9号 | 希森6号 |

图 1　不同品种块茎蒸制成品

块茎烤食评价结果显示(表 7、图 2)。综合评分最高的是"希森 6 号",为 33. 80 分,显著高于除"晋薯 16 号"之外的 3 个品种,其次是"晋薯 16 号",为 32. 35 分,二者之间差异不显著;评分最低的是"青薯 9 号",为 29. 10 分。从表 7 中可以看出,"希森 6 号"的 4 个评价指标的打分都优于其他 4 个品种。

表 7　不同品种块茎烤食感官评分

品种	观感	口感	口味	风味	总评分
费乌瑞它	8. 40 ± 0. 97 a	7. 75 ± 1. 01 ab	7. 60 ± 0. 97 ab	7. 50 ± 0. 85 bc	31. 25 ± 2. 81 bc
晋薯 16 号	8. 15 ± 0. 75 a	8. 15 ± 0. 82 a	8. 10 ± 0. 77 ab	7. 95 ± 0. 90 ab	32. 35 ± 2. 75 ab
克新 1 号	6. 90 ± 1. 73 b	7. 70 ± 0. 79 ab	7. 95 ± 0. 90 ab	7. 80 ± 0. 42 ab	30. 35 ± 2. 24 bc
青薯 9 号	7. 95 ± 1. 07 a	7. 20 ± 1. 01 b	7. 30 ± 1. 06 b	6. 65 ± 1. 38 c	29. 10 ± 2. 88 c
希森 6 号	8. 60 ± 0. 84 a	8. 35 ± 1. 06 a	8. 30 ± 0. 82 a	8. 55 ± 1. 34 a	33. 80 ± 2. 26 a

| 费乌瑞它 | 晋薯16号 | 克新1号 | 青薯9号 | 希森6号 |

图 2　不同品种块茎烤制成品

3　讨　论

中国每年生产的马铃薯绝大多数用于鲜食,随着品种退化日趋严重,选育出具有自主知识产权、综合性状优良、增产潜力大、受广大消费者欢迎的新品种,是所有育种工作者为之奋斗的目标。

本试验选择了几个不同地区的鲜食主栽品种,分析田间农艺性状,从调查结果看,株高与熟性有一定的相关性,一般早熟品种较矮,晚熟品种较高。"希森 6 号"薯形椭圆形,黄皮黄肉,芽眼浅,比较符合人们的消费习惯;产量优势较为突出,较"费乌瑞它"高12 090 kg/hm²,按市价 1 200 元/t 计算,可增效 14 508 元/hm²;在适宜条件下,"希森 6

号"单产可高达 143.7 t/hm^2[8]，且大薯率和商品薯率相对较高，符合商业化生产需求。另外，"青薯 9 号"红皮黄肉，较"费乌瑞它"增产 2.95%，但其大薯率较低，且属于晚熟品种，适合种植的区域相对较少。

随着社会的发展，消费者对于食品营养的关注越来越高，马铃薯营养丰富，鲜食可以最大程度地减少薯块中的营养流失。试验品质分析结果显示，"费乌瑞它""冀张薯 12 号""克新 1 号""希森 6 号" 4 个品种蛋白质含量与抗坏血酸含量相对较高；而"晋薯 16 号"和"青薯 9 号"含量较低，可能与晚熟品种营养物质积累晚有关。"希森 6 号"总糖苷生物碱含量低于"费乌瑞它"和"克新 1 号"，三者均远远低于 200 mg/kg 的马铃薯安全计量[9]，因此食用时口感好，不涩不麻。"希森 6 号"总类胡萝卜素含量和种类均高于"费乌瑞它"和"克新 1 号"；"克新 1 号"几种微量元素含量相对较高，"希森 6 号"和"克新 1 号"作为鲜食品种营养价值相对较高。

薯块蒸食综合评价中，"费乌瑞它""晋薯 16 号""青薯 9 号""希森 6 号"无显著差异；薯块烤食综合评价中，"希森 6 号"综合得分最高，其次是"晋薯 16 号"，二者之间无显著差异。本试验对蒸食和烤食产品只是初步进行了消费者喜好度的评价，薯块鲜食品质的评价还需进一步详细研究。

参试的几个品种产量和品质各有特色，需根据熟性选择适宜的种植区域。在本试验条件下综合表现较好的品种为"希森 6 号"。该品种中熟，增产潜力大，各项营养指标均居前列，蒸食综合打分第三，烤食综合打分第一。

[参 考 文 献]

[1] 高明杰, 罗其友, 张萌, 等. 新时期中国马铃薯产业发展趋势分析 [C]//屈冬玉, 陈伊里. 马铃薯产业与中国式主食. 哈尔滨: 哈尔滨地图出版社, 2016: 23-28.

[2] 中华人民共和国农业部. NY/T 1303-2007 农作物种质资源鉴定技术规程 马铃薯 [S]. 北京: 中国农业出版社, 2007.

[3] 中华人民共和国国家卫生和计划生育委员会. GB 5009.7-2016 食品安全国家标准 食品中还原糖的测定 [S]. 北京: 中国标准出版社, 2016.

[4] 中华人民共和国国家卫生和计划生育委员会. GB 5009.5-2016 食品安全国家标准 食品中蛋白质的测定 [S]. 北京: 中国标准出版社, 2016.

[5] 中华人民共和国国家卫生和计划生育委员会. GB 5009.86-2016 食品安全国家标准 食品中抗坏血酸的测定 [S]. 北京: 中国标准出版社, 2016.

[6] 刘娟, 梁延超, 隋景航, 等. 马铃薯块茎蒸煮品质、质构特性及加工型品系筛选 [J]. 中国农业科学, 2016, 49(21): 4 074-4 084.

[7] 黄越, 石瑛. 不同马铃薯品种淀粉及蒸食品质的差异 [C]//屈冬玉, 陈伊里. 马铃薯产业与精准扶贫. 哈尔滨: 哈尔滨地图出版社, 2017.

[8] 郑海燕. 希森 6 号单季亩产 9.58 吨创世界纪录 [N]. 农民日报, 2018-07-05(2).

[9] 曾凡逵, 周添红, 康宪学, 等. HPLC 法测定马铃薯块茎中糖苷生物碱的含量 [J]. 中国马铃薯, 2015, 29(5): 263-268.

4份马铃薯 4X-2X 种间杂交后代评价

祁利潘，冯 琰，尹 江*

（河北北方学院旱作农业研究中心，河北 张家口 075000 ）

摘 要：为创制高产、高干物质含量马铃薯新种质，以高产四倍体栽培种"冀张薯8号"为母本，高干物质二倍体野生后代"ZJ1702"为父本，远缘杂交获得马铃薯(4x-2x)新种质4份。新型马铃薯表型农艺性状均值介于母本和父本之间，生长势由强到弱分别为 ZJ1847.3（三倍体）、ZJ1847.4（四倍体）、ZJ1847.1（四倍体）、ZJ1847.2（四倍体）。4份种间杂交子代相比，ZJ1847.1单株结薯数最多，产量最高为 37 768 kg/hm²，较"冀张薯8号"增产7.9%，干物质高达到29.84%，但田间粉痂病发病较重；ZJ1847.2单株结薯数最少，产量最低为 16 770 kg/hm²，干物质含量最低为26.77%，但田间疮痂病、粉痂病发病最轻；三倍体材料 ZJ1847.3 结薯数和干物质含量表现居中，田间疮痂病较重；ZJ1847.4单株结薯数较多，干物质含量最高，达到32.01%，虽产量略低为 31 169 kg/hm²，但表皮仅有中等疮痂。综合分析产量、干物质含量及田间发病表现，ZJ1847.4表现最优，为高产、高干物质材料苗头品系。

关键词：种间杂交；三倍体；高干物质；4x-2x；单向有性多倍化

长期以来马铃薯育种一直采用种内杂交为主，栽培种遗传基础狭窄，常规种内杂交难以获得突破性品种。而马铃薯家族中74%的资源存在于二倍体野生种和近缘栽培种中[1]，二倍体野生种和近缘栽培种含有丰富的优良性状基因，但与普通栽培种杂交不亲和，限制了其在育种中的应用。通过单向有性多倍化(4x-2x)实现性状转育的这一育种新途径，筛选出一批优良实生种子组合和育种新材料(抗晚疫病[2]、抗疮痂病[3])，极大地丰富马铃薯育种资源。本研究以高产四倍体栽培种为母本，高干物质含量原始二倍体栽培种为父本，以双单倍体和2n配子为桥梁，应用嫁接融合育种技术[4]，为高产高干物质含量马铃薯选育提供支持。

1 材料与方法

1.1 供试材料

试验材料由河北北方学院旱作农业研究中心收集和鉴定选育获得。以四倍体栽培种"冀张薯8号"作为母本，长期轮回选择适应长日照的原始二倍体栽培种"富利亚"（*Solanum*

作者简介：祁利潘(1987—)，女，助理研究员，研究方向为马铃薯远缘杂交育种。

基金项目：国家现代农业产业技术体系(CARS-09-P05)；张家口市重点研发计划项目(2021014C)。

*通信作者：尹江，研究员，研究方向为马铃薯育种与高产栽培，e-mail：bshnks@sina.com。

phureja，PHU）与"窄刀薯"（*S. stenotomum*，STN）杂种无性系（PHU-STN）"ZJ1702"为父本，创建新型马铃薯种质。共有 4 份种间杂交材料供试鉴定评价。

1.2 亲本有性杂交

在 7 月中下旬，采集父本（二倍体）花粉，对嫁接株（4x/2x）进行授粉。具体操作流程见"马铃薯四倍体栽培种与二倍体野生种远缘杂交的方法"（CN108834604A）[5]。9 月中旬收获杂交果，清洗浆果，杂交种子计数保存。

1.3 种间杂交后代田间鉴定与倍性鉴定

试验地点为河北张北县喜顺沟村，每材料种植 11.7 m^2，株距为 30 cm，行距为 65 cm，3 次重复。播前施入撒可富（N：P：K = 15：15：15）复合肥 750 kg/hm^2，生长期内未进行追肥处理，旱作雨养种植，9 月 10 日收获测产。田间性状调查鉴定，具体测定方法参照农作物种质资源鉴定技术规程 马铃薯[6]。淀粉测定采用水比重法进行。

倍性检测：取小植株叶片，以二倍体亲本作对照，用细胞流式仪检测倍性。具体方法为：取大约 5 mm^2 的叶片组织材料于培养皿里；加入 400 μL 核酸提取缓冲液 HR-A；用剃须刀片切碎叶片放置 30 s，通过 30 μm 的微孔滤膜将样品过滤到样品管里；加入 160 μL DNA 染色液 HR-B，30～60 s 短暂孵育；上样检测。所用机型为德国 Partec 公司生产的 CyFlow® 倍性分析仪。

1.4 数据处理

采用 Excel 软件对农艺及经济性状数据进行整理分析。采用 SPSS 软件进行各农艺性状间相关性分析，采用 Duncan's 新复极差法进行多重比较。

2 结果与分析

2.1 马铃薯种间杂交后代植株形态特征

应用流式细胞仪进行倍性鉴定。由表 1 可知，4 份种间杂交后代材料中三倍体有 1 个，四倍体有 3 个。生育天数为 86～93 d，均为中晚熟材料。3 份茎色为绿色，有 1 份为绿褐是 ZJ1847.1。四倍体 ZJ1847.2 叶色为深绿，三倍体 ZJ1847.3 叶色为淡绿，其余两份材料叶色为绿色。花冠色白色、紫色各 2 份，紫色花冠花量中等，白色花冠花繁茂多。4 份材料仅 ZJ1847.4 有天然结实性，其他材料无自交后代。ZJ1847.1、ZJ1847.3、ZJ1847.4 主茎数分别为 2.0、2.1、2.2 个，与母本"冀张薯 8 号"主茎数差异不显著，但显著低于父本主茎数；ZJ1847.2，主茎数最少为 1.4 个，显著低于亲本及其他 3 份子代材料。所有后代材料株高在父母本之间，显著低于四倍体母本"冀张薯 8 号"，而显著高于二倍体亲本；三倍体 ZJ1847.3 株高为后代材料最高，与四倍体 ZJ1847.4 差异不显著，显著高于 ZJ1847.1 和 ZJ1847.2。综合分析后代材料株高与主茎数，生长势由强到弱分别为 ZJ1847.3（三倍体）、ZJ1847.4（四倍体）、ZJ1847.1（四倍体）、ZJ1847.2（四倍体）。可见，马铃薯三倍体种间杂交后代在植株形态上不一定弱于四倍体植株。

表 1 马铃薯种间杂交后代植株形态特征

表 1　马铃薯种间杂交后代植株形态特征

材料	倍性	茎色	叶色	花冠色	花繁茂性	天然结实性	主茎数（个）	株高（cm）	生育天数（d）
P1 G8	4	绿	绿	白	多	中	2.0 b	99.4 a	99
ZJ1847.1	4	绿褐	绿	紫	中	无	2.0 b	56.5 c	93
ZJ1847.2	4	绿	深绿	紫	中	无	1.4 c	58.2 c	93
ZJ1847.3	3	绿	淡绿	白	多	无	2.1 b	80.7 b	86
ZJ1847.4	4	绿	绿	白	多	中	2.2 b	75.7 b	86
P2 ZJ1702	2	绿褐	绿	白	多	强	3.2 a	47.1 d	59

注：采用 Duncan's 新复极差测验法进行分析，不同小写字母表示在 0.05 水平差异显著。下同。

2.2　马铃薯种间杂交后代经济性状表现

由表 2 可知，4 份种间杂交子代中 ZJ1847.1 和 ZJ1847.4 单株结薯数最多，分别为 15.2、13.4 个，与二倍体父本差异不显著，显著大于母本；三倍体 ZJ1847.3 单株结薯数为 11.1 个，显著小于父本且大于母本；ZJ1847.2 单株结薯数最少，与母本差异不显著。后代材料产量高于 30 000 kg/hm² 的材料有 3 份，分别是 ZJ1847.1、ZJ1847.3、ZJ1847.4，且与母本"冀张薯 8 号"产量差异不显著，其中产量最高的是四倍体材料 ZJ1847.1，且商品薯率较高为 77.7%，ZJ1847.3、ZJ1847.4 商品薯率较低，仅为 53.0% 和 59.4%；ZJ1847.2 产量最低，显著低于母本和其他 3 份子代材料，但商品薯率较高为 80.07%。

表 2　马铃薯种间杂交后代经济性状表现

材料	倍性	单株薯数（个）	单株薯重（g）	产量（kg/hm²）	商品薯率（%）	干物质含量（%）	淀粉含量（%）	田间疮痂、粉痂发病表现
P1 G8	4	3.9 c	636 b	35 009 ab	89.00 a	24.11 e	18.38 e	—
ZJ1847.1	4	15.2 a	805 a	37 768 a	77.73 a	29.84 c	24.08 c	粉痂较重
ZJ1847.2	4	5.2 c	400 c	16 770 c	80.07 a	26.77 d	20.79 d	较轻
ZJ1847.3	3	11.1 b	764 b	32 452 b	53.00 ab	29.08 c	23.36 c	疮痂较重
ZJ1847.4	4	13.4 ab	623 b	31 169 b	59.40 ab	32.01 b	26.31 b	疮痂中等
P2 ZJ1702	2	15.1 a	280 d	10 930 d	21.20 b	33.95 a	28.56 a	—

干物质含量规律与单株结薯数规律表现近乎一致，4 份种间杂交子代相比，ZJ1847.1 单株结薯数最多，产量最高，干物质为 29.84%，为高产高干物质材料，但田间粉痂病发病较重，见图 1-1。ZJ1847.2 单株结薯数最少，产量和干物质含量显著低于其他 3 份材料，但田间疮痂、粉痂病发病较轻，见图 1-2。三倍体材料 ZJ1847.3 结薯数和干物质含量表现居中，但田间疮痂病较重，见图 1-3。ZJ1847.4 单株结薯数较多，干物质含量最高，达到 32.01%，虽产量略低，但表皮仅有中等疮痂，见图 1-4。

4 份材料表现出产量、干物质含量与抗病性呈负相关，产量低、干物质含量低，发病较轻；随着产量、干物质含量增加，田间发病情况严重。综合分析产量、干物质含量及田间抗性表现，ZJ1847.4 表现最优，为高干物质材料苗头品系。

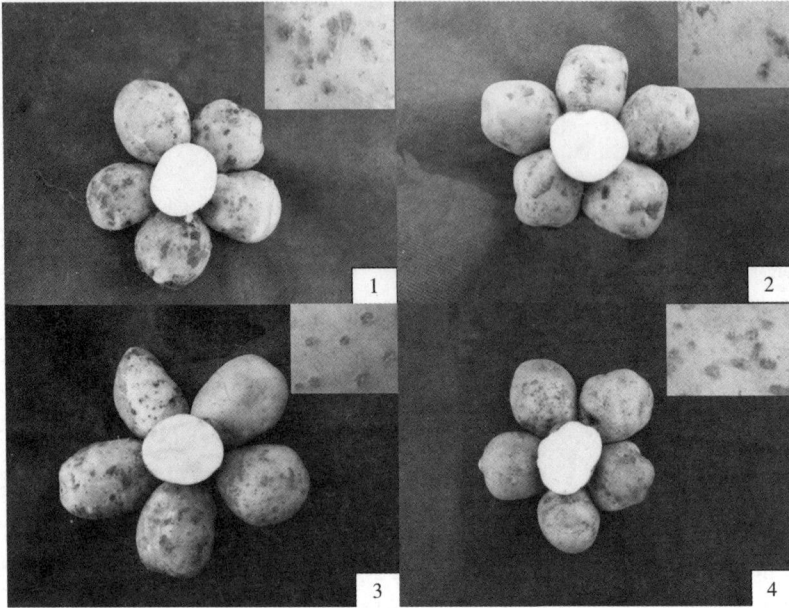

注：1. ZJ1847.1；2. ZJ1847.2；3. ZJ1847.3；4. ZJ 1847.4。

图1　马铃薯4X-2X 种间杂交后代块茎田间表现

3　讨　论

远缘杂交伴随着多倍化是新物种形成的重要途径。开发利用野生种资源是马铃薯育种的重要方向。研究表明，马铃薯 4x-2x 种间杂交时，后代多为四倍体，这是因为 2x 雌配子在与 x 配子受精过程中产生了五倍体的胚乳，而五倍体胚乳是没有生活力的，所以较难获得三倍体后代[4]。本研究三倍体田间生长势良好，部分材料能与亲本回交能够产生后代，这与三倍体植株产生 2n 配子相关[7]。种间三倍体的产生和利用为马铃薯栽培种的遗传改良提供更多的材料，将为不能产生 2n 配子的二倍体野生种利用开辟新途径。在育种过程中应对马铃薯三倍体植株予以重视，综合鉴定，得出育种策略。

在马铃薯育种中利用 4x-2x 倍性育种法能够增加杂种后代的异质性，且具有更为显著的杂种优势。Buso 等[8]在对 4x-2x 杂种后代块茎产量的研究中指出，4x-2x 杂种后代的总块茎产量明显高于他的四倍体亲本，是已发现的一种很有效的育种策略。4 份材料表现出产量、干物质含量与抗病性呈负相关，产量低、干物质含量低，抗病性较强；随着产量、干物质含量增加，田间发病情况严重。综合分析产量、干物质含量及田间抗性表现，ZJ1847.4 表现最优，为高干物质材料苗头品系。本文试验为 1 年数据，产量和干物质含量等性状需要多年验证，材料抗病性需要继续在病圃中进行量化鉴定。

［参 考 文 献］

[1] Alsahlany M, Zarka D, Coombs J, *et al*. Comparison of methods to distinguish diploid and tetraploid potato in applied diploid breeding [J]. American Journal of Potato Research, 2019, 96(3): 244−254.

[2] Rogozina E V, Kolobaev V A, Khavkin E E, *et al*. Interspecific potato hybrids as a resource for late blight resistance genes [J]. Russian Agricultural Sciences, 2014, 40(1): 10−13.

[3] Jansky S, Douches D, Haynes K. Transmission of scab resistance to tetraploid potato via unilateral sexual polyploidization [J]. American Journal of Potato Research, 2018, 95(3): 272−277.

[4] Jacobsen E. Haploid, diploid and tetraploid parthenogenesis in interspecific crosses between *Solanum tuberosum* interdihaploids and *S. phureja* [J]. Potato Research, 1978, 21(1): 15−17.

[5] 王宽, 祁利潘, 尹江, 等. 马铃薯四倍体栽培种与二倍体野生种远缘杂交的方法: 中国, CN108834604A [P]. 2018−11−20.

[6] 中华人民共和国农业部. NY/T 1303−2007 农作物种质资源鉴定技术规程 马铃薯 [S]. 北京: 中国农业出版社, 2007.

[7] Gaiero P, Mazzella C, Vilaró F, *et al*. Pairing analysis and in situ hybridisation reveal autopolyploid−like behaviour in *Solanum commersonii* × *S. tuberosum* (potato) interspecific hybrids [J]. Euphytica, 2017, 213: 137.

[8] Buso J A, Boiteux L S, Peloquin S J. Multitrait selection system using populations with a small number of interploid (4x−2x) hybrid seedlings in potato: Degree of high−parent heterosis for yield and frequency of clones combining quantitative agronomic traits [J]. Theoretical and Applied Genetics, 1999, 99(1−2): 81−91.

冬闲田马铃薯新品系筛选试验

李　璐[1,2]，王素华[1,2]，杨　丹[1,2]，李树举[1,2*]，万国安[1,2]，

张曙光[1]，彭元群[1]，王　桢[1]

（1. 常德市农林科学研究院，湖南　常德　415000；

2. 国家马铃薯产业技术体系常德综合试验站，湖南　常德　415000）

摘　要：湖南有超过 200 万 hm² 冬闲稻田，发展冬闲稻田马铃薯种植具有明显优势。为选育出适合冬闲田种植的新品种，从中国农业科学院蔬菜花卉研究所引进 11 个品系进行品比试验，结果表明在持续低温多雨条件下，品系"671"和对照"中 3"综合表现相对突出，单株结薯多，商品薯率高，平均产量在 1 500 kg/667 m² 以上，可在湖南地区继续引种观察。

关键词：冬闲稻田；马铃薯；品系筛选

　　湖南省有超过 200 万 hm² 冬闲稻田，发展冬闲稻田马铃薯种植具有明显优势。湖南冬播马铃薯主要做菜用，收获多在 4 月中下旬马铃薯供应淡季开始，错位上市，产量虽不高，但市场价格高，鲜薯市场需求大。目前生产中马铃薯品种单一，新品种缺乏，为选育出适合冬闲田种植的新品种，从中国农业科学院蔬菜花卉研究所引进 11 个品系进行品比试验，旨在筛选出适合本区域种植的早熟、高产、优质、高抗新品种，为湖南省马铃薯主粮化发展提供技术支撑。

1　材料与方法

1.1　试验材料

　　试验所用品系从中国农业科学院蔬菜花卉研究所引进，共 11 个新品系，分别是"D516""D367""N190""N215""219""中 157""中 209""中 210""中 671""中 686"，"中 3"为对照。

1.2　试验地概况

　　试验地设在湖南省常德市农林科学研究院试验基地水稻田，N 29°2′13″，E 111°37′40″，海拔 35 m。前茬作物为水稻，土壤呈黏性，机械翻耕和耙地。

1.3　试验设计与方法

　　试验采用完全随机区组试验设计，3 次重复。小区面积 13.33 m²，4 行区，株行距 22.4 cm × 60 cm，单垄双行种植，垄高 25 cm，施 45% 硫酸钾型复合肥（N、P、K 各 15%）

作者简介：李璐（1991—），女，硕士，主要从事马铃薯新品种选育与推广、马铃薯栽培研究。

基金项目：现代农业产业技术体系建设专项基金项目（CARS-09）。

＊通信作者：李树举，研究员，主要从事马铃薯育种与栽培，e-mail：Lshj7135@163.com。

100 kg/667 m², 作基肥一次性施入, 摆好种后, 覆盖约 10 cm 的碎土, 再覆盖一层 0.08 mm 白膜。田间管理同当地管理习惯, 出苗后及时破膜引苗, 生长中后期及时进行病害防治。生长期间调查不同品种的物候期、主要农艺性状、抗病性等, 2018 年 1 月 27 日播种, 2019 年 5 月 22 日收获, 收获时取中间 10 株块茎考种, 采收各小区测产。

1.4 统计分析

试验数据采用 Excel 2010 和 SPSS 19.0 进行整理和统计分析。

2 结果与分析

2.1 不同马铃薯品种物候期

2018 年 12 月至 2019 年 2 月期间湖南地区长期持续低温雨雪天气, 马铃薯起垄播种等工作受到较大影响, 播期严重推迟, 马铃薯生长期间(3~5 月)也较往年同期寡照多雨, 总体出苗迟, 出苗不整齐, 生育期缩短, 收获时所有品系均未成熟, 部分品系可能由于种薯质量原因, 出苗率极低, 其中品系"D367""中 209""中 686"出苗不足 60%, 因此后续不再进行田间性状和产量等因素的调查。"N215""中 157""中 210"和对照"中 3"出苗率在 90%以上(表 1)。

表 1 参试马铃薯品种物候期

品种(系)	播种期(D/M)	出苗期(D/M)	现蕾期(D/M)	收获期(D/M)	生育期(d)	出苗率(%)
D516	27/01	28/03	13/04	22/05	54	88.67
D367	27/01	28/03	13/04	22/05	54	58.67
N190	27/01	28/03	11/04	22/05	54	76.67
N215	27/01	23/03	13/04	22/05	59	96.67
219	27/01	25/03	13/04	22/05	57	88.00
中 157	27/01	20/03	09/04	22/05	62	90.00
中 209	27/01	25/03	11/04	22/05	57	47.33
中 210	27/01	27/03	13/04	22/05	55	96.00
中 671	27/01	23/03	13/04	22/05	59	84.00
中 686	27/01	—	—	22/05	>54	34.00
中 3(CK)	27/01	19/03	11/04	22/05	63	92.00

2.2 不同马铃薯品种田间性状

由表 2 可知, 主茎数在 3.0 个以上的品系有"219""中 157"和"中 671", "D516"主茎数 1.47 个, 其他品系在 2.20~2.47 个。株高超过对照的品系有 4 个, 分别是"D516""中 671""N215"和"219", 较高的是"D516"和"中 671", 分别是 66.60 和 63.87 cm, "中 210"最矮, 为 34.13 cm。"D516"茎色为红褐色, "中 210"和"中 671"的茎色为淡紫色, 其他品系为绿色。所有参试品系中仅"D516""D367"和"中 671"开花, 花冠均为白色, 其他品系表现为落蕾。块茎表现整齐的品系有 7 个, 表现一般的品系有 3 个, "中 671"块茎表现不整齐。大部分品系的薯形呈椭圆形，"D516"薯形近圆形，"中686"为扁椭圆形。所有品系的皮色和肉色均为常见的黄色、浅黄色或白色。"中157""中209""中210"和"中3"的薯皮光滑，其他品系薯皮略麻。"D516""中209"和"中671"的芽眼中等，其他品系芽眼浅。

表2 不同马铃薯品种田间性状

品种（系）	主茎数（个）	株高（cm）	茎色	花冠色	块茎整齐度	薯形	皮色	肉色	薯皮类型	芽眼深浅
D516	1.47	66.60	红褐	白	整齐	近圆	黄	黄	略麻	中
D367	—	—	绿	白	一般	椭圆	浅黄	白	略麻	浅
N190	2.40	45.27	绿	—	整齐	椭圆	黄	黄	略麻	浅
N215	2.40	50.80	绿	—	整齐	椭圆	黄	黄	略麻	浅
219	3.87	53.80	绿	—	一般	椭圆	黄	黄	略麻	浅
中157	3.50	40.20	绿	—	一般	椭圆	黄	黄	光滑	浅
中209	—	—	绿	—	整齐	椭圆	黄	黄	光滑	中
中210	2.20	34.13	淡紫	—	整齐	椭圆	黄	白	光滑	浅
中671	3.07	63.87	淡紫	白	不整齐	椭圆	浅黄	浅黄	略麻	中
中686	—	—	绿	—	整齐	扁椭圆	浅黄	浅黄	略麻	浅
中3(CK)	2.47	47.40	绿	—	整齐	椭圆	黄	黄	光滑	浅

2.3 不同马铃薯品种产量及相关性状

表3结果表明，单株块茎数高于对照的品系有2个，分别是"219"和"中671"，"219"的单株块茎数最高，8.53个/株，其次"中671"，7.83个/株，其他品系单株块茎数在3.77~6.77个/株。单株重表现最高的是"N190"，比对照高50 g/株，也是唯一一个单株重超500 g/株的品系。单薯重表现优于对照的有3个品系，最好的是"中210"，平均单薯重101.80 g/个，其次是"N190"，91.03 g/个。大中薯率表现在90%以上的有3个品系，从高至低依次是"中210""N215"和对照"中3"，分别是95.00%、90.76%和90.21%。"219"的大中薯率最低，为70.31%，其他品系在80.11%~89.36%。折合产量表现最好的是"中3"，1 736 kg/667 m²，其次是"中671"和"N215"，折合产量分别是1 546和1 519 kg/667 m²。

表3 参试品种产量及相关性状

品种（系）	单株块茎数（个/株）	单株重（g/株）	单薯重（g/个）	大中薯率（%）	折合产量（kg/667 m²）
D516	4.80	282	58.72	80.11	1 012
D367	—	—	—	—	—
N190	5.80	528	91.03	89.36	1 184

品种(系)	单株块茎数 (个/株)	单株重 (g/株)	单薯重 (g/个)	大中薯率 (%)	折合产量 (kg/667 m²)
N215	5.90	393	66.64	90.76	1 519
219	8.53	417	48.91	70.31	1 451
中 157	6.77	417	61.67	88.11	1 370
中 209	—	—	—	—	—
中 210	3.77	383	101.80	95.00	1 341
中 671	7.83	453	57.81	83.52	1 546
中 686	—	—	—	—	—
中 3(CK)	7.20	478	66.37	90.21	1 736

2.4　不同马铃薯品种田间抗性表现

根据往年本地区马铃薯病害发生情况，在种植生育期间主要调查了病毒病、晚疫病和疮痂病病害，调查结果表明植株整体表现较好，未观察到明显病毒病发生。整个生育期进行了两次晚疫病防治，主要集中在梅雨季节，分别是 4 月 8 日、4 月 19 日，使用 72%甲霜·锰锌 100 g/667 m² + 60%唑醚·代森联 80 g/667 m²，基本未见晚疫病发生。收获时对块茎调查疮痂病发生情况，除"219"和"中 157"外，其他品系均发生轻微疮痂病。

3　讨　论

马铃薯播种期间湖南地区连续降雨，导致播种较往年推迟 20~30 d，同时由于发芽期和幼苗期(2~3 月平均气温 3.7~8.7℃)持续低温寡照，出苗推迟至 3 月下旬，生育期缩短了近 1 个月，产量整体水平偏低。参试品系中产量及相关因素表现较好的有对照"中 3"和"中 671"，单株结薯多，商品薯率高，平均产量在 1 500 kg/667 m² 以上，作为普通栽培品种可继续进行引种，进一步展示和示范。品系"219"单株结薯多，单株块茎数 8.53 个/株，平均单薯重 48.91 g/个，不足 50 g/个，折合产量 1 451 kg/667 m²，可定位小果型特色品种进行开发。

马铃薯在常德不同区域的种植表现

王素华[1,2]，李　璐[1,2]，杨　丹[1,2]，万国安[1,2]，李树举[1,2*]，张曙光[1]

（1. 常德市农林科学研究院，湖南　常德　415000；

2. 国家马铃薯产业技术体系常德综合试验站，湖南　常德　415000）

摘　要：为了研究常德不同区域栽培模式和耕作制度对马铃薯不同品种生长及产量的影响，在湖区稻田和山区旱地开展马铃薯品种大区试验。结果表明，稻田马铃薯长势普遍好于旱地马铃薯长势，但旱地马铃薯产量高于稻田马铃薯产量；对照品种"兴佳2号"整体表现最好，表现出较强的适应性和稳产性。

关键词：马铃薯；品种试验；区域试验；栽培模式

常德地形地貌复杂，大体构成是"三分丘岗、两分半山、四分半平原和水面"，既有海拔2 000 m以上的山峰，也有海拔50 m以下的平原，年平均气温16.7℃，年降水量1 200~1 900 mm，无霜期272 d，适宜马铃薯生长。近年常德稻田马铃薯种植面积逐年上升，与传统的山地马铃薯构成常德马铃薯产业的两大主线。不同产区的土壤条件差别较大，致使马铃薯的产量和品质有较大差异。为明确产地与其产量及品质的关系，本文将14个供试马铃薯品种（系）分别种植于湖区的稻田和石门的山地，以观察不同栽培条件下的品种表现，并对其农艺性状和经济性状进行分析，以期为常德马铃薯合理区域布局提供理论依据。

1　材料与方法

1.1　试验材料

供试品种14个："兴佳2号"（CK）、"黑金刚""紫玉""红美""红玫瑰""华薯8号""D692""D862""N143""N195""中薯18号""中薯19号""中薯20号""金湘"。

1.2　试验设计

试验地点分别位于湖南常德（海拔35 m，N 29°2′13″，E 111°37′40″）和石门（海拔102 m，N 29°3′35″，E 111°44′62″）两地。试验按大区设计，小区面积40 m²。常德试点前茬为水稻，采用地膜覆盖栽培（单膜1），基施硫酸钾复合肥100 kg/667 m²（N∶P∶K＝15∶15∶15），密度4 000株/667 m²，2017年12月21日播种，5月9日收获；石门试点前茬为马铃薯，采用地膜覆盖栽培（单膜2）和大棚地膜覆盖栽培（双膜）2种方式，基施硫酸钾复合肥125 kg/667 m²（N∶P∶K＝15∶15∶15），密度4 000株/667 m²，2017

作者简介：王素华（1983—），女，硕士，高级农艺师，主要从事马铃薯选育与栽培研究。

基金项目：现代农业产业技术体系建设专项资金（CARS-09）。

＊**通信作者**：李树举，推广研究员，主要从事马铃薯选育与栽培研究，e-mail：Lshj7135@163.com。

年 12 月 16 日播种，5 月 12 日收获。

1.3 测定项目及方法

马铃薯生育期间调查各处理的田间性状、块茎经济性状、小区产量等，方法参考《马铃薯品种试验调查记载项目及依据》[1]。

1.4 统计分析

试验数据均采用 Excel 2010 进行计算处理。

2 结果与分析

2.1 不同生态区域对马铃薯主要田间性状的影响

常德试点马铃薯长势普遍好于石门试点，在两个试点中田间表现较好的品种有"兴佳2号""红美""华薯8号""D692""D862""中薯18""中薯19""中薯20""N143""N195""金湘"。"黑金刚"和"紫玉"因种薯带病毒，存在不同程度的退化。在石门试点中，大棚地膜覆盖栽培没有表现出明显优势，其大部分品种的主茎数少于地膜覆盖栽培处理（表1）。

表 1　马铃薯主要农艺性状

品种（系）	株高（cm）			主茎数（个）			出苗率（%）			生育期（d）		
	单膜1	单膜2	双膜	单膜1	单膜2	双膜	单膜1	单膜2	双膜	单膜1	单膜2	双膜
兴佳2号（CK）	56.4	43.3	46.1	1.4	1.0	1.1	97.2	96.0	100.0	69	74	74
黑金刚	34.6	34.7	34.5	1.3	1.5	1.7	99.4	100.0	80.0	—	58	60
紫玉	34.5	25.4	23.9	2.2	2.6	2.7	98.9	100.0	87.0	62	58	59
红美	48.0	41.0	36.8	1.1	2.5	1.7	98.1	100.0	98.0	52	76	75
红玫瑰	39.7	17.3	35.0	1.2	1.8	1.6	97.8	95.0	90.0	—	74	74
华薯8号	43.4	42.2	32.4	1.7	2.4	1.8	100.0	100.0	100.0	54	76	75
D692	53.3	55.8	52.5	2.7	5.5	2.4	82.2	100.0	100.0	57	76	76
D862	56.4	48.1	54.0	2.5	3.2	1.7	99.3	100.0	100.0	—	75	76
中薯18	63.9	39.1	56.5	1.6	1.2	1.5	97.8	98.0	100.0	—	76	76
中薯19	60.0	37.3	45.5	1.4	1.5	1.3	70.3	100.0	100.0	—	75	76
中薯20	50.0	35.0	41.8	1.4	2.2	2.0	95.7	100.0	100.0	—	75	76
N143	44.2	41.8	36.6	2.6	3.9	3.3	98.6	100.0	100.0	60	75	76
N195	55.3	31.6	39.2	1.9	4.5	3.1	98.6	100.0	100.0	60	76	76
金湘	54.8	57.4	51.6	2.9	2.3	2.3	98.3	100.0	100.0	64	74	76

2.2 不同生态区域对马铃薯块茎经济性状及产量的影响

常德试点各品种的产量水平在 800~2 100 kg/667 m²，产量最高的是"兴佳2号"，其次是"D862"，最低是"紫玉"；而石门试点各品种的产量差异较大，最高的是"兴佳2号" 2 763 kg/667 m²，其次是"D862"，最低的是"紫玉"和"黑金刚" 572 kg/667 m²（表2）。可见"兴佳2号"和"D862"的丰产性和稳产性都较好。常德坪湖地区海拔低，气候温和，土壤肥沃，对品种适应性要求低，而石门山区湿度较大、气温较低、土壤相对贫瘠，对品种耐逆性要求较高，但同时更容易突出品种特性，因此有些优势品种在山区表现更好。在石门试点中，大部分品种在大棚地膜覆盖栽培的单株结薯数和产量都不及地膜覆盖栽培，但其商品率明显高于地膜覆盖栽培，可见大棚栽培更有利块茎品质的控制。

表 2　马铃薯块茎经济性状及产量表现

品种（系）	单株块茎数（个）			单株块茎重（g）			折合产量（kg/667 m²）			商品薯率（%）		
	单膜 1	单膜 2	双膜	单膜 1	单膜 2	双膜	单膜 1	单膜 2	双膜	单膜 1	单膜 2	双膜
兴佳 2 号（CK）	4.9	4.1	2.8	565.0	349.5	330.5	2 065	2 763	2 525	94.7	85.6	85.0
黑金刚	3.6	5.8	2.5	257.8	156.5	103.5	1 174	572	238	87.3	41.0	42.0
紫玉	6.6	9.1	5.4	202.5	198.0	162.0	844	572	429	64.2	21.0	24.8
红美	5.8	7.9	3.1	447.8	389.5	243.5	1 752	1 143	858	92.3	65.7	84.2
红玫瑰	5.8	1.7	3.2	470.7	56.5	152.0	1 830	762	667	88.5	45.3	50.6
华薯 8 号	5.6	5.1	3.6	596.5	431.5	284.0	2 113	1 143	953	91.7	76.7	85.0
D692	5.9	9.4	4.3	535.2	512.0	371.5	1 876	1 048	1 286	90.0	71.7	82.1
D862	9.1	9.8	5.7	694.7	318.0	388.5	2 047	2 477	2 239	89.1	50.8	78.4
中薯 18	5.8	4.9	3.5	606.3	228.0	257.5	1 674	1 620	1 429	94.5	71.2	90.0
中薯 19	6.0	7.8	6.8	525.3	205.0	254.5	1 039	1 048	1 239	87.3	42.1	62.9
中薯 20	6.0	6.0	3.8	719.7	341.5	342.5	1 119	1 810	1 715	95.5	56.7	81.1
N143	7.3	8.4	4.8	542.0	435.5	314.0	1 452	1 429	1 572	89.6	68.4	89.2
N195	5.7	7.4	3.7	621.7	417.5	316.5	1 518	1 048	953	92.0	72.2	83.0
金湘	7.4	8.1	5.5	454.5	474.5	407.0	1 515	905	810	81.5	73.0	88.2

3　讨　论

在常德试点中，推行稻薯轮作，能有效利用光温资源，提高复种指数，改善土壤理化性质，减少病虫草害的发生，配套深沟高垄覆膜栽培技术，马铃薯成熟早，产量高，商品性好。在石门试点中，大部分品种表现为生育期延长，单株结薯数增加，单株产量减少，商品性有所下降，但往往山区马铃薯淀粉含量更高，风味更好。可根据山区马铃薯块茎小而多的特点制定配套栽培技术，开发小吃专用型小块茎马铃薯，以满足市场对该类品种的需求。

[参 考 文 献]

[1]　中华人民共和国农业部. NY/T 1489-2007 农作物品种试验技术规程 马铃薯 [S]. 北京: 中国农业出版社, 2008.

6个陇薯品种在榆中的表现

郑永伟，李 掌*，曲亚英，白永杰，文国宏

(甘肃省农业科学院马铃薯研究所，甘肃 兰州 730070)

摘 要：甘肃省农业科学院马铃薯研究所近几年为甘肃省马铃薯产业做出突出贡献。以"陇薯16号"为对照，选取"陇薯17号""陇薯8号""陇薯12号""陇薯4号""陇薯16号""LK99"6个品种进行比较试验，根据各品种的田间长势、抗逆性、产量、薯形、商品薯率等因素进行综合评价。结果表明，"陇薯12号""陇薯14号""陇薯17号"表现突出，综合性状优良，应当立即脱毒复壮，提高种薯级别，为当地水浇地提供优质种薯。

关键词：马铃薯；品种；比较试验

甘肃省农业科学院马铃薯研究所近几年育成的品种繁多，为甘肃省马铃薯产业做出巨大贡献，已初步形成了中部高淀粉及菜用型，河西及沿黄灌区全粉、薯条(片)加工型，陇南、天水中早熟型和高海拔脱毒种薯生产等四大优势生产区域[1-3]。以陇薯系列为主栽品种，试验基地在二阴地区渭源县会川镇，品种熟性均为晚熟。试验对近几年马铃薯所培育审定的品种在覆膜、高垄、膜上覆土免放苗、灌溉栽培条件下，进行丰产性、熟性及薯块商品性等性状进行比较试验[4-7]，为榆中水浇地找出适应品种，提供依据。

1 材料与方法

1.1 试验材料

"陇薯17号""陇薯8号""陇薯12号""陇薯14号""陇薯16号""LK99"，以"陇薯16号"为对照。

1.2 试验方法

试验采用随机区组排列，3次重复，试验采用大垄双行种植，垄沟60 cm、垄面60 cm，大行距75 cm，小行距45 cm，均行距60 cm，株距33.3 cm，每行种植18株，每小区种植3垄6行，共种植108株，小区长6 m，宽3.6 m，小区面积21.6 m²。

1.2.1 试验地概况

榆中试验场一台中路南边，属二阴类型区，川水地，试验地四周开阔，无障碍物影响。前作：马铃薯。土壤类型：黄绵土。耕作和整地方式：收获后深翻20 cm，冬前灌足冬水，耱地保墒。

作者简介：郑永伟(1972—)，男，高级农艺师，主要从事马铃薯遗传育种和示范推广工作。

基金项目：现代农业产业体系建设专项基金项目(GARS-10-P05)；甘肃省农业科学院农业科技创新专项项目(2016GAAS04)；甘肃省马铃薯产业体系(GARS-03-P2)。

*通信作者：李掌，研究员，主要从事马铃薯遗传育种工作，e-mail：869706486@126.com。

1.2.2 栽培管理

4月24日播种,施肥:羊粪3 m³/667 m²,磷酸二铵20 kg/667 m²,尿素15 kg/667 m²,硫酸钾20 kg/667 m²,15%毒死蜱2 kg/667 m²。播种方式和方法:在规划小区按设计要求起垄覆膜,地膜宽度90 cm,厚度0.008 mm,黑色除草膜。在垄面按株行距打孔放入切好的薯块,定植15~20 d取操作行的土,在垄面覆土4~5 cm,更好的避免绿薯,免放苗、培土。垄沟下降,增加蓄水量,垄面上升,使植物根系更好吸收水分。

2 结果与分析

2.1 物候期

"陇薯17号"出苗期最晚在5月26日,"LK99"出苗最早在5月18日。"陇薯14号"始花期最早在6月18日,各品种盛花期均在7月。"LK99"生育期为101 d,其他5个品种生育期在120 d以上,均属晚熟品种(表1)。

表1 不同马铃薯品种物候期

品种 (系)	播种期 (D/M)	出苗期 (D/M)	现蕾期 (D/M)	始花期 (D/M)	开花期 (D/M)	盛花期 (D/M)	成熟期 (D/M)	收获期 (D/M)	生育期 (d)
陇薯17号	24/04	26/05	16/06	20/06	28/06	10/07	25/09	10/10	125
陇薯8号	24/04	24/05	16/06	20/06	26/06	08/07	25/09	10/10	125
陇薯12号	24/04	22/05	16/06	20/06	28/06	10/07	30/09	10/10	130
陇薯14号	24/04	24/05	14/06	18/06	22/06	06/07	30/09	10/10	130
陇薯16号(CK)	24/04	20/05	20/06	24/06	02/07	12/07	30/09	10/10	130
LK99	24/04	18/05	20/06	20/06	26/06	06/07	01/09	10/10	101

2.2 块茎性状

"陇薯17号"单薯重最高,为220.39 g;商品薯率最高为95.45%;大薯率最高为82.76%;食味优。单株结薯数"陇薯16号"(CK)最多,为8.33个。单株重"陇薯12号"最高,为1.53 kg/株(表2)。

表2 不同马铃薯品种块茎性状

品种(系)	结薯	单薯重 (g)	商品薯率 (%)	大薯率 (%)	单株结薯数 (个)	单株重 (kg/株)	食味
陇薯17号	集中	220.39	95.45	82.76	5.97	1.32	优
陇薯8号	集中	189.86	94.11	74.95	6.22	1.18	中
陇薯12号	集中	219.13	94.86	81.84	7.00	1.53	优
陇薯14号	集中	163.79	94.70	75.13	8.10	1.33	优
陇薯16号(CK)	集中	154.20	93.91	73.02	8.33	1.29	中
LK99	集中	161.95	90.61	71.84	6.41	1.04	中

2.3 产　量

产量最高的为"陇薯12号"，3 808 kg/667 m²，较对照增产3.51%；"陇薯14号"的产量第二，为3 801 kg/667 m²，较对照增产3.31%；"陇薯16号"（CK）产量第三，3 679 kg/667 m²。产量普遍高，这是由于雨水充沛，降雨和马铃薯膨大期吻合；而且采用高垄、覆膜、覆土，不积水，土壤疏松引起的（表3）。

表3　不同马铃薯品种的产量

品种（系）	小区产量（kg/21.6 m²）					折合产量（kg/667 m²）	名次	较对照增产（±%）
	Ⅰ	Ⅱ	Ⅲ	Ⅳ	平均			
陇薯17号	100.02	114.40	123.05	110.65	112.03	3 459	4	−5.98
陇薯8号	73.20	88.50	96.70	89.00	86.85	2 682	6	−13.24
陇薯12号	122.91	110.60	122.42	137.40	123.33	3 808	1	3.51
陇薯14号	122.90	75.84	146.60	147.05	123.10	3 801	2	3.31
陇薯16号（CK）	114.50	122.40	110.60	129.10	119.15	3 679	3	0.00
LK99	86.70	113.50	113.40	86.80	100.10	3 091	5	−15.99

2.4 品质性状

除"LK99"外，其他5个品种干物质含量均在20%以上，"LK99"干物质含量为18.8%；粗淀粉含量17%以上的有5个品种，分别是"陇薯17号""陇薯8号""陇薯12号""陇薯14号""陇薯16"（CK），其中"陇薯8号"粗淀粉含量为23.00%；还原糖含量"陇薯16号"最低为0.13 g/100 g；钾含量400 mg/100 g以上的有4个品种，分别是"陇薯17号"441 mg/100 g，"陇薯8号"487 mg/100 g，"陇薯14号"505 mg/100 g，"陇薯16号"489 mg/100 g；"陇薯17号"锌含量为3.8 mg/kg，居参试6个品种中最高；铁含量19 mg/kg以上的有3个品种，分别为"陇薯17号"为20.0 mg/kg，"陇薯8号"为20.3 mg/kg，"陇薯14号"为19.2 mg/kg；"陇薯17号"钙含量最高为45.1 mg/kg，"陇薯16号"钙含量最低为15.8 mg/kg（表4）。

表4　不同马铃薯品种品质性状

品种（系）	干物质（g/100 g）	蛋白质（g/100 g）	粗淀粉（%）	维生素C（mg/100 g）	还原糖（g/100 g）	钾（mg/100 g）	锌（mg/kg）	铁（mg/kg）	钙（mg/kg）
陇薯17号	22.6	2.77	17.37	7.47	0.20	441	3.8	20.0	45.1
陇薯8号	26.5	2.50	23.00	7.11	0.16	487	2.8	20.3	33.7
陇薯12号	22.7	2.34	17.28	8.18	0.23	391	2.4	13.6	24.1
陇薯14号	25.2	2.63	19.47	6.67	0.16	505	2.7	19.2	29.7
陇薯16号（CK）	27.2	2.77	21.31	8.08	0.13	489	3.7	10.3	15.8
LK99	18.8	2.82	14.41	7.47	0.16	383	2.6	16.6	22.9

3 讨 论

在 6 个品种比较试验中，根据各品种的田间长势、抗逆性、产量、薯形、商品薯率等因素综合评价，"陇薯 12 号""陇薯 14 号""陇薯 17 号"结薯集中，产量高，抗病性强，食味优。"陇薯 12 号""陇薯 14 号""陇薯 17 号"生育期在 120 d 以上，属晚熟品种。除"LK99"外其他 5 个品种淀粉含量均在 17% 以上，种植期间未发现感染病毒病和早、晚疫病。经测产"陇薯 12 号"产量最高，为 3 808 kg/667 m², 较对照增产 3.51%；"陇薯 14 号"产量为 3 801 kg/667 m², 较对照增产 3.31%；钾含量 400 mg/100 g 以上的有 4 个品种，分别为"陇薯 17 号"441 mg/100 g，"陇薯 8 号"487 mg/100 g，"陇薯 14 号"505 mg/100 g，"陇薯 16 号"489 mg/100 g；"陇薯 17 号"锌含量为 3.8 mg/kg，居 6 个品种最高；铁含量 19 mg/kg 以上的有 3 个品种，分别是"陇薯 17 号"为 20.0 mg/kg，"陇薯 8 号"为 20.3 mg/kg，"陇薯 14 号"为 19.2 mg/kg；钙含量最高的是"陇薯 17 号"，为 45.1 mg/kg，"陇薯 16 号"最低为 15.8 mg/kg；"陇薯 12 号""陇薯 14 号""陇薯 17 号"表现突出，综合性状优良，应当立即脱毒复壮，提高种薯级别，为当地水浇地提供优质种薯。

[参 考 文 献]

[1] 曲亚英, 常涛, 李掌, 等. 临洮县水川区马铃薯品种比较试验 [J]. 中国马铃薯, 2017, 31(5): 257-262.

[2] 方彦杰, 张绪成, 于显枫, 等. 甘肃省马铃薯水肥一体化种植技术 [J]. 甘肃农业科技, 2019(3): 87-90.

[3] 李亚杰, 石强, 何建强, 等. 马铃薯生长模型研究进展及其应用 [J]. 干旱地区农业研究, 2014, 32(2): 127-136.

[4] 赵庭军. 稻茬马铃薯 LK99 高产栽培技术 [J]. 现代农业科技, 2013(6): 86.

[5] 杨来胜, 安永学, 席正英, 等. 马铃薯高垄膜上覆土自然破膜出苗栽培技术的起源与效果 [C]//屈冬玉, 陈伊里. 马铃薯产业与现代可持续农业. 哈尔滨: 黑龙江工程大学出版社, 2015.

[6] 陆立银. 对马铃薯产业发展的认识与有关措施的商榷 [C]//屈冬玉, 陈伊里. 马铃薯产业与脱贫攻坚. 哈尔滨: 哈尔滨地图出版社, 2018.

[7] 田世龙, 李守强, 李梅, 等. 西北马铃薯贮藏现状分析及建议 [J]. 农业工程技术: 农产品加工业, 2012(8): 36-40.

阴山北麓马铃薯抗旱品种引进筛选试验

王晓娇[1]，曹春梅[1*]，逯春杏[1]，许　飞[1]，姜金涛[2]

（1. 内蒙古自治区农牧业科学院，内蒙古　呼和浩特　010031；

2. 内蒙古智诚物联股份有限公司，内蒙古　乌兰察布　012000）

摘　要：引进9个优质马铃薯新品种，进行抗旱性筛选试验，旨在筛选出适合阴山北麓干旱、半干旱地区种植的抗旱、稳产、优质马铃薯新品种。试验结果表明，"克新30号""旱丰1号"和"后旗红"3个品种田间生长势旺，产量高，产量分别为2 602，2 567和2 494 kg/667 m²，同对照相比分别增产26.1%、24.4%和20.8%，且商品薯率分别达到84.3%、86.5%和89.1%，对供试环境的适应能力较强，建议引进"克新30号""旱丰1号"和"后旗红"3个中晚熟新品种在干旱、半干旱区域进行马铃薯商品薯生产。

关键词：马铃薯；抗旱；品种；引进；筛选

马铃薯因其具有增产潜力大、适应性强、营养丰富、粮菜饲兼用及综合加工用途广泛等特性，广泛分布于世界上150多个国家和地区，中国马铃薯种植面积居世界首位[1,2]，马铃薯是中国第4大农作物，也是贫困地区的主要粮食作物[3]。马铃薯作为一种低消耗、高产出作物，符合实现农业生产绿色发展的要求，更是北方干旱、半干旱地区重要的脱贫作物[4,5]。内蒙古自治区属北方一作区，气候特征属温带大陆性气候，大部分地区气候冷凉，日照充足，昼夜温差大，适于马铃薯生长发育，是中国马铃薯主要产区之一，马铃薯的播种面积、总产量均居全国之首，马铃薯已成为内蒙古自治区粮食增产、农民增收和农业增效的主导产业。但内蒙古自治区耕地的80%以上属于旱地平作种植栽培，降雨量低，水资源匮乏，蒸发量大等因素，成为了限制内蒙古自治区马铃薯产量提高的重要非生物胁迫因素，且马铃薯品种结构与内蒙古自治区产业发展不相适应，缺乏抗旱、稳产、优质马铃薯新品种，为保障内蒙古自治区马铃薯产业发展，筛选出适合阴山北麓干旱、半旱作地区种植的优良品种，开展了马铃薯抗旱新品种引进筛选试验。

1　材料与方法

1.1　试验材料

参试马铃薯品种10个，其中"克新19号""克新23号""克新25号""克新28号""克

作者简介：王晓娇（1985—），女，副研究员，主要从事马铃薯遗传育种及病虫害防治研究。

基金项目：国家重点研发计划项目（2018YFD020080705）；内蒙古自治区财政支持农牧业科技推广示范项目（2020TG02-2）；内蒙古自治区科技计划项目（2020GG008003）；内蒙古自然科学基金项目（2019MS03005）；内蒙古农牧业创新基金项目（2019CXJJN07-1）；内蒙古农牧业科学院青年创新基金项目（2021QNJJN14）；内蒙古自治区马铃薯种业技术创新中心。

*　**通信作者**：曹春梅，研究员，主要从事马铃薯遗传育种及病虫害防治研究，e-mail：906738310@qq.com。

新 30 号"5 个品种由黑龙江省农业科学院克山分院提供;"旱丰 1 号""后旗红""冀张薯 12号""兴佳 2 号""克新 1 号"5 个品种由内蒙古自治区农牧业科学院特色作物研究所马铃薯研究中心提供;对照品种为"克新 1 号"(CK)。

1.2 试验设计

试验采用随机区组设计,小区随机排列,以"克新 1 号"为对照,包括对照共 10 个处理,设 3 次重复,单垄单行种植,垄长 9 m,行距 60 cm,株距 30 cm,每小区种植 4 行,小区面积 21.6 m²,每小区种植 120 株,试验地周边保护行不少于 2 行。复合肥(N:P₂O₅:K₂O = 12:19:16)50 kg/667 m²,全部用于底肥,采用有限补灌栽培模式,试验地点设在内蒙古自治区四子王旗吉生太泉掌子村试验地,试验于 2020 年 5 月 18 日人工点种。

1.3 数据采集及处理

根据农作物品种试验技术规程[6]和马铃薯种质资源描述规范和数据标准[7],调查不同品种的物候期、生物学特性、块茎性状及小区产量,并以折合产量为基础进行方差分析。

试验数据采用 DPS 软件分析,多重比较采用 Duncan's 新复极差法。

2 结果与分析

2.1 生育期

出苗期在 6 月 11~15 日,最早出苗的是"克新 25 号"和"克新 28 号"与最晚的"后旗红"相差只有 4 d;开花期在 7 月 5~15 日,最早和最晚开花期相差 10 d;成熟期在 8 月 20日至 9 月 20 日,成熟期最早的"克新 25 号"与最晚的"后旗红"相差 31 d。参试品种生育期在 70~97 d,其中"克新 23 号""克新 25 号"和"克新 28 号"3 个品种生育期在 70~76 d,为早熟品种,其余品种生育期在 82~97 d,为中晚熟品种(表 1)。

表 1 参试马铃薯品种生育期

品种	播种期 (D/M)	出苗期 (D/M)	现蕾期 (D/M)	开花期 (D/M)	成熟期 (D/M)	生育期 (d)
旱丰 1 号	18/05	14/06	02/07	09/07	16/09	94
后旗红	18/05	15/06	07/07	15/07	20/09	97
冀张薯 12 号	18/05	14/06	04/07	10/07	16/09	94
兴佳 2 号	18/05	12/06	01/07	07/07	02/09	82
克新 19 号	18/05	13/06	03/07	10/07	15/09	94
克新 23 号	18/05	12/06	01/07	08/07	27/08	76
克新 25 号	18/05	11/06	29/06	05/07	20/08	70
克新 28 号	18/05	11/06	01/07	08/07	22/08	72
克新 30 号	18/05	12/06	02/07	09/07	02/09	82
克新 1 号(CK)	18/05	13/06	03/07	10/07	09/09	88

2.2　植株形态特征

参试马铃薯品种除"后旗红"茎色为深紫红色，其他品种茎色均为绿色；"旱丰 1 号""后旗红"和"兴佳 2 号"叶色为深绿色，"克新 28 号"和"克新 30 号"叶色为淡绿色，"冀张薯 12 号""克新 1 号""克新 19 号""克新 23 号"和"克新 25 号"叶色为绿色；"克新 19 号"花朵稀少，"克新 23 号"和"克新 28 号"花繁茂性中等，"旱丰 1 号""后旗红""冀张薯 12 号""兴佳 2 号""克新 25 号"和"克新 30 号"花繁茂，各参试品种均能开花；"旱丰 1 号"和"兴佳 2 号"花冠白色，"后旗红"花冠紫红色，其他参试品种花冠均为淡紫色；结实性"克新 25 号"最强，其次是"克新 23 号""克新 28 号"和"克新 30 号"为中等，其余品种结实性弱或不结实；"克新 25 号""克新 28 号"和"克新 1 号"匍匐茎中等，其他参试品种匍匐茎均较短(表 2)。

表 2　参试马铃薯品种植株形态特征

品种	茎色	叶色	花繁茂性	花冠色	结实性	匍匐茎长短
旱丰 1 号	绿	深绿	多	白	弱	短
后旗红	深紫红	深绿	多	紫红	弱	短
冀张薯 12 号	绿	绿	多	淡紫	弱	短
兴佳 2 号	绿	深绿	多	白	无	短
克新 19 号	绿	绿	少	淡紫	无	短
克新 23 号	绿	绿	中	淡紫	中	短
克新 25 号	绿	绿	多	淡紫	强	中等
克新 28 号	绿	淡绿	中	淡紫	中	中等
克新 30 号	绿	淡绿	多	淡紫	中	短
克新 1 号(CK)	绿	绿	多	淡紫	无	中等

2.3　生物学特性

参试品种的平均主茎数从少到多依次为"后旗红"1.4 个，"克新 19 号"1.8 个，"克新 25 号"1.9 个，"冀张薯 12 号""兴佳 2 号"和"克新 28 号"2.0 个，"克新 1 号"2.2 个，"克新 30 号"2.5 个，"克新 23 号"2.7 个，"旱丰 1 号"4.5 个；平均株高从矮到高依次为"克新 23 号"43.7 cm，"克新 28 号"58.1 cm，"兴佳 2 号"和"克新 1 号"63.2 cm，"克新 19 号"64.7 cm，"旱丰 1 号"68.2 cm，"克新 25 号"69.5 cm，"克新 30 号"71.0 cm，"冀张薯 12 号"74.2 cm，"后旗红"76.1 cm；单株结薯数从少到多依次为"克新 23 号"2.95 个，"克新 1 号"3.50 个，"克新 19 号"和"兴佳 2 号"4.30 个，"克新 28 号"5.00 个，"后旗红"5.10 个，"冀张薯 12 号"5.20 个，"克新 25 号"5.80 个，"克新 30 号"7.40 个，"旱丰 1 号"7.60 个；单株薯重从重到轻依次为"克新 30 号"963.6 g，"旱丰 1 号"950.9 g，"后旗红"923.6 g，"克新 25 号"901.9 g，"冀张薯 12 号"877.1 g，"克新 28 号"872.7 g，"兴佳 2 号"864.8 g，"克新 19 号"859.3 g，"克新 1 号"764.5 g，"克新 23 号"599.4 g(表 3)。

表3　参试马铃薯品种生物学特性

品种	主茎数(个)	株高(cm)	单株结薯数(个/株)	单株薯重(g/株)
旱丰1号	4.5	68.2	7.60	950.9
后旗红	1.4	76.1	5.10	923.6
冀张薯12号	2.0	74.2	5.20	877.1
兴佳2号	2.0	63.2	4.30	864.8
克新19号	1.8	64.7	4.30	859.3
克新23号	2.7	43.7	2.95	599.4
克新25号	1.9	69.5	5.80	901.9
克新28号	2.0	58.1	5.00	872.7
克新30号	2.5	71.0	7.40	963.6
克新1号(CK)	2.2	63.2	3.50	764.5

2.4　块茎性状

参试马铃薯品种薯形丰富,多为椭圆形,皮色以淡黄色为主,肉色是黄色、浅黄和白色均有,薯皮除"后旗红"为粗糙,其他品种薯皮均为光滑,芽眼深浅除"克新1号"芽眼中等,其他品种芽眼均较浅,商品薯率除"克新23号"和"克新25号"是78.9%和75.4%,其他品种商品薯率均在80%以上,"后旗红"商品薯率最高为89.1%,干物质含量以"克新30号"最高,为23.4%,其次是"后旗红",为23.0%,其他品种在18.4%~20.1%(表4)。

表4　参试马铃薯品种块茎性状

品种	薯形	皮色	肉色	薯皮	芽眼	商品薯率(%)	干物质(%)
旱丰1号	短卵圆	浅黄	白	光滑	浅	86.5	19.4
后旗红	长卵圆	红	黄	粗糙	浅	89.1	23.0
冀张薯12号	长圆	白	白	光滑	浅	85.4	20.1
兴佳2号	椭圆	浅黄	浅黄	光滑	浅	86.6	19.5
克新19号	椭圆	白	白	光滑	浅	83.4	19.6
克新23号	短卵圆	浅红	黄	光滑	浅	78.9	19.4
克新25号	椭圆	浅红	黄	光滑	浅	75.4	18.6
克新28号	椭圆	浅黄	浅黄	光滑	浅	81.2	18.4
克新30号	圆	浅黄	白	光滑	浅	84.3	23.4
克新1号(CK)	椭圆	白	白	光滑	中等	82.1	19.6

2.5　产量表现

由表5可以看出,产量居第1位的是"克新30号",折合产量2 602 kg/667 m²,比对照增产26.1%,产量居第2位的是"旱丰1号",折合产量2 567 kg/667 m²,比对照增产24.4%,产量居第3位的是"后旗红",折合产量2 494 kg/667 m²,比对照增产20.8%,

3 个品种产量与对照产量差异达极显著水平，除"克新 23 号"产量低于对照，其他品种产量均高于对照(表 5)。

表 5　参试马铃薯品种产量性状

品种	小区产量(kg/21.6 m²)				折合产量 (kg/667 m²)	增产(%)	位次
	Ⅰ	Ⅱ	Ⅲ	平均			
旱丰 1 号	78.4	85.2	85.7	83.1	2 567 aA	24.4	2
后旗红	78.2	73.5	90.7	80.8	2 494 aA	20.8	3
冀张薯 12 号	78.3	69.8	82.0	76.7	2 368 aAB	14.7	5
兴佳 2 号	77.4	78.2	71.2	75.6	2 335 abAB	13.1	7
克新 19 号	76.3	74.8	74.2	75.1	2 320 abAB	12.4	8
克新 23 号	49.2	58.7	49.3	52.4	1 618 cC	-22.6	10
克新 25 号	80.4	74.5	81.8	78.9	2 435 aAB	18.0	4
克新 28 号	78.4	71.5	79.0	76.3	2 356 abAB	14.2	6
克新 30 号	88.3	78.9	85.7	84.3	2 602 aA	26.1	1
克新 1 号(CK)	68.7	70.2	61.5	66.8	2 064 bB	—	9

注：同列不同小写字母表示差异显著($P < 0.05$)，同列不同大写字母表示差异极显著($P < 0.01$)。采用新复极差法。

3　讨　论

品种选择是马铃薯产量提升的重要因素，品种优劣在生产上起着关键作用，选择适合本生态区域且综合性状好的优质品种对马铃薯产业提质增效意义重大[8,9]。马铃薯产量受生理特性和遗传基础、自然生态环境条件以及栽培措施等因素的影响[10]。本试验引进马铃薯新品种 9 个，以抗旱品种较强的"克新 1 号"为对照，采用随机区组设计，从生育期、生物学特性、块茎性状及产量等方面对参试品种进行了比较分析，结果表明，"克新 30 号""旱丰 1 号"和"后旗红" 3 个品种田间生长势旺，产量高，平均增产均在 20%以上，"克新 30 号"产量最高，达到 2 602 kg/667 m²，较对照"克新 1 号"增产 26.1%，其次为"旱丰 1 号"，产量 2 567 kg/667 m²，比对照增产 24.4%，第 3 是"后旗红"，产量 2 494 kg/667 m²，比对照增产 20.8%，3 个品种与对照产量差异均达极显著水平，综合分析，"克新 30 号""旱丰 1 号"和"后旗红"增产幅度大，综合农艺性状好，适合在阴山北麓干旱、半干旱地区推广应用。

[参　考　文　献]

[1]　Wang B, Ma Y, Zhang Z, et al. Potato viruses in China [J]. Crop Protection, 2011, 30(9): 1 117–1 123.

[2]　郑慧慧, 王泰云, 赵娟, 等. 马铃薯早疫病研究进展及其综合防治 [J]. 中国植保导刊, 2013(1): 18–21.

[3]　仲乃琴, 李丹, 任园园, 等. 现代农业科技助力马铃薯产业精准扶贫: 中国科学院微生物研究所马铃薯产业科技扶贫

实践与启示 [J]. 中国科学院院刊, 2019, 34(3)：349-356.

[4] 李峰, 耿智广, 张文伟, 等. 庆阳市马铃薯栽培品种田间性状鉴定及经济效益评价分析 [J]. 中国马铃薯, 2016, 30(6)：
     326-329.

[5] 梁忠武, 雷智刚, 闫耀廷, 等. 庆阳市早熟马铃薯品种比较试验 [J]. 中国马铃薯, 2019, 33(3)：135-139.

[6] 杨琳, 金黎平. 早熟马铃薯的栽培管理技术 [J]. 北京农业, 2000(3)：9.

[7] 康哲秀, 玄春吉, 姜成模, 等. 延边地区早熟马铃薯品种比较试验 [J]. 中国马铃薯, 2005, 19(4)：216-218.

[8] 陈云, 岳新丽, 王春珍, 等. 十四个马铃薯新品系在晋北地区的产量表现 [J]. 中国马铃薯, 2019, 33(5)：267-272.

[9] 王建雄, 王志虹, 张姝鑫, 等. 马铃薯主食化现状及发展对策 [J]. 山西农业科学, 2019, 7(9)：1 667-1 669.

[10] 沈学善, 王平, 屈会娟, 等. 四川马铃薯现代绿色薯业技术创新链现状与研究展望 [J]. 山西农业科学, 2019, 7(11)：
     2 046-2 050.

华北地区抗旱耐瘠薄马铃薯品种筛选试验

王　真，王玉凤，林团荣，范龙秋，王　伟，

张志成，韩素娥，韩万军，尹玉和*

（乌兰察布市农牧业科学研究院，内蒙古　乌兰察布　012000）

摘　要：试验以国家马铃薯产业技术体系为平台，在全国范围内引进13个马铃薯抗旱耐瘠薄品种，利用2019~2020年两年时间，研究不同品种在乌兰察布市旱地栽培模式下的植株形态特征、物候期、块茎内外观品质、产量、商品率、淀粉含量等指标，以期筛选获得适于华北区旱作的马铃薯抗旱耐瘠薄高产优质品种。试验结果表明，"D727"较对照"紫花白"增产显著，且2年数据表现较为稳定，该品种株型直立，结薯整齐，块茎扁圆，红皮白肉，薯皮略麻，二次生长率为1.30%，无裂薯，无空心；产量为4 192 kg/667 m^2，较对照增产35.5%；淀粉含量为13.405%，非常适合华北区旱作模式下的大面积推广种植。"中薯607"产量为3 829 kg/667 m^2，块茎长圆形，整齐度中等，淡黄皮，淡黄肉，薯皮略麻，二次生长率为1.20%，无裂薯，无空心，淀粉含量高达16.166%，未来可在旱地进行试种及推广。"D548"两年来表现较为稳定，平均产量为3 073 kg/667 m^2，块茎扁圆形，红皮白肉，无裂薯，无空心，但二次生长率较高，未来需扩大试验面积及示范点，以利于进一步探究其生理特性。

关键词：马铃薯；抗旱；产量；乌兰察布

　　内蒙古自治区是中国主要的马铃薯产区之一，近年来全区马铃薯种植面积稳定在30万 hm^2 以上[1-4]。内蒙古中西部阴山沿麓以乌兰察布为核心是内蒙古马铃薯的主要产区，占全区种植面积的50%以上，马铃薯种植面积占全市农作物总播种面积的近50%[5]。2020年乌兰察布全市马铃薯种植面积约20万 hm^2，其中水地马铃薯种植面积5.7万 hm^2，旱地马铃薯约14.7万 hm^2（占马铃薯种植面积的73.5%）。虽然旱地马铃薯面积较大，但平均产量仅为615 kg/667 m^2，不及水地产量的22%。2020年乌兰察布市政府提出，坚持"节水优先、量水而行"，要在2021年完成"水改旱"3.84万 hm^2。为助力乌兰察布市马铃薯产业生态绿色发展，提高旱作马铃薯的产量及经济效益，引进抗旱马铃薯品种势在必得。乌兰察布市农牧业科学研究院在2019~2020年两年间，通过与华北区域试验站联合，引进多个马铃薯新品种，开展抗旱、抗病、耐瘠薄新品种筛选试验，以期筛选出适宜乌兰察布市生产种植的抗旱、抗病、耐瘠薄的马铃薯新品种，为乌兰察布旱作马铃薯提供优质品种，为旱作马铃薯产业的发展提供科学支撑。

作者简介：王真（1991—），男，助理研究员，主要从事马铃薯栽培、病虫害防治工作。

基金项目：现代农业产业技术体系（CARS-09-ES05）。

*通信作者：尹玉和，研究员，主要从事马铃薯育种、栽培工作，e-mail：wlcbsyyh@163.com。

1 材料与方法

1.1 试验材料

2019 年参试的马铃薯品种共 11 个，2020 年在 2019 年的基础上新增 2 个马铃薯品种"中薯 607"和"中薯 668"。试验以抗旱品种"紫花白"为对照，试验所用品种及提供单位详见表 1。2019 年供试马铃薯种薯级为原种；2020 年新增品种"中薯 607""中薯 668"为原种，其他品种为一级种。

表 1　试验品种及育成或提供单位

序号	参试品种	育成或提供单位
1	D580	中国农业科学院蔬菜花卉研究所
2	D727	中国农业科学院蔬菜花卉研究所
3	中薯 607	中国农业科学院蔬菜花卉研究所
4	中薯 668	中国农业科学院蔬菜花卉研究所
5	冀张薯 2012-21-20	张家口市农业科学院
6	冀张薯 2012-31-31	张家口市农业科学院
7	京张薯 1 号	张家口市农业科学院
8	冀张薯 22 号	张家口市农业科学院
9	晋 14-3-87	山西省农业科学院高寒区作物研究所
10	晋 15-1-27	山西省农业科学院高寒区作物研究所
11	L0529-2	甘肃省农业科学院马铃薯研究所
12	L0109-4	甘肃省农业科学院马铃薯研究所
13	D548	乌兰察布市农牧业科学研究院
14	紫花白（CK）	内蒙古民丰种业有限公司

1.2 试验田基本概况

试验共进行 2 年，试验田设在乌兰察布市农牧业科学研究院平地泉镇试验基地，地理数据 N 41°2′，E 113°4′，海拔 1 419.3 m。其中 2019 年试验田前茬为燕麦种植田，2020 年前茬为休闲地。土壤类型为暗栗钙土，土壤质地为沙壤土。

1.3 试验方法与数据记载

试验采用随机区组排列，3 次重复，4 行区，行长 6 m，行距 90 cm，株距 24 cm，小区面积 21.6 m^2。整个生育期调查记录不同品种的物候期、植株形态特征。收获期测产，测产面积为 10.8 m^2（取 2 行，各 6 m）。测产的同时调查块茎外观性状、块茎质量性状。收获后对马铃薯块茎干物质、淀粉等指标进行测定。

1.4 数据整理及分析

使用 Office 办公软件 Excel 2016 对试验的相关数据进行录入、整理。试验数据用 IBM SPSS Statistics 20.0 统计软件进行方差分析。

1.5 田间管理

2019 年的播种日期为 5 月 9 日，收获日期 9 月 20 日；2020 年为 5 月 2 日，收获日期 9 月 12 日。试验播种以机器开沟、人工点播的方式进行。试验期间进行一次中耕除草，并于中耕后出苗前，使用除草剂田普（200 mL/667 m²）封闭除草。由于机器开沟，人工点播耗时较长，造成覆土时间延迟，墒情损失较为严重，为保证参试品种的出苗率，2 年试验均在播种后，使用喷灌浇水，浇水至灌溉水下渗至薯块上部约 2 cm 处停水。

供试品种拌种所用药剂为 72% 农用硫酸链霉素 40 g/667 m²，加阿马士（22.4% 氟唑菌苯胺）300 mL/667 m²。试验统一沟喷阿米西达 80 mL/667 m²。其他病虫害防治参照大田常规生产。整个生育期不施肥，不浇水。

2 结果与分析

2.1 马铃薯生育期内气象数据

由表 2 可知，2019 年 5~9 月平均最高气温为 23.7℃，平均最低气温为 10.6℃，平均气温 17.2℃，与 2020 年数据基本一致。2019 年无霜期较 2020 年少 8 d。2019 年降雨天数为 52 d，较 2020 年多 3 d，总降雨量 352.9 mm，较 2020 年多 90.3 mm。两年的降雨量均集中在 7 和 8 月，这 2 个月的降雨量约占马铃薯整个生育期降雨量的 60%~70%。

表 2　马铃薯生育期内气象数据

年	月份	平均最高温度（℃）	平均最低温度（℃）	平均温度（℃）	降雨天数（d）	降雨量（mm）	初霜时间（D/M）	终霜时间（D/M）
	5	20.8	5.6	13.6	7	31.4		
	6	25.5	12.7	19.2	14	48.9		
	7	26.0	14.0	20.0	13	127.6		
2019	8	24.1	12.3	18.2	11	82.5	18/09	22/05
	9	22.3	8.2	14.9	7	62.5		
	平均	23.7	10.6	17.2	10.4	70.6		
	合计	118.7	52.8	85.9	52	352.9		
	5	21.1	7.3	14.2	5	15.9		
	6	26.4	12.2	19.4	11	56.2		
	7	25.3	14.3	19.6	16	119.2		
2020	8	24.7	13.3	18.7	11	61.6	17/09	13/05
	9	19.4	6.6	12.7	6	9.7		
	平均	23.4	10.7	16.9	9.8	52.5		
	合计	116.9	53.7	84.6	49	262.6		

2.2 物候期

由表 3 可知，品种"D580""D727""晋 14-3-87""晋 15-1-27""L0529-2""L0109-4"

"D548"均为中晚熟品种，在乌兰察布地区未能达到生理成熟。对比2年的数据发现，"冀张薯2012-21-20""冀张薯2012-31-31"的生育期差异较大，原因是这2个品种退化较为严重，2020年种植过程中出苗不齐，植株花叶病毒病、卷叶病毒病较为严重，两个品种均未达到生理成熟即死亡。

表3　参试品种物候期

年	品种	播种期（D/M）	出苗期（D/M）	现蕾期（D/M）	开花期（D/M）	成熟期（D/M）	收获期（D/M）	生育期（d）
2019	D580	09/05	13/06	09/07	15/07	未成熟	20/09	—
	D727	09/05	15/06	05/07	15/07	未成熟	20/09	—
	冀张薯2012-21-20	09/05	15/06	05/07	13/07	11/09	20/09	88
	冀张薯2012-31-31	09/05	17/06	05/07	13/07	11/09	20/09	86
	京张薯1号	09/05	17/06	09/07	13/07	11/09	20/09	86
	冀张薯22号	09/05	17/06	09/07	13/07	15/09	20/09	90
	晋14-3-87	09/05	17/06	05/07	13/07	未成熟	20/09	—
	晋15-1-27	09/05	17/06	05/07	21/07	未成熟	20/09	—
	L0529-2	09/05	17/06	09/07	13/07	未成熟	20/09	—
	L0109-4	09/05	13/06	13/07	21/07	未成熟	20/09	—
	D548	09/05	17/06	09/07	25/07	未成熟	20/09	—
	紫花白（CK）	09/05	17/06	05/07	13/07	15/09	20/09	90
2020	D727	02/05	08/06	30/06	11/07	未成熟	12/09	—
	D580	02/05	08/06	02/06	13/07	未成熟	12/09	—
	中薯607	02/05	10/06	24/06	02/07	07/09	12/09	89
	中薯668	02/05	10/06	28/06	05/07	01/09	12/09	83
	冀张薯2012-21-20	02/05	12/06	02/07	07/07	25/08	12/09	74
	冀张薯2012-31-31	02/05	12/06	28/06	05/07	25/08	12/09	74
	京张薯1号	02/05	10/06	05/07	14/07	01/09	12/09	83
	冀张薯22号	02/05	10/06	05/07	14/07	07/09	12/09	89
	晋14-3-87	02/05	10/06	28/06	06/07	未成熟	12/09	—
	晋15-1-27	02/05	10/06	28/06	14/07	未成熟	12/09	—
	L0529-2	02/05	10/06	26/06	06/07	未成熟	12/09	—
	L0109-4	02/05	10/06	03/07	14/07	未成熟	12/09	—
	D548	02/05	10/06	26/06	16/07	未成熟	12/09	—
	紫花白（CK）	02/05	10/06	24/06	02/07	07/09	12/09	89

2.3　植株形态特征

由表4可知，"D580""中薯607""中薯668"茎色为绿色带紫色网纹；"中薯607""中薯668""冀张薯2012-31-31""冀张薯22号"叶色浅绿，"京张薯1号"叶色深绿，其他品种叶色均为绿色；"D727""D580""中薯607""中薯668""冀张薯2012-21-20""冀张薯2012-31-31""晋14-3-87""晋15-1-27"花较为繁茂，其他品种的花中等繁茂；"中薯607""京张薯1号""晋15-1-27""L0109-4"花冠为白色，"冀张薯2012-21-20""冀张薯2012-31-31""冀张薯22号"花冠淡紫色，其他品种花冠为紫色；"D548"结实性较好，"D727""D580""中薯668""冀张薯2012-31-31""京张薯1号"结实性为中等，其他品种结实性较差；株高和主茎数可以反映植株地上部生长情况，表4中的株高和主茎数数据取2年的平均值，"D727""中薯607""L0109-4"植株地上部长势旺盛，平均株高大于100 cm；"中薯607""中薯668"主茎数较多，分别为3.2和2.4个，"冀张薯2012-21-20""冀张薯22号""晋14-3-87""D548"平均主茎数只有1.0个，其他品种主茎数介于1.0~2.0个。

表4 植株形态特征

品种	茎色	叶色	花繁茂性	花冠色	结实性	株高(cm)	主茎数(个)
D580	绿(紫网)	绿	繁茂	紫	中	93.0	1.2
D727	绿	绿	繁茂	紫	中	117.0	1.6
中薯607	绿(紫网)	浅绿	繁茂	白	差	116.0	3.2
中薯668	绿(紫网)	浅绿	繁茂	紫	中	87.4	2.4
冀张薯2012-21-20	绿	绿	繁茂	淡紫	差	96.0	1.0
冀张薯2012-31-31	绿	浅绿	繁茂	淡紫	中	79.6	1.2
京张薯1号	绿	深绿	中	白	中	75.0	1.2
冀张薯22号	绿	浅绿	中	淡紫	差	75.6	1.0
晋14-3-87	绿	绿	繁茂	紫	差	73.4	1.0
晋15-1-27	绿	绿	繁茂	白	差	94.4	1.2
L0529-2	绿	绿	中	紫	差	96.0	1.5
L0109-4	绿	绿	中	白	差	104.8	1.2
D548	紫	绿	中	紫	好	83.4	1.0
紫花白(CK)	绿	绿	繁茂	淡紫	差	106.8	1.8

2.4 块茎外观性状

由表5可知，"中薯668""冀张薯2012-21-20""冀张薯2012-31-31"块茎圆形，"中薯607""京张薯1号""L0529-2""L0109-4"块茎长圆形，其他品种块茎均为扁圆形；"D727""D548"皮色为红色，其他品种皮色为淡黄色；"D727""冀张薯22号""D548"肉色为白色，"D580"肉色为黄色，其他品种肉色均为淡黄色；"冀张薯2012-31-31""L0109-4"薯皮光滑，其他品种薯皮略麻；"晋15-1-27""L0109-4"薯块芽眼较深，"中薯668""冀张薯2012-31-31""L0529-2"薯块芽眼浅，其他品种块茎芽眼属中等水平。

表5　块茎外观性状

品种	薯形	皮色	肉色	薯皮类型	芽眼深浅
D580	扁圆	淡黄	黄	略麻	中
D727	扁圆	红	白	略麻	中
中薯607	长圆	淡黄	淡黄	略麻	中
中薯668	圆	淡黄	淡黄	略麻	浅
冀张薯2012-21-20	圆	淡黄	淡黄	略麻	中
冀张薯2012-31-31	圆	淡黄	淡黄	光滑	浅
京张薯1号	长圆	淡黄	淡黄	略麻	中
冀张薯22号	扁圆	淡黄	白	略麻	中
晋14-3-87	扁圆	淡黄	淡黄	略麻	中
晋15-1-27	扁圆	淡黄	淡黄	略麻	深
L0529-2	长圆	淡黄	淡黄	略麻	浅
L0109-4	长圆	淡黄	淡黄	光滑	深
D548	扁圆	红	白	略麻	中
紫花白(CK)	长圆	淡黄	淡黄	略麻	深

2.5　块茎质量性状

由表6可知，"D727""冀张薯2012-31-31""L0529-2"3个品种块茎整齐度较高，其他品种块茎整齐度中等。"D548"块茎二次生长率最高，比对照"紫花白"高6.00个百分点，其次为"晋15-1-27""D580"，其他品种块茎二次生长的比率低于对照"紫花白"；"中薯668""冀张薯2012-21-20""京张薯1号""冀张薯22号""晋14-3-87""晋15-1-27""L0109-4"均存在裂薯情况，其中"L0109-4""中薯668"裂薯比例较高；"D580"空心率达50.00%，"晋15-1-27"空心率为25.00%，"冀张薯2012-21-20""京张薯1号""晋14-3-87"也存在不同程度的空心现象。

表6　块茎质量性状

品种	整齐度	二次生长(%)	裂薯(%)	空心(%)
D580	中等	4.30	0.00	50.00
D727	整齐	1.30	0.00	0.00
中薯607	中等	1.20	0.00	0.00
中薯668	中等	1.47	4.70	0.00
冀张薯2012-21-20	中等	0.00	1.56	2.94
冀张薯2012-31-31	整齐	0.00	0.00	0.00
京张薯1号	中等	2.63	3.33	1.92
冀张薯22号	中等	1.61	3.94	0.00
晋14-3-87	中等	0.97	0.78	0.78
晋15-1-27	中等	6.71	1.43	25.00
L0529-2	整齐	0.90	0.00	0.00
L0109-4	中等	4.80	4.80	0.00
D548	中等	9.09	0.00	0.00
紫花白(CK)	整齐	3.09	0.00	0.00

注：表中数据为2019~2020年平均数值。

2.6 块茎产量性状

由表 7 可知，2019 年，"D727"的产量显著高于对照"紫花白"，"冀张薯 2012-21-20"
"冀张薯 2012-31-31""冀张薯 22 号""晋 14-3-87""晋 15-1-27"的产量显著低于对照"紫花
白"，其他品种的产量与对照相比无显著差异；"晋 15-1-27"的商品薯率显著低于对照，其
他品种的商品薯率与对照无显著差异。2020 年，"D727"的产量显著高于对照"紫花白"，
"D580""中薯 668""冀张薯 2012-21-20""冀张薯 2012-31-31""京张薯 1 号""冀张薯 22 号"
"晋 14-3-87""L0529-2"的产量显著低于对照；其他品种与对照相比，差异不显著；"晋 14-
3-87"的商品薯率显著低于对照，其他品种的商品薯率与对照相比无显著差异。

由表 8 可知，2019 和 2020 年两年的平均产量高于"紫花白"的品种为"D727"，产量与
对照相当的品种有"D548""L0109-4""L0529-2""京张薯 1 号""D580"。

由于 2019 年种植当天，人工点播后未及时覆土，夜间气温突降，致使部分马铃薯种
薯发生冻害，导致个别品种出苗率较低，出苗不整齐，苗弱，试验结果受到一定的影响。
对比 2019 年与 2020 年的产量数据可知，"冀张薯 2012-21-20"两年的产量数据差异最大，
2020 年比 2019 年增产达 1 475 kg/667 m²，"晋 15-1-27"增产 1 457 kg/667 m²，"L0109-
4"增产 1 351 kg/667 m²，"紫花白"增产 1 194 kg/667m²。另外，2019 年所有品种的平均
产量为 2 202 kg/667 m²，小于 2020 年的 2 803 kg/667 m²，这也说明了 2019 年的种植问
题，对产量形成了一定影响。

表 7　不同马铃薯品种产量及商品薯率

年	品种	测产大薯 （≥150 g）重 （kg）	测产小薯 （<150 g）重 （kg）	测产产量 （kg/10.8 m²）	折合产量 （kg/667 m²）	商品薯率 （%）
2019	D580	29.25	9.43	38.68	2 388 cd	75.48 de
	D727	55.91	8.11	64.02	3 952 a	87.31 abc
	冀张薯 2012-21-20	12.55	1.60	14.15	873 f	88.76 ab
	冀张薯 2012-31-31	18.37	1.43	19.80	1 222 ef	92.85 a
	京张薯 1 号	31.10	9.67	40.77	2 517 bc	76.14 cde
	冀张薯 22 号	20.44	4.51	24.95	1 540 e	81.90 abcd
	晋 14-3-87	26.16	6.60	32.76	2 022 d	79.14 bcde
	晋 15-1-27	17.68	7.73	25.41	1 568 e	69.86 e
	L0529-2	40.30	5.93	46.23	2 854 b	87.13 abc
	L0109-4	28.45	5.87	34.31	2 118 cd	82.83 abcd
	D548	41.47	5.30	46.77	2 888 b	88.67 ab
	紫花白（CK）	33.30	6.93	40.23	2 483 bc	82.49 abcd

年	品种	测产大薯 (≥150 g)重 (kg)	测产小薯 (<150 g)重 (kg)	测产产量 (kg/10.8 m²)	折合产量 (kg/667 m²)	商品薯率 (%)
	D580	35.92	4.43	40.34	2 490 ef	88.75 ab
	D727	66.80	5.00	71.80	4 432 a	93.16 a
	中薯607	48.26	13.76	62.02	3 829 ab	77.89 bc
	中薯668	34.88	8.26	43.14	2 663 def	80.98 abc
	冀张薯2012-21-20	33.33	4.71	38.04	2 348 ef	87.65 ab
	冀张薯2012-31-31	32.43	5.65	38.08	2 351 ef	85.22 abc
2020	京张薯1号	32.67	10.94	43.62	2 692 def	75.20 bc
	冀张薯22号	25.12	7.02	32.13	1 984 fg	77.77 bc
	晋14-3-87	15.93	6.12	22.05	1 362 g	72.15 c
	晋15-1-27	37.91	11.09	49.00	3 025 cde	78.53 bc
	L0529-2	34.71	6.57	41.28	2 549 def	84.12 abc
	L0109-4	47.39	8.80	56.19	3 469 bc	84.45 abc
	D548	49.44	3.36	52.80	3 259 bcd	93.65 a
	紫花白(CK)	53.39	6.17	59.56	3 677 bc	89.64 ab

注：不同小写字母表示处理间在0.05水平上差异显著。下同。

表8　不同马铃薯品种两年产量平均值

品种	D580	D727	冀张薯 2012- 21-20	冀张薯 2012- 31-31	京张薯 1号	冀张薯 22号	晋14- 3-87	晋15- 1-27	L0529-2	L0109-4	D548	紫花白 (CK)
产量 (kg/667 m²)	2 439	4 192	1 611	1 787	2 605	1 762	1 692	2 297	2 701	2 793	3 073	3 080

　　为探究不同年份、不同品种对产量形成的影响，以年份和品种为因子，以产量为因变量，对试验获得的数据进行进一步分析，结果如表9、表10所示。表9显示，方差齐性的Levene检验的P值为0.018，可认为因变量的残差方差齐次。表10中，品种对应的F值为68.644，P值为0.000，说明品种效益显著，即不同品种对马铃薯的产量有显著影响；同理可知，不同年份对马铃薯产量造成了显著影响，品种与年份间有交互作用。偏Eta方的值：品种＞品种×年份＞年份，说明品种对于产量差异的贡献最大，年份对产量差异的贡献最小。可见，品种不同是构成产量差异最主要的原因。

表 9　误差方差等同性的 Levene 检验

F	df1	df2	Sig.
2.059	23	48	0.018

注：检验零假设，即在所有组中因变量的误差方差均相等。

表 10　主体间效应的检验

源	III 型平方和	df	均方	F	Sig.	偏 Eta 方	非中心参数	观测到的幂
校正模型	52 184 138.053	23	2 268 875.568	45.986	0.000	0.957	1 057.689	1.000
截距	450 939 289.636	1	450 939 289.636	9 139.817	0.000	0.995	9 139.817	1.000
品种	37 254 376.845	11	3 386 761.531	68.644	0.000	0.940	755.087	1.000
年份	6 497 928.384	1	6 497 928.384	131.703	0.000	0.733	131.703	1.000
品种 × 年份	8 431 832.824	11	766 530.257	15.536	0.000	0.781	170.900	1.000
误差	2 368 218.832	48	49 337.892					
总计	505 491 646.521	72						
校正的总计	54 552 356.885	71						

注：1. $R^2 = 0.957$(调整 $R^2 = 0.936$)，2. 使用 Alpha 的计算结果为 0.05。

2.7　马铃薯块茎淀粉含量测定

试验利用水比重法测定干物质含量和淀粉含量，由表 11 可以看出，"冀张薯 22 号"的干物质含量最高为 22.703%，淀粉含量最高为 16.936%。仅品种 "L0529-2" "D727" "晋 14-3-87" 淀粉含量与对照相当，其他品种的淀粉含量均高于对照。

表 11　2020 年不同马铃薯品种淀粉含量

品种	比重	干物质含量(%)	淀粉含量(%)
D580	1.087 106 368	21.184	15.417
D727	1.077 815 705	19.172	13.405
中薯 607	1.090 307 61	21.933	16.166
中薯 668	1.083 547 227	20.414	14.647
冀张薯 2012-21-20	1.086 773 498	21.184	15.417
冀张薯 2012-31-31	1.088 233 714	21.419	15.652
京张薯 1 号	1.083 272 24	20.414	14.647
冀张薯 22 号	1.094 313 793	22.703	16.936
晋 14-3-87	1.079 243 55	19.665	13.898
晋 15-1-27	1.083 156 951	20.414	14.647
L0529-2	1.078 077 234	19.408	13.541
L0109-4	1.084 337 794	20.670	14.903
D548	1.088 520 239	21.419	15.652
紫花白(CK)	1.080 257 625	19.665	13.898

3 讨 论

试验利用 2 年时间，在乌兰察布农牧业科学研究院平地泉试验基地对 13 个马铃薯品种进行抗旱耐瘠薄比较试验，对各品种的主要农艺性状、产量、商品薯率、淀粉等指标进行分析比较。结果表明，"D727"较对照"紫花白"增产显著，且 2 年数据表现较为稳定，株型直立，茎绿色，紫色花冠，块茎扁圆，整齐，红皮白肉，薯皮略麻，二次生长率为 1.30%，无裂薯，无空心，产量为 4 192 kg/667 m²，比对照增产 35.5%；淀粉含量为 13.405%，属中等水平；该品种综合表现最好，适合旱作模式的大面积种植。"中薯 607"产量为 3 829 kg/667 m²，与对照"紫花白"产量水平相当，茎绿色带紫网，叶浅绿色，白色花冠。块茎长圆形，整齐度中等，淡黄皮，淡黄肉，薯皮略麻，二次生长率为 1.20%，无裂薯，无空心，淀粉含量高达 16.166%。该品种虽然只进行了 1 年试验，但各项指标较优秀，尤其是块茎黄皮黄肉，深受市场喜爱，未来可在旱地进行试种及推广。另外，红皮白肉品种"D548"，两年来表现较为稳定，平均产量为 3 073 kg/667 m²，块茎扁圆形，无裂薯，无空心，但二次生长率较高，未来可扩大试验面积，多点示范，观察其综合性状的表现，以利于进一步探究其生理特性。

2019 年因为种薯薯块发生冻害，对试验数据造成了一定的影响，导致个别品种的数据不够准确，同时也反映出不同品种对冻害的承受能力不同[6]，本试验 2019 年产量较高的几个品种抗寒能力较强，这也为抗寒马铃薯品种选育提供了一定的数据资料。马铃薯淀粉含量是衡量马铃薯鲜食及加工品质的重要指标[7]，本试验中各品种马铃薯淀粉含量均较高，可能与马铃薯旱作模式有关[8,9]，未来可结合乌兰察布地区马铃薯旱作模式，研究不同模式及土壤类型下，马铃薯淀粉含量的变化规律。

本试验引进的品种大多为鲜食、中晚熟品种，"D727""D580""晋 14-3-87""晋 15-1-27""L0529-2""L0109-4""D548"7 个品种未达到生理成熟。未来需加大对加工型、早熟品种的大力引进，以弥补乌兰察布旱作模式马铃薯栽培品种的缺乏。

[参 考 文 献]

[1] 李志平,郭景山.2019 年内蒙古马铃薯产业现状、存在问题及发展建议 [C]//金黎平,吕文河.马铃薯产业与美丽乡村.哈尔滨:黑龙江科学技术出版社,2020.

[2] 李志平,郭景山.2018 年内蒙古马铃薯产业现状、存在问题及发展建议 [C]//屈冬玉,金黎平,陈伊里.马铃薯产业与健康消费.哈尔滨:黑龙江科学技术出版社,2019.

[3] 李志平,郭景山.2017 年内蒙古马铃薯产业现状、存在问题及发展建议 [C]//屈冬玉,陈伊里.马铃薯产业与脱贫攻坚.哈尔滨:哈尔滨地图出版社,2018.

[4] 李志平,郭景山,宁怀宝.2016 年内蒙古马铃薯产业现状、存在问题及发展建议 [C]//屈冬玉,陈伊里.马铃薯产业与精准扶贫.哈尔滨:哈尔滨地图出版社,2017.

[5] 王欢.中国薯都乌兰察布 [J].农产品市场周刊,2018(27):25-27.

[6] 杨慧菊,郭华春.马铃薯不同品种抗寒性综合评价 [J].分子植物育种,2017,15(2):716-724.

[7] 刘凯.不同生态条件下马铃薯淀粉含量及其品质差异 [D].哈尔滨:东北农业大学,2008.

[8] 康玉林,高占旺,刘淑华,等.马铃薯块茎产量淀粉与土壤质地含水量的关系 [J].中国马铃薯,1997,11(4):201-204.

[9] 陈娟,贺锦红,刘吉利,等.半干旱区不同种植模式对马铃薯淀粉形成及产量的影响 [J].作物杂志,2020(3):169-176.

辽宁地区马铃薯品种筛选试验

张　昱，周　芳，徐小虎，刘兆财，林　森，贾景丽*

（辽宁省本溪市马铃薯研究所，辽宁　本溪　117000）

摘　要： 近年来辽宁地区马铃薯新品种较多，不同品种在辽宁地区适应性差异较大，商品薯质量参差不齐，因此选择合适的马铃薯品种对辽宁地区马铃薯产业发展具有重要意义。试验结合 7 个品种的田间生长性状，商品性状以及商品薯品质综合考量，对比后得出"徽薯 5 号"比较适合在辽宁地区栽培，且商品薯品质优良。

关键词： 马铃薯；品种；筛选

马铃薯是世界第四大粮食作物，具有菜粮兼用，营养丰富，种植范围广泛，增产潜力巨大等诸多优良属性[1,2]。大力发展马铃薯产业对增加粮食总量，丰富市场供应，增加农民收入有着重要意义。试验通过马铃薯优质新品种筛选，鉴定新品种的产量、品质、抗逆性等综合性状，筛选出外观、营养和食用品质优良，产量较对照增产或者平产的品种，为生产推广种植提供依据。

1　材料和方法

1.1　供试材料

供试品种 7 个，分别为"中薯 45 号""中薯 47 号""北方 009 号""龙薯 4 号""徽薯 5 号""克新 23 号"和"费乌瑞它"，其中"费乌瑞它"为对照品种。试验用种薯健康、来源一致、标准一致。切块时切刀消毒，每个切块保留 2 个以上芽眼，淘汰病烂薯，每个品种处理一致；播种前滑石粉拌种。

1.2　试验设计

1.2.1　田间设计

试验采用随机区组设计，共 7 个处理，3 次重复；每小区面积 20 m²，7 行区种植，播种株数 140 株；区组内小区之间不留走道，试验地周边保护行不少于 2 行。栽培管理同常规大田操作，生育期间观察个品种的生育时期，开花期测定株高等各项生物指标，收获测产。

1.2.2　试验地概况

选择地势平坦、地面平整、前茬一致、肥力中等一致的地块作为试验地，不受建筑林木遮盖，前茬为大豆，试验地点为本溪市马铃薯试验地。

作者简介： 张昱(1990—)，男，农艺师，从事马铃薯育种及栽培技术研究。

基金项目： 现代农业产业技术体系专项资金资助（CARS-10）。

＊通信作者： 贾景丽，正高级农艺师，主要从事马铃薯育种研究，e-mail：Benximls@163.com。

1.2.3 田间管理

试验土地土质疏松，地力均匀，肥力中等；播种前沟施腐熟农家肥 2 000 kg/667 m²，N、P、K 复合肥 80 kg/667 m²（N、P、K≥13.5%）；播前避光催芽至约 0.5 cm 大小后进行光照处理，2020 年 4 月 22 日播种，出苗后中耕除草两次，无病害药剂防治措施，2020 年 8 月 10 日收获。

2 结果与分析

2.1 品种特征特性

2.1.1 物候期

由表 1 可以看出，"龙薯 4 号"收获时未成熟，生育期最长；对照品种"费乌瑞它"生育期 67 d 最短；"徽薯 5 号"生育期超过 80 d，属于中早熟品种；除"徽薯 5 号"外，其余品种生育期都在 80 d 以内，生育期较短，为早熟品种。

表 1 植株物候期

品种	出苗期 (D/M)	现蕾期 (D/M)	开花期 (D/M)	成熟期 (D/M)	生育期 (d)
中薯 45 号	23/05	14/06	22/06	06/08	75
中薯 47 号	28/05	15/06	28/06	04/08	68
北方 009 号	24/05	13/06	24/06	06/08	74
龙薯 4 号	27/05	14/06	23/06	—	—
徽薯 5 号	21/05	10/06	20/06	10/08	81
克新 23 号	27/05	13/06	24/06	06/08	71
费乌瑞它（CK）	22/05	13/06	19/06	28/07	67

2.1.2 植株形态特征

表 2 分析各个品种的植株形态特征，所有品种在此地区均正常生长发育，未见落蕾或不结实品种；所有参试品种匍匐茎均短，符合优良马铃薯匍匐茎特征；"中薯 47 号"花冠颜色为白色，其余品种均为彩色花朵。

表 2 植株形态特征

品种	茎色	叶色	花冠色	花繁茂性	结实性	匍匐茎长短
中薯 45 号	绿	深绿	浅粉	多	多	短
中薯 47 号	绿	浅绿	白	多	多	短
北方 009 号	绿	深绿	紫	多	多	短
龙薯 4 号	绿	深绿	粉	较多	多	短
徽薯 5 号	基部褐色	深绿	紫	多	较多	短
克新 23 号	绿	绿	浅粉	中等	中等	短
费乌瑞它（CK）	绿	绿	浅粉	多	多	短

2.1.3 植株田间性状

由表3可知，所有品种株高都在43 cm以上，无特殊矮小品种；其中"中薯47号"株高最高为58 cm；"中薯47号""龙薯4号"出苗率最低为65%，其次为"克新23号"出苗率为78%。所有品种主茎数均为2.0个左右，无多主茎品种。

表3 植株田间性状

品种	出苗率(%)	株高(cm)	主茎数(个)
中薯45号	90	55	2.0
中薯47号	65	58	2.4
北方009号	95	47	1.9
龙薯4号	65	46	1.8
徽薯5号	95	43	2.3
克新23号	78	52	2.2
费乌瑞它(CK)	90	52	2.1

2.1.4 产量性状

由表4可以看出，"徽薯5号""中薯45号""克新23号"和"中薯47号"产量均超过对照品种"费乌瑞它"，增产幅度7.68% ~ 12.86%，"徽薯5号"产量最高，折合产量2 652 kg/667 m²；"龙薯4号"和"北方009"产量低于对照品种，较对照减产0.68% ~ 10.48%。

表4 各参试品种产量

品种	产量(kg/667 m²)	较对照增产率(%)
中薯45号	2 637	12.23
中薯47号	2 533	7.80
北方009号	2 333	−0.68
龙薯4号	2 103	−10.48
徽薯5号	2 652	12.86
克新23号	2 530	7.68
费乌瑞它(CK)	2 350	—

2.1.5 外观品质性状

从表5中可以看出，所有品种块茎整齐。"徽薯5号"皮色红色，"克新23号"皮色粉色，其余品种均为黄皮或淡黄皮。"徽薯5号"薯肉为白色，其余品种薯肉均为黄色或淡黄色。"北方009号"芽眼深浅为中度，其余品种芽眼均为浅或较浅；"中薯45号"商品薯率最低为70.8%，"龙薯4号""费乌瑞它"商品薯率接近80%，"中薯47号""北方009号""徽薯5号""克新23号"商品薯率均超过80%，其中"中薯47号"商品薯率最高为86.9%。

表5 各参试品种外观品质

品种	块茎整齐度	薯形	皮色	肉色	薯皮类型	芽眼深浅	商品薯率(%)
中薯45号	整齐	扁圆	黄	浅黄	光滑	浅	70.8
中薯47号	整齐	椭圆	黄	黄	略麻	较浅	86.9
北方009号	整齐	长圆	浅黄	浅黄	略麻	中	86.2
龙薯4号	整齐	椭圆	浅黄	浅黄	略麻	浅	79.9
徽薯5号	整齐	椭圆	红	白	光滑	浅	81.6
克新23号	整齐	扁圆	粉	黄	麻皮	较浅	83.4
费乌瑞它(CK)	整齐	长圆	浅黄	黄	略麻	浅	77.7

2.2 营养及食用口味分析

2.2.1 营养成分

由表6和表7可知,"徽薯5号"维生素C、苏氨酸、缬氨酸和异亮氨酸4个品质指标好于其他品种,亮氨酸、苯丙氨酸、赖氨酸和氨基酸总量4个品质指标居第二位;"中薯45号"淀粉品质指标好于其他品种,蛋白质和铁含量2个品质指标居第二位;"中薯47号"蛋白质品质指标好于其他品种,维生素C品质指标居第二位;"克新23号"淀粉和异亮氨酸2个品质指标居第二位;"北方009"蛋氨酸、亮氨酸、苯丙氨酸、赖氨酸和氨基酸总量5个品质指标好于其他品种,苏氨酸品质指标居第二位。

表6 营养成分

品种	蛋白质 (g/100 g)	维生素C (mg/100 g)	淀粉 (g/100 g)	水分 (%)	铁 (mg/kg)
中薯47号	2.69	22.2	10.6	83.0	12.90
中薯45号	2.64	16.2	13.5	80.9	15.10
徽薯5号	2.48	35.0	10.2	84.1	13.00
龙薯4号	2.15	17.2	9.5	84.5	19.70
克新23号	2.03	18.5	12.3	83.1	7.66
北方009号	2.38	19.6	11.6	83.6	9.98
费乌瑞它(CK)	1.92	18.7	12.2	84.3	11.40

表7 氨基酸成分
(g/100 g)

品种	苏氨酸	缬氨酸	蛋氨酸	异亮氨酸	亮氨酸	苯丙氨酸	赖氨酸	氨基酸总量
中薯47号	0.060	0.090 0	0.007 5	0.019 0	0.011 0	0.051	0.094	1.48
中薯45号	0.049	0.081 0	0.006 1	0.004 1	0.002 0	0.033	0.059	1.19
徽薯5号	0.120	0.170 0	0.008 3	0.053 0	0.110 0	0.078	0.150	2.72
龙薯4号	0.059	0.120 0	0.004 8	0.004 8	0.013 0	0.049	0.094	1.80

品种	苏氨酸	缬氨酸	蛋氨酸	异亮氨酸	亮氨酸	苯丙氨酸	赖氨酸	氨基酸总量
克新 23 号	0.089	0.130 0	0.005 4	0.030 0	0.005 4	0.059	0.130	1.91
北方 009 号	0.100	0.008 7	0.014 0	0.014 0	0.160 0	0.120	0.180	2.82
费乌瑞它(CK)	0.080	0.160 0	0.005 0	0.023 0	0.012 0	0.078	0.140	2.00

2.2.2 食用口味

由表 8 可知,"中薯 47 号"和"克新 23 号"有褐变现象;所有品种蒸食口感风味评分都超过 7 分,无不良口感风味。

表 8　食用品质

品种	褐变	蒸食口感风味(10 分制)
中薯 45 号	无	9
中薯 47 号	有	9
北方 009 号	无	7
龙薯 4 号	无	8
徽薯 5 号	无	8
克新 23 号	有	8
费乌瑞它(CK)	无	7

3　讨　论

根据产量品质综合考虑,"徽薯 5 号"产量最高品质最好,田间生长势优秀,生育期虽长于对照品种但仍在二季作地区可种植范围内,商品属性良好,其次为"中薯 45 号""中薯 47 号"和"克新 23 号"产量高于对照,品质一般,"北方 009"产量和对照基本持平,氨基酸含量高,品质较好,这几个品种可适当扩大规模继续试验后加以推广。

[参　考　文　献]

[1]　黑龙江农业科学学院马铃薯研究所.中国马铃薯栽培学 [M].北京:农业出版社,1994.

[2]　董福玲,王建中.辽宁省马铃薯种薯生产供应现状与对策 [J].中国马铃薯,2008,22(6):378-379.

适宜甘肃 WFP 项目区的富锌马铃薯品种筛选

李　掌[1]，白永杰[1]，曲亚英[1*]，郑永伟[1]，李玉涛[2]，冉　平[3]，章文江[4]

(1. 甘肃省农业科学院马铃薯研究所/甘肃省马铃薯种质资源创新工程实验室/
农业部西北旱作马铃薯科学观测实验站，甘肃　兰州　730070；
2. 临夏州农业技术推广站，甘肃　临夏　731100；
3. 定西市安定区农业技术推广服务中心，甘肃　定西　743000；
4. 临夏州东乡县农业农村局，甘肃　临夏　731400)

摘　要：为筛选适宜甘肃 WFP 项目区富锌马铃薯品种，项目启动以来，收集项目区生产示范品种以及定点试验示范品种，利用多功能近红外分析仪与 ICP-MS 测定薯块锌含量，综合评价马铃薯品种锌含量、薯块产量及锌产量，初步筛选出适宜 WFP 项目区种植的富锌马铃薯品种 5 个，为项目生产示范、富锌栽培体系构建、价值链开发等后续研究奠定基础。

关键词：马铃薯；品种；富锌；筛选

马铃薯是甘肃省第三大粮食作物，在保障粮食安全和减少贫困方面发挥着重要作用。2010 年以来，甘肃马铃薯种植面积趋于稳定，总产量逐步增高，2020 年马铃薯种植面积约 68.7 万 hm^2，总产量约 1 550 万 t。由于历史、自然、地理等因素，甘肃省贫困地区面积大，贫困人口多，贫困程度深。截至 2018 年底，甘肃省贫困发生率为 5.6%，是全国五个贫困人口过百万的省份之一，也是全国最穷的省份之一。

尽管甘肃省 2020 年底实现了全部脱贫，但仍然面临着潜在的饥饿或微量营养素缺乏的威胁，锌缺乏症是一种隐性饥饿，当锌的摄入量和吸收量太低而无法维持良好的健康和发展时，其仍然是一种潜在的隐形贫困及公共卫生问题之一。据研究，中国 41% 的人口锌摄入量不足，低于估计的平均需要量（EAR）。锌缺乏症在中国贫穷的农村地区最为普遍，那里的饮食缺乏多样性，人们无法食用含有大量微量营养素的水果、蔬菜或动物源性食物来丰富他们的饮食。因贫困、干旱半干旱气候和土壤锌缺乏，导致甘肃省贫困地区小农缺锌风险较大。

联合国世界粮食计划署（WFP）与中国农业农村部于 2019 年 9 月 29 日达成正式协议，确定在甘肃省实施《甘肃富锌马铃薯小农户试点项目》。在甘肃省农业农村厅部署安排下，项目在甘肃省马铃薯种植面积较大且属贫困区域的定西市安定区和临夏州东乡县实施。

虽然 2013 年以来，甘肃科研、推广部门筛选出了锌含量较高的"陇薯 6 号"等 3 个品

作者简介：李掌（1964—），男，研究员，主要从事马铃薯遗传育种研究工作。

基金项目：联合国世界粮食计划署甘肃富锌马铃薯小农户试点项目（WFPGSPP-1）；甘肃省现代农业科技支撑体系区域创新中心重点科技项目（2019GAAS54）；国家马铃薯产业技术体系（CARS-09-P06）。

＊通信作者：曲亚英，研究员，主要从事马铃薯遗传育种研究工作，e-mail：605314800@qq.com。

种[1]，随着马铃薯品种的更新换代，以及市场销售状况，需要筛选出符合市场需求、适宜贫困区种植、耐旱优质富锌品种[2]，解决甘肃省贫困地区耕地缺锌、产品质量提升[3]、持续发展问题。达到提高产量、增加附加值和收入、改善营养状况目标。

引进并筛选富锌马铃薯种质资源子课题的任务是通过试验研究，向项目区推荐试验示范的富锌马铃薯新品种。

1 材料与方法

1.1 富锌马铃薯品种筛选思路

从现有示范推广品种中筛选锌含量较高品种，开展马铃薯富锌栽培体系构建、富锌马铃薯的示范生产、富锌马铃薯价值链开发、健康与消费的社会和行为培育等研发示范推广工作。再逐步引进、选育富锌马铃薯新品种在项目区试验种植，提升甘肃省贫困地区的富锌马铃薯产量，持续不断的向社会供应富锌产品，推进贫困地区妇女儿童的营养改善，以及广大民众的健康生活。作为支撑甘肃省富锌马铃薯小农户试点项目的主要品种。

1.2 试验点概况

定西市安定区试验设在鲁家沟镇太平村，E 104.55°，N 35.54°，海拔 1 904.01 m，黑麻垆土，耕层质地属黄黏土，pH 8.18，全氮 0.59 g/kg，速效磷 32.87 mg/kg，速效钾 333.25 mg/kg，有效锌 0.71 mg/kg。临夏州东乡县试验设在大树乡米家村，E 103.26°，N 35.42°，海拔 2 342.16 m，山地黄麻土，耕层质地属中壤土，pH 8.38，全氮 0.96 g/kg，速效磷 7.32 mg/kg，速效钾 117.98 mg/kg，有效锌 0.53 mg/kg。

1.3 样品及数据采集

样品采集：2019 年采取非全面调查的抽样方法收集品种样品。安定区从实施的马铃薯绿色提质增效技术集成试验示范项目区，采取 33 个在灌溉区（香泉）示范品种、18 个在旱作区（葛家岔）示范品种，东乡县农业技术推广站收集本县主产区种植的 8 个品种。同时收集测定了定西市农业科学研究院种植的 12 个品种，甘肃省农业科学院马铃薯研究所会川试验站种植的 68 个品种、榆中试验站种植的 14 个品种。收集 6 点（次）品种测得 180 份（次）品种数据。

从 2020 年项目区试验地采集示范品种样品，收到安定区示范种植的 10 个品种的样品，收到东乡县示范种植的 15 个品种样品。2020 年示范品种的产量等经济指标，分别由安定区与临夏州农业技术推广中心测定。

锌含量测定：2019 年，在甘肃省农业科学院马铃薯研究所育种实验室，采用 NIRS DS2500 多功能近红外分析仪快速测定锌含量。每个样品测定 6 个数据，平均值作为一个品种在一个生产点锌含量值。2020 年在 NIRS DS2500 多功能近红外分析测定的基础上，委托甘肃省农业科学院农业质量标准与检测技术研究所，采用 ICP-MS（Agilennt 7900）测得的示范品种的锌含量。

2019 年，重点分析了 2 点次以上 30 份品种材料的锌含量，以每个品种在不同地点锌含量均值、变异系数排序。2020 年，分析了 16 个品种在安定区、东乡县两地 25 点次的锌含量，以两县区大面积种植的"陇薯 7 号"为对照，按照二因素（组内无重复）完全随机设计分析品种与地域之间差异性，两县区平均值作为整体筛选评价依据，只有 1 点次锌含量的品种，仅做为品种筛选的参考。

2 结果与分析

2.1 2019 采集品种锌含量分析

选择 2 点次以上 30 份品种分析锌含量排序。取样品种、分布点、锌含量、变异系数见表 1。

表 1　甘肃省中部马铃薯品种锌含量分析

序号	品种	锌含量（mg/kg 鲜基）							CV（%）	取样点数
		会川	安定香泉	安定葛岔	安定西川	榆中	东乡县	平均		
1	陇薯 14 号	6.06	6.24		6.04	6.44	6.20	6.20	1.72	5
2	陇薯 16 号	6.40	6.14	6.16		5.98		6.17	1.48	4
3	陇薯 11 号	6.06			6.10	6.28		6.15	0.44	3
4	庄薯 3 号		6.30	6.10		6.14	5.97	6.13	0.91	4
5	L0227-18		6.16	6.07				6.11	0.07	2
6	定薯 4 号		5.97		6.11			6.04	0.16	2
7	天薯 13 号		5.98	6.10				6.04	0.12	2
8	陇薯 17 号	5.90	6.34	5.80		6.12		6.04	2.89	4
9	陇薯 12 号	6.05	5.93		6.21	6.09	5.85	6.03	1.28	5
10	陇薯 6 号	6.08			5.94	6.06		6.03	0.19	3
11	陇薯 7 号	5.83	6.24	5.99		5.73	6.27	6.01	3.88	5
12	中薯 11 号		6.05	5.95				6.00	0.08	2
13	冀张薯 12 号	5.92	6.07					6.00	0.18	2
14	定薯 3 号	5.93	6.19	5.97	5.86			5.99	1.03	4
15	青薯 10 号	6.06			5.96	5.91		5.98	0.18	3
16	庄薯 4 号	5.76	5.91	6.23				5.97	1.94	3
17	陇薯 13 号				5.90	5.98		5.94	0.06	2
18	陇薯 10 号	5.76	5.96			5.94	6.07	5.93	0.86	4
19	陇薯 8 号	5.91			5.89			5.90	0.00	2
20	L0109-4	5.77				6.04		5.90	0.64	2
21	天薯 11 号	5.66	5.97	5.99	5.99			5.90	1.30	4
22	L0529-2	5.91				5.84		5.88	0.05	2
23	中薯 22 号		5.85	5.77	5.98			5.87	0.40	3
24	中薯 21 号		5.86	5.87				5.86	0.00	2
25	中薯 9 号		5.77	5.91				5.84	0.16	2
26	陇薯 9 号	5.82		5.77	6.09		5.68	5.84	1.55	3

| 序号 | 品种 | 锌含量(mg/kg 鲜基) | | | | | | | CV (%) | 取样点数 |
		会川	安定香泉	安定葛岔	安定西川	榆中	东乡县	平均		
27	陇薯 15 号	5.69	5.73	5.64		6.24		5.82	3.95	4
28	青薯 9 号		5.68				5.75	5.72	0.04	2
29	中薯 18 号		5.54	5.73				5.63	0.30	2
30	中薯 19 号		5.67	5.92	4.82			5.47	12.17	3

取样 5 点次 3 个品种,4 点次 7 个品种,3 点次 7 个品种,2 点次的 13 个品种。30 个品种锌含量 5.47~6.20 mg/kg(鲜基),平均锌含量 5.96 mg/kg(鲜基)。按照相同点次分析锌含量及变异系数并排序,依据取样测定 2 点次以上,锌含量高于平均值的原则,推荐在项目区进行田间试验的品种。

2.2 试验示范品种锌含量分析

在 2019 年抽样筛选的基础上,2020 年在两县区进行试验示范。安定区、东乡县示范种植品种锌含量见下表 2。经对两县区共同试验的 9 个品种的锌含量方差分析,品种间、地域间差异不显著,用参试品种与对照薯块锌含量增减幅度进行比对分析。

表 2 两县区示范品种锌含量分析

| 品种 | 定西市安定区 | | 临夏州东乡县 | | 两区县平均 | |
	锌值(mg/kg)	±(%)	锌值(mg/kg)	±(%)	锌值(mg/kg)	±(%)
陇薯 17 号	2.58	16.60	3.45	37.96	3.02	27.93
陇薯 6 号	2.73	23.44	3.20	27.79	2.96	25.75
陇薯 12 号	2.65	19.86	2.31	-7.44	2.48	5.38
定薯 3 号	2.77	25.35	2.15	-13.96	2.46	4.49
陇薯 14 号	3.27	47.82	1.45	-42.05	2.36	0.14
陇薯 7 号(CK)	2.21	—	2.50	—	2.36	—
天薯 13 号	1.96	-11.50	2.36	-5.66	2.16	-8.40
陇薯 16 号	2.02	-8.55	2.26	-9.74	2.14	-9.18
陇薯 11 号	2.14	-3.41	1.68	-32.86	1.91	-19.03
陇薯 9 号			4.09	63.39	4.09	73.37
庄薯 4 号			2.74	9.55	2.74	16.24
陇薯 10 号			2.53	1.02	2.53	7.20
新大坪	2.50	12.89			2.50	5.99
冀张薯 12 号			2.09	-16.55	2.09	-11.45
青薯 10 号			2.07	-17.24	2.07	-12.18
庄薯 3 号			1.89	-24.42	1.89	-19.80
平均	2.48		2.45		2.47	

不同品种在不同环境表现差异较大，在东乡县锌含量最高的是"陇薯9号"，依次是"陇薯17号""陇薯6号""庄薯4号""陇薯10号"，较对照增加1.02%~63.39%，锌含量在2.53 mg/kg(鲜基)以上。安定区示范种植10个品种，锌含量最高的是"陇薯14号"，依次是"定薯3号""陇薯6号""陇薯12号""陇薯17号""新大坪"，较对照增加12.89%~47.82%，锌含量在2.50 mg/kg(鲜基)以上。两县区锌含量均值超过对照的有5个品种，最高的是"陇薯17号"，达到3.02 mg/kg(鲜基)，较对照增加27.93%。

2.3 示范试验品种鲜薯产量分析

两县区示范品种产量见表3，经对两县区共同试验的9个品种的薯块产量进行方差分析，品种间、地域间差异不显著，用参试品种与对照薯块产量增减幅度进行比对分析。

表3 两县区示范品种薯块产量分析

品种	定西市安定区		临夏州东乡县		两区县平均	
	产量(kg/667 m²)	±(%)	产量(kg/667 m²)	±(%)	产量(kg/667 m²)	±(%)
陇薯17号	2 680	27.53	1 988	3.74	2 334	16.18
陇薯6号	2 253	7.24	2 789	45.58	2 521	25.53
陇薯12号	2 984	42.03	2 124	10.87	2 554	27.17
定薯3号	2 162	2.92	3 066	60.00	2 614	30.14
陇薯14号	2 233	6.27	2 700	40.94	2 467	22.80
陇薯7号(CK)	2 101	—	1 916	—	2 009	—
天薯13号	2 772	31.92	2 196	14.63	2 484	23.67
陇薯16号	2 163	2.92	1 886	-1.54	2 024	0.80
陇薯11号	2 406	14.49	2 964	54.73	2 685	33.68
陇薯9号			2 409	25.72	2 409	19.92
庄薯4号			1 617	-15.60	1 617	-19.49
陇薯10号			1 432	-25.27	1 432	-28.72
新大坪	2 040	-2.90			2 040	1.58
冀张薯12号			2 467	28.77	2 467	22.83
青薯10号			2 237	16.77	2 237	11.39
庄薯3号			2 412	25.90	2 412	20.10
平均	2 379		2 280		2 280	

由表3可知，在安定区有8个品种较对照增产，增产幅度在2.92%~42.03%，其中"陇薯12号""天薯13号""陇薯17号"增产幅度在20%以上。在东乡县有11个品种较对照增产，增产幅度在3.74%~60.00%，"定薯3号""陇薯14号""陇薯11号""陇薯6号"增产幅度在40%以上。两县区平均增产幅度在20%以上的品种有"陇薯11号""定薯3号""陇薯12号""陇薯6号""天薯13号""陇薯14号""冀张薯12号""庄薯3号"8个品种。

2.4 示范试验品种锌产量分析

两县区示范品种锌产量见表4，经对两县区共同试验的9个品种的锌产量进行方差分析，品种间、地域间差异不显著，用参试品种与对照薯块锌产量增减幅度进行比对分析。

表4 两县区示范品种锌产量分析

品种	定西市安定区		临夏州东乡县		两区县平均	
	锌产量（g/667 m²）	±（%）	锌产量（g/667 m²）	±（%）	锌产量（g/667 m²）	±（%）
陇薯17号	6.91	48.71	6.86	43.11	7.04	48.64
陇薯6号	6.15	32.38	8.91	86.04	7.47	57.85
陇薯12号	7.91	70.23	4.92	2.62	6.34	34.00
定薯3号	6.00	29.00	6.60	37.66	6.44	35.99
陇薯14号	7.30	57.08	3.91	−18.32	5.82	22.97
陇薯7号（CK）	4.65	—	4.79	—	4.73	—
天薯13号	5.43	16.74	5.18	8.14	5.36	13.28
陇薯16号	4.38	−5.87	4.26	−11.12	4.33	−8.46
陇薯11号	5.14	10.59	4.98	3.89	5.12	8.24
陇薯9号			9.84	105.40	9.84	107.91
庄薯4号			4.43	−7.55	4.43	−6.42
陇薯10号			3.62	−24.51	3.62	−23.59
新大坪	5.10	9.62			5.10	7.67
冀张薯12号			5.15	7.46	5.15	8.77
青薯10号			4.63	−3.36	4.63	−2.18
庄薯3号			4.56	−4.84	4.56	−3.68
平均	5.91		5.59		5.63	

由表4可知，安定区10个参试品种中，8个品种锌产量超过对照，增加9.62%～70.23%，其中"陇薯12号""陇薯14号""陇薯17号""陇薯6号"较对照高30%以上。东乡县15个参试品种中，8个品种锌产量超过对照，增加2.62%～105.40%，其中"陇薯9号""陇薯6号""陇薯17号""定薯3号"较对照高30%。两县区平均增加幅度在20%以上的品种有"陇薯6号""陇薯17号""定薯3号""陇薯12号""陇薯14号""陇薯9号"6个品种。

3 讨 论

推荐共同示范推广品种：2020年种植示范表1中前16个品种。测定分析两县区2020年示范品种的锌含量、产量以及薯块中锌总量，推荐"陇薯17号""定薯3号""陇薯12号""天薯13号""陇薯14号"5个品种进行2021年度富锌生产示范。

分区域重点示范品种：由于品种在不同区域锌含量、锌产量表现不同，为使项目达到最佳效果，在两个示范区难以筛选出一个品种的前提下，将分别选择适宜的富锌高产品种。

建议安定区重点生产示范"陇薯14号""陇薯12号"和"陇薯17号",继续观察"定薯3号"和"天薯13号"的锌含量与产量。

建议东乡县重点生产示范"陇薯17号""定薯3号"和"天薯13号",继续观察"陇薯11号"和"陇薯12号"的锌含量与产量。

两县区共同试验品种,2020年参与一个点次试验示范品种,对于锌含量或锌产量增加10%以上品种,薯块产量增产15%以上品种,商品性状突出的品种,建议继续进行试验示范,如"陇薯9号""庄薯4号"等品种。

对于锌含量两地差异较大品种:"陇薯14号"在安定区锌含量居示范品种首位,达到3.27 mg/kg(鲜基),在东乡县居末尾,仅有1.45 mg/kg(鲜基),该品种测定值与文国宏等[2]报道差异较大;但在东乡县鲜薯产量2 700 kg/667 m²,锌产量达到5.82 g/667 m²,居第六位,且该品种干物质、淀粉含量高[2]。建议在东乡县继续种植测定锌含量。

依据两个示范点鲜薯产量、锌含量、锌产量。在两个示范区富锌高产品种不一致时,以锌产量为主,参考鲜薯产量及锌含量,推荐2021年度两地共同示范品种,为兼顾不同品种在特殊环境及产业价值链开发的目的[3],注重分地域示范品种,推荐在项目区实施的安定区、东乡县进行田间大区试验示范。

两年的试验示范工作中,仅测定分析两县区的品种因素,其他因素对马铃薯块茎锌含量影响未作深入剖析,如种薯级别、土壤肥力[4]、土壤锌含量[4]、土壤水分[5]、大气干旱[5]、栽培模式[6]等。

[参 考 文 献]

[1] 赵贵宾,朱永永,熊春蓉,等.甘肃省马铃薯铁锌生物强化研究进展 [J]. 中国马铃薯,2019,33(4):243-248.

[2] 文国宏,李高峰,李建武,等.陇薯系列马铃薯品种营养品质评价及相关性分析 [J].核农学报,2018,32(11):2 162-2 169.

[3] 胡新元,李梅,田世龙,等.西北旱区不同品种马铃薯薯饼加工品质特性分析 [J].食品工业科技,2018(5):36-40.

[4] 马振勇,杜虎林,刘荣国,等.施锌肥对旱作马铃薯植株锌含量及块茎品质的影响 [J].华北农学报,2017(1):201-207.

[5] 孙小龙,王延明,张春红,等.不同锌肥对旱作马铃薯植株锌的吸收、积累与分配的影响 [J].干旱地区农业研究,2015(3):72-78.

[6] 张彦丽,李继明,武汉军,等.安定区富锌马铃薯栽培模式试验示范 [J].农业科技通讯,2020(11):63-65.

榆林市大垄三行条件下不同品种比较试验

汪 奎[1*]，吕 军[1,2]，高青青[1]，方玉川[1,2]

(1. 榆林市农业科学研究院，陕西 榆林 719000；

2. 陕西省马铃薯工程技术研究中心，陕西 榆林 719000)

摘 要：研究引进7个品种，以"榆薯5号"为对照，在榆林市农业科学研究院示范园开展品种试验，研究在新的种植模式大垄三行下，不同品种表现情况。结果表明，以商品薯率和产量为主要考核指标，"本薯11号"表现较好，商品薯率和产量均位居第一，商品薯率为70.77%，较对照"榆薯5号"提高227.55%；产量为 2 119 kg/667 m²，较对照"榆薯5号"提高111.36%。

关键词：马铃薯；品种；大垄三行；商品薯率；产量

榆林市地处陕西北部，与内蒙古自治区接壤，榆林南部为黄土高原丘陵沟壑区，北部为毛乌素沙地，是马铃薯生长的优生区。当地有传统种植马铃薯的习惯，是陕西省马铃薯的主要产区，年播种面积在 20 万 hm² 左右[1,2]。榆林南部马铃薯耕作方式主要为传统旱作，产量低，效益差；北部耕作方式是大农场、大企业规模化种植，产量高，效益好[3]。2020年开始，从中国东北引进大垄三行种植方式，希望引进一种产量高、早熟、效益好的模式。为了配合这种模式，引进中早熟马铃薯品种，选择出适宜这种模式种植的品种，为马铃薯高产集成技术与示范推广提供科学依据。

1 材料与方法

1.1 参试品种

参试品种7个，分别为"合薯5号""本薯2号""本薯11号""中薯3号""兴佳2号""费乌瑞它""榆薯5号"，以"榆薯5号"作对照。

1.2 试验设计

试验随机排列，不设重复，5行区，小区面积20 m²，行长5 m，采用大垄3行种植模式，大行距60 cm、小行距30 cm，单膜覆盖膜下铺2条滴灌带，幅宽120 cm，密度6 500株/667 m²。

1.3 田间管理

试验在榆林市农业科学研究院示范园实施，海拔 1 100 m，沙壤土，前茬作物是玉米。

作者简介：汪奎(1979—)，男，高级农艺师，从事马铃薯育种和栽培。

基金项目：国家马铃薯产业技术体系建设奖金资助(CARS-09)；陕西省马铃薯产业技术体系建设项目(SNTX-14)；2019年国家现代农业产业园-陕西省榆林市榆阳区现代农业产业园项目。

*通信作者：汪奎，e-mail：442634056@qq.com。

用70%酒精消毒过的刀切割种薯，每块留2~4个芽眼，于2019年4月15日播种。先机械起垄后人工垄上播种，再铺滴灌带、覆膜。根据天气情况及土壤墒情，采用滴灌形式灌水。基肥：施六国化工复合肥($N : P_2O_5 : K_2O = 10 : 15 : 20$，总养分≥45%)100 kg/667 m²，丰稷有机肥($N + P_2O_5 + K_2O ≥ 5\%$ 有机质≥70%)40 kg/667 m² 作为基肥。追肥：6月24日，施硝酸钙镁5 kg/667 m²；7月1日，施硝酸钙镁5 kg/667 m²。病虫害防治：结合深翻施辛硫磷3 kg/667 m² 防治地下害虫；6月9日，大生150 g/667 m² + 高效氯氰菊酯30 mL/667 m²；6月22日，阿米西达50 g/667 m²；7月1日，阿米妙收120 mL/667 m²、功夫25 mL/667 m²；7月4日，可杀得3千60 g/667 m²、塞雷50 mL/667 m²(无人机)。7月13日收获。

2 结果与分析

2.1 株 高

马铃薯不同品种比较试验株高为32.00~53.30 cm，除"合薯5号""费乌瑞它"外，其余各参试品种的株高均高于对照"榆薯5号"。其中，"兴佳2号"的株高最高，为53.30 cm，较对照"榆薯5号"高35.97%；第二位是"本薯11号"，为45.10 cm，较对照"榆薯5号"高15.05%；第三位是"本薯2号"，为40.30 cm，较对照"榆薯5号"高2.81%；"合薯5号"的株高最低，为32.00 cm，较对照降低18.37%(表1)。

表1 不同马铃薯品种株高

品种	株高(cm)				较对照±(%)	位次
	Ⅰ	Ⅱ	Ⅲ	平均		
合薯5号	31.2	31.6	33.2	32.00 d	−18.37	7
本薯2号	42.3	38.9	39.7	40.30 c	2.81	3
本薯11号	43.1	45.9	46.3	45.10 b	15.05	2
中薯3号	41.1	38.6	39.7	39.80 c	1.53	4
兴佳2号	52.5	55.3	52.1	53.30 a	35.97	1
费乌瑞它	32.7	32.8	34.7	33.40 d	−14.80	6
榆薯5号(CK)	39.1	38.3	40.2	39.20 c	—	5

注：不同小写字母表示0.05水平显著。下同。

2.2 单株块茎数

马铃薯不同品种比较试验单株块茎数为4.0~7.3粒/株，各参试品种的单株块茎数均低于对照"榆薯5号"。其中，"榆薯5号"的单株块茎数为7.3粒/株；其次为"合薯5号"，为6.0粒/株，较对照"榆薯5号"降低17.81%；第三位是中薯3号，为5.0粒/株，较对照"榆薯5号"降低31.51%；"费乌瑞它"单株块茎数最低，为4.0粒/株，较对照"榆薯5号"降低45.21%(表2)。

表 2　不同马铃薯品种单株块茎数

| 品种 | 单株块茎数(粒/株) | | | | 较对照± | 位次 |
	I	II	III	平均	(%)	
合薯 5 号	7.2	5.6	5.2	6.0 ab	-17.81	2
本薯 2 号	3.5	4.6	4.2	4.1 b	-43.84	6
本薯 11 号	4.1	5.2	5.4	4.9 b	-32.88	4
中薯 3 号	4.2	5.1	5.7	5.0 b	-31.51	3
兴佳 2 号	3.7	5.7	3.8	4.4 b	-39.73	5
费乌瑞它	5.1	3.6	3.3	4.0 b	-45.21	7
榆薯 5 号(CK)	7.7	8.1	6.1	7.3 a	—	1

2.3　单株块茎重

马铃薯不同品种比较试验单株块茎重为 0.33~0.64 kg/株，各参试品种中"本薯 11 号""合薯 5 号"和"兴佳 2 号"的单株块茎重高于对照"榆薯 5 号"，"本薯 2 号""费乌瑞它"和"中薯 3 号"低于对照"榆薯 5 号"。其中，"本薯 11 号"单株块茎重最高，为 0.64 kg/株，较对照"榆薯 5 号"提高 42.70%；第二位是"合薯 5 号"，为 0.55 kg/株，较对照"榆薯 5 号"提高 23.60%；第三位是"兴佳 2 号"，为 0.46 kg/株，较对照"榆薯 5 号"提高 2.25%；"中薯 3 号"单株块茎重最低，为 0.33 kg/株，较对照"榆薯 5 号"降低 26.97%(表 3)。

表 3　不同马铃薯品种单株块茎重

| 品种 | 单株块茎重(kg/株) | | | | 较对照± | 位次 |
	I	II	III	平均	(%)	
合薯 5 号	0.65	0.48	0.53	0.55 ab	23.60	2
本薯 2 号	0.35	0.39	0.48	0.41 ab	-8.99	5
本薯 11 号	0.54	0.72	0.67	0.64 a	42.70	1
中薯 3 号	0.32	0.29	0.39	0.33 b	-26.97	7
兴佳 2 号	0.39	0.45	0.55	0.46 ab	2.25	3
费乌瑞它	0.29	0.27	0.45	0.34 b	-23.60	6
榆薯 5 号(CK)	0.29	0.48	0.58	0.45 ab	—	4

2.4　商品薯率

马铃薯不同品种比较试验商品薯率为 21.61%~70.77%，各参试品种的商品薯率均高于对照"榆薯 5 号"。其中，"本薯 11 号"的商品薯率最高，为 70.77%，较对照"榆薯 5 号"提高 227.55%；第二位是"兴佳 2 号"，为 61.40%，较对照"榆薯 5 号"提高 184.17%；第三位是"本薯 2 号"，为 55.88%，较对照"榆薯 5 号"提高 158.60%；对照"榆薯 5 号"的商品薯率最低，为21.61%(表4)。

表4 不同马铃薯品种商品薯率

品种	商品薯率(%)				较对照±(%)	位次
	I	II	III	平均		
合薯5号	34.61	30.57	35.41	33.63 c	55.62	6
本薯2号	56.73	59.33	51.59	55.88 b	158.60	3
本薯11号	68.40	71.51	72.39	70.77 a	227.55	1
中薯3号	37.02	45.17	36.41	39.53 c	82.95	5
兴佳2号	56.34	69.37	58.36	61.40 ab	184.17	2
费乌瑞它	47.34	56.49	52.42	52.08 b	141.03	4
榆薯5号(CK)	25.07	19.61	20.14	21.61 d	—	7

2.5 产 量

马铃薯不同品种产量为1 003~2 119 kg/667 m², 各参试品种的产量均高于对照"榆薯5号"。其中，"本薯11号"的产量最高，为2 119 kg/667 m²，较对照"榆薯5号"提高111.36%；第二位是"合薯5号"，为1 776 kg/667 m²，较对照"榆薯5号"提高77.12%；第三位是"兴佳2号"，为1 547 kg/667 m²，较对照"榆薯5号"提高54.29%；对照"榆薯5号"的产量最低，为1 003 kg/667 m²(表5)。

表5 不同马铃薯品种产量

品种	折合产量(kg/667 m²)				较对照±(%)	位次
	I	II	III	平均		
合薯5号	1 978	1 534	1 816	1 776 ab	77.12	2
本薯2号	1 075	1 433	967	1 158 de	15.51	6
本薯11号	1 938	1 989	2 431	2 119 a	111.36	1
中薯3号	1 076	1 352	1 114	1 181 de	17.73	5
兴佳2号	1 692	1 487	1 462	1 547 bc	54.29	3
费乌瑞它	1 604	1 503	1 102	1 403 cd	39.89	4
榆薯5号(CK)	985	1 099	924	1 003 e	—	7

3 讨 论

在大垄三行种植模式下，通过对马铃薯不同品种的株高、单株块茎数、单株块茎重、商品薯率以及产量的分析，可以看出不同品种间存在差异。以商品薯率和产量为主要考核指标来说，"本薯11号"表现较好，商品薯率和产量均位居第一，商品薯率为70.77%，较对照"榆薯5号"提高227.55%；折合产量为2 119 kg/667 m²，较对照"榆薯5号"高

111.36%。其次为"兴佳2号"，折合产量为1 547 kg/667 m²，较对照"榆薯5号"高54.29%，位居第三；商品薯率为61.40%，较对照"榆薯5号"高184.17%，位居第二。对照"榆薯5号"表现较差，商品薯率和产量均最低。

［参考文献］

[1] 方玉川.陕西省马铃薯产业发展现状及思考 [J]. 农业科技通讯,2015(10):4-6.

[2] 李善才,刘凤莲,高纯香,等.陕北地区早熟马铃薯费乌瑞它高产高效栽培技术 [J]. 中国马铃薯,2005,19(3):177-188.

[3] 方玉川,高青青,汪奎,等.不同灌溉施肥方法对榆林沙地马铃薯产量和品质的影响 [J].农业科技通讯,2020(1):93-96.

5个早熟马铃薯品种在绥棱半山区种植的适应性评价

武新娟[1*]，李德财[2]，唐　贵[1]，隋冬华[1]，张冬雪[1]，高佳缘[1]，孙　晶[1]，
张静华[1]，张莉莉[1]，张　鹏[1]，宋鹏慧[1]，杨　光[1]，周　双[1]

(1. 黑龙江省农业科学院乡村振兴科技研究所，黑龙江　哈尔滨　150023；
2. 海伦市农业综合行政执法大队，黑龙江　海伦　152300)

摘　要：黑龙江省是中国主要马铃薯产区之一，而全省山区半山区面积占据一半以上。为筛选适合绥棱半山区种植的马铃薯早熟品种，试验在相同栽培条件下，对5个马铃薯品种的主要物候期、植株和块茎性状、产量进行比较分析。结果表明，参试品种在处于半山区的绥棱均可以完成生长发育全过程，且植株性状表现良好，各品种株高在53.57~65.43 cm，主茎数在1.93~2.53个，单株块茎重在0.94~1.62 kg，单株块茎数在9.67~14.87个，商品薯率在61.44%~79.20%。其中"早大白"和"费乌瑞它"产量和商品薯率较高，"尤金"虽产量略低，但商品薯率高、口感好，外观性状佳，倍受消费者欢迎，所以这3个早熟马铃薯品种比较适宜在绥棱半山区域大面积种植。

关键词：马铃薯；半山区；早熟；植株性状；产量

2019年黑龙江省薯类种植面积11.55万hm^2，产量265万t[1]。黑龙江省半山区耕地的特点是存在坡度，耕作层浅，土地瘠薄，农作物种植的局限性大，栽培技术水平要求也较高[2]。而马铃薯的耐旱、耐寒、耐贫瘠特性，决定了其在半山区种植业中的主要地位。发展黑龙江省马铃薯产业需要进行多方面的努力，不仅要靠有效的栽培技术，更重要是适宜品种的选择。早熟马铃薯可适时早播，提前收获，在交通不便利的山区半山区上市早，可产生较大的收益，提高了相对落后的半山区经济。所以筛选适合种植的早熟品种对于半山区马铃薯产业的发展具有重要意义。

试验选择5个黑龙江省常规栽培的早熟马铃薯品种，以相同的栽培条件进行处理，调查其主要物候期、植株性状、块茎性状和产量的表现情况，筛选适宜绥棱半山区种植的高产、优质、早熟马铃薯品种，为农户大面积推广种植提供有力的理论依据。

1　材料与方法

1.1　试验材料

参试马铃薯品种"早大白""尤金""费乌瑞它""克新4号"和"中薯4号"，均采用黑龙

作者简介：武新娟(1981—)，女，硕士，助理研究员，主要从事马铃薯育种与栽培技术研究工作。
基金项目：黑龙江省农业科学院"农业科技创新跨越工程"专项(HNK2019CX07)；国家重点研发计划项目(2018YFD0200800)。
＊**通信作者**：武新娟，e-mail：wuxinjuan01@sina.com。

江省农业科学院乡村振兴科技研究所内繁育的一级原种。

1.2 试验地概况

试验设在黑龙江省绥化市绥棱县胜利村，乡村振兴科技研究所绥棱基地的试验地内，绥棱县属于典型的北寒温带大陆性季风气候。地处于黑龙江省中部，小兴安岭南端西麓绥化市东北部，为典型的半山区农业县。2020 年 4～9 月平均温度 16.22℃，降雨量总和 705.80 mm，无霜期 156 d，土壤主要为黑壤土，肥力中等。

1.3 试验方法

试验地前茬大豆，2019 年秋整地，2020 年 4 月下旬旋耕起垄，同时施入尿素 (N 46%) 8 kg/667 m² 、磷酸二铵 (N 18%、P 46%) 10 kg/667 m² 和硫酸钾 (K 50%) 12 kg/667 m² 作为基肥。参加试验品种 5 个，3 次重复，合计 15 个小区，随机区组排列，每小区面积 60 m²，行长 7.5 m，行距 80 cm，株距 25 cm，10 行区。于 2020 年 5 月 16 日播种，9 月 16 日收获测产。

1.4 调查项目及数据整理

试验调查项目为各品种的物候期、植株性状、块茎性状以及小区产量。试验数据采用 Excel 2007 和 DPS 7.05 软件进行分析，产量方差分析采用 LSD 法。

2 结果与分析

2.1 生育期

试验的 5 个品种生育期有所差别，出苗到成熟生育日数在 62～70 d，总体表现为早熟。由表 1 可见，"早大白"和"费乌瑞它"出苗和开花略早，成熟也相对较早，生育期分别为 65 和 66 d。"中薯 4 号"出苗和开花晚，但成熟早，所以生育期最短，仅 62 d。"尤金"和"克新 4 号"则出苗、开花、成熟均略晚，所以生育期长，分别为 68 和 70 d(表 1)。

表 1   参试马铃薯品种的主要物候期

品种	播种期（D/M）	出苗期（D/M）	开花期（D/M）	成熟期（D/M）	生育期（d）
早大白	16/05	03/06	02/07	07/08	65
费乌瑞它	16/05	03/06	02/07	08/08	66
克新 4 号	16/05	06/06	06/07	15/08	70
尤金	16/05	05/06	04/07	12/08	68
中薯 4 号	16/05	05/06	06/07	06/08	62

2.2 植株性状

表 2 是 5 个参试品种植株性状的不同表现，可见，株高在 53.57～65.43 cm，品种排序为"克新 4 号" > "费乌瑞它" > "尤金" > "中薯 4 号" > "早大白"；主茎数在 1.93～2.53 个，品种排序为"费乌瑞它" > "克新 4 号" > "中薯 4 号" > "早大白" > "尤金"；花冠色"费乌瑞它"和"中薯 4 号"为淡紫色，其余为白色；茎色"尤金"表现为紫褐色，"克新 4

号"表现为绿带褐色，其余品种为绿色；薯形"早大白"和"克新4号"表现为扁圆形，"费乌瑞它"和"中薯4号"为长椭圆，"尤金"为椭圆；薯皮和薯肉"早大白"为白色，"尤金"为黄色，其他品种均为淡黄色；所有品种芽眼表现均为浅，满足了作为商品薯的性状要求。

表2 参试马铃薯品种的植株性状

品种	株高（cm）	主茎数（个）	花冠色	茎色	薯形	皮色	肉色	芽眼
早大白	53.57	2.27	白	绿	扁圆	白色	白色	浅
费乌瑞它	63.67	2.53	淡紫	绿	长椭圆	淡黄	淡黄	浅
克新4号	65.43	2.40	白	绿带褐	扁圆	淡黄	淡黄	浅
尤金	60.07	1.93	白	紫褐	椭圆	黄色	黄色	浅
中薯4号	55.50	2.37	淡紫	绿	长椭圆	淡黄	淡黄	浅

2.3 块茎性状及产量

表3为参试品种块茎性状及产量的方差分析结果，可见参试品种"费乌瑞它"的单株块茎重最高，为1.62 kg，极显著高于"中薯4号"。单株块茎数最低，为9.67个，显著低于"克新4号"。商品薯率最高，为79.20%，极显著高于"克新4号"，且极显著高于"中薯4号"，但折合产量位居第二，为1 920 kg/667 m²。产量最高的是"早大白"，为2 182 kg/667 m²，与"费乌瑞它"差异不显著，但显著高于其他3个参试品种；"克新4号"单株块茎数最多，为14.87个，但商品薯率较低，仅61.92%，折合产量位居第三，为1 625 kg/667 m²；"尤金"产量虽位居第四，为1 541 kg/667 m²，但单株块茎数适中，商品薯率较高，分别为10.77个和73.58%；产量表现最差的是"中薯4号"，仅1 358 kg/667 m²，单株块茎重和商品薯率均最低，分别为0.94 kg和61.44%。

表3 参试马铃薯品种的块茎性状及产量

品种	单株块茎重（kg）	单株块茎数（个）	商品薯率（%）	折合产量（kg/667 m²）
早大白	1.33 abAB	10.47 abA	75.24 abAB	2 182 aA
费乌瑞它	1.62 aA	9.67 bA	79.20 aA	1 920 abAB
克新4号	1.22 abAB	14.87 aA	61.92 cB	1 625 bcAB
尤金	1.49 aAB	10.77 abA	73.58 abAB	1 541 bcAB
中薯4号	0.94 bB	10.03 abA	61.44 cB	1 358 cB

注：块茎质量大于50 g为商品薯；不同大小写字母分别代表在0.01和0.05水平上的差异显著性。

3 讨 论

黑龙江省山区半山区的农业特点是气温冷凉、无霜期短、土地开发晚等[3]，这些特点导致地区农作物种植受限，农业发展缓慢。促进马铃薯种植业的快速发展，不仅要从改变耕作模式，配套栽培技术，调整种植结构入手，也要注重品种优化，加强适宜品种的选择。范书华[4]针对牡丹江山区半山区的气候特点和马铃薯品种"尤金"的生育特性，总结了牡丹江山区半山区高产栽培技术。武新娟[5]在处于半山区的绥棱县进行 8 个马铃薯中晚熟品种的对比试验，筛选出"克新 19 号"和"延薯 4 号" 2 个品种产量高，表现好，适宜推广种植。徐学谱等[6]在处于山区的大兴安岭对 9 个来自于荷兰种质资源配置组合的马铃薯品系进行对比试验，结果表明有 6 个品系产量高于对照，可在选育适宜山区种植品种的过程中加以利用。

为筛选适合绥棱半山区种植的早熟马铃薯品种，进行了 5 个早熟品种的比较试验。结果表明：参试品种在绥棱均可完成生长发育全过程，且植株和块茎性状表现良好，产量从高到低顺序为"早大白""费乌瑞它""克新 4 号""尤金""中薯 4 号"，折合产量分别为 2 182，1 920，1 625，1 541 和 1 358 kg/667 m^2，商品薯率分别为 75.24%，79.20%，61.92%，73.58% 和 61.44%。其中"克新 4 号"产量较高，但商品薯率与高于他的 3 个品种差异达显著水平，而"尤金"产量略低，却与"克新 4 号"差异不显著，且由于其块茎的黄皮、黄肉、芽眼浅、单株块茎数适中和单株块茎重高的特性，备受消费者喜爱，市场销售量大，所以也是绥棱半山区马铃薯种植户的适宜栽培品种。"早大白"虽然产量高，生育期短、块茎外观性状好，但口感略差，相比"费乌瑞它"种植面积小。"中薯 4 号"生育期短、块茎性状优、鲜食口感好，但在绥棱半山区种植商品薯率和产量低，故不建议常规栽培技术大面积种植，但可参考品种的配套栽培技术进行小面积种植。故"早大白""费乌瑞它""尤金" 3 个品种适合在黑龙江省绥棱半山区大面积种植。

[参 考 文 献]

[1] 国家统计局.中国农业统计年鉴 [M]. 北京: 中国统计出版社, 2020.
[2] 孙征权.黑龙江省土壤耕作模式探讨 [J]. 农业机械, 2010(7): 120-122.
[3] 吴克明, 曲春梅.山区、半山区马铃薯生产技术 [J]. 种子世界, 2005(3): 39.
[4] 范书华.牡丹江山区半山区马铃薯品种'尤金'高产栽培技术 [J]. 中国马铃薯, 2012, 26(2): 95-96.
[5] 武新娟.绥棱县马铃薯品种引进及比较试验 [J]. 中国马铃薯, 2018, 32(5): 272-275.
[6] 徐学谱, 张雅奎, 吴凌娟, 等.荷兰马铃薯新品系在大兴安岭地区的表现 [J]. 中国马铃薯, 2010, 24(3): 136-139.

基质类型、扦插密度及日期对
"希森6号"微型薯生产的影响

王　越[1]，张晓萌[2]，张志凯[1]，李学洋[1]，胡柏耿[1*]

(1. 国家马铃薯工程技术研究中心，山东　乐陵　253600；
2. 内蒙古希森马铃薯种业有限公司，内蒙古　商都　013450)

摘　要：基质栽培生产马铃薯微型薯是当前应用最为普遍的生产方式。研究了不同生产基质、不同扦插密度及扦插日期对"希森6号"微型薯单位面积产量的影响。结果表明，"希森6号"马铃薯品种脱毒微型薯生产的最佳栽培基质配方为蛭石 + 国产草炭(1 cm) + 蚯蚓粪，单位面积微型薯结薯数达到357.33粒/m^2；最佳扦插株行距为5 cm × 6 cm，单位面积微型薯结薯数达到425.59粒/m^2，比7 cm × 8 cm的289.69粒/m^{2}的微型薯产量增加46.9%，扦插株行距为5 cm × 6 cm微型薯结薯数达3 g以上的为336.90粒/m^2，扦插株行距为7 cm × 8 cm微型薯结薯数达258.16粒/m^2，前者比后者增加30.5%；6月10日扦插的微型薯结薯数最高，达到327.59粒/m^2，微型薯结薯数达3 g以上的数量为278.74粒/m^2，分别比6月25日扦插的增加28.4%和27.3%。对于"希森6号"脱毒微型薯生产来说，适宜的扦插基质为蛭石 + 草炭 + 蚯蚓粪，扦插密度为株行距5 cm × 6 cm，扦插日期是6月10日。

关键词：微型薯；蚯蚓粪；扦插密度；扦插日期

微型薯是指由脱毒试管苗或试管薯在温室等隔离设施条件下生产的小型种[1]。由试管苗繁育微型薯的一般流程为：茎尖剥离组织培养再生成脱毒试管苗，将脱毒试管苗扦插于温室或网室内生产脱毒微型薯，继而在大田或隔离条件下生产种薯，繁育年限受到各地区季节、气候的不同存在差异。温室扦插试管苗生产微型薯受到多种因素的影响，如季节、气候、扦插时间、种苗生理状态、密度、水肥条件等[2]。

研究学者、专家对微型薯生产中的各个影响因素做了大量研究。关于生产基质配比，卞春松等[3]研究认为蛭石与草炭配比1∶1结薯效果最好，但也有研究结果显示蛭石与草炭配比3∶1不仅有利于植物地上部生长，地下结薯效果好，其成本也相对较低[4]。除蛭石、草炭、珍珠岩等材料外，相关专家开发利用了新型的无土栽培基质，例如冯焱等[5]开发利用椰糠作为微型薯生产基质，方贯娜等[6]以堆沤菇渣为添加物，与蛭石混合生产微型薯，李爽等[7]验证了玉米秸秆作为添加物生产微型薯的可行性。近年来，蚯蚓粪作为育苗及栽

作者简介：王越(1994—)，男，硕士研究生，主要从事马铃薯育种研究工作。

基金项目：马铃薯新型雾培技术研究与示范推广(LJNY201712)；鲁豫科技协作(2020LYXZ004)。

*通信作者：胡柏耿，高级工程师，从事马铃薯育种、种薯繁育及新品种推广工作，e-mail：HUBAIGENG@163.com。

培基质，在马铃薯、黄瓜、番茄等作物中得到广泛应用，杨正涛等[8]研究结果证明利用蚯蚓粪可以有效提高马铃薯产量，提升马铃薯品质。

马铃薯脱毒试管苗扦插生产微型薯受密度影响较大，高密度条件下，单位面积内结薯数增加，但薯块的大小会降低，低密度条件下反之，不同品种其最佳扦插密度也存在差异[9]。淳俊等[10]以"费乌瑞它"为研究材料，结果显示密度在 580~660 株/m² 为最佳密度。同样以"费乌瑞它"为研究对象，陈亮等[11]研究测算，在密度为 300 株/m² 时，单位面积经济效益最高。综上所述，应根据不同马铃薯品种的特性出发，探索建立适合不同品种特性的种植方式。不同扦插日期对微型薯产量研究较少。针对目前生产中劳动力短缺、单位时间劳动力成本居高不下等现状，适当延长栽植日期与收获日期，错开用工高峰期，可作为一种降低生产成本的有效手段。

1 材料与方法

1.1 试验材料及地点

试验以"希森 6 号"马铃薯新品种为研究对象，研究不同栽培基质、扦插密度及扦插日期对微型薯产量的影响，试验地点为希森马铃薯产业集团内蒙古组培中心生产温室。

1.2 试验设计

试验设计包括不同栽培基质、扦插密度和不同扦插日期。栽培基质设置 6 个基质组合，分别是蛭石 + 蚯蚓粪，蛭石 + 进口草炭（1 cm）+ 蚯蚓粪，蛭石 + 国产草炭（1 cm）+ 蚯蚓粪，蛭石 + 进口草炭，蛭石 + 国产草炭，蛭石。试验采用随机区组设计，5 次重复；不同密度扦插设置 4 个密度处理，分别是 5 cm × 6 cm，7 cm × 8 cm，8 cm × 9 cm 和 9 cm × 10 cm，重复 5 次，随机区组设计；不同扦插日期包括 6 月 10 日、6 月 25 日、7 月 10 日和 7 月 25 日 4 个处理，重复 4 次，随机区组设计。所有试验小区面积均为 10.44 m²（长 8.7 m × 宽 1.2 m），每小区撒施 900 g 撒可富复合肥，按常规马铃薯脱毒微型薯生产进行管理。由于微型薯大田生产种薯使用 3 g 以上，所以微型薯数量统计分为小于 3 g 和 3 g 以上 2 个等级。

1.3 数据统计与分析

试验数据采用 Excel 和 SAS 数据处理软件进行统计分析。

2 结果与分析

2.1 不同基质类型组合对"希森 6 号"微型薯产量的影响

蛭石与其他基质按比例混合使用可显著增加微型薯产量。其中，蛭石 + 国产草炭（1 cm）+ 蚯蚓粪组合的单位面积结薯数产量最多，达到 357.33 粒/m²，3 g 以上的微型薯数量也最多，达到 321.98 粒/m²。蛭石 + 蚯蚓粪作基质的单位面积结薯数为 332.14 粒/m²，3 g 以上的数量为 292.67 粒/m²，蛭石 + 进口草炭（1 cm）+ 蚯蚓粪作基质的位面积结薯数为 326.01 粒/m²，3 g 以上的数量为 291.52 粒/m²，上述 3 种培养基质之间差异非常小，不显著（表1）。从表1中还可以看出，3 个添加蚯蚓粪的培养基的微型薯产量都极显著地高于其他 3 个未加蚯蚓粪的基质配方。在未加蚯蚓粪的 3 个基质配方之间，微型薯产量相差不显著。可见"希森 6 号"组培苗栽培生产微型薯最佳的基质组合为蛭石 + 国产草炭 + 蚯蚓粪。相比于单一利用蛭石作为生产基质，添加蚯蚓粪和草炭可以改善单一基质的理化性质，更有利于微型薯生产。

表 1 不同基质类型对"希森 6 号"微型薯单位面积产量的影响

基质类型	单位面积结薯数（粒/m²）	单位面积大薯(≥3 g)数（粒/m²）	单株结薯数（粒/株）	单株大薯(≥3 g)数（粒/株）
蛭石 + 蚯蚓粪	332.14 ± 10.20 aAB	292.67 ± 10.31 abAB	2.99 ± 0.20 aA	2.63 ± 0.14 aAB
蛭石 + 进口草炭（1 cm）+ 蚯蚓粪	326.01 ± 10.72 aAB	291.52 ± 9.28 abAB	3.24 ± 0.49 aA	2.89 ± 0.39 aA
蛭石 + 国产草炭（1 cm）+ 蚯蚓粪	357.33 ± 5.64 aA	321.98 ± 10.30 aA	3.16 ± 0.24 aA	2.84 ± 0.17 aA
蛭石 + 进口草炭	63.55 ± 41.54 bC	239.99 ± 47.79 cC	2.47 ± 0.14 bB	2.25 ± 0.23 bBC
蛭石 + 国产草炭	286.40 ± 44.55 bBC	269.68 ± 39.97 bcBC	2.44 ± 0.24 bB	2.30 ± 0.20 bBC
蛭石	266.43 ± 8.2 bC	245.16 ± 8.05 cC	2.25 ± 0.13 bB	2.07 ± 0.12 bC

注：不同小写字母表示 0.05 水平下差异显著，不同大写字母表示 0.01 水平下差异显著，下同；不同基质栽植密度均为 7 cm × 10 cm(株距 × 行距)。

2.2 扦插密度对"希森 6 号"微型薯产量的影响

组培苗扦插密度对微型薯生产至关重要，通过密度可以有效地调控微型薯的数量和大小。试验结果表明，随着扦插密度的增加，单位面积的微型薯粒数增加，但单株结薯数随之减少，块茎大小降低(表 2)。从表 2 中可以看出，株行距 5 cm × 6 cm 处理的，单位面积结薯数高达 425.59 粒/m²，3 g 以上的块茎数达到 336.90 粒/m²，都显著高于其他密度处理。但高密度处理下，单株结薯数仅为 1.55 粒/株，随着密度增大，单株结薯数随之降低。就单株结薯数及单株大薯(3 g 以上)结薯数株而言，株行距 8 cm × 9 cm、9 cm × 10 cm 两种密度都可以用于"希森 6 号"组培苗微型薯生产。

表 2 不同密度对"希森 6 号"微型薯单位面积产量影响

密度（株距 cm × 行距 cm）	单位面积结薯数（粒/m²）	单位面积大薯(≥3 g)结薯数（粒/m²）	单株结薯数（粒/株）	单株大薯(≥3 g)数（粒/株）
5 × 6	425.59 ± 27.98 aA	336.90 ± 56.10 aA	1.55 ± 0.17 cC	1.22 ± 0.21 dC
7 × 8	289.69 ± 40.57 bB	258.16 ± 30.26 bAB	2.13 ± 0.37 bB	1.89 ± 0.25 cB
8 × 9	268.01 ± 33.15 bB	242.72 ± 31.95 bB	2.61 ± 0.17 aAB	2.36 ± 0.20 bA
9 × 10	271.26 ± 29.38 bB	255.75 ± 27.04 bB	2.97 ± 0.27 aA	2.80 ± 0.26 aA

2.3 扦插日期对"希森 6 号"微型薯产量的影响

不同栽植日期对"希森 6 号"微型薯产量影响见表 3。随着栽植日期的推迟，微型薯单位面积产量、单株结薯数、大薯（≥3 g）结薯数、单株大薯（≥3 g）数都随之降低。从表 3 中可以看出，6 月 10 日栽植组培苗单位面积结薯数达到 327.59 粒/m²，单株结薯数 2.96 粒/株，单株大薯（≥3 g）结薯数也极显著高于其他处理。随着栽植日期的推迟，受北方一作区季节和气候变化的影响，栽植日期越晚，微型薯产量越低。

表 3　不同种植日期对"希森 6 号"微型薯单位面积产量影响

种植日期 （D/M）	生长期 （d）	单位面积结薯数 （粒/m²）	单位面积大薯（≥3 g）结薯数 （粒/m²）	单株结薯数 （粒/株）	单株大薯（≥3 g）数 （粒/株）
10/06	100	327.59 ± 20.69 aA	278.74 ± 31.81 aA	2.96 ± 0.15 aA	2.52 ± 0.23 aA
25/06	100	255.17 ± 28.31 bB	218.87 ± 26.84 bAB	2.23 ± 0.20 bB	1.91 ± 0.20 bB
10/07	100	205.27 ± 22.59 cC	180.36 ± 32.88 bcB	1.88 ± 0.21 cB	1.65 ± 0.30 bcB
25/07	85	205.08 ± 10.05 cC	157.47 ± 18.73 cB	1.83 ± 0.11 cB	1.41 ± 0.22 cB

注：处理 2020 年 7 月 10 日因季节、气候原因，未满 100 d 收获；不同种植日期栽植密度均为 7 cm × 10 cm（株距 × 行距）。

3　讨　论

本研究结果表明，"希森 6 号"马铃薯品种脱毒微型薯生产的最佳栽培基质配方为蛭石 + 国产草炭（1 cm）+ 蚯蚓粪，单位面积结薯数产量达到 357.33 粒/m²；最佳扦插株行距为 5 cm × 6 cm，单位面积结薯数产量达到 425.59 粒/m²，比 7 cm × 8 cm 的 289.69 粒/m² 的增加 46.9%。≥ 3 g 的微型薯单位面积结薯数前者为 336.90 粒/m²，后者为 258.16 粒/m²，增加 30.5%；6 月 10 日扦插的微型薯产量最高，达到 327.59 粒/m²，≥3 g 的微型薯单位面积结薯数达到 278.74 粒/m²，分别比 6 月 25 日扦插的增加 28.4% 和 27.3%。

基质栽培生产微型薯，不同于大田商品薯生产，国际无土栽培学会将无土栽培定义为不使用天然土壤，使用营养液浇灌根系，添加或者不添加基质或用其他施肥方式种植作物的方法[12]。马铃薯脱毒微型薯生产中单株结薯数的多少，主要受扦插密度大小的影响，而块茎的大小及单位面积产量则受到基质类型、密度、季节气候等因素影响较大。

本研究中使用不同类型基质对"希森 6 号"微型薯单位面积产量显著，其中，蚯蚓粪的使用能显著增加微型薯的产量。前人的研究成果认为，蚯蚓粪与蛭石混合能不同程度地提高作物的产量，改善品质[13]。蚯蚓粪作为基质在番茄、草莓、辣椒等作物育苗中得到广泛应用[14-16]。草炭也是当时广泛使用的微型薯生产基质，付峰等[17]研究结果表明，适量的草炭（28%~33%）能显著增加微型薯产量。李娇[18]研究了不同基质配比对马铃薯微型薯肥料吸收的影响，结果表明添加草炭可以改善单一基质的理化性质，改善植株对肥料元素的吸收。本研究中草炭并没有显著提高"希森 6 号"微型薯产量，可能与草炭添加比例较少有关，也可能受品种本身生理特性影响。

基质栽培生产微型薯，扦插密度影响微型薯的产量和大小。本研究结果与前人研究结果一致，密度过大，大薯数少，总薯数多；密度过小，大薯数增加，但总薯数降低[19,20]。中国国土面积大，南北方气候差异明显，北方一作区和中原二作区受季节和气候影响较大，若移栽过晚，后期低温影响植株生长，本研究中，随着栽植日期的推迟，单位面积产量及大薯（≥3 g）数呈显著下降趋势，梁东超等[21]研究发现微型薯产量受种植日期影响，栽植越晚，产量越低，本研究结果与前人研究结果相一致，高凯等[22]在中原二作区也得到了相同的研究结果。

［参 考 文 献］

[1] Ahloowalia B S. Production and performance of potato mini-tubers [J]. Euphytica, 1994, 75(3): 163-172.

[2] Sharma A K, Pandey K K. Potato mini-tuber production through direct transplanting of *in vitro* plants in green or screen houses-a review [J]. Potato Journal, 2013, 40(2): 95-103.

[3] 卞春松, 金黎平, 谢开云, 等. 不同基质对马铃薯微型高效生产的影响 [J]. 种子, 2003(5): 104-106.

[4] 李永华, 沈效东, 王立英, 等. 不同移栽方法和基质对马铃薯脱毒试管苗繁殖微型薯的影响 [J]. 宁夏科技, 2001(3): 37.

[5] 冯焱, 桑有顺, 淳俊, 等. 不同栽培基质对马铃薯原原种产量性状和经济参数的影响 [J]. 安徽农业科学, 2016, 44(27): 25-27.

[6] 方思娜, 庞淑敏, 杨永霞. 菇渣作基质生产脱毒微型薯试验研究 [J]. 内蒙古农业科技, 2005(6): 50-51.

[7] 李爽, 侯杰, 张婧颖, 等. 基质中添加适宜玉米秸秆促进马铃薯脱毒苗生长 [J]. 农业工程学报, 2015, 31(19): 195-201.

[8] 杨正涛, 姚利, 王建中, 等. 菌渣配施土壤改良剂对马铃薯产量、品质及土壤理化性质的影响 [J]. 山东农业科学, 2019, 51(11): 97-102.

[9] Farran I, Mingo-Castel A M. Potato minituber production using aeroponics: Effect of plant density and harvesting intervals [J]. American Journal of Potato Research, 2006, 83(1): 47-53.

[10] 淳俊, 桑有顺, 陈涛, 等. 马铃薯原原种基质培育的扦插密度试验 [J]. 四川农业科技, 2017(2): 10-11.

[11] 陈亮, 宋峥, 李志英. 不同脱毒试管苗移栽密度对微型薯产量的影响 [J]. 农业与技术, 2016, 36(6): 29.

[12] 郑光华. 蔬菜无土栽培与食品绿色生产 [J]. 陕西农业科学, 2014, 60(4): 63-65.

[13] Arancon N Q, Edwards C A, Bierman P, et al. Influences of vermicomposts on field strawberries: 1. Effects on growth and yields [J]. Bioresource Technology, 2004, 93(2): 145-153.

[14] Atiyeh R M, Arancon N Q, Edwards C A, et al. Influence of earthworm processed pig manure on the growth and yield of greenhouse tomatoes [J]. Bioresource Tecnology, 2000, 75: 175-180.

[15] 崔玉珍, 牛明芬. 蚯蚓粪对土壤的培肥作用及草莓产量和品质的影响 [J]. 土壤通报, 1998, 29(4): 156-157.

[16] 尚庆茂, 张志刚. 蚯蚓粪基质辣椒穴盘苗播后喷施肥料效果的研究 [J]. 西南园艺, 2005, 33(5): 1-3.

[17] 付峰, 吕福虎, 秦琴, 等. 基质中草炭含量对马铃薯微型薯产量的影响 [J]. 种子世界, 2016(10): 32-34.

[18] 李娇. 不同基质配比对马铃薯微型薯氮磷钾吸收的影响 [D]. 长春: 吉林农业大学, 2017.

[19] 王芳. 密度和基质对马铃薯青薯9号脱毒微型薯产量的影响 [J]. 江苏农业科学, 2013, 41(9): 84-85.

[20] 杨培军, 张慧琴, 张宏熹, 等. 不同品种、密度、基质对马铃薯微型薯产量的影响 [J]. 宁夏农林科技, 2005(1): 18-39.

[21] 梁东超, 李文刚, 胡志全, 等. 扦插时期、光照与密度等条件在马铃薯微型薯生产中的影响 [J]. 中国马铃薯, 1998, 12(2): 77-79.

[22] 高凯, 刘忠玲, 赵爱菊, 等. 中原地区马铃薯脱毒移栽时间对微型薯的影响 [J]. 中国马铃薯, 2003, 17(3): 162-164.

不同栽培基质及密度对马铃薯原原种产量的影响

陈小丽[1,2]，孟红梅[1,2]，谭伟军[1,2]，陈自雄[1,2]，
徐祺昕[1,2]，张思邈[3]，马海涛[1,2]，王　娟[1,2]*

(1. 定西市农业科学研究院，甘肃　定西　743000；
2. 甘肃定西百泉马铃薯有限公司，甘肃　定西　743000；
3. 甘肃省定西市水文水资源监测站，甘肃　定西　743000)

摘　要：以加强环境保护意识和降低投入成本，实现高产角度出发，寻找马铃薯原原种生产中新型栽培基质用以替代当前的基质蛭石。试验以蛭石种植为对照，采用棉籽壳和椰糠为新型栽培基质，研究马铃薯原原种的生产潜力。结果表明，棉籽壳不适宜马铃薯脱毒苗生长，定植成活率较低，且易死亡。椰糠在脱毒苗生长早期，能够促进脱毒苗快速生长，在密度为200株/m² 时，单株合格结薯数为2.52粒，且单株合格结薯数和产量均高于对照。

关键词：马铃薯；原原种；栽培基质；密度；产量

马铃薯种薯作为定西特色产业，原原种生产是关键所在。当前，马铃薯原原种生产栽培基质主要以蛭石为主，且用量逐年上升，加之不能有效重复利用的局限，废弃物的乱置会对环境造成一定的污染。从环保角度考虑，周年大量的蛭石生产对空气质量造成严重的污染，大部分地区对空气质量保护出台了严禁政策。定西作为蛭石的大量使用区域，政府已禁止蛭石的加工生产，蛭石来源于河北、安徽等省区生产厂家，这就造成马铃薯原原种生产投入成本大，运输成本高，效益下降。使用椰糠基质生产马铃薯原原种，对环境友好且能够实现高产、优质、低成本生产马铃薯原原种的目的。生产中废弃的椰糠基质直接作为有机肥料还田，可以解决土壤板结问题。试验以加强环境保护意识和降低投入成本，实现原原种高效绿色生产角度出发，寻找合理的栽培基质替代当前的蛭石种植，研究马铃薯原原种的生产潜力，为马铃薯原原种绿色增效生产提供理论依据。

1　材料与方法

1.1　试验材料

试验品种："青薯9号"脱毒试管苗

试验材料：蛭石，棉籽壳，椰糠。

作者简介：陈小丽(1983—)，女，硕士，农艺师，主要从事马铃薯脱毒种薯繁育及栽培技术研究。
基金项目：甘肃省现代农业科技支撑体系区域创新中心重点科技项目(2019GAAS46-1)；甘肃省现代丝路寒旱农业发展项目(GNKJ-2020-2)；定西市农科院2021院列专项资金项目。
*** 通信作者**：王娟，硕士，研究员，主要从事马铃薯脱毒种薯繁育及栽培技术研究，e-mail：wj0110@126.com。

1.2 试验设计

试验设两个试验因子(基质种类和密度),主因子为基质种类(蛭石,棉籽壳,椰糠),副因子为种植密度,分别为180,200和220株/m²(表1)。试验采用裂区设计,主区不设重复;副区设3个处理,3次重复,采用随机排列,主区面积12 m²,副区面积4 m²。

表1 试验处理

处理	基质种类	密度(株/m²)
T1D1	蛭石	180
T2D2	棉籽壳	200
T3D3	椰糠	220

1.3 试验管理

试验设在定西市农业科学研究院温室进行,采用离地栽培。移栽前按试验设计配制基质并对苗床基质进行灭菌防虫处理,将脱毒试管苗剪去根部、洗净培养基及浸泡完生根液后扦插入苗床。生育期间,从扦插苗生根开始每隔7 d喷1次营养液,其他施肥、栽培、管理措施同历年蛭石种植技术相同,同时防治各种病虫害,保证植株正常生长。在生长期不同阶段分别测定各小区扦插苗长势。成熟期按小区收获,统计有效薯粒数、大薯粒数、大薯率和总产量。

1.4 指标测定

1.4.1 移栽成活率统计

揭膜后统计单位面积(1 m²)脱毒试管苗的成活率。

1.4.2 营养状况比较

扦插苗长势:分别于扦插后7,14,21,28和35 d调查株高,观察扦插苗长势。

1.4.3 产量统计

统计有效薯粒数、大薯粒数、大薯率和总产量。有效薯产量(粒/m²):单位面积上收获的大于2 g的原原种粒数。大薯产量(粒/m²):单位面积上收获的大于10 g的原原种粒数。大薯率:单位面积上收获的大薯占总产量的百分比。

2 结果与分析

2.1 不同栽培基质及密度对马铃薯生长状况的影响

从表2和图1可以看出,T1和T3处理下,马铃薯脱毒苗生长势强,生长速度快,色泽优,整齐。其中,T3D2处理生长速率最快,在移栽35 d后,苗子株高达到18.4 cm。在T2处理下,脱毒苗生长势弱,生长缓慢,苗子死衰,未结薯。

表 2　不同栽培基质及密度的马铃薯生长状况比较

处理	苗势	现蕾期长势	株高（cm）（揭二膜后）					薯块色泽	整齐度
			21 d	28 d	35 d	42 d	49 d		
T1D1	强	强	8.4	10.2	14.6	16.2	19.3	优	整齐
T1D2	强	强	8.3	12.4	15.8	17.8	20.5	优	整齐
T1D3	强	强	9.5	12.8	15.5	17.3	19.6	优	整齐
T2D1	弱	弱	5.3	5.5	5.8	6.0	6.0	—	不整齐
T2D2	弱	弱	5.9	6.0	6.3	6.3	6.4	—	不整齐
T2D3	弱	弱	5.6	5.7	5.9	6.1	6.2	—	不整齐
T3D1	强	强	9.5	12.3	15.4	17.7	20.2	优	整齐
T3D2	强	强	10.1	14.4	18.4	19.3	21.4	优	整齐
T3D3	强	强	9.8	14.6	16.4	18.5	20.7	优	整齐

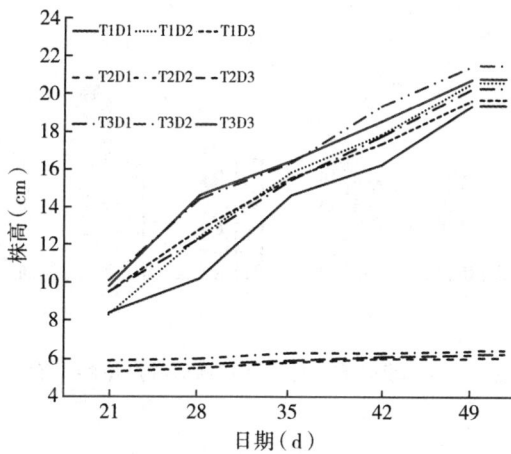

图 1　不同栽培基质对马铃薯脱毒苗株高的影响

2.2　不同栽培基质及密度对马铃薯原原种产量的影响

从表 3 和图 2 可以看出，不同栽培基质与密度处理下，椰糠在脱毒苗生长早期，能够促进脱毒苗快速生长，在密度为 200 株/m² 时，单株有效结薯数为 2.52 粒，同一密度下较蛭石处理单株有效结薯数 1.92 粒增加了 0.6 粒，增幅为 31.25%。T3D2 处理有效薯产量最高，为 504.8 粒/m²，比 T3D3 有效薯产量 422.4 粒/m² 高 19.51%，与 T3D1 和 T3D3 达到显著差异。T1 各处理均比 T3 各处理产量低，T1 处理中 T1D2 有效薯产量最高，为 384.6 粒/m²，但比同一密度下 T3D2 有效薯产量 504.8 粒/m² 低 31.25%，达到极显著性差异。T2 处理造成苗子死衰，未形成产量。

表 3 不同栽培基质及密度的马铃薯原原种产量性状比较

处理	单株结薯数 （株/粒）	单株有效结薯数 （株/粒）	有效薯产量 （粒/m²）	大薯产量 （粒/m²）	大薯率 （%）	总产量 （粒/m²）
T1D1	2.4	1.70	305.6 dC	30.6	7.02	435.4
T1D2	2.7	1.92	384.6 bcBC	31.2	5.78	539.8
T1D3	2.3	1.50	330.4 cdBC	26.8	5.34	502.2
T2D1	—	—	—	—	—	—
T2D2	—	—	—	—	—	—
T2D3	—	—	—	—	—	—
T3D1	3.8	2.20	396.0 bcABC	61.4	7.34	704.8
T3D2	3.9	2.52	504.8 aA	54.2	6.86	790.6
T3D3	3.4	1.95	422.4 bAB	47.6	6.34	750.2

注：不同小写字母表示 0.05 水平差异显著性。

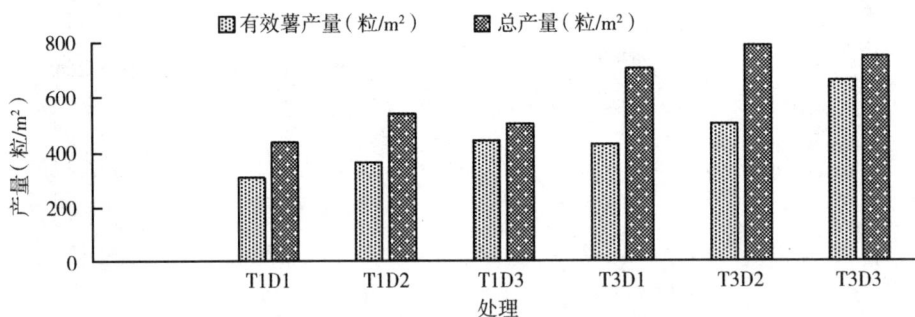

图 2 不同栽培基质与密度对原原种产量的影响

3 结 论

棉籽壳不适宜马铃薯脱毒苗生长，定植成活率较低，且易死亡。椰糠在脱毒苗生长早期，能够促进脱毒苗快速生长，在密度为 200 株/m² 时，单株有效结薯数为 2.52 粒，且单株有效结薯数和产量均为最高。椰糠单茬生产成本是蛭石的 2.5 倍。椰糠作为马铃薯原原种栽培基质，在脱毒苗生长早期，能够促进脱毒苗快速生长，二次利用下仍能在生长前期起到促苗生长的作用，椰糠比蛭石栽培能够提高马铃薯原原种产量，重复利用成本与蛭石相当。

不同 NaCl 浓度对"冀张薯 8 号"试管苗生长指标的影响

翟鑫娜，张云帅，刘毅强，田再民*，龚学臣，

冯　琰，祁利潘，王　宽，尹　江，纪艺红

（河北北方学院，河北　张家口　075000）

摘　要：试验以"冀张薯 8 号"试管苗为材料，于空白 MS 培养基及 7 个 NaCl 浓度梯度 T0（0 g/L）、T1（1.0 g/L）、T2（3.0 g/L）、T3（5.0 g/L）、T4（7 g/L）、T5（9 g/L）、T6（11 g/L）的 MS 培养基中培养马铃薯试管苗，探索了马铃薯试管苗在不同 NaCl 浓度下的生长指标。结果表明，"冀张薯 8 号"试管苗生长指标对 NaCl 浓度敏感，不同 NaCl 浓度产生不同的胁迫效果，高浓度 NaCl 下马铃薯试管苗生长受到严重抑制，T0、T1、T2 浓度下苗高、鲜重、根长、受抑制程度较小，T3、T4 浓度下各生长指标受抑制程度增强，T5、T6 浓度下出现试管苗不生长，鲜重减少，无根，发黑变褐现象，试管苗生长受到严重抑制。

关键词：冀张薯 8 号；试管苗；NaCl；生长指标

随着生态环境持续恶化，再加上灌溉农业的大面积普及与化肥的肆意滥用，导致次生盐碱土壤面积持续增加[1]。盐度作为影响植物生长的重要环境因素之一，高盐度的环境会直接导致植物减产甚至死亡。不同植物的耐盐方式与耐盐机理存在较大差异。马铃薯本性为弱耐盐，高盐度环境会对其直接造成危害，造成产量下降。目前生产上广泛种植的品种的耐盐性均不是很高[2]。目前，有关盐胁迫对组培苗的研究方面较多，主要集中在水稻、小麦等作物，丁顺华等[3]提出了利用小麦苗期的某部分生长特征来筛选小麦耐盐品种的方法，王新伟[4]则提出了以马铃薯试管苗的生长和生物学产量衡量耐盐能力的观点，张俊莲等[5]认为盐胁迫极易影响马铃薯植株生长高度，盐胁迫在极短时间内就能引起可见的明显的胁迫效果，而此时存活率尚无变化。曾有袁华玲等[6]以马铃薯二倍体品系"DH401""ED13"以及"HS66"试管苗作为试验材料进行"硫代硫酸银对二倍体马铃薯试管苗生长和生理特性的影响"的研究，但进行"不同 NaCl 浓度对马铃薯试管苗生长指标的影响"的研究试验较少。本试验以"冀张薯 8 号"试管苗为材料，为马铃薯耐盐品种的选育提供理论依据。

作者简介：翟鑫娜（1998—），女，硕士研究生，研究方向为农艺与种业。

基金项目：河北省现代农业产业技术体系薯类创新团队－马铃薯品种筛选与繁育岗位专家项目（HBCT2018080201）；河北省教育厅项目（QN2018111）；现代农业产业技术体系专项资金资助（CARS-09）。

*通信作者：田再民，博士，副教授，从事马铃薯育种研究，e-mail：nkxtzm@163.com。

1 材料与方法

1.1 仪器与试剂

立式压力蒸汽灭菌器(LDZX-75KBS)、罐头瓶、电子天平、搪瓷杯、电磁炉、500 mL 烧杯、封口膜、称量纸、匙勺、玻璃棒、超净工作台(AIRTECH BLB-1300)、镊子、剪刀、培养皿、酒精灯、MS 培养基(泛生公司)、NaCl、蒸馏水。

1.2 试验材料

试验选用"冀张薯 8 号"试管苗。

1.3 试验方法

在超净工作台中,将生长 30~40 d 的生根苗,取中间生长较为一致的茎段,用剪刀剪成一芽一段,置于不同 NaCl 浓度 MS 培养基内进行诱导,每瓶 10 芽,每个处理 3 瓶。接种完毕后,放于光照强度为 2 000~3 000 lx,温度(25±2)℃,光照时间为 14~16 h/d 的培养室内进行培养。接种后的试管苗苗生长 15 d 后,每隔 7 d 进行一次调查,统计其鲜重,生根数,苗高,根长等生长指标,根据数据分析试管苗生长情况,研究不同 NaCl 浓度对马铃薯试管苗生长指标的影响。

1.3.1 处理

该试验采用了 1 因素 7 水平设计,即"冀张薯 8 号"马铃薯试管苗,NaCl 浓度分别为 0 g/L(T0)、1 g/L(T1)、3 g/L(T2)、5 g/L(T3)、7 g/L(T4)、9 g/L(T5)、11 g/L(T6),分别接种于 7 个盐浓度梯度的 MS 培养基内,每瓶 10 芽,每个处理 3 瓶。

1.3.2 统计分析

生长 15 d 后,每隔 7 d 进行观察,统计鲜重,生根数,苗高,根长等生长指标。

2 结果与分析

2.1 不同 NaCl 浓度对"冀张薯 8 号"试管苗苗高的影响

将"冀张薯 8 号"试管苗茎段接种到 7 个梯度 NaCl 浓度的 MS 培养基中,在培养室内培养 15 d 后,开始观察,以后每隔 7 d 再进行观察,3 次观察结果见表 1。

表 1 不同 NaCl 浓度对"冀张薯 8 号"试管苗苗高的影响　　　　　　(cm)

重复	NaCl 浓度(g/L)						
	T0	T1	T2	T3	T4	T5	T6
第 1 次	2.70	2.83	1.52	0.85	0.92	0.67	0.80
第 2 次	3.53	3.69	2.01	0.92	0.78	0.93	1.15
第 3 次	5.35	5.70	4.37	2.23	1.37	1.03	1.12

将"冀张薯 8 号"试管苗茎段接种到 7 个梯度 NaCl 浓度的 MS 培养基中,在培养室内培养 15 d 后,经 SPSS 统计软件进行方差分析,苗高的分析结果见表 2。

表 2 "冀张薯 8 号"试管苗平均苗高生长情况

NaCl 浓度	N	alpha = 0.05 的子集	
		1	2
5	3	0.876 7	
4	3	1.023 3	
6	3	1.023 3	
3	3	1.333 3	
2	3	2.633 3	2.633 3
0	3		3.860 0
1	3		4.073 3
显著性		0.072	0.118

Duncan[a]

注：a. 将使用调和均值样本大小 = 3。将显示同类子集中的组均值。

通过 SPSS 软件统计的结果可以看出"冀张薯 8 号"在不同 NaCl 浓度培养基内苗高差异性，T0、T1 与 T3、T4、T5、T6 存在显著性差异，说明在 T3 浓度下"冀张薯 8 号"苗高降低，即随着 NaCl 浓度的不断增高，"冀张薯 8 号"苗高逐渐降低，从 T3(5 g/L)开始"冀张薯 8 号"出现明显受抑制现象。

2.2 不同 NaCl 浓度对"冀张薯 8 号"试管苗鲜重的影响

"冀张薯 8 号"试管苗，3 次使用电子天平称得的鲜重如下，结果见表 3。

表 3 "冀张薯 8 号"试管苗 3 次观察的鲜重　　　　　　　　　　　　　　（g）

重复	NaCl 浓度（g/L）						
	T0	T1	T2	T3	T4	T5	T6
第 1 次	0.468	0.463	0.369	0.361	0.345	0.251	0.240
第 2 次	0.798	1.303	0.801	0.650	0.466	0.417	0.313
第 3 次	1.867	2.381	1.523	0.685	0.818	0.495	0.613

由表 3 可得，"冀张薯 8 号"试管苗的鲜重都是呈现下滑趋势，随着 MS 培养基 NaCl 浓度的逐渐增高，鲜重也逐渐减低，说明 NaCl 的加入对试管苗的生长起了一定的抑制作用，而 NaCl 浓度越高，抑制作用效果越明显，且能看出在 T3(5 g/L)浓度时，试管苗鲜重明显下降，受抑制情况加剧。

2.3 不同 NaCl 浓度对"冀张薯 8 号"试管苗生根的影响

"冀张薯 8 号"试管苗茎段接种于不同浓度的 MS 培养基上，生长 15 d 后，每隔 7 d 观察 1 次，其生根情况如下，结果见表 4。经 SPSS 统计软件进行分析，结果见表 5。

表 4　"冀张薯 8 号"试管苗的生根数　　　　　　　　　　　　　　　　（条）

重复	NaCl 浓度（g/L）						
	T0	T1	T2	T3	T4	T5	T6
第 1 次	2	2	1	1	1	0	0
第 2 次	3	2	2	1	1	0	0
第 3 次	4	3	2	2	1	0	0

表 5　"冀张薯 8 号"试管苗的生根条数

变异来源	DF	SS	MS	F	$F_{0.05}$	$F_{0.01}$
培养基间	6	22.667	3.778	13.222	2.86	4.46
培养基内瓶间	14	4.000	0.286			
总变异	20	26.667				

　　由表 5 方差分析得，不同 NaCl 浓度的 MS 培养基对试管苗的生根数有极显著性影响，因而对其进行多重比较，见表 6。

表 6　不同培养基"冀张薯 8 号"根数

编号	根数（条）	差异显著性	
		0.05	0.01
T0	3.0	a	A
T1	2.3	ab	AB
T2	1.7	bc	AB
T3	1.3	c	BC
T4	1.0	c	BC
T6	0.0	cd	C
T5	0.0	d	C

　　由表 6 可知，T0、T1、T2 与 T5、T6 存在极显著性差异，即说明随着 NaCl 浓度的增加，生根数逐渐降低，受到抑制。在 T5、T6 浓度下，"冀张薯 8 号"试管苗的生根数急剧降低，T5、T6 NaCl 浓度对试管苗生根数的抑制作用明显高于 T0～T4 浓度。

2.4　不同 NaCl 浓度对"冀张薯 8 号"试管苗根长的影响

　　将"冀张薯 8 号"试管苗茎段接种到不同梯度 NaCl 浓度的 MS 培养基中，开始观察，对马铃薯试管苗根长进行数据统计，结果见表 7。对试管苗的根长进行差异显著性分析，见表 8。

表 7   "冀张薯 8 号"试管苗的根长
（cm）

重复	NaCl 浓度（g/L）						
	T0	T1	T2	T3	T4	T5	T6
第 1 次	0.53	1.90	1.01	1.18	0.37	0.00	0.00
第 2 次	1.81	2.86	1.53	1.32	1.26	0.00	0.00
第 3 次	3.72	3.78	4.11	4.74	1.78	0.00	0.00

表 8   不同培养基"冀张薯 8 号"根长

编号	根长（cm）	差异显著性	
		0.05	0.01
T1	2.85	a	A
T3	2.41	ab	A
T2	2.22	ab	A
T0	2.02	ab	A
T4	1.14	ab	A
T6	0.00	b	A
T5	0.00	b	A

由表 8 可知，T0、T1、T2、T3、T4、T5、T6 不存在显著性差异，T1 与 T5、T6 存在显著性差异，即 T0 ～ T4 浓度梯度的 MS 培养基对"冀张薯 8 号"试管苗的根长无显著性影响，T5、T6 浓度梯度的 MS 培养基对"冀张薯 8 号"试管苗的根长有抑制作用，其抑制作用明显。

3   讨   论

土壤盐渍化目前已经严重危害各国的农业生产和生态环境。以往人们都是依靠培育耐盐新品种来增强植物自身的耐盐能力，这种方式无疑为治理盐渍化土地和提高农作物产量做出了巨大贡献，但是这种方式也遇到了现实中的瓶颈，这是由于高盐胁迫机理和耐盐适应性特别复杂，许多机理目前还没弄清。植物的耐盐机制，从植株到细胞，再到分子水平，是涉及多策略、多层次、多环节、多基因的复杂机制[7-9]。大量耐盐植物的研究显示，在高盐度环境中的植物会逐渐与其环境相适应。通过研究植物的耐盐性，能够增强植物耐盐性，而这种增强作用存在一定限度。

不同浓度 NaCl 对"冀张薯 8 号"试管苗苗高、鲜重、生根、根长有一定抑制作用，随着 NaCl 浓度的不断增加，"冀张薯 8 号"试管苗各生长指标受抑制情况加重。在 T0（0 g/L）～ T2（3 g/L）浓度下，各生长指标受到抑制，但不明显，在 T3（5 g/L）、T4（7 g/L）浓度下各生长指标开始受到明显抑制，在 T5（9 g/L）～ T6（11 g/L）浓度下，出现无生长指标的现象，说明马铃薯试管苗具有一定的耐盐性，而盐浓度过高时，其生长受抑制情况严重。探究盐胁迫危害马铃薯生长的过程，以便发现能够解释植物耐盐性的机制，对于找寻增强植物耐盐性技术，促进作物不断增产，加大盐渍土的综合治理和培育马铃薯壮苗具有深远的意义。

[参 考 文 献]

[1] 马少梅, 麻冬梅, 谢应忠, 等.北海道黄杨试管苗的耐盐性研究 [J]. 种子科技, 2010(2): 34-35.

[2] 张景云, 缪南生, 赵萍, 等. 马铃薯耐盐性的研究进展 [J]. 植物生理学报, 2011, 47(11): 1 047-1 052.

[3] 丁顺华, 邱念伟, 杨洪兵, 等.小麦耐盐性生理指标的选择 [J]. 植物生理学通讯, 2001, 37(2): 98-102.

[4] 王新伟.不同盐浓度对马铃薯试管苗的胁迫效应 [J]. 马铃薯杂志, 1998, 12(4): 203-207.

[5] 张俊莲, 陈勇胜, 武季玲, 等.盐胁迫下马铃薯耐盐相关生理指标变化的研究 [J]. 中国马铃薯, 2002, 16(6): 323-327.

[6] 袁华玲, 金黎平, 黄三文, 等.硫代硫酸银对二倍体马铃薯试管苗生长和生理特性的影响 [J]. 作物学报, 2008, 34(5): 846-850.

[7] 许祥明, 叶和春, 李国凤.植物抗盐机理的研究进展 [J]. 应用与环境生物学报, 2000(4): 379-387.

[8] 李光道, 白生才, 张志秀, 等.植物抗盐性研究综述 [J]. 甘肃农业科技, 2011(2): 29-33.

[9] 肖雯, 贾恢先, 蒲陆梅.几种盐生植物抗盐生理指标的研究 [J]. 西北植物学报, 2000, 20(5): 818-825.

"榆薯3号"的茎尖脱毒和培养基筛选

张艳艳[*]，张春燕，方玉川，张媛媛，汪　奎，杨小琴

（榆林市农业科学研究院，陕西　榆林　719000）

摘　要："榆薯3号"是由榆林市农业科学研究院从农家品种陕北红洋芋组培苗中不同类型单株系中选育出的。研究应用不同激素配比的培养基对"榆薯3号"进行茎尖的分化培养，以期获得脱毒试管苗。最终获得了"榆薯3号"的茎尖培养试管苗54株。结果表明，最适合"榆薯3号"茎尖分化成苗的培养基配方为 MS + 0.1 mg/L NAA + 0.1 mg/L GA$_3$ + 0.05 mg/L 6-BA，成活率达97.4%，分化成苗率达42.1%。

关键词：榆薯3号；茎尖脱毒；培养基筛选

"榆薯3号"是从榆林市较早栽培历史的一个农家品种"陕北红"洋芋组培苗中不同类型单株系中选出的[1]。该品种属于中熟鲜食品种，生育期90 d左右。株高70 cm左右，株型直立，植株繁茂，茎秆紫褐色，叶色深绿，花冠白色，薯块较大，呈不规则椭圆形，紫皮白肉，表皮光滑，芽眼中等，产量较为可观。

由于马铃薯的传统种植方式是用马铃薯切块作为营养体进行繁殖，导致马铃薯病毒随着世代在母体内逐渐累积，从而造成马铃薯种性退化，对马铃薯产量和质量都产生很大危害。本研究采用茎尖脱毒技术来脱除马铃薯内病毒，恢复马铃薯的优良种性，改善品质，提高产量，最终做到为生产服务[2]。同时，本研究还筛选了一系列不同激素配比的培养基，最终获得了"榆薯3号"最适宜的成活和成苗培养基，为后续的脱毒种苗生产提供了技术依据。

1　材料与方法

1.1　试验材料

以本地选育马铃薯品种"榆薯3号"的薯块作为供试材料。

1.2　试验方法

1.2.1　培养基设计

试验以"云薯201"[3]，"陇薯6号"[4]以及"费乌瑞它"[5]的研究结果为参考依据，MS作为基本培养基，以 NAA，6-BA，GA$_3$，泛酸钙这4种生长调节剂的不同配比设计出了8种培养基（表1），从而筛选出"榆薯3号"的最佳成苗培养基。

作者简介：张艳艳（1984—），女，硕士，高级农艺师，主要从事马铃薯茎尖脱毒与病毒检测工作。

基金项目：国家马铃薯产业技术体系专项资金（CARS-09）；陕西省科技重点产业创新链项目（2018ZDCXL-NY-03-01）；2019年国家现代农业产业园-陕西省榆林市榆阳区现代农业产业园项目；陕西省农业科技创新驱动资金项目（NYKJ-2018-YL02）。

*通信作者：张艳艳，e-mail：3881229@163.com。

表 1　不同配方的茎尖培养培养基

编号	培养基成分
1	MS + 0.1 mg/L NAA + 0.1 mg/L GA$_3$ + 0.5 mg/L 6-BA
2	MS + 0.01 mg/L NAA + 0.02 mg/L GA$_3$ + 0.5 mg/L 6-BA
3	MS + 0.1 mg/L NAA + 0.1 mg/L GA$_3$ + 0.05 mg/L 6-BA
4	MS + 0.1 mg/L NAA + 0.1 mg/L GA$_3$ + 0.1 mg/L 6-BA
5	MS + 0.1 mg/L NAA + 0.1 mg/L GA$_3$ + 0.15 mg/L 6-BA
6	MS + 0.1 mg/L NAA + 0.1 mg/L GA$_3$ + 0.2 mg/L 6-BA
7	MS + 0.1 mg/L NAA + 0.1 mg/L GA$_3$ + 0.3 mg/L 6-BA
8	MS + 0.1 mg/L 6-BA + 0.1 mg/L GA$_3$ + 0.2 mg/L D-泛酸钙

注：以上培养基中白糖的使用浓度为 3%，卡拉胶 0.48%，pH 为 5.8~6.0。

1.2.2　剥离材料的制备

选用具备标准薯形的薯块，室温下置于暗光中自然萌芽，10 d 后待薯块长出约 0.5 cm 的白色簇生芽时，将薯块置于自然散射光下继续萌芽。待芽长至 1.5~2.0 cm 时，即可取芽进行剥离。

1.2.3　剥离材料的处理

用镊子小心取下薯块上的健壮芽，装入纱袋中抽紧袋口，悬挂于自来水咀上流水冲洗 40~60 min。在无菌操作台上，用 75% 酒精均匀喷湿静置 1 min，用无菌水冲洗一遍，之后用 6% 次氯酸钠溶液浸泡 10 min，最后再用无菌水冲洗 3 遍，放于烧杯内沥水备用。

1.2.4　芽茎尖的剥离和培养

将处理好的芽子用无菌镊子夹取放在体视显微镜下进行剥离。切取的茎尖大小以带有 1~2 个叶原基为准。

将接种后的茎尖放在日光温室内培养，最初的 2 周适当遮光，2 周后置于温度 20~27℃，光照时间 16 h/d 的条件下培养。待苗长至约 1 cm 时转入 MS 基本培养基培养。

以上接种的茎尖分别在接种 6 个月后进行调查，统计茎尖成活率（成活茎尖个数与接种茎尖个数之比）和成苗率（成苗茎尖个数与成活茎尖个数之比）。

2　结果与分析

马铃薯茎尖接种 6 个月后，生长状况基本稳定，之后基本上没有大的变化了。由表 2 可以看出，马铃薯茎尖在 1 号培养基中能够全部成活，但生活力最差，基本上没有成苗的；茎尖在 3 号培养基中的成活率较高，而且成苗率是最高的；2 号和 5 号效果次之，成苗率可以达到 30% 以上；茎尖在 4 号培养基中绝大多数能够成活，但多数发展为愈伤组织，且愈伤组织的生活力较强，一部分能够分化成苗；茎尖在 5 号培养基中生长状况良好，通过愈伤途径可以得到一些苗子；6 号培养基较 5 号中 6-BA 的含量高了 0.05 mg/L，可以看出成苗率有所降低，在 6-BA 含量更高的 7 号培养基中，茎尖成苗率显著降低；8 号培养基中，茎尖极少出现愈伤组织，但生长过于缓慢，极少数能够不通过愈伤途径直接成苗。

表2 茎尖分生组织培养6个月后情况

编号	成活率(%)	成苗率(%)	成苗情况
1	100.0	0	全部愈伤化,生成淡黄色愈伤组织后不再变化
2	100.0	37.3	茎尖分化极其缓慢,约1/3分化成苗,2/3愈伤化
3	97.4	42.1	茎尖分化最快,42.1%分化成苗,其余愈伤化
4	95.5	23.5	茎尖生长缓慢,多数发展为黄绿色愈伤组织,一部分分化成苗
5	98.0	32.3	茎尖分化成芽较多,芽生长较快,一部分愈伤组织可分化成苗
6	97.1	29.0	茎尖分化成芽较少,多数愈伤化,极少数愈伤组织分化成苗
7	97.6	16.0	茎尖分化成芽很少,芽生长及其缓慢,不久后变褐死亡
8	97.3	13.8	分化成芽较多,芽生长缓慢,一个月后黄化死亡

试验结果说明,参试的8种培养基中,3号参考"费乌瑞它"培养基而设计的培养基配方最适于"榆薯3号"的茎尖组培;对于"榆薯3号"来说最适宜其通过愈伤途径分化成苗的6-BA浓度为0.05 mg/L。

3 讨 论

"榆薯3号"在陕北榆林具有较好种植和推广前景。通过本试验,认为"榆薯3号"与云薯[3]和陇薯[4]的茎尖在相同培养基中培养表现相差较大,茎尖培养直接成苗的最适宜培养基的可借鉴性较低。而与"费乌瑞它"[5]的茎尖培养直接成苗的最适宜培养基成分最为接近,并且参考"费乌瑞它"的最适宜培养基而设计的培养基配方可以使"榆薯3号"的茎尖培养直接成苗率达到最高[6]。

在NAA、GA$_3$浓度固定的情况下调整6-BA的使用浓度,在一定范围内能够提高茎尖的成活率和成苗率,而针对"榆薯3号"的最适6-BA浓度为0.05 mg/L。当浓度达到0.2 mg/L的时候,对茎尖发育会产生抑制作用,这与前人结果一致[7]。另外,用泛酸钙代替培养基中的6-BA,初期虽然能够显著地促进不定芽的分化,但中后期茎尖分化就会日趋缓慢,甚至衰老死亡。故而,用泛酸钙代替6-BA促使茎尖分化成芽的培养基配方还有待改进。而有研究表示在马铃薯茎尖分化培养的培养基中添加适量的玉米素,有显著的成苗效果。在同等其他条件下,与6-BA相比较,效果更加显著[8]。

马铃薯在有性繁殖或体外繁殖中,通过愈伤组织和不定芽再生的过程中,会频发多倍性。Curry和Cassells[9]建议应用流式细胞仪对任意途径获得的分化苗进行遗传漂变的检测,从而筛选对生产有价值的单株,摒弃无意义的变异材料。这对通过茎尖剥离获得脱毒苗木的研究提供了遗传性的检测依据。

[参 考 文 献]

[1] 汪奎,方玉川,吕军,等.晋薯16号在榆林市的引进及配套栽培技术 [J]. 园艺与种苗,2020,40(12):45-46.

[2] 黄晓梅. 植物组织培养 [M]. 北京: 化学工业出版社, 2011: 91-106.

[3] 杨琼芬, 隋启君, 李世峰, 等. 马铃薯新品种"云薯201"脱毒种苗生产中的影响因素研究 [J]. 西南农业学报, 2006 (4): 679-682.

[4] 齐恩芳, 王一航, 张武, 等. 马铃薯茎尖脱毒培养方法优化研究 [J]. 中国马铃薯, 2007, 21(4): 200-203.

[5] 姜秀芳, 张改英, 田炜, 等. 郑薯5号和费乌瑞它试管苗培育, 快繁及试管薯诱导培养基的筛选 [J]. 中国马铃薯, 2004, 18(5): 280-281.

[6] 郝文胜, 赵青辉, 曹亚利, 等. 诱导早大白茎尖分生组织适宜培养基的筛选 [C]// 屈冬玉, 陈伊里. 高新技术与马铃薯产业. 哈尔滨: 哈尔滨工程大学出版社, 2002.

[7] 仲乃琴. 植物生长调节剂对不同马铃薯品种茎尖分生组织离体培养的影响 [J]. 甘肃农业大学学报, 1999, 343(3): 296-299.

[8] Anjum M A, Hakoomat A. Effect of culture medium on direct organogenesis from different explants of various potato genotypes [J]. Biotechnology, 2004, 3(2): 187-193.

[9] Curry R F, Cassells A C. Callus initiation, maintenance, and shoot induction in potato. Monitoring of spontaneous genetic variability *in vitro* and *in vivo* [J]. Methods in Molecular Biology, 1999, 111: 31-42.

2020年马铃薯品种登记现状、存在问题及建议

赵一博，郦海龙，牛丽娟*

（雪川农业发展股份有限公司，河北　张家口　076481）

摘　要：马铃薯是国家重要的粮饲和救灾备荒种子贮备作物，2017年5月起正式实施的包括马铃薯在内的非主要农作物品种登记制度，不仅是放管服改革背景下的种业管理制度的重大创新，还有助于已登记的高产优质新品种在市场上大面积推广种植，对促进农业增效、提升马铃薯产业竞争力有着重要的现实意义。就其申请者类型、品种来源、品种类型、块茎主要品质、晚疫病抗性和产量等主要方面进行分析，以期为选育出优质高产且符合市场和生产多样化需求的马铃薯新品种提供参考意见。

关键词：马铃薯；登记品种；2020；分析

马铃薯产量高、营养丰富且全面、耐瘠薄、适应性广，作为粮菜饲兼用型作物，不仅是中国第四大农作物，也是贫困地区高效救灾作物，在解决贫困人口吃饭问题上起着重大作用。根据农业部公布的《关于推进马铃薯产业开发的指导意见》，到2020年马铃薯种植面积扩大到667万 hm² 以上，适宜主食加工的品种种植比例达到30%，虽然2020年新冠疫情肆虐全国，但据"掌上薯事"报道，2020年马铃薯种植面积有533万 hm² 以上，鲜薯产量达1亿 t 左右[1]。品种登记制度是品种管理制度改革的重大创新和补齐非主要农作物种业发展短板的重要举措。不仅充分激发了马铃薯种业市场活力，满足了人们不断升级的消费需求，也为促进现代农业高质量发展和乡村产业振兴提供了重要支撑。

根据农业农村部种业管理司公示的信息，截至2020年12月31日，2017~2020年共登记马铃薯品种304个。2020年登记公示96个马铃薯品种，较2019年增加了23.01%，现就其申请者类型、品种来源、品种类型、块茎主要品质、晚疫病抗性和产量等主要方面进行分析，以期为选育出优质高产且符合市场和生产多样化需求的马铃薯新品种提供参考意见。

1 马铃薯品种登记分析

1.1 申请者类型

按申请者类型分析，科研院所申请品种一直最多，占比48.96%；企业申请品种占比16.67%，多为河北和内蒙古等地的北方企业，南方企业仅占3个；高等院校申请品种占比9.38%；科研院所和企业合作选育申请品种占比8.33%；高等院校和科研院所合作选育申请品种占比7.29%；高等院校和企业合作选育申请品种占比6.25%；其他类型申请，例

作者简介：赵一博（1988—），女，硕士，助理农艺师，主要从事马铃薯育种与栽培工作。

基金项目：河北省农业科技成果转化资金专项（20826313D）。

* **通信作者**：牛丽娟，高级农艺师，主要从事马铃薯育种与栽培工作，e-mail：ljniu@snowvalley.com.cn。

如高等院校、科研院所、农技推广中心和农业农村局联合申请等占比3.13%。

1.2 品种来源

按品种来源分析，主要以杂交组合申请为主的品种占比83.33%；自交选育申请的品种占比4.17%；"后旗红"和"迷科乌洋芋"所属的地方申请品种仅占比2.08%；其他类型的申请品种占比10.42%，其中多是从"费乌瑞它"系统选育的后代。

1.3 品种熟性

按品种熟性分析，早熟和晚熟品种数量一样，均占比14.58%；中早熟品种占比最小为12.50%；而中熟和中晚熟品种数量也一样，各占比18.75%；但熟性缺失登记的品种尤为多，占比20.83%，较2019年增长185.71%。

1.4 品种类型

品种类型方面，鲜食类型品种占比最多为69.79%；包括"闽彩薯1号""闽彩薯2号"和"闽彩薯3号"在内的特色品种占比3.13%；鲜食和特色兼用品种占比8.33%；薯片薯条加工专用品种依然匮乏，占比2.08%，仅有"甘农薯7号"和"冀张薯13"两个品种；鲜食和全粉加工兼用品种也仅占比2.08%；但鲜食和薯片薯条加工兼用品种、鲜食和淀粉加工兼用品种一样，均占比5.21%；鲜食特色和淀粉加工兼用品种、鲜食淀粉和全粉加工兼用品种、鲜食、淀粉和薯片薯条加工兼用品种和登记空缺品种各占比1.04%。

1.5 块茎品质

在块茎品质方面，按块茎干物质含量分析，干物质含量大于25%的品种占比10.42%，其中"川凉薯10号"干物质含量最高为29.6%；干物质含量在20%~25%的品种最多，占比51.04%；干物质含量在15%~20%的品种次之，占比35.42%；干物质含量在10%~15%的品种占比2.08%；干物质含量登记空缺的品种占比1.04%。

马铃薯淀粉是淀粉中的"贵族"，淀粉是马铃薯块茎内的重要组成部分，其含量高低也是衡量马铃薯品质的重要因素。按块茎淀粉含量分析，淀粉含量 > 20%的品种占比4.17%，其中"川凉薯10号"的淀粉含量最高为22.9%；淀粉含量在15%~20%的品种占比39.58%；淀粉含量在10%~15%的品种最多，占比54.17%；淀粉含量小于10%的品种占比2.08%。

马铃薯富含维生素C，被称为"北方的柠檬"，按块茎维生素C含量分析，维生素C含量 > 30 mg/100 g的占比5.21%，其中"北方007"含量最高达42 mg/100 g；维生素C含量在20~30 mg/100 g的品种，占比33.33%；维生素C含量在10~20 mg/100 g的品种数量最多，占比57.29%；维生素C含量 < 10 mg/100 g的品种占比3.13%；登记空缺的占比1.04%。

按块茎还原糖含量从低到高分析，还原糖含量 < 0.1%的占比9.38%，其中"华薯10号"含量最低仅为0.02%；还原糖含量在0.1%~0.2%的占比22.92%；还原糖含量在0.2%~0.3%的占比28.13%；还原糖含量在0.3%~0.5%的品种占比15.63%；还原糖含量在0.5%~1%占比15.63%；还原糖含量 > 1%的品种占比4.17%；还原糖含量登记空缺的品种占比4.17%。

按块茎粗蛋白质含量分析，粗蛋白含量 > 3%的品种占比5.21%，其中"冀张薯13"含量最高为3.5%；粗蛋白含量在2.5%~3.0%的占比17.71%；粗蛋白含量在2.0%~2.5%

的品种最多，占比 38.54%；粗蛋白含量在 1.0%~2.0% 的占比 31.25%；粗蛋白含量小于 1% 的品种占比 2.08%；粗蛋白含量登记空缺的品种占比 5.21%。

1.6 抗病品种

选用抗病品种，可在一定程度上有效控制晚疫病的蔓延，是防治晚疫病最经济有效的措施。晚疫病抗性持续提高，抗病 50 个品种，感病 46 个品种。其中高抗晚疫病品种占比 8.33%；中抗晚疫病品种数量最多占比 28.13%；较抗晚疫病品种占比 3.13%；抗晚疫病品种占比 12.50%；中感晚疫病品种占比 17.71%；感晚疫病品种占比 7.29%；高感晚疫病品种占比 22.92%。在 PVX 和 PVY 病毒病抗性方面，高抗 PVX 和 PVY 病毒病的占比 7.29%；中抗 PVX 和 PVY 病毒病的品种最多，占比 37.50%；较抗 PVX 和 PVY 病毒病的仅"郑薯七号"和"郑薯九号"，占比 2.08%；抗 PVX 和 PVY 病毒病的次之，占比 31.25%；感 PVX 和 PVY 病毒病的占比 7.29%；登记空缺品种占比 1.04%；其他像中抗 PVY 病毒病、抗 PVX 病毒病和感 PVY 病毒病等混合抗性的占比 13.54%。

1.7 产量性状

产量性状是马铃薯的重要性状之一，只有当产量达到一定要求时该品种才具有推广价值。2020 年登记品种产量增幅较大，产量大于 3 000 kg/667 m² 的品种占比 14.58%，其中"坤元 9 号"产量最高为 4 375 kg/667 m²；产量 2 500~3 000 kg/667 m² 的品种占比 13.54%；产量在 2 000~2 500 kg/667 m² 的品种最多，占比为 35.42%；产量 1 500~2 000 kg/667 m² 的品种占比 28.13%；产量 < 1 500 kg/667 m² 的品种占比 8.33%。

1.8 适宜种植区域

登记品种适宜种植区域较窄。只适宜本省份内种植的品种占比依然最多，为 71.88%；适宜 2 个省份种植的品种占比 4.17%；适宜 3 个省份种植的品种占比 3.13%；适宜 4 个省份种植的品种占比 9.38%；适宜 5 个省份种植的品种占比 2.08%；大于五省区内种植品种占比 9.38%。

2 存在问题及建议

登记品种数量逐年上升，但绝大多数为鲜食品种，早熟优质特色品种尤其是加工专用品种依然较少，且部分登记品种信息填报仍存在问题，例如，品种熟性指标填报缺失、抗病等级不明确和成分含量指标单位不统一等[2,3]。建议不仅要完善品种登记审批程序，严格品种登记信息，还要加快已有优良品种的登记和推广速度，并提高优质高产加工马铃薯选育的步伐，以满足中国马铃薯产业快速发展和人民日益增长的马铃薯多样化消费需求。

[参 考 文 献]

[1] 为什么 2020 土豆依然这样难卖？[EB/OL]. (2020-10-15). https://www.sohu.com/a/427164692_733533.

[2] 徐建飞, 胡军, 段绍光, 等. 2019 年马铃薯登记品种分析 [C]//金黎平, 吕文河. 马铃薯产业与美丽乡村. 哈尔滨: 黑龙江科学技术出版社, 2020.

[3] 徐建飞, 胡军, 段绍光, 等. 2017~2018 年马铃薯登记品种分析 [C]//屈冬玉, 金黎平, 陈伊里. 马铃薯产业与健康消费. 哈尔滨: 黑龙江科学技术出版社, 2019.

恩施马铃薯杂交育种亲本选择的实践与探讨

张雯怡，吴承金*，宋威武，陈火云

（湖北恩施中国南方马铃薯研究中心/
恩施土家族苗族自治州农业科学院，湖北 恩施 445000）

摘 要：在马铃薯杂交育种中，亲本选配好坏是育种成败的关键。通过分析恩施十八年来品系预备试验参试材料的亲本，探讨了优良亲本在马铃薯杂交育种中的重要作用，为未来马铃薯育种亲本的选择提供参考。

关键词：马铃薯；杂交育种；亲本选择

马铃薯杂交育种是新品种选育的基础方法，杂种后代的性状很大程度上是由亲本的遗传性状决定，选择合适的亲本及杂交组合是育种成败的关键。马铃薯杂交亲本一般为综合性状优良、个别性状需要改良的育成品种或者是经过子代测验证明能产生优良后代的育种材料，通常要求亲本性状互补[1]。恩施作为湖北马铃薯主产区，由于其雨量多、湿度大和晚疫病重的区域特征，育种目标以抗晚疫病、高产优质的品种为重点。文章分析了恩施十八年来杂交育种的品系预备试验参试材料亲本，探讨优良亲本在杂交育种中的作用，为杂交亲本选配提供参考。

1 材料与方法

1.1 试验材料

恩施马铃薯育种参试品系为湖北恩施中国南方马铃薯研究中心引进的国外和国际马铃薯中心抗晚疫病材料，及综合性状较优的品种或育种中间材料进行杂交，通过无性系筛选鉴定选留的综合农艺性状较好的优良品系，以西南山区大面积推广的"鄂马铃薯5号"为对照CK。

1.2 试验地概况

试验于2003~2020年在湖北恩施中国南方马铃薯研究中心育种基地，恩施市三岔乡天池山，海拔1 200 m，地势平坦，壤土，肥力中等，前作玉米。

1.3 试验方法

每份材料播种20株。每隔4或6份材料设置1份对照。

1.4 田间管理

播前翻耕，机械碎土后播种。试验播种于每年12月左右，施复合肥50 kg/667 m² 做

作者简介：张雯怡（1994—），女，助理农艺师，从事马铃薯遗传育种及种质资源研究。
基金项目：国家自然科学基金（地区基金）（32060504）；湖北省技术创新专项（2019AKB101）。
*通信作者：吴承金，高级农艺师，主要从事马铃薯遗传育种及种质资源研究，e-mail：spwucj@163.com。

底肥。于次年 4 月左右追施苗肥,施尿素 15 kg/667 m²,同时中耕除草。每年 7 月左右进行收获。

1.5 调查项目及数据分析

调查十八年来所有参加品系预备试验材料的亲本情况,录入 Excel,通过筛选功能分析不同父母本材料的出现次数并降序排列初步统计并分析。

2 结果与分析

自 2003～2020 年来参加品系预备试验且能溯源其亲本的材料共 1 655 份,其中涉及父本材料 168 份,母本材料 290 份。

2.1 父本情况分析

在涉及到 168 份父本材料中,将出现次数大于 10 的定位高频父本,共计 39 份。其中出现次数大于 100 的材料共计 4 份,出现次数大于 30 小于 100 的材料共计 7 份,出现次数大于等于 10 小于 30 的材料最多,共计 28 份。详情见表 1。

表 1 父本及其出现次数

序号	父本	出现次数	序号	父本	出现次数
1	393160-4	201	21	08Ca0845	20
2	59-5-86	120	22	MPI44. 1016/10	18
3	51-5	116	23	华薯 1 号	18
4	391679. 12	100	24	388611. 22	17
5	River John Blue	74	25	Congo	17
6	Adirondack	70	26	DTO-33	16
7	AC Brador	48	27	Konona	15
8	T1794	36	28	Marcy	15
9	392639. 8	31	29	395050. 25	14
10	03HE52-2	30	30	395195. 7	14
11	F03008	30	31	08HE042-2	14
12	391679. 7	28	32	22-2	14
13	03HE86-1	28	33	ND860-2	14
14	395050. 85	25	34	IX38-6	12
15	F00102	25	35	396038. 1	11
16	Redsen	24	36	Macintosh Black	11
17	395011. 2	23	37	392657. 171	10
18	396033. 102	21	38	Lenape	10
19	04P48-3	21	39	PA99P20-2	10
20	04HE19-84	20			

2.2 母本情况分析

在涉及到 290 份母本材料中，将出现次数大于 10 的定位高频母本，共计 36 份。其中出现次数大于等于 50 的材料共计 7 份，出现次数大于等于 20 小于 50 的材料共计 9 份，出现次数大于等于 10 小于 20 的材料最多，共计 20 份。详情见表 2。

表 2　母本及其出现次数

序号	母本	出现次数	序号	母本	出现次数
1	J101K27	79	19	YS505	17
2	T962-25	62	20	S26	16
3	08HE171-1	59	21	391002. 14	15
4	392657. 171	58	22	贡山毒洋芋	15
5	08HE171-6	55	23	F00070	14
6	08HE147-3	50	24	393046. 7	13
7	鄂马铃薯 12	50	25	Adirondack	13
8	393075. 54	49	26	T962-52	13
9	鄂薯 5 号	43	27	395013. 5	12
10	391002. 6	31	28	395025. 3	12
11	395050. 33	31	29	元-1	12
12	392652. 8	25	30	393077. 54	11
13	395049. 62	24	31	98P21-3	11
14	08HE147-4	24	32	395019. 23	10
15	391002. 15	21	33	395024. 47	10
16	03HE95-5	20	34	Jc02-24-50	10
17	华恩 1 号	19	35	鄂马铃薯 13	10
18	T962-27	17	36	华薯 1 号	10

3　讨　论

通过对品系预备试验多年来参试材料亲本的分析，可见父本出现次数占比大于 6% 和母本出现次数占比大于 3% 亲本的具体情况，将其定位高频亲本，他们可能为优秀的亲本材料。亲本的选择应具有优缺点互补的特点且不具有共同的严重缺点，大多数性状母本传递力强于父本，然而晚疫病抗性的传递力父本大于母本[2]，故还可以进一步分析亲本材料及其育成后代特性，为育种杂交亲本的选配做参考。

[参 考 文 献]

[1]　徐建飞,金黎平. 马铃薯遗传育种研究: 现状与展望 [J]. 中国农业科学, 2017, 50(6): 990-1 015.

[2]　杨万林. 云南省马铃薯品种的配合力分析及亲本选配 [D]. 北京: 中国农业大学, 2004.

榆林地区马铃薯脱毒微型薯繁育技术

张媛媛*，张艳艳，杨小琴，陈丽娟，王毛毛，吕 军，胡晓燕，刘小林

(榆林市农业科学研究院，陕西 榆林 719000)

摘 要：主要介绍了榆林地区马铃薯脱毒苗防虫网棚繁育技术。从防虫网棚建立、栽前准备、脱毒苗移栽、缓苗期管理、生长期管理、收获种薯等方面进行了试验研究，不断改进方法，总结出了一套有效的生产技术，以期为微型薯生产企业在榆林地区的工厂化生产提供技术参考。

关键词：马铃薯；微型薯，防虫网棚；移栽

马铃薯作为传统农作物，已成为了榆林市的主要特色产业。随着马铃薯主粮化的推进，马铃薯种植面积在逐年扩大，尤其是榆林地区主栽品种，如"夏坡蒂"[1]、"陇薯7号"[2]、"榆薯3号"[3]、"青薯9号"等得到了大面积推广。在马铃薯生产中，使用微型薯播种不仅可避免病毒病和细菌性病害通过切刀传染，而且抗旱能力强，增产潜力大。据试验，整薯播种可保证全苗壮苗，小整薯播种比切块播种增产15%～50%[4]。微型薯必须在防虫网棚内栽培繁育，生产出的脱毒种薯为脱毒原原种[5]。

利用马铃薯茎尖分生组织培养生产脱毒种薯，已成为克服马铃薯病毒性退化，提高马铃薯产量的主要途径之一。而加速普及应用这项技术的关键就是增繁马铃薯脱毒微型薯[6]。马铃薯脱毒种薯的推广，可以提高榆林地区马铃薯生产的种植水平和科技水平，优化农业产业结构，增加农民收入，有效地促进农村经济的可持续发展[7]。为此，开展了马铃薯脱毒微型薯防虫网棚繁育和相关技术研究，重点就防虫网棚建设、栽前准备工作、水肥管理、病虫害综合防治、种薯收获等方面进行了试验研究，有效地提高了试管苗移栽成活率和产量，保证了微型薯的质量[8]。

经过近5年的试验研究，总结出了一套行之有效的生产流程，以供参考。

1 移栽要求

1.1 脱毒苗移栽季节

马铃薯脱毒苗从移栽到微型薯收获，生长周期为90 d左右，在天气暖和后开始移栽，多雨季节前完成收获。榆林处于陕北黄土高原和毛乌素沙漠接壤的干旱半干旱地带，一般4月底天气暖和，适宜大田马铃薯播种，10月初多有连绵秋雨。所以，马铃薯脱毒苗理想

作者简介：张媛媛(1983—)，女，农艺师，从事马铃薯脱毒及病毒检测等工作。

基金项目：国家马铃薯产业技术体系专项资金(CARS-09)；陕西省科技重点产业创新链项目(2018ZDCXL-NY-03-01)；2019年国家现代农业产业园-陕西省榆林市榆阳区现代农业产业园项目；陕西省农业科技创新驱动资金项目(NYKJ-2018-YL02)。

*通信作者：张媛媛，e-mail：37599776@qq.com。

的移栽时间为 5 月中下旬至 6 月中旬，收获时间为 9 月底。

1.2　防虫网棚建立

选择四周无高大建筑物，交通便利，通风透光，水源、电源方便的地方建网棚，周围 2 km 内不能有马铃薯、其他茄科、十字花科作物、桃树以及花色是黄色的植物。网棚长 41 m，宽 7.6 m，网棚内中间用砖头砌一条宽 30 cm 的过道，网棚地表面及网棚四周 2 m 内铺砖硬化。棚架用热镀锌钢管作支撑，一般高度 3.0~3.5 m，宽度 6~10 m，隔离网纱的孔径要达到 60 目，用卡条固定好网纱。

网棚门口建成面积 1 m²，高 2 m 的缓冲间，并用隔离网纱包严、用卡条固定好。缓冲间地面撒生石灰，作为入口消毒措施。网棚门设置在东面，避风，因为有缓冲间，所以网棚门有内外两层，隔离效果更好。

网棚内的灌溉系统采用吊挂微喷系统，由东向西有 3 条固定在顶架上，每隔 1.5 m 接一个吊挂喷头，一个网棚共接 75 个喷头。

2　移栽前准备

2.1　炼　苗

将脱毒苗从培养室取出放置在日光温室里，打开瓶盖后放置 2~3 d 进行炼苗。

2.2　摆放苗床

苗床长度 4 m，宽度 1.5 m，高度 0.2 m，用空心陶粒砖作支撑把苗床架好（每个苗床用 10~12 块空心砖），有利于良好通风；苗床上铺一层园艺地布。

2.3　铺蛭石

蛭石和底肥混合拌匀，摊铺在苗床上，厚度大约 10 cm；一个苗床可用 10 袋蛭石，施撒可富（N∶P∶K = 10∶15∶20）360 g，九元素 16 g（微量元素）。在移栽的前 1 d 用微喷浇水浸透。

3　移　栽

将经过炼苗的脱毒苗用镊子小心取出，洗净根系残留的培养基，剪短较长的根系，用生根粉溶液蘸根，用镊子小心夹取苗，按株行距 5 cm × 10 cm 栽入基质 2.0~2.5 cm 深。苗子栽好后，用水压小的喷头及时均匀浇一遍水，保持基质湿润，这样可将苗根部压实，有利于成活。

4　缓苗期管理

栽苗 7~10 d 后，苗长到 3~4 cm 时，撤掉第一层遮阳网，选择阴天或者太阳落山后。10~20 d 后，苗长到 7~8 cm 时，撤掉第二层遮阳网，同样选择阴天或者太阳落山后，这样保证幼苗能逐渐适应大田环境，防止徒长茎秆。

棚内温度保持在 15~30℃，白天温度过高时采用遮阴进行调节，根据幼苗缓苗情况、气温、光照等天气情况适时调整，直到正常田间管理。

5 生长期管理

5.1 培 土

幼苗长到 15~20 cm 时培土，培土后及时浇透水。

5.2 水肥管理

根据基质的干湿程度浇水。一般情况下，移栽时浇透水，之后 5~7 d 不用浇水，基质的含水量保持在 70% 左右(手握成团，不滴水为宜)。浇水时间在上午 10：00 之前，下午 6：00 太阳落山后，中午不可浇水。如遇到高温、大风特殊天气情况，基质湿度会急剧下降，应及时观察浇水。

根据幼苗长势进行追肥。幼苗长到 12~15 cm 左右进行第一次施肥，尿素(46%) 50 g/床；苗长到 18~20 cm 左右进行第二次施肥，尿素(46%)90 g/床 + 硫酸钾(52%) 30 g/床，撒肥后培土，然后浇水。苗长到 25~30 cm 时进行第 3 次追肥，尿素(46%) 150 g/床。

5.3 病虫害管理

栽苗前将杀菌剂多菌灵或者百菌清稀释后喷洒在网棚周围、网棚地面及苗床上，主要防治细菌、真菌性病害；移栽后主要防治蚜虫、红蜘蛛等，如发现有此类入侵，可加大药剂量，缩短喷药间隔时间，尽早消灭。药剂用吡虫啉(5 g/667 m²)、氯氰菊酯 (25 mL/667 m²)、氯虫苯酰胺(15 g/667 m²)、优福宽(5 g/667 m²)。

一般移栽后每 7 d 喷 1 次防早晚疫病农药，主要以预防为主，如发现病害植株，及时拔除。前期用阿米西达(20 mL/667 m²)、阿米妙收(120 mL/667 m²)、山德生 (200 mg/667 m²)预防早疫病；中期用金雷(100 g/667 m²)、福帅得(30 mL/667 m²)、烯酰吗啉(60 g/667 m²)，这 3 种有早晚疫病综合防治的效果；后期用银法利(80 g/667 m²)、瑞凡(40 g/667 m²)预防晚疫病，可交替使用。

6 种薯收获

6.1 适时收获

马铃薯组培苗在网棚中生长 90 d 左右即可收获[9]。收获前 7~10 d 停止浇水，收获前 3~5 d 开始杀秧，同时把固定网纱的卡条取出，收起网纱，进行充分的通风。待蛭石干透后，用自制的钉耙轻缓刨挖，避免伤及薯块，按品种装入尼龙网袋，写好标签，同时要剔除烂薯、病薯及杂物，阴干存放，避免阳光照晒。

6.2 种薯分级

待微型薯皮干燥后，按照薯块大小重量进行分级装袋。一般按 0~2，2~5，5~10 和 10 g 以上 4 个规格分级，用双标签标记，袋内袋外各一个，标明品种名称、规格、数量等信息。

6.3 入库贮藏

种薯分级后及时放入低温贮藏库，按照品种、规格整齐摆放在架子上，便于通风。低温库温度调节为 2℃ 左右。

[参 考 文 献]

[1] 张艳艳, 方玉川, 杨小琴, 等. 马铃薯品种夏波蒂的茎尖脱毒与培养基筛选 [J]. 农业科技通讯, 2017, 543(3): 87-88, 237.

[2] 常勇, 杨小琴, 张媛媛. 榆林市陇薯 7 号马铃薯茎尖脱毒培养基筛选 [J]. 现代农业科技, 2016(9): 71-72.

[3] 张艳艳, 杨小琴, 张媛媛. 陕北红洋芋的茎尖脱毒和分化培养基筛选 [J]. 长江蔬菜, 2015(4): 42-43.

[4] 张媛媛. 榆林地区马铃薯主栽品种的茎尖脱毒研究 [D]. 杨凌: 西北农林科技大学, 2019.

[5] 李伟元, 孙华. 防虫网棚马铃薯脱毒微型薯栽培技术 [J]. 青海农技推广, 2001(1): 28.

[6] 张铁强, 郑安波. 网室中马铃薯脱毒微型薯生产技术 [J]. 中国马铃薯, 2011, 25(5): 269-270.

[7] 张媛媛, 陈勤. 榆林地区马铃薯茎尖脱毒技术研究 [J]. 种子科技, 2019, 37(8): 59-61.

[8] 张耀辉, 马恢, 张瑞玖, 等. 马铃薯微型薯离地标准化繁育技术 [J]. 农业科技通讯, 2020(1): 229-231.

[9] 鲁福成, 齐欣, 刘宇新. 天津地区马铃薯脱毒微型种薯春季繁育技术 [J]. 长江蔬菜, 2019(13): 46-49.

马铃薯块茎膨大期转录组分析

胡 军，徐建飞，段绍光，卞春松，李广存，金黎平*

（中国农业科学院蔬菜花卉研究所/
农业农村部薯类作物生物学和遗传育种重点实验室，北京 100081）

　　块茎是马铃薯收获器官。块茎发育至少可分为块茎起始形成、块茎膨大、块茎成熟休眠三个不同时期。块茎膨大过程伴随着块茎内淀粉与贮藏性蛋白累积，是影响马铃薯块茎产量与干物质积累关键时期。光合作用及其相关的碳水化合物状态和激素平衡是影响块茎生长发育调控的重要因素。生长素、赤霉素、细胞分裂素等激素及其调控网络对马铃薯块茎形成与生长有促进作用。块茎生长发育受营养物质的调控，蔗糖浓度是影响马铃薯块茎生长发育的重要因素。马铃薯块茎膨大与养分积累和酶活性显著相关。蔗糖、可溶性糖和蛋白质在块茎膨大期显著增加，成熟期随后下降。淀粉含量随着块茎膨大而增加，蔗糖合成酶、蔗糖磷酸合成酶和腺苷二磷酸葡萄糖焦磷酸化酶活性与干物质积累显著相关。然而，块茎膨大过程中上述作用因子如何调控光合作用产物及其相关代谢途径基因最终影响块茎干物质积累的分子机制还有待深入解析。

　　研究利用转录组测序技术对马铃薯材料"中薯681"块茎膨大不同时期样品进行了分析。试验材料2020年种植于河北省张家口市察北管理区基地（N 41.485°，E 115.066°），5月10日播种，6月9日出苗，取出苗后50，65和80 d块茎样品放入液氮研磨。用TRIzol对样品总RNA进行分离和纯化，然后用NanoDrop ND-1000对总RNA的量与纯度进行质控。再通过Bioanalyzer 2100（Agilent，CA，USA）对RNA的完整性进行检测，同时通过琼脂糖电泳方案进行验证。使用oligo(dT)磁珠通过两轮的纯化对其中的带有PolyA的mRNA进行特异性捕获，使用illumina Novaseq™ 6000（LC Bio Technology CO.，Ltd. Hangzhou，China）按照标准操作对其进行双端测序，测序模式为PE150。使用cutadapt软件对原始数据进行去除接头处理，然后对数据进行去除低质量序列和重复序列后得到CleanData。使用StringTie软件对基因或转录本进行初组装，将所有样本的初组装结果进行合并，用gffcompare软件检测转录本与参考注释的比较得到最终的组装注释结果。使用ballgown包提供文件输入进行FPKM定量。使用R包DESeq2对样本之间进行显著差异分析，将差异倍数FC > 2倍或FC < 0.5倍且P value < 0.05的基因定义为差异基因，并对其进行GO和KEGG富集分析。

　　出苗后50，65和80 d块茎测定平均单薯重从20 g增加至412 g，出苗后50 d块茎干

作者简介：胡军(1985—)，男，博士，助理研究员，主要从事马铃薯遗传育种相关研究。
基金项目：国家重点研发计划项目(2016YFD0401300)；宁夏回族自治区农业育种专项(2019NYYZ01-1)；现代农业产业技术体系(CARS-09)。
*通信作者：金黎平，研究员，主要从事马铃薯遗传育种相关研究，e-mail：jinliping@caas.cn。

物质含量在 14%，出苗后 65 与 80 d 时干物质含量显著提高至 21% 与 29%。对出苗后 50，65 和 80 d 块茎样品总 RNA 进行转录组测序分析，分别有 41 038 700，32 602 889 和 37 793 428 个有效读长比对至马铃薯参考基因组，唯一比对读长分别占 57.8%、57.8%、57.1%。出苗后 50 d 与出苗后 65 d 比较，1 446 个基因表达上调，358 个基因下调表达；出苗后 50 d 与出苗后 80 d 比较，1 373 个基因表达上调，808 个基因下调表达；出苗后 65 d 与出苗后 80 d 比较，370 个基因表达上调，829 个基因下调表达。聚类分析显示不同差异表达基因可分为三类，其中第 I 类：50 d 与 65 d 表达量较高，80 d 表达量下调；第 II 类：50 d 表达量较高，65 与 80 d 表达量下调；第 III 类：50 与 65 d 表达量较低，80 d 表达量上调。差异表达基因 KEGG 通路分析显示块茎发育不同时期糖酵解、三羧酸循环等碳代谢途径、氨基酸合成与内质网蛋白合成等代谢途径显著上调变化。

本研究初步揭示了影响"中薯 681"马铃薯块茎膨大时期关键代谢途径相关基因表达变化，为后续研究调控马铃薯块茎膨大与干物质积累等的关键候选基因与功能分析提供了有益线索，对于马铃薯块茎膨大、产量形成与干物质累积的调控机制解析具有重要的理论意义。

关键词：马铃薯；块茎发育；膨大期；转录组分析

2020 年马铃薯登记品种分析

徐建飞，胡　军，段绍光，金黎平*

（中国农业科学院蔬菜花卉研究所/
农业农村部薯类作物生物学与遗传育种重点实验，北京　100081）

马铃薯对保障中国粮食安全和推进脱贫攻坚向乡村振兴平稳过渡具有重要作用。据 FAO 统计，2019 年，中国马铃薯种植面积 491.5 万 hm^2，总产量 9 188.14 万 t，相对 2018 年总面积增加 3.24%，总产量增加 1.73%。优良品种是马铃薯产业高质量发展的重要支撑。十一五以来，马铃薯审定(登记)品种数量稳定增加，其中十一五期间审定品种 116 个，十二五期间审定品种 145 个，十三五期间，去除审定后又重复登记的品种，共审定(登记)新品种 227 个，促进了新时期中国马铃薯品种的更新换代。

根据农业农村部马铃薯登记品种公告信息，对品种登记的基本情况、主要特性和生产推广情况进行了统计分析，以期为品种选育、推广和成果转化工作提供参考。

2020 年登记公告马铃薯品种 96 个，登记数量较 2019 年上升了 23.08%，其中新选育品种为 51 个，较 2019 年增加了 112.50%。登记品种中，鲜食品种 67 个，特色品种 4 个，炸片炸条加工品种 2 个，淀粉加工品种 1 个，两种及以上用途兼用品种 22 个，其中鲜食品种依然占绝大多数，占比达到 69.79%，淀粉、全粉、炸片炸条等加工专用和特色品种依然匮乏。

登记品种中，按申请者类型划分，科研教学单位登记 76 个，企业登记 16 个，农技推广和政府管理部门登记 4 个，科教单位仍然是品种选育的主体，较 2019 年同比，企业申请登记的品种占比降低 11.54%。科教单位中，登记品种较多的为河北北方学院和中国农业科学院蔬菜花卉研究所，分别登记了 10 和 9 个新选育品种；企业单位中，登记品种较多的为承德百茂薯业有限公司和雪川农业发展股份有限公司，分别登记了 3 个已销售品种和 2 个新选育品种。

在晚疫病抗性方面，免疫品种 1 个（"北方 010"），高抗品种 8 个，抗病品种 11 个，中抗品种 30 个，中感晚疫病品种 17 个，感病品种 7 个，高感品种 22 个，整体上，登记品种晚疫病抗性水平较高，但田间抗性有待于在实际生产中进一步检验；病毒病抗性填报仍不规范，大部分品种未标明具体病毒种类，数据不宜统计分析。

在干物质含量方面，大于 25% 的品种 10 个，20% ~ 25% 的品种 49 个，小于 20% 的品种 36 个，未填报品种 1 个；在淀粉含量方面，大于 20% 的品种 4 个，15% ~ 20% 的品种 38

作者简介：徐建飞(1979—)，男，博士，研究员，主要从事马铃薯遗传育种研究。
基金项目：国家现代农业产业技术体系建设专项（CARS-09）。
*通信作者：金黎平，博士，研究员，主要从事马铃薯遗传育种研究，e-mail：jinliping@caas.cn。

个，10%～15%的品种 52 个，小于 10%的品种 2 个；在粗蛋白含量方面，大于 3%的品种 5 个，2.5%～3%的品种 17 个，2%～2.5%的品种 41 个，1.5%～2%的品种 27 个，小于 1.5%的品种 6 个；在维生素 C 含量方面，大于 30 mg/100 g 的品种 5 个，25～30 mg/100 g 的品种 12 个，20～25 mg/100 g 的品种 19 个，15～20 mg/100 g 的品种 32 个，小于 15 mg/100 g 的品种 27 个，未填报品种 1 个；在还原糖含量方面，大于 1%的品种 3 个，0.5%～1%的品种 15 个，0.25%～0.5%的品种 27 个，0.1%～0.25%的品种 39 个，小于 0.1%的品种 8 个，未填报品种 4 个。

在单产方面，大于 3 000 kg/667 m² 的品种 13 个，2 500～3 000 kg/667 m² 的品种 21 个，2 000～2 500 kg/667 m² 的品种 27 个，1 500～2 000 kg/667 m² 的品种 26 个，小于 1 500 kg/667 m² 的品种 9 个，大于 2 500 kg/667 m² 品种占比 35.42%，较 2019 年增加 12.34%；登记品种中较对照增产大于 50%的品种 6 个，增产 25%～50%的品种 27 个，增产 15%～25%的品种 26 个，增产 0～15%的品种 27 个，减产的品种 10 个。

按熟性类型划分，早熟品种 16 个，中早熟品种 15 个，中熟品种 24 个，中晚熟品种 19 个，晚熟品种 18 个，未填报品种 4 个。中晚熟和晚熟品种占比 38.54%，较 2019 年下降 10.18%。

按适宜区域划分，仅适宜一个省份种植的品种 72 个，适宜两个省份种植的品种 2 个，适宜 3 个省份种植的品种 3 个，适宜 4 和 5 个省份种植的品种分别为 9 和 1 个，适宜 6 个及以上省份的品种 9 个，其中适宜 4 个及以上省份品种占比 19.79%，较 2019 年增加 10.82%；覆盖 2 个及以上生态区的品种 8 个，占比相对于 2019 年略有下降。

据全国农业技术中心统计数据，2020 年登记的 96 个品种中，在生产上有面积统计的品种不到 10 个，总种植面积小于 3.3 万 hm²，这与登记品种中新选育品种占比增加较快有关。

在登记品种分析中发现，依然存在部分登记品种信息填报不规范、病害分级不明确、部分指标单位不统一或信息空缺等情况，建议品种登记申请单位进一步规范填报信息。

2020 年登记公告马铃薯品种 96 个，品种类型以鲜食品种为主，新品种选育依然以科研教学单位为主体。相比 2019 年，登记品种晚疫病抗性提升明显，干物质含量和淀粉含量突出品种占比小幅下降，而粗蛋白、维生素 C 和还原糖含量突出品种占比有一定程度上升，单产水平突出品种占比增加，早熟和中早熟品种占比增加，品种适宜区域一定程度拓宽，但登记品种种植面积占全国总面积比例极小，登记过程中依然存在信息填报不规范的问题。

关键词：马铃薯；2020 年；登记品种；分析

马铃薯泛素结合酶 *StUBC30* 基因生物信息学及表达模式分析

付　学[1,2]，刘维刚[1,2]，张欢欢[2,3]，马　瑞[1,2]，唐　勋[2,3]，
杨江伟[3]，晋　昕[3]，张　宁[3]，司怀军[2,3]*

(1. 甘肃农业大学农学院，甘肃　兰州　730070；
2. 甘肃省干旱生境作物学省部共建国家重点实验室培育基地，甘肃　兰州　730070；
3. 甘肃农业大学生命科学技术学院，甘肃　兰州　730070)

马铃薯(*Solanum tuberosum* L.)是茄科茄属一年生作物，是仅次于小麦、玉米、水稻的第四大粮食作物，也是贫困地区实现脱贫的首选农作物之一。马铃薯在生长发育过程中易受到多种生物胁迫和非生物胁迫，其中干旱和盐碱胁迫尤为严重。泛素蛋白酶体系统是一种广泛存在于真核生物体内的蛋白质降解途径，其过程类似于磷酸化修饰，相关研究报道发现该过程广泛参与植物的生长发育，尤其在遭受生物胁迫和非生物胁迫过程中发挥重要作用。该途径包括泛素(Ubiquitin，Ub)、泛素激活酶(Ubiquitin-activating enzyme，E1)、泛素结合酶(Ubiquitin conjugating enzymes，E2)、泛素连接酶(Ubiquitin-ligase enzyme，E3)、26S蛋白酶体(26S proteasomes)和去泛素化酶(Deubiquitinating enzyme，DUB)。泛素化过程包括三步酶联反应，首先在ATP的作用下，Ub与E1的半胱氨酸残基结合从而激活Ub，形成E1-S-Ub复合体；其次E1-S-Ub复合体将Ub传递至E2的半胱氨酸残基形成E2-S-Ub复合物；最后E2通过E3以直接或者间接的方式将Ub传递至底物分子从而实现与靶蛋白的结合，最终实现蛋白质降解或修饰功能。课题组在马铃薯泛素结合酶筛选时发现了一个干旱响应基因*StUBC30*，本研究对马铃薯泛素结合酶*StUBC30*基因进行了生物信息学分析，并用qRT-PCR技术对在不同处理下基因表达水平和组织表达差异进行分析，旨在为后续马铃薯*StUBC30*基因功能解析奠定基础。

用NCBI的BLAST筛选得到22个与马铃薯StUBC30同源性较高的蛋白序列，通过MEGA7.0构建系统发育进化树，发现马铃薯StUBC30与同为茄科的辣椒进化关系最为接近；蛋白序列比对发现该蛋白与其余22个物种的相似度均在90%以上，并且都含有一个保守的三肽结构域(HPN)。ProtParam分析发现StUBC30是由142个氨基酸构成的亲水性不稳定蛋白，其中脯氨酸占比最高，为9.2%。第27位天冬酰胺亲水系数最高(2.122)，第126位谷氨酸亲水系数最低(-3.633)。该蛋白相对分子量约为16.16 kDa，等电点为

作者简介：付学(1996—)，男，博士研究生，主要从事马铃薯遗传育种研究。
基金项目：国家自然科学基金(31860399)；甘肃省干旱生境作物学省部共建国家重点实验室培育基地主任基金课题(GSCS-2019-Z03)。
＊**通信作者**：司怀军，博士，教授，主要从事马铃薯遗传育种研究，e-mail：hjsi@gsau.edu.cn。

4.75，带负电荷的氨基酸残基有天冬氨酸(Asp)和谷氨酸(Glu)，共 18 个；带正电荷的氨基酸残基有精氨酸(Arg)和赖氨酸(Lys)，共 13 个。SOMAP 二级结构预测发现该结构中包含有 α-螺旋、β-折叠、无规则卷曲以及延伸链，其中 α-螺旋占比最高为 39.47%；SWISS-Model 三级结构预测发现该蛋白在同为茄科的马铃薯和辣椒中三级结构完全一致；顺式作用元件分析发现其含有 3 种激素(脱落酸、赤霉素、茉莉酸甲酯)响应元件。

以马铃薯栽培种"大西洋"根、茎、叶和花为材料，探究其组织表达特性，发现 *StUBC30* 基因在不同组织中均有所表达，但在叶片中表达水平明显高于其他组织；同时以抗旱性不同的马铃薯品种("大西洋""青薯 9 号""费乌瑞它"和"夏坡蒂")为材料，分别对其干旱、盐和激素(脱落酸和水杨酸)处理 48 h，并在第 0，0.5，1，2，4，12，24 和 48 h 采集植株叶片，用 qRT-PCR 技术分析其在不同处理下基因表达水平，结果发现不论何种胁迫，该基因表达均呈现先上升后下降的趋势，其中 NaCl 处理下，"大西洋"在第 24 h 上调表达明显，为 0 h 的 58.71 倍；干旱处理下，"青薯 9 号"在第 24 h 表达水平最高，为 0 h 的 47.94 倍；激素(脱落酸和水杨酸)处理下该基因在"青薯 9 号"中表达水平明显高于其他品种，说明 *StUBC30* 基因受到干旱、盐、脱落酸和水杨酸的诱导表达。

总之，*StUBC30* 基因的表达受到多种胁迫诱导，可能参与马铃薯生长过程中对不利环境因素的应答。后续将进一步通过转基因和酵母双杂交等技术研究该基因的功能以及所参与的代谢通路。

关键词：马铃薯；*StUBC30*；生物信息学分析；表达模式

马铃薯不同根长基因型品种在干旱胁迫下的比较转录组分析

秦天元[1,2]，许德蓉[1,2]，王一好[1,2]，孙　超[1,2]，
毕真真[1,2]，刘玉汇[1,2]，张俊莲[1]，白江平[1,2]*

（1. 甘肃农业大学农学院，甘肃　兰州　730070；
2. 甘肃省干旱生境作物学重点实验室/
甘肃省作物遗传改良与栽培种创新重点实验室，甘肃　兰州　730070）

外界胁迫（生物胁迫和非生物胁迫）是农业生产中面临的主要问题之一，了解胁迫对植物的影响以及植物对胁迫信号的感知、传递和应答对解决和提高作物产量具有重要的意义。马铃薯作为世界四大主粮作物之一，主要种植于年平均降水量小于 500 mm 的干旱和半干旱地区，长期的或季节性的干旱胁迫会严重影响马铃薯的植株长势、块茎产量和商品属性。因此，研究在干旱环境下马铃薯的耐旱性机理，尤其是根系发育响应干旱胁迫的分子机制，是近十年来许多科研工作者热衷的研究任务和热点。在马铃薯的耐旱研究中，以前的研究人员主要从增大根系、减少蒸腾和提高水肥利用率方面开展了大量研究，也有从马铃薯的根系表型和抗逆相关生理生化指标方面对马铃薯响应干旱胁迫进行研究，但针对马铃薯根系抗旱基因的发掘和根系基因在系统性响应干旱胁迫的分子机制方面的研究还相对较少，有待进一步加强。随着马铃薯双单倍体参考基因组的构建完成，利用全长转录组、蛋白组和代谢组等高通量测序数据，结合生物信息学方法，从基因水平来系统性研究马铃薯的抗逆机制已经成为一个有力的手段，这为研究不同生理性状背后的马铃薯全基因组差异提供了一个理想的体系，也为马铃薯的分子辅助抗逆育种方法提供了新的研究思路。

试验材料为国际马铃薯研究中心引进的 2 个生育期相同、根系差异明显的马铃薯种质 C16（CIP 397077. 16）和 C119（CIP 398098. 119）。试验容器采用体积约为 250 mL 的罐头瓶，用 150 mmol 甘露醇来模拟干旱环境。将马铃薯试管苗的茎段接种在正常 MS 培养基上，待长至 25 d 时，将试管苗小心取出后放入含有 150 mmol 甘露醇的液体 MS 培养基中，处理 2，6，12 和 24 h 后，对试管苗的根系进行取样（同时取未处理的样品为对照），共采集 30 个样品[2 材料（C16、C119）5 时间点（未处理、2 h、6 h、12 h、24 h）× 3 重复]进行转录组的高通量测序。

作者简介：秦天元（1993—），男，硕士研究生，研究方向为作物遗传育种。
基金项目：国家自然科学基金（31660432，31460369，31960442，32060502）；国家马铃薯产业技术体系（CARS-09-P14）；中国科学院"西部之光"人才培养计划（2014-01）。
*通信作者：白江平，博士，教授，研究方向为作物遗传育种，e-mail：baijp@gsau.edu.cn。

试验随机选取 8 个具有不同表达模式的基因进行 qPCR 验证，发现 RNAseq 的表达值与 qPCR 的定量值具有相似的表达趋势，证明 RNA 测序产生的数据质量是可靠的。与对照相比，在干旱胁迫处理 2 h 后，C16 中有 327 个基因上调和 204 个基因下调，而在 C119 中分别有 1 169 个基因上调和 362 个基因下调。这些结果表明，C119 在基因转录水平对干旱胁迫的反应变化在初始阶段表达更活跃。表达模式分析表明，在 C119 中，DEG 在 2 h 明显变化的图谱中过度表达，而 C16 中的主要转录变化的显著增加发生在 24 h，这些结果也进一步表明 C16 对干旱胁迫的转录反应较 C119 滞后。在 ABA 的 MAPK 信号传导途径过程中，C16 和 C119 在持续干旱胁迫 2，6 和 12 h 时，基因响应程度基本一致，直到持续胁迫 24 h 时，基因表达量开始发生变化，在 C16 中由于编码受体蛋白 PYP/PYL 的基因表达量下调，无法与 ABA 结合，进而无法激活下游胁迫适应通路；而在 C119 中编码该受体蛋白 PYP/PYL 的基因表达量持续上调，使得受体蛋白与 ABA 结合，解除了 PP2C 对 SnRK2 激酶的抑制，从而激活下游胁迫响应通路，从这些结果可以发现，随着胁迫时间的增加，两个不同品种之间编码相同蛋白质的基因的表达水平差异变化较大，且激活下游的应激途径也存在明显的差异，这进一步表明在 ABA 信号转导途径中，不同品种间除了相同的应激途径外还存在特有的响应胁迫的应激途径。干旱胁迫 6 和 24 h 时，在茉莉酸信号转导途径中，C16 中负责编码蛋白 JAZ 基因的表达量发生上调，使得被 JAZ 抑制的关键转录因子 MYC2 得以释放，从而激活下游 JA 响应基因的表达，进而调控植株的衰老和对干旱胁迫的响应。而在 C119 中，未发现相关基因表达量的变化。干旱胁迫 2 h 时，在水杨酸信号转导途径中，C119 中由于负责编码蛋白 TGA 的基因表达量发生下调，减缓了植物的抗逆反应，随后在胁迫 12 h 时 TGA 基因的表达量显著上调，加速激活下游基因的表达，从而激活植物的抗逆反应。而在 C16 中，未发现相关基因表达量的变化。

　　综上所述，马铃薯的耐旱性能力与基因快速响应干旱胁迫的转录表达有关。在 C16 中，茉莉酸信号通路特异性参与了抵御干旱胁迫的过程，而在 C119 中，水杨酸信号通路特异性参与了抵御干旱胁迫的过程。这些新的发现极大地丰富了对抗旱性马铃薯基因型的遗传基础认识，同时这些结果也为马铃薯耐旱品种的分子辅助筛选和育种提供了重要线索。

　　关键词：马铃薯；干旱胁迫；转录分析；MAPK 信号通路；植物激素信号通路

马铃薯 *StGATA4L* 基因的表达特性及其在块茎发芽中的作用研究

邹　雪[*]，丁　凡，刘丽芳，余韩开宗，陈年伟

（绵阳市农业科学研究院，四川　绵阳　621023）

马铃薯（*Solanum tuberosum* L.）主要以块茎无性繁殖，种薯发芽质量是保证产量的关键，处于休眠期的种薯播种后出苗不齐或烂薯，而播种老化种薯则减产 10%~30%。灵活调控种薯发芽时间与多样化的播种制度匹配，是生产上需要解决的问题。已知块茎休眠期由遗传因素决定，同时受种薯级别、生长环境、贮藏条件等因素的影响。抑制性差减杂交、基因芯片、RNA-Seq、iTRAQ 等技术用于研究马铃薯块茎由休眠到发芽的组学变化，表明块茎从休眠到发芽涉及激素合成和信号转导、糖和蛋白代谢、氧代谢、脂肪酸链伸长、类固醇生物合成等多个生理过程，但对其中起关键作用的基因及其调控过程仍不清楚。前期通过 RNA-Seq 技术分析块茎休眠、发芽（芽长 1~2 mm）、抑芽处理以及恢复发芽状态下的转录组变化，发现基因 *StGATA4L* 的表达量对各处理的反应极为敏感：休眠时不表达，发芽时高表达，抑芽处理使表达量下降，恢复发芽 3 d 后表达量显著升高，推测该基因与块茎发芽密切相关。本研究通过对 *StGATA4L* 基因的时空表达特性、基因序列、亚细胞定位和遗传转化研究，进一步明确该基因的作用，为调控种薯发芽提供基因资源和理论依据。

盆栽"费乌瑞它"的原原种，在不同生长阶段取样：幼叶、成熟叶、叶柄、茎段、花蕾、根系、匍匐茎、膨大块茎（直径约 10 mm）、休眠块茎、芽长 1~2 mm 的发芽块茎以及芽长 10~15 mm 左右的芽。以品种"费乌瑞它""中薯 2 号""川芋 56""米拉""坝薯 10 号""川芋 117"的新收原原种为材料，常温下愈伤化 14 d 后装入密封硬纸盒，在（23 ± 2）℃贮藏。每隔 7 d 取样，至发芽时间点取样后即结束对该品种的取样。提取上述材料的 RNA，以基因 *EF1αL* 为内参，"费乌瑞它"贮藏 0 d 时的 ΔCt 为对照，荧光定量检测 *StGATA4L* 基因的表达，$2^{-\Delta\Delta Ct}$ 法计算基因的相对表达量。以"费乌瑞它"的发芽块茎为材料，根据马铃薯基因组资源网站公布的 *StGATA4L*（PGSC0003DMT400030708）序列设计引物克隆基因作序列分析。构建荧光表达载体和 CaMV35S 启动子驱动的过量表达载体，转化烟草进行亚细胞定位分析和过量表达植株的性状鉴定。

结果表明 *StGATA4L* 基因的表达具有很强的组织特异性：幼叶、成熟叶中不表达；花

作者简介：邹雪（1984—），女，副研究员，主要从事马铃薯良种繁育研究。

基金项目：四川省科技厅育种攻关项目（2021YFYZ0019）；国家现代农业产业技术体系四川薯类创新团队项目（sccxtd-2020-09）；绵阳市农业科学研究院创新基金项目（Cxjj74）。

*通信作者：邹雪，e-mail：zou_ xue_ 2008@aliyun.com。

蕾、叶柄、茎段、根系、膨大块茎、休眠块茎中仅以极低水平表达；在芽中高水平表达，并且芽活性越强，该基因的表达量越高(芽 > 萌芽块茎 > 带芽匍匐茎)。品种间休眠期差异明显，常温下"中薯 2 号"休眠期最短(约 35 d)，"川芋 117"休眠期最长(约 105 d)，*StGATA4L* 的表达量在 6 个品种中均随贮藏时间升高。块茎成熟后(贮藏起始)，"中薯 2 号"的表达量是"费乌瑞它"的 3 倍，而"坝薯 10 号"和"川芋 117"的表达量分别只有"费乌瑞它"的 4% 和 6%，*StGATA4L* 基因在成熟块茎中的表达量与该品种的休眠期之间存在极显著负相关($r = -0.990\ 9^{**}$)。各品种萌芽时的 *StGATA4L* 基因表达量均在 2.21 附近(将相对表达量换算成以 10 为底的对数值)，说明 *StGATA4L* 表达量到达一定阀值，是块茎萌芽的重要标志。成熟块茎中的起始表达量越低，到达萌芽阀值所需时间越长，*StGATA4L* 表达量具有标记块茎生理状态的应用潜力。GATA 家族编码的是一类能识别(A/T)GATA(A/G)序列并与之具有高度亲和性的转录因子，其与 DNA 结合的结构域普遍具有Ⅳ型锌指结构(CX2CX17-20CX2C，finger)。马铃薯 GATA 转录因子家族成员约有 33 个，家族成员可分为 4 个亚族。克隆 *StGATA4L* 基因，对其序列分析表明其有两个外显子和 1 个内含子，CDS 序列 777 bp，锌指结构位于第二外显子，与 NCBI 公布的序列相同。与 *StGATA4L* 序列相似最高的是 *StGATA4*，两者核苷酸序列相似性 59.35%，氨基酸序列相似性 62.96%。*StGATA4L* 与拟南芥 GATA 家族成员 AtGATA2 和 4 的氨基酸序列相似性最高，但也只有 48.8%。利用 hiTAIL-PCR 克隆了该基因的启动子区域，分析表明此序列在品种间高度保守，相似性为 99%。烟草叶片亚细胞定位试验表明 *StGATA4L* 蛋白位于细胞核。过量表达 *StGATA4L* 的烟草试管苗除生根稍慢于对照外，生长与对照无明显差异。两年试管苗盆栽试验均表明过量表达 *StGATA4L* 可使烟草的花芽提前形成，开花时间提早 10~15 d，同时花色变浅。

研究揭示了 *StGATA4L* 基因的表达变化与块茎发芽生理状态之间的规律，有望将 *StGATA4L* 表达量作为标记块茎生理状态的标记，用于预测种薯萌芽时间，达到准确调控的目的。首次证实 *StGATA4L* 在烟草中过量表达能使花芽提早形成，结合该基因在马铃薯中的时空表达特性，推测 *StGATA4L* 参与调控块茎芽组织的分化形成。

关键词：马铃薯；块茎发芽；转录因子 *StGATA4L*；时空表达特性；遗传转化

马铃薯 *StSN2* 调控块茎休眠的分子机制初探

蔡诚诚，刘石峰，冉 爽，彭 洁，邓孟胜，王西瑶*

（四川农业大学农学院，四川 成都 611130）

中国马铃薯种植面积及产量居世界首位。加强马铃薯基础研究，对主粮化战略实施，保障粮食安全，实现巩固拓展脱贫攻坚成果与乡村振兴有效衔接具有重大战略意义。马铃薯块茎休眠是适应逆境进化中形成的特有生理过程。马铃薯块茎休眠受内部遗传及外部环境影响，不同品种在不同的环境条件下，具有 30～150 d 不等的休眠期，因其机理未明，加之水分含量重，休眠期较难调控。由于对马铃薯块茎休眠机制的认知局限，目前休眠期调控所采用的物理、化学方法，面临着盲目性大、成本高、效率低、毒性残留等问题。休眠难控成为制约马铃薯产业发展的瓶颈，急需通过对块茎休眠调控机制的基础研究，寻找调控休眠的新方法以破解产业发展难题。因此，寻找能够全面调控块茎休眠的关键因子，并深入研究其主要功能及作用机理，将有助于新型抑芽物质的筛选、种薯播期和贮藏期的调控、利用生物技术增强马铃薯块茎的耐贮性等。

实验室前期以块茎休眠初始以及休眠结束的芽眼为材料进行了转录组和蛋白质组的研究，筛选到与块茎休眠相关性显著的关键因子 *StSN2*。前人研究表明，该基因属于 GASA（Gibberellic Acid-stimulated *Arabidopsis*）基因家族，也被称为 Snakin 家族，是一类在植物中发现、表达受 GA 诱导的基因家族，主要在植物生长发育过程中发挥重要的调控作用，包括参与种子萌发、侧根的形成、茎的伸长、开花和果实发育、生物与非生物胁迫应答以及激素信号转导等多个过程。在马铃薯中共有 16 个家族成员，被分为 Snakin1、Snakin2、Snakin3 三类亚家族，且均受细菌和外界伤害诱导表达，后来的研究中，将 *StSN2* 从马铃薯中分离提取出来，并对其进行真菌共培养，发现其可以抑制真菌生长，因此在马铃薯中也被定义为一类抗菌肽。但有关该家族在块茎休眠中的研究未见报道。

因此实验室前期通过转基因技术，制备得到该基因/蛋白表达量显著升高的两个过表达和显著降低的 2 个沉默转基因株系。发现各材料块茎在贮藏 30 d 时开始萌芽，在 30～75 d，两个过表达系均表现出缓慢的萌芽，直至 105 d 后，休眠期较长的过表达块茎的萌芽率仍低于沉默块茎和野生型块茎。而沉默材料和野生型块茎在 105 d 时完全发芽。说明过量表达 *StSN2* 可显著延长块茎休眠期，也证实了该基因在延长马铃薯块茎休眠中的新功能。同时发现，不同材料块茎在贮藏初期薯皮没有差异，而在 45 d 左右，RNAi-*StSN2* 材料块茎薯皮呈现出粗糙、干裂以及颜色加深的现象，OE-*StSN2* 材料块茎薯皮光泽度明显

作者简介：蔡诚诚（1993—），男，博士研究生，主要从事马铃薯休眠萌芽调控机理研究。
基金项目：国家现代农业产业技术体系四川薯类创新团队项目（四川省农业厅〔2019〕59 号）。
＊通信作者：王西瑶，博士，教授，主要从事薯类活力调控方面的研究，e-mail：wxyrtl@163.com。

优于 WT 和 RNAi-*StSN2* 材料。扫描电镜观察下发现，RNAi-*StSN2* 块茎皮层出现皱缩和开裂现象。光学显微镜下观察发现，RNAi-*StSN2* 周皮细胞变形并且细胞壁光滑程度低，并由薯皮杂质包裹，尤其存在与细胞连接处，OE-*StSN2* 细胞壁光滑、清晰。对块茎薯皮横切面进行切片观察，发现 RNAi-*StSN2* 块茎的木栓层厚度显著减少，细胞排列散乱且呈不规则形状，外层的 3~4 层细胞层已经完全坍塌。然而，过度表达块茎中的木栓细胞更加有序和整齐。表明 *StSN2* 影响了皮层结构和细胞完整性，也暗示 *StSN2* 可能通过影响薯皮变化从而调控块茎休眠。

为了进一步解析 *StSN2* 对块茎休眠的调控网络，实验室对不同材料块茎进行了蛋白质以及代谢组研究。结果显示 *StSN2* 显著影响了次生代谢、苯丙酸生物合成、碳代谢、淀粉和蔗糖代谢以及植物激素信号转导等路径。其中 ABA 信号转导以及木质素合成代谢路径相关蛋白差异显著，包括 ABA 路径中 PYL 类、SnRK2 类、ABA 响应元件结合因子类，以及木质素前体合成类相关蛋白，此外碳水化合物代谢亦有部分蛋白具有显著差异。

通过 qRT-PCR 及生理验证试验发现，ABA 信号转导路径中 *PYL1*，*SnRK2.3*、*SnRK2.4*、*ABI5* 以及 BR 信号路径中负调控因子 *BIN2* 基因均受 *StSN2* 的表达上调。薯皮木质素相关基因 *COMT* 和 *CAD* 在沉默块茎的周皮中的表达水平比野生系提高了 5~10 倍，*M1CCJ9/Prx10*、*M1A251*、*M1AU65*、*M1A2Y4*、*M1CE55* 五个过氧化物酶基因的表达水平受 *StSN2* 的负调控，在沉默块茎的薯皮中高表达。淀粉合成与降解途径相关基因 *P04045*、*P32811*、*Q43845*、*M1BDK9* 等随 *StSN2* 表达而上调。随后研究了相关的酶活性变化，发现沉默块茎中过氧化物酶、COMT、CAD 的酶活性显著高于野生型块茎，而过表达块茎中除了 CAD 酶活性无显著差异外，其余酶活性均降低。同样，发现 *StSN2* 对另一种木质素生物合成酶 CCR 有抑制作用。此外，过表达块茎中的淀粉含量较 WT 块茎中的淀粉含量升高了 45.45%。而蔗糖、还原糖含量变化趋势则表现与淀粉含量变化趋势相反。相关的酶活性如蔗糖合酶、蔗糖合成限速酶蔗糖磷酸合酶、淀粉酶等则与淀粉蔗糖的含量表现出一致的相关性，且变化差异极显著。表明该基因影响细胞壁成分的同时，对激素信号以及淀粉蔗糖转化也具有一定的影响作用，并极有可能通过影响这些过程从而调控块茎休眠。

为深入探究 *StSN2* 调控块茎休眠的分子机制，实验室制备了 *StSN2* 的抗体，通过免疫沉淀质谱技术获得了可能与 *StSN2* 存在相互作用的潜在互作蛋白，并发现了 ABA 信号 SnRK2s、BR 信号 BIN2、木质素合成相关 PODs 以及淀粉蔗糖代谢路径中的相关蛋白。通过酵母双杂交实验初步筛选出 StSN2 的互作蛋白，并推测 StSN2 可能主要通过与这些蛋白发生相互作用从而影响了块茎休眠。进一步的互作验证、互作机制探究以及互作蛋白的功能验证仍在深入探究中。目前已经获得了部分互作蛋白的转基因及基因编辑材料，并观察到了其块茎的休眠期差异，例如在 *StBIN2* 的过表达材料中，就如期的观察到了该基因在块茎萌芽初期中的抑制作用。

马铃薯的休眠萌芽受到遗传和环境的共同调控，其转变涉及多个生理生化过程。因此在对关键基因调控休眠的研究中，往往也是一个复杂的调控网络，但受调控的不同路径却是存在着主次关系的。明确关键基因的调控网络，解析主要的调控机制是一项极具意义的研究。

关键词：马铃薯；休眠萌芽；*StSN2*；调控网络；分子机制

马铃薯 Snakin 2 与 GAPC 共同调控块茎休眠的分子机制研究

李立芹，吕承承，陈　静，王西瑶，鲁黎明*

（四川农业大学农学院，四川　成都　611130）

马铃薯（*Solanum tuberosum* L.）由于其适应性强、产量高、营养丰富，对保障中国粮食安全，推动国家乡村振兴与精准扶贫战略具有重大意义。马铃薯块茎休眠是适应逆境进化中形成的特有生理过程。马铃薯块茎休眠受内部遗传及外部环境影响，不同品种在不同的环境条件下，具有 30~150 d 不等的休眠期。目前休眠期调控主要采用的物理和化学方法，存在盲目性、效率低、毒性残留等问题。休眠调控成为制约马铃薯产业发展的瓶颈，在贮藏中，休眠期太短导致过早发芽、腐烂变质，直接经济损失 20% 左右。在生产上，种薯休眠期过短或过长，导致过早或过晚发芽，均造成播种期种薯活力差，苗期生长受限，减产 10% 以上。尤其在中国西南混作区，在马铃薯周年生产、多季节播种、多种间套作种植模式下，调控种薯休眠期与播种期匹配难度更大。课题组前期通过对休眠和发芽的蛋白质组和转录组学数据分析，发现 Snakin 2（SN2）与发芽密切相关，Snakin/GASA 家族是在植物中发现的受赤霉素诱导的一类基因。目前在拟南芥、矮牵牛、水稻、马铃薯、草莓及玉米等植物中报道该类基因功能。典型的 GASA 蛋白一般由 80~120 个氨基酸组成，其基本结构为：N 末端为 18~29 个氨基酸残基组成的信号肽序列，GASA 结构域是 GASA 蛋白的核心结构域，研究表明，GASA 结构域的缺失或结构域中保守半胱氨酸残基的突变均会造成 GASA 蛋白功能的丧失，暗示这些保守的半胱氨酸残基是维持 GASA 蛋白结构及发挥功能所必需的，半胱氨酸形成二硫键的模式可直接影响其蛋白质的空间结构和功能，这些二硫键可能是 GASA 蛋白形成高级结构所必需的，也可能是 GASA 蛋白与其他蛋白质互作的关键。

为了研究 *StSN2* 在发芽过程中的功能，通过农杆菌介导的方法获得 SN2 过量表达和 RNAi 马铃薯材料。贮藏实验表明 *StSN2* 过量表达能抑制块茎发芽，而 RNAi 材料能促进块茎发芽，H_2O_2 含量分析结果表明过表达材料中 H_2O_2 含量较低，而 RNAi 材料中 H_2O_2 含量较高。对 *StSN2* 过量表达，对照和 RNAi 材料在贮藏第 45 d 后薯皮进行取样并进行蛋白质学分析，结果表明生物过程中响应刺激和响应氧化逆境是差异蛋白主要富集的途径，说明 *StSN2* 过量表达主要是通过刺激和氧化还原反应抑制块茎发芽。在分子功能途径中差异蛋白主要富集在水解和氧化活性中，说明 *StSN2* 可能是通过影响氧化还原反应和酶代谢中

作者简介：李立芹（1974—），女，博士，副教授，从事马铃薯分子生物学及块茎发芽调控研究。
* 通信作者：鲁黎明，博士，教授，主要从事植物生理学研究，e-mail：luliming@sicau.edu.cn。

的某一重要过程抑制块茎发芽。代谢通路分析表明淀粉与蔗糖代谢、丙酮酸代谢、三羧酸循环和植物激素信号转导路径参与 StSN2 抑制块茎发芽过程。

根据蛋白质组学的结果，采用实时定量 PCR 实验对糖代谢途径相关基因表达进行检测，结果表明蔗糖合成酶基因的表达量在 RNAi 材料中最高，是对照的两倍，β-淀粉酶基因的表达量与对照相比在 RNAi 材料是下调的，葡萄糖焦磷酸化酶基因，丙酮酸脱氢酶基因和丙酮酸激酶基因的表达量在过量表达和 RNAi 材料中较对照是上升的，葡萄糖-6-磷酸酶 1-差异构酶基因和苹果酸酶基因的表达在过表达材料中是上升，RNAi 材料中下降，丙酮酸脱氢酶基因的表达在过表达材料中下降，RNAi 材料中上升，以上基因变化趋势与蛋白组学测定的相应蛋白结果是一致的，说明蛋白质组学数据的正确性。

后续实时定量 PCR 实验表明 StSN2 在块茎中表达量较高，Western Blot 实验表明 StSN2 在根和茎中表达量较高，在块茎休眠到发芽整个过程中，StSN2 蛋白含量逐渐减少，赤霉素处理可以抑制 StSN2 蛋白表达。免疫荧光实验结果表明，在休眠期 StSN2 主要在芽眼表皮周围表达，在发芽期主要在芽的分生组织表达。为了研究 StSN2 抑制块茎发芽的分子机制，采用免疫共沉淀/质谱（CO-IP/MS）的技术鉴定其互作蛋白，通过分析，发现 GAPC 可能是 StSN2 的互作靶蛋白，进一步实验表明 StSN2 过量表达中 GAPDH 酶活性高于非转基因材料，而 RNAi 材料中 GAPDH 酶活性低于对照。采用酵母双杂交技术、萤火虫荧光素酶成像系统和免疫共沉淀（Co-IP）实验证实了 StSN2 与 StGAPC 在细胞内存在相互作用。

通过转基因技术获得 StGAPC 过量表达材料，贮藏实验表明 StGAPC 过量表达能抑制块茎发芽，与 StSN2 过量表达的材料表型一致。Western Blot 实验也表明在休眠到发芽过程中，芽眼周围 StGAPC 蛋白含量逐渐减少。免疫荧光实验结果表明，StGAPC 和 StSN2 存在共表达现象。为了解释 StSN2 与 StGAPC 的互作对后者活性和定位的影响，测定不同材料芽眼组织中 GAPDH 酶活性，结果表明 StSN2 过量表达材料中 GAPDH 酶活性明显高于对照，酶活性升高了 124.5%，与此相反，RNAi 材料中 GAPDH 酶活性比对照降低了 34.37%。Western Blot 实验结果表明 StGAPC 在 StSN2 过量表达材料细胞核中的丰度最高，而在 RNAi 材料中丰度最低。因此在发芽过程中 StSN2 可能促进了 StGAPC 核积累。相关糖含量测定的结果表明在 StSN2 和 StGAPC 过表达材料中，淀粉含量增加，D-果糖、葡萄糖和 D-乳糖含量降低，因此推测 StSN2 和 StGAPC 通过调节能量代谢和氧化还原反应来抑制块茎的发芽。本研究将有助于更好地了解 StSN2-StGAPC 相互作用模块，为马铃薯芽发芽调控分子育种提供靶基因。

关键词：马铃薯；Snakin 2；GAPC；休眠；分子机制

马铃薯脱毒水培苗的营养液研究

高彦萍[1,2]，张　武[1,2]，吕和平[1,2*]，梁宏杰[1,2]，吴雁斌[1,2]

(1. 甘肃省农业科学院马铃薯研究所，甘肃　兰州　730070；

2. 甘肃省马铃薯脱毒种薯(种苗)病毒检测及安全评价工程技术研究中心，甘肃　兰州　730070)

马铃薯($Solanum\ tuberosum$ L.)长期种植会因病毒的感染积累而退化，而脱毒种薯的应用是解决马铃薯品种病毒性退化的有效措施，脱毒种薯一般增产 30% ~ 70%。甘肃省马铃薯脱毒种薯的生产区域主要集中在高海拔冷凉地区，马铃薯病毒传播媒介蚜虫少，是全国优质马铃薯种薯繁育的最主要基地之一。目前，蛭石基质栽培是生产马铃薯原原种最主要方式，但出于资源和环境保护需要，国家环保部门对蛭石矿实行限量开采甚至限区域叫停，马铃薯基质法繁育原原种会因蛭石基质短缺而面临新技术的挑战。替代新技术之一的气雾培、潮汐培等繁育原原种新技术，不受土壤、基质和自然环境条件的制约，可以对马铃薯不同生育期进行温、光、水、气、肥的精准监测和调控，生产过程中不受土传病害侵染，规避了蛭石基质栽培模式的不利因素，而且单株结薯大大增加。气雾培、潮汐培繁育原原种新技术采用"水培壮苗" + "雾培或潮汐培"两步法进行。目前，许多学者已对雾培中的关键技术因素进行了深入研究，并取得相关成果。然而，对"水培壮苗"阶段营养液的研究未见系统文献报道。研究通过单因素随机区组试验，对比分析 5 种营养液配方的不同浓度处理对水培法繁育马铃薯"陇薯 7 号"脱毒苗壮苗的效果，筛选合适配方的马铃薯脱毒苗水培营养液，为优化雾培或潮汐培马铃薯原原种生产技术和提高原原种产量提供技术依据。

试验选择 5 种营养液配方，分别为(1)MS 配方，(2)K5 配方，(3)古典水培配方(Knop)，(4)番茄岩棉培滴灌配方(荷兰温室作物研究所)，(5)化肥配方(自配)，每个配方设置 1/2、1/4、1/8、1/16、1/32、1/64、1/128、1/256 营养液浓度梯度处理，除 MS 配方，其他配方还要加 1 倍 MS 的铁盐和微量，营养液用自来水配制。试验材料为"陇薯 7 号"脱毒试管苗。试验以直径 11 cm 的塑料杯(外层套同规格纸杯，纸杯内垫衬黑色塑料膜)为栽培盒，液面上悬浮打有栽植小孔(孔间距 2 cm)的 1 cm 厚泡沫板，与打气筒串联的通气管经过泡沫板伸入每个栽培盒，通过定期打气增加液体中氧气含量。栽培盒首先盛上生根液(1 份自来水 + 3 份纯水 + 1MS 有机成分 + 0.2 mg/L NAA)，液深 3 cm，液面悬浮栽植马铃薯脱毒试管苗茎段的泡沫板，每盒 9 个茎段，每处理 4 盒，5 ~ 7 d 生根后换上壮苗营养液，液体深 5.5 cm。培养在温室自然光照，18 ~ 28℃下进行，生根期环境中相对

作者简介：高彦萍(1971—)，女，副研究员，主要从事马铃薯脱毒种薯繁育与质量控制技术研究。

基金项目：甘肃省农业科学院科技创新专项(2019GAAS04)；国家重点研发计划(2018YFD020080501)。

*通信作者：吕和平，博士，研究员，主要从事植物保护研究，e-mail：1950838470@qq.com。

湿度低于70%，需要搭盖塑料薄膜保湿。栽植后每天观察水培苗的根茎叶生长情况，壮苗培养第6，12和18 d后测量记载每个配方各处理的根数、根长、株高、茎粗、叶片数、植株鲜重、根系TTC活力和叶片SPAD值。

结果表明，(1)MS配方，第12 d前马铃薯水培苗能在浓度低于1/16 MS的营养液中生长良好，浓度1/8 MS出现叶缘内卷、叶尖及上部叶缘干枯、叶片不能正常平展、底部叶片变黄、严重者发黄枯死等不适的生理症状，浓度1/2和1/4 MS则不能正常生长而发生逐渐死亡，1/2 MS的植株全部死亡，1/4 MS的植株成活率仅18%左右。第18 d，1/64～1/16 MS的水培苗生长旺盛，达到水培壮苗标准，高浓度1/8 MS的不适症状基本消失，1/4 MS的成活植株生长不适症状有所缓和，低浓度的(低于1/64 MS)则植株长势稍弱，随生长时间延长，出现营养不足之嫌疑，植株整体颜色偏淡，个别植株底部叶片变黄衰落，上部个别叶片略下垂。测定的不同处理植株株高、茎粗和鲜重，根系TTC活力和叶片SPAD值，与不同处理的植株生长状况的表现相吻合。由此得出，适宜的马铃薯水培苗MS配方营养液浓度应为1/64～1/16 MS，对应的EC值为618～920 μS/cm。

(2)K5配方，第12 d前除1/2 K5出现叶缘内卷、叶尖及上部叶缘干枯、叶片皱缩、底部叶片变黄、僵苗等不适生长的生理症状，其他处理均生长良好。第18 d，1/16～1/4 K5的水培苗生长旺盛，达到水培壮苗标准(根数5～13条，根长5～7.5 cm，叶片数12～14片，株高10～13 cm，茎粗1.8～3.2 mm)，高浓度1/2 K5的植株趋于正常生长，但浓度低于1/32 K5则植株长势偏弱，随生长时间延长，出现营养不足，植株整体颜色淡绿，部分底部叶片变黄枯落。测定的不同处理植株株高、茎粗和鲜重，根系TTC活力和叶片SPAD值，与不同处理的植株生长表现相符合。因此，适宜的马铃薯水培苗K5配方营养液浓度应为1/64～1/16 MS，对应的EC值为562～816 μS/cm。

(3)同理，得出古典水培配方(Knop)适宜的马铃薯水培苗营养液浓度为1/16～1/4倍，对应的EC值为603～938 μS/cm；番茄岩棉培滴灌配方(荷兰温室作物研究所)适宜的马铃薯水培苗营养液浓度亦为1/16～1/4倍，对应的EC值为593～950 μS/cm；化肥配方(自配)适宜的马铃薯水培苗营养液浓度亦为1/32～1/8倍，对应的EC值为538～806 μS/cm。

综上，筛选的5种配方，在适宜的营养液浓度范围内，均可作为马铃薯水培苗营养液。而且，比较这几种配方适宜的营养液EC值，发现适宜的马铃薯水培苗营养液似乎与配方无关，与营养液无机盐浓度直接有关，因为反应各配方适宜的营养液无机盐浓度的指标EC值，均在相对一致的范围内，即在538～950 μS/cm。因此，马铃薯脱毒组培苗营养液水培，不论选用哪一种配方，可依据EC值(在538～950 μS/cm)调配适宜的浓度。

关键词：马铃薯；脱毒组培苗；水培；营养液；EC值

马铃薯应答低温胁迫 *ALDH2* 基因的筛选分离

胡　妍，韦秋燕，刘乐乐，郭江波，辛翠花*

（内蒙古科技大学生命科学与技术学院，内蒙古　包头　014010）

马铃薯（*Solanum tuberosum* L.）是世界第四大重要农作物，仅次于水稻、小麦和玉米。在人口增长、耕地面积减少、水资源不足的影响下，中国食物安全存在着潜在危机。马铃薯产业的不断发展，将对缓解中国食物安全压力起到重要作用。中国是马铃薯生产大国，面积占世界马铃薯种植面积的1/4，产量占1/5，在世界举足轻重。中国北方，特别是内蒙古自治区因气候凉爽、马铃薯病害低发，目前已成为中国马铃薯种薯和商品薯繁育和种植的主产区，其中，内蒙古自治区乌兰察布市被誉为"中国薯都"。

低温胁迫是农作物栽培过程中经常遇到的灾害，常常会引起农作物大面积减产，严重制约了农作物的丰产增收。据推测，气温每降低1℃，水稻的产量就会下降40%。在内蒙古自治区，低温天气经常发生于早春和晚秋，马铃薯遭受低温危害的报道屡见不鲜，轻者影响当年马铃薯产量和品质，重者导致马铃薯绝产。遭受低温危害的马铃薯更容易受到病虫害的侵染，导致二次减产，致使当地马铃薯产业和薯农损失严重。怎样提高马铃薯对低温的耐受性，已成为马铃薯能否正常生产的关键问题之一。

DNA甲基化修饰在植物逆境胁迫中起重要作用，通过对DNA序列的甲基化或去甲基化来调控基因表达进而应答逆境胁迫。但DNA甲基化修饰如何调控马铃薯应答逆低温胁迫的分子机制尚不清楚。因此，通过甲基化敏感扩增多态性（Methylation sensitive amplification polymorphism，MSAP）技术研究马铃薯应答低温胁迫机理、筛选分离一些应答低温胁迫相关基因，进而培育一些耐冷抗冻马铃薯品种，可抵御骤然低温对马铃薯生产造成的不良影响，对保障中国马铃薯高产稳收，有着非常重要的理论基础与现实指导意义；同时，对DNA甲基化修饰在其他植物响应逆境胁迫中的作用研究提供理论参考。

研究以四倍体马铃薯品种"大西洋"为试验材料，利用MSAP技术分析了4℃处理0、48和60 h后"大西洋"基因组DNA甲基化状态，获得了814条应答低温胁迫的DNA甲基化差异条带，并完成了测序和Blast分析，从中选取了6个感兴趣的序列作为目的基因，其中包括乙醛脱氢酶2（Aldehyde dehydrogenase 2，*ALDH2*）基因。

为了确定*ALDH2*基因在马铃薯应答低温胁迫过程中的功能，该研究利用qPCR技术分析了马铃薯在低温处理0、12、24、36、48、60和72 h后*ALDH2*基因表达量，利用ALDH酶活检测试剂盒（南京建成生物工程公司 A075-1-1）测定了酶活性情况。结果表明，在

作者简介：胡妍（1997—），女，硕士研究生，从事马铃薯低温胁迫相关研究。
基金项目：国家自然科学基金项目（31660414，32060498）；农业部薯类作物生物学与遗传育种重点实验室开放课题（NYBSL201803）；内蒙古自然科学基金项目（2018MS03025）。
*通信作者：辛翠花，博士，教授，主要从事马铃薯逆境生物学与遗传育种研究，e-mail：xchimust002@163.com。

72 h 内 *ALDH2* 基因表达出现了先升后降再升的趋势，酶的活性出现先升后降的趋势。通过 MS-PCR 技术，研究了 *ALDH2* 基因在低温胁迫下的甲基化状态，结果表明，*ALDH2* 基因全长 4 448 bp，含有 11 个外显子和 10 个内含子。低温下 *ALDH2* 基因有 4 个位点发生了甲基化状态改变，包括：位于第 5 个内含子的 1 653 和 1 665 位点，及位于第 6 个外显子的 1 756 和 1 765 位点上的甲基化状态发生了变化。利用 VIGS 技术在本氏烟草中沉默基因 *ALDH2*，观察植物的发育表型及低温耐受能力，结果表明，*ALDH2* 基因表达量下调后，植物发育受到影响，对低温的耐受力变弱，初步说明 *ALDH2* 基因为耐受低温胁迫正调控基因。同时，对 VIGS 植物和对照进行 DAB 染色，结果表明，VIGS 植物叶片中双氧水含量较高，且 VIGS 植物 MDA 含量较高，进一步证明 *ALDH2* 基因为耐受低温胁迫的正调控基因。利用 Confocal 技术对目的基因进行了亚细胞定位分析，结果表明，*ALDH2* 定位于叶绿体、线粒体中，且 *ALDH2* 基因位于马铃薯 3 号染色体上。对其他 5 个目的基因也进行了一定研究，具体功能及其在马铃薯应答低温胁迫中的作用机理，需要进一步深入研究。

关键词：马铃薯；低温胁迫；*ALDH2*；基因筛选分离

栽 培 生 理

9个马铃薯主栽品种2016~2020年度品质变化分析

张小燕[1]，曹有福[1]，李少萍[1]，杨延辰[1]，尹学清[1]，胡　军[2]，杨炳南[1*]

(1. 中国农业机械化科学研究院，北京　100083；
2. 中国农业科学院蔬菜花卉研究所，北京　100081)

摘　要：马铃薯品种繁多，研究不同主栽品种在不同年份的品质稳定性，探索块茎整体品质的影响因素和显著性差异来源，对中国品种选育、种植结构调整、促进资源高效合理利用等方面具有重要意义。试验收集2016~2020年"Atlantic""中薯5号""Shepody""中薯18号""Favorita""青薯9号""冀张薯12号""冀张薯8号"和"威芋3号"9个主栽品种的样品，测定水分、淀粉、蛋白质、总糖等8个主要营养及理化品质指标，利用多重比较及气泡图分析方法进行9个品种品质的整体稳定性评价。结果表明，9个品种的水分指标在2016~2020年度较为稳定，部分品种的淀粉、蛋白质和灰分指标离散区间较小，而还原糖、总糖、钾及维生素C指标在不同年度存在较大差异。通过对气泡大小加和得出，"中薯5号""Atlantic""Shepody"等加工专用型品种具有更好的品种稳定性，而"冀张薯8号""中薯18号"和"Favorita"等鲜食品种的营养及理化指标在不同年度差异较大。

关键词：马铃薯；主栽品种；气泡图；多重比较

马铃薯(*Solanum tuberosum* L.)是全球第四大重要粮食作物，耐寒耐瘠、营养丰富，长久以来为解决经济欠发达地区的温饱和食物安全做出了重要贡献[1,2]。当前中国政府将马铃薯列入主粮梯队，有力促进了粮食增产、农民增收和农业增效[3]。在政策加持下，2019年中国的马铃薯种植面积为491.48万hm^2，产量达到9 188.14万t，种植面积以及产量均位居世界第一。当前，马铃薯产业化开发对保障中国粮食安全形势意义重大，加强基础原料的品质特性研究，可促进主栽品种物尽其用，是实现马铃薯产业化开发、挖掘资源潜力的重要支撑[4,5]。

马铃薯品种性状各异，中国的马铃薯育种研究经历了国外引种鉴定到品种间和种间杂交、生物技术育种的工作过程[6]。据统计，中国马铃薯种质资源库登记了近千个品种，主要种植区分布在黑龙江、吉林、内蒙古自治区、甘肃、宁夏回族自治区、山西、云南、贵州及四川等地[7]。中国马铃薯种质资源大多数属于普通栽培种类型，少数为原始栽培种及野生种类型。亲本资源从国外引入的品种中，由欧洲(德国、波兰、前苏联)和北美洲(美国、加拿大)占比较大，南美洲(秘鲁)的比重较小，其余的为中国地方品种[8]。由于马铃薯品种资源的遗传差异及亲缘关系，中国育种专家们长期针对适合国情的优势品种进行熟

作者简介：张小燕(1986—)，女，硕士，高级工程师，主要从事农产品加工及贮藏工程方面研究。
基金项目：国家重点研发计划资助项目(2016YFD0401300)；国家马铃薯产业技术体系(CARS-10-P30)。
＊通信作者：杨炳南，硕士，研究员，主要从事农产品加工方面研究，e-mail：yangbn@caams.org.cn。

化、集成和转化应用，选育出了一大批性状稳定的主栽品种并在各个马铃薯主产区推广应用，提升了中国马铃薯产业持续发展水平。

经文献检索，在不同品种差异性研究方面，加快新品种繁育和新技术推广，主攻单产、生育期、栽培习性、商品薯率、丰产抗逆性、耐盐耐瘠性等农艺性状研究方面报道较多[9-11]，涉及不同年份主栽品种的内部品质变化报道较少。本试验收集了 9 个主栽品种 2016～2020 年的样品，测定各品种的水分、淀粉、还原糖、蛋白质等主要营养及理化品质指标，分析不同年份各主栽品种的品质稳定性，从而对实现马铃薯产业区域化布局、规模化种植、标准化生产、促进资源高效合理利用等方面提供参考和借鉴。

1 材料与方法

1.1 试验材料

试验采用国内广泛种植的 9 个马铃薯主栽品种（"Atlantic""中薯 5 号""Shepody""中薯 18 号""Favorita""青薯 9 号""冀张薯 12 号""冀张薯 8 号"和"威芋 3 号"），由中国农业科学院蔬菜花卉研究所马铃薯种植基地提供，种植基地位于河北省张家口市张北县二台镇王家村，9 个品种的主要农艺性状如表 1 所示。为提高作物产量，减少病虫害发生，马铃薯耕种需轮作倒茬，试验确保 9 个主栽品种位于同一海拔同一基地，尽量保障温光资源统一，确保土壤肥力一致。每年度样品到达试验室后统一进行编号处理，贮藏温度（4±1）℃，环境湿度 80%～85%，避光贮藏待检。

表 1　9 个马铃薯品种主要农艺性状

编号	品种	品种来源	熟性	块茎性状	皮色	肉色	芽眼	商品薯率	主要用途
1	Atlantic[12]	1978 年国家农业部和中国农业科学院从美国引入	中晚熟	卵圆形或圆形，顶部平，表皮有轻微网纹	淡黄	白	浅	≥90%	薯片加工专用型品种
2	中薯 5 号[13]	中国农业科学院蔬菜花卉研究所选育	早熟	略扁圆型，表皮光滑，大而整齐	淡黄	淡黄	极浅	94%	鲜食加工兼用品种
3	Shepody[14]	1980 年加拿大育成，1987 年从美国引进	中熟	长椭圆形，薯肉致密度紧	黄	白	浅	80%～85%	炸条加工专用型品种
4	中薯 18 号[15]	中国农业科学院蔬菜花卉研究所选育	中晚熟	长圆形，表皮光滑	淡黄	淡黄	浅	73%	鲜食
5	Favorita[16]	1981 年中央农业部中资局从荷兰引入	早熟	长椭圆形，表皮光滑	淡黄	深黄少而浅		85%	鲜食
6	青薯 9 号[17]	青海省农林科学院生物技术研究所选育	晚熟	椭圆形，薯皮网纹，芽眉弧形，脐部凸起	红	黄红色较浅		77%	鲜食

编号	品种	品种来源	熟性	块茎性状	皮色	肉色	芽眼	商品薯率	主要用途
7	冀张薯12号[18]	河北省高寒作物研究所选育	中晚熟	长圆形，表皮光滑	白	白	浅	88%	鲜食
8	冀张薯8号[19]	河北省高寒作物研究所选育	中晚熟	椭圆形，表皮光滑	淡黄	乳白	浅	76%	鲜食
9	威芋3号[20]	贵州省威宁县农业科学研究所选育	中晚熟	薯块长筒，表皮较粗	黄	黄	浅	80%	鲜食加工兼用品种

试验测定的化学指标较多，测定方法严格按照国家标准进行，所涉试剂较多，具体可查阅表2对应国家标准。

试验中使用的主要仪器设备：KDY-9820凯氏定氮仪（北京通润源机电技术有限责任公司）；电感耦合等离子体质谱仪（ICP-MS）［美国铂金埃尔默仪器（上海）有限公司］；GZX-9070MBE电热鼓风干燥箱（上海博讯实业有限公司医疗设备厂）；TM-0910E陶瓷纤维马弗炉（北京盈安美诚科学仪器有限公司）。

1.2 试验方法

1.2.1 主要营养成分化学测定方法

马铃薯是理想的食物来源，营养丰富、全面平衡，兼具粮食、蔬菜的双重优点。参考国内外相关标准和中国马铃薯鲜食及加工原料选择的关键侧重点，初步筛选出马铃薯的主要营养及理化指标8项，分别为水分、淀粉、还原糖、蛋白质、总糖、灰分、维生素C和钾。实验室测定分析方法均采用国标方法，取各不同编号马铃薯块茎4~6个，擦拭干净后，室温条件下去皮，用四分法取一部分可食部分直接打浆，进行水分、淀粉等主要营养成分的测定。同时，四分法取余下可食部分100 g左右加入等质量偏磷酸溶液或草酸溶液迅速捣成匀浆进行维生素C的测定。由于钾指标易受环境污染，样品预处理需清洁台面，利用陶瓷刀具进行去皮、切块，四分法取可食部分打匀浆进行钾元素测定，从而避免泥土灰尘等污染。具体测定方法如表2所示。

表2 马铃薯样品成分测定与方法依据

序号	检测项目	检测方法依据	备注
1	水分	GB 5009.3 食品中水分的测定	直接烘干法
2	淀粉	GB 5009.9 食品中淀粉的测定	酸解法
3	还原糖	GB 5009.7 食品中还原糖的测定	直接滴定法
4	蛋白质	GB 5009.5 食品中蛋白质的测定	凯氏定氮法
5	总糖	GB 5009.8 食品中果糖、葡萄糖、蔗糖、麦芽糖、乳糖的测定	酸水解法
6	灰分	GB 5009.4 食品中灰分的测定	第一法
7	维生素C	GB 5009.86 食品中抗坏血酸的测定	2,6-二氯靛酚滴定法
8	钾	GB 5009.91 食品中钾、钠的测定	电感耦合等离子体质谱法

1.2.2 数据处理方法

为了比较不同年度的 8 个指标变化差异，试验采用气泡图（Bubble Chart）用于实现较多数据的可视化展示，使得品种名称、品质指标及 5 年变异程度 3 个变量之间的关系更为直观清晰，相较于传统统计图，更具有形象立体感[21]。为判断 2016 ~ 2020 年马铃薯多组指标均值间的显著性差异，试验利用最小显著差异 LSD 方法（Least Significant Difference）进行 5 年马铃薯数据的方差齐性检验，在此基础上进行均值多重比较，得出 5 个年份马铃薯数据两两间的显著性差异情况，以此作为气泡大小，实现不同年份各品种指标稳定性的直观显示和分析。

2 结果与分析

2.1 马铃薯品种品质指标测量

2.1.1 水分指标的年度变化

试验针对 2016 ~ 2020 年度的马铃薯营养及理化成分测定值进行了统计分析。首先，马铃薯块茎中水分含量占比最高，马铃薯水分含量高低与品种、土壤类型、种植季节、田间管理等各方面紧密相关，水分指标直接反映干物质含量（具体如公式 1）所示，可衡量马铃薯生长过程中有机物积累及营养成分多寡，马铃薯块茎去除水分后留下的固体物质，包括淀粉、粗蛋白、矿物质及维生素等有机物质，是影响马铃薯加工适宜性的最重要指标之一。干物质含量是马铃薯加工的重要指标，直接影响成品的产量和质量。由于干物质成分较多难以一一测量，因此，水分可代替干物质含量作为影响马铃薯加工品质的主要指标之一。

$$Y = (100 - X) \times 100\% \tag{1}$$

其中，X 为水分含量，单位为 g/100 g；Y 为干物质含量，单位为 g/100 g。

如表 3 所示，经 5 年追踪检测，9 个品种的水分含量为 72.37~83.75 g/100 g，各品种的最值变化区间较小，表明各品种在不同年份水分指标变化不大，形状及品质较为稳定。同时，各品种的变异系数较小，"中薯 5 号"变异系数最低为 1.10%，"中薯 18 号"水分变异系数最大为 3.92%，均不超过 10%，表明这 9 个品种历经 5 年，水分指标的稳定性和重现性较好。条形图结果（图1）可直观显示各品种在不同年份的水分含量高低情况，各品种变化幅度各异，例如"中薯 5 号"水分含量较高，波动较小；"Atlantic"品种 2016 年水分测定值较高，2017~2020 年逐渐增高，变化趋于 2016 年数值，整体较稳定；"中薯 18"除 2018 年数据与另外 4 年差异较大。其他各品种水分指标波动幅度不一，差异是否显著仍需进行深入分析。

表 3　9 个马铃薯品种的水分统计

水分	Atlantic	中薯 5 号	Shepody	中薯 18 号	Favorita	青薯 9 号	冀张薯 12 号	冀张薯 8 号	威芋 3 号
最小值（g/100 g）	72.37	80.01	75.18	72.83	75.34	73.58	77.57	74.62	74.84
最大值（g/100 g）	75.91	81.95	79.77	80.08	82.66	78.22	83.75	81.64	80.62

水分	Atlantic	中薯5号	Shepody	中薯18号	Favorita	青薯9号	冀张薯12号	冀张薯8号	威芋3号
均值(g/100 g)	74.06	80.99	77.15	75.06	79.91	76.28	81.14	78.01	78.31
标准差	1.52	0.89	1.83	2.94	2.87	1.81	2.47	2.68	2.59
变异系数(%)	2.06	1.10	2.37	3.92	3.59	2.37	3.04	3.44	3.30

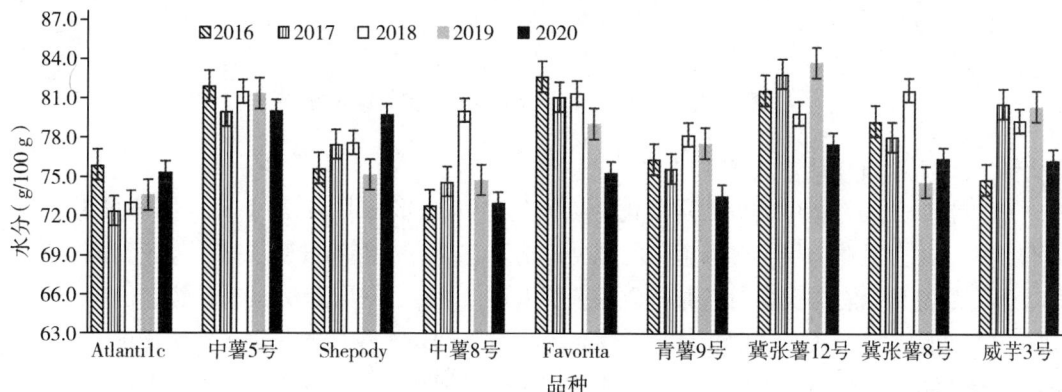

图 1　2016~2020 年马铃薯水分指标数据分布

2.1.2　淀粉指标的年度变化

淀粉是马铃薯中主要的碳水化合物,块茎中干物质含量主要由淀粉组成。如表 4 所示,9 个品种的淀粉指标 5 年数值变化为 11.36~23.94 g/100 g,各品种最值区间有差异,表明不同品种的在不同年度的淀粉指标存在波动,且波动范围较干物质变化更为明显,如图 2 所示。波动原因主要有 2 个方面,首先,马铃薯淀粉含量受种质资源、栽培条件、温光条件影响差异较大;其次,马铃薯块茎在贮藏期间会因贮藏时间、贮藏温度等变化呈现"低温糖化"及"高温回升"规律,造成淀粉和还原糖相互转化的现象。因转化过程受多种代谢物、酶类和其他因素调节,不同品种呈现不同程度的差异,图 2 中"中薯 5 号""Favorita""冀张薯 12 号""威芋 3 号"等波动较小,其他品种波动较大,具体显著程度将进行后续分析。

表 4　9 个马铃薯品种的淀粉统计

淀粉	Atlantic	中薯5号	Shepody	中薯18号	Favorita	青薯9号	冀张薯12号	冀张薯8号	威芋3号
最小值(g/100 g)	15.45	11.92	17.24	15.54	11.36	15.03	11.93	12.94	14.70
最大值(g/100 g)	23.31	15.60	21.79	23.94	14.48	23.92	14.89	17.90	16.87
均值(g/100 g)	19.83	14.52	18.37	18.50	13.45	18.35	13.96	15.56	16.05
标准差	3.06	1.48	1.92	3.57	1.23	3.55	1.20	2.04	0.85
变异系数(%)	15.42	10.21	10.47	19.30	9.15	19.36	8.56	13.11	5.30

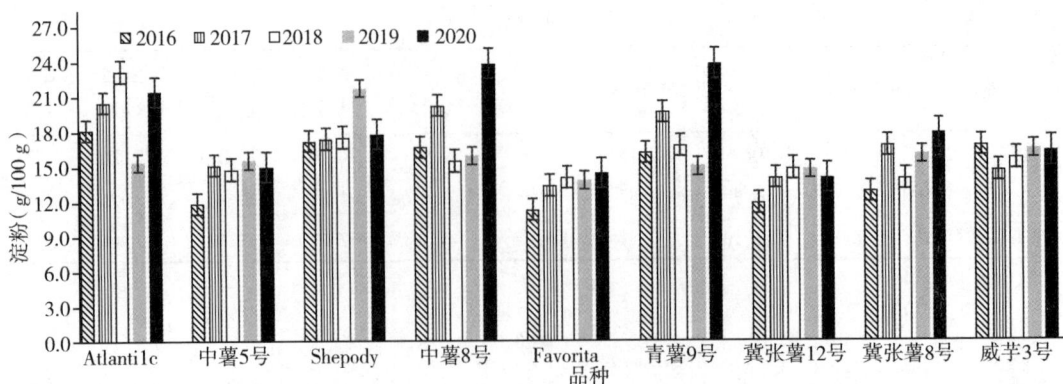

图 2　2016～2020 年马铃薯淀粉指标数据分布

2.1.3　还原糖指标的年度变化

糖类物质是马铃薯中的一类重要化合物，其中以还原糖对马铃薯品质的影响最为显著，不仅是影响加工品质的最主要因素，也是决定马铃薯商业价值的重要指标。因此育种专家在加工型专用品种繁育方面会对还原糖指标有所侧重，块茎中还原糖含量对马铃薯的生产加工具有重要实际意义。表 5 和图 3 显示，各品种的还原糖含量在马铃薯块茎理化指标中占比较小，最值为 0.08～1.36 g/100 g，变异系数为 29.92%～90.46%，变化区间大。整体来说，加工专用型品种(如"Atlantic""中薯 5 号""Shepody""青薯 9 号")还原糖含量较低，且不同年份数值保持相对稳定，波动较小。同样，因还原糖与淀粉之间的相互转化关系，部分品种的还原糖含量波动较大，例如"中薯 18 号""Favorita""冀张薯 12 号""冀张薯 8 号""威芋 3 号"。

表 5　9 个马铃薯品种的还原糖统计

还原糖	Atlantic	中薯5 号	Shepody	中薯18 号	Favorita	青薯9 号	冀张薯12 号	冀张薯8 号	威芋3 号
最小值(g/100 g)	0.08	0.18	0.15	0.14	0.16	0.09	0.33	0.13	0.24
最大值(g/100 g)	0.32	0.41	0.31	0.78	1.36	0.48	0.95	0.86	0.99
均值(g/100 g)	0.17	0.31	0.19	0.40	0.54	0.27	0.57	0.45	0.50
标准差	0.10	0.09	0.07	0.27	0.49	0.15	0.25	0.28	0.30
变异系数(%)	56.68	29.92	35.40	67.75	90.46	56.04	43.97	62.98	59.72

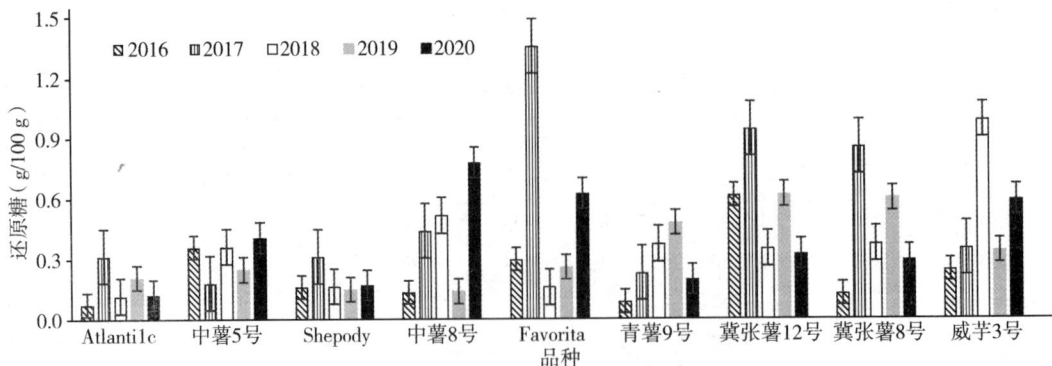

图 3　2016～2020 年马铃薯还原糖指标数据分布

2.1.4 蛋白质指标的年度变化

蛋白质是生命的物质基础。马铃薯蛋白质与动物蛋白质相近，品质优于大米、玉米等蛋白，相较于其他大宗农产品营养价值更高，能更好地被人体所吸收，尤其是高赖氨酸含量使马铃薯作为主食可弥补传统米面主食的短板。同时，有研究表明，高蛋白质含量能有效提升马铃薯加工制品的口感。因蛋白质是以氨基酸为基本单位构成的生物高分子，性状结构较为稳定，表6显示，马铃薯蛋白质含量基数较小，但最值区间较窄，数据差异较小，变异系数为4.14%～18.05%，离散程度较小。图4显示，"Atlantic""中薯5号""威芋3号"品种在5年间蛋白质含量均比较稳定。

表6 9个马铃薯品种的蛋白质统计

蛋白质	Atlantic	中薯5号	Shepody	中薯18号	Favorita	青薯9号	冀张薯12号	冀张薯8号	威芋3号
最小值(g/100 g)	2.33	1.48	2.00	1.62	1.52	1.60	1.37	1.72	1.67
最大值(g/100 g)	2.60	1.89	2.88	2.55	2.31	2.07	2.12	2.42	2.12
均值(g/100 g)	2.43	1.67	2.35	2.11	2.06	1.92	1.82	2.16	1.94
标准差	0.10	0.16	0.36	0.34	0.31	0.18	0.33	0.28	0.19
变异系数(%)	4.14	9.79	15.37	15.88	14.99	9.47	18.05	12.77	9.88

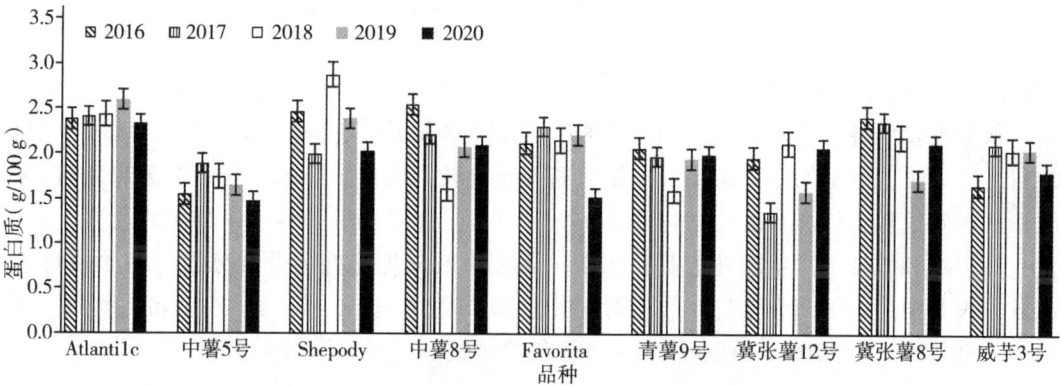

图4 2016～2020年马铃薯蛋白质指标数据分布

2.1.5 总糖指标的年度变化

总糖主要指具有还原性的葡萄糖，果糖，戊糖，乳糖和在测定条件下能水解为还原性的单糖的蔗糖、麦芽糖以及可能部分水解的淀粉。总糖含量是马铃薯作为主食属性提供能量、碳水化合物方面的直接来源之一，也是保障鲜食及加工成品口感、制品品质等方面起着重要作用。表7中，总糖与还原糖相比含量较稳定，但不同品种在不同年份总糖的差异较大，变异系数为12.15%～49.91%，离散程度整体较高。图5显示，9个品种中，以"Shepody"品种总糖含量变化平缓，其他品种含量差异均较大。

表7 9个马铃薯品种的总糖统计

总糖	Atlantic	中薯 5号	Shepody	中薯 18号	Favorita	青薯 9号	冀张薯 12号	冀张薯 8号	威芋 3号
最小值(g/100 g)	0.48	0.75	1.05	1.13	1.49	0.79	1.65	1.29	1.30
最大值(g/100 g)	1.57	1.55	1.44	2.74	3.63	1.57	4.08	2.37	4.07
均值(g/100 g)	1.19	1.35	1.24	1.94	2.54	1.28	2.53	1.82	2.22
标准差	0.41	0.34	0.15	0.70	0.78	0.30	0.98	0.47	1.11
变异系数(%)	34.97	25.04	12.15	36.04	30.58	23.12	38.51	25.73	49.91

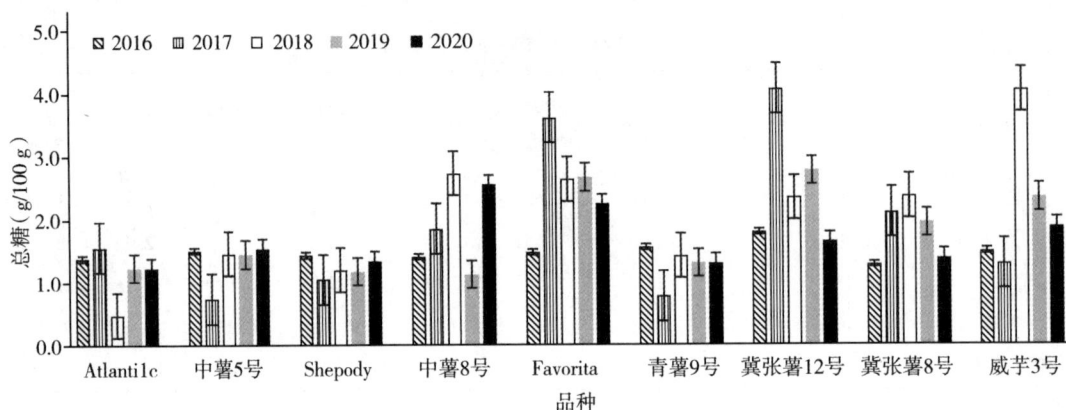

图5 2016~2020年马铃薯总糖指标数据分布

2.1.6 灰分指标的年度变化

灰分主要由各种金属的氧化物、磷酸盐、硫酸盐和氯化物等构成。将马铃薯中干物质进行充分灼烧，有机物中的碳、氢、氧、氮等元素以二氧化碳、水、分子态氮和氮的氧化物形式挥发逸散，灼烧后的残留物即为灰分，该指标主要反映马铃薯中的矿质元素，为构成人体组织和维持正常生理功能提供来源。因无机成分理化性质及成分结构均比较稳定，因此，表8中最值区间和变异系数相对于其他指标较小。图6显示，"Favorita"和"冀张薯12号"两个品种在2016～2020年度灰分含量差异较小，该指标相对稳定。

表8 9个马铃薯品种的灰分统计

灰分	Atlantic	中薯 5号	Shepody	中薯 18号	Favorita	青薯 9号	冀张薯 12号	冀张薯 8号	威芋 3号
最小值(g/100 g)	0.78	0.71	0.77	0.73	0.69	0.77	0.63	0.85	0.74
最大值(g/100 g)	1.03	0.89	0.92	1.23	0.77	1.25	0.75	1.27	1.18
均值(g/100 g)	0.88	0.77	0.83	0.94	0.73	0.97	0.71	1.02	0.96
标准差	0.10	0.08	0.06	0.20	0.03	0.19	0.05	0.16	0.17
变异系数(%)	11.46	9.84	7.38	21.16	4.66	19.78	6.74	15.95	17.80

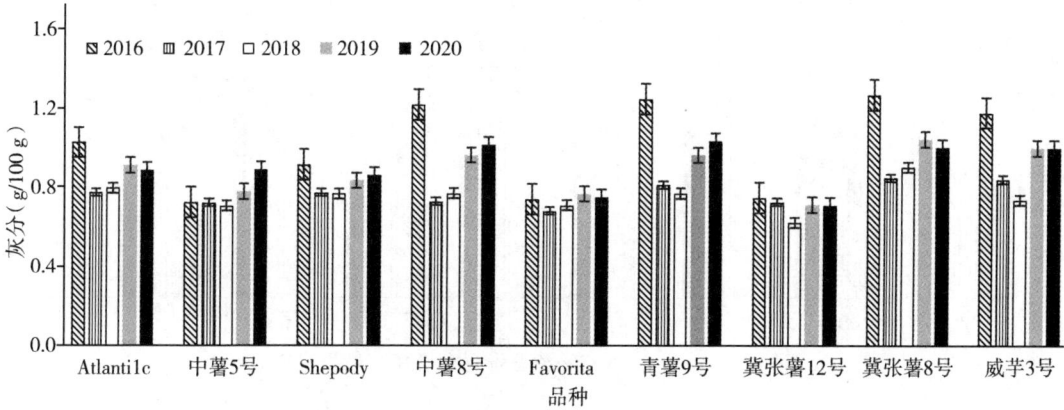

图 6　2016~2020 年马铃薯灰分指标数据分布

2.1.7　维生素 C 指标的年度变化

　　马铃薯是人类饮食中维生素 C 最主要的来源，是人体不可或缺的营养物质。马铃薯含有多种维生素，种类之多为许多作物所不及，其中以维生素 C 最为丰富，在历史时期为防治坏血病做出了突出贡献。有研究表明，维生素 C 作为一种抗氧化剂参与美拉德反应，在一定程度上影响着马铃薯加工制品的色泽，因此对于马铃薯鲜食及主食化加工至关重要。中国政府鼓励和支持将马铃薯纳入粮食加工，丰富的维生素 C 含量是马铃薯区别于其他粮食产品的重要特色指标。表 9 中，马铃薯中维生素 C 含量为 7.84 ~ 30.23 mg/100 g，"Shepody"品种的平均维生素 C 含量最高为 24.42 mg/100 g，"冀张薯 8 号"的维生素 C 含量均值最低为 10.74 mg/100 g，9 个品种变异系数均较大，指标离散程度较高。图 7 显示，各年份维生素 C 含量均差异较大，差异显著程度可继续深入分析。

表 9　9 个马铃薯品种的维生素 C 统计

维生素 C	Atlantic	中薯 5 号	Shepody	中薯 18 号	Favorita	青薯 9 号	冀张薯 12 号	冀张薯 8 号	威芋 3 号
最小值(mg/100 g)	14.92	11.83	17.68	10.02	11.37	16.73	15.14	7.84	15.62
最大值(mg/100 g)	24.71	19.64	30.23	19.42	19.25	21.73	19.89	13.47	25.17
均值(mg/100 g)	18.96	15.85	24.42	14.97	15.28	18.40	17.66	10.74	20.72
标准差	4.08	3.43	4.67	3.88	3.53	2.05	2.25	1.99	3.73
变异系数(%)	21.51	21.66	19.13	25.91	23.08	11.15	12.76	18.55	18.02

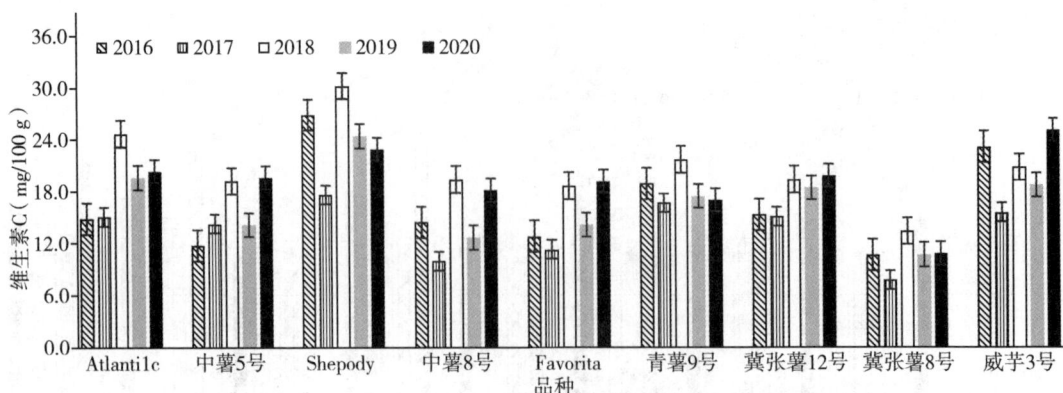

图 7 2016 ~ 2020 年马铃薯维生素 C 指标数据分布

2.1.8 钾指标的年度变化

马铃薯是不同膳食矿物质的重要来源，是最有名的饮食钾的重要来源，钾在酸碱调节和体液平衡中起着基础性作用，也是神经和消化等系统功能所必须的最佳元素。钾虽是无机元素，马铃薯块茎中的钾含量在不同年份差异较大，最值为 0.15 ~ 6.31 g/kg，变异系数均超过 10%，数据离散程度较大（表 10）。马铃薯栽培种植过程受气候、土壤、施肥等多方面因素影响，造成块茎钾含量呈现不同程度变化。图 8 同样表明 9 个品种在不同年度块茎中的钾含量均不同，后续将进行气泡图分析 5 年内块茎钾含量数据的相对稳定性。

表 10 9 个马铃薯品种的钾元素统计

钾	Atlantic	中薯5号	Shepody	中薯18号	Favorita	青薯9号	冀张薯12号	冀张薯8号	威芋3号
最小值（g/kg）	1.41	1.88	0.15	1.98	1.70	3.99	0.71	1.25	1.44
最大值（g/kg）	3.99	3.84	3.95	4.89	3.06	6.31	5.08	4.38	5.11
均值（g/kg）	3.09	3.09	2.45	3.55	2.67	5.39	3.11	3.01	3.16
标准差	1.00	0.76	1.57	1.12	0.56	0.88	1.57	1.20	1.31
变异系数（%）	32.25	24.42	63.84	31.49	20.91	16.29	50.41	39.80	41.48

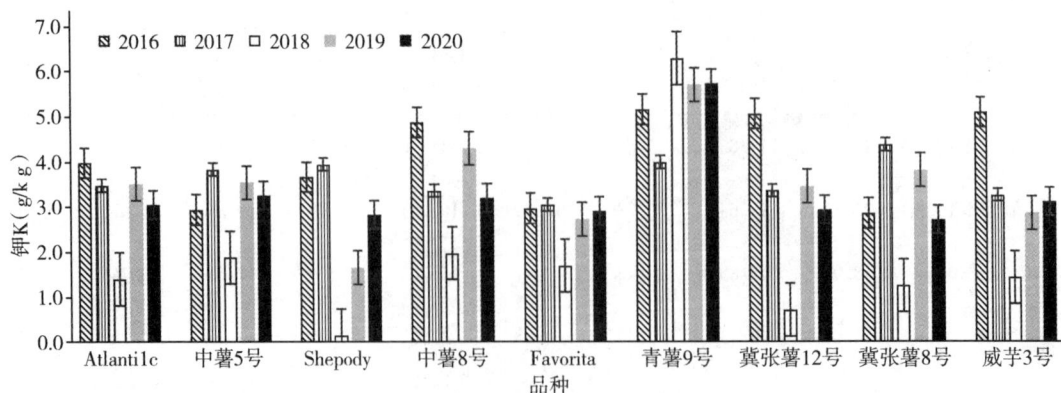

图 8 2016~2020 年马铃薯钾指标数据分布

2.2　9个品种年度变化显著性分析

为检验不同年份的理化及营养指标数据的变化显著性，试验利用 SPSS 19 软件对 9 个马铃薯品种的初始数值进行方差分析。通过多重比较方法分别对 8 个品质指标在 5 个年份的总体均数间进行两两比较，以确认不同年份因素水平间的具体差异。因最小显著差异 LSD 方法具有较高敏感系数，标准误差更为稳健，试验采用 LSD 方法进行不同年份的品质指标多重比较。

采用方差同质性检验方法假设各年份水平下观察变量总体的方差无显著差异，检验结果如表 11 所示。Levene 方差齐性检验的结果表明，除还原糖指标外，9 个品种的 Levene 统计量的显著性均大于 0.05，表明除还原糖指标不适于用 LSD 法，9 个品种的水分、淀粉、蛋白质、总糖、灰分、维生素 C 和钾 7 个指标均适用于 LSD 法进行多重比较。

表 11　马铃薯品种 8 个指标的方差齐性检验

品种	水分		淀粉		还原糖		蛋白质	
	Levene 统计量	显著性	Levene 统计量	显著性	Levene 统计量	显著性	Levene 统计量	显著性
Atlantic	0.042	0.996	0.255	0.900	12.000	0.001	1.231	0.358
中薯 5 号	0.065	0.991	0.951	0.475	4.000	0.034	1.718	0.222
Shepody	0.055	0.993	0.427	0.786	16.000	0.000	1.860	0.194
中薯 18 号	0.070	0.990	0.748	0.581	3.273	0.058	0.658	0.635
Favorita	0.067	0.990	1.400	0.303	3.676	0.043	1.570	0.256
青薯 9 号	0.067	0.991	0.984	0.459	4.000	0.034	0.788	0.559
冀张薯 12 号	0.029	0.998	1.276	0.342	2.750	0.089	1.029	0.439
冀张薯 8 号	0.081	0.986	0.827	0.537	2.750	0.089	1.449	0.288
威芋 3 号	0.037	0.997	0.916	0.492	3.273	0.058	2.420	0.117

品种	总糖		灰分		维生素 C		钾	
	Levene 统计量	显著性	Levene 统计量	显著性	Levene 统计量	显著性	Levene 统计量	显著性
Atlantic	0.798	0.553	0.526	0.719	1.150	0.388	2.292	0.131
中薯 5 号	1.582	0.253	1.243	0.354	1.697	0.227	1.948	0.179
Shepody	1.100	0.408	0.800	0.552	2.250	0.136	1.427	0.295
中薯 18 号	0.280	0.884	0.585	0.681	1.018	0.444	1.540	0.264
Favorita	0.615	0.661	0.816	0.543	0.901	0.499	0.632	0.651
青薯 9 号	0.605	0.668	1.118	0.401	1.373	0.311	0.886	0.507
冀张薯 12 号	1.264	0.346	0.453	0.769	1.120	0.400	3.182	0.063
冀张薯 8 号	0.719	0.598	0.579	0.685	1.391	0.305	0.956	0.472
威芋 3 号	1.615	0.245	0.262	0.896	0.927	0.486	0.931	0.484

因总糖组成成分中包括还原糖，各品种的总糖指标与还原糖指标存在一定的相关性。对 9 个品种 2016 ~ 2020 年的总糖与还原糖数据进行相关性分析，结果如表 12 所示。2019 年总糖与还原糖相关系数为 0.538，其他 4 年的 Pearson 相关性在 $\alpha = 0.01$ 水平上均显著

相关，因此总糖可显著体现还原糖信息，利用水分、淀粉、蛋白质、总糖、灰分、维生素C和钾7个指标可全面反映马铃薯块茎的整体品质。

表 12　2016～2020 还原糖和总糖相关性分析

年份	2016	2017	2018	2019	2020
Pearson 相关性	0.803**	0.906**	0.804**	0.538	0.962**

注：** 表示在 $\alpha = 0.01$ 水平（双侧）上显著相关。

2.3　9 个品种气泡图分析

经多重比较分析后，将 9 个品种在 2016～2020 年的两两差异显著性结果与气泡图中气泡大小结合，以期实现马铃薯主栽品种在不同年份理化及营养指标差异的数值化评价。对应关系如表 13 所示，各指标在每 2 年差异越大，则气泡越大，表明该品种的品质指标在不同年份稳定性较差。样品编号如表 1 所示，根据各品种 2016～2020 年度多重比较显著性分析与气泡大小对应关系，以品种编号为横坐标，理化及营养指标均值为纵坐标，绘制气泡图如图 9。

表 13　2016~2020 年度多重比较显著性分析与气泡大小对应关系

5 年中显著差异情况	两两显著差异	有 4 年差异显著	有 3 年差异显著	有 2 年差异显著	无显著差异
气泡大小	5	4	3	2	1

图 9a 中，2016～2020 年间，水分指标差异最小的是"中薯 5 号"品种，该品种 5 年间水分指标稳定，无显著性变化。而"Favorita"和"冀张薯 8 号"水分指标变化最大，在 3 个年度指标均差异显著，其他几个品种的水分指标在 2 个年度指标均差异显著，水分指标较为稳定。由图 9b 所示，淀粉指标差异最小的是"Shepody"品种，该品种的淀粉只在 2 个年度存在显著性差异，说明该品种淀粉指标相对稳定，离散较小；"Favorita""Atlantic""青薯 9 号"和"冀张薯 8 号"4 个品种在 5 个年份均有显著性差异，变化最大。图 9c 中，蛋白质指标有所差异，变化最小的是"Atlantic""青薯 9 号"品种，说明这 2 个品种蛋白质指标较相对稳定；"冀张薯 12 号"变化最大，不同年度指标均差异显著；其他品种差异也较大，表明各品种蛋白质在马铃薯块茎种植栽培过程中变化较大。图 9d 中，总糖指标含量基数较小，组成成分复杂，且与土壤、气候、光温条件等环境因素息息相关，该指标变化较大，每个品种都存在 4 年或 5 年间的显著性差异。图 9e 中，灰分指标有所差异，指标变化最小的是"中薯 5 号"和"冀张薯 12 号"2 品种 5 年间灰分指标较稳定，变化较小。"中薯18 号""青薯 9 号""冀张薯 8 号"变化较大，5 年间均存在显著性差异。图 9f 中，维生素 C 指标均差异较大，维生素 C 含量基数较小，且受种植环境、营养积累等因素影响大，"冀张薯 8 号"在 4 个年份存在显著性差异，其他品种 5 个年度均差异显著。图 9g 中，钾元素的基数同样较小，且易受环境影响，"Atlantic"和"青薯 9 号"在 4 个年份存在显著性差异，其他品种 5 个年份均差异显著。

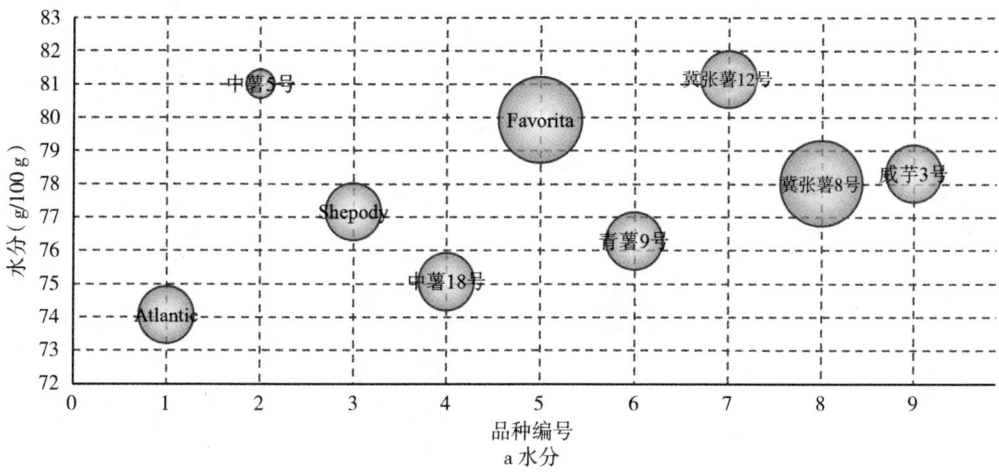

a 水分

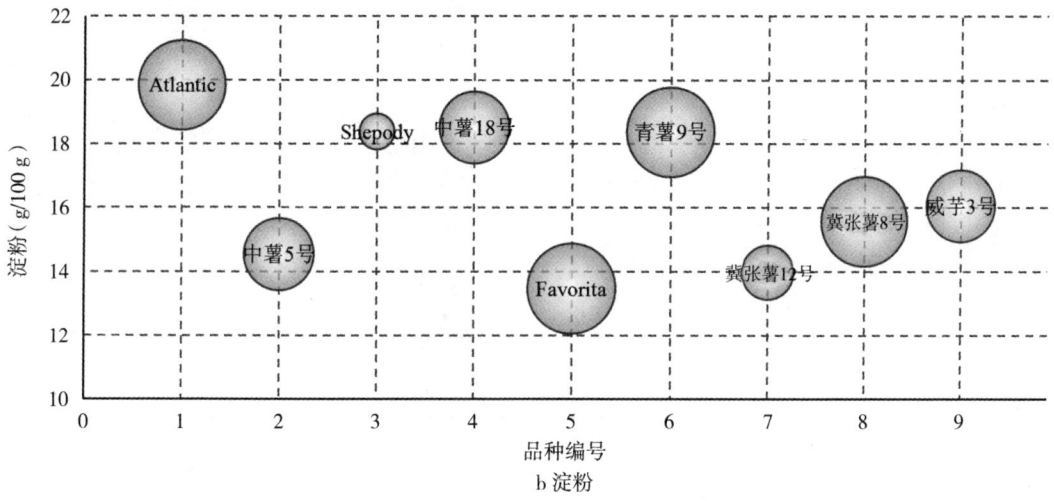

b 淀粉

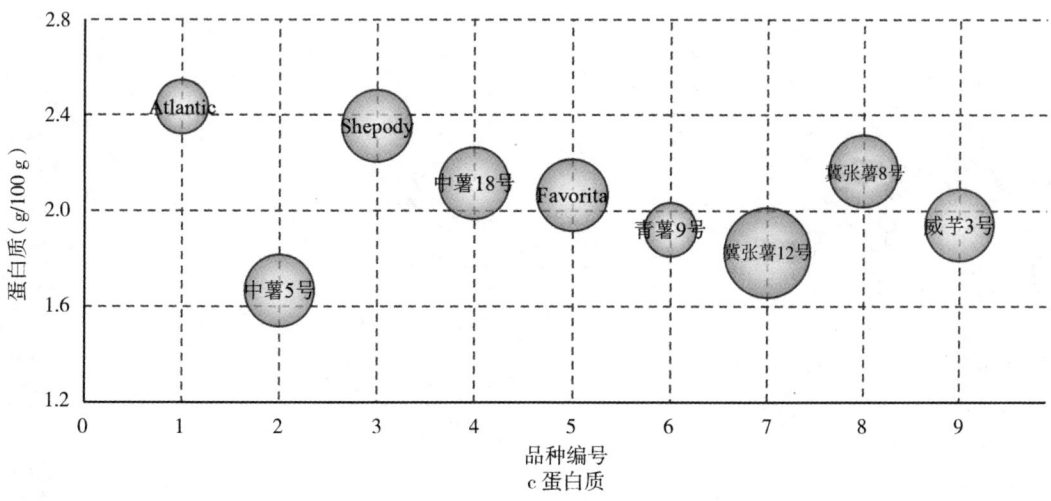

c 蛋白质

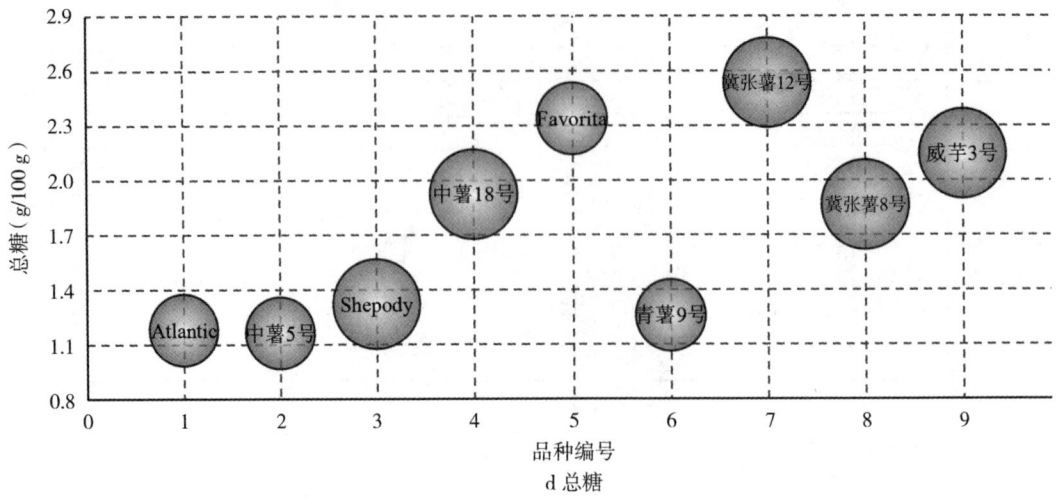

d 总糖

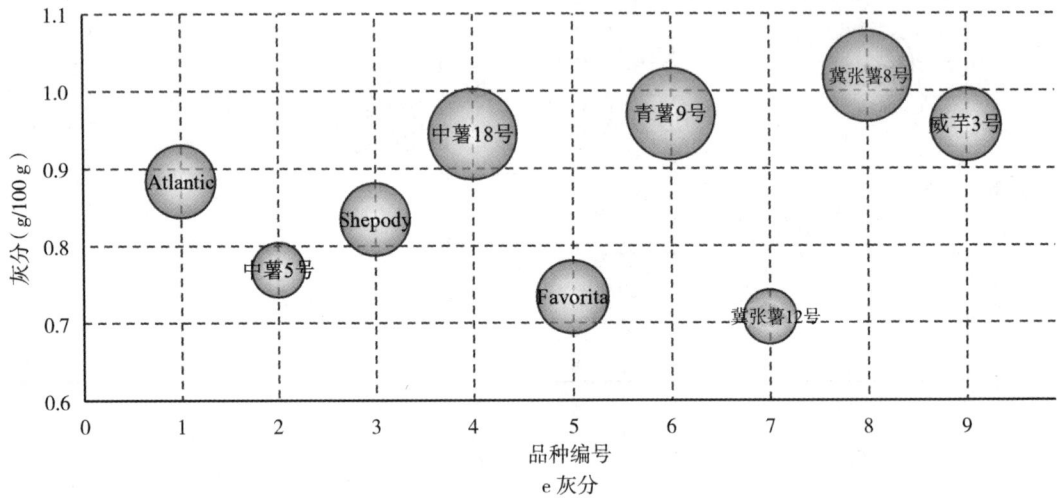

e 灰分

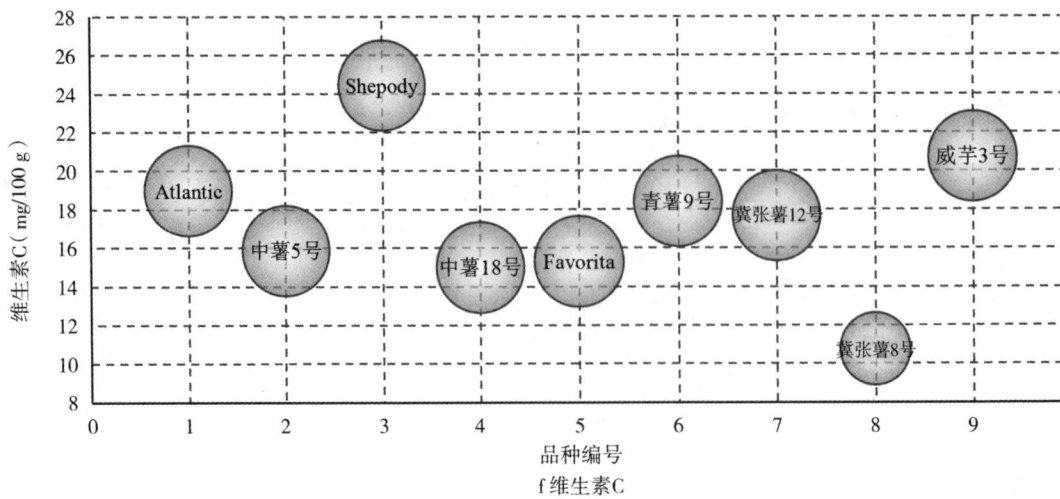

f 维生素C

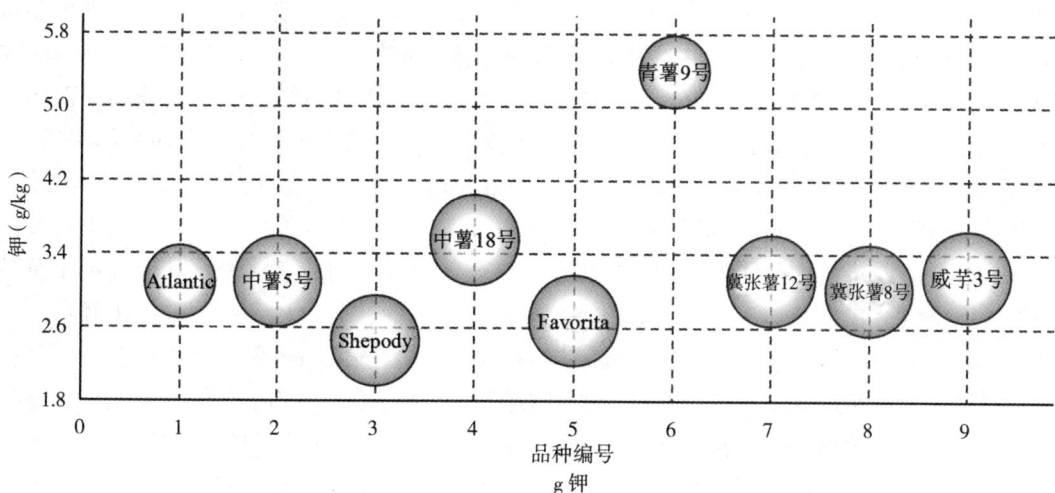

图 9　2016~2020 年 9 个马铃薯主要品质指标变化气泡图

将 7 个理化及营养指标气泡大小进行加和，可进行 9 个品种品质的整体稳定性评价，具体如表 14 所示。"中薯 5 号""Atlantic""Shepody"品种在 2016 ~ 2020 年度品质相对稳定，综合指标差异较小，而"冀张薯 8 号""中薯 18 号"和"Favorita"品种的品质在不同年度变化更为显著，稳定性稍差。结合各品种的育种用途，结果表明，一般加工专用型品种具有更好的品种稳定性，受栽培条件、温光资源、贮藏流通等影响较小；而用于鲜食的品种指标变化则相对较大，不同年份的品质指标测定结果也存在较显著的差异。

表 14　2016 ~ 2020 年度气泡大小加和

编号	品种	气泡大小							加和结果
		水分	淀粉	蛋白质	总糖	灰分	维生素 C	钾	
1	Atlantic	2	5	3	4	4	5	4	27
2	中薯 5 号	1	4	4	4	3	5	5	26
3	Shepody	2	2	4	5	4	5	5	27
4	中薯 18 号	2	4	4	5	5	5	5	30
5	Favorita	3	5	4	4	4	5	5	30
6	青薯 9 号	2	5	3	4	5	5	4	28
7	冀张薯 12 号	2	3	5	5	3	5	5	28
8	冀张薯 8 号	3	5	4	5	5	4	5	31
9	威芋 3 号	2	4	4	5	4	5	5	29

3　讨　论

马铃薯品种繁多，品质性状各异，本试验收集了 9 个主栽品种 2016 ~ 2020 年的样品，通过测定各品种的水分、淀粉、蛋白质、总糖等 8 个主要营养及理化品质指标，利用多重比较及气泡图分析方法进行了 9 个品种品质的整体稳定性评价。结果表明，水分指标在2016～2020 年度较为稳定，部分品种的淀粉、蛋白质和灰分指标离散区间较小，而还原糖、总糖、钾及维生素 C 指标在不同年度存在较大差异。综合各指标气泡加和结果得出，"中薯 5 号""Atlantic""Shepody"等加工专用型品种具有更好的品种稳定性，而"冀张薯 8 号""中薯 18 号"和"Favorita"品种的品质在不同年度变化更为显著，表明一般用于鲜食的同一品种在不同年份的品质指标测定结果也存在较大差异。马铃薯淀粉有其他淀粉不可替代的自然属性，在食品加工行业具有独特用途及优良特性，其粒径大小分布范围较广，在变性淀粉、水畜产制品、加工面食等领域应用广泛。随着国家马铃薯主食化战略进程的推进，马铃薯淀粉精深加工行业存在巨大的发展潜力，而马铃薯块茎中淀粉含量高低，是衡量马铃薯深加工价值的主要标准之一，直接影响生产、食用、销售和加工性能等，对于马铃薯全粉和淀粉加工产业至关重要。马铃薯还原糖含量对制品品质有着很大的影响，不仅影响其营养价值，而且还会影响食品风味、加工工艺和产品品质，是马铃薯品种繁育、高附加值深加工的重要考量指标。一般马铃薯产品热加工要求极低的还原糖，因块茎中过量的还原糖在热加工过程中与氮化合物的 α-氨基酸发生美拉德反应（Maillard Reaction），致使最终产品变为消费者不易接受的棕褐色[22]。试验研究不同主栽品种的品质稳定性，可对促进资源高效合理利用、助力产业持续健康发展等方面提供参考和借鉴。

品种创新和生产技术的进步对于促进马铃薯产业化经营、产品精深加工，提高市场竞争力起到了主要推动作用。中国目前共审定或登记了近 900 个马铃薯品种，品种基数庞大，后期可进行更多主栽品种的品质变化分析，研究不同地域和栽培条件对马铃薯品种的农艺性状、营养价值、贮藏特性以及加工适宜性等方面的影响规律，深入探究影响块茎整体品质的关键因素和显著性差异来源，以期为品种选育、种植结构调整、推广和成果转化工作提供更多参考价值。

[参 考 文 献]

[1] 谢从华. 马铃薯产业的现状与发展 [J]. 华中农业大学学报: 社会科学版, 2012(1): 1-4.

[2] 黄凤玲, 张琳, 李先德, 等. 中国马铃薯产业发展现状及对策 [J]. 农业展望, 2017, 13(1): 25-31.

[3] 王建雄, 王志虹, 张妹鑫, 等. 马铃薯主食化现状及发展对策 [J]. 山西农业科学 2019, 47(9): 1 667-1 669.

[4] 杨炳南, 张小燕, 赵凤敏, 等. 不同马铃薯品种的不同加工产品适宜性评价 [J]. 农业工程学报, 2015(20): 301-308.

[5] 林亚玲, 杨炳南, 杨延辰. 马铃薯加工现状与展望 [J]. 农业工程技术: 农产品加工业, 2012(11): 18-21.

[6] 金黎平. 我国马铃薯育种和品种应用 [J]. 农业技术与装备, 2007(9): 14-15.

[7] 徐建飞, 胡军, 段绍光, 等. 2019 年马铃薯登记品种分析 [C]// 金黎平, 吕文河. 马铃薯产业与美丽乡村. 哈尔滨: 黑龙江科学技术出版社, 2020: 281-282.

[8] 蔡兴奎, 谢从华. 中国马铃薯发展历史、育种现状及发展建议 [J]. 长江蔬菜, 2016(12): 30-33.

[9] 段绍光, 金黎平, 谢开云, 等. 分子标记及其在马铃薯遗传育种中的应用 [J]. 种子, 2003(5): 100-103.

[10] 李峰, 王志刚, 王占海, 等. 马铃薯杂交育种的障碍及解决途径 [J]. 农业开发与装备, 2019, 205(1): 54.

[11] 孟令文, 安颖蔚, 宋红叶, 等. 马铃薯抗病育种研究进展 [J]. 园艺与种苗, 2006, 26(3): 185-186.

[12] 李永杰. 马铃薯专用品种大西洋商品薯的栽培技术 [J]. 甘肃农业科技, 2004(4): 56.

[13] 鲁文娟,叶巍,丁建国,等."中薯5号"马铃薯品种 [J]. 农业科技通讯,2015(2):140-141.

[14] 马占礼.马铃薯加工专用型品种夏波蒂高产栽培技术 [J]. 现代农业科技,2008(16):68.

[15] 杨丹,李树举,王素华,等.中薯系列马铃薯新品种比较试验 [J]. 作物研究,2018,32(1):18-22.

[16] 夏锦慧,钱晓刚,丁海兵.费乌瑞它干物质积累及氮、磷、钾营养吸收特征分析 [J]. 贵州农业科学,2008(5): 34-38.

[17] 王舰,蒋福祯,周云,等.优质抗旱马铃薯新品种青薯9号选育及栽培要点 [J]. 农业科技通讯,2009(2):89-90.

[18] 刘晨,马全伟,胡冠华.冀张薯12号高产高效栽培技术 [J]. 河北农业,2015(5):18-19.

[19] 马恢,尹江,张希近.马铃薯新品种——冀张薯8号 [J]. 中国马铃薯,2007,21(3):192.

[20] 宫明方,金铃,肖昌志,等.威芋3号马铃薯品种简介及栽培技术要点 [J]. 中国马铃薯,2004,18(1):64.

[21] 王帆,崔笑.气泡图在排名变化分析中的应用 [J]. 电脑知识与技术,2013(9):2 131-2 134.

[22] 张小燕,赵凤敏,兴丽,等.不同马铃薯品种用于加工油炸薯片的适宜性 [J]. 农业工程学报,2013(8):276-283.

马铃薯田间移动平台研制

张　洋[1]，杨焕波[1]，赛华阳[2,3]，胡耀华[1*]

(1. 西北农林科技大学机械与电子工程学院，陕西　杨凌　712100；
2. 中科院空间光学系统在轨制造与集成重点实验室，
中科院长春光学精密机械与物理研究所，吉林　长春　130033；
3. 中国科学院大学，北京　100049)

摘　要：为方便马铃薯生产管理，研制了一种马铃薯田间移动平台。该移动平台包括机械系统和控制系统。移动平台使用树莓派作为核心控制器，用 python 编写了基于机器视觉的自主导航控制程序，开发了基于 HTML5 的人机交互界面。试验结果表明，移动平台可通过宽度不大于 300 mm 的沟壑、高度不大于 90 mm 的垂直障碍物、倾角不大于 20°的斜坡，具有较好的通过性，同时，移动平台对马铃薯大田具有较好的适应性，可以实现垄间行走、自主导航与农情信息快速获取任务，能够为马铃薯生产管理提供保障。

关键词：垄间行走；自主导航；机器视觉；人机交互

马铃薯是世界第四大主粮作物，中国是马铃薯种植面积最大的国家，但平均产量却低于世界平均水平，其中马铃薯病害、缺素信息获取不及时，导致不能及时施肥和施药是造成单产低的关键制约因素[1,2]。获取马铃薯植株的不同生长阶段的信息是监测马铃薯健康状况的主要方法[3]。目前通过不同传感器对马铃薯各类生长指标信息获取的方式较多，但是实时获取信息的比较少见。因此，实时获取马铃薯田间信息是确保马铃薯持续健康生长的重要手段。

田间移动平台属于农用轮式移动机器人的范畴，该类机器人在农业领域目前已经得到了广泛的应用，包括各类果蔬采摘机、割草机、喷药机等。1968 年，将机器人技术应用于果蔬收获的概念首次被美国学者 Brown 和 Schertze 提出[4,5]，20 世纪 80 年代初，美国已经研制出了世界首台可采摘番茄的机器人，实现了番茄的自动采摘。随后，以日本为代表的发达国家在农用移动机器人的研究方面做了大量的工作，成功开发了多种具有人工智能的、可以适用于各种农作物采摘的移动机器人，如黄瓜、西瓜、番茄、葡萄和蘑菇采摘机器人等[6-9]。

马铃薯作为一种田垄间种植作物，其复杂的地形对田间移动平台的设计要求更高。大多数田间移动机器人在田垄间的复杂地形中行进时，仍然需要较大的转弯半径，难以适应

作者简介：张洋(1996—)，男，硕士，主要从事机电一体化方面的研究。
基金项目：国家自然科学基金(31971787)；中央高校基本科研业务费专项资金(2452019179)。
*通信作者：胡耀华，博士，教授，主要从事机电一体化、农情信息快速获取、农产品贮藏加工及无损检测等方面的研究，e-mail：huyaohua@nwsuaf.edu.cn。

垄间地形的要求。对于采用多电机差速转向转弯方式的田间移动机器人，其各个驱动轮之间速度的协调控制方式复杂。本研究开展基于树莓派控制的田间移动平台研制，使其以简便的控制方式适用于田垄间行进，获取马铃薯植株表型信息。

1 田间移动平台机械系统设计

1.1 总体结构

马铃薯田间移动平台由机械系统和控制系统两大部分组成。其中，机械系统包括转向机构、二级传动机构、平台框架、T型减速器等部分组成。控制系统由树莓派、树莓派摄像机、电动机驱动器以及控制电路等部分组成，其机构示意图如图1所示。

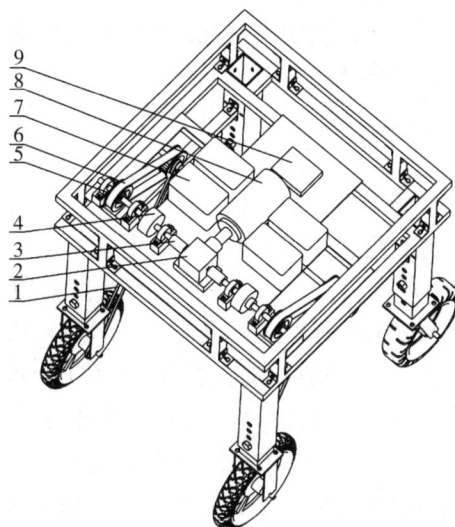

注：1. 链条，2. T型减速器，3. 联轴器，4. 电磁继电器，5. 同步带轮，6. 同步带，7. 蓄电池组，8. 无刷直流差速电机，9. 树莓派。

图1 马铃薯田间移动平台结构简图

1.2 主要技术参数指标

根据中国马铃薯种植的标准行间距以及成熟马铃薯株高设计可调的轮间距宽度及底盘高度，根据移动平台跨越障碍时所需要的动力选择合适的电机功率，研制的马铃薯田间移动平台的性能指标和技术参数如表1所示。

表1 马铃薯田间移动平台性能指标和技术参数

参数	数值
外形尺寸(长 × 宽 × 高)(mm × mm × mm)	1 040 × 1 040 × 1 312
底盘高度(mm)	980~1 020
净重量(kg)	150
轮间距(mm)	650~850
作业速度(m/s)	0.2~1.5

参数	数值
动力形式	电动
功率(W)	500

2 主要工作部件

2.1 车体框架结构

马铃薯田间移动平台在田间行走，其车体框架必须满足移动平台沿垄行走的特性，这样才能尽可能避免轧苗事故的发生。由于本研究主要针对马铃薯田地，需要将马铃薯大田的垄沟间距设定为移动平台的轮间距，同时，马铃薯的株高与垄高的总高度应小于移动平台的底盘高度，利用 Creo 软件设计的移动平台的车体框架结构如图 2 所示。

2.2 转向系统

由于马铃薯田间地形的特殊要求，需要移动平台在田间实现全方位转向。目前常用的全方位转向多为电机差速转向，但是这种转向方式的控制系统相对复杂，行走过程中遇到崎岖路面时车身容易发生偏移[10]。为实现跨垄转向，这里采用单独电机实现差速转向的转向方式。即通过 T 型减速器将电机输出动力传输至驱动轴两端，使用电磁离合器作为连接器，当移动平台直行时，左右两端电磁离合器同时处于闭合状态，平台的两个驱动前轮有相同的前进速度。当平台向右跨垄转向时，右电磁离合器断开，即平台右轮速度为 0，平台开始围绕右前轮进行旋转，当转动 180°后平台转向完成，右电磁离合器闭合，平台开始直行。同理，当左电磁离合器断开时，平台向左转向。根据所选用的驱动电机选择配套的 T 系列螺旋伞齿轮减速器 T2，移动平台的理论最大运行速度可达 2.27 m/s。转向系统的结构示意图如下图 3 所示。

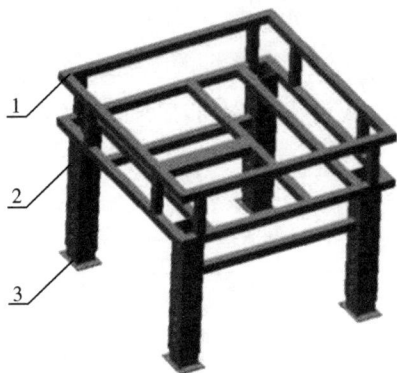

注：1. 承重框架，2. 承重杆，3. 承重支座。

图 2 车体框架结构

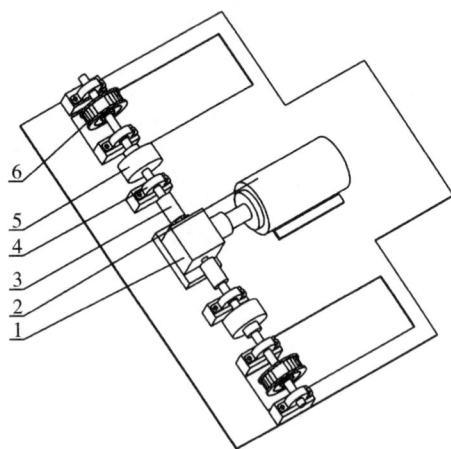

注：1. T 型减速器，2. 无刷直流差速电机，3. 联轴器，4. 轴承座，5. 电磁离合器，6. 同步带轮。

图 3 转向系统结构示意图

为实现移动平台在垄间地形的跨垄转向，需要根据行走的垄间距调整移动平台轮间距的大小，移动平台的左右轮可调间距为 650 ~ 850 mm，前后轮可调间距为 760 ~ 860 mm。

2.3 传动系统

目前常见的传动方式包括：链传动、带传动、轴传动等。其中轴传动的稳定性较好，传动稳定，但是也存在着成本高、加工过程复杂等缺陷。在农用设备上链传动和带传动更为常见，主要由于成本低廉并且更换简单、便捷，因此移动平台采用同步带传动与链传动相结合的传动方式，如图 4 所示。

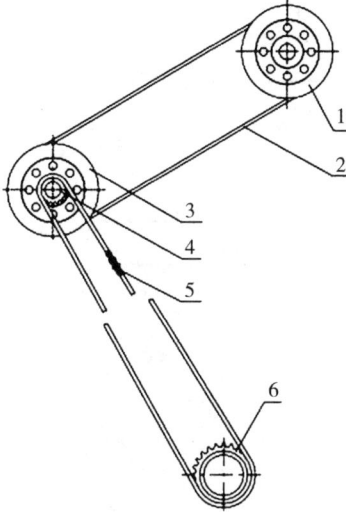

注：1. 主动带轮，2. 同步带，3. 从动带轮，4. 主动链轮，5. 链条，6. 从动链轮。

图 4　移动平台传动方式结构图

3　控制系统设计

3.1　硬件设计

为实现移动平台完成田间信息获取的任务，需要移动平台自主完成道路信息采集、速度控制、转向等任务。这里选用 Raspberry Pi 3 作为移动平台的控制器，同时便于后期执行田间信息获取任务时对获取信息进行处理。

根据功率计算，对比各项技术参数，驱动电机选用尤奈特牌无刷直流差速电机，型号为：48 V-500 W，电机转速 2 800 r/min，电压 48 V，功率 500 W，采用 4 块 12 V 的蓄电池组进行供电。

3.2　软件设计

多线程处理不仅可以加快程序的响应速度，同时也可以分别设置各线程的优先级，还可以随时停止其中一个或多个线程，因此程序设计更加灵活方便[11]。鉴于多线程处理具有的优点，本移动平台的控制系统也采用多线程处理办法，程序流程图如图 5 所示，其中路径规划系统控制策略详见图 6。

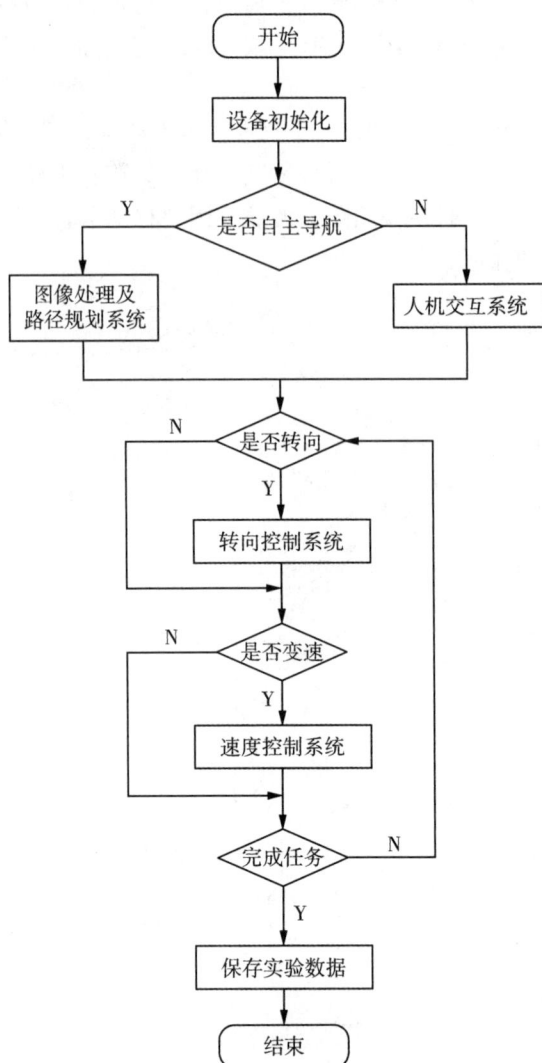

图5 控制系统程序流程图

在电机的速度控制中，将电机的最大转速值设为100，以方便对电机转速进行控制，启动电机后电机初始速度值为5，每次对电机进行加速或减速，电机的转速相应地增加5或减小5，当电机转速值大于80或小于0时，分别将电机速度设为80和0。

当移动平台检测到前方路径角度大于10°时，移动平台需要向左调整方向，此时将右电磁继电器闭合，左电磁继电器断开，平台将向左转向，当再次检测到角度小于10°时，任务继续向下执行。同理，当移动平台检测到前方路径角度小于-10°时，移动平台需要向右调整方向，此时将左电磁继电器闭合，右电磁继电器断开，平台将向右转向。当前方路径角度在-10°到10°时，移动平台将处于直行状态。

路径规划系统过程如图6所示，主要借助色彩图像分割技术从图像中提取作物走向与田垄走向，并将其转化为二值图，在经过形态学加工处理后，可以提取出作物走向图。将作物种植的不连续性转化为作物走向图的连续问题[12]，最后通过 Hough 变换将提取的路径中心线变换生成导航路径。

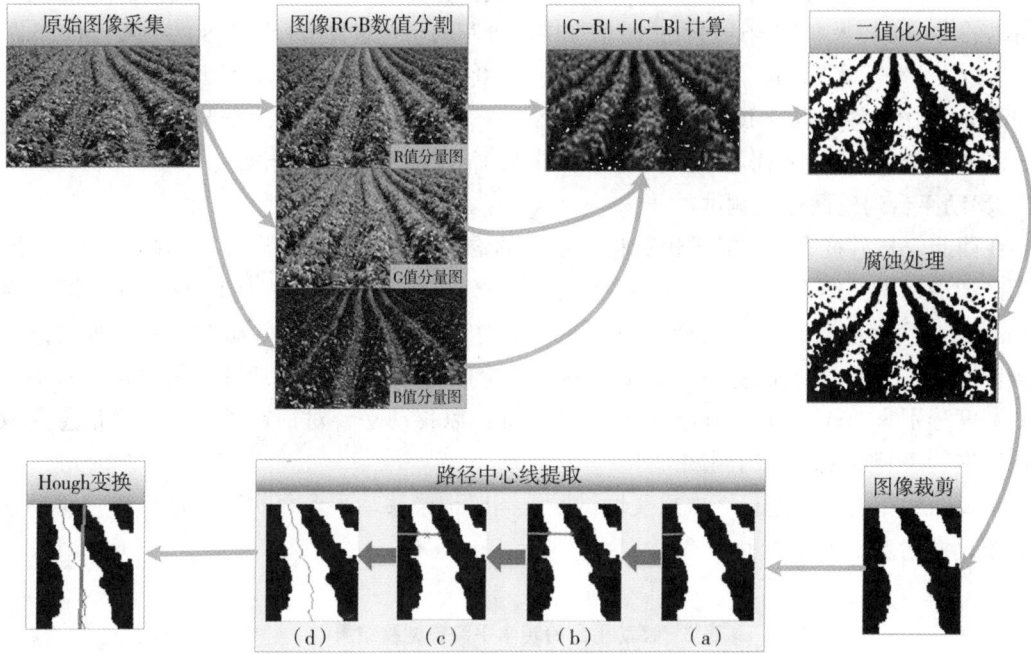

图 6　路径规划系统过程图

在裁剪后的图像中，其图像结果以二值化的图像格式进行存储，即(0，0，0)代表黑色，(255，255，255)代表白色，这种标记形式可以将路径中心线的提取过程得到极大的简化，其路径中心线提取过程如图 7a~d 所示。

人机交互界面如图 7 所示，交互界面分为 4 个模块，分别为：监控画面模块、导航路径画面模块、移动平台控制按键模块、导航偏角模块。通过移动平台控制按键模块的五个按键可控制移动平台实现加速、减速、左转、右转、启动和停止动作。

注：(a)监控画面模块，(b)导航路径画面模块，(c)移动平台控制按键模块，(d)导航偏角模块。

图 7　基于 HTML5 的人机交互界面

4 通过性试验

马铃薯大田属于田垄地形，移动平台在运行过程中会遇到各种复杂的地形情况，这要求移动平台在执行任务时必须具有良好的通过性，包括移动平台在沟壑间的通过性、跨越垂直障碍物的通过性以及爬坡的通过性。目前，中国推荐的马铃薯种植行距为 80 ~ 90 cm，株距 18 ~ 30 cm，垄下宽 70 cm，垄上宽 50 cm，垄高 10 cm，同时在马铃薯大田中可能出现 10 cm 宽的壕沟、20°的斜坡以及 10 cm 高的垂直障碍[13]。结合以上马铃薯大田环境参数，移动平台分别进行沟壑、垂直障碍物以及斜坡等不同地形情况的通过性能测试。

4.1 移动平台沟壑通过性测试

在西北农林科技大学试验田进行移动平台的沟壑通过性测试，设置壕沟的断面为矩形断面，沟沿平直，结合移动平台的具体尺寸，将壕沟的长度设置为 1 400 mm，深度为 150 mm，将宽度值以 50 mm 为梯度分别制作不同宽度的壕沟作为移动平台的沟壑通过性测试环境。移动平台的前轮直径为 410 mm，后轮直径为 350 mm，在试验中设定的水平壕沟的宽度分别为 200，250，300，350 和 400 mm，以移动平台对马铃薯进行正常信息获取的速度进行跨越水平壕沟的测试。

将每组沟壑宽度均进行 3 次重复性试验，同时记录移动平台每次通过性结果，移动平台的通过性情况如表 2 所示。

表 2 移动平台跨越水平沟壑试验结果

序号	沟壑宽度（mm）	沟壑深度（mm）	通过情况
1	200	150	通过
2	250	150	通过
3	300	150	通过
4	350	150	边沿破坏
5	400	150	难以通过

试验结果表明，移动平台在跨越 300 mm 以下宽度的沟壑时均可顺利通过；在跨越 350 mm 宽度的沟壑时会破坏沟壑两侧边沿，勉强通过；在跨越 400 mm 宽度的沟壑时平台前轮难以通过。移动平台可以顺利通过的沟壑宽度不大于 300 mm，结合田间道路具体实际，移动平台可以满足在田间通过沟壑路障的任务需求。

4.2 移动平台越障通过性测试

在西北农林科技大学的试验田分别选取不同高度的水泥台阶作为移动平台越障通过性测试的障碍物。经测量，台阶宽度均大于移动平台的车身宽度，台阶长度大于移动平台的接地长度，且台阶的边沿垂直。以移动平台对马铃薯进行正常信息采集的速度进行越障通过性测试，依次通过不同高度的台阶，直到不能通过为止，将其能爬越的最大高度的台阶作为移动平台的最大越障高度。

试验过程中设定的台阶高度分别为 30，60，80，90 和 100 mm，同时每组越障高度分别进行 3 次重复试验，试验结果记录如表 3 所示。

表 3 移动平台跨越垂直障碍物高度

序号	越障高度(mm)	通过情况
1	30	通过
2	60	通过
3	80	通过
4	90	勉强通过
5	100	难以通过

通过试验结果可以看出，当跨越的垂直障碍物高度低于 80 mm 时，移动平台均可顺利通过，当障碍物高度大于 90 mm 时通过困难或难以通过。考虑到移动平台在田间进行实际作业时，需跨的障碍物均为泥土，可以认为移动平台能够爬越的最大高度为 90 mm。

4.3 移动平台爬坡通过性测试

移动平台在田间执行检测任务时会经常碰到有一定坡度的障碍物，为了测试移动平台的爬坡能力，在西北农林科技大学试验田对移动平台的爬坡性能进行测试。设定的斜坡长度应不小于移动平台的车身长度，将移动平台速度设定为在田间执行信息获取任务的速度，使移动平台匀速通过不同角度的斜坡，直至不能爬越斜坡为止，将移动平台最终能够爬越的最大斜坡角度作为移动平台的最大爬坡角度。

分别进行了 4 组不同斜坡角度的试验，每次试验重复进行 3 次，实验结果如表 4 所示。

表 4 移动平台通过斜坡最大坡度试验

实验序号	坡度(°)	通过情况
1	10	顺利通过
2	15	顺利通过
3	20	顺利通过
4	25	不能通过

试验数据表明，移动平台在正常执行任务的速度下可顺利通过 20° 的斜坡。

田间移动平台在西北农林科技大学试验田进行实地测试，分别对移动平台进行了沟壑通过性试验、越障通过性试验和爬坡通过性试验。试验结果表明，当田间移动平台在执行任务时具有良好的通过性，可以跨越 0 ~ 300 mm 的水平壕沟，高度为 90 mm 的垂直障碍物以及 20° 倾角的斜坡，能够满足执行田间信息获取任务的需求。

5 讨 论

在马铃薯田间生长信息获取自动化不足的背景下，开展了马铃薯田间移动平台的研制，主要实现了以下功能：

（1）移动平台在软硬件控制系统配合下，可以达到速度调节和转向的目的，能够适应马铃薯田垄的较小转弯半径。

（2）移动平台通过路径规划系统和人机交互界面，能够实现自主作业和手动控制两种模式，可针对不同的任务需求对其进行远程操控。

（3）移动平台的轮间距宽度及底盘高度可调，能够满足移动平台跨垄行走的要求，可以避免轧苗事故的发生，具有较好的通过性。

[参 考 文 献]

[1] 李扬, 王靖, 唐建昭, 等.中国马铃薯主产区生产特点、限制因子和对策分析 [J]. 中国马铃薯, 2020, 34(6): 374-382.

[2] 高明杰, 罗其友, 刘洋, 等.中国马铃薯产业发展态势分析 [J]. 中国马铃薯, 2013, 27(4): 243-247.

[3] 郝智勇.马铃薯养分需求及生长发育过程中的影响因素 [J]. 中国马铃薯, 2018, 32(2): 114-117.

[4] Harrell R C, Adsit P D, Munilla R D, et al. Robotic picking of citrus [J]. Robotica, 1990, 8(4): 269-278.

[5] Jimenez A R, Ceres R, Pons J L. A survey of computer vision methods for locating fruit on trees [J]. Transactions of the ASAE, 2000, 43(6): 1 911.

[6] Pool T A, Harrell R C. An end-effector for robotic removal of citrus from the tree [J]. Transactions of the ASAE, 1991, 34(2): 373-0378.

[7] Edan Y, Rogozin D, Flash T, et al. Robotic melon harvesting [J]. IEEE Transactions on Robotics and Automation, 2000, 16(6): 831-835.

[8] Pons J L, Ceres R, Jimenez A R. Mechanical design of a fruit picking manipulator: improvement of dynamic behavior [C]// Proceedings of IEEE International Conference on Robotics and Automation. IEEE, 1996, 1: 969-974.

[9] Chen C L, Lin C J. Motion planning of redundant robot manipulators using constrained optimization: A parallel approach [J]. Proceedings of the Institution of Mechanical Engineers, Part I: Journal of Systems and Control Engineering, 1998, 212(4): 281-292.

[10] 郭孔辉, 轧浩.车辆四轮转向系统的控制方法 [J]. 吉林工业大学学报, 1998(4): 2-5.

[11] 顾宝兴, 姬长英, 王海青, 等.农用开放式智能移动平台研制 [J]. 农业机械学报, 2012, 43(4): 173-178, 187.

[12] 车延超.基于视觉图像处理的田间行走与喷洒机器人研制 [D]. 哈尔滨: 哈尔滨工业大学, 2016.

[13] 刘河海, 王丽萍.马铃薯安全优质高效栽培技术 [M]. 北京: 化学工业出版社, 2003: 10-11.

马铃薯杀秧机关键部件的设计

吕金庆[*]，于　晶，李忠远

（东北农业大学工程学院，黑龙江　哈尔滨　150030）

摘　要：中国是马铃薯生产大国，种植面积逐年攀升，实现马铃薯全程机械化对促进马铃薯产业发展有着重大意义。杀秧作业是马铃薯收获前的重要步骤，马铃薯的杀秧质量对马铃薯的收获效率和质量有着很大的影响。针对目前马铃薯杀秧机杀秧不彻底、留茬高度不均、粉碎合格率差、秧茎易缠绕等问题，根据中国马铃薯杀秧的农艺要求，对马铃薯杀秧机刀具进行了结构设计，进一步提升马铃薯杀秧机的工作性能。

关键词：马铃薯；杀秧机；刀具；结构设计

马铃薯是中国四大主粮作物之一，中国是世界上马铃薯种植面积最大的国家[1,2]。但机械化水平低，大部分地区至今仍采用传统的人工割秧、锄头刨薯、人工捡拾的方式，严重影响了马铃薯的生产规模[3]。杀秧是马铃薯收获前的重要环节，收获前杀秧能够促使马铃薯嫩皮老化变硬，减少挖掘时对表皮的损坏，还能提高收获机的作业速度，降低故障率。因此研发新型马铃薯杀秧机具，是保证马铃薯高产稳产的重要课题。

1　马铃薯杀秧机研究现状

国外马铃薯杀秧机研究起步较早，至今已有较为成熟的作业技术，德国 GRIMME、美国 Reekie 公司、荷兰 APH 公司和比利时 AVR 公司是代表世界一流技术水平的农机企业[4]。根据马铃薯收获方式的不同，可将杀秧方式分为两种。

第一种是采用分段收获，在挖掘前用单独的杀秧机进行切割作业。代表机型为德国 GRIMME 公司生产的如图 1 所示机具，德国 GRIMME KS3600 型马铃薯杀秧机，主要特点是整机分 2 个工作单元，一组位于拖拉机前部，幅宽 2.5 m，在拖拉机前面进行除秧；前后单元均可随秧茎的外轮廓浮动；前后两组单元均包括 2 个可调限深轮和 1 个可调切割板，保证砍切效果良好[5]。

第二种是采用联合收获机，一次性完成杀秧、挖掘、分离、筛选、分级等作业，挖掘前不单独杀秧。代表机型有比利时 Dewulf 公司生产的 KWATRO 型和 R3060 型马铃薯联合收获机。装有智能型杀秧机，配备了深度控制装置，杀秧机可升降，可侧移的茎秆入口将所有茎秆及杂草切碎[6]。

作者简介：吕金庆(1970—)，男，教授，主要从事马铃薯新型技术及装备方面研究。
基金项目：国家重点研发计划项目（2017YFD0700705，2016YFD0701600）；现代农业产业技术体系建设专项（CARS-09-P23）；黑龙江省马铃薯产业技术协同创新推广体系项目。
*通信作者：吕金庆，e-mail：ljq8888866666@163.com。

图 1　GRIMME KS3600 型马铃薯杀秧机

马铃薯种植和收获机在国内研发比较早，但马铃薯杀秧机的研制起步较晚，落后于马铃薯种植、收获、加工等其他环节的机具。近年来，国内有多家科研单位和企业研发马铃薯杀秧机。

青岛农业大学周申等[7]研究团队就现有机型在处理倒伏秧苗普遍存在杀秧效果差，漏杀严重的情况进行了深入的研究分析，并设计了一种适用于倒伏作业的小型杀秧机，该机型刀具采用人字形甩刀，并通过在刀轴前加装垄沟集禾装置，来够扶起倒伏在垄沟内的秧苗，并与甩刀相配合，从而有效提高倒伏秧苗的杀秧效果，降低漏杀率。

中国农业大学设计了一种立轴圆盘式马铃薯秧茎切割装置，割刀刀片采用平板型，具有工作可靠，切割能力强，结构简单等优点，但遇到瞬时切割阻力过大时例如多根秧茎同时切割时，刀片可能发生刃部磨损或变形等故障，圆盘式切割器切割时靠马铃薯秧茎本身的刚度和惯性支撑，割刀圆周速度较大，功率消耗大。而且割刀与地面始终处于水平的状态，对于倒伏在垄沟间的秧茎不能有效的切割[8,9]。

综合国内外马铃薯杀秧机的研究现状，分析现有机型的性能特点和存在的问题，通过理论分析设计其关键部件的结构参数，提高杀秧机的杀秧效果。

2　马铃薯杀秧机总体结构和工作原理

在确定该马铃薯杀秧机的总体结构时，首先要满足机具稳定性的要求，其次根据该机器的作业条件、作业特点确定其工作方式，大体工作方式确定后，考虑到机器在实际工作中还需满足工作方便、各系统连接布置合理、工作可靠、通用性高等条件，最终确定该马铃薯杀秧机的总体结构如图 2 所示。

该马铃薯杀秧机主要由传动系统、悬挂架、机架总成、刀辊系统、甩刀、刀座、限深轮和护罩等部分组成。动力由拖拉机提供，齿轮箱安装在机架的顶部，动力经齿轮箱、带传动传递至刀辊，刀辊作高速转动。甩刀通过销轴与刀座铰接在刀辊上，机具作业时，高速旋转的甩刀将茎秧及杂草打断，打断后的秧茎、杂草被甩刀带入护罩壳内，并在甩刀、护罩及护罩壳内设置的定刀的共同作用下被进一步打击、砍切、揉搓成碎段，最后由茎秧抛出口抛撒到田间。

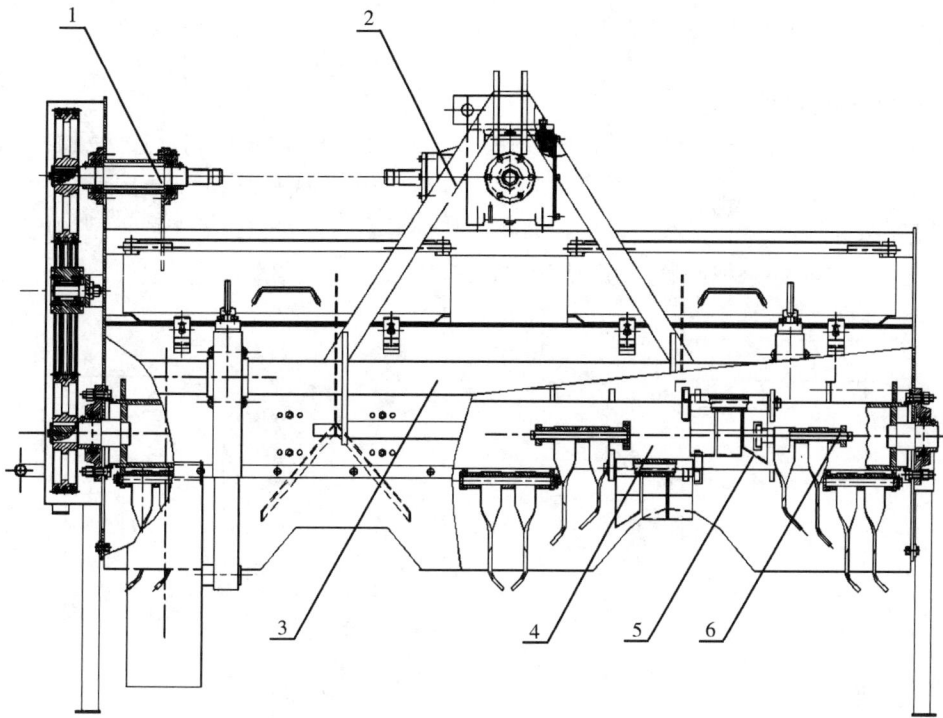

a. 主视图

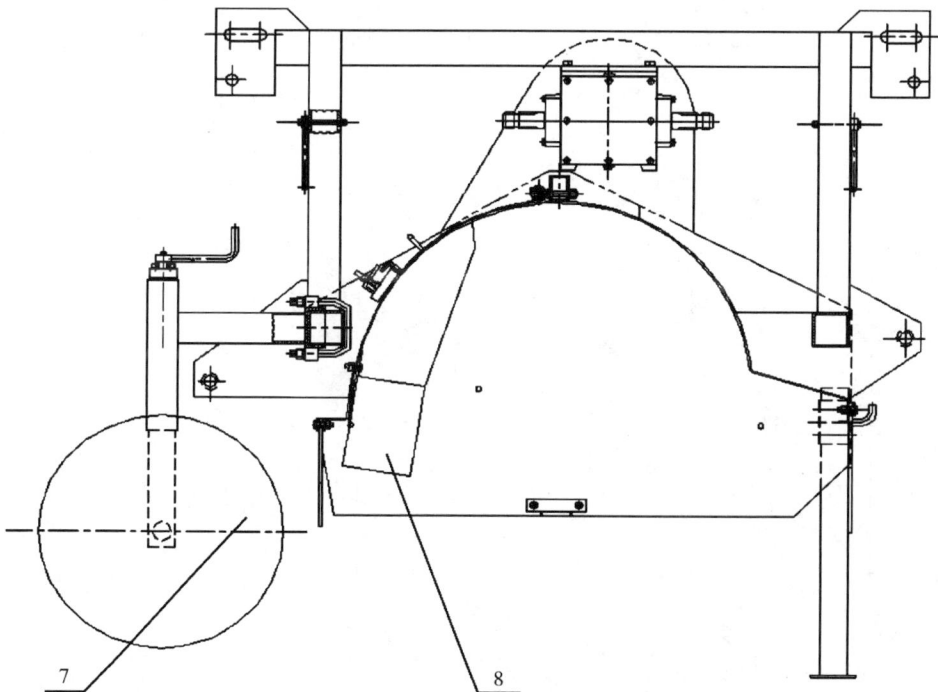

b. 侧视图

注：1. 传动系统；2. 悬挂架；3. 机架总成；4. 刀辊系统；5. 甩刀；6. 刀座；7. 限深轮；8. 护罩。

图 2　马铃薯杀秧机结构简图

3 马铃薯杀秧机关键部件的设计

3.1 甩刀结构的设计

　　为了使杀秧机作业时达到仿垄型的效果，根据马铃薯种植的垄型特点，杀秧机上分别安装垄上刀、垄侧刀和垄沟刀，采用对称双螺旋的排列方式排列在刀辊上[10]。针对现有杀秧机存在的打碎长度合格率差、留茬高度高和带薯率高等问题，对3种类型的甩刀结构进行设计，旨在提高杀秧质量。甩刀结构如图3所示。

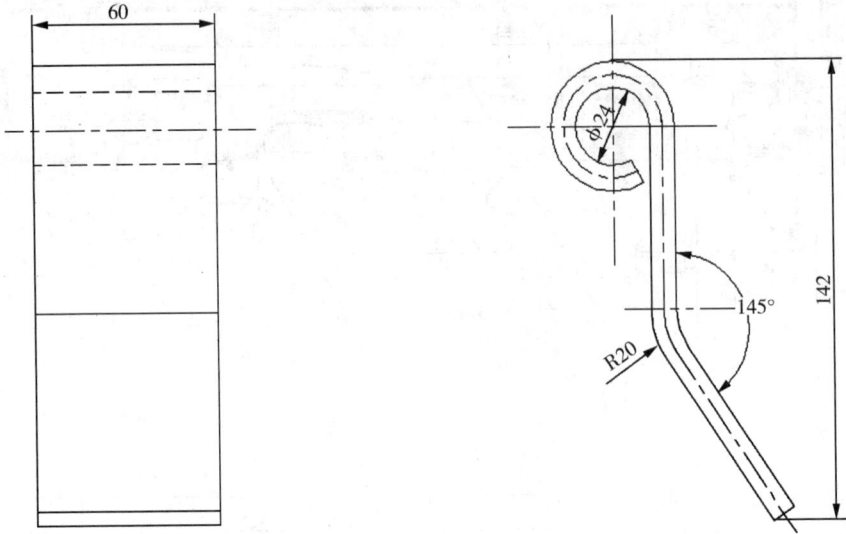

a. 垄上刀

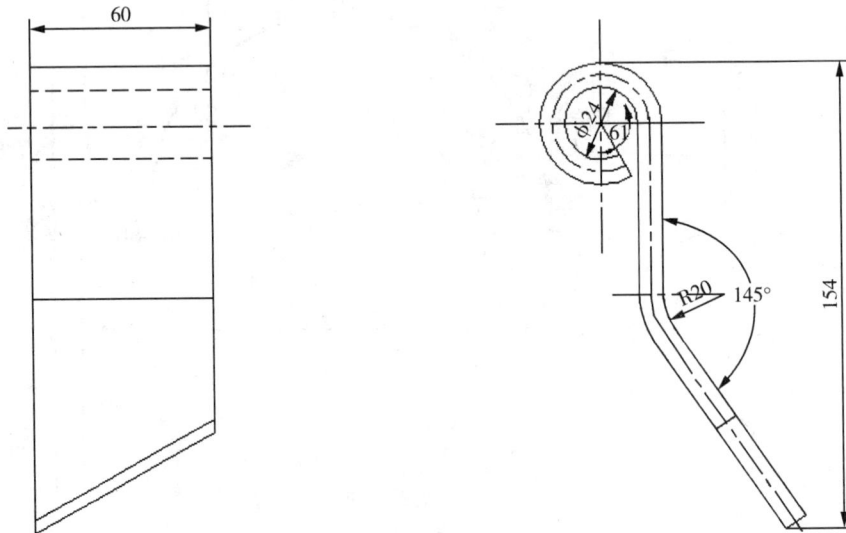

b. 垄侧刀

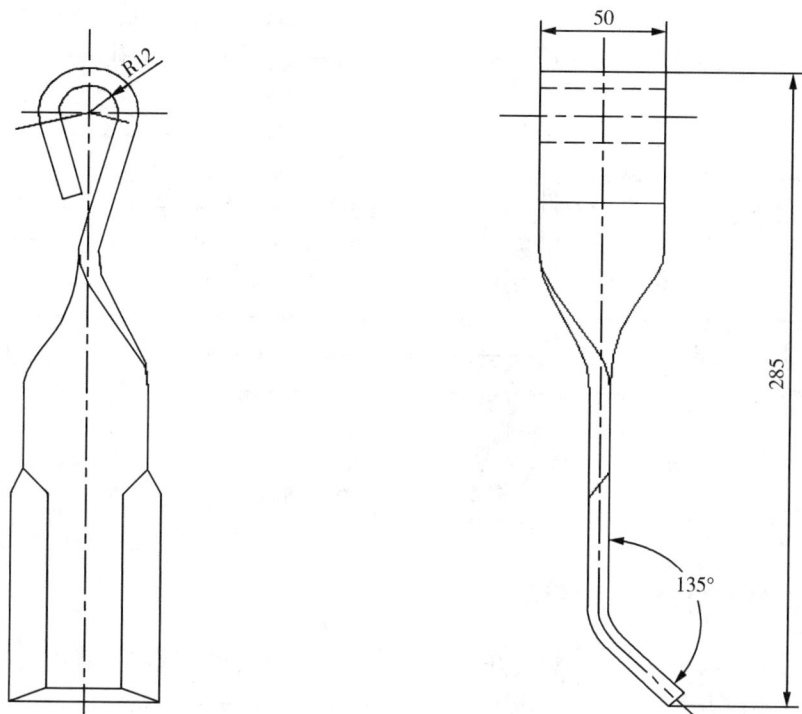

c. 垄沟刀

图 3 马铃薯杀秧刀结构图

垄上刀、垄侧刀工作表面采用 L 型圆弧折线设计，根据农艺要求和达到仿垄型效果，设计这两种甩刀的长度为 142 和 154 mm，甩刀的厚度为 8 mm，目的是增大甩刀的质量，从而增加甩刀的转动惯量，使得茎叶切碎效果更好；垄沟刀采用螺旋结构，增加了甩刀与茎叶的接触面积，同时可以将倒伏在垄沟内的秧茎扶起并打碎，在甩刀的底部设计与垄侧刀相同弧度的折弯角结构，增加对秧茎的连带能力，同时避免杂草缠绕。

3.2 刀辊系统结构的设计

刀辊系统是马铃薯杀秧机的关键部件，其性能直接影响到整机的性能和切碎秧茎的质量。刀辊、刀辊两端的短轴、立式甩刀以及刀座等是刀辊系统的主要组成部分。该机经过传动系统将马铃薯的动力传递给刀辊两端的短轴，带动短轴高速旋转，进而使得铰接在销轴上的甩刀绕刀轴进行高速旋转。刀辊系统把皮带轮传递过来的动力传到每一个甩刀刀片上，受到杀秧过程中茎叶对甩刀刀片的切割阻力产生的扭矩，和甩刀刀片在高速旋转过程中产生的震动和冲击载荷，因此要求刀辊系统具有较强的强度和刚度，以减少由于阻力过大产生变形。同时为了避免铲草和黏土严重等问题，本杀秧机采用大直径刀辊滚筒，综合考虑秧茎特性及滚筒外径与功耗之间的关系，确定滚筒的直径为 160 mm，材料为钢管 Q235，厚度为 10 mm，充分考虑杀秧机的作业效果以及甩刀的排列方式之后[11]，确定刀辊系统的结构简图如图 4 所示。

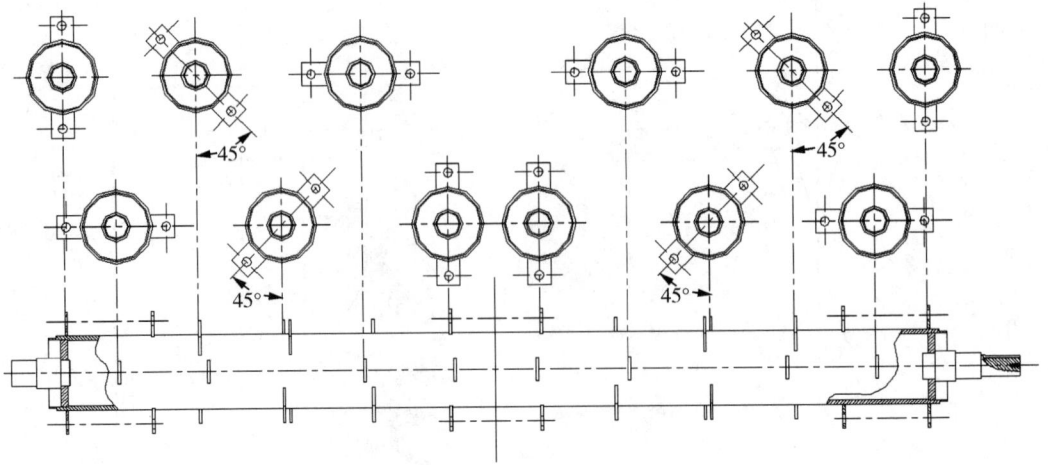

图 4　刀辊系统结构简图

4　甩刀工作时的动力学分析

马铃薯杀秧机在工作时，甩刀在刀辊的带动下高速旋转，同时随着机具前进，因此甩刀的运动轨迹均为余摆线，现对甩刀任意端点的运动轨迹进行分析，以刀辊中心为坐标原点 O ，杀秧机的前进方向为 x 轴正向，竖直向上的方向为 y 轴，建立直角坐标系，甩刀的运动分析简图如图 5 所示。

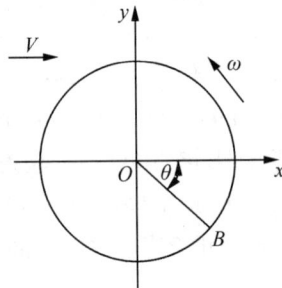

图 5　甩刀端点的运动轨迹

根据图 5 所示，甩刀端点的运动轨迹可用下列方程式表示：

$$x = R\cos\omega t + vt \tag{1}$$

$$y = R\sin\omega t \tag{2}$$

其中： v 为机器的前进速度（m/s）； t 为工作部件转过 α 角度所需的时间（s）； R 为甩刀端点的回转半径（m）。

将式（1）、式（2）对时间求导，得到甩刀任意端点的速度公式为：

$$v_x = \frac{dx}{dt} = v - R\omega\sin\omega t \tag{3}$$

$$v_y = \frac{dy}{dt} = R\omega\cos\omega t \tag{4}$$

从而得到甩刀平面内的任意点的绝对速度为：

$$v_c = \sqrt{v_x^2 + v_y^2} = \sqrt{v^2 + R^2\omega^2 - 2R\omega v\sin\omega t} \tag{5}$$

其中：$R\omega$ 是甩刀上任意一点的线速度。

由式（5）可以看出，甩刀任意点的绝对速度是一个以 2π 为周期变化的值。当 $\omega t = \frac{\pi}{2}$ 时，甩刀平面内任意点的绝对速度为 $v_c = v - R\omega$；当 $\omega t = \frac{3\pi}{2}$ 时，甩刀平面内任意点的绝对速度为 $v_c = v + R\omega$。可以得出甩刀平面内任意点的绝对速度的变化范围是 $[v_c = v - R\omega, v_c = v + R\omega]$。

令切秧速比 $\lambda = \frac{R\omega}{v}$，从式（5）中可以看出，$\lambda$ 值不同时，甩刀在切割秧茎过程中的运动轨迹各不相同。当 $\lambda = 1$ 时，甩刀上任意一点的运动轨迹是标准的滚摆线，如图 6a 所示。这种运动方式能够充分地接触到秧茎，但粉碎效果较差；当 $\lambda < 1$ 时，甩刀在切割秧茎过程中的运动轨迹是短摆线，如图 6b 所示。这种情况下，甩刀的绝对运动速度方向始终和机器前进方向相同，导致马铃薯秧茎不能向后抛撒；当 $\lambda > 1$ 时，甩刀运动轨迹为余摆线，如图 6c 所示，当刀具旋转一定角度时，绝对运动的水平位移与机具前进方向相反，因此不仅能很好的切断秧茎，而且可以起到向后抛洒秧茎的作用，减少重复切割秧茎，减少能量损耗[12]。

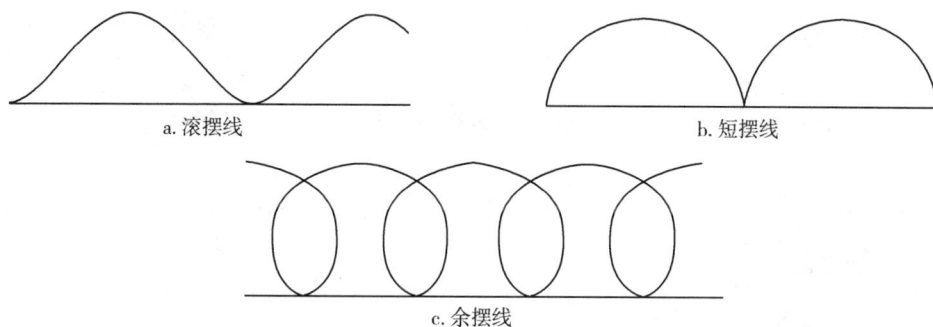

a. 滚摆线　　　　　　　　　　　b. 短摆线

c. 余摆线

图6　不同 λ 对应甩刀的运动轨迹示意图

其中 λ 的大小直接影响到甩刀切割节距的大小，甩刀的切割节距可用下面的计算公式表示。

$$L = \frac{2\pi}{N\lambda} \tag{6}$$

甩刀切割节距的大小对马铃薯杀秧机切碎秧茎的效果有很大的影响。由式（6）可知，切割节距与机组前进速度成正比，与刀轴转速、每切割区域内的甩刀数目成反比，减小切割节距能够有效的减小漏割率，但机组前进速度过慢会导致生产率降低；刀轴转速过快，功率消耗大；甩刀的刀数增加，刀间的空隙度减小，容易堵泥缠草，造成机器故降，而且甩力的切割间距过小会产生甩刀空转的情况，使得切割秧茎效率降低，造成功率的浪费，因此，要设计合理的切割节距。

马铃薯茎叶被甩刀切断后被瞬间加速，在罩壳内随着甩刀一起旋转一定的角度，在旋转到最上端位置处被甩刀抛出，均匀的铺放在垄沟内。甩刀机构设计合理时将会连带马铃薯茎叶起旋转，并将其向后抛出，防止重复切割，增加功耗。现对切断瞬间的马铃薯茎叶进行动力学分析，如图7所示。不考虑切断后马铃薯秧茎的形状结构，将其简化为质点进行分析。

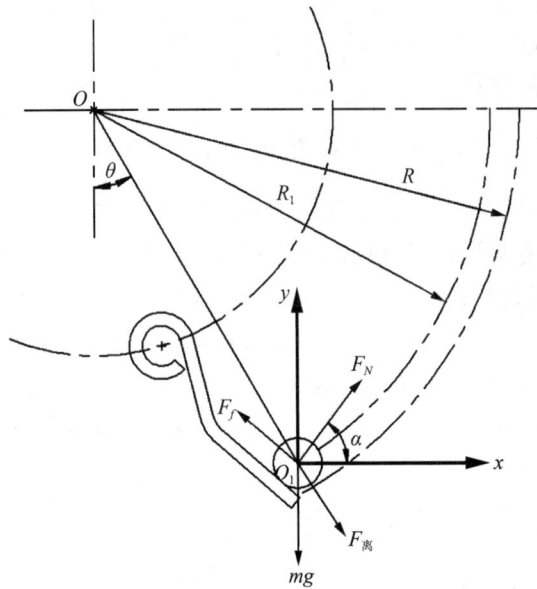

图7　秧茎受力分析

以茎秧质心为坐标原点建立 xoy 直角坐标系，分别列出茎秧的 x 方向和 y 方向的力的平衡方程，得出以下关系式：

$$ma_x = -mR_1\omega^2\cos\left(\frac{3\pi}{2} + \theta\right) \tag{7}$$

$$= F_N\cos\alpha + F_{离}\sin\theta - \mu F_N\sin\alpha$$

$$ma_y = -mR_1\omega^2\sin\left(\frac{3\pi}{2} + \theta\right) \tag{8}$$

$$= F_N\sin\alpha + \mu F_N\cos\theta - F_{离}\cos\theta - mg$$

其中：O 为刀辊中心；O_1 为切断的秧茎质心；m 为切断秧茎的质量；a_x 为秧茎 x 方向的加速度；a_y 为秧茎 y 方向的加速度；R_1 为秧茎的回转半径；ω 为秧茎旋转的角速度；F_N 为秧茎受到的支持力；$F_{离}$ 为秧茎受到的离心力；μ 为秧茎与甩刀之间的摩擦系数；g 为重力加速度；θ 为秧茎受到的离心力与 Y 轴方向的夹角（锐角）；α 为秧茎受到的支持力与 X 轴方向的夹角。

秧茎受到的离心力为：

$$F_{离} = mR_1\omega^2 \tag{9}$$

由式（7）、式（8）得到秧茎受到的支持力以及秧茎各个参数之间的关系为：

$$F_N = \frac{2mR_1\omega^2\sin\theta}{\mu\sin\alpha - \cos\alpha} \tag{10}$$

$$\frac{2\omega^2 R_1}{g} = \frac{\mu\sin\alpha - \cos\alpha}{\cos(\theta - \alpha) - \mu\sin(\theta + \alpha)} \tag{11}$$

由式（10）可知，甩刀对秧茎的支持力与甩刀切断茎秧时的旋转角度以及秧茎的回转半径有关。角度一定时，支持力随着秧茎回转半径的增大而增大，甩刀对茎秧的支持力与茎秧的回转半径成正比；刀具的结构一定时，甩刀对秧茎的支持力与甩刀的旋转角度成反比，旋转的角度越大，甩刀对秧茎的支持力越小。茎秧受到的支持力越大，则更容易与甩刀同步旋转。

由式（11）可以得出，甩刀在切割马铃薯秧茎时的旋转角度与秧茎的回转半径以及甩刀的角速度有关。甩刀旋转的角速度与切割茎叶时的旋转角度成正比，角速度越大，旋转角度越大；茎叶的回转半径与切割秧茎的旋转角度成正比，秧茎的回转半径越大，旋转角度越大。因此，选择合理的甩刀刀辊转速是非常必要的。

[参 考 文 献]

[1] 杨雅伦,郭燕枝,孙君茂.我国马铃薯产业发展现状及未来展望 [J].中国农业科技导报,2017,19(1):29-36.

[2] 王丽,孙秀俊,王忠伟.我国马铃薯机械化种植的现状及前景分析 [J].农业科技与信息,2011(23):51-53.

[3] 吕金庆,田忠恩,杨颖,等.4U2A 型双行马铃薯挖掘机的设计与试验 [J].农业工程学报,2015,31(6):17-24.

[4] 白玉文.马铃薯机械化收获技术及机具使用 [J].农机使用与维修,2017(7):100.

[5] 贾晶霞,李洋,杨德秋,等.国内外马铃薯杀秧机发展概况 [J].农业机械,2011(7):78-79.

[6] 冯斌.甩刀式马铃薯杀秧机设计与研究 [D].兰州:甘肃农业大学,2014.

[7] 周申,蒋金琳,田艳清,等.小型马铃薯杀秧机的设计与田间试验 [J].农机化研究,2014(11):122-125.

[8] 初旭宏.马铃薯秧茎切割收集关键部件设计与试验研究 [D].北京:中国农业大学,2017.

[9] 高娜娜,张东兴,杨丽,等.玉米免耕播种机滚筒式防堵机构的设计与试验 [J].农业工程学报,2012,28(12):31-37.

[10] 李庆军,陈双福.秸秆切碎还田机刀具布置的研究 [J].农业机械学报,2001,32(4):124-125.

[11] 毛罕平,陈翠英.秸秆还田机工作机理与参数分析 [J].农业工程学报,1995,11(4):62-66.

[12] Wei Z C, Li H W, Sun C Z, et al. Experiments and analysis of a conveying device for soil separation and clod-crushing for a potato harvester [J]. Applied Engineering in Agriculture, 2019, 35(6): 987-996.

不同地膜覆盖对马铃薯农艺性状和产量的影响

高青青[1,2*]，方玉川[1,2]，张春燕[1]，吕　军[1,2]，汪　奎[1,2]，张媛媛[1]，刘小林[1]

（1. 榆林市农业科学研究院，陕西　榆林　719000；
2. 陕西省马铃薯工程技术研究中心，陕西　榆林　719000）

摘　要：试验通过设置 4 个处理，分别为白聚乙烯农用地膜、黑聚乙烯农用地膜、微通渗水地膜和不覆盖（CK），以"克新 1 号"脱毒原种为材料，研究不同地膜覆盖对马铃薯农艺性状和产量的影响。结果表明，不同地膜覆盖对马铃薯农艺性状影响不显著，对马铃薯产量有一定影响，其中不覆盖产量最高，为 56 142 kg/hm²；不同地膜覆盖处理下马铃薯综合性状表现由高到低依次为不覆盖（CK）＞微通渗水地膜＞白聚乙烯农用地膜＞黑聚乙烯农用地膜。在榆林地区适宜播种条件下和满足水肥条件时，建议不进行地膜覆盖。

关键词：地膜；马铃薯；农艺性状；产量

马铃薯作为榆林市传统种植作物之一，2019 年种植面积为 16.9 万 hm²，年产鲜薯 300 万 t 左右，是当地促进农民增收、助力农民脱贫的重要支柱产业。榆林地区也因光照充足、气候冷凉、昼夜温差大和土壤含钾丰富等独特优势条件，适宜马铃薯生长发育，是中国马铃薯的优生区和重要的供种基地[1-3]。地膜覆盖栽培在马铃薯生产中应用较多，覆膜可以保持土壤湿度，改善土壤理化性质，促进马铃薯生长，提高马铃薯产量等[4-6]。然而，地膜覆盖有时不一定对马铃薯就能起到增产增收作用，马铃薯不耐高温，地膜覆盖会对马铃薯幼苗起到灼伤作用，也会使病虫害滋生[7,8]。通过研究不同地膜覆盖对马铃薯农艺性状和产量的影响，旨在为榆林地区覆膜栽培提供理论依据和技术支撑。

1　材料与方法

1.1　试验地概况

试验于 2019 年 5 月 13 日播种，在榆林市农业科学研究院榆卜界示范园（E 109°45′9.6″，N 38°22′38″）进行，海拔 1 091 m，年均气温 7.9~11.3℃，年均降水量 316~513 mm。前茬作物食用豆，土壤类型为壤土，地势平坦，肥力中等，耕层深厚。

1.2　试验材料与设计

供试品种为"克新 1 号"脱毒原种。

作者简介：高青青（1990—），女，硕士，助理农艺师，主要从事马铃薯栽培研究。

基金项目：2019 年国家现代农业产业园-陕西省榆林市榆阳区现代农业产业园项目；陕西省协同创新与推广联盟示范推广项目（LM201905）。

＊通信作者：高青青，e-mail：gqqxinong@163.com。

试验设置 4 个处理，分别为白聚乙烯农用地膜（0.008 mm）、黑聚乙烯农用地膜（0.008 mm）、微通渗水地膜（0.008 mm）和不覆盖（CK）。随机区组设计，3 次重复，共 12 个小区。机械起垄，单垄单行种植，每小区 5 行，行长 4.5 m，垄宽 0.9 m，株距 0.25 m，小区面积 20 m²。

1.3 测定项目

（1）植株农艺性状：在盛花期每小区随机选取 10 株测定植株株高。

（2）块茎性状：在收获期每小区随机选取 10 株测定植株单株块茎数和单株块茎重。

（3）产量：在收获期每小区植株进行全部收获，按大薯（≥ 75 g）、小薯（≤ 75 g）分别称重，计算商品薯率和产量。

1.4 数据分析

采用 Excel 和 SPSS 22.0 软件进行分析。

2 结果与分析

2.1 不同地膜覆盖对马铃薯农艺性状的影响

由表 1 可知，不同地膜覆盖对马铃薯株高影响不显著。各处理间株高为 50.5~54.4 cm，不同地膜覆盖处理下的株高均低于对照不覆盖。从数值上看，不同地膜覆盖处理下的株高由高到低依次为不覆盖（CK）> 白聚乙烯农用地膜 > 微通渗水地膜 > 黑聚乙烯农用地膜，较不覆盖（CK）依次降低 0.55%、0.74% 和 7.17%，但与对照相比均未达显著差异。

表 1　不同地膜覆盖对马铃薯农艺性状的影响

覆盖方式	株高（cm）	较 CK ±（%）	位次
白聚乙烯农用地膜	54.1 a	-0.55	2
黑聚乙烯农用地膜	50.5 a	-7.17	4
微通渗水地膜	54.0 a	-0.74	3
不覆盖（CK）	54.4 a	—	1

注：不同字母表示处理间达 0.05 显著水平。下同。

2.2 不同地膜覆盖对马铃薯块茎性状的影响

不同地膜覆盖对马铃薯单株块茎数、单株块茎重和商品薯率的影响均不显著（表 2）。从数值上看，不同地膜覆盖处理下的单株块茎数、单株块茎重和商品薯率由高到低排序均依次为不覆盖（CK）> 微通渗水地膜 > 白聚乙烯农用地膜 > 黑聚乙烯农用地膜。其中，各处理间单株块茎数为 5.3~7.0 个，单株块茎重为 1.26~1.51 kg，商品薯率为 67.31%~78.77%。

表 2 不同地膜覆盖对马铃薯块茎性状的影响

覆盖方式	单株块茎数 (个)	较 CK ± (%)	单株块茎重 (kg)	较 CK ± (%)	商品薯率 (%)	较 CK ± (%)	位次
白聚乙烯农用地膜	6.0 a	-14.76	1.35 a	-10.71	74.40 a	-5.55	3
黑聚乙烯农用地膜	5.3 a	-23.81	1.26 a	-16.45	67.31 a	-14.55	4
微通渗水地膜	6.4 a	-8.10	1.38 a	-8.83	75.11 a	-4.65	2
不覆盖(CK)	7.0 a	—	1.51 a	—	78.77 a	—	1

2.3 不同地膜覆盖对马铃薯产量的影响

由表 3 可知,不同地膜覆盖对马铃薯产量有一定影响,其中黑聚乙烯农用地膜处理与对照不覆盖相比达显著差异,其余地膜处理与对照相比未达显著差异。各处理间产量为 41 080~56 142 kg/hm²,不同地膜覆盖处理下的产量均低于对照不覆盖。从数值上看,不同地膜覆盖处理下的产量由高到低依次为不覆盖(CK) > 微通渗水地膜 > 白聚乙烯农用地膜 > 黑聚乙烯农用地膜,较不覆盖(CK)依次降低 14.73%、16.38% 和 26.83%。

表 3 不同地膜覆盖对马铃薯产量的影响

覆盖方式	产量(kg/hm²)	较 CK ± (%)	位次
白聚乙烯农用地膜	46 945 ab	-16.38	3
黑聚乙烯农用地膜	41 080 b	-26.83	4
微通渗水地膜	47 871 ab	-14.73	2
不覆盖(CK)	56 142 a	—	1

3 讨 论

地膜覆盖对促进马铃薯生长、提高产量起到了十分重要的作用。自地膜覆盖栽培技术应用以来,相关研究学者做了大量报道。霍轶珍等[9]研究表明不同材料覆盖(秸秆覆盖、液态地膜覆盖、普通地膜覆盖)与对照不覆盖相比,不同材料覆盖可以显著提高土壤含水率、耕层土壤温度、马铃薯产量和水分利用效率,尤以液态地膜处理效果较好。段义忠和亢福仁[10]研究结果也显示,液体地膜覆盖可以起到蓄水和保墒作用,能够提高旱地马铃薯产量。马建涛等[8]结果显示不同覆盖方式(秸秆和地膜)与露地平作相比,覆盖能够提高不同熟性马铃薯产量和水分利用效率,其中秸秆覆盖更清洁化。胡新元等[11]研究也认为不同地膜覆盖能够提高地温、起到保墒作用,对旱地马铃薯具有增产作用。然而,地膜覆盖是为了提高马铃薯产量而采取的一种栽培措施。在适宜播种条件下,有时地膜覆盖反而起到反作用。李雪松等[12]研究表明在马铃薯早期播种条件下使用黑白地膜覆盖可以促进早熟、提高产量,但在不追求早期产量、适宜播种条件下,则建议不覆膜。本试验结果表明，不同地膜覆盖对马铃薯农艺性状影响不显著，对马铃薯产量有一定影响。其中不覆盖处理效果较好，植株生长好，产量位居第一，为 56 142 kg/hm²；其次为微通渗水地膜和白聚乙烯农用地膜，产量较对照不覆盖分别降低 14.73% 和 16.38%，与对照相比差异不显著；黑聚乙烯农用地膜处理效果最差，产量较对照不覆盖降低 26.83%，与对照相比差异显著。这主要是因为马铃薯性喜凉，在生育后期昼夜温差大利于块茎膨大，覆膜会使地温增高，不利于马铃薯后期生长发育。因此，在榆林地区适宜播种条件下和满足水肥条件时，农户不追求早上市，建议不进行地膜覆盖，这样可以减少生产成本，还可以降低环境污染。

[参 考 文 献]

[1] 方玉川,陈占飞,汪奎,等. 灌溉频率对滴灌马铃薯生长、产量和水分利用率的影响 [J]. 陕西农业科学, 2020, 66 (1): 1-2.

[2] 王小英,陈占飞,方玉川,等. 不同氮磷钾配比对马铃薯农艺性状、产量和品质的影响 [J]. 中国农学通报, 2020, 36 (4): 44-49.

[3] 陈占飞,李增伟,李虎林,等. 陕西榆林马铃薯旱作优质高产栽培技术 [J]. 中国瓜菜, 2018, 31(9): 61-62.

[4] 王颖慧,蒙美莲,陈有君,等. 覆膜方式对旱作马铃薯产量和土壤水分的影响 [J]. 中国农学通报, 2013, 29(3): 147-152.

[5] 张维国. 不同类型地膜覆盖对马铃薯产量及品质的影响 [J]. 作物杂志, 2013(1): 87-90.

[6] 张淑敏,宁堂原,刘振,等. 不同类型地膜覆盖的抑草与水热效应及其对马铃薯产量和品质的影响 [J]. 作物学报, 2017, 43(4): 571-580.

[7] 王凤新,康跃虎,刘士平. 滴灌与沟灌马铃薯覆膜效应研究 [J]. 中国生态农业学报, 2003, 11(4): 99-102.

[8] 马建涛,程宏波,柴守玺,等. 覆盖方式对旱地不同熟性马铃薯产量及土壤水分的影响 [J]. 甘肃农业大学学报, 2019, 54(2): 55-64.

[9] 霍轶珍,丁春莲,银花,等. 不同材料覆盖对马铃薯田土壤水热状况及产量的影响 [J]. 干旱区资源与环境, 2019, 33 (1): 90-94.

[10] 段义忠,亢福仁. 不同覆盖材料对旱地马铃薯土壤水热状况及其水分利用效率的影响 [J]. 水土保持通报, 2014, 34 (5): 55-59, 66.

[11] 胡新元,谢奎忠,陆利银,等. 不同功能地膜覆盖对旱地马铃薯土壤水热效应及产量的影响 [J]. 中国马铃薯, 2019, 33(3): 146-151.

[12] 李雪松,马舒筠,刘永红,等. 不同地膜覆盖对马铃薯生长的影响试验 [J]. 安徽农学通报, 2019, 25(2-3): 41, 52.

密度胁迫对马铃薯植物学性状及产量的影响

李　骥[1]，陈焕丽[2]，张晓静[2]，李志敏[3]，刘齐栋[1]，陈亚伟[3*]

(1. 商丘市睢阳区农业技术推广中心，河南　商丘　476100；
2. 郑州市蔬菜研究所，河南　郑州　450015；
3. 商丘市金土地马铃薯研究所，河南　商丘　476100)

摘　要：为解决农户因马铃薯播种密度选择不当，导致产量和商品薯合格率低，效益差等问题，选用当地主栽品种"豫商薯12号"为试验材料，采用随机区组设计，设5个处理，开展相同施肥管理水平下不同密度对马铃薯植物学性状及产量影响试验。结果表明，在播期相同下马铃薯株高、主茎数随种植密度增大呈现递增趋势，分枝数、单株结薯数、单薯质量、单株质量随种植密度增大呈减少趋势，"豫商薯12号"适宜栽培密度为 4 000~4 600 株/667 m²，最佳密度为 4 400 株/667 m²。

关键词：马铃薯；密度；生物学性状；产量

随着国家马铃薯主食化战略的推进及河南省马铃薯产业的不断发展[1]，马铃薯在解决中国的粮食供给和提高人们生活水平方面发挥了巨大作用，已成为农民脱贫致富主要作物之一[2]。前人研究认为适宜的播种时间与密度可促早出苗、早成熟，明显提高商品薯率及产量[3,4]；不同密度对马铃薯晚疫病等病害有一定防控效果，但也要与当地长期总结的播种时期相结合，达到增产增收的目的[5]；鲁文娟等[6]研究表明二季作区播期在2月中旬，密度为 6 000~6 750 株/667 m²，鲜薯产量较高。虽然有关马铃薯密度的报道较多，但就河南特定品种而言，仍需进一步探讨。"豫商薯12号"是商丘市金土地马铃薯研究所针对河南二季作区马铃薯种植气候环境条件配制杂交组合选育的早熟、抗病、高产、优质马铃薯新品种，该品种耐旱耐寒，耐贫瘠，适应性强，种植容易，已成为河南地区农民增收致富的重要支柱产业之一[7]。近年来新品种推广速度较快，好的品种没有充分发挥应有的作用，单产提高有限，究其原因除良种良法配套应用率低以外，相同条件下栽培密度的不合理，会影响马铃薯产业的经济效益[8,9]。为了解决因农户对播期和密度选择不当，导致产量和商品薯合格率低，效益差等问题，本试验通过研究相同播期不同密度对马铃薯"豫商薯12号"植物学性状和产量的影响，旨在探索该品种在相同生态区域、土壤类型、气候条件和相同管理水平下的最佳种植密度，以期为薯农实现高产高效种植提供技术支撑。

作者简介：李骥(1965—)，男，高级农艺师，主要从事农业技术推广。

基金项目：现代农业产业技术体系专项资金(CARS-09)。

*通信作者：陈亚伟，研究员，主要从事马铃薯育种技术研究，e-mail：mls_2017@163.com。

1 材料与方法

1.1 试验设计

试验品种为"豫商薯12号",级别为原种一级,由商丘市金土地马铃薯研究所提供。

试验设在商丘市睢阳区郭村马铃薯科技园区,试验地为沙质两合土,土壤肥沃,耕层深,涝能排旱能浇,前茬为玉米。2020年2月21日播种,6月16日收获。

1.2 试验方法

试验设5个处理,3次重复,随机排列;处理1:3 800株/667 m²;处理2:4 000株/667 m²;处理3:4 200株/667 m²;处理4:4 400株/667 m²;处理5:4 600株/667 m²。共15个小区,小区面积20 m²,小区总面积300 m²,四周设保护行,保护行面积70 m²;每小区两垄,每垄两行,垄长11 m,垄宽0.9 m,垄上两行距0.2 m。施有机肥1 500 kg/667 m²,复合肥(12∶18∶15)75 kg/667 m²,冲施尿素15 kg/667 m²,复合肥(20∶0∶24)30 kg/667 m²,两次叶面喷施硫酸镁1 kg/667 m²,磷酸二氢钾2 kg/667 m²。采取垄作栽培方式,一垄双行,药剂杀虫在整地时撒施3%辛硫磷颗粒剂4 kg/667 m²,播种后用33.3%二甲戊灵兑水20 kg/667 m²在垄面上喷施,封闭除草,用90 cm宽0.04~0.05 mm厚的地膜覆盖,然后按照6垄宽,长60 m,拱高1.8 m或者依照耕地现状搭建日光拱棚即二膜保护地栽培;生长期内浇水,中耕培土,防病防虫等田间管理与当地农户常规生产管理相同。

1.3 调查测定方法

按照《国家马铃薯品种试验调查记栽项目及依据》,苗期调查出苗率,盛花期调查期植株生物学性状,通过对比法确定植株叶色茎色等[10],经过测量记载株高、茎粗、主茎数等植株性状,收获期(70%植株叶片变黄时)进行经济性状(单株结薯数、单株重、平均单薯重、小区重量,商品薯率)测定等,马铃薯苗期、盛花期至收获期调查判定抗逆性(结合测量值)等。

调查方法参照《马铃薯试验研究方法》采取5点取样,每个样本点取1 m,盛花期和收获期测定马铃薯植株生物学和经济性状及病害发生[11]。早、晚疫病调查方法:试验田最早出现中心病株(叶)日期为发病期。首次发病后每2 d调查一次发病情况,每小区随机10点取样,每点调查10株,每株分中、下各调查5片叶[12]。

病情指数(DI)(早疫病、晚疫病、病毒病)=[∑(各级病叶数×相对级数值)/调查总叶数×9]×100,发病率(%)=发病株数/调查总株数×100。

1.4 数据处理

采用Cropbase数据处理,DDS 7.05进行统计分析。

2 结果与分析

2.1 密度胁迫下马铃薯植物学性状变化

由表1可以看出,不同密度胁迫出苗期相同,说明密度不影响"豫商薯12号"的出苗。种植密度由3 800株/667 m²增加到4 600株/667 m²,其株高由59.30 cm到64.50 cm,即由低变高，主茎数、分枝数逐渐减少，茎粗逐渐变细，现蕾期、盛花期，成熟期推迟 1~2 d。

表 1　密度胁迫下马铃薯植物学性状

处理	出苗期 （D/M）	出苗率 （%）	株高 （cm）	主茎数 （个/穴）	分枝数 （个/株）	茎粗 （cm）	现蕾期 （D/M）	盛花期 （D/M）	成熟期 （D/M）
1	30/03	93.23	59.30	1.89	3.70	1.58	16/04	27/04	07/06
2	30/03	93.52	59.90	1.86	2.80	1.47	17/04	28/04	07/06
3	30/03	94.25	60.70	1.72	2.80	1.42	17/04	28/04	07/06
4	30/03	94.52	61.40	1.68	2.30	1.33	18/04	29/04	07/06
5	30/03	95.12	64.50	1.65	1.80	1.28	18/04	29/04	08/06

2.2　密度胁迫下马铃薯抗病性抗逆性表现

从表 2 可以看出，随着密度 3 800 株/667 m² 增加到 4 600 株/667 m²，感病率增大。"豫商薯 12 号"的花叶病毒发病率由 0~4.95%，病情指数由 0~1.25，卷叶病毒发病率和病情指数分别由 5.00%~14.88%、1.25~6.25；早疫病、晚疫病发病率和病情指数逐渐升高，抗倒伏能力由强变弱再到差（茎粗由 1.58 cm 减到 1.28 cm）。

表 2　密度胁迫下马铃薯病害情况与抗逆性表现

处理	花叶病毒病		卷叶病毒病		早疫病		晚疫病		抗倒性 （cm）
	发病率 （%）	病情指数	发病率 （%）	病情指数	发病率 （%）	病情指数	发病率 （%）	病情指数	
1	0	0	5.00	1.25	0	0	9.95	2.45	强（1.58）
2	0	0	5.00	1.25	4.95	1.25	9.97	2.46	强（1.47）
3	0	0	9.95	2.46	4.98	1.25	10.00	2.48	强（1.42）
4	4.95	1.24	10.00	2.49	4.99	1.25	19.98	4.89	中（1.33）
5	4.95	1.25	14.88	6.25	19.90	4.95	20.00	6.47	差（1.28）

注：数据小数点后保留两位但不四舍五入。

2.3　密度胁迫下马铃薯经济性状表现

从表 3 可以看出，在相同施肥水平下，随着种植密度由 3 800 株/667 m² 增加到 4 600 株/667 m²，"豫商薯 12 号"的单株结薯数、单薯质量、单株质量随种植密度增大呈减少趋势，分别为由 6.7 到 5.6 个、由 101.8 到 99.0 g、由 662 到 574 g。说明密度变化对单株结薯数、单薯质量、单株质量影响较大，随着种植密度的逐渐增加，植株生长空间缩小，造成分枝数、单株质量、单株结薯数逐渐减少。由马铃薯的大薯率、中薯率、小薯率可以看出，密度增加大薯率表现为逐渐递减的趋势，中薯率表现为先增后减，而小薯率呈递增的趋势。可以看出，播期相同处理（4 400 株/667 m²）密度下的中薯率最高。说明处理 4 密度是提高中薯率的最佳密度。由整齐度可以看出，薯块整齐度随着密度增加而降低。马铃薯效益是由产量、适宜的大中薯率和商品薯率决定的，产量高而大中薯率、商品薯率不一定高，反之亦然。只有三者达到平衡点时，效益才最高。

表 3 密度胁迫对马铃薯经济性状的影响

处理	单株结薯数（个）	单薯质量（g）	单株质量（g）	大薯率（%）	中薯率（%）	小薯率（%）	整齐度
1	6.7	101.8	662	34.5	58.2	7.3	整齐
2	6.5	100.0	641	32.3	58.4	7.6	整齐
3	6.2	98.4	622	31.2	63.8	8.0	整齐
4	6.0	98.6	612	29.2	59.6	8.9	较整齐
5	5.6	99.0	574	27.7	55.3	10.5	较整齐

注：≥50 g 为商品薯，50~100 g 为中薯，>100 g 为大薯，<50 g 为小薯。

2.4 密度胁迫下马铃薯产量表现

由表 4 可知，"豫商薯 12 号"产量随着密度的变化呈现出明显的变化，产量先增加后减少。处理 1（3 800 株/667 m²）产量最低为 2 339 kg/667 m²，与其他 4 个处理差异极显著；处理 4（4 400 株/667 m²）产量最高为 2 640 kg/667 m²（即峰值），与处理 2、处理 3、处理 5 之间差异不显著。

表 4 密度胁迫对马铃薯产量的影响

处理	小区产量（kg/20 m²）				折合产量（kg/667 m²）	显著性	
	I	II	III	IV		0.05	0.01
1	67.16	72.18	71.02	70.12	2 339	c	B
2	77.43	77.43	79.53	78.22	2 609	a	A
3	75.77	78.88	80.16	78.27	2 610	a	A
4	77.79	79.66	80.06	79.17	2 640	a	A
5	76.39	76.98	79.22	77.53	2 586	ab	A

3 讨 论

本研究结果表明，同一播期不同密度胁迫下马铃薯的出苗期、成熟期、生育期相同，现蕾期、开花期基本一致；密度胁迫对马铃薯经济性状影响明显，单株结薯数、单株质量，大、中、小薯数都有明显的变化趋势，单株结薯数、单株质量，大薯率随着密度增加逐渐减少，小薯率却随密度增加而增加，这与游正礼等[13]的研究结论一致。

种植密度增加影响其株高、主茎数、分枝数、茎粗、现蕾期、开花期、成熟期，株高由低变高，主茎数、分枝数逐渐减少，茎粗逐渐变细，现蕾期、盛花期，成熟期推迟

1~2 d；密度增加导致马铃薯发病率提高。马铃薯产量及效益与种植密度、单株结薯数、单株薯块质量，平均薯块质量，大薯块率，商品率有关，单位面积产量等于单位面积的植株数量与单株薯块质量的乘积，而二者都与栽植密度存在一定的依存关系[14,15]。"豫商薯12号"的生物经济性状随着密度的胁迫呈现出一定规律的相关性。经济性状随着密度增加而呈现减少趋势，但产量随着密度的增加呈现出明显的峰值变化，即出现先增加后减少；栽植密度由 3 800 株/667 m² 增加到 4 400 株/667 m² 时，产量由 2 339 kg/667 m² 增加到 2 640 kg/667 m²，其中 3 800 株/667 m² 产量最低为 2 339 kg/667 m²，与其他处理差异极显著，密度为 4 400 株/667 m² 时产量最高为 2 640 kg/667 m²，达到了峰值，随后产量降低。峰值密度 4 400 株/667 m²（处理4）与处理2、处理3、处理5的产量之间差异不显著。这表明"豫商薯12号"适宜密度为 4 000~4 600 株/667 m²，而 4 400 株/667 m² 为最佳密度。地理、气候、耕作等条件在与本区域相似的生态类区或与"豫商薯12号"生育期接近、性状类似的中早熟品种在马铃薯生产中可参考本研究中的最佳密度。

[参 考 文 献]

[1] 吴焕章，陈焕丽，张晓静. 2015 年河南省马铃薯产业发展现状存在问题及发展建议 [C]//屈冬玉，陈伊里. 马铃薯产业与中国式主食. 哈尔滨：哈尔滨地图出版社，2016.

[2] 吴焕章. 马铃薯主粮化，大势所趋 [J]. 决策探索，2015(7)：12-13.

[3] 聂战声，谢延林，王耀，等. 旱寒区不同覆膜栽培模式对马铃薯产量的影响 [J]. 中国马铃薯，2011,25(4)：213-217.

[4] 吕文河，申忠宝. 不同密度和种薯大小对产量及主要农艺性状的影响 [J]. 中国马铃薯，1997,11(4)：205-208.

[5] 莫纯碧，龙玲，刘红梅，等. 不同播期对马铃薯晚疫病的控制效果 [J]. 中国马铃薯，2013,27(2)：93-95.

[6] 鲁文娟，叶巍，丁建国，等. 中薯 5 号马铃薯品种特征特性及优质高产栽培技术 [J]. 农业科技通讯，2015(2)：55.

[7] 张晓静，陈焕丽，郭赵娟，等. 郑州春马铃薯引种比较试验 [J]. 长江蔬菜，2017(4)：36-40.

[8] 宋金凤，张忠福，张连瑞. 机械种植大西洋马铃薯密度试验 [J]. 农业科技与信息，2012(13)：56.

[9] 梁晓丽，魏峭嵘，石瑛. 密度与氮钾肥对'东农311'光合特性及产量的影响 [J]. 中国马铃薯，2017,31(5)：290-295.

[10] 孙磊，田静僾，于洪涛，等. 不同密度对马铃薯产量的影响 [J]. 中国马铃薯，2020,32(6)：345-350.

[11] 田再民，龚学臣，祁利潘，等. 不同种植密度对冀张薯 8 号光合特性的影响 [J]. 湖北农业科学，2014,53(13)：2 995-2 998.

[12] 金光辉，高幼华，刘喜才，等. 种植密度对马铃薯农艺性状及产量的影响 [J]. 东北农业大学学报，2015,46(7)：16-21.

[13] 游正礼，钟芹辅，冉启峰. 不同栽培密度对马铃薯产量和性状的影响 [J]. 现代农业科技，2015(24)：91-93.

[14] 皇甫庭，李艳梅. 种植密度对洛马铃薯 8 号生物性状及产量的影响 [J]. 河南农业科学，2014,36(7)：55-57.

[15] 杨玲，刘均霞. 马铃薯密度试验初探 [J]. 吉林农业：学术版，2010(8)：69.

垄行数和株距对马铃薯产量构成的影响

李大春[1]，高剑华[1]，周忠雄[2]，郝　苗[1]，杨国才[1]，程　群[1*]

(1. 湖北恩施中国南方马铃薯研究中心/恩施土家族苗族自治州农业科学院/
湖北省农业科技创新中心鄂西综合试验站，湖北　恩施　445000；
2. 湖北凯龙楚兴化工集团有限公司，湖北　荆门　448000)

摘　要：恩施州马铃薯种植面积广泛，但存在单产不高的现象，合适的垄行数和株距有利于提高马铃薯对生长微环境中水、肥、气、热的利用效果。研究通过垄行数和株距两因素进行了2年大田试验。连续2年试验结果表明，不同垄行数和株距组合处理明显影响马铃薯的产量及其构成。适当密植有利于提高马铃薯产量，但在同一密度条件下，株间距不能过小，否则会影响马铃薯产量。为提升马铃薯商品性，L1Z25(垄宽50 cm、密度5 300株/667 m²)、L2Z25(垄距100 cm，垄上马铃薯行距25 cm，密度5 300株/667 m²)和L2Z33(垄距100 cm，垄上马铃薯行距25 cm，密度4 000株/667 m²)处理可能更适合当地马铃薯生产。

关键词：马铃薯；垄行数；株距；产量构成

　　湖北省恩施州为马铃薯西南混作区马铃薯生产大州，其马铃薯产量和面积占据湖北省半壁江山。恩施州位于湖北省西南部，属武陵山区的一部分，虽然马铃薯种植面积广，但十三五期间马铃薯平均单产仅为1 026.7 kg/667 m²[1]，低于国内平均水平1 178.9 kg/667 m²[2]。垄行数和株距影响马铃薯产量[3]，山区马铃薯多种植在典型的带坡耕地中，合适的垄作方式有利于提高马铃薯对生长微环境中水、肥、气、热的利用效果。本研究致力于从不同垄行数和株距两个因素来探究新栽培模式，为提升当地马铃薯种植水平奠定基础。

1　材料与方法

1.1　试验材料与试验地概况

　　种薯："鄂马铃薯10号"，原种，100 g左右，用量2 200粒/年。

　　肥料：底肥为硫酸钾复合肥(15∶15∶15)，追肥为尿素。

　　供试地点：恩施州恩施市三岔乡汾水村，海拔1 100 m，砂壤土，前茬玉米，深耕、碎土后播种。土壤基本理化性质为pH 5.9，有机质46.64 g/kg，速效氮63.74 mg/kg，有效磷36.63 mg/kg，速效钾72.56 mg/kg，有效锌0.63 mg/kg。2019年试验地自播种到收

作者简介：李大春(1971—)，男，高级农艺师，从事马铃薯栽培及推广工作。

基金项目：现代农业产业技术体系建设专项资金(CARS-09)；恩施州2016年支持马铃薯主粮化建设专项资金资助。

*通信作者：程群，硕士，高级农艺师，从事马铃薯脱毒种薯繁育工作，e-mail：1263167675@qq.com。

获期间,月平均气温 19.1℃,最高气温 30.5℃,最低气温−0.5℃;平均湿度 87.3%;平均降雨量 100.6 mm,5 月降雨量最多。2020 年试验地自播种到收获期间,月平均气温 18.6℃,最高气温 31.6℃,最低气温−1.8℃;平均湿度 90.6%;平均降雨量 130.6 mm,6 月降雨量最多。

1.2 试验设计

试验设 9 个处理,完全随机区组设计,3 个重复,小区面积 13.29 m²,长 4.43 m,宽 3 m,均种 6 行马铃薯。起垄时种植马铃薯行数:每垄种植 1 行马铃薯,共 6 垄(L1表示,垄宽 50 cm);每垄种植 2 行马铃薯,共 3 垄(L2 表示,垄距 100 cm,垄上马铃薯行距 25 cm);每垄种植 3 行马铃薯,共 2 垄(L3 表示,马铃薯行距 20 cm,垄距 65 cm)。马铃薯株距:株距 25 cm(Z25 表示,密度 5 300 株/667 m²)、株距 33 cm(Z33表示,密度 4 000 株/667 m²)、株距 41 cm(Z41 表示,密度 3 200 株/667 m²)。具体处理见表 1。

表 1 垄作模式栽培处理

株距	种植行数		
	L1	L2	L3
Z25	L1Z25	L2Z25	L3Z25
Z33	L1Z33	L2Z33	L3Z33
Z41	L1Z41	L2Z41	L3Z41

1.3 田间管理及数据统计

2019 年试验于 1 月 25 日播种,整薯播种,播种时开 8~10 cm 深沟,用硫酸钾(15:15:15)复合肥 0.5 kg/667 m²。4 月 24 日中耕除草,同时按照试验设计追施氮肥。试验于 5 月 9 日、5 月 20 日和 6 月 5 日进行了晚疫病防控,分别喷施代森猛锌 100 g/667 m²、银法利 75 g/667 m² 和银法利 75 g/667 m²。试验于 8 月 14 日收获。2020 年试验于 2 月 22日播种,整薯播种,播种时开 8~10 cm 深沟,用硫酸钾(15:15:15)复合肥 0.5 kg/667 m²。5 月 16 日、6 月 1 日和 6 月 16 日进行晚疫病防控,防控药剂分别为代森锰锌 150 g/667 m² + 增威赢绿 30 g/667 m² + 有机硅黏合剂 10 g/667 m²;丁子香酚 50 g/667 m² + 烯酰吗啉 30 g/667 m² + 有机硅黏合剂 10 g/667 m²;增威赢绿 30 g/667 m² + 烯酰·噻霉酮 30 g/667 m² + 有机硅黏合剂 10 g/667 m²。试验于 8 月 2 日收获。

马铃薯产量测定以小区为单位,采用全收获法测定,按照当地习惯标准对马铃薯进行分级,即大薯≥150 g;50 g≤中薯<150 g;小薯<50 g。

试验数据采用 Excel 2007 进行分析。

2 结果与分析

2.1 垄行数和株距对马铃薯总产量的影响

方差分析结果表明,区组间差异不明显,表明试验重复具有统计学意义(表 2)。不同

垄行数间产量 $F=7.01$，$P<0.01$，说明垄行数对马铃薯产量影响达到极显著水平；不同株距间产量 $F=249.71$，$P<0.01$，说明株距对产量影响极显著；垄行数与株距交互作用极显著（$F=14.00$，$P<0.01$）。试验条件下，马铃薯产量随株距的增加呈下降的趋势株，株距 25 和 33 cm 产量显著高于株距 41 cm（$P<0.01$，表3），即密度 5 300 和 4 000 株/667 m^2 产量显著高于 3 200 株/667 m^2。马铃薯产量随垄行数增加呈下降趋势，单垄单行和单垄双行的马铃薯产量显著高于单垄三行处理（$P<0.01$），这说明同一密度水平下行距过小不利于马铃薯产量的形成，单垄单行和单垄双行两种垄作方式更适合本地马铃薯的生产。

表2 完全随机区组方差分析

变异来源	自由度	平方和	均方	F	P
区组	2	25 846.53	12 923.26	2.10	0.138
行数	2	86 368.75	43 184.38	7.01	0.003
株距	2	3 075 440.08	1 537 720.04	249.71	0.000
行数 × 株距	4	344 939.17	86 234.79	14.00	0.000
误差	34	209 373.97	6 158.06		
总变异	54	471 172 168.5			

表3 垄行数和株距对马铃薯产量的影响

处理	产量（kg/667 m^2）	处理	产量（kg/667 m^2）
L1	2 934 aA	Z25	3 115 aA
L2	2 899 aA	Z33	2 996 abAB
L3	2 837 bB	Z41	2 560 cC

2.2 垄行数和株距对马铃薯产量结构的影响

不同年份间、不同处理间、不同年份不同处理间对马铃薯产量均具有显著性影响（表4，$P<0.01$），说明环境条件如马铃薯生长期间的温度、降水、日照时数等对马铃薯生长发育和养分积累产生较大影响，同时随着环境条件的变化垄行数和株距对马铃薯产量的影响有明显的变化。

表5反映了不同垄行数和株距组合条件下，马铃薯产量及分布情况，不同组合处理影响马铃薯的产量构成。L1Z25、L2Z25、L3Z33、L2Z33、L3Z25 处理的产量同常规对照方式（L1Z33）处于同一差异水平，而 L3Z41、L2Z41 和 L1Z41 处理的产量显著低于对照，进一步说明适当密植有利于提高马铃薯产量。商品薯产量是体现马铃薯经济效益的重要因素，在其他条件一致的情况下，商品薯产量越高，马铃薯利润越大。L1Z25、L2Z25 和 L2Z33 的商品薯产量分别比对照高出 7.31%、0.53% 和 3.68%，可能更适合当地马铃薯生产。

表 4　组合方差分析

变异来源	自由度	平方和	均方	F	P
区组	4	31 307.85	7 826.96	1.22	0.319
环境	1	15 996 859.0	15 996 859.0	384.11	0.000
处理	8	3 506 794.75	438 349.34	10.52	0.000
互作	8	333 167.59	41 645.95	6.53	0.000
误差	32	203 966.81	6 373.96		
总变异	53	20 072 096.0			

注：环境效应随机，CV(%) = 2.762。

表 5　马铃薯产量分布情况

处理	产量 (kg/667 m²)	位次	较 CK ± (%)	商品薯率(%)	商品薯产量 (kg/667 m²)
L1Z25	3 281 aA	1	8.37	77.88	2 556
L2Z25	3 138 abA	2	3.66	76.28	2 394
L1Z33(CK)	3 028 abA	3	0.00	78.65	2 381
L3Z33	2 989 bAB	4	−1.29	76.87	2 297
L2Z33	2 971 bABC	5	−1.87	83.10	2 469
L3Z25	2 927 bABC	6	−3.34	75.50	2 210
L3Z41	2 597 cBCD	7	−14.22	80.59	2 093
L2Z41	2 590 cCD	8	−14.48	79.13	2 049
L1Z41	2 494 cD	9	−17.64	79.91	1 993

注：LSD$_{0.05}$ = 272.17，LSD$_{0.01}$ = 395.88。

3　讨　论

　　研究表明马铃薯种植密度是影响马铃薯产量的重要因素，在一定范围内马铃薯产量随密度的增加而上升，当密度达到一定程度时，随着密度的增加，产量反而下降[4-6]。不同垄行数和株距组合处理对马铃薯的产量构成具有显著性影响，连续两年试验结果表明，马铃薯产量随垄行数和株距的增加呈下降的趋势。适当密植有利于提高马铃薯产量，但在同一密度条件下，株间距不能过小，否则会影响马铃薯产量。综合商品薯率考虑，L1Z25、L2Z25 和 L2Z33 处理可能更适合当地马铃薯生产。

[参　考　文　献]

[1]　雷昌云,杨嫒,柴婷婷. 湖北马铃薯产业发展现状及潜力品种推荐 [J]. 长江蔬菜,2021(3):11-15.

[2] 张烁, 罗其友, 马力阳. 我国马铃薯区域格局演变及其影响因素分析 [J]. 中国农业大学学报, 2020, 25 (12): 151-160.

[3] 冉丽, 帅丹丹, 叶旭刚, 等. 修文县马铃薯新品种适宜垄作方式和密度探索 [J]. 耕作与栽培, 2018(6): 30-32, 45.

[4] 段惠敏, 卢潇, 周晓洁, 等. 马铃薯叶型和种植密度对产量组分的影响 [J]. 作物杂志, 2021(1): 160-167.

[5] 曲亚英, 李掌, 郑永伟, 等. 覆膜和密度对'陇薯7号'产量及不同质量块茎分布的影响 [J]. 西北农业学报, 2019, 28 (8): 1 242-1 249.

[6] 赵凡, 刘世海, 崔银花. 高海拔旱作区马铃薯密度对植株性状及产量的影响 [J]. 湖北农业科学, 2019, 58(8): 22-27.

贵州省冬作马铃薯产量形成与植株形态关系

何天久，夏锦慧*，邓禄军

(贵州省农业科学院贵州省生物技术研究所，贵州　贵阳　550025)

摘　要： 贵州冬作马铃薯生产中，春旱和低温弱光逆境发生频繁，严重影响单位产量。研究了当前生产中应用较多的稻草包芯、黑膜覆盖、膜上覆土等栽培模式对不同逆境条件下冬作马铃薯植株生长与产量积累的影响。结果表明，逆境条件下，各处理产量降低，最高达到52.27%；正常条件下，块茎鲜重、块茎干重与株高、地上茎鲜重、叶干重正相关($P < 0.05$)，与根鲜重、根干重负相关($P < 0.05$)；从大田生产的角度考虑，株高控制在45~60 cm对产量积累最有利。

关键词： 马铃薯；春旱；低温弱光；产量；形态建成

马铃薯是贵州主要粮食作物之一，2011 年以来，贵州省马铃薯种植面积常年维持在66.67 万 hm^2 以上[1]，居全国前三位。冬作马铃薯的比较效益较高，是贵州省马铃薯产业发展的重点之一。由于地理和气候条件的原因，贵州冬作马铃薯生产受春旱和低温弱光逆境影响巨大。在贵州冬作区，马铃薯播种时间通常为 12 月至次年 1 月，4 月至 5 月收获。在马铃薯前期生长过程中，低温弱光、霜冻和春旱等灾害连年发生。大垄双行栽培当前贵州冬作区马铃薯生产的主流模式，但是出于增温保湿、减工降本等目的，各地在此基础上发展出了不同的栽培技术，主要包括稻草包芯、黑膜覆盖、膜上覆土等。本研究对上述栽培技术对马铃薯植株形态建成与产量积累的影响进行了研究，但是在进行不同地点和年度重复时，遭遇了持续性的春旱和低温弱光逆境，因此将这两个环境因素纳入了数据分析中。试验结果可以对贵州冬作区当前推广的一些栽培技术，如在出苗 50%~80% 时进行水肥一体化追肥、叶面追施钾肥等，在个体水平的机理提供理论支持，也为后期进一步的技术优化提供了方向。

1　材料与方法

1.1　试验地概况

试验分别在荔波县小七孔镇(基地海拔 712 m)和平塘县塘边镇(基地海拔 736 m)进行，两年试验。其中 2014 年荔波试验期间未遇极端天气，试验材料正常生长；2014 年平

作者简介：何天久(1984—)，男，博士，副研究员，从事马铃薯栽培与贮藏研究。

基金项目：贵州省创新人才团队建设项目(黔科合人才团队〔2020〕5002 号)；贵州省第五批创新人才基地建设项目(黔人领发〔2016〕22 号)。

*通信作者：夏锦慧，研究员，从事马铃薯与甘薯栽培生理研究，e-mail：xiajinhui0917@126.com。

塘试验期间遭遇极端低温弱光天气，植株出苗晚，徒长；2015 年荔波试验遭遇严重春旱，植株僵化，地上部生长不足。因此，将试验分为对照组（2014 年荔波试验）、低温弱光组（2014 年平塘试验）与干旱组（2015 年荔波试验）。

1.2 试验设计

品种选择"费乌瑞它"，种薯为一级良种。种植密度 5 100 株/667 m²，底肥按复合肥 150 kg/667 m² 施用。小区面积 3.6 m × 5 m，随机区组排列，共 4 个重复，其中第 4 个重复用于中期采样。处理设计为：处理 1：单垄双行，不覆盖；处理 2：单垄双行，黑膜覆盖；处理 3：单垄双行，黑膜覆盖，膜上覆土；处理 4：单垄双行，稻草包芯，黑膜覆盖。

出苗后，每隔 10 d 取样，记录植株形态指标（株高、茎粗、主茎数、地上茎鲜重、地下茎鲜重、叶鲜重、根鲜重、地上茎干重、地下茎干重、叶干重、根干重）与产量指标（块茎鲜重、块茎干重、块茎数量）变化。

1.3 数据处理

数据分析采用 SPSS 22.0 进行。

2 结果与分析

2.1 不同栽培模式与逆境条件对冬作早熟马铃薯产量的影响

如图 1 所示，逆境条件下，各处理产量均有降低，除低温弱光组处理 1 外，均与对照达到显著水平，其中减产幅度最高的干旱组处理 1（52.27%）。春旱组产量排序为处理 3 > 处理 4 > 处理 2 > 处理 1，前三者与处理 1 的差异达到显著水平，说明黑膜覆盖对减少干旱逆境的影响有显著的作用。低温弱光组产量排序为处理 1 > 处理 2 > 处理 3 > 处理 4，但前三者差异不显著，说明持续性低温弱光逆境下，黑膜覆盖作用增温作用不明显。对照组中，处理 1 产量较其余 3 个处理有所下降，但差异不显著。

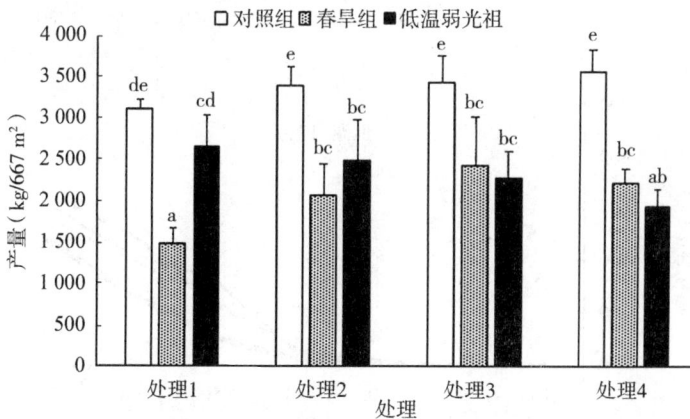

注：不同小写字母表示在 0.05 水平差异显著。

图 1　不同栽培模式与逆境条件下冬作早熟马铃薯产量的变化

2.2 不同栽培模式与逆境条件下植株形态与产量的相关性

如表1所示，对照组中，块茎鲜重、块茎干重与株高、地上茎鲜重、叶干重显著正相关($P < 0.05$)，与根鲜重、根干重显著负相关($P < 0.05$)；块茎数量与主茎数显著正相关($P < 0.05$)。在春旱组与低温弱光组中，植株形态与产量的相关性无规律。

2.3 不同栽培模式与逆境条件下马铃薯产量积累

如图2所示，不同环境条件下，不同处理中平均单株薯重前期增长缓慢，后期持续快速增加。其中，对照组中产量快速积累从第45 d开始，春旱组中产量快速积累从第30 d开始，低温弱光组中产量快速积累从第40 d开始。

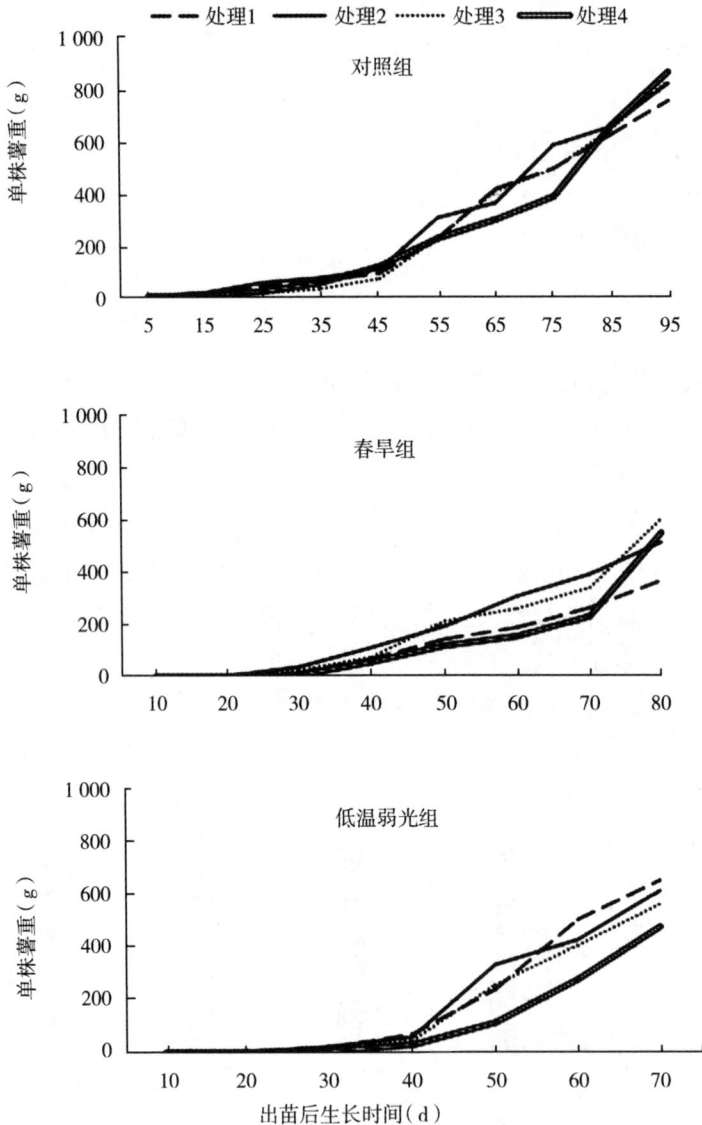

图2 不同栽培模式与逆境条件下马铃薯产量积累

表 1 不同栽培模式与逆境条件下植株形态与产量的相关性

处理与分组		株高	茎粗	主茎数	地上茎鲜重	地下茎鲜重	叶鲜重	根鲜重	地上茎干重	地下茎干重	叶干重	根干重	块茎干重	块茎数量	块茎鲜重
对照组	块茎鲜重 处理1	0.807**	0.063	-0.197	0.639**	0.407*	0.535**	-0.529**	0.219	-0.196	0.456*	-0.448*	0.754**	0.483*	
	处理2	0.741**	-0.100	0.245	0.500**	0.113	0.265	-0.593**	0.337	0.183	0.428*	-0.471*	0.889**	0.020	0.889**
	处理3	0.663**	-0.121	0.451*	0.405*	0.287	0.348	-0.535**	0.367	-0.110	0.575**	-0.432*	0.904**	0.105	0.904**
	处理4	0.748**	-0.177	-0.028	0.639**	0.091	0.523**	-0.498**	0.101	-0.084	0.777**	-0.350	0.962**	0.067	0.962**
	块茎干重 处理1	0.751**	-0.001	-0.134	0.475*	0.321	0.354	-0.583**	-0.104	-0.158	0.548**	-0.388*		0.458*	0.754**
	处理2	0.654**	-0.041	0.327	0.426*	-0.126	0.226	-0.536**	-0.118	-0.160	0.600**	-0.417*		-0.007	0.889**
	处理3	0.733**	0.045	0.286	0.454*	0.274	0.386*	-0.524**	0.463*	-0.104	0.704**	-0.441*		-0.049	0.904**
	处理4	0.648**	-0.196	0.010	0.592**	0.027	0.522**	-0.441*	-0.116	-0.166	0.772**	-0.321		-0.007	0.962**
	块茎数量 处理1	0.547**	0.193	0.441**	0.609**	0.756**	0.565**	-0.119	0.229	0.334	0.701**	-0.027	0.458*		0.483*
	处理2	0.159	0.084	0.469*	0.405*	0.424*	0.432*	-0.194	0.083	0.244	0.216	-0.260	-0.007		0.020
	处理3	0.120	-0.095	0.577**	0.471*	0.484*	0.225	0.127	0.148	0.022	0.090	-0.233	-0.049		0.105
	处理4	0.068	0.124	0.399*	0.321	0.152	0.260	0.298	0.487*	0.472*	0.197	0.240	-0.007		0.067
春旱组	块茎鲜重 处理1	-0.163	-0.296	0.326	0.133	0.033	0.236	-0.008	0.627**	0.400	0.255	0.074	-0.016	0.276	
	处理2	0.334	-0.397	0.616	0.259	0.389	0.143	0.088	0.618	0.117	0.051	-0.169	-0.160	0.091	
	处理3	0.592	0.284	0.662	0.300	0.597	0.530	0.475	0.806	0.274	0.296	0.278	0.259	0.517	
	处理4	0.393	0.101	0.463	0.311	0.534	0.438	0.381	0.856	0.445	0.464	0.114	0.110	0.328	

续表 1

分组	处理	株高	茎粗	主茎数	地上茎鲜重	地下茎鲜重	叶鲜重	根鲜重	地上茎干重	地下茎干重	叶干重	根干重	块茎干重	块茎数量	块茎鲜重
春旱组 块茎干重	处理1	0.042	0.102	-0.104	-0.352	-0.180	0.435*	0.449*	0.344	0.280	0.469*	0.949**		0.363	-0.016
	处理2	-0.341	0.621	0.242	-0.346	0.105	0.261	0.567	0.495	0.091	0.353	0.994		0.277	-0.160
	处理3	0.247	0.681	0.207	-0.180	0.200	0.511	0.756	0.486	0.139	0.504	0.995		0.444	0.259
	处理4	0.384	0.643	0.317	-0.184	0.446	0.634	0.664	0.325	0.369	0.545	0.998		0.416	0.110
块茎数量	处理1	0.057	-0.038	0.608**	0.013	0.233	0.618**	0.672**	0.705**	0.521*	0.707**	0.597**	0.363		0.276
	处理2	-0.043	0.248	0.510	0.212	0.368	0.524	0.433	0.399	0.295	0.376	0.295	0.277		0.091
	处理3	0.394	0.434	0.659	0.263	0.569	0.796	0.778	0.777	0.639	0.774	0.481	0.444		0.517
	处理4	0.103	0.535	0.248	0.463	0.372	0.708	0.659	0.560	0.608	0.668	0.431	0.416		0.328
低温弱光组 块茎鲜重	处理1	0.474	0.042	-0.422	-0.303	-0.279	-0.391	-0.517	0.469	-0.478	0.011	0.323	0.634	-0.081	
	处理2	-0.173	-0.251	0.590	0.028	0.138	0.238	-0.049	0.443	0.593	0.284	0.336	0.381	-0.148	
	处理3	0.514	0.128	0.164	0.642	-0.723	0.080	-0.621	-0.427	0.755	-0.316	0.803	0.780	0.092	
	处理4	0.541	0.097	-0.288	0.753	0.294	0.609	-0.103	0.411	0.760	0.326	0.810	0.801	0.700	
块茎干重	处理1	0.362	0.271	-0.231	0.015	-0.602	-0.312	-0.791	0.238	-0.153	0.343	0.911		0.253	0.634
	处理2	0.413	-0.353	0.082	-0.182	-0.673	-0.455	-0.697	-0.245	0.591	-0.319	0.990		0.069	0.381
	处理3	0.680	0.082	0.261	0.514	-0.759	-0.341	-0.758	-0.400	0.316	-0.657	0.999		-0.069	0.780
	处理4	0.587	0.114	-0.470	0.542	-0.112	0.336	-0.595	0.240	0.693	-0.174	0.989		0.588	0.801
块茎数量	处理1	0.012	-0.387	0.790	0.667	0.363	0.332	-0.093	0.250	0.216	0.210	0.466	0.253		-0.081
	处理2	0.078	0.307	0.418	0.040	0.182	-0.145	0.369	0.411	0.344	0.632	0.123	0.069		-0.148
	处理3	-0.098	-0.086	0.012	-0.011	0.029	-0.174	0.112	-0.411	0.083	0.202	-0.053	-0.069		0.092
	处理4	0.342	0.079	0.217	0.586	0.263	0.545	-0.021	0.205	0.553	0.331	0.588	0.588		0.700

2.4 不同栽培模式与逆境条件下马铃薯株高变化

如图3所示，对照中，各处理平均株高变化规律一致，前期(45 d以前)增加较快，后期缓慢增长。春旱组中，植株高度显著低于对照组，在第30 d后无显著增加。低温弱光组中，植株高度在第40 d达到对照组末期水平，但是在后期持续增加，末期高度显著高于对照组。

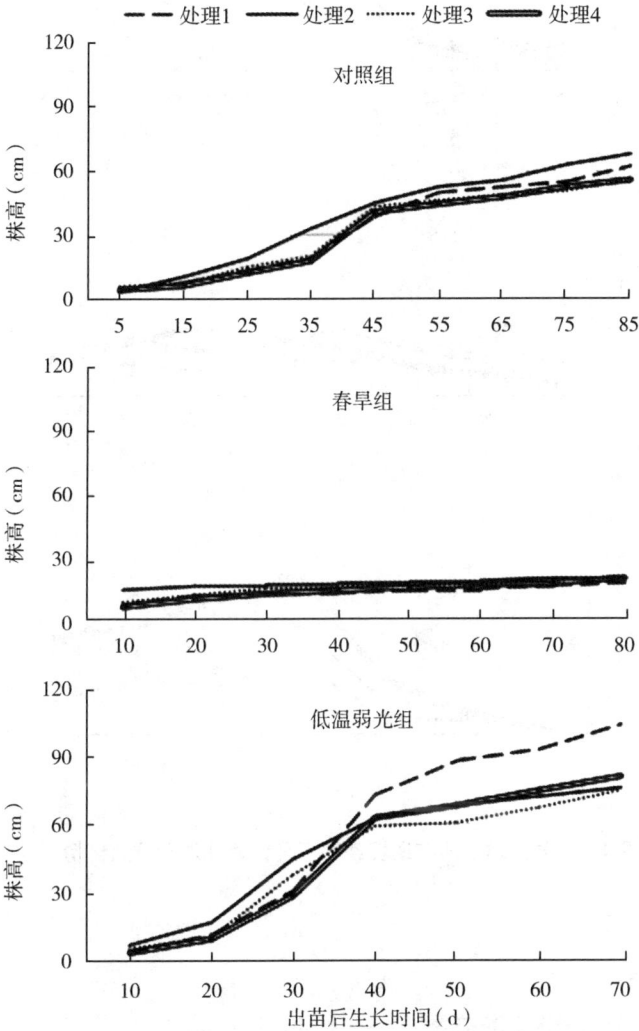

图3 不同栽培模式与逆境条件下马铃薯株高变化

2.5 不同栽培模式与逆境条件下马铃薯叶片干重变化情况

如图4所示，对照组中，叶片干重自第25 d快速增加，到第55 d达到顶峰，随后开始缓慢降低。春旱组中，各处理叶片干重达到顶峰的时间有所不同，分别是第40 d(处理2)、第50 d(处理1、处理3)、第60 d(处理4)。低温弱光组中，处理2、处理3、处理4在第40 d达到顶峰，处理1在第60 d达到顶峰。

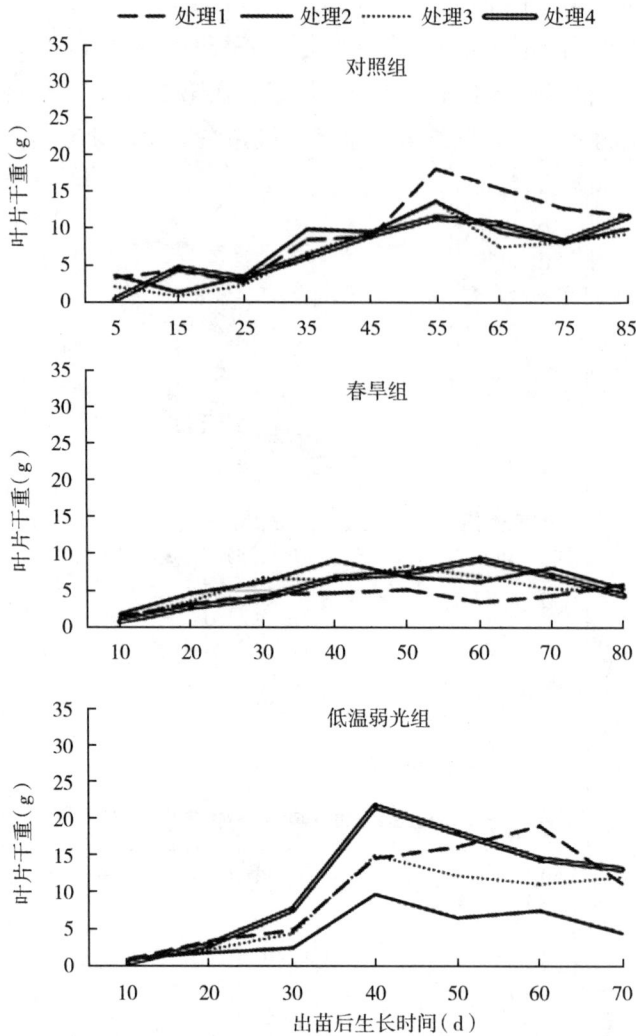

图4 不同栽培模式与逆境条件下马铃薯叶片干重变化情况

3 讨 论

3.1 植株形态建成与产量形成的关系

植株形态建成是产量形成的基础，所有可用于表示植株形态特征的指标，如株高、茎粗、各部位鲜重与干重、叶面积、叶绿素含量等，均属于植株形态建成的组成部分。本试验中，块茎鲜重、块茎干重与株高、地上茎鲜重、叶干重显著正相关（$P < 0.05$），与根鲜重、根干重显著负相关（$P < 0.05$）。从大田生产的角度考虑，最便于观察和调节的指标是株高。根据试验结果，将株高控制在45~60 cm对产量积累最有利，株高与单株薯重成正相关关系。

以株高为植株形态建成的指标，对照组马铃薯植株形态建成于出苗后第45 d完成，干旱情况下会提前到第30 d完成，在低温弱光条件下在第40 d完成，但整个生长期中持续增加。与此相对应的，对照组产量快速积累从出苗后第 45 d 开始，干旱组条件下从第 30 d 开始，低温弱光条件下从第 40 d 开始。从生产技术上考虑，干旱情况下，灌溉时间应在出苗后 30 d 内；若遇到持续性低温弱光，控旺措施应在第 40 d 前。

3.2 贵州冬作马铃薯栽培关键节点的确定

根据试验结果与生产实践，贵州冬作马铃薯生产的关键调控节点主要包括以下几个方面：

（1）出苗前的根系发育：贵州 4 月底之前通常降雨较少，春旱严重，因此前期根系发育对植株形态建成非常重要。

（2）苗期追施氮肥：贵州地区光照偏低，越早追施氮肥，促进马铃薯完成植株形态建成，可以最大限度增加光合产物积累，为高产奠定基础。

（3）中期晚疫病防控：贵州 4~8 月降雨集中，极其适宜晚疫病发生，病害防控压力大。一旦防控不利，容易造成病害爆发蔓延，造成严重减产。

（4）马铃薯生长后期促进植株管和产物向块茎转移：由于茬口安排，冬作马铃薯收获时通常未完全成熟，调控植株光合产物向块茎转移可以在有效提高产量与商品薯率。

3.3 当前贵州冬作区主推技术的生理解释及补充

（1）黑膜覆盖

黑膜覆盖在贵州冬作马铃薯生产中已经大面积应用，可以有效增加土温和土壤湿度，抑制杂草生长[2]。当时在低温弱光条件下，黑膜覆盖对产量积累起副作用，其原因可能是植株过度生长，光照无法达到垄部，加上垄堆内外无法进行空气和水分流通，导致土温低于不覆膜处理。因此，若遭遇持续性低温弱光，揭膜可能对产量积累更有益。

（2）钾肥叶面施用

钾肥叶面施用目前已取代根部追肥在贵州冬作区进行推广。该措施可以有效增加叶片厚度和叶绿素含量，增强植株抗旱性[3]。根据本试验结果，叶片干重与产量积累的相关性强于叶面积。钾肥叶面施用可以更好的促进叶片发育。

（3）追肥时间提前与水肥一体化追肥

目前贵州冬作马铃薯栽培中，第一次追肥时间已从原有的"齐苗后 3~5 d 配合中耕进行追肥"调整为"出苗 50%~80%时进行水肥一体化追肥"。根据本试验结果，提前追肥与水肥一体化措施可以促进植株更快完成植株形态建成，增加产量积累周期。该结果与前期研究[4]相符。

[参 考 文 献]

[1] 雷尊国. 贵州冬作马铃薯高产栽培技术 [M]. 贵州: 贵州科技出版社, 2013: 5-6.

[2] 邓仁菊, 卢扬, 潘建梅, 等. 不同栽培模式对贵州冬作马铃薯抗旱防寒的影响 [J]. 江苏农业科学, 2016, 44（9）: 119-122.

[3] 杨宏伟, 张鑫, 张永彬, 等. 喷施硫酸钾对干旱胁迫下马铃薯生长发育及抗性生理的影响 [J]. 华北农学报, 2015, 30 (s1): 471-477.

[4] 刘坤雨. 水肥一体化模式对马铃薯生理、产量及水肥利用的影响 [D]. 呼和浩特: 内蒙古农业大学, 2019.

播种深度对马铃薯试管薯大田直播的影响

梁宏杰[1,2]，吕和平[1,2]，吴雁斌[1,2]，高彦萍[1,2]，张　武[1,2*]

(1. 甘肃省农业科学院马铃薯研究所，甘肃　兰州　730070；

2. 甘肃省马铃薯脱毒种薯(种苗)病毒检测及安全性评价工程中心，甘肃　兰州　730070)

摘　要：试验以 0.22~0.27 g 的"陇薯 3 号"试管薯为材料，以 4、5、6、7 cm 的播种深度在甘肃省高寒阴湿区会川进行大田直播试验，测定了植株生长、生物产量、块茎产量及块茎淀粉含量变化。结果表明，各播深出苗率都能达到 92% 以上；出苗 45 d 后株高平均在 40.58 cm，茎粗平均在 4.9 mm；生物产量随播深增加而下降；不同播深下的生物产量均随着生育期的推进呈现抛物线变化趋势；单株结薯数随播深增加而增加，而块茎产量却随播深增加而降低；从块茎膨大期开始不同播深对薯块淀粉含量没有显著影响。研究认为马铃薯试管薯用于大田直播生产是基本可行的，不同播深对马铃薯试管薯大田直播具有显著影响。

关键词：试管薯；大田直播；播种深度；生物产量；块茎产量；淀粉含量

马铃薯试管薯(Microtuber)是脱毒试管苗在容器内形成的微型块茎，具有体积小、重量轻、生产不受季节限制、便于种质保存和交流等优点[1]。由于试管薯生产在生产车间进行，环境条件容易进行人为控制，可不受季节等连续大量生产，同时，试管薯一般由脱毒组培苗在密闭容器中生产，最大限度地避免了病毒和病原菌的侵染，种薯质量极高，试管薯作为种薯来生产马铃薯对于马铃薯产业非常有利[2-4]。在马铃薯生产实践中，播种深度是栽培方式的主要因素之一，不同播种深度直接影响着马铃薯的生长发育、氮磷钾利用和干物质积累与分配，尤其是对试管薯在大田的扩繁生产[5-8]。因此，针对试管薯大田栽培生产环节，以马铃薯试管薯为基础繁殖材料，为研究试管薯大田直播生产中选择适宜播深提供理论与实践依据。

1　材料与方法

1.1　试验材料

供试材料为"陇薯 3 号"试管薯，由甘肃省农业科学院马铃薯研究所选育并诱导，试管薯大小在(0.25 ± 0.02)g。试验于甘肃渭源县会川镇试验点连续实施 2 年(2016 和 2017年)。渭源县会川镇处于祁连山余脉、黄土高原、秦岭余脉的交汇处，位于渭源县西南部，平均海拔 2 219 m，年平均气温 5℃，年平均降水量 566.4 mm，全年无霜期 131 d。土壤理化性质：黑麻土、有机质 19.4 g/kg、速效氮 125.75 mg/kg、速效磷 26.88 mg/kg、速效钾166 mg/kg。全生育期气象条件：降雨量 473 mm、日照时数 1 419 h、积温 2 381.5℃(2016

作者简介：梁宏杰(1988—)，男，助理研究员，研究方向为马铃薯良种繁育与病害防控技术研究。

基金项目：甘肃省农科院农业科技创新专项项目(2019GAAS04)；国家重点研发计划(2017YF0201602－4，2018YF0200805)。

*通信作者：张武，研究员，研究方向为马铃薯良种繁育技术研究，e-mail：842487867@qq.com。

年),降雨量435 mm、日照时数1 583 h、积温2 492.2℃(2017年)。

1.2　试验方法

1.2.1　试验设计

试验采用随机区组设计。播种深度设4、5、6、7 cm 4个水平;2016和2017年播种时间均为4月26~29日。播种方式为平作点播,现蕾期中耕培土,行距60 cm,株距20 cm,小区面积21.6 m²;前茬作物均为春蚕豆,第二年连作;施磷酸二铵375 kg/hm²,尿素240 kg/hm²,硫酸钾300 kg/hm²,现蕾期结合培土追施尿素60 kg/hm²;试验地为旱作地,生育期不灌水,田间管理同常规大田,按时做好病虫草害防治。

1.2.2　测定项目与方法

每个小区定点30株分别于幼苗期、块茎形成期、块茎膨大期、淀粉积累期和成熟期调查植株生物产量(根、茎、叶总鲜重)、块茎的质量和淀粉含量,每次取5穴(小区边行不取)。成熟后,各小区单独收获,计产,考查统计块茎质量性状,用比重法测定淀粉含量。

1.2.3　试管薯播前处理

试管薯播前进行变温贮藏处理,适当的高低温交叉处理,播前对试管薯进行分拣,剔除受到病害侵染及生理性状发生较重损伤的试管薯。

1.2.4　数据处理

使用Microsoft Excel 2007软件作图,SPSS 17.0软件进行单因素随机区组方差分析,显著水平$P = 0.05$,不同播深之间用LSD(Least significant difference test)进行样本平均数的差异显著性检验。

2　结果与分析

2.1　试管薯直播植株出苗率及物候期

试管薯在试验地大田土壤直接播种后均能正常出苗,只是播深为4和5 cm较播种深6和7 cm的出苗早1 d,且出苗率均在92%以上,最高达96.67%,不同播深下出苗率没有显著差异(图1)。相同年份随着马铃薯生育期的推进,试验地匍匐茎形成期、块茎膨大期、成熟期在不同播深间趋于一致(表1)。

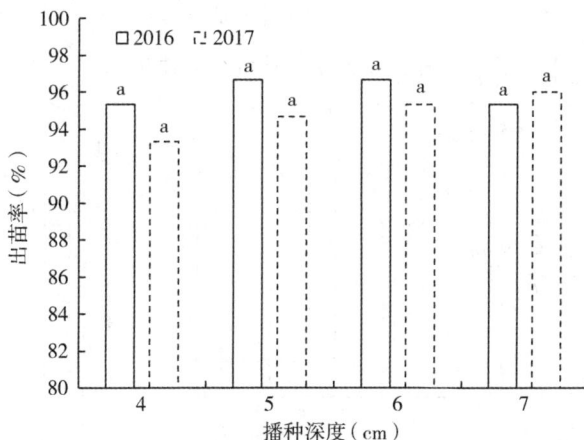

注:柱形图上部小写字母表示在同一年份不同播深之间的差异性($P = 0.05$)。下同。

图1　试管薯出苗率

表1　试管薯物候期

生育期	年份	所需时间(d)			
		4(cm)	5(cm)	6(cm)	7(cm)
出苗期	2016	38	38	39	39
	2017	39	39	40	40
匍匐茎形成期	2016	71	71	71	71
	2017	70	70	70	70
块茎膨大期	2016	82	82	82	82
	2017	82	82	82	82
成熟期	2016	154	154	154	154
	2017	150	150	150	150

2.2　试管薯直播植株苗期农艺性状

从图2、3可以看出，株高和茎粗并没有显示有规律的变化趋势，2016年试验数据显示播深4、5 cm处株高显著高于播深6、7 cm处株高，平均高出约1.7 cm；2017年试验数据显示播深7 cm处株高显著高于其他播深处株高，平均高出约2.3 cm，株高平均为40.58 cm。图3还显示2016年(6 cm除外)和2017年试验地茎粗在不同播种深度之间差异不显著，茎粗平均为4.9 mm。

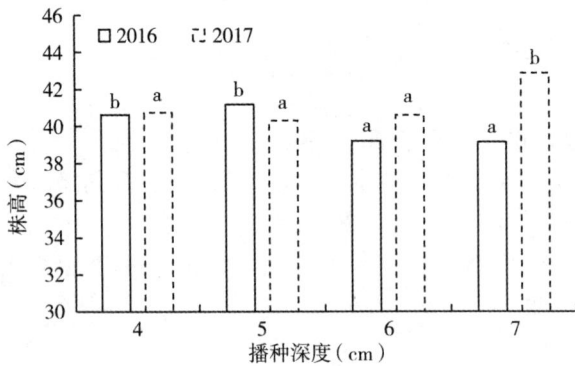

图2　试管薯出苗后45 d株高

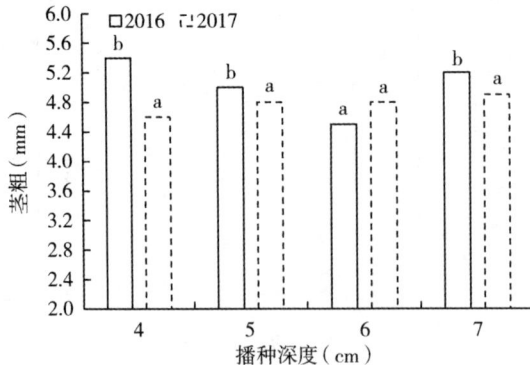

图3　试管薯出苗后45 d茎粗

2.3 试管薯直播栽培植株生物产量积累

表 2 显示，2016 年数据表明试管薯各生育阶段生物产量在不同播深间差异显著，苗期随播深增加而增加，块茎膨大期随播深增加而减少；其余生育期生物产量呈现抛物线的趋势，基本在播深 4 或 5 cm 处达到最大值。2017 年数据显示在苗期和淀粉积累期不同播深之间生物产量差异不显著，成熟期随播深增加呈现减少趋势；其余生育期呈现抛物线趋势，基本在播深 4 或 5 cm 处达到最大值。同时，数据还表明地上部生物产量在块茎形成期到块茎膨大期积累量最多，在 4，5，6 和 7 cm 播深处年均积累量分别为 102.78，94.62，93.89 和 95.41 g；不同播深下的生物产量均随着生育期的推进呈现抛物线变化趋势，在淀粉积累期达到最高值。

表 2 马铃薯试管薯植株不同生育期地上部生物产量

| 生育期 | 年份 | 地上部生物产量(g) | | | |
		4(cm)	5(cm)	6(cm)	7(cm)
苗期	2016	2.66 a	3.06 b	3.12 b	3.40 c
	2017	2.81 a	2.87 a	2.58 a	2.94 a
块茎形成期	2016	79.56 c	74.65 b	78.68 c	71.29 a
	2017	69.65 a	83.44 c	75.26 b	73.66 b
块茎膨大期	2016	178.35 c	172.49 b	173.25 b	168.37 a
	2017	176.51 b	174.83 b	168.46 a	167.39 a
淀粉积累期	2016	211.98 b	219.41 c	203.53 a	208.53 b
	2017	210.24 a	206.80 a	205.16 a	204.56 a
成熟期	2016	154.71 a	162.40 b	166.72 b	150.58 a
	2017	163.57 c	165.25 c	155.22 b	149.31 a

注：小写字母表示在同一年份不同播深之间的差异性($P = 0.05$)。下同。

2.4 不同生育时期马铃薯试管薯块茎产量

表 3 表明，随着播种深度的增加单株结薯个数呈显著增加趋势，4，5，6 和 7 cm 播深处年均结薯数分别为 3.16，3.32，3.39 和 3.43 个；在播深 7 cm 处达到最大值，均值为 3.43 个，不过与播深 6 cm 处无显著差异。

表 3 试管薯单株结薯情况

| 年份 | 单株结薯数(个) | | | |
	4(cm)	5(cm)	6(cm)	7(cm)
2016	3.15 a	3.36 b	3.41 bc	3.47 c
2017	3.16 a	3.27 b	3.36 c	3.38 c

2016 和 2017 年试管薯块茎产量在各生长发育阶段随着播深变化而呈现显著的降低趋势，在 4 cm 播深处块茎产量达到最大，如成熟期年均值约为 426.37 g(表 4)。成熟期单个薯块重量随着播深增加呈现显著的降低趋势，播深 4，5，6 和 7 cm 处年均单个薯块重量分别为 135.14，125.99，122.78 和 119.77 g(图 4)。块茎产量积累量随着生育期的推进呈现降低的趋势，马铃薯块茎产量在块茎膨大期积累量最高，播深 4，5，6 和 7 cm 处年均积累量分别为 384.03，372.66，357.73 和 367.15 g；淀粉积累期年均积累量分别为 34.62，37.35，52.49 和 35.46 g；成熟期年均积累量分别为 4.45，4.70，2.48 和 4.95 g；不同播深下的块茎产量均随着生育期的推进呈现增加的趋势，在成熟期块茎产量达到最高值(表 4)。

表 4　马铃薯试管薯植株不同生育期块茎产量

生育期	年份	单株马铃薯块茎产量(g)			
		4(cm)	5(cm)	6(cm)	7(cm)
块茎形成期	2016	3.88 b	3.55 b	3.46 ab	2.93 a
	2017	2.65 a	2.32 a	2.36 a	2.39 a
块茎膨大期	2016	386.38 c	374.81 b	358.61 a	369.41 b
	2017	388.21 d	376.38 c	362.67 a	370.21 b
淀粉积累期	2016	423.66 b	412.31 ab	410.08 a	409.65 a
	2017	420.16 b	413.58 b	416.18 b	400.89 a
成熟期	2016	426.40 b	420.30 ab	415.61 a	414.22 a
	2017	426.33 c	414.99 b	415.60 b	406.22 a

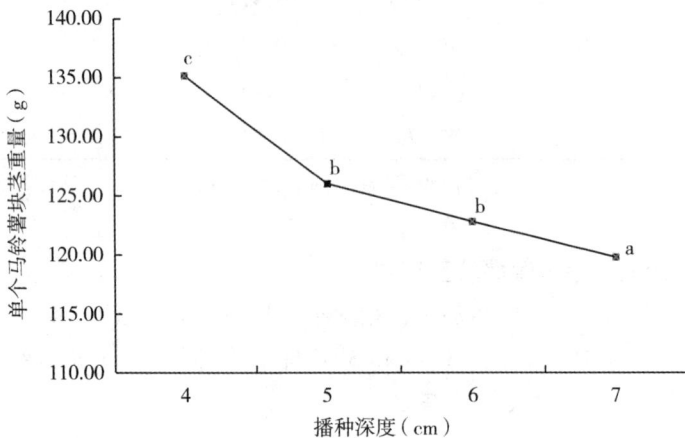

图 4　马铃薯试管薯成熟期植株不同播深处单个薯块平均重量

2.5　不同生育时期马铃薯块茎淀粉含量

在马铃薯全生育期内，随着马铃薯植株块茎形成、膨大持续进行，块茎淀粉含量不断增加。在块茎形成期淀粉积累极少，块茎膨大期和淀粉积累期淀粉的积累量最多，几乎占块茎淀粉积累总量的 98%，到成熟期块茎淀粉积累量明显减少。块茎淀粉积累量随着生育期的推进呈现降低的趋势，马铃薯块茎淀粉在块茎膨大期积累量最高，播深 4，5，6 和

7 cm 处年均积累量分别为 10.85，10.61，10.49 和 10.47 g；淀粉积累期年均积累量分别为 6.66，6.91，7.02 和 6.99 g；成熟期年均积累量分别为 0.06，0.10，0.18 和 0.20 g；不同播深下的块茎淀粉含量均随着生育期的推进呈现增加的趋势，在成熟期块茎产量达到最高值(表 4)。同时结果还表明块茎淀粉含量在同一生育期随着播深增加呈现减少的趋势，但差异均不显著(表 5)。

表 5   马铃薯植株不同生育期块茎淀粉含量

| 生育期 | 年份 | 单位重量马铃薯块茎中淀粉含量(%) | | | |
		4(cm)	5(cm)	6(cm)	7(cm)
块茎形成期	2016	0.07 b	0.10 b	0.00 a	0.04 ab
	2017	0.00 a	0.06 bc	0.10 c	0.05 b
块茎膨大期	2016	10.85 a	10.55 a	10.46 a	10.53 a
	2017	10.92 a	10.82 a	10.62 a	10.49 a
成熟期	2016	17.31 a	17.26 a	17.36 a	17.31 a
	2017	17.89 a	18.12 a	18.11 a	18.10 a
淀粉积累期	2016	17.22 a	17.16 a	17.20 a	17.16 a
	2017	17.86 a	18.02 a	17.91 a	17.84 a

3 讨 论

块茎小、营养物质含量少已经成为制约马铃薯试管薯用于大田生产的主要因素，研究以试管薯作为种薯在大田直接播种具有重要的生产实际意义，但是当前对于试管薯大田直接播种的有关研究鲜有报道[9]。本研究结果表明在会川地区试管薯大田直接播种均能够正常出苗，且出苗率保持在 92%以上。以出苗率进行评判会川地区试管薯应该以 4~5 cm 为佳，可以保证约 94%以上的出苗率，出苗时间也可以提前 1 d。但是对后续的生育期研究发现播深对后续生育期的时间没有明显影响，不同播深之间保持了一致。这个结果可能说明在会川地区不同播深对试管薯大田直播在出苗率及生育期进程没有明显的影响。另外，出苗后 45 d 的株高和茎粗数据也表明了不同播深对株高、茎粗影响不大，这也可能说明出苗时间提前 1 d 并没有影响植株后续的生长。

马铃薯生物产量是马铃薯植株对各种养分和能量固定分配的主要表现形式，也是块茎形成的重要物质和生理基础，容易受到气候条件和栽培方式的影响[10-12]。本研究表明生物产量在 4~7 cm 播深中随播深增加而呈现下降趋势，一般在 4~5 cm 播深生物产量达到较高位置，这表明在会川地区试管薯大田直播可能需要适当浅播，应该以不深于 5 cm 为佳。这可能是由于播深影响了植株根系在地下的分布，并导致了根系对养分、温度、水分等利用出现了差异。

薯块产量是评价马铃薯的主要指标，一般希望马铃薯结薯量多、薯块大等[13]。本研究数据显示马铃薯试管薯单株植株结薯个数随播深增加而增加，6~7 cm 播深结薯数显著多于 4~5 cm 播深结薯数，此结果说明较深的播深可能有助于植株产生较丰富的匍匐茎，从而使结薯量增加。有趣的是单株植株块茎产量（重量）却随播深增加而降低，基本在 4 cm 播深处为单株植株块茎产量峰值，这可能说明在 4 cm 播深处植株匍匐茎没有较深播深处丰富，结薯量有所减少，但是所结薯块较大，从而使薯块产量高于较深播深处。试验也印证了播深对单株植株块茎产量和结薯量的影响，随播深的增加单个薯块重量逐步减轻。

马铃薯淀粉的积累是干物质形成转化的结果，淀粉在马铃薯不同生育时期块茎中的积累量不同，并随生育进程的推进而发生变化[14]。本研究结果表明，马铃薯试管薯淀粉含量从块茎膨大期开始不同播深对其没有显著影响。

同时，本研究也表明马铃薯试管薯与一般的马铃薯生产一样，各生育期的生物产量、块茎产量、淀粉含量都显示了一致的变化趋势，受到环境、栽培方式等各方面的影响[15-17]。如生物产量随生育期进程先升高后降低，在块茎膨大期积累量最高，在淀粉积累期生物产量达到峰值；块茎产量随生育期进程逐步升高，在块茎膨大期积累量最高，在成熟期块茎产量达到峰值；淀粉含量随生育期进程逐步升高，在块茎膨大期积累量最高，在成熟期淀粉含量达到峰值。此结果可能说明在马铃薯试管薯大田直播生产中可以采用和一般马铃薯生产相类似的管理措施，并不需要特别特殊的管理措施。

综合以上结果，本研究认为马铃薯试管薯用于大田直播生产是基本可行的，类似会川地区的高寒阴湿等冷凉地区要适当浅播（播深不宜超过 5 cm）。但是从块茎产量和结薯量综合分析，本研究认为在实际生产中可以根据生产目的的不同，结合种植区域选择较适宜的播深。例如在类似会川的种植地区作为生产种薯或小型薯块，可以选择较深的播深，一般不应该浅于 7 cm，这样可以增加结薯量，从而达到目的；以较大薯块为目的的生产，可以选择较浅的播深，一般不应该深于 4 cm。

[参 考 文 献]

[1] 王谧, 王西瑶, 刘帆, 等. 大量元素不同浓度组合对试管马铃薯结薯的影响 [J]. 中国农学通报, 2007, 23(2): 65-69.

[2] 张武, 齐恩芳, 王一航, 等. 马铃薯试管薯诱导集成优化研究 [J]. 长江蔬菜, 2008(12): 31-33.

[3] 张延丽, 达琼, 谢婉, 等. 马铃薯试管薯的诱导和应用 [J]. 中国马铃薯, 2011, 25(4): 197-199.

[4] 刘尚前, 王晓春, 刘志增. 马铃薯试管薯诱导方法改进 [J]. 中国蔬菜, 2007(3): 29-30.

[5] 姚玉璧, 王润元, 赵鸿, 等. 甘肃黄土高原不同海拔气候变化对马铃薯生育脆弱性的影响 [J]. 干旱地区农业研究, 2016, 31(2): 52-58.

[6] 段玉, 张君, 李焕春, 等. 马铃薯氮磷钾养分吸收规律及施肥肥效的研究 [J]. 土壤, 2016, 46(2): 212-217.

[7] 田再民, 龚学臣, 冯琰, 等. 张北地区 2 种马铃薯品种干物质积累与分配特征比较 [J]. 干旱地区农业研究, 2013, 31(5): 95-98.

[8] 徐建飞, 金黎平, 庞万福, 等. 不同生态条件对马铃薯单株块茎数的影响 [C]//陈伊里, 屈冬玉. 马铃薯产业与农村区域发展. 哈尔滨: 哈尔滨地图出版社, 2013.

[9] 付翔. 马铃薯试管薯大田育苗栽培生产种薯的研究 [D]. 武汉: 华中农业大学, 2007.

[10] 刘星, 张书乐, 刘国锋, 等. 连作对甘肃中部沿黄灌区马铃薯干物质积累和分配的影响 [J]. 作物学报, 2016, 40(7): 1 274-1 285.

[11] 王弘, 孙磊, 梁杰, 等.氮肥基追比例及追施时期对马铃薯干物质积累分配及产量的影响 [J]. 中国农学通报, 2016, 30(24): 224-230.

[12] Iranbakhsh A, Ebadi M, Khaniki G B. The ontogenetic trends of microtuber formation in potato (*Solanum tuberosum* L.) [J]. Pakistan Journal of Biological Sciences, 2007, 10(6): 843-851.

[13] 王超. 马铃薯杂种后代产量及品质性状的差异与环境效应 [D]. 哈尔滨: 东北农业大学, 2014.

[14] 杨相昆, 魏建军, 张占琴, 等.不同栽培措施对马铃薯干物质积累与分配的影响 [J]. 作物杂志, 2012(4): 130-133.

[15] 黄冲平. 马铃薯生长发育的动态模拟研究 [D]. 杭州: 浙江大学, 2003.

[16] Sadek H M, Mofazzal H M, Moynul H M, *et al*. Varietal evaluation of potato microtuber and plantlet in seed tuber production [J]. International Journal of Agronomy, 2017(1): 2-5.

[17] 常宏, 王玉萍, 王蒂, 等.光质对马铃薯试管薯形成的影响 [J]. 应用生态学报, 2009, 20(8): 1 891-1 895.

"陇薯7号"块茎形成与休眠规律研究

曲亚英[1,2]，李　掌[1,2*]，李高峰[1,2]，郑永伟[1,2]，白永杰[1,2]

(1. 甘肃省农业科学院马铃薯研究所，甘肃　兰州　730070；

2. 农业部西北旱作马铃薯科学观测试验站，甘肃　渭源　748201)

摘　要： 为了探明"陇薯7号"块茎形成和休眠规律，为"陇薯7号"北繁南种种薯繁育技术创新和技术体系的形成提供理论依据，开展田间试验，分析了不同生态区"陇薯7号"单株结薯数、平均单薯重、单株薯块重、单株薯块体积的变化规律，以及生育期、产量的表现，并研究了不同生态区、不同收获期对块茎休眠特性的影响。结果表明，在陇南武都区高海拔山区，"陇薯7号"生育期提前，比高寒阴湿区渭源县提早39 d成熟，产量水平提高。不同生态区单株结薯数变化规律一致，前期快速增加，中期缓慢增加，后期稳定不增加；平均单薯重、单株薯块重的变化规律相同，均随着生育期的延长而持续增加，但变化过程在两个不同生态区略有不同，武都区呈现缓慢增长-快速增长-缓慢增长-快速增长-稳定增长五个阶段，而渭源县呈现缓慢增长-快速增长-稳定增长三个阶段，薯块体积的变化与薯块重相同；不同生态区成熟收获的块茎，休眠期和休眠幅度接近；同一区域、同一地块、同期播种，不同时间收获的块茎休眠期和休眠幅度不同，收获时间越早，块茎通过休眠的时间就越早，但休眠期越长；"陇薯7号"成熟块茎在25℃、相对湿度90%、黑暗条件下贮藏，休眠期48~52 d，休眠幅度约35 d。

关键词： 陇薯7号；块茎形成规律；休眠规律

　　"陇薯7号"是甘肃省农业科学院马铃薯研究所育成的马铃薯新品种，在南方冬作区种植具有高产、抗晚疫病、抗霜冻的特点，经过多年试验，已通过广东省农作物品种审定[1-3]。优质种薯的供应是目前"陇薯7号"在冬作区大面积推广的瓶颈。因"陇薯7号"具有生育期长、块茎休眠期长的特点[4-7]，目前北方已形成的繁种区域和繁种技术不能满足冬播对种薯的要求。本研究通过对不同生态区"陇薯7号"块茎形成时期，块茎膨大规律，生育期长短、产量表现及薯块休眠期长短的观察，研究确定北繁南种适宜的繁种区域，以及为"陇薯7号"北繁南种种薯繁育技术创新和技术体系的形成提供理论依据。

1　材料与方法

1.1　试验地概况

　　试验于2017年在渭源县会川镇马铃薯研究所会川试验站和武都区武都农技中心试验示范基地鱼龙镇凿沟里村进行。会川试验地为川台地，武都区试验地为山坡地，两地气候

作者简介： 曲亚英(1969—)，女，研究员，主要从事马铃薯遗传育种研究工作。

基金项目： 甘肃省现代农业科技支撑体系区域创新中心重点科技项目(2019GAAS54)；甘肃省农业科学院农业科技创新专项(2016GAAS04)；国家马铃薯产业技术体系(CARS-09-P06)；甘肃省战略性新兴产业创新支撑工程专项(甘发改高技[2012]672号)。

＊通信作者： 李掌，研究员，主要从事马铃薯遗传育种研究工作，e-mail：869706486@qq.com。

和土壤条件详见表 1 和表 2。

表 1　试验地点气候条件

试验地点	地理坐标		海拔（m）	年平均气温（℃）	年降雨量（mm）	无霜期（d）
	E	N				
武都区鱼龙镇岢沟里村	105°19′	33°51′	1 992	12.0	450	265
渭源县会川镇东关村	104°3′	35°1′	2 240	5.7	580	131

表 2　试验地点土壤条件

试验地点	土壤类型	土壤 pH	有机质含量（g/kg）	速效磷（mg/kg）	速效钾（mg/kg）	碱解氮（mg/kg）
武都区鱼龙镇岢沟里村	红黏土	7.45	21.3	34.5	109	123
渭源县会川镇东关村	黑麻土	8.28	26.8	49.5	147	160

1.2　试验材料

"陇薯 7 号"原种，由甘肃省农业科学院马铃薯研究所提供。

1.3　试验设计和方法

在两个试验点各种植 667 m²，分成 3 个区，1 个区为 1 个重复，小区面积约 220 m²。武都区 3 月 11 日播种，采用平地地膜覆盖栽培，会川 4 月 23 日播种，采用露地栽培，现蕾期培土，常规管理。取样方法：于现蕾开花期开始取样，每 10 d 取样 1 次，每个重复取样 5 株，测定有关指标。块茎成熟收获后，各取样 300 个，分成 3 份，置人工气候箱 25℃、相对湿度 90%、黑暗条件下贮藏，每隔 7 d 观察记载块茎发芽情况。同时，在渭源会川试验田中，分不同时期采收取样，观察收获期对块茎休眠期的影响。

1.4　观察记载项目及标准

物候期：播种期、出苗期、成熟期，计算生育期。生育期 = 成熟期 - 出苗期。

产量性状：测定单株结薯数、单株薯块重、单位面积产量。

发芽率：发芽薯块数占总薯块数的百分比。发芽标准：以块茎顶芽生长达 2 mm 时为发芽。

休眠期：块茎通过休眠所需要的时间。以 5% 块茎发芽时为通过休眠期。

休眠幅度（块茎发芽一致性）：从 5% 块茎发芽至群体 90% 块茎发芽所需的时间。

2　结果与分析

2.1　生育期与产量

从表 3 可以看出，陇薯 7 号在武都区鱼龙镇 3 月 11 日播种，9 月 1 日成熟，生育期 126 d，块茎形成早，从出苗到块茎开始膨大需要 50 d，块茎发育期 75 d，产量 2 638 kg/667 m²；渭源县会川镇 4 月 23 日播种，10 月 10 日成熟（环境条件不适于其生长），生育期 135 d，块茎形成较晚，从出苗到块茎开始膨大需要 69 d，块茎发育期 65 d，产量 2 435 kg/667 m²。

"陇薯 7 号"在武都区整个生育过程提前，成熟期比在渭源县提早 39 d，生育期缩短

9 d，产量达到并超过渭源县产量水平。

表3 不同生态区"陇薯7号"生育期与产量

试验地点	播种期 (D/M)	出苗期 (D/M)	块茎形成期 (D/M)	成熟期 (D/M)	收获期 (D/M)	出苗期– 块茎形成期 (d)	块茎形成期– 成熟期 (d)	生育期 (d)	产量 (kg/667 m²)
武都区鱼龙镇	11/03	29/04	18/06	01/09	01/09	50	75	126	2 638
渭源县会川镇	23/04	29/05	06/08	10/10	10/10	69	65	135	2 435

2.2 块茎形成与膨大规律

2.2.1 单株结薯数的变化

"陇薯7号"虽然在两个不同生态区块茎形成时期不同，最大结薯数量不同，但块茎形成的过程基本相同，变化趋势一致，表现为前期块茎数量快速增加，中期缓慢增加，后期稳定不增加的形成规律(图1，图2)。

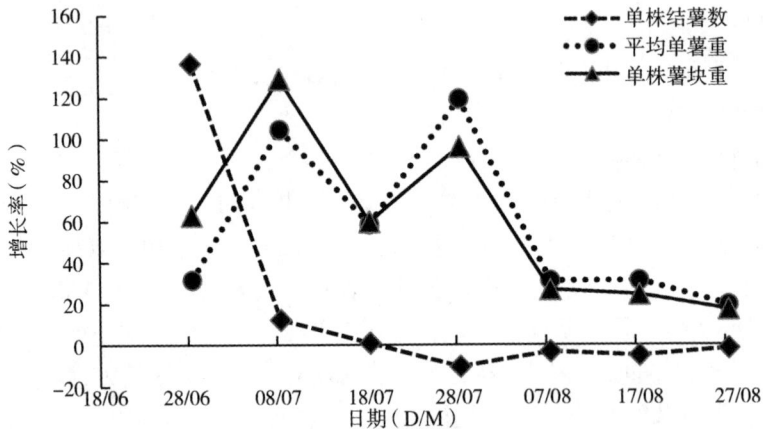

图1 单株结薯数、平均单薯重、单株薯块重增长率动态变化(武都)

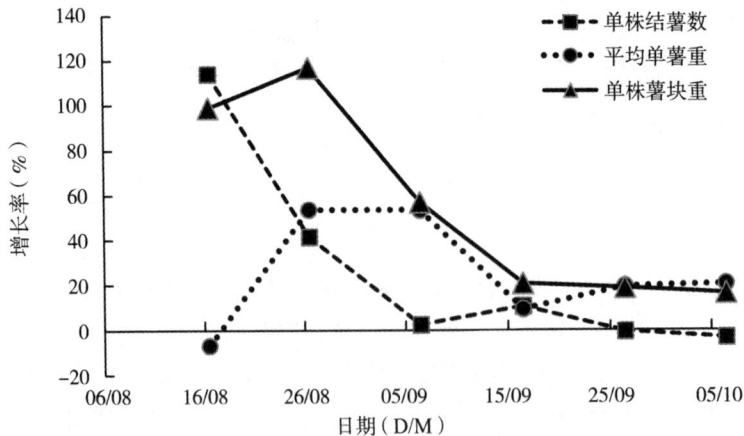

图2 单株结薯数、平均单薯重、单株薯块重增长率动态变化(渭源)

从表4可以看出，在武都区鱼龙镇，6月18~28日，块茎数量快速增加，由3.3个增加到7.8个，日增量0.45个，6月28日至7月18日，块茎数量继续增加，由7.8增加到8.8个，平均日增0.05个，7月18日以后块茎数量不在增加，基本保持在8.0个左右。在渭源县会川镇，8月6~26日块茎数量快速增加，由2.9个增加到8.7个，平均日增0.29个，8月26日至9月15日，块茎数量继续增加，由8.7个增加到9.8个，平均日增0.06个，9月15日以后块茎数量不在增加，基本保持在9个左右。

表4 不同生态区"陇薯7号"块茎发育动态变化

试验地点	测定日期 （D/M）	单株结薯数 （个）	日增量 （个/d）	平均单薯重 （g）	日增量 （g/d）	单株薯块重 （g）	日增量 （g/d）	单株薯块体积 （mL）	日增量 （mL/d）
武都区 鱼龙镇	18/06	3.3	—	4.45	—	28.05	—		
	28/06	7.8	0.45	5.85	0.14	45.66	1.76		
	08/07	8.7	0.09	11.96	0.61	104.48	5.88		
	18/07	8.8	0.01	18.95	0.70	166.79	6.23		
	28/07	7.9	-0.09	41.53	2.26	326.67	15.99		
	07/08	7.6	-0.03	54.39	1.29	413.33	8.67		
	17/08	7.2	-0.04	71.30	1.69	513.33	10.00		
	27/08	7.1	-0.01	84.91	1.36	600.00	8.67		
渭源县 会川镇	06/08	2.9	—	22.07	—	63.27	—	69.1	—
	16/08	6.1	0.33	20.50	-0.16	125.71	6.24	114.9	4.58
	26/08	8.7	0.25	31.41	1.09	272.25	14.65	253.3	13.85
	05/09	8.9	0.02	48.08	1.67	426.32	15.41	405.3	15.20
	15/09	9.8	0.09	52.50	0.44	514.08	8.78	435.0	2.97
	25/09	9.7	-0.01	62.68	1.02	610.09	9.60	569.0	13.40
	05/10	9.4	-0.03	75.54	1.29	710.07	10.00	652.7	8.37

注：表中空白处未测量。

2.2.2 平均单薯重的变化

单薯重的变化与结薯数的变化不同，随着生育期的延长而持续增加，变化过程在两个不同生态区略有不同，武都呈现缓慢增长-快速增长-缓慢增长-快速增长-稳定增长五个阶段（图1），而渭源会川呈现缓慢增长-快速增长-稳定增长三个阶段（图2）。

从表4可以看出，在武都区鱼龙镇，6月18~28日，单薯重增长比较缓慢，日增鲜重0.14 g；6月28日至7月8日，增长速率加快，日增0.61 g；7月8~18日，由于高温的影响，增长速率变化不明显，日增重 0.70 g；7 月 18~28 日，增长速率加快，日增量最高达到 2.26 g，7 月 28 日至 8 月 27 日，增长速率有所变慢，但仍保持较快的增长，平均日增鲜重 1.45 g。在渭源县会川镇，8 月 6~16 日，单薯重变化不明显；8 月 26 日至 9 月 5 日，单薯重快速增长，日增鲜重最高达到 1.67；9 月 5 日至 10 月 5 日，单薯重增长速率有所变慢，仍保持较快的增长，平均日增鲜重 0.92 mg。

2.2.3 单株薯块鲜重和体积的变化

单株薯块鲜重的变化与单薯重变化具有相同的趋势，随着生育期的增加而持续增长，变化过程同样因生态区不同略有不同，武都呈现缓慢增长–快速增长–缓慢增长–快速增长–稳定增长的五个阶段(图 1)，而渭源会川呈现缓慢增长–快速增长–稳定增长三个阶段(图 2)。

由表 4 可以看出，在武都区鱼龙镇，6 月 18~28 日，单株薯块鲜重增长比较缓慢，日增鲜重 1.76 g；6 月 28 日至 7 月 8 日，快速增长，日增重 5.88 g；7 月 8 日至 7 月 18 日，由于高温影响，增长速率变化不明显，日增重 6.23 g；7 月 18~28 日，增长速率加快，日增鲜重最高达到 15.99 g；7 月 28 日至 8 月 27 日，增长速率有所变慢，但仍保持较快的增长，平均日增鲜重 9.11 g。在渭源县会川镇，8 月 6~16 日，单株薯块鲜重增长比较缓慢；8 月 26 日至 9 月 5 日，单株薯块鲜重快速增长，日增鲜重最高达到 15.41 g；9 月 5 日至 10 月 5 日，单株薯块鲜重增长速率有所变慢，仍保持较快的增长，平均日增鲜重 9.19 g。单株薯块体积的变化与单株薯块鲜重的变化趋势相同(渭源点)，随生育期的延长持续增长。

2.3 块茎休眠规律

2.3.1 不同生态区对块茎休眠的影响

由表 5 可知，在不同区域不同季节种植的"陇薯 7 号"，生理成熟期(或在环境条件不适宜生长时)收获的块茎，休眠期和休眠幅度接近，但收获的时间早，通过休眠的时间就早。9 月 1 日武都收获的块茎，10 月 23 日开始发芽，11 月 13 日之前已有 88% 的块茎通过休眠，12 月 4 日全部通过休眠，比渭源 10 月 10 日收获的块茎早 34 d 通过休眠，基本可以满足冬播要求。

表 5　不同生态区"陇薯 7 号"块茎发芽动态

试验地点	收获期(D/M)	发芽率(%)											休眠期(d)	休眠幅度(d)
		23/10	30/10	06/11	13/11	20/11	27/11	04/12	12/12	19/12	26/12	03/01		
武都区鱼龙镇	01/09	8.0	48.0	76.7	88.0	92.7	97.5	100.0					52	35
渭源县会川镇	10/10					9.8	18.6	48.0	79.2	91.0	100.0		48	36

注：贮藏条件 25℃、相对湿度 90%、黑暗条件下贮藏。下同。

2.3.2 不同收获期对块茎休眠的影响

由表 6 可以看出，收获越早，块茎发芽越早，但休眠期延长。提前 10，20 和 30 d 收获，发育时间分别比对照提早了 14，7 和 7 d，而休眠期分别延长了 3，13 和 16 d，休眠幅度变化无规律。

表6 不同收获期"陇薯7号"块茎发芽动态

收获期 （D/M）	发芽率（%）								休眠期 （d）	休眠幅度 （d）
	13/11	20/11	27/11	04/12	12/12	19/12	26/12	03/01		
10/09	8.7	19.3	45.6	66.7	97.3	100			64	29.0
20/09		8	17.3	36	77	91	99	100.0	61	42.0
30/09		6.7	15.8	19	37	85	92	100.0	51	42.0
10/10（CK）			9.8	18.6	48	79.2	91	100.0	48	35.0

3 讨 论

甘肃省陇南武都区高海拔山区，热量充足，无霜期短，可早播早收，成熟期比在渭源高寒阴湿区提早39 d，产量2 638 kg/667 m²，达到并超过渭源高寒阴湿区2 435 kg/667 m²的产量水平，可以作为北繁南种的种薯繁育基地。

"陇薯7号"单株薯块鲜重的增加，前期是结薯数和单薯重共同增加的结果，后期则主要是单薯重增加的结果。由于单株薯块鲜重在生育后期保持较高的增长率，因此提前采收对产量影响较大。

种植区域对"陇薯7号"块茎的休眠特性（休眠期、休眠幅度）无显著影响。陇南高海拔山区成熟期提早到8月底至9月初，块茎通过休眠的具体时间提前34 d，11月中旬已有88%的块茎通过休眠，基本可以满足冬播要求；同一区域、同一地块、同期播种，收获时间越早，块茎通过休眠的时间就越早，但休眠期越长。"陇薯7号"成熟块茎在25℃、相对湿度90%、黑暗条件下贮藏，休眠期48~52 d，休眠幅度约35 d。

[参 考 文 献]

[1] 李小波, 安康, 方志伟, 等. 2014年广东省冬种马铃薯品种比较试验 [J]. 中国马铃薯, 2016, 30(1): 6-9.
[2] 隋启君. 南方冬作区马铃薯考察报告 [J]. 中国马铃薯, 2012, 26(5): 311-313.
[3] 张丽莉, 陈伊里, 连勇. 马铃薯块茎休眠及休眠调控研究进展 [J]. 中国马铃薯, 2003, 17(6): 352-356.
[4] 李元宝, 文钢, 李世风, 等. 马铃薯块茎休眠和发芽的机理及调控研究进展 [C]//屈冬玉, 陈伊里. 马铃薯产业与粮食安全. 哈尔滨: 哈尔滨工程大学出版社, 2009.
[5] 刘悦善, 李成, 王东霞, 等. 加工型马铃薯品种微型薯种薯贮藏期内源激素含量、阈值和休眠期相关性分析 [J]. 中国农业科学, 2015, 48(2): 262-269.
[6] 樊荣, 宋波涛, 谢从华, 等. 春秋两季马铃薯微型薯休眠期及发芽特性比较分析 [J]. 中国马铃薯, 2009, 23(5): 277-279.
[7] 闫晓洋. 不同马铃薯品种休眠特性的研究 [D]. 杨凌: 西北农业科技大学, 2017.

榆林沙区不同灌溉模式对马铃薯
生长和水分利用效率的影响

张 圆[1,2]，张 雄[1*]，王 雯[1]，强羽竹[2]

(1. 榆林学院生命科学学院，陕西 榆林 719000；
2. 榆林市农业科学研究院，陕西 榆林 719000)

摘 要：针对榆林沙区马铃薯生产中耗水量大、水分利用效率低的问题开展试验。设置喷灌、滴灌、沟灌 3 种灌溉方式，其中喷灌和滴灌各设置高、中、低 3 个灌水量，共 7 个处理。结果表明，滴灌处理下马铃薯出苗率最高；在前期，滴灌模式显著提高了马铃薯株高、主茎数、叶面积指数($P < 0.05$)，对茎粗影响不明显。产量方面，滴灌条件下的高灌量处理(D1)的马铃薯的产量显著高于其他处理 16.63%~45.09%($P < 0.05$)；水分利用效率方面，滴灌处理的马铃薯水分利用效率显著高于喷灌和沟灌处理($P < 0.05$)，其中在 2 400 m³/hm² 灌量下，滴灌处理的水分利用效率较喷灌处理高 40.13%。综上，在榆林沙区，滴灌条件下高灌量处理有助于提高马铃薯的产量和水分利用效率，为该地区最优的灌溉模式。

关键词：马铃薯；灌溉模式；陕北地区

榆林市位于陕西省北部，是全国马铃薯五大优生区之一，全市马铃薯总种植面积约 17 万 hm²[1]，仅次于玉米。榆阳区、定边、靖边等县区近年来新开垦的沙地土壤疏松，地下水开采容易，富含马铃薯需要的钾，加之昼夜温差大，所产马铃薯表皮光滑，薯形标准，干物质含量高，也曾创造过多项全国产量记录[2]。目前已发展大型种植农场近 2 万 hm²，主要以喷灌为主，经济效益显著。但沙地保水保肥性较差，需要多次喷水和追肥。据统计，喷灌圈种植的马铃薯生育期内需喷水 10 多次，灌水量 250~300 m³/667 m²，对本地区地下水资源和环境造成较大影响。针对此情况，通过田间试验，开展榆林沙区不同灌溉模式对马铃薯生长、产量和水分利用率等指标的影响研究，探讨马铃薯的最佳灌溉模式和适宜的灌水量，以提高水分利用效率。

1 材料与方法

1.1 试验区概况

试验地位于榆林市国家现代农业科技园区(E 109°43′，N 38°23′)，海拔 1 100 m，前

作者简介：张圆(1991—)，男，硕士研究生，主要从事马铃薯及玉米栽培研究工作。
基金项目：陕西水利科技计划项目(2019slkj-18)；国家自然科学基金项目(41763011)。
* 通信作者：张雄，博士，教授，主要从事西北旱区农业节水研究，e-mail：yulinzhang2007@126.com。

茬作物为玉米，土壤类型为沙壤土，土壤 pH 8.1，0~40 cm 土壤容重为 1.77 g/cm³，有机质含量 7.85 g/kg，铵态氮含量 5.79 mg/kg，硝态氮含量 1.03 mg/kg，有效磷含量 6.77 mg/kg，速效钾含量 55.52 mg/kg。

1.2　试验设计

试验于 2020 年 4 月 22 日播种，9 月 9 日收获。根据当地生产实际共设置 7 个处理（表 1），4 次重复，每小区面积 36 m²（8 m × 4.5 m），小区间隔 0.9 m，试验总占地面积 1 701 m²，所有处理均采用垄作，通过水表准确控制每次灌水量，追肥均采用水肥一体化模式，品种统一为"榆薯 5 号"，密度 44 460 株/hm²，底肥施有机肥 1 m³/667 m²，六国化工专用肥（10∶15∶20）80 kg/667 m²。生育期内根据土壤墒情和降水特点共分 10 次灌水，其他管理方式相同。

表 1　不同处理灌水量

处理	灌水量（m³/hm²）
喷灌高灌水量（S1）	3 900
喷灌中灌水量（S2）	3 150
喷灌低灌水量（S3）	2 400
滴灌高灌水量（D1）	2 400
滴灌中灌水量（D2）	1 950
滴灌低灌水量（D3）	1 500
沟灌（GA）	3 900

1.3　测定项目及方法

出苗率：苗期苗齐后进行统计；

株高：卷尺测量地面到植株直立最高处，每个生育时期每小区随机取 10 株；

主茎粗：用游标卡尺在主茎最粗处测量，取平均值，每个生育时期每小区随机取 10 株；

主茎数：块茎膨大期每小区随机取 10 株测量；

叶面积指数：打孔称重法；

产量指标：成熟期取 10 株测量单株块茎重、单株结薯数、商品薯率（≥150 g），实测全小区产量。

水分利用率（WUE）= 每公顷经济产量（Ya）/作物耗水量（Eta），其中 Eta = EP + I − △W，即降水量 + 灌水量 − 播种和收获时土壤贮水量之差，△W = 土壤厚度 × 土壤容重 × 土壤水百分含量差。

1.4　数据处理与统计分析

试验利用 SPSS 19.0 对数据进行统计和分析，多重比较采用 LSD 法（$P < 0.05$），利用

OriginPro 9.1 软件制图。

2 结果与分析

2.1 不同灌溉模式对马铃薯生长发育的影响

2.1.1 不同灌溉模式对马铃薯出苗率的影响

出苗前对试验田进行了 1 次灌溉，由图 1 可以看出，滴灌处理的出苗率普遍高于喷灌和沟灌处理，其中 D2 处理出苗率最高，为 86.11%，分别较 S1、S2、S3、GA 处理高 5.38%、22.92%、18.75%、10.07%，滴灌 3 个处理间差异不显著，喷灌处理中 S1 分别较 S2、S3 高 27.74%、19.85%，差异显著($P < 0.05$)。同一灌水量条件下，D1 处理和 S3 处理差异显著($P < 0.05$)，S1 处理和 GA 处理间差异不显著($P > 0.05$)。

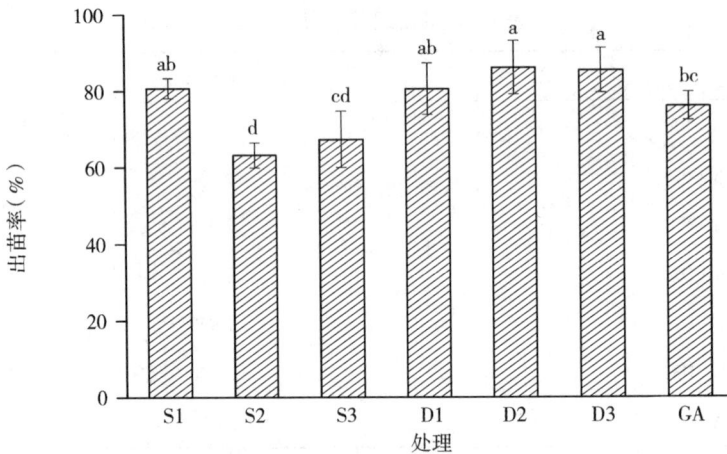

注：不同小写字母表示差异达 0.05 水平显著。下同。

图 1 不同灌溉模式下马铃薯出苗率

2.1.2 不同灌溉模式对株高、主茎粗、主茎数及叶面积指数的影响

由表 2 可以看出，不同灌溉模式对株高有显著影响，除成熟期外，滴灌处理株高普遍高于喷灌，同一灌水量下，D1 处理显著高于 S3($P < 0.05$)，S1 仅在淀粉积累期高于 GA ($P > 0.05$)。由于后期降雨较多，喷灌处理快速增高，并最终在成熟期超过滴灌处理。各处理叶面积指数(图 2)变化趋势与株高类似，苗期至淀粉积累期一直处于增长状态，在苗期和块茎形成期，滴灌处理均显著高于喷灌处理($P < 0.05$)，而在块茎膨大期之后，喷灌处理快速增长，在淀粉积累期超过了滴灌处理。茎粗方面，除块茎膨大期外，各生育期的各处理间均无显著差异($P > 0.05$)。在块茎膨大期植株主茎数基本稳定，对该时期的调查数据显示(图 3)，滴灌处理主茎数普遍高于喷灌和沟灌处理，其中 D2 处理最高、D1 次之，D2 处理分别较 S1、S2、S3 高 22.16%、23.12%、30.38%，差异显著($P < 0.05$)。滴灌和喷灌内部处理间差异不显著($P > 0.05$)。

表 2　不同灌溉模式对株高、茎粗的影响

指标	处理	苗期	块茎形成期	块茎膨大期	淀粉积累期	成熟期
株高(cm)	S1	22.65 bc	32.85 c	47.90 bc	62.87 abc	81.46 a
	S2	20.66 c	33.15 bc	47.33 c	59.83 bc	82.81 a
	S3	21.77 bc	32.62 c	46.22 c	55.96 c	73.91 a
	D1	27.45 a	38.77 a	54.45 a	69.44 a	74.50 a
	D2	23.29 bc	35.27 abc	50.56 b	66.34 ab	67.84 a
	D3	24.98 ab	38.16 a	48.25 bc	62.80 abc	70.21 a
	GA	24.35 abc	36.98 ab	50.71 b	61.61 bc	70.43 a
茎粗(mm)	S1	6.00 a	8.59 a	11.36 bc	12.53 a	12.43 a
	S2	5.93 a	8.40 a	10.67 c	11.47 a	12.30 a
	S3	6.27 a	8.58 a	10.38 c	10.65 a	12.55 a
	D1	6.90 a	9.36 a	12.78 a	11.65 a	11.77 a
	D2	6.63 a	8.52 a	12.34 ab	11.36 a	10.88 a
	D3	6.25 a	8.13 a	11.15 bc	11.82 a	10.73 a
	GA	6.13 a	8.48 a	11.21 bc	12.61 a	11.61 a

注：不同小写字母表示差异达 0.05 水平显著。下同。

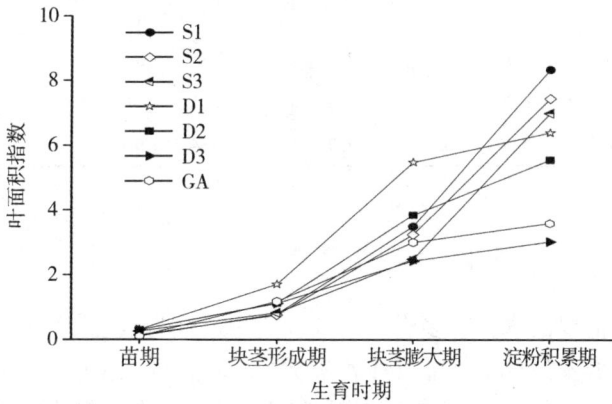

图 2　不同灌溉模式对叶面积指数影响

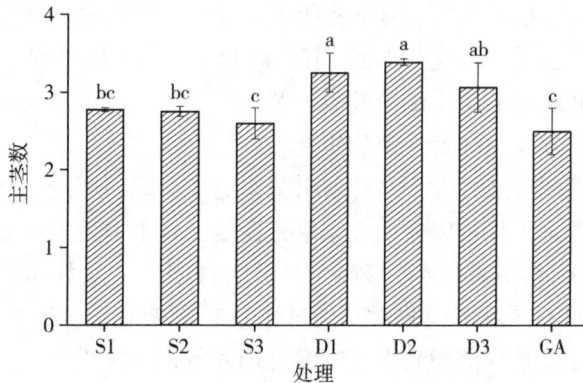

图 3　不同灌溉模式对主茎数的影响

2.2 不同灌溉模式对马铃薯产量和水分利用效率的影响

由表 3 可见，不同处理的单株结薯数方面表现差异不显著（$P > 0.05$），D1 处理最高，为 8.50 个/株，GA 处理最低，为 6.50 个/株。单株块茎重方面，D1 处理最高，显著高于 S3 和 D3 处理（$P < 0.05$），与其他处理差异不显著（$P > 0.05$），GA 处理高于 S1 处理，但差异不显著（$P > 0.05$）。商品薯率表现与单株块茎重基本一致，以 D1 处理和 GA 处理较高。产量方面，D1 处理显著高于其他各处理（$P < 0.05$），为 41 076 kg/hm²，较 S3 处理高 45.09%，较 D2、D3 处理高 16.63%、31.20%，D2 处理排第二位，GA 产量高于 S1，但差异不显著（$P > 0.05$）。水分利用率方面，滴灌处理显著高于喷灌和沟灌处理（$P < 0.05$），滴灌 3 个处理表现为 D1 > D2 > D3，喷灌处理 3 个处理表现为 S3 > S1 > S2，D1 处理较 S3 高 40.13%，GA 处理与 S1 差异不显著（$P > 0.05$）。

表 3　不同灌溉模式对马铃薯产量和水分利用效率的影响

处理	单株结薯数(个)	单株块茎重(g)	商品薯率(%)	产量(kg/hm²)	水分利用效率(kg/mm·hm²)
S1	8.10 a	957.50 a	73.53 abc	33 263 bc	53.04 d
S2	8.13 a	918.33 ab	71.92 abc	28 611 d	51.85 d
S3	8.03 a	696.67 c	63.89 c	28 311 d	61.52 c
D1	8.50 a	1 045.00 a	83.71 a	41 076 a	86.21 a
D2	8.17 a	986.67 a	77.55 ab	35 219 b	80.48 ab
D3	7.55 a	761.67 bc	67.21 bc	31 307 cd	77.32 b
GA	6.50 a	963.33 a	82.73 a	34 556 bc	55.14 cd

3　讨　论

马铃薯生长发育需要的水分较多[3]，且对水分胁迫较为敏感[4]。供水量过大时，也会不利于马铃薯生长，容易造成植株器官坏死或腐烂[5]。大量试验研究表明，不同灌溉方式和灌水量对马铃薯的生长发育、产量品质和水分利用效率等存在影响，如 Ierna 和 Mauromicale[6] 发现高灌水量对马铃薯的生长有促进作用，高月[7] 试验发现灌水量对马铃薯叶面积指数和株高等存在显著影响，耿浩杰等[8] 发现灌溉定额过大或过小，都将会对马铃薯块茎品质产生负效应，韩翠莲等[9] 发现膜下滴灌的水分利用效率方面显著高于其他处理。但前人关于喷灌和滴灌的对比试验较少，尤其是陕北地区目前大量利用喷灌技术，对水资源的使用量较大，却缺乏较为系统的研究。

本研究通过试验发现滴灌处理下马铃薯出苗率更高，原因可能是滴灌更有利于马铃薯薯块发芽，因为滴灌处理不仅可以保证土壤水分含量，且土壤透气性好，减少了薯块腐烂比例[10]。在生长前期，滴灌模式显著提高了马铃薯株高、主茎数和叶面积指数，而对主茎粗无显著影响，说明不同灌溉模式对马铃薯主茎粗影响较小，这与秦军红[11] 的研究结果一致。7~8 月，因陕北地区降雨较多，喷灌处理才得以迅速生长，这在株高等多项指标均有体现。马铃薯水分敏感期为开花期，需水量最多的关键时期是块茎形成到块茎膨大期，榆林地区前期干旱的条件下，滴灌处理在生长前期可以保证较好的水分供应，喷灌处理一定程度上延缓了马铃薯生育进程。

不同灌溉模式产量表现为 D1 > D2 > GA > S1 > D3 > S2 > S3，D1 处理产量显著高于其他各处理（$P < 0.05$），且单株结薯数、单株块茎重和商品薯率均表现为最高。滴灌 3 个处理的水分利用效率显著高于喷灌和沟灌各处理（$P < 0.05$）。虽然沟灌处理在灌水量较大的情况下，也可以获得较高的产量和商品薯率，但水分利用率较低。

综合马铃薯生长发育情况、产量表现和水分利用效率等多项指标可见，本试验条件下，D1 处理即滴灌方式 2 400 m^3/hm^2 灌水量表现最优，耗水较少的情况下产量水平依然较高。但这只是一年的大田试验表现，需要进一步试验验证，结合植株酶活性、块茎品质、经济产出比等指标进行系统评价，为榆林地区现代农业高质量发展提供理论依据。

[参 考 文 献]

[1] 张媛媛. 榆林地区马铃薯主栽品种的茎尖脱毒研究 [D]. 杨凌: 西北农林科技大学, 2019.

[2] 常勇, 黑登照, 方玉川, 等. 榆林市马铃薯主粮化发展现状与对策 [C]//屈冬玉, 陈伊里. 马铃薯产业与中国式主食. 哈尔滨: 哈尔滨地图出版社, 2016.

[3] 黑龙江省农业科学院马铃薯研究所. 中国马铃薯栽培学 [M]. 北京: 中国农业出版社, 1994.

[4] 白雅梅. 马铃薯的需水特性及水分协迫对其生理特性的影响 [J]. 中国马铃薯, 1999, 13(2): 117-120.

[5] 韦冬萍, 韦剑锋, 吴炫柯, 等. 马铃薯水分需求特性研究进展 [J]. 贵州农业科学, 2012, 40(4): 66-70.

[6] Ierna A, Mauromicale G. Potato growth, yield and water productivity response to different irrigation and fertilization regimes [J]. Agricultural Water Management, 2018, 201: 21-26.

[7] 高月. 榆林沙土区不同水肥供应对马铃薯生长和水肥利用的影响 [D]. 杨凌: 西北农林科技大学, 2017.

[8] 耿浩杰, 尹娟, 吴娇, 等. 不同灌水量对马铃薯生长、耗水及产量品质的影响 [J]. 节水灌溉, 2019, 283(3): 43-47.

[9] 韩翠莲, 霍轶珍, 朱冬梅. 不同灌溉方式对马铃薯光合特性和产量的影响 [J]. 节水灌溉, 2018(3): 27-29, 34.

[10] 王凤新, 康跃虎, 刘士平. 滴灌与沟灌马铃薯覆膜效应研究 [J]. 中国生态农业学报, 2003(4): 104-107.

[11] 秦军红. 马铃薯对水分的响应及膜下滴灌技术增产机制的研究 [D]. 呼和浩特: 内蒙古农业大学, 2013.

不同覆盖方式对马铃薯农艺性状及产量的影响

王毛毛*，高青青，张艳艳，张春燕，张媛媛，杨小琴，陈丽娟

（榆林市农业科学研究院，陕西　榆林　719000）

摘　要：通过2年的试验，研究了3种覆盖方式对马铃薯农艺性状和产量的影响。结果表明，马铃薯栽培试验3种不同覆盖处理中，不覆膜处理虽然在株高方面对其影响次于覆白膜处理和覆黑膜处理，但在单株块茎重、单株块茎数、商品薯率等农艺性状的影响效果均优于其他处理，不覆膜处理在产量方面也优于其他覆膜处理。

关键词：马铃薯；覆盖方式；性状；产量

马铃薯作为中国主要粮食作物之一，不仅是一种粮食，也是一种蔬菜，又是一种食品工业原料和优质饲料作物，具有悠久栽培历史。马铃薯地膜覆盖栽培是马铃薯生产技术上的一项重要革新，具有简单省工，抗旱耐寒等特征[1,2]。本试验为探索陕西省榆林市马铃薯地膜覆盖栽培增产增收的潜力，连续2年开展不同覆盖方式试验，寻找适合榆林市旱地马铃薯种植的较佳覆盖模式，并为榆林市马铃薯高产集成技术与示范推广提供科学依据。

1　材料与方法

1.1　试验地概况

试验地位于榆林市农业科学研究院榆卜界示范园（E 109°45′9.6″，N 38°22′38″），海拔1 080 m，土壤类型为壤土，土地平整，肥力中等，具体见表1。

表1　2018~2019年不同覆盖方式试验地基本情况

年份	试验地	土壤类型	前作	海拔
2018	榆林农业科学研究院榆卜界试验区	壤土	玉米	1 080 m
2019	榆林农业科学研究院榆卜界试验区	壤土	食用豆	1 080 m

1.2　田间设计

所选试验品种为"紫花白"，设置3个处理，分别为覆白膜、覆黑膜和不覆膜（CK），每个处理3次重复，小区面积为20 m²，具体见表2。

作者简介：王毛毛（1985—），女，农业推广硕士，助理农艺师，主要从事马铃薯茎尖脱毒与病毒检测工作。

基金项目：国家马铃薯产业技术体系专项资金（CARS-09）；陕西省科技重点产业创新链项目（2018ZDCXL-NY-03-01）；2019年国家现代农业产业园-陕西省榆林市榆阳区现代农业产业园项目；陕西省农业科技创新驱动资金项目（NYKJ-2018-YL02）。

*通信作者：王毛毛，e-mail：404768583@qq.com。

表 2 2018~2019 年田间设计情况

年份	品种	3 个处理覆膜方式			密度(株/667 m²)	试验地净占地面积(m²)
2018	紫花白	不覆膜(CK)	覆白膜	覆黑膜	2 470	180
2019	紫花白	覆白膜	覆黑膜	不覆膜(CK)	2 470	180

1.3 栽培管理

试验地播种时间为 2018 年 5 月 6 日和 2019 年 5 月 13 日,播种方式均为先机械起垄后人工垄上播种。基肥均为六国化工(10:15:20)80 kg/667 m²。2018 年追施美盛混合肥 25 kg/667 m²;普滋钙 3 kg/667 m²、尿素 12 kg/667 m²(分 3 次施入)、硝酸钙镁 10 kg/667 m²(分 2 次施入)。2019 年追施六国化工(20:0:24)20 kg/667 m²(分 4 次施入)、尿素 10 kg/667 m²(分 2 次施入)、硝酸钙镁 10 kg/667 m²(分 2 次施入)。2018 年从 6 月 5 日至 8 月 16 日采用滴灌形式灌水 8 次;2019 年从 6 月 5 日至 9 月 16 日采用喷灌形式灌水 8 次。病虫害防治方面均为 8 次,中耕培土 1 次,人工锄草 3 次。

2 结果与分析

2.1 不同地膜覆盖对马铃薯株高的影响

结合 2 年数据,不同覆盖方式各处理平均株高为 71.47~78.75 cm。覆膜处理均高于对照不覆盖处理,其中覆白膜处理的株高最高,为 78.75 cm,较对照处理提高 10.19%;其次为覆黑膜处理,为 71.57 cm,较对照处理提高 0.14%(表 3)。

表 3 不同覆盖方式马铃薯株高

处理	株高(cm)			较对照增减(%)	位次
	2018	2019	平均		
覆白膜	103.40	54.10	78.75	10.19	1
覆黑膜	92.63	50.50	71.57	0.14	2
不覆膜(CK)	88.53	54.40	71.47	—	3

2.2 不同地膜覆盖对马铃薯块茎性状的影响

结合 2 年数据,不同覆盖方式各处理间单株块茎重为 1.60~1.69 kg/株。其中,对照处理的单株块茎重最大,为 1.69 kg/株,覆白膜处理的单株块茎重次之,为 1.67 kg/株,较对照处理降低 1.18%;覆黑膜处理的单株块茎重最低,为 1.60 kg/株,较对照处理降低 5.33%(表 4)。

表 4　不同覆盖方式马铃薯单株块茎重

| 处理 | 单株块茎重(kg/株) | | | 较对照增减(%) | 位次 |
	2018	2019	平均		
覆白膜	1.98	1.35	1.67	-1.18	2
覆黑膜	1.94	1.26	1.60	-5.33	3
不覆膜(CK)	1.86	1.51	1.69	—	1

结合 2 年数据,不同覆盖方式各处理间单株块茎数为 7.07~7.47 个/株。其中,对照处理的单株块茎数最高,为 7.47 个/株,覆黑膜处理的单株块茎数次之,为 7.45 个/株,较对照处理降低 0.22%;第三位是覆白膜处理的单株块茎数,为 7.07 个/株,较对照处理降低 5.36%(表 5)。

表 5　不同覆盖方式马铃薯单株块茎数

| 处理 | 单株块茎数(个/株) | | | 较对照增减(%) | 位次 |
	2018	2019	平均		
覆白膜	8.17	5.97	7.07	-5.36	3
覆黑膜	9.57	5.33	7.45	-0.22	2
不覆膜(CK)	7.93	7.00	7.47	—	1

结合 2 年数据,不同覆盖方式各处理间商品薯率为 74.79%~81.24%。其中,对照处理的商品薯率最大,为 81.24%,覆白膜处理的商品薯率次之,为 80.42%,较对照处理降低 1.02%;第三位是覆黑膜处理的商品薯率,为 74.79%,较对照处理降低 7.95%(表 6)。

表 6　不同覆盖方式马铃薯商品薯率

| 处理 | 商品薯率(%) | | | 较对照增减(%) | 位次 |
	2018	2019	平均		
覆白膜	86.44	74.40	80.42	-1.02	2
覆黑膜	82.26	67.31	74.79	-7.95	3
不覆膜(CK)	83.72	78.77	81.24	0	1

2.3　不同地膜覆盖对马铃薯产量的影响

结合 2 年数据,不同覆盖方式各处理间产量为 3 126~3 467 kg/667 m²。其中对照处理的产量最高,为 3 467 kg/667 m²,覆白膜处理的产量次之,为 3 286 kg/667 m²,较对照处理降低 5.20%;覆黑膜处理的产量最低,为 3 126 kg/667 m²,较对照处理降低 9.83%(表 7)。

表7　不同覆盖方式马铃薯产量

处理	产量(kg/667 m^2)			较对照增减(%)	位次
	2018	2019	平均		
覆白膜	3 443	3 130	3 286	-5.20	2
覆黑膜	3 513	2 739	3 126	-9.83	3
不覆膜(CK)	3 191	3 743	3 467	—	1

3　讨　论

马铃薯株高、单株块茎重、单株块茎数、商品薯率是影响其产量的主要农艺性状。本试验连续2年结果表明,马铃薯栽培试验3种不同覆盖处理中,不覆膜处理虽然在株高方面对其影响次于覆白膜处理和覆黑膜处理,但在单株块茎重、单株块茎数、商品薯率等农艺性状的影响效果均优于其他处理,不覆膜处理在产量方面也优于其他覆膜处理。由于分2年进行试验,受气候等客观因素的影响,对马铃薯农艺性状及其产量均有不同程度的影响,若再重复进行试验,将降低这些因素对试验结果的影响。因此,榆林地区5月前后种植马铃薯,不对其进行覆膜处理,其产量将会更高,商品薯率也会更高。

[参 考 文 献]

[1] 刘明举,刘垚,周应友,等. 不同地膜与覆盖方式对马铃薯经济性状及产量的影响 [J]. 耕作与栽培,2013(5):37-38.

[2] 刘玉佩,黄雪琳,谭小莉,等. 不同覆盖处理对免耕马铃薯农艺性状和产量的影响 [J]. 河南农业科学,2009(5):113-115.

汉中市大棚马铃薯——生姜周年轮作
绿色高效栽培技术

张　星，刘　勇*，郝兴顺，魏芳勤，荆　丹

（汉中市农业科学研究所，陕西　汉中　723000）

摘　要：为丰富汉中市大棚马铃薯后茬轮作模式，提高陕南地区马铃薯大棚及土地的利用效率。以早、优、特为目标，结合本地生态特点及生姜品种优势，连续3年在汉中市城固县陈丁村开展试验示范，从茬口安排、品种搭配、栽培要点等方面进行了总结，该模式可供汉中地区平川县地区借鉴参考。

关键词：汉中市；大棚；马铃薯；生姜；栽培；轮作

大棚马铃薯是汉中设施蔬菜栽培的重要模式，年种植面积约 0.2 万 hm²；汉中城固县已成为全国十大生姜种植县之一，年种植面积约 0.1 万 hm²。汉中大棚马铃薯在 4 月中下旬收获上市，正值北方蔬菜淡季且此时南方马铃薯产区马铃薯已销售结束，因此汉中大棚马铃薯上市期价格高、种植效益好。近年来规模化集中连片种植基地不断增加，但后茬作物单一是制约汉中大棚马铃薯产业进一步发展和效益提升的主要因素之一。城固生姜是本地特色品种，以皮肉金黄、肉质细嫩、粗壮无筋、辛香浓郁而誉满全国。因此，结合本地品种优势，丰富大棚马铃薯后茬作物轮作模式，建立设施蔬菜典型优势模式，对促进设施蔬菜产业进一步发展具有重要意义。已在汉中市 2 个国家级蔬菜生产大县示范推广 635 hm²，效益达 2 万元/667 m² 以上，适合在汉中地区平川县区推广。

1　茬口安排

为提早上市，大棚马铃薯可提早至 11 月中下旬播种，4 月中旬采收。生姜 4 月下旬至 5 月上旬播种，10 月下旬霜冻前收获。

2　品种选择

马铃薯统一主推"早大白""226"等优良品种，选用优质脱毒薯原种。生姜选择适应汉中自然条件的城固黄姜这一本地特色优良品种。

作者简介：张星（1987—），女，硕士，农艺师，主要从事设施蔬菜栽培及示范推广。

基金项目：陕西省农业协同创新与推广联盟项目（LM202002）。

*通信作者：刘勇，研究员，主要从事设施蔬菜栽培，e-mail：371334168@qq.com。

3 技术要点

3.1 大棚早春马铃薯

3.1.1 选用良种,培育壮苗

目前汉中地区脱毒种薯均由新疆喀什地区调入,因此整薯栽种前要晾晒并用甲基托布津和农用链霉素进行浸种消毒,以防外来病虫害。播种前 30 d 选种,小于 60 g 的种薯可以做整薯播种,大于 60 g 的种薯可切块繁殖,将马铃薯种薯切块按顶部、中部和尾部分为一级、二级和三级芽块,每块种薯要保证 1~2 个健壮芽眼,每块 45~60 g 为宜。切块刀具用 0.1%高锰酸钾溶液严格消毒。切好的薯块每 300 kg 用草木灰 4 kg 拌种,既可以做种肥,又可以防病。为促进苗齐苗壮,将处理好的种薯避光于 18~20℃下进行催芽,5 d 左右翻芽一次,促进白芽均匀变绿,至播种前 10~12 d 置于自然光下 12~15℃练芽,催芽过程中剔除烂薯待芽长 1.5 cm 左右,浓绿色时取出播种。

3.1.2 合理密植,分级播种

合理提高播种量和播种密度可有效提高大棚利用率,汉中大棚马铃薯播种密度为 6 000~6 500 穴/667 m²,用种量约 300 kg/667 m²。采用单垄双行双膜覆盖栽培,播种前除杂草深耕 25~30 cm,施足底肥[1],施腐熟猪圈肥 3 500 kg/667 m²、碳铵 80 kg/667 m²,磷二铵 30 kg/667 m²,硫酸钾 40 kg/667 m²、硼肥 1.5 kg/667 m²,扣棚 1 周升温[2]。起垄 20~25 cm,垄宽 75 cm,垄沟宽 30 cm,小行距 25 cm,株距 25~30 cm。为简化放苗流程,可实行分级播种,使每棚出苗时间尽量一致,播完覆盖地膜,当天扣棚。

3.1.3 科学追肥,适时管理

出苗前,保持棚内土壤湿度在 50%左右,棚内温度白天控制在 20℃以下,夜间 12~15℃。播种后 45 d 左右,于晴天 10:00~15:00 及时破膜放苗,避免烧苗。齐苗后,随水追施尿素 5~8 kg/667 m²。发棵期不旱不浇水,但可喷施 0.3%磷酸二氢钾和杀菌剂,提早预防早、晚疫病。结薯期是获得高产的关键期,白天大棚温度控制在 28℃以内,夜间保持在 5~16℃,当日均气温不低于 5℃时可全天开棚通风,此时期管理重点是:控制土壤湿度在 60%左右、加强病虫防治力度、喷施叶面肥延长茎叶功能期。为增加膜的透光性,可不定期竿震荡棚膜,去除膜上水汽。

汉中地区马铃薯主要病虫害是晚疫病[2]、蚜虫、飞虱、地老虎。以绿色无公害为目标[3],做好相关病害的绿色防控,晚疫病主要以早期预防为主,控水、排湿为手段;蚜虫、飞虱、地老虎等害虫施高效低毒农药甲霜灵、百菌清、马拉硫磷等。

3.1.4 及时采收,适时上市

4 月中下旬,即可根据市场价格情况及时采收上市。

3.2 生姜

3.2.1 种姜处理

在播种前 7 d 左右选种,选择健康、无病虫害的姜块做姜种。为防止姜瘟病的传播,用草木灰溶液或 1:1.5:120 的波尔多液将挑好的姜块浸泡 20 min 进行消毒。每块种姜应以 50~100 g 为宜,选择晴天晒姜,晒至姜皮变干发白,可促进生姜发芽,提早出苗、增加

产量，然后在75%甲基托布津800倍液或络氨铜400~600倍液中浸泡4~6 h杀菌，捞出晾干后装在铺有稻草的筐中，置于温暖湿润的地方2~3周，当芽长约1 cm左右时，取出播种。

3.2.2 整地播种

前茬马铃薯收获后将土壤进行深翻曝晒，以利生姜根系生长及降低病害风险。施充分腐熟的有机肥1 500~2 000 kg/667 m² 和生物菌肥40 kg/667 m² 后整地做畦。一般采用高厢栽培法，做成畦宽1.4 m、沟宽30 cm、沟深20 cm的高畦。为防止大水浸泡、在姜地须开好三沟—中沟、边沟和腰沟，沟深30 cm以上。均匀纵开种植沟5条，种植沟深8~10 cm，按15~18 cm株距进行播种栽培，播种时采用平播法，芽朝一个方向排姜种，播种后覆盖5~6 cm厚细泥土，整平畦面，再覆盖1层稻草，保温保湿使其尽快出苗，必须浇足底水，出苗前一般不再浇水。

3.2.3 田间管理

由于汉中地区秋冬日照不足，在马铃薯收获后大棚薄膜即揭除，田间管理可参照生姜露地种植[4]，具体如下：

除草：幼苗期姜苗生长慢而杂草生长快，需要及时除草。但姜为浅根性作物，为避免中耕伤根，可在浇水后中耕1~2次除草。待进入生长旺盛期后，杂草因缺少光照生长不良而逐渐死亡，此时生姜根系发育良好且根茎迅速膨大也不宜中耕除草，若有杂草时需要及时拔除，以免伤根影响生长。

遮荫：生姜早期适宜散射光下生长。播种后，在田块四周及畦面的南侧，适时点播早熟玉米，高大的玉米秸秆，可以保护生姜不被晒伤。在秋季姜块膨大期，不再需要遮阴可将收获后的玉米秆砍倒，增强光照、加强通风、有利于生姜营养物质积累。

浇水：姜为浅根系作物，不耐旱，需合理浇水。第一次浇水在出苗70%时小水勤浇，保持土壤湿度65%~70%，夏季最好在早晨或傍晚浇水，暴雨之后要注意及时排水。立秋后，生姜进入旺盛生长期，需水量增多，一般每5~7 d浇一次水，保持土壤湿度75%~80%。

追肥：一般追2~4次，可结合中耕除草同时进行。在植株生长中后期且地下部开始结姜块时，需肥较多，可在腐熟圈肥中加入0.5%复合肥50 kg/667 m²，于晴天施用，既作追肥又作浇水，效果良好。

病害：汉中地区生姜病害主要是姜瘟病和立枯病。防治上优先采用绿色防治方法[5]，实行3年以上的轮作栽培。严格选择姜种，并做好姜种和地块消毒，其中地块消毒是用40%五路硝基苯粉剂，拌细土20 kg/667 m² 均匀撒施在土中；500倍青姜散浸种30 min；苗期喷施72%农用链霉素2 000倍液，发病期喷施多宁、速补等。田间发现病株要及时拔除、并在病穴用石灰消毒，然后用5%甲托800倍液，或络氨铜400~600倍液，氢氧化铜稀释500~600倍液，灌根一次，交替叶面喷雾2~3次。

虫害：虫害主要是姜螟和小地老虎。防治姜螟用绿又壮土壤处理效果良好。也可用杀螟松、阿维菌素等叶面喷雾。防治小地老虎有诱杀幼虫，用90%敌百虫晶体，配合200 g炒香的麦麸拌湿撒在田间。诱杀成虫则用90%敌百虫晶体、醋、糖、水和白酒按

1∶3∶6∶10∶1兑匀，喷撒于田间。

3.2.4 适时收获

据生姜的不同食用特性其采收可分嫩姜和老姜两种采收方法[6]。

嫩姜采收：一般在8月初即开始采收。早采的姜块肉质鲜嫩、辣味轻，可腌制泡菜或制作豆瓣酱，食味鲜美，但此时的生姜产量较低。

老姜采收：10月下旬，待姜的地上部开始枯黄、根茎充分膨大时采收。这时采收的姜块产量高，辣味重，可作调味品和加工成成品出售，由于含水量低也耐贮藏运输。但采收必须在霜冻前完成，防止生姜受冻，最好晴天完成。

4 效益分析

"大棚马铃薯＋生姜"高效轮作模式茬口安排紧密，发挥了本地生姜品种优势，实现了周年生产，提高了经济效益。在栽培中施入腐熟的农家肥和复合肥，随水施肥减轻了农民的工作量，通过倒茬轮作可有效改善土壤结构，减轻病虫害发生，降低了农药对自然环境的污染。陕南大棚马铃薯平均产量3 537 kg/667 m²，大棚马铃薯产值达到10 084 元/667 m²；生姜产量2 500 kg/667 m²，按4 元/kg 计算，效益10 000 元/667 m²；两茬合计产值高达2 万元/667 m² 以上，很有推广价值。

[参 考 文 献]

[1] 代启贵.冬作马铃薯商品有机肥适宜用量的研究 [D].广州:华南农业大学,2018.

[2] 肖萍,付伟伟,郝兴顺,等.汉中市早熟大棚马铃薯生产技术 [J].长江蔬菜,2013(21):22-23.

[3] 洪雪珍.无公害马铃薯高产高效栽培技术 [J].乡村科技,2019,207(3):82-83.

[4] 王洪浪,朱业斌,辛洪伟,等.生姜露地绿色高效栽培技术探讨 [J].现代园艺,2019(9):70-71.

[5] 吕华,李承永,何海,等.生姜病虫害绿色防控技术试验与集成 [J].中国蔬菜,2020,382(12):108-109.

[6] 李庆芝,李承永,李玲,等.北方地区菜用嫩姜生产技术 [J].中国果菜,2019(10):104-107.

陕北地区马铃薯旱作高产栽培技术

方玉川[1,2*]，常　勇[2]，汪　奎[1,2]

（1. 陕西省马铃薯工程技术研究中心，陕西　榆林　719000；

2. 榆林市农业科学研究院，陕西　榆林　719000）

摘　要：陕北地区土地广阔、土质疏松、平均海拔高、昼夜温差大，非常适宜马铃薯生长，是当地的传统优势农作物。从气候因素、地形因素方面分析了陕北地区的自然条件，并从整地与施肥、种薯选择与处理、规格播种、中耕培土、病虫草害防治、及时收获等方面总结出适宜陕北旱作区的高产栽培技术，对提升陕北旱地马铃薯生产水平意义重大。

关键词：陕北；马铃薯；旱作；高产；栽培技术

陕北地区土地广阔、土质疏松、平均海拔高、昼夜温差大，适宜马铃薯生长，早在延安期间陕甘宁边区政府就指导推广种植马铃薯[1]，但是，陕北地区90%马铃薯种植在旱地上，产量较低。推广高产栽培技术，提高陕北旱作区马铃薯生产水平成为广大科技人员的共识。

1　陕北地区的自然条件

1.1　气候因素

陕北地区为中温带干旱大陆性季风气候，光照充足，四季分明，气候多变，温差较大，气温偏寒[2]，干旱是境内最主要的自然灾害，多数地区年降雨量不足400 mm，且集中在7~9月，适宜种植马铃薯、玉米、小杂粮等农作物。

1.2　地形因素

陕北处于黄土高原地区，大部分地区被黄土层覆盖，土壤质地疏松，经长期河川切割和雨水冲刷，使得高原变得支离破碎，形成千沟万壑[3]。正是由于这种地形特点，使得陕北旱作区农业机械化水平较低。

2　整地与施肥

2.1　选地、整地

选择土层深厚、结构疏松，肥力上中等、排灌条件好的黄绵土和绵沙土，前茬作物以

作者简介：方玉川（1976—），男，高级农艺师，主要从事薯类作物育种、栽培及推广工作。

基金项目：陕西省马铃薯产业技术体系建设项目（SNTX－14）；陕西省农业协同创新与推广联盟示范推广项目（LM201905）；陕西省农业科技创新驱动资金项目（NYKJ－2018－YL02）。

＊**通信作者**：方玉川，e-mail：nksfyc@163.com。

禾谷类作物和豆科作物为好，忌重茬、照茬，也不得与茄科类或白菜、甘蓝等作物轮作，以防止共串病害的发生。秋季要深耕，增加活土层、蓄水蓄肥。一般深度 20～25 cm，能充分接纳秋冬雨水，为马铃薯提供一个良好的生长环境。

2.2 施 肥

按照农家肥为主，化肥为辅；基肥为主，追肥为辅；氮、磷、钾及微量元素结合使用的原则进行施肥。基肥结合整地进行，一般施农家肥 22 500～30 000 kg/hm²，尿素 300～375 kg/hm²，磷酸二铵 375～400 kg/hm²，硫酸钾 150～225 kg/hm²。追肥在现蕾期和开花期结合降雨进行，一般施尿素 225 kg/hm²、硫酸钾 150 kg/hm²，或者尿素 150 kg/hm²、硝酸钾 150 kg/hm²。结合追肥要施用锌、锰、硼等微量元素肥料。

3 种薯选择与处理

3.1 品种选择

选用经过脱毒处理的低代脱毒抗病品种，充分发挥种薯的高产抗病能力。陕北地区马铃薯种植选用的早熟品种有"费乌瑞它""中薯 5 号""希森 6 号"，中熟品种有"晋薯 16 号""LK99""冀张薯 12 号"，晚熟品种有"青薯 9 号""陇薯 7 号""陇薯 10 号""丽薯 6 号"。

3.2 种薯挑选

种薯出窖后要挑选优质种薯，除去冻、烂、病、伤、萎蔫块茎，选取薯块整齐、符合本品种性状、薯皮光滑细腻柔嫩、新鲜的幼龄薯或壮龄薯。

3.3 晒 种

把种薯摊开 2～3 层，摆放在光线充足的阳坡或日光温室内，使温度保持在 10～15℃，让阳光照晒并经常翻动，当薯皮发绿、芽眼萌动时，即可切芽播种了。晒种的主要作用是提高种薯体温，供给足够氧气，促使解除休眠，促进发芽，以统一发芽进度，进一步淘汰病劣薯块，使出苗整齐一致。

3.4 切块、拌种

大芽块是马铃薯丰产的关键，每个芽块的重量最好达到 50 g，最小也不得低于 30 g。芽块最好随切随播，不要堆积时间太长(堆积期间芽块堆内发热，时间过长易造成幼芽灼伤)。播时用滑石粉和甲基托布津拌种(1 kg 种薯用滑石粉 15 g、甲基托布津 0.4～0.5 g)。

4 规格播种

4.1 播种期确定

陕北地区马铃薯根据收获季节分为夏收马铃薯和秋收马铃薯，一般夏收马铃薯 4 月上旬播种，秋收马铃薯 5 月中下旬播种。

4.2 播种方法

梯田地、坝地等平整的地块适宜采用地膜覆盖栽培方式，覆膜带型 1.3 m 左右为宜，在地膜打小孔，方便雨水渗入地膜；每垄种植两行马铃薯，深度为膜下 8~10 cm，垄上小行距 40 cm，株距 36~42 cm，种植密度 37 500~42 000 株/hm²。山坡地采用等高线种植，种植密度 30 000~33 000 株/hm²，适宜采用深播种浅覆土技术，一般沟深 15~20 cm，覆土 10~12 cm，播种后尚留有小沟，利于蓄水保墒[4]。感染病菌腐烂，还可形成愈伤组织，减少水分流失。

5 中耕培土

马铃薯喜疏松的土壤，生长期间必须进行中耕培土，既能有效消除田间杂草，又可增加马铃薯结薯层。中早熟品种一般具有向光性，块茎膨大期容易露出地面变绿，既影响商品性，又使得品质变差，所以应多培土、培厚土，减少变绿块茎数量。

6 病、虫、草害防治

6.1 早疫病、晚疫病防治

晚疫病和早疫病是危害马铃薯最重的病害，可以造成马铃薯严重减产，可用 70%安泰生、45%薯瘟消、66.8%霉多克、53%金雷多米尔锰锌、80%代森锰锌、50%烯酰吗啉、25%阿米西达、68.75 银法利等药剂交替使用防治，为了防治病害产生抗药性，应避免重复使用一种杀菌剂。

6.2 环腐病防治

主要传播途径是种薯，提倡用小整薯播种，不用刀切，避免切刀传病。播前晒种催芽，对种薯进行处理，提前发现病薯，坚决予以淘汰。切种时，切刀用 0.1%高锰酸钾水溶液消毒 10 min 或 75%酒精、5%食盐水消毒。

6.3 地上害虫防治

主要是蚜虫和 28 星瓢虫，危害叶片和叶柄。防治蚜虫可用 10%吡虫啉可湿性粉剂 2 000~3 000 倍液，或 5%抗蚜威可湿性粉剂 1 000~2 000 倍液喷雾防治，28 星瓢虫可用 45%氯氰菊脂 500~600 倍液喷雾防治。

6.4 地下害虫防治

主要是蝼蛄、蛴螬、地老虎和金针虫，取食块茎或咬断根部造成减产或植株死亡。用杀地虎（10%二嗪磷颗粒剂）6.0~7.5 kg/hm² 或大地英雄（8%克百威·烯唑醇颗粒剂）15.0 kg/hm²，拌毒土或毒砂（300.0 kg/hm² 左右）撒施，然后翻入土中；或在播种时进行穴施、沟施；或在作物生长期撒施于地表，然后用耙子混于土壤内即可。

7 及时收获

茎叶变杏黄色，表明秧蔓进入木质化阶段，块茎停止膨大，即可收获。收获选择晴天收获，剔除病、杂、烂薯，注意通风贮藏。

[参 考 文 献]

[1]　陈占飞, 常勇, 任亚梅, 等.陕西马铃薯 [M]. 北京: 中国农业科学技术出版社, 2019.

[2]　刘建宽.陕北地区的旱地造林技术分析 [J].科技经济市场, 2014(7): 104.

[3]　马乃喜, 刘兴昌, 贡瑛.陕北黄土高原地区生态环境的变化趋势与对策 [J]. 西北大学学报, 1990, 20(1): 79-87.

[4]　陈占飞, 李增伟, 李虎林, 等.陕西榆林马铃薯旱作优质高产栽培技术 [J]. 中国瓜菜, 2018, 31(9): 61-62.

呼伦贝尔岭南地区马铃薯复种白菜栽培技术

李　辉[1]，姜　波[1*]，于晓刚[1]，刘秩汝[1]，任　珂[1]，王贵平[1]，

敖　翔[1]，毕晓伟[1]，汤存山[2]，陈　东[2]，梁春兰[2]

(1. 呼伦贝尔市农牧科学研究所，内蒙古　扎兰屯　162650；

2. 呼伦贝尔市华晟绿色生态发展有限公司，内蒙古　大雁　021100)

摘　要：为了积极响应国家脱贫攻坚与下一步的乡村振兴战略，通过栽培技术提高农民的经济收入。为提高菜农土地的复种指数，增加农民收益，探索出了马铃薯复种白菜的高效栽培种植模式，年总产值达 8 000 元/667 m² 左右。现将该种植模式的栽培技术要点进行总结介绍，以促进该模式的推广应用，提高呼伦贝尔岭南及周边地区菜农的经济收入。

关键词：马铃薯；白菜；复种；栽培技术；经济收入

马铃薯是中国较为传统的一种经济和粮食兼用型作物，其营养价值高，含有丰富的蛋白质、碳水化合物、维生素、矿物质等，是人们餐桌上较为常见的蔬菜[1]。近年来，随着马铃薯主食产业化战略的实施和政府政策的有力支持，中国马铃薯产业发展迅速[2]。呼伦贝尔市马铃薯产业区位优势明显、科研基础较好、种薯生产和加工能力较强[3]。农业科研工作者应充分利用这一优势，积极研究推广新技术来提高农民的经济收入。现就呼伦贝尔市扎兰屯市郊区的菜农土地较少，提出提高土地的复种指数来解决土地少这一问题，探索出了马铃薯复种白菜的高效栽培种植模式，能够极大地提高菜农的经济收入。

1　马铃薯栽培技术要点

1.1　种薯的选择

提倡使用脱毒种薯，种薯级别为原种或原原种为宜，宜选用早熟性好、丰产、稳产、品质优的马铃薯品种，如"尤金""中薯 5 号"等。

1.2　种薯的处理

催芽：催芽应在播种前 20~30 d，温度保持在 15~20℃，地上铺垫 10 cm 左右湿润沙土或疏松细土，将种薯摊成薄薄的一层后，上盖 5 cm 左右过筛的沙土或细土，用水壶喷水湿润土壤(以半湿状态为宜，手握刚成团为宜)，若温度低于 15℃，上面再覆盖稻草、麦秆、草帘等保温催芽，堆放 10~15 d。芽长到 0.5 cm 左右时，再堆放在散射光下，进行见光催芽。每隔 3~5 d 上下翻动种薯一次，使催芽均匀，使白芽变粗壮呈浓绿色，芽长

作者简介：李辉(1992—)，男，实习研究员，主要从事马铃薯遗传育种及栽培技术研究。

基金项目：国家马铃薯产业技术体系专项资金(GARS-09-ES04)。

＊通信作者：姜波，研究员，主要从事马铃薯遗传育种及栽培技术研究，e-mail：zltjiangbo@163.com。

0.5~1.0 cm 的阳生芽，即可切块。

切块：播种前 2~3 d 进行切块。每个薯块至少带有 2 个芽眼，薯块大小约为 50 g。采用生物菌剂进行拌种，即可播种。

1.3　整地与栽培方式

采用秋整地秋起垄，秋季收获后，清理田间作物残体，旋耕深松土壤起垄，垄距为 65 cm，冬季封冻前浇灌冬水，要灌足灌透。底肥采用马铃薯专用复合肥 40 kg/667 m² + 微生物菌肥 10 kg/667 m²，块茎膨大期追施马铃薯专用复合肥 20 kg/667 m²。在 4 月下旬进行播种，株距在 20 cm 左右，播种深度为 20 cm，覆膜种植，采用黑色地膜进行覆盖，四周压实，膜面要拉近拉平，压好地膜后，在地膜表面覆细土，如果发现有损坏需要及时用土掩盖，当幼苗出苗后要及时引苗覆土。为防止倒春寒引起的冻害现象发生，可观察天气预报，一旦要出现零下的气温，可采用烟熏法防止霜冻。

1.4　主要病害及其防治

由于马铃薯种植早收获早，主要防控的病害为苗期的黑痣病，以及 6 月中下旬干热造成的早疫病。采用阿马士沟施（150 mL/667 m²）和 2.5% 咯菌晴（FL）FS（50 mL/100 kg 拌种剂量）对黑痣病防治效果较好[4]；在 6 月中旬开始，选用代森猛锌和多菌灵等，喷施 2~3 次，间隔 7~10 d 进行防治早疫病。

1.5　收　获

6 月末或 7 月初开始收获，一般在 7 月 10 日前清地，开始准备种植白菜。

2　白菜栽培技术要点

2.1　品种的选择

宜选用抗逆性强、品质优良的品种，例如山东胶州大白菜、东北大矮白菜等。

2.2　整地与施肥

马铃薯收获后，清理田间作物残体，将腐熟的农家肥 800~1 000 kg/667 m²，均匀散开后进行整地与起垄，垄距为 65 cm。白菜的底肥采用复合肥，由于前茬马铃薯施肥量较大，肥料未能充分利用，可以适当减少施肥，一般为 20~40 kg/667 m² + 微生物菌肥 2~3 kg/667 m² 为宜，进入莲座期后重点加强肥水管理，莲座初期结合浇水追施氮钾肥 20 kg/667 m²，在进入结球盛期追施尿素 20 kg/667 m²。

2.3　种植要点

秋白菜一般在 7 月中旬播种，宜采用点播的方式进行种植，垄距为 65 cm，株距为 40~50 cm，每穴放种 3~4 粒，出苗后间苗 2 次。定苗后严格控制水分，蹲苗 7~10 d。

2.4　主要病虫害及其防治

软腐病：发病时采用农用链霉素 150~200 倍液，或新植霉素 4 000 倍液喷雾，或用 70% 敌克松原粉 500~1 000 倍液浇灌植株及植株周围的根部，每株灌药 0.25 kg[5]。

大白菜主要害虫是菜青虫和蚜虫等，可用 10% 吡虫啉 5 000 倍液或 40.7% 的毒死蜱 2 000 倍液喷雾进行防治。7~10 d 喷一次，连喷 2~3 次[5]。

2.5　适时采收

秋白菜的生育期较短，一般在 65 d 左右，当叶球长到紧凑瓷实，外叶片黄化，单株重量 2 kg 左右时，就可以收获。收获时用砍刀或菜刀从白菜根基部砍下，去掉外边的老叶、病叶和黄叶，在叶球外部保留两三片叶片，预防机械损伤，以保护叶球。

3 效益分析

马铃薯复种白菜高效栽培模式中，马铃薯每 667 m² 产量在 2 750 kg，按市场价 2 元/kg 计算，每 667 m² 产值可达 5 500 元，除去每 667 m² 种薯、农膜、肥料、劳务等成本 1 200 元，每 667 m² 净利润可达 4 300 元；白菜每 667 m² 产量可达 6 600 kg，按市场价 0.7 元/kg 计算，每 667 m² 产值可达 4 620 元，除去每 667 m² 种子、肥料、打药、灌水、劳务等成本 1 000 元，每 667 m² 净利润为 3 620 元（表 1）。引用马铃薯复种白菜的高效栽培种植模式这一栽培技术助力脱贫攻坚，推动乡村振兴。

表 1 马铃薯复种白菜高效栽培模式经济效益分析

作物	产量（kg/667 m²）	产值（元/667 m²）	成本（元/667 m²）	净利润（元/667 m²）
马铃薯	2 750	5 500	1 200	4 300
白菜	6 600	4 620	1 000	3 620

[参 考 文 献]

[1] 丁连武.马铃薯高产栽培技术 [J].现代畜牧科技,2020(10):70-71.

[2] 于斌武,向来,李求文,等.树立健康消费观打造薯业增长极-"恩施硒土豆"产品开发启示与探索 [C]//屈冬玉,金黎平,陈伊里.马铃薯产业与健康消费.哈尔滨:黑龙江科学技术出版社,2019.

[3] 任珂,姜波,安光日,等.呼伦贝尔市马铃薯产业现状、存在问题和发展建议 [J].中国马铃薯,2018,32(6):374-378.

[4] 刘振铸,秦晓东,姜丽艳.马铃薯黑痣病防治方案 [J].吉林农业,2015(1):63-64.

[5] 赵梦琳.白菜管理常见误区及病害防治技术 [J].农业开发与装备,2019(11):204.

乌兰察布市马铃薯高垄膜下滴灌绿色栽培技术研究与推广

李慧成*

（乌兰察布市农业技术推广站，内蒙古 乌兰察布 012000）

摘 要：乌兰察布市地处内蒙古中部，属于干旱半干旱农牧交错带，马铃薯是乌兰察布市种植面积最大的粮食作物，年种植面积在 20 万 hm² 左右，年产鲜薯总量约 350 万 t，马铃薯产业成为乌兰察布市的主导产业，是农民增收的主要经济来源。为了夯实产业基础，科研推广部门一直致力于马铃薯栽培技术的研究与推广工作。经过多年的摸索，将马铃薯高垄膜下滴灌绿色栽培技术作为重大技术进行全市推广应用，并取得了很好的成效。现将技术推广经验进行分析总结，希望对相似种植区域有借鉴意义。

关键词：乌兰察布市；马铃薯；高垄膜下滴灌绿色栽培技术

1 马铃薯高垄膜下滴灌绿色栽培技术推广背景

1.1 水资源条件决定了马铃薯种植技术的发展方向

乌兰察布市降雨量少，蒸发量大，水资源匮乏严重制约着乌兰察布市的农业发展，尤其是用水量较大的马铃薯产业，节水灌溉在此情况下显得尤为重要。近几年兴起的大型种植户、新型经营主体、家庭农场均以高垄膜下滴灌为主要种植模式，部分种植户为了节水将过去的指针式喷灌圈改为滴灌，马铃薯高垄膜下滴灌绿色栽培技术的节水增产效果逐渐被农民接受认可。

1.2 马铃薯高垄膜下滴灌绿色栽培技术是水肥一体化技术应用的必然产物

2000 年起，马铃薯规模化种植在乌兰察布市兴起，经过近 20 年的发展，乌兰察布市马铃薯的种植技术、机械化程度、农民思想认识都得到了空前的提高。大水大肥和高投入高回报的思想已逐渐被淘汰，寻找投入产出临界点已经被农民普遍认知。而水肥一体化技术可以有效的提高水肥利用率，可以起到保水、保肥、增温、除草等功效，是目前马铃薯节本增效的有效措施，已被规模化种植户普遍认可并应用。

1.3 马铃薯高垄膜下滴灌绿色栽培技术与农业必须走全程机械化作业之路的要求相吻合

随着乌兰察布市马铃薯种植水平的不断提高，全程机械化作业已被普遍应用。目前乌兰察布市马铃薯种植包括耕地、起垄、播种、施肥、覆膜、铺管、施药、中耕、防病、杀秧、收获全部实现机械化作业，而马铃薯高垄膜下滴灌绿色栽培技术更是将起垄、播种、

作者简介：李慧成（1982—），男，高级农艺师，从事马铃薯节水灌溉栽培技术研究及推广。

*通信作者：李慧成，e-mail：lihuicheng1214@126.com。

施肥、覆膜、铺管、施药一次性完成，进而降低了成本、节省了劳力、提高了效率，且覆膜后垄面无杂草，更方便于以后的中耕、防病等技术环节，故而该技术在乌兰察布市的马铃薯种植上的应用面积逐年增加。

2 马铃薯高垄膜下滴灌绿色栽培技术推广情况

2015~2020年，马铃薯高垄膜下滴灌绿色栽培技术示范与推广技术在乌兰察布市11个旗县全面实施，几年累计示范推广9.35万 hm^2，并全部实施了水肥一体化技术，充分实现了节水、节肥、增效、绿色的目标。

2.1 经济效益

马铃薯高垄膜下滴灌绿色栽培技术示范推广项目田经济效益显著，6年平均产量3 103 kg/667 m^2，较对照田(普通水地马铃薯田)平均产量提高1 108 kg/667 m^2，增产率55.5%；产值2 728 元/667 m^2，较对照田增收1 181 元/667 m^2，提高76.3%；纯收益1 536 元/667 m^2，较对照田新增纯收益758 元/667 m^2，增长97.4%。

2.2 社会效益

通过马铃薯高垄膜下滴灌绿色栽培技术示范推广，极大地推动了设施栽培马铃薯的发展，在发展滴灌的同时，配套开展了水肥一体化技术应用、科学田间管理等措施，使项目区马铃薯种植的科技含量得到显著提升，农户对新技术的认识发生了明显转变，农户主动学习新技术的积极性得到提高，使项目区农业新技术、新品种、新材料的推广能够顺利实施。通过项目区马铃薯高垄膜下滴灌绿色栽培技术的示范推广，原有的一家一户种植方式得到了改善，耕地得到了整合和集中使用，灌溉设施优势充分发挥，马铃薯单产和品质得到提高，增加了收入。同时也使马铃薯机械化种植得到了大幅提高，降低了农民劳动强度和生产成本，农民人均收入明显提高。

2.3 生态效益

通过马铃薯高垄膜下滴灌绿色栽培技术示范推广项目的实施，使乌兰察布市有限的地下水资源得到了高效利用，确保了水资源开发的可持续性。同时，由于新型节水栽培模式具有精准灌溉和便于施肥的特点，减少了马铃薯种植田的病虫草害的发生，除草剂、农药的使用量明显减少，并且通过灌溉系统开展了水肥一体化技术的创新和应用，有效减少了肥料的淋溶和径流损失，提高了肥料利用率，减少了化肥对人、畜水源的污染，保证了人、畜的饮用水和食品安全。

3 推广工作主要措施

3.1 加强组织领导

乌兰察布市将发展节水灌溉技术作为农业主要项目来抓，项目下达后，各级领导予以高度重视，乌兰察布市农牧局成立了项目领导小组，各旗县农牧局成立了由局长、分管副局长和各项目区乡镇及相关部门负责人参加的项目领导小组，农业局副局长兼任项目办公室主任，按照项目实施方案要求，将计划逐级分解，实行目标化管理，定任务、定时间、定地点、定责任人，责、权、利分明，保证项目按时、有序、顺利实施。技术方面由乌兰察布市农业技术推广站牵头，组织全市技术骨干成立技术服务团队，分区划片进行田间地头的技术指导服务，并接受领导小组的监督和考核。

3.2 进行项目整合

为了加快推进马铃薯高垄膜下滴灌绿色栽培技术，乌兰察布市积极整合良种补贴、高产创建、农业综合开发项目、测土施肥、农技推广补助、农业合作社、农村扶贫等项目，在资金、技术等各方面给予全面保障。

3.3 强化技术培训和指导服务

确保项目的顺利实施，由市局牵头，科研推广部门举办了大量技术培训活动，项目6年累计举办各种培训会152期次，组织大型现场观摩12次，发放相关技术资料1.2万余册。培训农业技术人员352人次、种植户1 264人次，发表论文16篇。

2015年项目启动初年，全市举办了《全市膜下滴灌使用管理及栽培技术培训班》《马铃薯膜下滴灌新型播种机现场观摩会》《市农牧业局科技下乡高技术培训》《全市设施马铃薯栽培技术师资培训班》等5次大型技术培训会议，保障了从技术人员到种植者都能够接受到高水平的培训；2015年在四子王旗，由区、市、县三级推广部门共同协作，进行了全国马铃薯绿色增产模式攻关活动，对国内以节水减肥减药为主的马铃薯种植新技术进行集成创新，形成了先进的适用性强的马铃薯高垄膜下滴管绿色增产技术模式，并组织了全国各地同行进行了现场观摩研讨会，助推了乌兰察布市马铃薯种植技术转型升级。

除举办大型培训和现场观摩会外，农业科研推广部门在项目区马铃薯播种、田间管理、收获等环节都深入田间生产一线进行技术指导和服务，全市累计进行田间技术指导和服务3 000多次。由乌兰察布市推广站统一编写的指导性实施方案和《马铃薯高垄膜下滴灌绿色栽培技术规程》，结合当地实际进一步细化、量化、具体化，形成当地的实施方案、管理办法、操作规程、技术手册，增强实际指导的可操作性。在举办各类技术培训班和技术服务的同时，还印发了《乌兰察布市种植业实用技术》《马铃薯病虫草害识别与防治》，以及与合作单位印发了《水肥一体化技术在马铃薯栽培中的应用》《液体肥料在马铃薯种植中的应用》等技术资料1万多册。通过有效扎实的技术培训和宣传，使马铃薯高垄膜下滴灌绿色栽培技术在农户中得到普遍的认可，并获得了较高的收益。据统计，项目实施四年来全市累计抽调技术骨干268人，其中高级职称83人，中级职称185人。各级技术人员包片蹲点，入户入地示范推广，指导、检查、监督技术的应用质量和到位情况，确保了项目区栽培技术高质量的示范推广，保证了技术的入户到位率。

3.4 加强工作监督、检查和评比

乌兰察布市级领导小组将对项目工作进行全面监督管理，项目牵头单位及相关技术专家组将定期对示范区主要技术工作进行督导，督促各项任务、技术措施落实到位，及时发现存在问题并加以解决，保证完成马铃薯高垄膜下滴灌绿色栽培技术示范项目目标。同时将组织全市有关领导和专家对各个旗县进行评比考核，把考核结果作为全年农牧业工作责任目标完成的重要指标。

3.5 转变服务理念，增强服务意识

在现代农业发展的新形势下，市科研推广部门以马铃薯高垄膜下滴灌绿色栽培技术示

范项目为抓手，以两户一社一企新型农业经营主体为服务对象，转变服务理念、创新服务模式、提升服务水平。转移服务重点，加强与企业、合作社、种植大户等新型经营主体的联系和服务，提高其生产技术水平，提升经营效益，推动新型经营主体健康快速发展。同时，在服务过程中，不断提高科技人员技术服务能力，丰富服务手段，探索新的服务模式和机制。科技人员服务模式采取双向选择机制，新型经营主体和单位相互选择，提高服务的积极性和质量。

4 技术推广的主要成效和经验

4.1 形成了适合生产实际的马铃薯高垄膜下滴灌绿色栽培技术规程

通过多年试验、示范、推广工作，乌兰察布市积累了大量经验。使乌兰察布市马铃薯栽培技术水平实现了质的飞跃。另外，将以水肥一体化为核心的先进的种植理念、栽培模式、新技术、新成果等进行集成组装，包括一级原种脱毒种薯、高垄栽培、滴灌栽培、覆膜栽培、合理密植、配方施肥、病虫害专业化统防统治、生物有机肥、微生物菌肥、新型复合专用与灌溉配套的液体肥、叶面微肥、机械化作业等，形成了成熟完善的马铃薯高垄膜下绿色滴灌栽培技术规程。技术重点改进了以前的覆膜平作为覆膜高垄种植，改高水肥药投入为节水控肥减药绿色生产模式，改普通地膜覆盖为降解膜应用，实现了高产高效向绿色提质增效的转变。

4.2 转变了传统农业经济增产模式，逐渐向"化肥农药零增长、节本增效、可持续"的发展方式上转变

乌兰察布市节水灌溉从 2010 年开始大面积推广，面积占到水地总面积的 85%，从根本上改变了乌兰察布市落后的种植模式和效益增长方式。经试验示范结果表明：膜下滴灌马铃薯比生产上其他灌溉节水 20%~50%；通过水肥一体化技术直接施入作物根系，肥料的利用率比常规提高 30%~50%，并能有效减少农药的施用次数与施用量，而产量没有减少，经济、生态效益显著，实现了节本与增产增效的双赢。乌兰察布市秉承"绿色环保，提质增效"的理念，进行增施农家肥和生物有机肥，降低化肥的施用量试验示范工作。经过几年的工作，在保障粮食产量不减少的前提下，逐步加大了农家肥和生物有机肥的施用量，降低化肥作种肥的用量。目前已形成一套行之有效的施肥方案，即施农家肥 $3~5 \text{ m}^3/667 \text{ m}^2$，生物有机肥 $80 \text{ kg}/667 \text{ m}^2$，同时将化肥作种肥的用量由往年的 $120 \text{ kg}/667 \text{ m}^2$ 降低为 $30 \text{ kg}/667 \text{ m}^2$。

虽然化肥、农药等用量减少，但是单产水平没减反增。项目平均产量达 $3\,103 \text{ kg}/667 \text{ m}^2$，较对照增产 $1\,108 \text{ kg}/667 \text{ m}^2$，增幅 55.5%。通过项目的实施，改变了传统种植中大水大肥的粗放型水肥管理模式，使农户尝到了科学种田的甜头，提高了科技意识。

4.3 加大了新品种引进力度，优化了品种结构

结合市场需求和供需规律，从 2015 年开始示范区积极推广种植市场需求和价格较好的品种，优化了以"克新 1 号"为主的品种结构，提高了马铃薯种植效益。推广了一批适应不同市场和用途的新品种，加工品种有"夏坡蒂""麦肯 1 号""大西洋""晋薯 16"等，鲜食

品种有"冀张薯12号""雪川红""希森6号""中加2号""荷兰15""兴佳2号""青薯9号"等，这些新品种在近几年示范推广和市场带动下也具有一定种植规模，项目的实施极大地优化了乌兰察布市马铃薯品种结构。

4.4 进行了大量研究，栽培技术的各个环节都得到广泛提升

与山东青岛洪珠农业机械公司合作研发推广适合乌兰察布市生产实际的马铃薯高垄膜下滴管播种机，到2017年已改进到第19代，命名为2CM-2C型青岛洪珠大垄双行覆膜型马铃薯种植机，马铃薯高垄膜下滴灌绿色栽培技术的机械化程度大幅提高，农技农艺高度融合，非常有利于在规模化种植户中推广。种植机在种植密度、施肥种类、覆膜类型、起垄高度等各方面都等满足乌兰察布市生产实际需要；进行了各种地膜的覆盖试验，引进了多种降解地膜，为科学合理的地膜使用及回收打好了基础；对底肥、追肥、叶面肥、微生物肥、液体肥、水溶性肥、有机肥等各种传统及新型肥料都做了广泛的试验、筛选工作，拓展肥料使用类型，提高了养分管理水平及水肥一体化技术水平；对马铃薯主要病害进行了多项防治试验，形成了马铃薯病虫害综合防治技术体系；进行了小整薯播种试验，完善了小整薯播种技术。

总之，通过以上创新性的试验研究，完善了乌兰察布市马铃薯高垄膜下滴灌综合配套栽培技术体系，基本实现了乌兰察布市良种良法相配套，为乌兰察布市马铃薯产量和效益提升起到极大地推动作用。

乌兰察布市马铃薯浅埋滴灌精准高效栽培技术

李慧成，邢　杰*，王玉龙，贺鹏程，林团荣，

弓　钦，李　倩，魏　静，冯鑫红，武丹丹

（乌兰察布市农业技术推广站，内蒙古　乌兰察布　012000）

摘　要：马铃薯浅埋滴灌精准高效栽培技术模式在乌兰察布市多年节水灌溉技术推广的基础上，从滴灌设施、播种、中耕、水肥管理等环节对马铃薯无膜高垄滴灌栽培技术进行改进，利用配套农机具，在垄上将滴灌带浅埋于土壤 5~8 cm 处，即可防止鸟类、野兔等破坏，又能将水肥按需精准送到马铃薯根部，水肥随水滴入土壤，避免了常规追肥中水分、化肥裸露地表而大量挥发的损失，减少了灌溉过程中田间径流造成的水肥损失，从而实现水肥一体化精准管理，提高水肥利用效率，技术规定了乌兰察布市马铃薯浅埋滴灌种植模式中选地、轮作倒茬、整地、品种选择、种薯处理、播种、施肥、中耕、灌溉、病虫草害防治、杀秧、收获等技术环节要求。

关键词：乌兰察布市；水肥；马铃薯；浅埋滴灌；精准高效

水资源匮乏是乌兰察布市农业发展的最大瓶颈，因此，2010 年以来，乌兰察布市大力发展节水灌溉设施。目前全市农田有效灌溉面积 18.6 万 hm²，灌溉方式主要有喷灌、滴灌、低压管道灌溉和大水漫灌等，其中以喷灌、滴灌为主，分别达到 5.1 万和 8.7 万 hm²。从目前应用情况来看，相对滴灌，喷灌耗水量也非常大，乌兰察布市开始启动了喷灌改滴灌项目，有望近几年全部改为滴灌。同时，滴灌应用也普遍存在用水不合理、过量灌溉、灌溉施肥系统简陋、水肥利用效率不高、栽培技术不科学，产品产量、品质和效益不好的现象，滴灌设施及配套栽培技术的优化、改进、提升迫在眉睫。乌兰察布市农业技术推广站，在多年滴灌栽培技术试验示范的基础上，集成了马铃薯浅埋滴灌精准高效栽培技术，以提高滴灌种植的效率和效益，实现节水、减肥、增效等绿色发展目标。

1　选地与整地

1.1　选　地

选择土层深厚、土壤疏松的沙壤土或壤土；土壤 pH 小于 8.5，地面平坦或坡度小于 15°，适合机械化作业。

1.2　优化灌溉施肥设施

灌溉采用滴灌设施，首部安装包括精量施肥泵、溶肥罐、控制柜在内的精准施肥系统，可以由专业的灌溉施肥公司进行设计，分为半自动控制系统、全自动控制系统，首部

作者简介：李慧成（1982—），男，高级农艺师，从事马铃薯节水灌溉栽培技术研究及推广。

* 通信作者：邢杰，推广研究员，主要从事农业技术推广及土壤肥料工作，e-mail：wlcbsnyjstgz@163.com。

系统可实现远程控制。水井出水量可满足灌溉地块 3 d 一个灌溉周期的要求，配套蓄水池进行灌溉。溶肥罐容积要大于 1 000 L，可满足溶解可溶性肥料的需求，施肥灌配套搅拌器或搅拌泵进行溶肥。精量施肥泵选择质量过关、施肥精确产品。

1.3 轮作倒茬

与小麦、燕麦、玉米、南瓜、豆类等非茄科作物实行 2 年以上轮作倒茬。

1.4 整 地

播前几天进行耕翻或深松，耕翻深 30~35 cm，深松 40~45 cm，作业后随即进行耙地或旋耕，防止大量散墒。

1.5 配套机械设备

根据不同规模配套不同型号农机具，包括拖拉机、反转犁、耙、旋耕机、90 cm 行距高垄播种机、中耕机（可实现滴灌带浅覆土铺设）、打药机、杀秧机、收获机、运输工具等。

2 品种选择

选择品种特性符合乌兰察布市当地气候、土壤及市场需求的品种，品种生育期（出苗到收获）小于 115 d。目前表现较好的品种有"希森 6 号""中加 2 号""冀张薯 12 号""大丰 9 号""雪川红""后旗红""川引 2 号"等。

3 种薯选择

选择有资质口碑好的种薯公司优质原种或一级种薯。

4 种薯处理

播前 10~15 d 种薯出库，春季贮存库温度逐渐升高，要定期观察库内种薯情况，发现种薯开始萌动，要及时出库，将种薯置于有散射光库房内或室外进行晾种壮芽，室外需加盖遮阳网。夜间为防止冻害，应加盖棉被等遮盖物。

提倡用 30~50 g 小整薯作种，50 g 以上种薯可切块后进行播种。切块方法：群体切块平均重量 50 g 左右，50~100 g 从中间切成 2 块；100~150 g 切成 3 块，先从尾部切掉45 g，然后从顶端顶芽处一切为二；大于 150 g 切成 4 块，先从顶芽一分为二，再从中间切成 2 块；种块大小应与播种杯大小匹配。种薯块过大时，切除多余薯肉部分，控制切块大小一致。切面越小越好，利于刀口愈合。切块应在播种前两天进行，做到随切种、随拌种、随播种，避免长时间堆放引起霉烂。

切刀消毒：为防止切刀传病，每人备 2 把刀，一个板，用 75% 酒精对切刀切板进行消毒，切刀浸泡消毒 5 s 以上；健康种薯做到一薯一消毒，即切完一个健康薯就更换泡在酒精中的切刀。如果切到病烂薯，尤其是环腐病和枯萎病病薯，剔除病薯并马上进行切刀消毒；每切完一次种薯，在第二次上工时要对切板喷洒 75% 酒精进行消毒处理；消毒过程中酒精浓度始终保持在 70%~75%，要经常用酒精浓度计测试，当浓度低于 70% 时用 95% 酒精调整到 70%~75%。

拌种：可选择干拌或湿拌，小整薯宜选择湿拌，干拌不易沾上药粉，未发芽种薯进行切块播种在有吹晾场地的条件下可选择湿拌，否则宜进行干拌。湿拌：125 g/L咯菌腈悬浮剂种衣剂（适乐时）200 m 或22.4%氟唑菌苯胺（阿马士）120 mL + 中生菌素30 g + 6~10 L水拌1 t薯，拌后在散射光下吹晾2~3 h可装袋，如在室外吹晾需加盖遮阳网，湿拌后1~2 d进行播种。干拌：70%甲基硫菌灵200 g 或甲基立枯磷可湿性粉剂1 000 g + 中生菌素150 g 或硫酸链霉素500 g + 滑石粉5~10 kg拌种1 000 kg切块，拌种后可直接装袋，1~2 d内播种。

5 播 种

5.1 播种时间

春季4月15日后开始关注近期天气预报，每天测量播种地块地温，当10 cm的地温稳定在7~8℃，日平均气温达到5℃时进行播种，达到播种条件尽早播种，乌兰察布市一般在4月25日至5月20日进行播种，提早上市的根据气候条件可提早到4月15日左右。

5.2 播种深度

开沟深度8~10 cm，不能超过10 cm，播种后薯块到垄顶距离12~14 cm，沙土适当加深，黏土略浅。

5.3 播种密度

垄距90 cm，早熟品种4 000~4 500株/667 m²，中熟品种3 500~3 800株/667 m²。适宜平均每株主茎数1~3个，单株主茎数多的品种略稀，单株主茎数少的品种略密，小整薯较切块播种株数减少500~700株/667 m²左右。

5.4 滴灌带

使用口碑好优质贴片式低流量滴灌带，可耐0.15 MPa压力，防止使用过程中出现大量破损现象，滴头流量1.0~1.4 L/h。滴灌带铺设深度5~8 cm，过浅滴灌带过水后会弹出土壤，也会发生乌鸦等动物撕咬破损现象，过深会出现过水困难问题。

6 施 肥

肥料种类要以化学肥料、有机肥料和微生物肥料配合施用，施充分腐熟的有机肥3 m³/667 m²以上，根据品种特性，按照3~4 t的目标产量计算化肥施肥量，一般按照纯N 15~20 kg/667 m²、P_2O_5 8~12 kg/667 m²、K_2O 20~30 kg/667 m²的比例进行计算；减少底肥用量比例，增加追肥用量比例；微生物肥料以底肥形式为主，追施为辅。

底肥：底肥按照播前撒施三分之一、种肥三分之一、中耕三分之一的比例施用，播种机无种肥箱的种肥用量分摊到播前撒施环节中，示范方案：播前撒施12∶18∶15、12∶19∶16配方的配方肥25 kg/667 m²，种肥施用12∶18∶15、12∶19∶16配方的配方肥25 kg/667 m²，中耕施用20∶0∶24或其他低磷高钾配方肥25 kg/667 m²。

追肥：追肥全部应用全水溶性肥料，配方液体肥最佳，通过精准施肥系统进行追施。全生育期施肥10~15次，综合测土配方和田间植株测试结果进行定量施肥。

7 中 耕

浅埋滴灌中耕一次，在播种后 20 d 左右进行，顶部培土厚度 5 cm，必须在出苗前完成。中耕起梯形大宽垄，垄底宽 65 cm，上垄面宽 30~35 cm，垄高 25 cm，中耕机配套动力 130 马力以上。

8 灌 溉

按照马铃薯不同生育期需水规律进行灌溉，灌溉时滴灌带压力达到 0.10~0.15 MPa，灌溉后湿润深度 40~50 cm，避免过量灌溉，3~5 d 灌水一次，每次灌水量 10~15 m³，灌水时间 3~5 h，整个生育期灌水 12~15 次；苗期土壤湿度达到土壤最大持水量的 65%~70%，开花期到薯块膨大期达到土壤最大持水量的 80%~85%，淀粉积累期达到土壤最大持水量的 75%~80%；收获前 15 d 停止灌溉。

9 病虫草害防治

9.1 除 草

中耕是浅埋滴灌除草最重要的措施，中耕要覆土全面，厚度适宜，尤其地头不能漏覆，这样才能保证除草质量。

中耕后随即用 45% 二甲戊灵（田普）180~200 mL/667 m² 进行封闭除草。封闭要保证表土湿润，以达到封闭效果。

马铃薯出苗后，杂草 2~3 片叶，可以用 108 g/L 高效盖草能对禾本科杂草进行防治；阔叶类杂草可以用含砜嘧磺隆、嗪草酮成分的除草剂进行防治，由于品种间敏感程度不同，这类除草剂只适合于部分品种，无使用经验的在大面积使用前必须要针对品种和药量做小面积试验，否则易产生药害，根据药效决定是否可以使用。

9.2 病害防治

土传病害以轮作倒茬、微生物制剂、有机肥等农业综合措施进行防治，种传病害以购买优质无病种薯进行预防，早、晚疫病以化学药剂进行预防为主，药剂要交替使用，避免产生抗药性。

晚疫病：田间设置马铃薯晚疫病检测仪，对晚疫病提前 2~3 周进行预警，做到精准施药。当达到发病条件时用 80% 代森锰锌可湿性粉剂 600 倍液均匀喷雾进行预防，7~10 d 一次，喷施 2 次。当田间出现零星病斑时，用 59% 烯酰·霜霉威悬浮剂 800 倍液或 687.5 g/L 氟菌·霜霉威悬浮剂 600 倍液均匀喷雾进行控制，7 d 一次，喷施 2~3 次。

早疫病、炭疽病：避免马铃薯脱肥，提高抗病能力；当田间湿度大，早疫病或炭疽病有扩展蔓延趋势时，可用 80% 代森锰锌可湿性粉剂 600 倍液、42.4% 唑醚·氟酰胺悬浮剂 1 000 倍液、250 g/L 嘧菌酯悬浮剂 600 倍液、70% 肟菌·戊唑醇水分散粒剂 1 000 倍液、70% 丙森锌可湿性粉剂 600 倍液、18.7% 烯酰·吡唑酯水分散粒剂 1 500 倍液均匀喷雾，7~10 d 一次，喷施 2~3 次。

黑痣病：为预防黑痣病，在不影响马铃薯生长的无霜期内播期可适当推后，10 cm 地温稳定在 10~12℃时播种。按照种薯处理方法，用 25 g/L 咯菌腈悬浮剂种衣剂(适乐时)或 22.4%氟唑菌苯胺(阿马士)进行拌种，播种时沟喷 25%嘧菌酯悬浮剂 40~60 mL/667 m²。

9.3 地下害虫

金针虫、蛴螬、地老虎：用 3%毒死蜱颗粒剂 2~4 kg/667 m² 或 5%二嗪磷 1~2 kg/667 m²，在播种时随肥料沟施或撒施，播种机带沟施喷药装置的可以沟喷 48%毒死蜱乳油 100 mL/667 m²、锐胜 20~25 g/667 m² 或德利 40~50 mL/667 m²，也可在生长期用 48%毒死蜱乳油 200 mL/667 m² 滴灌施药防治。对斑蝥和二十八星瓢虫，要加强田间调查，在其快要进地前于地块外围喷施 4.5%高效氯氰菊酯乳油 50 mL/667 m²。蚜虫：在蚜虫点片发生时，用 70%吡虫啉水分散剂 5 mL/667 m² 或 4.5%高效氯氰菊酯乳油 50 mL/667 m² 喷雾防治。

10 杀 秧

收获前 7~10 d 进行机械杀秧，留茬高度 5 cm 左右。

11 收 获

杀秧后 7~10 d，当马铃薯植株大部分枯死，薯皮已木栓化时进行收获；收获时田间持水量控制在 55%~60%左右，调整好收获机械，减少机械损伤。

基于三维数码成像的马铃薯块茎表型信息解析方法

刘建刚，卞春松，金黎平 *

（中国农业科学院蔬菜花卉研究所/
农业农村部薯类作物生物学与遗传育种重点实验室，北京 100081）

　　块茎外观表型信息的定量评价对马铃薯优质新品种选育具有重要意义，目前马铃薯块茎形状、芽眼密度和芽眼深度的评价多数基于肉眼视觉评价或人工手动测量，主观性强，且难以对较为复杂的几何特性进行可靠的表型分析。由于块茎不同形态特征存在关联，形态性状的综合分析对马铃薯育种至关重要。近年来，通过构建三维模型探索形态结构表型信息的新技术手段成为研究热点，该方法具有快速、成本低及非破坏性的优势，可用于解析形态特征参数（器官长度、宽度、高度、体积等）和拓扑结构参数（器官个数、夹角和着生位置等）。相比二维图像，三维图像可以极大地减少视觉遮挡，产生更准确可靠的表型信息。此外，马铃薯块茎对称性、芽眼深度等表型性状对养分供应的响应特性尚不明确。因此，利用三维成像技术定量化评价不同养分供应条件下马铃薯块茎表型差异，对辅助新品种选育及养分管理具有重要价值。

　　研究通过设置 3 个养分管理试验，研究了养分供应对不同品种块茎对称性及芽眼深度等表型信息的影响效应。试验 1 为品种与氮肥互作试验，采用随机区组设计，氮肥设置 5 个水平，分别是 0，100，200，300 和 400 kg/hm²，磷肥和钾肥施用量分别为 240 和 300 kg/hm²，品种采用"费乌瑞它""中薯 10 号""中薯 18 号"和"中薯 19 号"，3 次重复。试验 2 为品种与钾肥互作试验，采用随机区组设计，钾肥设置 4 个水平，分别是 0，150，300 和 450 kg/hm²，氮肥和磷肥施用量分别为 300 和 240 kg/hm²，品种采用"中薯 5 号""中薯 18 号"和"夏坡蒂"，3 次重复。试验 3 为品种与新型肥料互作试验，采用随机区组设计，肥料设置 5 个处理，分别是施用撒可富复合肥（SCF，$N:P_2O_5:K_2O = 15:15:15$）1 200 kg/hm²、SCF 1 500 kg/hm²、SCF 1 200 kg/hm² + 土妈妈有机肥（$N:P_2O_5:K_2O = 8:8:14$，有机质≥12%）300 kg/hm²、SCF 1 200 kg/hm² + 保土生态肥（$N:P_2O_5:K_2O = 6:4:10$）300 kg/hm²、SCF 1 200 kg/hm² + 微生物菌肥（枯草芽孢杆菌/地衣芽孢杆菌复合发酵，微生物含量≥2 亿/g）300 kg/hm²，采用"中薯 5 号"和"中薯 18 号"，3 次重复。在每个试验小区随机采集 3 个块茎，共获取 378 个样品。研究基于三维成像平台获取块茎影像，采用运动结构（SfM）算法重建三维点云模型，提出了一种基于点云曲率的三维图像分析方法，用于马铃薯眼的计数和眼深估计。利用三维模型特征分析，首次提出 6 个表征马

　　作者简介：刘建刚（1988—），男，博士，助理研究员，从事马铃薯精准栽培研究。
　　基金项目：宁夏农业特色优势产业新品种选育专项（2019NYYZ01-4）；现代农业产业技术体系专项资金（CARS-09-P12）。
　　* 通信作者：金黎平，博士，研究员，主要从事马铃薯育种研究，e-mail：jinliping@caas.cn。

铃薯块茎形态对称性的三维指标，并系统评价了养分供应对 6 个马铃薯品种形态对称性的影响效应。

结果表明，基于块茎三维模型曲率分析获得的芽眼数量与深度与人工测量高度一致，线性模型 R^2 分别为 0.90 和 0.81。除直线度外，所有品种的长宽比、芽眼特性、侧视面积变异系数、侧视投影主方向变异系数、最大周长凸包圆度等表型均存在显著差异，最大横截面长宽比、最大横截面与最小横截面表面积比率和最大横截面圆度 3 个指标能够很好的区分品种间形态对称性的差异。通过将每个试验小区块茎分为大、中、小三类分析可知，随着块茎重量的增加，大多数品种较小重量块茎的形态对称性高于重量大的块茎（$P <$ 0.05），但"中薯 18 号"不同大小的块茎形态对称性无显著差异。不同肥料处理对表征块茎对称性的 6 个指标影响不显著。随着施氮量增加，块茎长宽比减小，但钾肥处理对块茎长宽比的影响不显著。不同品种间芽眼数量及深度存在显著差异，"费乌瑞它"芽眼数量显著高于其他中薯系列品种。

因此，研究证明了通过三维图像分析方法定量化评价马铃薯块茎芽眼特性及形态对称性的可行性，首次提出了表征块茎形态对称性的三维指标，并且明确了养分管理通过调控块茎大小影响芽眼特性和形态对称性的效应，为马铃薯优质新品种选育和养分管理提供有效的理论和技术支撑。

关键词：马铃薯；块茎；表型信息；三维成像

基于 CARS-SPA-PLS 优化模型的马铃薯干物质、淀粉可见近红外透射光谱检测

韩亚芬，赵庆亮，吕程序，杨炳南，曹有福，苑严伟*

（中国农业机械化科学研究院/土壤植物机器系统技术国家重点实验室，北京　100083）

中国是全球最大的马铃薯生产国和消费国，但马铃薯加工比例严重不足，马铃薯经济价值尚未充分发掘。干物质、淀粉含量是评价加工用薯的重要指标，与原料薯和加工薯制品的质地特性相关。干物质、淀粉含量传统检测方法需要进行破坏性检测，无法满足马铃薯在线分级要求。开发马铃薯干物质、淀粉含量快速无损检测技术对提高马铃薯检测分级效率、促进马铃薯产品增值和推动马铃薯检测行业技术进步等方面具有重要意义。

基于自主研发的马铃薯内部品质光谱检测装置进行光谱数据采集，该装置由 2 个 50 W 卤素光源、石英光纤、复享 PG2000L 光谱仪三部分组成，光谱采集方式为漫透射方式，光源入射方向与出射方向呈 120°，波段范围 368~1 039 nm。分别采集 74 条马铃薯光谱数据(包含 37 个品种，每个品种采集 2 条)用于干物质、淀粉偏最小二乘模型(PLS)建立。采用随机法按 3:1 将样本集划分为校正集和预测集，以决定系数(R^2)、均方根误差(RMSE)、预测偏差(RPD)作为模型评价指标。

试验分别优选了 Savitzky-Golay 卷积平滑法和多元散射校正法作为干物质和淀粉光谱预处理方法，马铃薯干物质含量预测模型预测集的 R^2p、RMSEp 和 RPD 分别为 0.879 5、1.520 6%和 2.283 9%，淀粉含量预测模型预测集的 R^2p、RMSEp 和 RPD 分别为 0.730 0、1.386 4%和 1.924 2%。

比较了无信息变量消除法(UVE)、竞争性自适应重加权算法(CARS)、连续投影算法(SPA)3 种单一变量优选方法，经 UVE、CARS、SPA 处理后干物质模型变量数分别减少了 65%、95%、97%，淀粉模型变量数分别减少了 72%、98%、97%，说明 CARS 和 SPA 对模型的简化能力优于 UVE；干物质模型 RMSEp 分别降低至 1.431 9%、1.091 9%、1.513 8%，R^2p 分别提高至 0.888 9、0.920 1、0.876 9，RPD 分别提高至 2.656 1%、3.437 0%、2.543 8%。淀粉模型 RMSEp 分别降低至 1.434 2%、1.224 9%、1.257 4%，R^2p 分别提高至 0.735 8、0.769 5、0.737 3，RPD 分别提高到 1.944 9%、1.974 1%、1.927 4%。说明 CARS 优化后模型准确度高于 UVE 和 SPA。

CARS 算法用于优选出 PLS 模型中回归系数绝对值大的关键变量，经 CARS 处理后干物质和淀粉 PLS 模型的准确度和预测能力均达到最高，但优化后变量数仍然相对较多；

作者简介：韩亚芬(1991—)，女，博士，工程师，主要从事智能检测技术研究。
基金项目：国家重点研发计划课题(2017YFD0401305)；国家马铃薯产业技术体系任务(CARS10)。
*通信作者：苑严伟，博士，研究员，主要从事智能检测技术研究，e-mail：yyw215@163.com。

SPA 算法用于最大限度减少冗余信息，对模型的简化效果最好，但单一采用 SPA 算法对模型准确性的提升效果有限；UVE 算法用于去除无关变量，降低光谱噪声，避免过拟合，缺点是筛选得到的变量数量仍然很大，并且单一使用 UVE 算法对模型准确性的提升效果有限。结合 3 种单一变量优选方法的特点，构建了 CARS-SPA、CARS-UVE、UVE-SPA 联合变量筛选模型。结果表明 CARS-SPA 法效果最优，与原变量模型相比，干物质含量的预测模型变量数减少了 97.9%，RMSEp 由 1.520 6% 降低至 1.041 8%，R^2p、RPD 分别由 0.879 5 和 2.283 9% 提高至 0.932 6 和 3.641 7%。淀粉含量的预测模型变量数减少了 98.7%，RMSEp 由 1.386 4% 降低至 1.215 6%，R^2p、RPD 分别由 0.730 0 和 1.924 2% 提高至 0.769 9 和 1.989 5%。

利用未参与建模的 20 个马铃薯样品验证了马铃薯内部品质检测装置的模型准确性和稳定性，干物质含量预测模型的 R^2p 为 0.898 9，RMSEp 为 1.004 1%，预测值与测定值的平均相对误差为 3.62%；淀粉含量预测模型的 R^2p 为 0.789 8，RMSEp 为 1.266 0%，预测值与测定值的平均相对误差为 7.00%。

因此，本文利用 CARS-SPA 联合变量筛选方法，首先通过 CARS 算法得到对模型贡献率最高的关键变量，然后利用 SPA 算法去除冗余，进一步简化模型，提高模型预测能力的效果。经过外部验证试验表明模型稳定可靠，准确率较高。

关键词：马铃薯；干物质；淀粉；CARS-SPA；可见-近红外光谱

基于 YOLOv3 模型的发芽马铃薯图像识别

王飞云，徐慧青，杨延辰，李　佳，吕程序，赵　博，杨炳南*

（中国农业机械化科学研究院，北京　100083）

马铃薯在 12~25℃ 环境下 4~5 d 内极易萌芽，发芽薯含有龙葵素，食用超 0.2 mg/g 可导致窒息甚至死亡。发芽是马铃薯贮藏过程中导致劣变和损失最严重的问题，其损耗占总产量的 20% 以上。国家标准明确了发芽缺陷是商品薯分级指标之一。许多学者利用图像处理方法对发芽马铃薯进行了检测识别。马铃薯芽体复杂多变，已有研究利用深度学习进行发芽薯图像分类，仅针对单张图片给出一个病薯或健康薯的预测标签，并不能识别出一张图片中多颗病薯并框出目标位置。试验使用 YOLOv3 目标检测网络对发芽马铃薯进行检测识别及框选，为马铃薯高通量、自动化、快速的分级提供技术支撑。

马铃薯样本来自内蒙古自治区锡林郭勒马铃薯基地、内蒙古自治区乌兰察布马铃薯基地和本地蔬菜市场，品种包括荷兰薯、冀张薯、陇薯、大西洋、同薯和中薯等系列，共计 452 颗块茎。获取的马铃薯样本中 247 颗用透气的纸箱避光保存，放置在 18~23℃ 的室温环境下 4~5 d，培养出 2~20 mm 的芽体。205 颗马铃薯用透气的纸箱避光保存，放置在 4℃ 冷藏冰箱中备用。研究依托圆形果蔬分级线，采用 PointGrey 公司生产 GS3 - U3 - 15S5C-C 型号的 CCD 相机，搭配 KOWA 公司的 LM5JCM 镜头，选用 5 个功率为 6 W 的 40 cm LED 灯管作为光源。相机参数设置为：帧率为 45fps、图像分辨率为 1 384 × 1 032、像素深度为 3 × 8 bit。将相机、镜头和光源等设备搭建于分级线进行图像采集。将样本分为训练集和测试集，比例为 3∶1。采集到训练集图像数量 405 张，测试集 128。训练集图像中马铃薯数量 1 015 个，其中健康薯 462 个、发芽薯 553 个。测试集图像中马铃薯数量 313 个，其中健康薯 141 个、发芽薯 172 个。

综合考虑检测准确率和时间，选用 YOLOv3 网络结构，主要包括特征提取、边界框的预测、分类预测和多尺度预测四个方面。使用 Labelme 图像标注软件将图像中的马铃薯标记为发芽薯和健康薯两类设置模型训练参数，图像输入尺寸为 416 × 416，anchor 尺寸为 10 × 13、16 × 30、33 × 23、30 × 61、62 × 45、59 × 119、116 × 90、156 × 198、373 × 326，步长为 6，训练集批次为 67 次。在多尺度预测时，YOLOv3 采用 32，16 和 8 倍的 3 种不同尺度下采样特征图检测大、中、小目标。加载 Microsoft COCO 预训练模型，冻结模型最后 3 层，将输出层输出类别数量设为 2，训练模型。

对训练集总体损失曲线进行分析。在训练次数 0~10 次时，损失曲线随训练次数的增

作者简介：王飞云(1997—)，男，硕士研究生，主要从事图像处理与机器视觉研究。

基金项目：国家马铃薯产业技术体系加工技术及装备岗位(CARS-10)。

* 通信作者：杨炳南，硕士，研究员，主要从事马铃薯加工装备及农业机械产品的研发和推广工作，e-mail：yang-bn@caams.org.cn。

加而降低。在训练次数 10~20 处出现拐点，使得损失曲线呈现骤降。在训练次数达到 60 次以后，损失曲线达到稳定值，稳定损失率低于 5%。

用构建的模型对 313 颗训练集样本进行预测，结果表明 TN(发芽薯识别为发芽薯)为 162、FN(发芽薯识别为健康薯)10、TN(健康薯识别为健康薯)139、FP(健康薯识别为发芽薯)2。模型测试集识别结果的假阴率为 5.81%，假阳率为 1.41%、精确率为 94.19%、准确率为 96.17%、召回率为 98.78%、模型预测平均耗时 156 ms。

该方法可识别黄、紫、绿、黑不同颜色芽体，在深芽眼或者未在深芽眼里的尺寸小的萌芽也可被检测出，模型能一定程度的克服深芽眼、泥土、病斑等干扰因素的影响。对马铃薯的误判的两个假阳性样本分析，可能是由于马铃薯块茎轮廓外的破皮凸起，导致判别成马铃薯芽体。但是此模型在一定程度上解决了块茎表面压伤、划伤、病斑、泥土、芽眼、反光点等类芽体导致的误识别。对误判的假阴性样本分析，可能部分马铃薯表面损伤、污点过于严重，影响了芽体识别；部分芽体过小，或在块茎背面部分被遮挡，会导致模型识别不出。建议在模型中增加损伤、污点样本的比例来强化识别；同时优化相机位置，确保检测目标马铃薯图像的完整性。

试验使用 YOLOv3 网络对发芽马铃薯与健康马铃薯进行检测识别，模型可以实现发芽薯检测识别及框选，准确率为 96.17%、预测耗时 156 ms，可配合马铃薯分选线，实现马铃薯高通量、自动化、快速的分级。

关键词：马铃薯；发芽；分级线；目标检测；图像识别

土 壤 肥 料

利用肥料多样性提高马铃薯生产效率

徐宁生[1.2]，隋启君[1.2*]

(1. 云南省农业科学院经济作物研究所，云南　昆明　650200；

2. 农业部云贵高原马铃薯与油菜科学观测实验站，云南　昆明　650200)

摘　要：对马铃薯的超高产事例进行施肥方面的分析。结果显示，马铃薯高产离不开足够的肥料，但施肥不得当的话，施肥量高反而会降低产量。经分析比较，单一氮源可能是不能大量使用氮肥的原因，也可能是引起肥料效率低的重要原因。在提供充足的铵态氮的同时配合一定比例的硝态氮，可以提高肥料的使用效率，实现马铃薯的高产高效，从而提高马铃薯的生产效率。磷肥来源的多样性也可以提高肥料的使用效率，钾肥来源的多样性可以降低成本，减少板结土壤的风险。据此提出，在生产中使用多种来源的肥料，以提高肥料的使用效率，实现高产高效。

关键词：肥料；多样性；马铃薯；产量；生产效率

提高农作物产量一直是大家感兴趣的课题，马铃薯也不例外。近期，有很多马铃薯的产量极量攻关取得了较好的成绩，对其中的经验进行分析总结，对马铃薯产业发展有重要意义。

1　马铃薯高产确实可能

云南省马铃薯产量极量攻关，迭创佳绩。2013 年，建水县甸尾乡冬季马铃薯示范田创下了产量 5.5 t/667 m² 的好成绩[1]。选育的品种"云薯108"，分别在 2019、2020 年创造了 5.60 和 6.02 t/667 m² 的新记录[2,3]。但是马铃薯的增产潜力仍然很大，因为美国的玉米竞赛，最高产量是 2 576.48 kg/667 m²[4]，按"五折一"折粮计算，6.02 t/667 m² 马铃薯也只相当于玉米的 1 204 kg/667 m²，这与美国玉米的高产记录还有很大的距离。

高产记录，只是在小面积上取得的，深入分析其中的经验，从中探索出可以推广且可以复制的做法，普遍大面积地提高产量，意义重大。中国马铃薯平均产量，目前大致是 1.5 t/667 m²，这与发达国家的产量仍然有比较大的差距，大致只有美国平均产量的一半[5]。

2　高产离不开充足的肥料

权威看法，每生产 1 000 kg 新鲜的马铃薯需吸收氮(N)5~6 kg，磷(P_2O_5)1~3 kg，钾

作者简介：徐宁生(1965—)，男，硕士，研究员，从事薯类作物研究。

基金项目：国家马铃薯产业技术体系岗位专家(CARS-09-P03)。

＊通信作者：隋启君，研究员，从事马铃薯育种研究，e-mail：suiqj@sina.com。

（K_2O）12~13 kg[6]。生产 6 t 多的产量，需要吸收氮（N）为 33 kg，由于目前的氮肥的利用率只有 30%，可见需要的肥料有多高。

经过多年测土配方，最肥沃的土壤是云南昭通永善县茂林镇永安村检测的土壤（表 1），其中火地沟，2020 年曾创造了 6.05 t/667 m^2 的高产记录。

表 1　永善县茂林镇永安村的测土结果

地点	pH （水土比 = 2.5:1）	有机质 （g/kg）	全氮 （N） （g/kg）	全磷 （P） （g/kg）	全钾 （K） （g/kg）	水解性氮 （N） （mg/kg）	有效磷 （P） （mg/kg）	速效钾 （K） （mg/kg）	交换性钙 （Ca） （mg/kg）
火地沟	4.83	92.07	5.21	2.53	8.31	357.18	57.50	490.80	886.50
永安	4.82	96.13	5.48	2.03	13.71	350.00	28.08	140.22	337.40

地点	交换性镁 （Mg） （mg/kg）	有效铜 （Cu） （mg/kg）	有效锌 （Zn） （mg/kg）	有效铁 （Fe） （mg/kg）	有效锰 （Mn） （mg/kg）	有效硼 （B） （mg/kg）	有效硫 （S） （mg/kg）	氯离子 （Cl^-） （mg/kg）	有效钼 （Mo） （mg/kg）
火地沟	125.80	8.39	3.88	171.08	31.87	0.60	82.92	16.05	0.05
永安	18.25	2.67	1.64	135.92	9.67	0.27	32.50	9.65	0.03

根据测土配方的方法[7]，按肥力最高的土壤计算，要达到 6 t 的产量，需要施 46 kg 的纯氮，折合尿素为 100 kg，折合为复合肥约为 300 kg。据报道，中国的玉米高产纪录都是在使用大量有机肥、化肥（超过 100 kg/667 m^2）等极特殊人为条件下偶尔出现的，不能重复[4]。

大量施肥不难，但是，很多时候，并不能获得较高的产量，而是获得较低的产量。产量与肥料尤其是氮肥的关系，是抛物线的形式。在一般的实践中，在肥料量低的条件下，产量随着肥料的增加而增加，到一定水平后停止增长，然后下降。在很多试验中，马铃薯的最高产量，一般是 2.5~4.5 t/667 m^2，与 6 t/667 m^2 的记录，有不小差距，施纯氮量，一般不能超过 30 kg/667 m^2，这与 45 kg/667 m^2 差距也不小。肥料较多会引起徒长，这可以通过控制徒长实现较高产量[8]。但是 2018 年的试验显示，肥料进一步增加，不仅不会徒长，株高会显著降低，产量也会降低。

充足的肥料是高产必不可少的。据美国农业部的统计，1998~1999 年农作物的施肥量占该年度肥料施用量的 71.5%。四大农作物玉米、小麦、大豆和棉花的化肥施用量占农作物施肥量的 91%，其中，玉米占了 57%。1999 年主要作物的平均施肥量中，玉米的氮肥使用量远远超过其他作物，玉米、大豆和棉花的磷肥施用量较高。大豆施钾肥的比例最高，其次为玉米[9]。

美国的玉米单产高,总产量也比较大。这与其大量使用肥料是分不开的。

全世界约有48%的人口依赖肥料投入生产粮食,化肥氮对粮食增产的贡献达到30%~50%。中国农作物氮肥消费量从2000~2003年均2 887万t增加到2008~2009年均3 723万t,增加了836万t(29%),其中,果树、蔬菜和玉米氮肥消费量分别增加240万、118万和286万t,占氮肥消费增加量的75%。中国生产了世界48%的蔬菜和19%的水果,该产量是建立在氮肥大量投入的基础之上的[10-12]。

中国的耕地仅占世界的9%,淡水占世界的6%,养活了19%的世界人口,不合理使用化学肥料,是根本不可能的。

3 单一氮源可能是不能大量使用氮肥的原因

由于含氮量高,尿素成为了中国主要使用的氮肥。在试验和生产中,也是使用尿素作为氮肥,甚至作为唯一的氮肥来源,但要注意到肥料单一来源的问题。

尿素作为铵态氮,大量使用,有一定的副作用。

(1)马铃薯的产量与硝态氮含量正相关。美国Iowa州立大学农学系通过大量的田间试验研究表明,0~30 cm土层的NO_3^--N与玉米籽粒产量有很好的正相关,取样深度至60 cm虽可提高相关性,但其优势不足以弥补加深取样深度的花费[13]。

美国在进行施肥数量的指导上,也是利用土壤硝酸态氮的含量来确定施肥量[14,15],这与中国用土壤水解性氮(包括铵态氮、硝态氮和部分有机物中易分解的、比较简单的氨基酸氮、酰胺以及易水解蛋白质氮)的含量来确定施肥数量有所不同。

(2)过量的铵态氮对马铃薯可能有毒害作用,这种毒害作用可以为外源硝态氮减轻。一些研究表明,当外界铵浓度较高,且作为单一氮源使用时,植物易出现出苗率低、叶片黄化、植株矮小等生长受阻症状,影响产量,导致经济效益下降[16,17],陈磊等[18]研究发现,与全铵处理相比,适量的铵硝配比处理显著降低了大豆种子氧化胁迫程度,说明添加硝态氮有效缓解了氧化胁迫损伤。刘扬等[19]认为外源硝态氮对高铵胁迫下小麦幼苗生长有缓解作用,并认为原因可能是通过增加IAA和CTK合成和转运,影响IAA和CTK之间的平衡,进而达到缓解效果。当单一氮源用量很大的情况下,马铃薯也会出现这种大量的铵态氮的胁迫作用。高产马铃薯之所以出现,施肥量很大但没有出现明显的副作用,认为可能是有外源硝态氮的缓解作用,也就是说,同时施了不止一种氮肥的缘故。

4 单一氮源也可能是引起肥料效率低的重要原因

美国的氮肥使用方法值得关注。含氮溶液是尿素和硝酸铵溶于水的液体肥料(UAN),1965年开始使用,以易于与除草剂混合使用,及能定量均匀加入灌溉水中的优点,使用量逐步增加。UAN常用的品种$w(N)$为28%~32%[9]。

冬马铃薯在肥料使用上,在晚疫病防治上,都达到了很高的水平,也创造了很多高产典型,但平均产量,仍然达不到美国产量3 t/667 m²多的水平,例如广东省,施肥量不低,但产量也只是1.7 t/667 m²[20]。

这可能与肥料的使用上,氮源的来源比较单一,即大量使用铵态氮,硝态氮不足有关。品种的差异可以排除，因为美国还大量种植100多年前的老品种"褐皮布尔班克"。

玉米上也有这个问题。玉米的肥料费用，中国比美国高10%。2017年中国单位面积化肥和农家肥费用2 145元/hm²，比美国高202元/hm²，约为美国的1.1倍[21]。但中国玉米与美国单产的差距，是非常大的，中国玉米的平均产量，大致只有美国的70%。当然有品种的因素，但是，在美国玉米高产竞赛中取得好成绩的品种，三分之一来自先锋公司[4]，这个公司在中国也有品种推广种植。中国氮肥来源比较单一，可能是产量有差异的重要原因。

5　有机肥的使用增加了肥料多样性

在实践中，遇到很多强调农家肥的事例。农家肥虽然养分含量低，使用成本高，但不可或缺的原因，就是其提供了肥料的多样性。以氮元素为例，农家肥中除含有铵态氮，还有氨基酸态氮，合理使用农家肥，还能有效提高土壤里的硝态氮[22, 23]。

6　大量使用单一复合肥的风险

复合肥含有氮磷钾等大量元素，使用起来方便，但其中的风险也不可小视。主要问题是硫酸铵以复合肥的形式继续使用。硫酸铵是20世纪50、60年代常用的化肥品种，大量使用会板结土壤，认为这种化肥已经退出市场。可相关资料显示，中国硫酸铵的一个主要用途，是用来制造复合肥，近年来，中国的硫酸铵产量屡创新高，产量增长的原因是复合肥的增长[24, 25]。

于是复合肥不仅有氮源来源单一的问题，还有大量可能板结土壤的"硫酸铵"隐藏[26]，这其中的风险，值得关注。

7　肥料多样性的优点

肥料多样性，从氮肥上讲，如果既有充足的铵态氮，又有一定数量的硝态氮，将可能大大提高肥料的使用效率，获得良好的经济效益。从磷肥上讲，普钙、钙镁磷肥、磷酸二铵的混合使用，既可提高使用效率，也可弥补中量元素的不足[27]。钾肥，氯化钾、硫酸钾的配合使用，比单一使用硫酸钾既可降低成本，也避免大量使用硫酸钾带来的土壤板结。

美国曾进行了大量的氯化钾、硫酸钾两种钾源对马铃薯产量、品质、抗病性等方面的差异研究[28-30]。有研究表明，氯化钾和硫酸钾的对产量和品质并无大的区别，与硫酸钾相比，氯化钾会轻微降低薯块的比重，即轻微地降低淀粉含量，而硫酸钾在施肥量较大的情况下会引起减产[31]。因此美国主产区爱达荷州、科罗拉多州等州立大学制定的马铃薯栽培指导中，均建议农民可以使用氯化钾[32, 33]。咨询过多位美国植物营养学专家得知，因硫酸钾价格较高，而普遍使用氯化钾。对于长期施用氯化钾，并未出现不良反应。

[参 考 文 献]

[1]　谷雨来.云南省冬季马铃薯无公害超高产技术再传捷报 [J]. 农村百事通,2013(12): 12.

[2] 陈云芬. 亩产 5634.3 千克! "云薯 108"创云南马铃薯最高产量 [EB/OL]. [2019-11-03]. http://society. yunnan. cn/system/2019/11/03/030510504. shtml.

[3] 莫娟, 张薇. 亩产 6.015 吨, 昭通马铃薯创下云南新纪录 [EB/OL]. [2020-10-30]. https://www. ztnews. net/article/show-355295. html.

[4] 廖宁, 李广群, 刘伟, 等. 2019 年美国玉米高产竞赛的启示 [J]. 农业科技通讯, 2020(4): 226-228.

[5] 谢开云, 屈冬玉, 金黎平, 等. 中国马铃薯生产与世界先进国家的比较 [J]. 世界农业, 2008(5): 35-38, 41.

[6] 中华人民共和国农业行业标准. NY/T 5222-2004 无公害食品 马铃薯生产技术规程 [S]. 北京: 中华人民共和国农业部, 2004.

[7] 蒋福祯. 马铃薯需肥特性及其测土配方施肥技术 [J]. 农技服务, 2008, 25(3): 28-29.

[8] 徐宁生, 张磊, 王颖, 等. 马铃薯新品种云薯 401 肥料与产量关系研究 [C]//屈冬玉, 陈伊里. 马铃薯产业与脱贫攻坚. 哈尔滨: 哈尔滨地图出版社, 2018.

[9] 汤炎, 张海林, 常志洲. 美国化肥使用概况 [J]. 磷肥与复肥, 2003(6): 72-74.

[10] 武良, 张卫峰, 陈新平, 等. 中国农田氮肥投入和生产效率 [J]. 中国土壤与肥料, 2016(4): 76-83.

[11] Erisman J W, Sutton M A, Galloway J, et al. How a century of ammonia synthesis change the world [J]. Nature Geoscience, 2008, 1(10): 636.

[12] FAO. FAO STAT Database-Resources [DB/OL]. Rome: Food and Agriculture Organization of the United Nations, 2012. http://faostat. fao. org.

[13] 陈新平, 张福锁. 美国玉米带的氮肥管理 [J]. 土壤肥料, 1997(3): 45-47.

[14] Shrestha R K, Cooperband L R, Macguidwin A E. Strategies to reduce nitrate leaching into groundwater in potato grown in sandy soils: Case study from North Central USA [J]. American Journal of Potato Research, 2010, 87(3): 229-244.

[15] Suttle J C. Ethylene is not involved in hormone – and bromoethane – induced dormancy break in Russet Burbank minitubers [J]. American Journal of Potato Research, 2009, 86(4): 278-285.

[16] Britto D T, Kronzucker H J. NH_4^+ toxicity in higher plants: a critical review [J]. Journal of Plant Physiology, 2002, 159(6): 567-584.

[17] Cramer M D, Lewis A M. The Influence of nitrate and ammonium nutrition on the growth of wheat (*Triticum aestivum*) and maize (*Zea mays*) plants [J]. Annals of Botany, 1993, 72: 359.

[18] 陈磊, 朱月林, 杨立飞, 等. 氮素不同形态配比对菜用大豆生长、种子抗氧化酶活性及活性氧代谢的影响 [J]. 植物营养与肥料学报, 2010, 16(3): 768-772.

[19] 刘扬, 孙淑珍, 雷康琦, 等. 外源硝态氮对高铵胁迫下小麦幼苗生长的影响 [J]. 麦类作物学报, 2019, 39(12): 1 477-1 485.

[20] 曹先维, 徐鹏举, 陈洪, 等. 2019 年广东省马铃薯产业现状、存在问题及发展建议 [C]//金黎平, 吕文河. 马铃薯产业与美丽乡村. 哈尔滨: 黑龙江科学技术出版社, 2020.

[21] 李锋. 2020 年中国和美国玉米生产成本差异预估及技术需求预估分析 [J]. 安徽农业科学, 2019, 47(15): 220-223.

[22] 高福宏, 孙兴权, 陈月舞, 等. 不同肥源农家肥施用时间对烤烟生长及产质量的影响 [J]. 云南农业大学学报: 自然科学版, 2012, 27(5): 727-732.

[23] 李国琴, 李秉雄, 王顺江. 农家肥、氮肥、磷肥配施对马铃薯产量的影响 [J]. 中国马铃薯, 2005, 19(5): 262-264.

[24] 戚桂贞. 中国硫酸铵市场分析及预测 [J]. 中国石油和化工经济分析, 2019(10): 47-49.

[25] 佚名. 硫酸铵市场稳步回暖 [J]. 硫酸工业, 2019(4): 42.

[26] 周涵维. 专家指出: 施用化肥不会板结土壤 [N]. 农民日报, 2008-10-02(002).

[27] 曹一平, 陈新平, 张福锁, 等. 合理使用磷酸二铵 [J]. 磷肥与复肥, 2009, 24(1): 85.

[28] Westermann D T, James D W, Tindall T A, et al. Nitrogen and potassium fertilization of potatoes: sugars and starch [J]. American Journal of Potato Research, 1994, 71(7): 433-453.

[29] Davenport J R, Bentley E M. Does potassium fertilizer form, source, and time of application influence potato yield and quality in the Columbia Basin? [J]. American Journal of Potato Research, 2001, 78(4): 311-318.

[30] Panique E, Kelling K A, Schulte E E, *et al*. Potassium rate and source effects on potato yield, quality, and disease interaction [J]. American Potato Journal, 1997, 74(6): 379-398.

[31] Westermann D T, Tindall T A. Potassium fertilization of Russet Burbank potatoes [J]. Better Crops, 1998, 82(2): 8-9, 12.

[32] Mcdole R E, Westermann D B. Idaho potato fertilizer guide [EB/OL]. [2009 - 12 - 10]. http://132. 178. 236. 111/information/otherprojects/potato/ fert. html.

[33] Colorado State University. Fertilizing potatoes [EB/OL]. [2009 - 12 - 10]. http://www. ext. colostate. edu/pubs/crops/00541. html.

定量有机质下减施复混肥对马铃薯产量及品质性状的影响

陈隆通，易小平，杨晓璐，王 星，陈子恒，向 颖，赵 勇，王季春*

（西南大学农学与生物科技学院/
薯类生物学与遗传育种重庆市重点实验室，重庆 北培 400715）

摘 要：化肥减施提质增效是实现化肥从"零增长"到"负增长"的有效举措。为研究马铃薯节肥寻找适宜有机肥与无机肥配施比例，试验以马铃薯"青薯9号"和玉米"渝单33号"为试验材料进行马铃薯玉米套作及马铃薯净作试验。研究定量有机质下，减施复混肥对马铃薯产量及品质的影响。结果表明，随着复混肥用量的减少，净作和套作处理马铃薯蛋白质含量、淀粉含量、产量、干物质产量以及氮磷钾积累量均呈现先上升后下降的变化趋势，在有机肥施用量为166.65 kg/hm^2，复混肥施用量为 1 125 kg/hm^2 的条件下达到最高产量和最优品质。说明 1 125 kg/hm^2 复混肥配施 166.65 kg/hm^2 有机肥，能有效提高马铃薯产量和品质并减少复混肥的使用量，是当地农民施肥的最佳选择。

关键词：复混肥；有机肥；替代；节肥

近年来，随着化肥使用量的连年增加，粮食作物的产量有着显著的提升，但化肥过量使用带来的危害已开始凸显，土壤有机质的减少、土壤生态肥力的衰退以及化肥利用率的下降等已经成为提高作物产量潜力的关键性问题[1]。肥料利用率与施肥量之间也呈负相关关系[2]，过度使用化肥，还会造成生产成本和环境风险增加[3]。为了响应农业部在 2015 年制订的《到 2020 年化肥使用量零增长行动方案》[4]，需要改进施肥方式，提高肥料利用率，减少不合理投入，保障粮食等主要农产品的有效供给，促进农业可持续发展。土壤有机质对养分供给、土壤物理性质的改善及防止土壤侵蚀有重要作用，亦是农业生态系统中作物速效养分的来源，同时土壤有机质也可改善土壤的耕性、透气性、透水性和保水性[1]。利用有机肥中的有机质，开展有机肥与化肥配施是提高化肥利用率的有效措施[5]。邢鹏飞等[5]认为，有机肥替代化肥能起到节肥增产的作用。在玉米、水稻、小麦的研究上，前人已证明有机肥替代部分化肥能提高或维持作物产量[6-8]。在马铃薯上，高怡安等[9]研究得出相似的结果。但在不同地区，因土壤肥力不同，替代量略有差异。巫溪是位于重庆北部的山区地带，海拔 900 m 以上，较适宜马铃薯生产。为了提高马铃薯单产，农民持续并大量施用化肥，这不利于马铃薯产业的可持续发展。在巫溪县展开有机肥替代部分化肥试验，确定适合马铃薯生产的有机无机配施比例，对于指导当地马铃薯栽培意义重

作者简介：陈隆通（1993—），男，硕士研究生，从事马铃薯施肥技术研究。
基金项目：国家重点研发计划项目（2018YFD0200800）。
＊通信作者：王季春，教授，博士生导师，从事薯类高产高效栽培生理生态及技术研究，e-mail：wjchun@swu.edu.cn。

大。前人对有机肥替代部分化肥试验的研究主要集中于有机肥总量和种类替代上，针对有机质总量不变的有机肥替代化肥研究较少。因此，本试验结合巫溪马铃薯生产实际，研究有机质总量不变，减少有机无机复混肥使用量对净作与套作马铃薯品质及产量的影响。确立最适的有机肥与复混肥结合比例，为马铃薯栽培和农民增收提供技术参考。研究结果对指导巫溪马铃薯生产具有重要意义。

1 材料与方法

1.1 试验地概况

试验于 2017 年在重庆市巫溪县尖山镇大包村进行（E 108°55′34.7″，N 31°25′52.2″，海拔 930 m），位于三级夷平面上，属典型的中山宽谷粮经区，地势平坦、土层厚度一致、肥力均匀（同一区组土壤肥力水平高度一致）、前茬作物相同；试验地避开道路、堆肥场所；避开洪、涝、旱、风、病虫等农业灾害多发区；代表巫溪县中高山地带中壤土类。试验地土壤为中壤土，土壤肥力中等，试验区肥力水平较均匀（表 1）。

表 1 巫溪试验地理化性状

项目	pH	速效钾（mg/kg）	有效磷（mg/kg）	碱解氮（mg/kg）	有机质（g/kg）	N（g/kg）	P（g/kg）	K（g/kg）
含量	6.87	174.05	42.75	96.28	37.761	1.481	0.470	32.208

1.2 试验材料

供试马铃薯品种为"青薯 9 号"（中晚熟，生育期 120 d 左右，红皮黄肉，芽眼较浅），由青海省农林科学院生物技术研究所选育，西南大学薯类作物研究所提供；供试玉米品种为"渝单 33 号"（中熟，生育期 123～148 d，半紧凑型，平均株高 277 cm），由当地种子销售店购得。供试复混肥为万植复混肥（N∶P₂O₅∶K₂O = 13∶8∶9，另含 20% 有机质），出厂价 2.4 元/kg；供试有机肥为万植 5 号有机肥（纯有机型，有机质≥45%），出厂价 1.5 元/kg。

1.3 试验设计

试验设置马铃薯/玉米 2∶2 行比套作和马铃薯双行净作 2 种种植制度，保持有机质总量 300 kg/hm² 不变，按有机无机复混肥等梯度变化设置 T1～T5 共 5 个施肥梯度，复混肥中的有机质减少量用等量有机质的有机肥替代，即每 375 kg 复混肥中的有机质用 166.65 kg 有机肥替代。并设置完全不施肥空白对照。试验处理如表 2 所示。

表 2 不同处理下施肥量（有机无机复混肥 + 有机肥） （kg/hm²）

处理	复混肥	有机肥
T1	1 500	0
T2	1 125	166.65
T3	750	333.30

处理	复混肥	有机肥
T4	375	499.95
T5	0	666.60
CK	0	0

试验种植方式同图 1 所示。试验采用随机区组设计，每个小区 2 个条带，带长 300 cm，带宽 167 cm，面积 10.02 m²(套作：马铃薯小行距 30 cm + 马/玉间距 50 cm + 玉米小行距 37 cm + 马/玉间距 50 cm；净作：马铃薯小行距 30 cm + 马铃薯宽行距 137 cm)。共计 6 个处理，重复 3 次。马铃薯于 2017 年 1 月 13 日播种，所有小区采用条沟式种植，种薯大小基本一致(50 g 左右)，株距 27 cm，密度 45 000 株/hm²。种薯摆放完毕后将两种肥料均匀分开施于每行种薯空隙处起垄。玉米采用穴盘育苗移栽的方法，每孔 1 粒，于 2017 年 3 月 31 日育苗，4 月 13 日单株移栽，株距 32 cm，密度 37 500 株/hm²，基肥施西洋牌复合肥 750 kg/hm²。其他管理措施同一般大田管理。

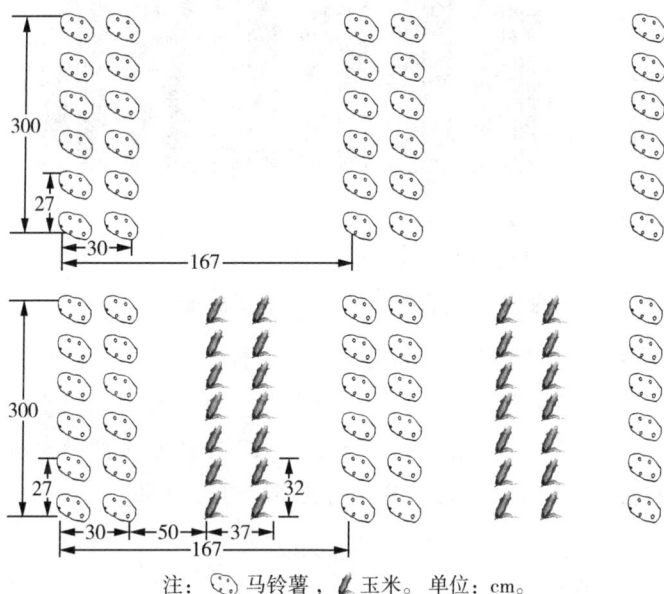

注： 🥔 马铃薯， 🌾 玉米。单位：cm。

图 1 试验地种植方式

1.4 产量品质指标测定

分小区收获计产，并换算为标准单位，将取样株称重后的鲜叶和鲜茎置于 105℃下杀青 30 min，然后在 80℃下烘至恒重，称量干重并计算干率，并根据鲜产计算干物质产量。采用考马斯亮蓝 G-250 比色法测定可溶性蛋白质含量；比重法测定淀粉含量；pH 值测定采用电位法；有机质测定采用重铬酸钾容量法；速效钾采用火焰光度法；有效磷采用钼锑抗比色法；碱解氮采用扩散法；全氮、全磷、全钾均采用常规法测定。

1.5 数据处理及分析

采用 Microsoft Excel 进行数据处理，用 DPS 14.10 软件进行方差分析和显著性检验（$P < 0.05$）。

2 结果与分析

2.1 定量有机质下减施复混肥对马铃薯品质的影响

由图 2 可以看出，净作处理的马铃薯蛋白质含量略高于套作处理，除 T2 处理外，均未达到显著性水平。净作 T2 处理的蛋白质含量最高，并且显著高于其他净作与套作处理；在净作与套作中，T1 和 T2 处理均显著高于 T3、T4、T5 和 CK，并且随着施肥量的减少，净作与套作马铃薯蛋白质含量也呈递减的趋势，说明 T2 处理是提升蛋白质含量的最适施肥量，在达到最适施肥量之后，马铃薯蛋白质含量随着化肥用量的减少而降低。

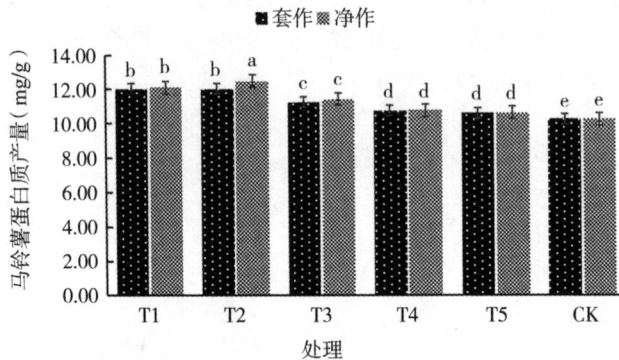

注：不同小写字母表示差异显著（$P < 0.05$）。下同。

图 2　不同施肥处理的马铃薯蛋白质含量

由图 3 可知，施肥处理的马铃薯淀粉含量均显著性高于不施肥处理，其余各处理间差异不明显。净作处理马铃薯淀粉含量略高于套作处理，在有机质用量不变的情况下，随着化肥施入量的增加，马铃薯淀粉含量开始升高，在 T2 处理处达到最大值，当施用无机化肥量超过 T2 处理时（即 T1 处理），马铃薯淀粉含量又开始下降。

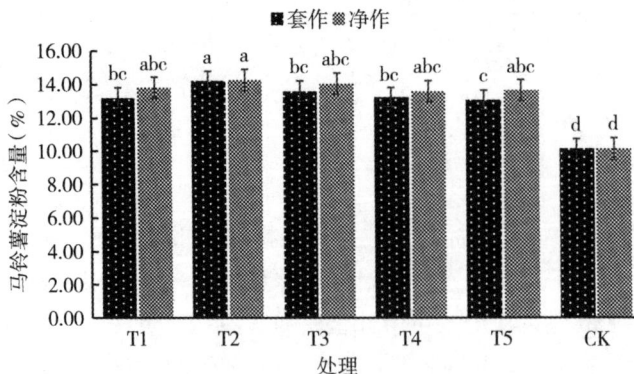

图 3　不同施肥处理的马铃薯淀粉含量

由图 4 可知，施肥处理的马铃薯干率显著高于不施肥处理，但各施肥处理间并无显著性差异，说明在保证有机质总量不变的情况下，减施无机化肥并不会引起马铃薯干率的下降。

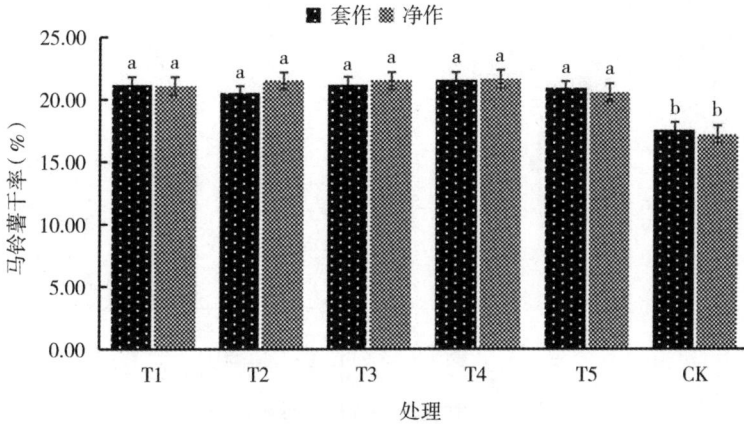

图 4　不同施肥处理的马铃薯干率

2.2　定量有机质下减施复混肥对马铃薯产量和氮磷钾积累量的影响

由图 5 可知，在有机质总量不变的情况下，随着无机化肥量的增加，干物质产量呈现先增加后下降的趋势，在 T2 处理处达到最高干物质产量，在净作中，T2 的干物质产量分别比 T1、T3、T4、T5 和 CK 增产 7.38%、18.75%、33.43%、51.20%、63.29%。在套作中，T2 处理略高于 T1，并显著高于 T3、T4、T5 和 CK。

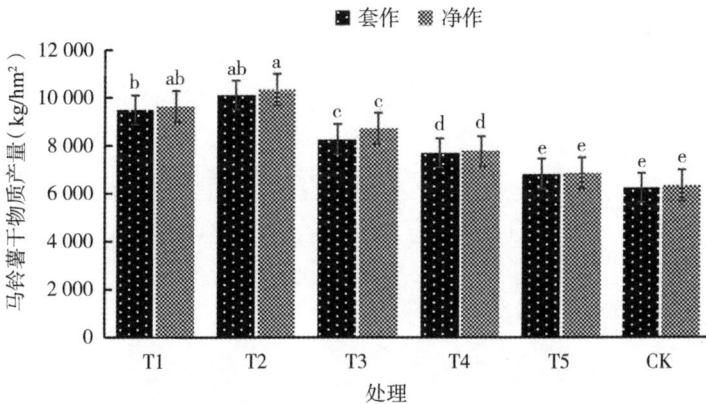

图 5　不同施肥处理的马铃薯干物质产量

由图 6 可以看出，净作处理的产量均高于套作处理。无论是净作还是套作处理，T1 和 T2 的产量均显著高于其他处理，其中 T2 处理下马铃薯产量最高。在套作中，T2 处理比 T1、T3、T4、T5 和 CK 分别提高了 1.66%、16.91%、27.83%、39.61%、62.30%；在净作中，T2 比 T1、T3、T4、T5 和 CK 分别提高了 5.31%、18.65%、34.14%、44.14%、58.71%。表明 T2 处理的有机肥替代比例为最佳替代比例。

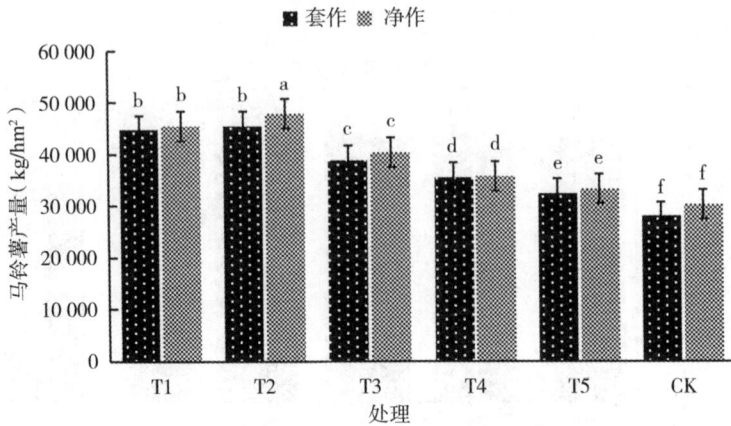

图 6　不同施肥处理的马铃薯产量

　　不同施肥处理的氮磷钾积累量如表 3 所示，在净作中，除 T1 与 T2 处理的钾元素间无显著性差异外，T2 处理的氮磷钾积累量均显著高于其他处理；在套作中，T2 处理的氮磷元素的积累量最高，但钾元素积累量最多的处理出现在 T1 中，T1 与 T2 处理间并无显著性差异，与其他各处理相比，T2 处理的钾元素积累量达到了显著性差异。钾元素积累量有别于氮磷元素，很有可能是因为马铃薯是喜钾作物，而试验所采用的复混肥中化肥成分（$N:P_2O_5:K_2O = 13:8:9$）不够合理，应适当提高复混肥中钾元素所占比例，才能满足马铃薯对钾的喜好。同时，由图 7 可以看出，马铃薯的氮磷钾积累量与马铃薯产量之间均有线性相关关系，说明不同施肥处理通过影响马铃薯的氮磷钾积累量，从而进一步影响了马铃薯的产量。

表 3　不同施肥处理的马铃薯氮磷钾积累量 （kg/hm²）

处理	套作			净作		
	N	P	K	N	P	K
T1	154.59 b	22.08 b	253.64 a	167.88 b	22.35 b	241.60 a
T2	172.07 a	24.65 a	239.87 a	219.23 a	29.53 a	252.64 a
T3	159.55 ab	16.15 c	187.51 b	177.52 b	22.21 b	204.71 b
T4	140.55 c	13.75 d	186.34 b	145.19 c	15.34 c	189.57 bc
T5	124.35 d	13.65 d	169.86 b	113.07 d	15.24 c	174.08 c
CK	93.41 e	11.63 e	137.18 c	90.51 e	12.29 d	122.31 d

注：同列数据后不同小写字母表示差异显著（$P < 0.05$）。

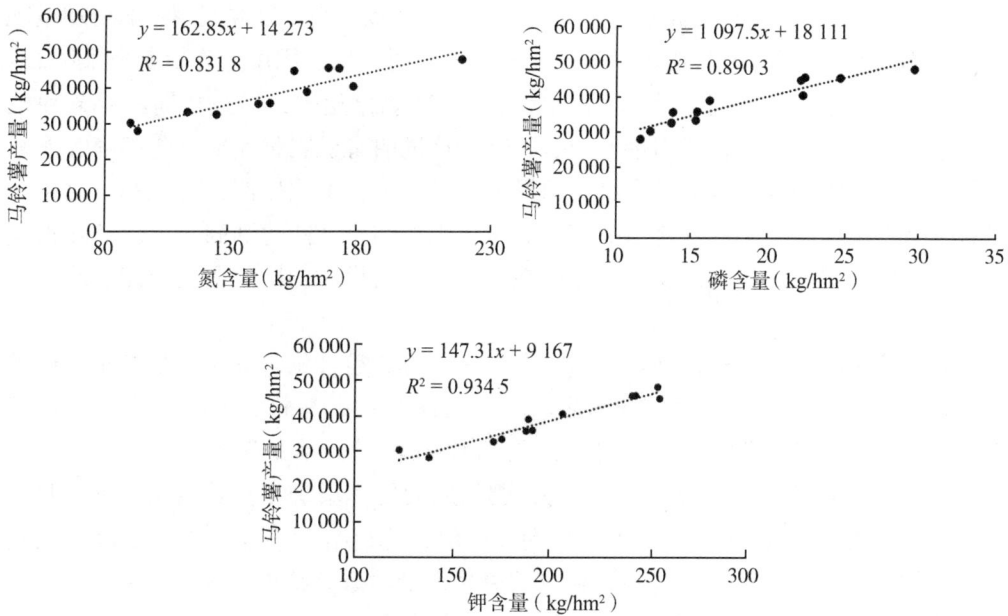

图 7 马铃薯氮磷钾积累量与产量的相关性关系

2.3 定量有机质下减施复混肥对马铃薯产值的影响

由表 4 可以看出，马铃薯的产值随着肥料投入量的增加而增加，套作与净作处理下 T2 处理达到最高产值，同时也获得最大利润（套作利润为 69 659 元/hm²，净作利润为 73 650 元/hm²），产投比达到了 15.38%～16.23%。从经济效益上看，T2 处理的施肥方式是农民的最佳选择。

表 4 不同施肥处理的马铃薯产值

处理	套作					净作				
	产量 （kg/hm²）	收入 （元/hm²）	投入 （元/hm²）	利润 （元/hm²）	产投比 （%）	产量 （kg/hm²）	收入 （元/hm²）	投入 （元/hm²）	利润 （元/hm²）	产投比 （%）
T1	44 639	71 422	3 600	67 822	12.40	45 462	72 739	3 600	69 139	12.63
T2	45 381	72 609	2 950	69 659	15.38	47 875	76 600	2 950	73 650	16.23
T3	38 818	62 108	2 300	59 808	16.88	40 348	64 558	2 300	62 258	17.54
T4	35 502	56 803	1 650	55 153	21.52	35 689	57 103	1 650	55 453	21.63
T5	32 505	52 008	1 000	51 008	32.51	33 215	53 144	1 000	52 144	33.22
CK	27 962	44 739	0	44 739	—	30 165	48 264	0	48 264	—

注：2017 年马铃薯的收购价格为 1.6 元/kg。

3 讨 论

本试验中，保证有机质总量不变的情况下，减少有机无机复混肥的使用量对马铃薯产量有很大影响，净作处理略高于套作处理，但规律一致，随着复混肥用量的增加呈现先上升后下降的趋势，并在复混肥用量为 1 125 kg/hm² 时，有机肥用量为 166.65 kg/hm² 时达到最高产量，这与修凤英等[10]在马铃薯上的产量规律相同，但在相同马铃薯种植密度下，达到最高产量时的化肥用量低于其研究，这说明有机肥替代部分化肥确实能减少马铃薯的化肥施用量。并且通过本试验结果也可以看出，不同比例的有机肥与化肥结合达到的效果不径相同，并不是简单的有机肥与化肥相结合就能达到高产，而必须根据实际情况寻找最适配施比例与用肥量，才能在达到高产与优质的同时还能节肥、改善土壤理化性质。

从马铃薯品质上看，净作马铃薯的蛋白质含量与淀粉含量均高于套作处理，但差异并不显著，这与李佩华[11]在马铃薯玉米套作上的研究结果一致。杨丽辉等[12]的研究结果发现，有机肥与化肥相结合能增加马铃薯淀粉含量，本试验研究结果与其一致，1 125 kg/hm² 复混肥与 166.65 kg/hm² 有机肥配施的处理增加了马铃薯的淀粉含量。同时，马铃薯的蛋白质含量也在 T2 处理达到最高值，这也与王涛等[13]在马铃薯上报道的采用合理施肥量与施肥配比能提高马铃薯蛋白质含量的研究结果一致。说明合理搭配有机肥与化肥并选择最适的施肥量的确能提高马铃薯的品质性状，进而提升马铃薯的商品价值。

从经济效益上看，T2 处理马铃薯的投入不是最低的，产投比也不是最高的，但其利润高达 69 659~73 650 元/hm²，远高于其他低投入处理，在保证高产的同时还保证了马铃薯的高效利润。其他低投入处理产投比虽较高，但其产量呈现了明显的下降，不符合生产实际。因此，在达到一定产量的前提下，只有 T1 与 T2 处理符合生产实际，T2 处理相较于 T1 处理减少了肥料用量，却提高了产投比与利润，符合化肥零增长的行动指南，是农民响应国家节肥号召提高经济效益的重要举措。

施用 1 125 kg/hm² 有机无机复混肥与 166.65 kg/hm² 有机肥处理的马铃薯产量在净作和套作上同时表现出最高产量，并且在马铃薯蛋白质含量、淀粉含量、干率、氮磷钾积累量等指标上，都有些许增长或与其他处理持平，净作处理高于套作处理并呈现相同规律。因此，在保证有机质总量不变的情况下，1 125 kg/hm² 有机无机复混肥配施 166.65 kg/hm² 有机肥，能够实现马铃薯高产、优质和高效，是当地农民施肥的最佳选择。

[参 考 文 献]

[1] 武天云, Jeff J S, 李凤民, 等. 土壤有机质概念和分组技术研究进展 [J]. 应用生态学报, 2004, 15(4): 717-722.

[2] 刘小虎, 邢岩, 赵斌, 等. 施肥量与肥料利用率关系研究与应用 [J]. 土壤通报, 2012, 43(1): 131-135.

[3] 苏祥坦. 马铃薯施肥中存在的问题及解决途径 [J]. 现代农业, 2009(6): 47-48.

[4] 中华人民共和国农业部. 到 2020 年化肥使用量零增长行动方案 [J]. 青海农技推广, 2015(2): 6-8.

[5] 邢鹏飞, 高圣超, 马鸣超, 等. 有机肥替代部分无机肥对华北农田土壤理化特性、酶活性及作物产量的影响 [J]. 中国土壤与肥料, 2016(3): 98-104.

[6] 蔡泽江, 孙楠, 王伯仁, 等. 长期施肥对红壤 pH、作物产量及氮、磷、钾养分吸收的影响 [J]. 植物营养与肥料学报, 2011, 17(1): 71-78.

[7] 侯红乾, 刘秀梅, 刘光荣, 等. 有机无机肥配施比例对红壤稻田水稻产量和土壤肥力的影响 [J]. 中国农业科学, 2011, 44(3): 516−523.

[8] 陈志龙, 陈杰, 许建平, 等. 有机肥氮替代部分化肥氮对小麦产量及氮肥利用率的影响 [J]. 江苏农业科学, 2013, 41 (7): 55−57.

[9] 高怡安, 程万莉, 张文明, 等. 有机肥替代部分化肥对甘肃省中部沿黄灌区马铃薯产量、土壤矿质氮水平及氮肥效率的影响 [J]. 甘肃农业大学学报, 2016, 51(2): 54−60.

[10] 修凤英, 朱丽丽, 李井会. 不同施氮量对马铃薯氮素利用特性的影响 [J]. 中国土壤与肥料, 2009(3): 36−38.

[11] 李佩华. 川西南山地区马铃薯+玉米高产高效种植模式研究 [J]. 西南农业学报, 2013, 26(6): 2 247−2 252.

[12] 杨丽辉, 蒙美莲, 陈有君, 等. 肥料配施对马铃薯产量和品质的影响 [J]. 中国农学通报, 2013, 29(12): 136−140.

[13] 王涛, 何进智, 何文寿, 等. 不同施肥处理对马铃薯产量和营养品质的影响 [J]. 西南农业学报, 2016, 29(10): 2 416−2 421.

离地栽培条件下不同基肥施入量及栽培密度对秋冬季马铃薯脱毒苗生长及原原种产量的影响

王　娟[1,2]，马海涛[1,2]，孟红梅[1,2]，陈自雄[1,2]，

谭伟军[1,2]，徐祺昕[1,2]，陈小丽[1,2]，张思邈[3]，李城德[4*]

(1. 定西市农业科学研究院，甘肃　定西　743000；

2. 甘肃定西百泉马铃薯有限公司，甘肃　定西　743000；

3. 甘肃省农业技术推广总站，甘肃　兰州　730020；

4. 甘肃省定西水文资源勘测局，甘肃　定西　743000)

摘　要：在半干旱区马铃薯原原种传统栽培基础上，针对马铃薯原原种生产中土传病害日益严重的问题，以马铃薯品种"大西洋"脱毒苗为试验材料，通过设置不同的基肥施入梯度（4.5、6.0、7.5 和 9.0 kg/667 m²）和定植密度（190、210、230 和 250 株/m²）共 16 个处理，应用水肥一体化技术，开展日光温室马铃薯脱毒苗离地栽培试验研究，对马铃薯生育期温室的温湿度变化、离地栽培设施苗床中栽培基质的温度变化进行了监测，对基肥施入量及定植密度对马铃薯脱毒苗株高、茎粗、叶片数、产量的影响进行了研究。结果表明，在秋冬季离地栽培条件下，日光温室早晨、中午、下午温室平均温度为 12.3、20.1 和 25.3℃，设施苗床基质平均温度分别为 18.6、20.1 和 24.1℃；日光温室的湿度在 39.5%～54.9%。随着基肥施入量的增加，马铃薯脱毒苗株高、茎粗、叶片数均增加。F3M4 处理是本试验的最佳处理，即基肥施入 N、P_2O_5、K_2O 均为 7.5 kg/667 m²，追肥总量 N、P_2O_5、K_2O 分别为 4.5、2.25 和 6.75 kg/667 m²，追肥比例为 N∶P_2O_5∶K_2O = 1.0∶0.5∶1.5，脱毒苗定植密度为 250 株/m² 时，"大西洋"原原种产量最高为 312.0 粒/m²。

关键词：离地栽培；半干旱区；马铃薯；脱毒苗；原原种；产量

　　马铃薯是粮菜经饲作物，在其无性繁殖过程中，会受到病毒侵染造成种薯退化，导致质量下降。利用组织培养技术生产合格脱毒种薯，是保证马铃薯生产稳定高效的基础。甘肃省是中国马铃薯重要的商品薯与种薯生产区，通过多年的发展，已形成了特色鲜明、区域布局明确的优势产区及全国最大的脱毒种薯生产基地[1]。定西市是甘肃省马铃薯主产区，2017 年被农业农村部认定为全国第一批国家级区域性良种繁育基地，已建立了马铃薯脱毒种薯标准化生产技术体系[2,3]，马铃薯产业已成为当地特色优势产业和扶贫攻坚富民产业。马铃薯原原种是采用茎尖剥离培养所获得的脱毒试管苗生产的种薯，是脱毒种薯生

作者简介：王娟(1980—)，女，硕士，研究员，主要从事马铃薯遗传育种及脱毒种薯繁育。

基金项目：甘肃省现代农业科技支撑体系区域创新中心重点科技项目（2019GAAS46-1）；甘肃省现代丝路寒旱农业发展项目（GNKJ-2020-2）。

*通信作者：李城德，推广研究员，主要从事马铃薯脱毒种薯繁育，e-mail：1736502286@qq.com。

产技术体系最为重要的环节，主要方式有基质栽培和气雾法栽培，由于无土基质栽培生产原原种比气雾栽培的成本及技术要求低，比试管薯生产法的产量高，是目前普遍应用的生产方法[4]。在定西市，马铃薯原原种生产多采用半离地栽培方式，即在温网室内用纱网将栽培基质蛭石和土壤进行简单隔离，将脱毒试管苗扦插定植于温网室内的基质蛭石中，这样可以不受季节限制，周年生产，光、温、水、肥均可实现人工调控，因此应用较为广泛。但随着栽培连作年限的不断增加，土壤中有害生物和毒素积累，导致马铃薯土传病害频繁发生[5,6]，严重影响了原原种的质量。与此同时，脱毒种薯的需求量也呈上升趋势，预计到2020年，中国马铃薯种植面积达6 666.7万 hm² 以上，脱毒种薯需求量将超过1 250万 t，加快脱毒种薯新品种、新技术研发势在必行[7]。

本试验在半干旱区传统栽培模式基础上，针对马铃薯原原种生产中土传病害日益严重，农药、肥料施用量大、施用经济不合理等问题开展日光温室马铃薯脱毒苗离地栽培试验研究。在日光温室内采用设施苗床，将栽培基质蛭石和土壤完全隔离，通过对离地栽培条件下基肥施入量、定植密度、水肥一体化应用，以及苗床温湿度调控管理模式进行研究，获取马铃薯脱毒苗离地栽培种植的技术参数，集成马铃薯脱毒苗离地栽培技术，减少土传病害的发生，提高马铃薯原原种的质量，全面提升原原种生产优质化。

1 材料与方法

1.1 试验材料及地点

试验材料为马铃薯品种"大西洋"脱毒苗，由定西市农业科学研究院提供。试验在定西市农业科学研究院马铃薯脱毒种薯快繁中心日光温室中进行。该区海拔1 920 m，年均辐射592.85 kJ/cm²，年均气温6.4℃，≥10℃积温2 239.1℃，年均降水量415.2 mm，年蒸发量1 531 mm。在日光温室内安装离地栽培苗床设施，支撑底部苗床架体采用不锈钢支架，支撑高度为70 cm。全部采用不锈钢材质，苗床底部为细钢丝网状结构，采用钢丝丝径为0.5 cm，各钢丝间距为4 cm × 12 cm，侧面为铝合金实面，高度16 cm。苗床采用南北走向，每个苗床长6 m，宽1.67 m，高70 cm，面积为10 m²。苗床底部安装双排滚轮，滚动式便于定植及收获操作，苗床移动空间为60 cm，苗床之间铺设走道。温室配备喷灌设施用于补充水肥。

1.2 试验设计

试验处理见表1。

表1　试验处理

处理	肥料用量（kg/667 m²）			密度（株/m²）
	N	P₂O₅	K₂O	
F1M1	4.5	4.5	4.5	190
F1M2	4.5	4.5	4.5	210
F1M3	4.5	4.5	4.5	230
F1M4	4.5	4.5	4.5	250

处理	肥料用量（kg/667 m²）			密度（株/m²）
	N	P_2O_5	K_2O	
F2M1	6.0	6.0	6.0	190
F2M2	6.0	6.0	6.0	210
F2M3	6.0	6.0	6.0	230
F2M4	6.0	6.0	6.0	250
F3M1	7.5	7.5	7.5	190
F3M2	7.5	7.5	7.5	210
F3M3	7.5	7.5	7.5	230
F3M4	7.5	7.5	7.5	250
F4M1	9.0	9.0	9.0	190
F4M2	9.0	9.0	9.0	210
F4M3	9.0	9.0	9.0	230
F4M4	9.0	9.0	9.0	250

试验为秋冬季栽培，马铃薯脱毒苗定植前用高锰酸钾和甲醛对整个温室进行熏蒸消毒处理，在苗床网格上铺设黑色地布，对苗床及苗床底部铺设的黑色编网进行杀菌药剂（多菌灵）喷施消毒处理。在黑色编网地布上铺上栽培基质蛭石，厚度约 8 cm。底肥基肥是在多年试验的基础上确定的对马铃薯脱毒苗施用效果较好的撒可富复合肥，且 N : P_2O_5 : K_2O = 15 : 15 : 15），设置 4 个基肥施用梯度和 4 个移植密度。追肥中前期以氮肥、钾肥为主，主要是尿素（N 46%），硝酸钾（K_2O 44.5%）为主，中期以撒可富复合肥（N : P_2O_5 : K_2O = 15 : 15 : 15）为主、补充水溶肥 Brandt GH 营养液补入微量元素钙和镁（Ca 100 g/L，Mg 16 g/L），补给结合喷灌完成，后期补充叶面肥以磷酸二氢钾（N 13.5%，P_2O_5 4.5%，K_2O 2.0%）为主，用喷雾器补入。追肥原则大体为 N、P_2O_5、K_2O 总量分别为 4.5，2.25 和 6.75 kg/667 m²，追肥比例为 N : P_2O_5 : K_2O = 1.0 : 0.5 : 1.5，根据比例确定每次的施入量。基肥施用量按照表 1 处理执行。试验按照苗床顺序排列，3 次重复。脱毒苗定植前撒到蛭石里混匀。浇适量水，以蛭石捏住成团但不滴水为宜。

试验于 2018 年 8 月 12 日移栽，因 8 月份气温相对较高，移栽时温室用防虫纱网扣棚。移植脱毒苗时先将蛭石划平，用密度耙划线后进行人工移植。移植好后盖上小拱棚膜，遮阳网遮阴。期间根据脱毒苗生长情况结合喷灌补充水肥 6 次，水肥结合补入，根据苗床湿度情况单纯补水 4 次，各处理管理方式一致。因秋冬季温室气温低，潮湿，易滋生病菌和斑潜蝇，用甲霜灵锰锌和灭蝇胺进行病虫害防治 5 次。8 月 26 日揭去小拱棚膜，并进行第 1 次补水，8 月 29 日去纱网，换上塑料棚膜。8 月 31 日压苗坐根，9 月 3 日去遮阳网，11 月 14 日收获。

1.3 测定指标

（1）气象指标，8 月 14 日起每天分 3 次：早晨（早）7：30、中午（中）11：00、下午（午）15：00 记录整个生育期温室温度、苗床温度、温室湿度，用普通温湿度测定。

（2）测定每个处理株高、茎粗、叶片数，从压苗结束后每隔 10 d 进行一次测定。株高用直尺测定，茎粗用游标卡尺测定。

（3）产量指标，分级标准：按照大于 10 g、大于 5 g 且小于等于 10 g、大于等于 2 g 且小于 5 g、小于 2 g 4 个级对原原种进行分级，并记载各级产量及总产量。

（4）单株结薯数：每株脱毒苗的结薯数。单株合格结薯数：每株脱毒苗结薯大于 2 g 的原原种粒数。

1.4 试验数据处理

采用 WPS 2019 软件处理数据，用 SPSS19.0 进行统计分析，用新复极差法进行显著性分析。

2 结果与分析

2.1 马铃薯生育期温室温度、苗床温度、温室湿度变化

图 1~2 为马铃薯生育期日光温室和苗床的温度变化图，图 3 为日光温室的湿度变化图。经过监测，日光温室 8~11 月早晨、中午、下午平均温度为 12.3，20.1 和 25.3℃；苗床早晨、中午、下午的平均温度为 18.6，20.1 和 24.1℃，最高温度达到 33℃，出现在 9 月中旬下午 3：00，苗床早晨的平均温度比温室高 6.3℃，8、9、10、11 月分别比温室高 1.2，6.7，8.0 和 8.4℃；中午二者温度持平，下午则低于温室温度，总体上温度条件适宜马铃薯脱毒苗的生长。温室早晨、中午的温度随着时间推进呈逐渐降低的趋势。温室下午温度高于 30℃时，因苗床完全离地缺乏缓冲空间，容易造成蛭石水分缺乏，脱毒苗萎蔫，需要及时补水。在马铃薯生育期，日光温室早晨、中午、下午平均湿度为 54.9%、48.2%、39.5%，湿度最大值出现在早晨 7：00~8：00，湿度较大由于日光温室的条件所限，不能对温湿度进行智能化的调控，苗床湿度因定植密度、补水等存在差异。

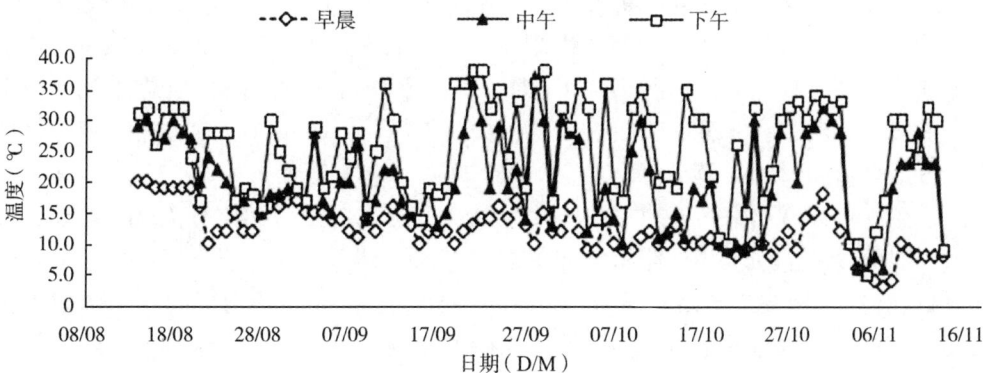

图 1　马铃薯生育期日光温室温度变化

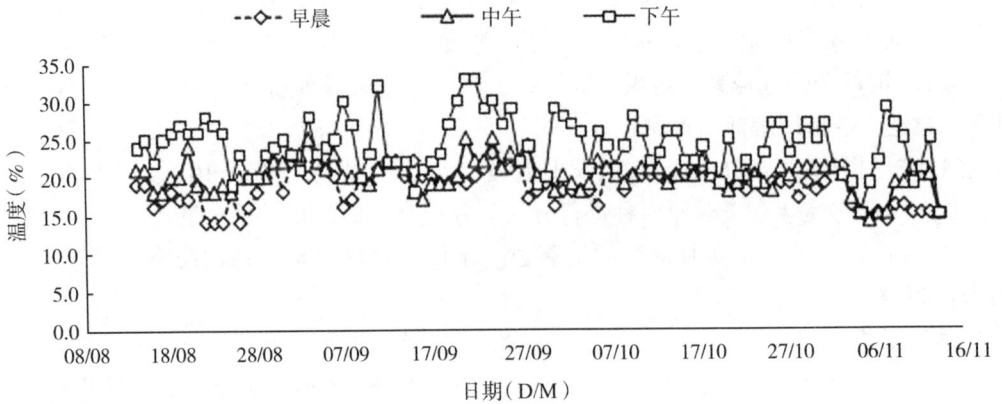

图2　马铃薯生育期苗床温度变化

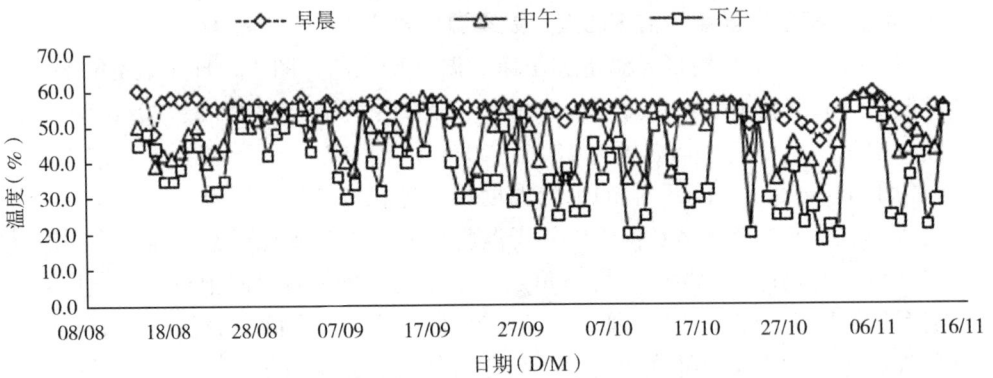

图3　马铃薯生育期日光温室湿度变化情况

2.2　不同处理对马铃薯脱毒苗形态指标的动态影响

由图4可以看出，随着生育期的推进，各处理株高增加，前期增长速率较小，在10月中旬至下旬大幅增加。株高最高值出现10月24日F4M4处理，为22.9 cm。随着肥力的增加株高呈增加趋势，当肥力为F4时，株高平均值达到最高，但总体上秋冬季苗床由于受气温影响，马铃薯长势相对较弱，株高较低。由图5可以看出，随着生育期的推进，各处理茎粗增加，最高值出现在10月24日F4M1处理，为5.33 mm，高于其他处理。由图6可以看出，各处理单株叶片数最高值出现在10月24日F4M2处理，达到14.4个。当肥力越高时株高、茎粗、叶片数均增加，当基肥施入量N、P_2O_5、K_2O分别为9.0 kg/667 m² 时表现最高，但密度表现不一样，这主要是因为影响株高的因素主要为氮元素，钾对脱毒苗的茎粗影响显著，而磷的影响不明显。株高越高，从叶片经茎通往地下块茎运输蔗糖速度就越慢；茎越粗，茎疏导组织越发达，对蔗糖转运速度就越快。

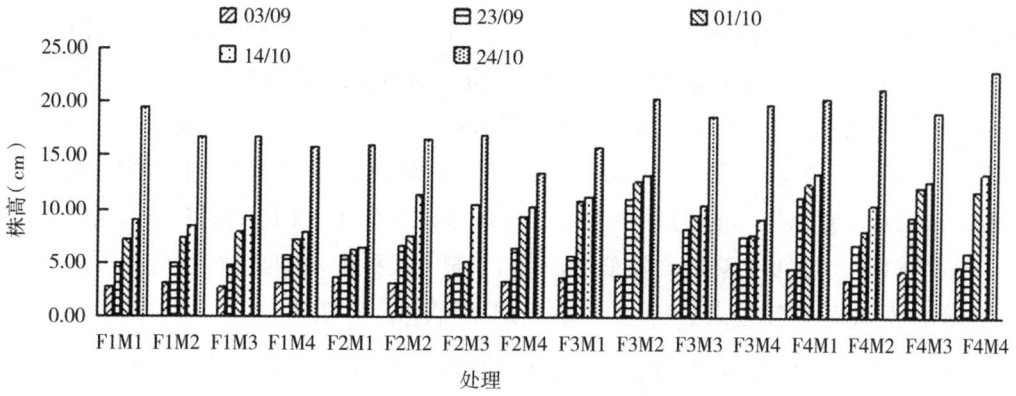

图 4　不同处理对马铃薯脱毒苗株高的动态影响

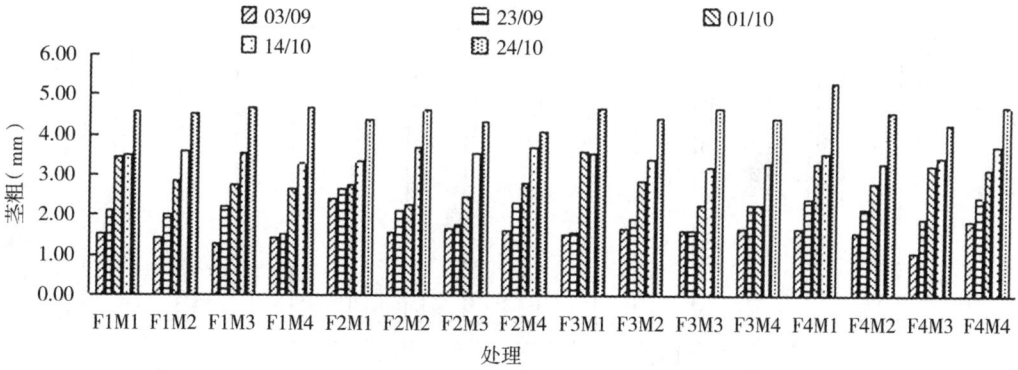

图 5　不同处理对马铃薯脱毒苗茎粗的动态影响

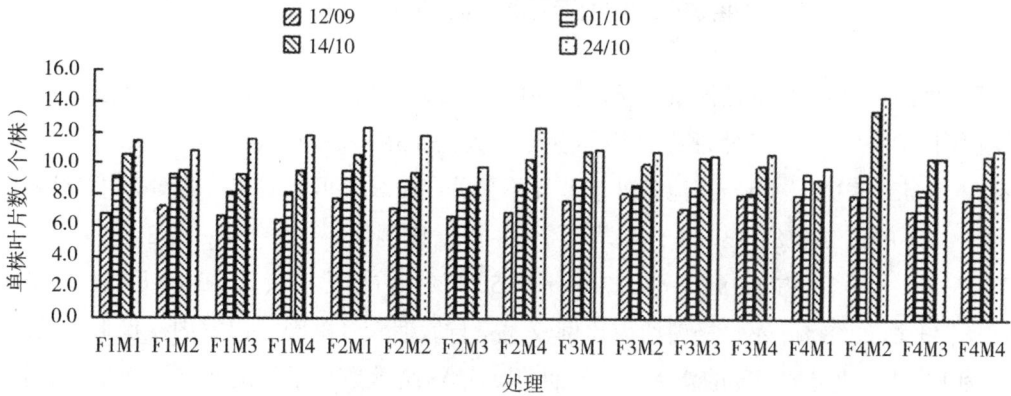

图 6　不同处理对马铃薯脱毒苗叶片数的动态影响

2.3 不同处理对马铃薯原原种产量的影响

由图 7 可以看出，各处理中产量最高为 F4M4 处理，为 314 粒/m^2，显著高于 F2M3、F2M2、F2M1、F1M3、F1M2、F1M1 处理，但与 F3M4 处理没有显著性差异。种植密度方面，随着定植密度的增加各处理原原种产量增加，栽培密度为 M1、M2、M3、M4 时平均产量分别为 233.6、244.6、263.6 和 281.1 粒/m^2，定植密度为 250 株/m^2 时产量最高。基肥肥力方面，当肥力为 F1、F2、F3、F4 时，原原种平均产量分别为 226.3，238.1，283.4 和 276.4 粒/m^2，当肥力为 F3 时产量最高。总体上 F4 肥力条件下 4 个处理的平均产量较 F3 肥力条件下平均产量低，所以 F3 肥力条件能够满足植株生长所需。综合分析，F3M4 处理是最佳处理，即秋冬季栽培条件下，当基肥施入 N、P$_2$O$_5$、K$_2$O 均为 7.5 kg/667 m^2、追肥总量 N、P$_2$O$_5$、K$_2$O 分别为 4.5，2.25 和 6.75 kg/667 m^2，追肥比例为 N:P$_2$O$_5$:K$_2$O = 1:0.5:1.5、定植密度为 250 株/m^2 时，"大西洋"原原种产量最高 312.0 粒/m^2，即"大西洋"宜密植。

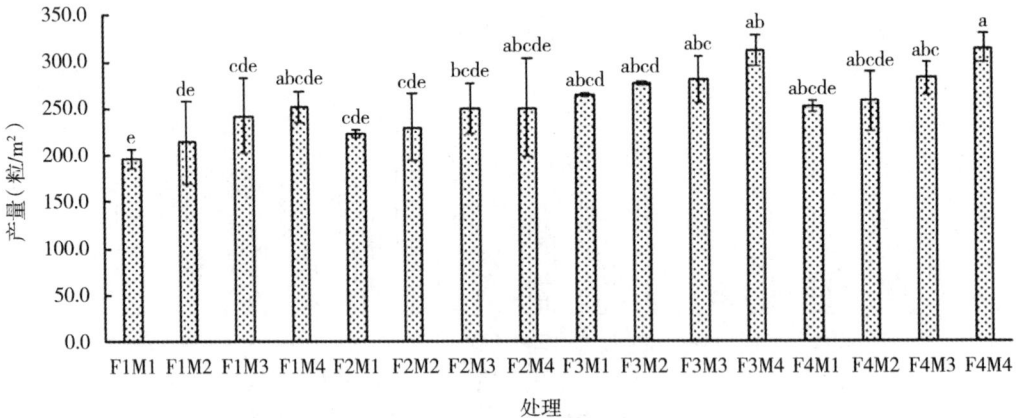

注：图中误差线为标准偏差，不同小写字母表示差异显著($P < 0.05$)。下同。

图 7 不同处理对马铃薯原原种产量的影响

原原种的大小及数量是衡量种薯产量高低的标准之一，与品种特性和环境条件密切相关。由图 8 可以看出，各处理中合格结薯数最高为 F3M4 处理，显著大于 F2M3、F4M2、F2M2、F1M2、F1M1，但与其他各处理差异不显著。由表 2 可以看出，各处理中合格结薯数大于 10 g 的占 2.3%~13.3%，平均 7.7%，占据比例最小；5~10 g 占 3.6%~37.0%，平均 16.8%；2~5 g 占 32.9%~67.7%，平均 52.7%，占据比例较大。2 g 以下在 15.0%~29.9%，平均 22.8%。不合格薯所占比例较大，与后期天气降温，温室内温度低有关。当肥力为 F1 时，随定植密度的增加，单位面积的单株结薯数呈增加的趋势，而单株合格结薯数只有在基肥为 F1 时随着密度的增加而增加。

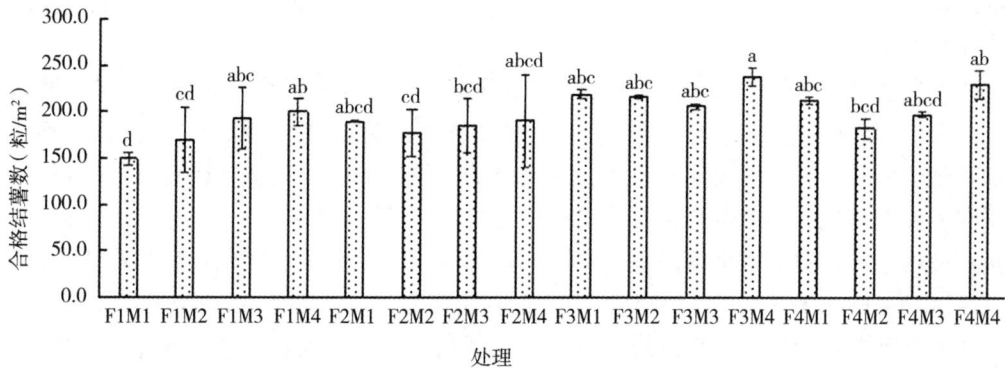

图8 不同处理对马铃薯脱毒苗合格结薯数的影响

表 2 各处理各分级薯粒数占总结薯数的比例

处理	占总结薯数的比例(%)			
	> 10 g	5~10 g	2~5 g	< 2 g
F1M1	6.1 de	37.0 a	32.9 e	24.0 abcd
F1M2	6.0 de	13.8 de	59.9 abc	20.2 defg
F1M3	13.3 a	15.0 de	50.8 bcd	21.0 cdefg
F1M4	7.0 bcde	12.8 de	59.6 abc	20.6 cdefg
F2M1	4.3 ef	30.3 ab	50.4 bcd	15.0 g
F2M2	8.8 bcd	19.1 cd	49.4 cd	22.7 bcde
F2M3	8.1 bcd	25.9 bc	40.1 de	25.9 abcd
F2M4	7.3 bcde	26.2 bc	41.9 de	24.6 abcd
F3M1	8.5 bcd	12.3 de	62.1 ab	17.0 efg
F3M2	7.8 bcde	13.6 de	57.0 abc	21.7 cdef
F3M3	2.3 f	3.6 f	67.7 a	26.5 abcd
F3M4	6.4 cde	8.9 ef	60.7 ab	24.0 abcd
F4M1	10.9 ab	14.9 de	58.7 abc	15.5 fg
F4M2	8.7 bcd	12.6 de	49.8 cd	28.8 ab
F4M3	7.1 bcde	11.6 de	51.3 bcd	29.9 a
F4M4	10.3 abc	11.1 def	51.5 bcd	27.1 abc
平均	7.7	16.8	52.7	22.8

3 讨 论

马铃薯原原种苗床离地栽培与传统的半离地栽培模式不同,由于完全离地,缺乏土壤对植株所需养分的供应及提供水分的缓冲空间,湿度较难掌控,需要更加精细化和科学的管理。蛭石铺设厚度遵循"夏厚冬薄"原则。定植时蛭石浇水不宜太多,以疏松保湿为宜。

脱毒苗移栽后应及时通风，小拱棚膜覆盖时间不宜太长。秋冬季栽培苗床早晨平均温度比温室高 6.3℃。

密度通过影响群体大小和单株营养面积、采光透气条件来影响原原种的产量。通常密度过大单位面积株数多，总的结薯粒数多，但单株生长受抑制，大粒薯产量降低，移栽或扦插密度较低时单株产量差异不显著，密度低的产量也低，所以适当密植有利于增产[8]。有研究表明在其他品种上也有相似的结论，吕典秋等[9]和谭体琼等[10]研究得出，马铃薯脱毒苗高密度下结薯数多且小薯多；李勇等[11]研究表明"荷兰 15 号""尤金""中薯 3 号"等的适合密度是 400~500 株/m², "克新 13 号"适宜密度为 286 株/m²。定植密度不仅是提高原原种扩繁系数的首要原因，也是决定其产量高低的一个重要因素。对于脱毒苗定植密度，因品种和栽培条件、栽培模式不同也存在差异。日光温室离地栽培时"大西洋"品种宜密植，栽培密度在 250 株/m² 时产量表现高。

离地栽培马铃薯脱毒苗所需的营养元素全部来自营养液和肥料的施用。本试验选择撒可富复合肥作为基肥，追肥前期以氮、钾肥为主，中期配合施用微量元素肥料，每次喷灌时间根据天气和苗床湿度情况定，遵循少量短时多次的原则。试验当基肥施入 N、P_2O_5、K_2O 均为 7.5 kg/667 m²，追肥总量 N、P_2O_5、K_2O 分别为 4.5, 2.25 和 6.75 kg/667 m²，追肥比例为 N：P_2O_5：K_2O = 1：0.5：1.5、定植密度为 250 株/m² 时，"大西洋"原原种产量最高。当肥力为 F1 时，随定植密度的增加，单位面积的单株结薯数呈增加的趋势，这与和已有的研究结论一致[12, 13]。吴玉红等[14]对马铃薯早熟品种的研究显示，纯氮施肥量在 7 kg/667 m² 时，基肥与追肥的比例为 5：2 时有利于植株结薯；基肥：追肥 = 2：1 时，单粒重达到最高值。有研究表明随着氮肥增效剂施用量的增加，脱毒马铃薯原原种单株质量、单粒质量、单株粒数、繁殖效率、施肥成本、增产值、施肥利润均呈递增趋势，而边际产值、边际利润在递减[15]。原原种生产中，氮素形态对马铃薯生长和原原种产量的影响较大。硝态氮有利于马铃薯块茎形成期植株的发育，促进马铃薯单株结薯数的增加，铵态氮对块茎增长期马铃薯块茎的膨大作用显著。因此，在原原种生产中，马铃薯定植后先施用全硝态氮，后期改施硝铵混合态氮有利于增加合格种薯数量[16]。在原原种繁殖过程中，氮源形态的选择对产量影响较大。在大田种植中以滴施 NH_4NO_3 处理对马铃薯块茎产量和商品薯形成更为理想[17]。

随着肥力的增加马铃薯脱毒苗株高、茎粗、叶片数均增加，但在不同密度下表现不一样。秋冬季离地栽培总体上植株生长势较弱。随着定植密度的增加各处理产量增加，当肥力为 F3 时各处理平均产量最高。对"大西洋"品种而言，F3M4 处理是试验最佳的基肥和密度，即当基肥施入 N、P_2O_5、K_2O 分别为 7.5 kg/667 m²、追肥总量 N、P_2O_5、K_2O 分别为 4.5, 2.25 和 6.75 kg/667m²，追肥比例为 N：P_2O_5：K_2O = 1：0.5：1.5、定植密度为 250 株/m² 时，"大西洋"原原种产量较高。试验中小于 2 g 的薯粒占据比例多，应在生长后期进一步加强对肥料结构的调控，促进膨大，获得高产[18]。离地栽培结薯方面各品种结薯相对集中，结薯较均匀，且薯粒表观性好，质量好。今后的试验研究中，更应注重分析基质栽培中各个单一因素之间的相互作用原理、相互影响及表现，特别是从植物生理学基础上，揭示原原种结薯和高产的本质。

[参 考 文 献]

[1] 达存莹,岳云,贾秀苹.甘肃省马铃薯产业发展现状及主粮化发展分析 [J]. 中国农业资源与区划,2016,37(3): 38-42.

[2] 席旭东,马明生.定西市马铃薯种薯产业现状分析与可持续发展对策 [J]. 中国种业,2018(4):18-21.

[3] 李晓林.定西市马铃薯良种繁育体系建设现状及其建议 [J]. 甘肃农业科技,2007(10):30-31.

[4] 刘凌云,包丽仙,卢丽丽,等.马铃薯脱毒原原种基质栽培研究概况 [J]. 江苏农业科学,2013,41(11):89-91.

[5] 余斌,沈宝云,王文,等.连作障碍对干旱地区不同马铃薯品种的影响 [J]. 甘肃农业大学学报,2012,47(4):43-47.

[6] 秦舒浩,王东,张俊莲,等.沟垄覆膜连作种植对马铃薯田土壤速效养分及产量的影响 [J]. 甘肃农业大学学报, 2014,49(5):58-62.

[7] 吴广野.马铃薯生产及脱毒种薯繁育状况分析 [J]. 农业科技与装备,2018(3):1-2.

[8] 张利霞,赵桂芳,黄金泉.无土基质生产马铃薯原原种的几个技术环节概述 [J]. 甘肃农业科技,2015(5):54-58.

[9] 吕典秋,李学湛,何云霞,等.马铃薯脱毒原原种栽培基质筛选和栽培技术的研究 [J]. 杂粮作物,2002,22(1): 46-47.

[10] 谭体琼,唐虹,赵佐敏,等.马铃薯脱毒试管苗扦插方式对生产微型薯的影响 [J]. 中国园艺文摘,2013(11):17-18,99.

[11] 李勇,高云飞,刘伟婷,等.马铃薯脱毒试管苗在不同扦插密度条件下的产量性状和经济参数的分析 [J]. 中国马铃薯,2009,23(3):133-138.

[12] 和习琼,王菊英,和光宇,等.马铃薯脱毒试管苗不同种植密度生产原原种试验 [C]//屈冬玉,陈伊里.马铃薯产业与中国式主食.哈尔滨:哈尔滨地图出版社,2016:208-283.

[13] 朱高,秦嘉海,肖占文,等.脱毒马铃薯原原种基质栽培专用肥最佳施用量与经济效益分析 [J]. 蔬菜,2011(11): 49-52.

[14] 吴玉红,郝兴顺,陈进,等.氮肥基追肥比例对马铃薯微型薯生产的影响 [J]. 中国马铃薯,2012,26(6):354-357.

[15] 闫刚,马丙红,马宏国,等.氮肥增效剂对脱毒马铃薯原原种经济效益的影响及最佳施用量研究 [J]. 蔬菜,2014 (11):34-36.

[16] 唐铭霞,王克秀,胡建军,等.不同氮素形态比对雾培马铃薯生长和原原种产量的影响 [J]. 中国土壤与肥料,2018 (3):20-25.

[17] 邓兰生,林翠兰,龚林,等.滴灌施用不同氮肥对马铃薯生长的影响 [J]. 土壤通报,2011,42(1):141-144.

[18] 刘凌云,包丽仙,卢丽丽,等.马铃薯脱毒原原种基质栽培研究概况 [J]. 江苏农业科学,2013,41(11):89-91.

不同底肥对马铃薯产量和经济效益的影响

郝　苗，李大春，杨国才，高剑华*

(湖北恩施中国南方马铃薯研究中心/恩施土家族苗族自治州农业科学院/
湖北省农业科技创新中心鄂西综合试验站，湖北　恩施　445000)

摘　要：马铃薯是恩施州的"救命薯""温饱薯""脱贫薯"和"建设薯"，但恩施州马铃薯施肥过程中仍然普遍存在忽视投入成本和肥料养分用量配比的现象。为了解决这一问题，研究通过对比 10 种马铃薯专用底肥对马铃薯产量和效益的影响，选出了 ZD[中东复合肥 50 kg/667 m²(15∶15∶15)；苗期追施尿素 10 kg/667 m²；防病]、KL2[凯龙常规硝硫基肥 (16∶5∶23) 50 kg/667 m²；苗期追施尿素 10 kg/667 m²；防病]、HR[禾润有机肥 50 kg/667 m² + 复合肥(15∶15∶15)50 kg/667 m²；苗期追施尿素 10 kg/667 m²；防病]和 SMY [生命源黄腐酸有机肥 60 kg/667 m² + 30 kg/667 m² 复合肥(15∶15∶15)；苗期追施尿素 10 kg/667 m² 防病]作为恩施州马铃薯增产增效备用肥料，其中，HR 和 SMY 采用了有机-无机搭配的方式，更利于马铃薯种植系统的健康发展，而 ZD 的肥料养分有效性可能较高，KL2 的肥料养分配比较为科学，搭配有机肥一起施用能否在提高肥效同时有利于土壤健康有待于更进一步研究。

关键词：底肥；马铃薯；产量；经济效益

马铃薯是中国广泛种植的主要农作物，在广大贫困山区一度成为"救命薯""温饱薯""脱贫薯"。湖北省恩施州自 70 年代起马铃薯常年种植面积超过 10 万 hm²，对于恩施而言，2015 年以前马铃薯是至关重要的"救命薯"和"温饱薯"，既当粮油又当菜帮助当地老百姓度过一次又一次的因灾欠收年(数据来自恩施州民政部门)；2014 年以后随着国家开展精准扶贫以及马铃薯主粮化战略在中国启动以来[1]，恩施州率先响应政策号召[2]，通过 2015 和 2016 年连续两届南方(恩施)马铃薯大会使"恩施硒土豆"品牌得以彰显，成为恩施州一块金字招牌。2015 年 12 月，"恩施硒土豆"被评为"最受消费者喜爱的中国农产品区域公用品牌"。2017 年，恩施州发布《恩施硒土豆生产技术规程》[3]，开启了全州硒土豆生产标准化、规范化进程。2018 年底，"恩施土豆"地理商标通过农业农村部地理标志保护农产品认证。最终恩施马铃薯成为了助力恩施州脱贫攻坚的"脱贫薯"和有功于恩施州乡村振兴的"建设薯"，年销量超过 40 万 t，均价超过 4.0 元/kg。然而通过长期的调查研究，

作者简介：郝苗(1989—)，女，硕士，农艺师，主要从事马铃薯栽培及推广工作。
基金项目：现代农业产业技术体系建设专项资金(CARS-09)；恩施州 2016 年支持马铃薯主粮化建设专项资金资助。
*通信作者：高剑华，硕士，高级农艺师，主要从事马铃薯栽培及推广工作，e-mail：80538373@qq.com。

发现恩施马铃薯种植过程中在施肥方面存在，忽视肥料成本对马铃薯经济效益的影响，盲目大量投入化肥或有机肥；且不重视肥料养分的合理搭配，肥料的增产增效效应体现不足。为了达到减少化肥用量同时实现马铃薯绿色增产增效的目标，本研究从全国不同的厂家收集马铃薯专用肥料进行对比试验，从中筛选出适合本地马铃薯生产的专用肥料。

1 材料与方法

1.1 试验材料与试验地点

试验材料：马铃薯品种"鄂马铃薯10号"，良种，由湖北恩施清江种业有限公司生产。

试验地概况：恩施州恩施市三岔乡汾水村，N 30°21′57″，E 109°39′35″，海拔1 200 m，前茬玉米，深耕、碎土后播种。土壤基本理化性质为 pH 6.2，有机质43.64 g/kg，速效氮 68.68 mg/kg，有效磷 31.25 mg/kg，速效钾 77.64 mg/kg，有效锌0.86 mg/kg。试验地自播种到收获期间，月平均气温 18.6℃，最高气温 31.6℃，最低气温−1.8℃；平均湿度 90.6%；平均降雨量 130.6 mm，6 月降雨量最多。马铃薯生长期间于4 月 24 日出现"倒春寒"，幼苗受冻率约 20%，6 月雨水多，晴天少，均对马铃薯产量造成影响，相比丰收年份，马铃薯减产达 40%以上，但对比历史气候数据，试验所处年份气候条件相对正常，试验结果可靠。

1.2 试验设计

试验共设 10 个处理(表 1)，随机区组设计，3 次重复，小区长 4.44 m、宽 3 m，面积13.3 m²，小区间距 50 cm，3 垄区，单垄双行，垄宽 50 cm，垄内马铃薯行距 35 cm、株距33 cm，26.6 株/垄，80 株/小区，4 000 株/667 m²。周围种植 2 行保护行。

供试肥料：常规硫酸钾复合肥(15:15:15)，3.6 元/kg，湖北万丰化工有限公司生产；凯龙常规硝硫基肥(17:7:17)，4.0 元/kg，钟祥凯龙楚兴化工有限责任公司生产；凯龙常规硝硫基肥(16:5:23)，4.0 元/kg，钟祥凯龙楚兴化工有限责任公司生产；泓通有机肥(有机质≥40%，有效活性菌≥2 亿/g)，2.5 元/kg，湖北泓通肥业有限公司生产；吉纳泰有机肥(总养分≥5%，有机质≥70%)，3.5 元/kg，包头市博益润生新能源科技有限公司生产；生物医药肥(微量元素≥10%)，180.0 元/kg，恩施州植保站提供；禾润有机肥(总养分≥6%，有机质≥60%，有效活性菌≥0.2 亿/g)，3.6 元/kg，宜昌禾润生物有机肥有限公司生产；中东复合肥(15:15:15)，4.2 元/kg，江苏中东化肥股份有限公司生产；生命源黄腐酸有机肥(黄腐酸≥26%，有机质≥40%，巨大芽孢杆菌＋胶冻样类芽孢杆菌≥0.2 亿/g)，4.0 元/kg，山东泉林嘉有肥料有限公司生产；硫酸钾钙镁［14:17:6 联合惠农农资(北京)有限公司生产］4.0 元/kg，＋配方肥(14:10:17)(湖北瑞成农业科技有限公司生产)3.4 元/kg，＋有机肥(总养分≥5%，有机质≥45%，湖北宜施壮农业科技有限公司生产)1.5 元/kg，恩施三岔惠生专业合作社提供；尿素，3.2 元/kg。肥料的具体施用量及施用方法均由肥料厂家或供应单位提供，具体情况见表 1。

表 1   参试肥料底肥用量

(kg/667 m²)

处理	用法用量
CK	硫酸钾复合肥(15:15:15)50 kg/667 m²；苗期追施尿素 10 kg/667 m²；防病
KL1	凯龙常规硝硫基肥(17:7:17)50 kg/667 m²；苗期追施尿素 10 kg/667 m²；防病
KL2	凯龙常规硝硫基肥(16:5:23)50 kg/667 m²；苗期追施尿素 10 kg/667 m²；防病
HT	泓通有机肥 50 kg/667 m² + 硫酸钾复合肥(15:15:15)25 kg/667 m²；苗期追施尿素 10 kg/667 m²；防病
JNT	吉纳泰有机肥 400 kg/667 m²；苗期追施尿素 10 kg/667 m²；防病
SWYY	播种时 1:200 倍液浸种 4 h，苗期和花期喷施 1:300 液，180 元/667 m²；苗期不追肥；不防病
HR	禾润有机肥 50 kg/667 m² + 复合肥(15:15:15)50 kg/667 m²；苗期追施尿素 10 kg/667 m²；防病
ZD	中东复合肥 50 kg/667 m²(15:15:15)；苗期追施尿素 10 kg/667 m²；防病
SMY	生命源黄腐酸有机肥 60 kg/667 m² + 30 kg/667 m² 复合肥(15:15:15)；苗期追施尿素 10 kg/667 m² 防病
SCHS	硫酸钾钙镁 25 kg/667 m² + 配方肥(14:10:17)75 kg/667 m² + 有机肥 40 kg/667 m²；苗期追施尿素 10 kg/667 m²；防病

1.3   田间管理及数据统计

试验于 2020 年 2 月 22 日播种，播种时按处理情况施入底肥。试验于 2020 年 5 月 16 日、6 月 1 日和 6 月 16 日进行晚疫病防控，防控药剂分别为代森锰锌 150 g/667 m² + 增威赢绿 30 g/667 m² + 有机硅黏合剂 10 g/667 m²；丁子香酚 50 g/667 m² + 烯酰吗啉 30 g/667 m² + 有机硅黏合剂 10 g/667 m²；增威赢绿 30 g/667 m² + 烯酰·噻霉酮 30 g/667 m² + 有机硅黏合剂 10 g/667 m²。

马铃薯播种期、出苗期、现蕾期和开花期依据《马铃薯种质资源描述规范和数据标准》[4]进行。植株株高和茎粗测定于花期刚结束时进行。马铃薯产量测定以小区为单位，采用全收获法测定，按照当地习惯标准对马铃薯进行分级，即大薯≥150 g；50 g ≤ 中薯 < 150 g；小薯 < 50 g。

试验数据采用 Excel 2007 及 SPSS 22.0 进行分析。

2   结果与分析

2.1   不同底肥处理对马铃薯生育期的影响

不同底肥处理对马铃薯生育期没有影响，所有处理马铃薯均于 2020 年 2 月 22 日播种，出苗期(出苗率达 70%)4 月 17 日，现蕾期 5 月 5 日，开花期 5 月 10 日，成熟期 7 月 5 日，收获期 8 月 2 日。

2.2   不同底肥处理对马铃薯生长情况的影响

2020 年 6 月 30 日进行晚疫病感病情况调查，结果表明除生物医药肥和生命源黄腐酸有机肥处理外，其他各处理晚疫病发病严重。马铃薯各处理之间长势差异明显($P < 0.05$)，其中 SCHS、HT、HR、ZD 和 KL2 处理的株高与茎粗较对照均增加，而 SMY 和

SWYY 处理的株高与茎粗均极显著低于对照，其他处理的株高较对照显著增加，但茎粗同对照处于同一水平(表2)。

表2　马铃薯生长情况

处理	晚疫病	株高(cm)	茎粗(mm)
CK	7	77.00 cdBC	10.50 deDE
KL1	7	81.67 bAB	11.11 cdCD
KL2	7	79.33 bcB	11.68 bcBC
HT	7	80.33 bcB	12.47 aAB
JNT	7	86.00 aA	10.40 efDE
SWYY	5	38.33 fE	6.37 gF
HR	7	74.33 dCD	12.27 abAB
ZD	9	81.33 bAB	11.69 bcBC
SMY	5	70.33 eD	9.74 fE
SCHS	7	80.33 bcB	12.76 aA

2.3　不同底肥处理对马铃薯产量及经济效益的影响

不同底肥处理对马铃薯产量具有极显著性影响(表3和表4)，不同处理马铃薯产量由高到低分别为 JNT、KL2、HT、ZD、SMY、KL1、CK、HR、SCHS 和 SWYY，其中 JNT 和 KL2 处理的产量极显著高于对照，较对照分别增产达 12.77% 和 11.14%；SWYY 处理的产量显著低于对照，较对照产量降低了 52.78%，其他处理的产量同对照处于同一水平。因此单从马铃薯总产量分析，除了 SWYY 不适合单一作为底肥以外，其他肥料均可以替代常规底肥进行生产，其中 JNT 和 KL2 的肥效表现突出，同常规底肥相比达到增产效果。

表3　不同底肥处理对马铃薯产量方差分析表

变异原因	自由度	平方和	均方	F	概率
区组	2	9 881.07	4 940.53	1.39	0.274
处理	9	1 844 489.33	204 943.26	57.77	0.000
误差	18	63 852.27	3 547.35		
总变异	29	1 918 222.67			

注：变异系数 $CV\% = \dfrac{Se}{\bar{X}} \times 100\% = \dfrac{\sqrt{MS(误差)}}{\bar{X}} \times 100\% = 4.337$。

表4 不同底肥处理对马铃薯产量分布的影响

处理	产量 （kg/667 m²）	位次	比 CK ± （%）	大中薯产量 （kg/667 m²）	商品薯率 （%）
CK	1 401 cdB	7	—	1 015	70.21
KL1	1 448 cdAB	6	3.36	937	66.18
KL2	1 557 abA	2	11.14	1 063	72.12
HT	1 477 bcAB	3	5.45	1 035	72.50
JNT	1 579 aA	1	12.77	1 234	79.74
SWYY	661 eC	10	−52.78	470	63.95
HR	1 353 dB	8	−3.40	1 113	81.57
ZD	1 464 bcAB	4	4.57	1 164	76.83
SMY	1 448 cdAB	5	3.37	1 049	79.62
SCHS	1 347 dB	9	−3.83	1 027	78.27

马铃薯的产量效益除了受销售价格的影响外，主要受到肥料成本、人工成本、单产和商品薯率的影响。表5反映的是不同底肥处理的投入产出情况，除 KL1 和 SWYY 处理外，其他底肥处理马铃薯商品薯产量高于对照，对应的商品薯产值也较对照高。除 SWYY 处理外，各处理的肥料成本均高于对照，如 JNT、SCHS、HR 和 SMY 处理的成本较高，分别比对照增加了 575.5%、110.8%、84.9% 和 79.2%，商品薯产值分别居第1、第7、第3和第5位，但扣除肥料成本后，JNT 处理的产量效益大大降低，在供试肥料中排名第9，可见肥料成本是影响马铃薯增产增效的重要因素之一，在选择肥料时应考虑这一环节。从产量经济效益方面来看，ZD、KL2、HR 和 SMY 底肥处理的高于对照或同对照处于同一水平，可作为恩施州马铃薯增产增效备用肥料；从环境效益来看，这4种底肥处理中 HR 和 SMY 采用了有机-无机搭配的方式，更利于马铃薯种植系统的健康发展，ZD 的肥料养分有效性可能较高，KL2 的肥料养分配比较为科学，若搭配有机肥一起施用，这两种肥料的养分利用率有可能更进一步提高，这有待于更进一步的试验加以研究。

表5 马铃薯投入产出分析

处理	商品薯产量 （kg/667 m²）	商品薯产值 （kg/667 m²）	用工成本 （kg/667 m²）	肥料成本 （kg/667 m²）	效益 （元/667 m²）	位次
CK	1 015	2 434.8	240	212	1 982.8	5
KL1	937	2 247.6	240	232	1 775.6	7
KL2	1 063	2 551.2	240	232	2 079.2	2
HT	1 035	2 484.0	240	337	1 907.0	8
JNT	1 234	2 961.6	240	1 432	1 289.6	9
SWYY	470	1 128.0	240	180	708.0	10

处理	商品薯产量 （kg/667 m²）	商品薯产值 （kg/667 m²）	用工成本 （kg/667 m²）	肥料成本 （kg/667 m²）	效益 （元/667 m²）	位次
HR	1 113	2 671. 2	240	392	2 039. 2	3
ZD	1 164	2 793. 6	240	242	2 311. 6	1
SMY	1 049	2 517. 6	240	380	1 897. 6	4
SCHS	1 027	2 463. 6	240	447	1 776. 6	6

注：马铃薯单价按田间鲜薯均价 2.4 元/kg 计算。

3 讨 论

试验结果表明不同底肥处理对马铃薯长势和产量均具有显著性影响，从产量角度来看，除了 SWYY 不适合单一作为底肥用作马铃薯生产外，其他肥料均可以替代常规底肥进行马铃薯生产，其中 JNT 和 KL2 的肥效表现突出，相较常规施肥达到增产效果。

肥料成本是影响马铃薯增产增效的重要因素之一，JNT 处理由于肥料成本过高，导致产量效益急剧下降，进行普通大田生产选择肥料时应考虑这一环节。ZD、KL2、HR 和 SMY 底肥处理的产量经济效益高于对照或同对照处于同一水平，可作为恩施州马铃薯增产增效备用肥料。其中，HR 和 SMY 采用了有机-无机搭配的方式，更利于马铃薯种植系统的健康发展，ZD 的肥料养分有效性可能较高，KL2 的肥料养分配比较为科学，搭配有机肥一起施用能否在提高肥效同时有利于土壤健康有待于更进一步研究。

[参 考 文 献]

[1] 付丽丽. 我国将启动马铃薯主粮化战略 [J]. 今日科苑, 2015(2)：14-17.

[2] 李求文, 于斌武, 钟育海, 等. 湖北恩施州率先推进马铃薯主粮化探索与建议 [J]. 中国马铃薯, 2017, 31 (4)：246-251.

[3] 恩施土家族苗族自治州质量技术监督局. DB4228/T 006-2017 恩施硒土豆生产技术规程 [S]. 恩施：不详, 2017.

[4] 刘喜才. 马铃薯种质资源描述规范和数据标准 [M]. 北京：中国农业出版社, 2006.

榆林北部有机肥与复合肥配施对马铃薯农艺性状及产量的影响

冯瑞瑞[1,2]*，吕　军[1,2]，高青青[1,2]，汪　奎[1,2]

（1. 榆林市农业科学研究院，陕西　榆林　719000；

2. 陕西省马铃薯工程技术研究中心，陕西　榆林　719000）

摘　要：试验共设 9 个处理，以不施肥为对照（CK），以"榆薯 5 号"原种为试验品种，研究有机肥与复合肥不同配比对马铃薯农艺性状的影响。结果表明，有机肥、复合肥合理配施对马铃薯的株高、单株块茎数、单株块茎重、商品薯率以及产量的影响存在差异，总体来看，以有机肥增加 1/2、化肥减少 1/2 效果较优，其产量最高，为 3 883 kg/667 m^2。有机肥、复合肥合理配施处理的产量与对照不施肥处理相比未达显著差异，对马铃薯产量影响较小。

关键词：马铃薯；有机肥；农艺性状；产量

　　长期以来，为了实现马铃薯高产，生产中普遍存在化肥用量大、少施或不施有机肥，导致土壤板结，盐碱化加重，造成水溶性养分流失[1]。马铃薯生产中，氮肥施量不足导致其产量和商品性明显下降；钾肥通过提高马铃薯膨大速度而提高产量；磷肥可提高薯块表皮光滑度，提高品质。生物有机肥含有大量有益微生物，可使作物根系周围的微生物大量繁殖，可溶解土壤中难溶化合物或分泌生长激素，促进作物生长，使土壤保持肥力[2]。因此，为了减少化肥用量、平衡施肥，本试验研究了有机肥、复合肥配比模式，筛选合理配施比例，实现绿色稳产增效目标，以期为本地绿色食品马铃薯生产提供科学依据。

1　材料与方法

1.1　供试材料

　　供试品种为"榆薯 5 号"原种，播种前进行切块，切块后拌种播种。供试有机肥料为吉纳泰商品有机肥。

1.2　试验地概况

　　试验地位于陕西省榆林市农业科学研究院榆卜界试验区，E 109.77，N 38.3，海拔 1 080 m。试验地土壤为壤土，前作作物为玉米。

1.3　试验设计

　　试验设 9 个处理。处理 1：吉纳泰有机肥常量（40 kg/667 m^2）；处理 2：化肥常量

　　作者简介：冯瑞瑞（1991—），男，农艺师，主要从事马铃薯栽培及推广工作。
　　基金项目：陕西省马铃薯产业技术体系建设项目（SNTX-14）；陕西省农业协同创新与推广联盟示范推广项目（LM201905）；陕西省农业科技创新驱动资金项目（NYKJ-2018-YL02）。
　　*通信作者：冯瑞瑞，e-mail：827866448@qq.com。

（40 kg/667 m²）；处理 3：有机肥增加 1/3、化肥减少 1/3；处理 4：有机肥增加 1/3、化肥减少 1/2；处理 5：有机肥增加 1/2、化肥减少 1/3；处理 6：有机肥增加 1/2、化肥减少 1/2；处理 7：有机肥增加 1 倍、化肥减少 1/3；处理 8：有机肥增加 1 倍、化肥减少 1/2；处理 9：空白对照（不施肥）。采用随机区组排列，3 次重复，5 行区，小区面积 40 m²。

1.4　试验方法

1.4.1　深耕施肥

施足底肥，试验处理于起垄栽培时施入土壤中，与耕层土壤混匀。

1.4.2　栽培管理

（1）2020 年 5 月 7 日播种，采用机械起垄人工开穴点播。

（2）2020 年 6~7 月中耕除草 3 次。6 月 12 日起追施尿素 3 次，每次 7 kg/667 m²；6 月 19 日：六国化工（20∶0∶20）7 kg/667 m²；硝酸钙镁 5 次，每次 5 kg/667 m²；撒可富（20∶0∶24）3 次，每次 5 kg/667 m²。

（4）浇水。试验采用滴灌，根据天气情况，6 月 1 日至 9 月 6 日，共浇水 8 次。

（5）2020 年 9 月 29 日收获。

1.5　测定项目与方法

对每个处理收获时进行考种，测量株高、单株块茎数、单株块茎重、商品薯率和产量。

2　结果与分析

2.1　不同处理对马铃薯株高的影响

就株高而言，株高为 95.30~123.60 cm，不同处理间未达显著差异。从表 1 结果看，有机肥、复合肥配施处理优于对照不施肥处理。其中，处理 1（有机肥常量 40 kg/667 m²）的株高最高，为 123.60 cm，较对照处理 9（不施肥）提高 29.70%；第二位是处理 4（有机肥增加 1/3、化肥减少 1/2），为 121.17 cm，较对照处理 9（不施肥）提高 27.14%；第三位是处理 6（有机肥增加 1/2、化肥减少 1/2），为 120.60 cm，比对照处理 9（不施肥）提高 26.55%；处理 9（不施肥）最低，为 95.30 cm。

表 1　不同处理马铃薯株高

处理	株高（cm）				较对照增减（%）	位次
	Ⅰ	Ⅱ	Ⅲ	平均		
1	128.2	114.8	127.8	123.60 a	29.70	1
2	131.5	96.5	90.6	106.20 a	11.44	8
3	121.1	115.8	86.5	107.80 a	13.12	7
4	134.0	123.5	106.0	121.17 a	27.14	2
5	106.1	116.8	123.60	115.47 a	21.16	5
6	129.9	112.9	119.0	120.60 a	26.55	3
7	101.3	129.8	109.8	113.63 a	19.24	6

处理	株高（cm）				较对照增减（%）	位次
	I	II	III	平均		
8	129. 7	116. 7	106. 5	117. 63 a	23. 43	4
9(CK)	111. 8	99. 7	74. 4	95. 30 a	—	9

注：不同小写字母表示 0.05 水平差异显著性，下同。

2.2　不同处理对马铃薯单株块茎数的影响

有机肥、复合肥合理配施条件下单株块茎数为 6.63~9.27 粒/株，除处理 5(有机肥增加 1/2、化肥减少 1/3)和处理 6(有机肥增加 1/2、化肥减少 1/2)与对照处理 9(不施肥)差异显著外，其余处理与对照相比差异不显著。从数值上看，除处理 1(有机肥常量 40 kg/667 m²)低于对照处理 9(不施肥)外，其余有机肥、复合肥配施处理优于对照不施肥处理。其中，处理 5(有机肥增加 1/2、化肥减少 1/3)的单株块茎数最高，为 9.27 粒/株，较对照处理 9(不施肥)高 36.95%；第二位是处理 6(有机肥增加 1/2、化肥减少 1/2)，为 8.03 粒/株，较对照处理 9(不施肥)高 18.72%；第三位是处理 3(有机肥增加 1/3、化肥减少 1/3)和处理 4(有机肥增加 1/3、化肥减少 1/2)，单株块茎数均为 7.90 粒/株，较对照处理 9(不施肥)高 16.75%；处理 1(有机肥常量 40 kg/667 m²)最低，为 6.63 粒/株，较对照处理 9(不施肥)低 1.97%(表 2)。

表 2　不同处理马铃薯单株块茎数

处理	单株块茎数（粒/株）				较对照增减（%）	位次
	I	II	III	平均		
1	6. 9	6. 9	6. 1	6. 63 c	-1. 97	9
2	7. 5	7. 4	7. 1	7. 33 bc	8. 37	6
3	8. 3	7. 5	7. 9	7. 90 bc	16. 75	3
4	8. 2	8. 3	7. 2	7. 90 bc	16. 75	3
5	10. 2	8. 9	8. 7	9. 27 a	36. 95	1
6	8. 7	8. 2	7. 2	8. 03 b	18. 72	2
7	8. 5	6. 7	7. 3	7. 50 bc	10. 84	5
8	7. 6	7. 4	5. 7	6. 90 bc	1. 97	7
9(CK)	7. 3	6. 4	6. 6	6. 77 bc	—	8

2.3　不同处理对单株块茎重的影响

有机肥、复合肥合理配施条件下单株块茎重为 1.38~1.65 kg/株，处理 2(化肥常量 40 kg/667 m²)和处理 5(有机肥增加 1/2、化肥减少 1/3)与对照处理 9(不施肥)相比差异显著，其余处理与对照相比差异不显著。从表 3 结果来看，除处理 1(有机肥常量 40 kg/667 m²)低于对照处理 9(不施肥)外，其余有机肥、复合肥配施处理优于对照不施肥处理。其中，处理 2(化肥常量 40 kg/667 m²)的单株块茎重最高，为 1.65 kg/株，较对照处理 9(不施肥)提高 19.16%；第二位是处理 5(有机肥增加 1/2、化肥减少 1/3)，为 1.62 kg/株，比对照处理 9(不施肥)提高 16.69%；第三位是处理 6(有机肥增加 1/2、化肥减少 1/2)，为 1.57 kg/株，较对照处理 9(不施肥)提高 12.99%；处理 1(有机肥常量 40 kg/667 m²)最低，为 1.38 kg/株，较对照处理 9(不施肥)降低 0.36%。

表 3　不同处理马铃薯单株块茎重

处理	单株块茎重(kg/株)				较对照增减	位次
	Ⅰ	Ⅱ	Ⅲ	平均	(%)	
1	1.34	1.44	1.37	1.38 b	−0.36	9
2	1.59	1.66	1.72	1.65 a	19.16	1
3	1.49	1.44	1.46	1.46 ab	5.16	7
4	1.41	1.59	1.43	1.48 ab	6.24	6
5	1.70	1.64	1.52	1.62 a	16.69	2
6	1.77	1.49	1.45	1.57 ab	12.99	3
7	1.56	1.57	1.48	1.54 ab	10.73	4
8	1.40	1.71	1.34	1.48 ab	6.48	5
9(CK)	1.36	1.41	1.40	1.39 b	—	8

2.4　不同处理对商品薯率的影响

有机肥、复合肥合理配施条件下商品薯率为 70.42%~77.06%，有机肥、复合肥配施处理与对照不施肥处理相比未达显著差异。除处理 3(有机肥增加 1/3、化肥减少 1/3)低于对照处理 9(不施肥)外，其余有机肥、复合肥配施处理优于对照不施肥处理。其中，处理 2(化肥常量 40 kg/667 m²)的商品薯率最高，为 77.06%，较对照处理 9(不施肥)高 8.12%；第二位是处理 1(有机肥常量 40 kg/667 m²)，为 76.69%，较对照处理 9(不施肥)高 7.60%；第三位是处理 8(有机肥增加 1 倍、化肥减少 1/2)，为 75.54%，较对照处理 9(不施肥)高 5.99%；处理 3(有机肥增加 1/3、化肥减少 1/3)最低，为 70.42%，较对照处理 9(不施肥)低 1.20%(表 4)。

表 4　不同处理马铃薯商品薯率

处理	商品薯率(%)				较对照增减	位次
	Ⅰ	Ⅱ	Ⅲ	平均	(%)	
1	75.21	74.67	80.19	76.69 ab	7.60	2
2	70.51	77.31	83.35	77.06 a	8.12	1
3	70.67	73.18	67.40	70.42 b	−1.20	9
4	71.48	75.52	77.95	74.98 ab	5.21	4

处理	商品薯率(%)				较对照增减	位次
	I	II	III	平均	(%)	
5	75.65	72.85	71.23	73.24 ab	2.77	5
6	71.70	70.89	76.46	73.02 ab	2.45	6
7	70.62	75.08	71.28	72.33 ab	1.48	7
8	75.10	76.65	74.87	75.54 ab	5.99	3
9(CK)	73.45	69.00	71.37	71.27 ab	—	8

2.5 不同处理对产量的影响

有机肥、复合肥合理配施条件下产量为 3362~3 883 kg/667 m², 有机肥、复合肥配施处理与对照不施肥处理相比未达显著差异。除处理 3(有机肥增加 1/3、化肥减少 1/3)和处理 4(有机肥增加 1/3、化肥减少 1/2)低于对照处理 9(不施肥)外, 其余有机肥、复合肥配施处理优于对照不施肥处理。其中, 处理 6(有机肥增加 1/2、化肥减少 1/2)的产量最高, 为 3 883 kg/667 m², 较对照处理 9(不施肥)高 14.16%; 第二位是处理 7(有机肥增加 1 倍、化肥减少 1/3), 为 3 714 kg/667 m², 较对照处理 9(不施肥)高 9.20%; 第三位是处理 5(有机肥增加 1/2、化肥减少 1/3), 为 3 688 kg/667 m², 较对照处理 9(不施肥)高 8.43%; 处理 3(有机肥增加 1/3、化肥减少 1/3)最低, 为 3 362 kg/667 m², 较对照处理 9(不施肥)低 1.15%(表 5)。

表 5 不同处理马铃薯产量

处理	产量(kg/667 m²)				较对照增减	位次
	I	II	III	平均	(%)	
1	3 938	3 265	3 802	3 669 ab	7.86	4
2	3 889	3 537	3 540	3 655 ab	7.47	5
3	3 494	3 222	3 370	3 362 b	−1.15	9
4	3 333	3 253	3 556	3 381 ab	−0.61	8
5	3 321	3 774	3 969	3 688 ab	8.43	3
6	3 840	3 901	3 907	3 883 a	14.16	1
7	3 778	3 840	3 525	3 714 ab	9.20	2
8	3 935	3 358	3 661	3 651 ab	7.35	6
9(CK)	3 370	3 586	3 247	3 401 ab	—	7

3 讨 论

试验通过对株高、单株块茎数、单株块茎重、商品薯率以及产量的分析, 可以看出有机肥、复合肥合理配施对马铃薯的株高、单株块茎数、单株块茎重、商品薯率以及产量的影响存在差异，总体来看，以处理6(有机肥增加1/2、化肥减少1/2)效果较优。以产量为主要考核指标来说，从数值上看，处理6(有机肥增加1/2、化肥减少1/2)的产量最高，为 3 883 kg/667 m²，较对照处理9(不施肥)高 14.16%；其次为处理7(有机肥增加1倍、化肥减少1/3)，为 3 714 kg/667 m²，较对照处理9(不施肥)高 9.20%；第三位是处理5(有机肥增加1/2、化肥减少1/3)，为 3 688 kg/667 m²，较对照处理9(不施肥)高 8.43%；处理3(有机肥增加1/3、化肥减少1/3)最低，为 3 362 kg/667 m²，较对照处理9(不施肥)低 1.15%。有机肥、复合肥合理配施处理的产量与对照不施肥处理相比未达显著差异，在本次试验中说明有机肥、复合肥合理配施对马铃薯产量影响较小。

生物有机肥由有机物料配置不同微生物菌种后发酵腐熟而成，除直接供给土壤大量有机质外，微生物分解土壤中的枯枝烂叶和动植物残体，间接增加了土壤有机质含量。土壤有机质和微生物活动还影响土壤的团粒结构和疏松度，间接影响土壤对水、肥、光、热、气的利用[3]。但本次试验为一年大田数据，施用有机肥后，在产量等方面表现并不明显，可能是大田气候等不稳定因素影响，需要继续开展跟进试验，进行相关方面的研究。

[参 考 文 献]

[1] 张维理,武淑霞,冀宏杰,等. 中国农业面源污染形势估计及控制对策Ⅰ.21世纪初期中国农业面源污染的形势估计 [J]. 中国农业科学,2004,37(7):1 008-1 017.

[2] 德龙,曹凤明,李力. 我国生物有机肥的发展现状及展望 [J]. 中国土壤与肥料,2007(6):1-5.

[3] 马麟英. 不同土层土壤有机质含量对速效氮分配的影响 [J]. 中国农学通报,2010,26(24):193-196.

农用酵素对马铃薯农艺性状和产量的影响

胡晓燕[1,2]*，张 圆[1,2]

（1. 榆林市农业科学研究院，陕西 榆林 719000；
2. 陕西省马铃薯工程技术研究中心，陕西 榆林 719000）

摘 要：为了探究喷施不同浓度的酵素稀释液对马铃薯农艺性状和产量的影响，分别在滴灌和喷灌条件下开展了试验。结果发现，喷施农用酵素对马铃薯株高和单株结薯数无显著影响。两种灌溉方式下的部分指标表现规律不完全一致，综合来看，喷施较低浓度（200 或 300 倍）农用酵素稀释液对马铃薯产量和商品薯率等有一定提高作用。

关键词：农用酵素；马铃薯；农艺性状；产量

农用酵素是近年来兴起的新型绿色产品，其是利用微生物对植物发酵产生的活性物质，含有营养物质、有益菌、酶、植物激素等，可以改善因过度使用化肥农药导致的土壤理化性质恶化，并且在提高农作物产量和品质等方面具有一定的应用前景[1]。如刘伟[2]研究发现，使用植物酵素可以提高水稻产量和蛋白质含量，翟敬华和蒋细旺[3]研究表明，添加酵素可以改善红菜薹品质和提高土壤养分含量。为进一步研究农用酵素在马铃薯上的应用效果和其适宜的喷施浓度，于 2020 年开展了田间试验进行比较，以期为马铃薯绿色生产提供参考。

1 材料与方法

1.1 试验地点和时间

试验地位于陕西省榆林市国家现代农业示范园区，E 109.77°，N 38.3°，海拔 1 080 m，土质为沙壤土，肥力中等，前茬作物为玉米。试验于 2020 年 4 月 27 日播种，9 月 29 日收获。

1.2 供试品种

试验品种为榆林市农业科学研究院自主选育的新品种"榆薯 5 号"，级别为原种。

1.3 试验设计

试验分别在滴灌和喷灌条件下设置 4 个处理，分别为 CK（常规施肥）、N1（常规施肥 + 300 倍液农用酵素）、N2（常规施肥 + 200 倍液农用酵素）、N3（常规施肥 + 100 倍液农用酵素），小区面积为 108 m²，3 次重复，随机区组排列。分别在每个生育期每小区喷

作者简介：胡晓燕（1973—），女，高级农艺师，主要从事马铃薯栽培研究工作。
基金项目：国家现代农业产业技术体系专项资金（CARS-09）；陕西省马铃薯产业技术体系建设项目（SNTX-14）；陕西省农业科技创新驱动资金项目（NYKJ-2018-YL02）。
*通信作者：胡晓燕，e-mail：782041040@qq.com。

施不同浓度酵素稀释液 5 L, 其他管理方式相同。

1.4　测定项目

株高: 盛花期用卷尺测量土壤表面到植株最高处; 成熟期每小区取 10 株测量单株结薯数、单株块茎重、商品薯率(≥150 g)和小区产量。

2　结果与分析

2.1　农用酵素对马铃薯株高的影响

由表 1 可见, 在滴灌和喷灌条件下, 农用酵素对株高均无显著影响。其中滴灌条件下, CK 处理株高最高, 其次为 N3。喷灌条件下, N1 处理下株高最高, 其次为 CK 处理。

表 1　不同处理马铃薯株高　　　　　　　　　　　　　　　　　(cm)

处理	滴灌	喷灌
N1	93. 17 a	85. 80 a
N2	92. 17 a	80. 83 a
N3	95. 43 a	82. 97 a
CK	97. 00 a	83. 30 a

注: 不同小写字母表示 0. 05 水平差异显著性, 下同。

2.2　农用酵素对马铃薯单株结薯数的影响

由表 2 可见, 两种灌溉方式下, 农用酵素对马铃薯单株结薯数无显著影响。滴灌条件下, N2 处理最高, 其次为 N1 处理, N3 最低。喷灌条件下, N3 处理最高, N1 处理最低。

表 2　不同处理马铃薯单株结薯数　　　　　　　　　　　　　　　(个)

处理	滴灌	喷灌
N1	7. 17 a	6. 33 a
N2	7. 20 a	6. 60 a
N3	6. 90 a	6. 67 a
CK	6. 93 a	6. 63 a

2.3　农用酵素对马铃薯单株块茎重的影响

由表 3 数据可见, 滴灌条件下, 农用酵素对马铃薯单株块茎重无显著影响。其中 CK 处理表现最低, 其他处理表现为 N2 > N1 > N3。喷灌条件下, N1 处理表现最高, 其次为 N2 处理, 二者显著高于 N3 和 CK 处理, CK 处理表现最低, 说明喷施农用酵素一定程度上可以提高单株块茎重。

表3　不同处理马铃薯单株块茎重　　　　　　　　　　　（kg）

处理	滴灌	喷灌
N1	1. 31 a	1. 55 a
N2	1. 32 a	1. 44 a
N3	1. 27 a	1. 17 b
CK	1. 26 a	1. 08 b

2.4　农用酵素对马铃薯产量的影响

由表4可见，喷施农用酵素对马铃薯产量有一定影响。滴灌处理下，N1 处理产量最高，较 CK 处理高 7.08%，且二者差异显著。N2 处理排第三位，但与 CK 处理差异不显著，N3 产量显著低于其他各处理。喷灌条件下，N1 处理依旧表现最好，较 CK 处理高10.55%，其次为 N2 处理，CK 处理排第三位，N3 处理在喷灌条件下仍表现最低，N1 和N2 处理产量显著高于 N3 处理，而与 CK 处理差异不显著。

表4　不同处理马铃薯产量　　　　　　　　　　　（kg/667 m²）

处理	滴灌	喷灌
N1	4 101 a	3 195 a
N2	3 800 b	3 069 a
N3	3 482 c	2 576 b
CK	3 830 b	2 890 ab

2.5　农用酵素对马铃薯商品薯率的影响

由表5可见，滴灌条件下，喷施农用酵素的处理商品薯率均显著高于 CK 处理，说明滴灌条件下，喷施农用酵素可提高马铃薯商品薯率，其中 N1 处理表现最高，N3 处理次之，其次为 N2，分别较 CK 处理高 3.53%、2.80%、2.10%。喷灌条件下，N2 处理表现显著优于其他处理，N1 处理排第二位，二者分别较 CK 处理高 7.64%、1.68%，N3 处理最低，与其他各处理差异显著。

表5　不同处理马铃薯商品薯率　　　　　　　　　　　（%）

处理	滴灌	喷灌
N1	76. 91 a	72. 09 b
N2	75. 85 a	76. 32 a
N3	76. 37 a	62. 44 c
CK	74. 29 b	70. 90 b

3 讨 论

有学者研究认为，农用酵素内含有丰富的植物激素如 IAA 和 ABA 等，可以促进植株的生长发育，并分别在菠菜、果树等植株上得到了验证[4,5]。然而在本试验条件下，施用农用酵素对马铃薯株高和单株结薯数并无显著影响。梁会欣等[6]通过试验发现喷施酵素可以使马铃薯增产 19.3%~29.3%。试验研究表明，滴灌条件下，喷施 300 倍酵素液可以提高一定马铃薯产量，喷施 200 倍酵素液产量低于对照但二者差异不显著；喷灌条件下，喷施 300 和 200 倍酵素液马铃薯产量有所提高，喷施 100 倍酵素液马铃薯产量低于对照。滴灌条件下，喷施酵素均显著提高了马铃薯商品薯率，而在喷灌条件下，喷施 300 和 200 倍液提高了商品薯率，喷施 100 倍液后商品薯率却有所降低。在单株块茎重指标方面，滴灌和喷灌条件表现出的规律也有所不同。

综合来看，喷施较低浓度(200 或 300 倍)的农用酵素，对马铃薯产量和商品薯率有一定提高作用。这仅是一年的大田试验数据，影响因素较多，还需进一步进行试验验证。

[参 考 文 献]

[1]　张越，赵宇宾，蔡亚凡，等. 农用植物酵素的生态效应研究进展 [J]. 中国农业大学学报，2020，25(3)：25-35.

[2]　刘伟. 植物酵素在水稻上的应用效果研究 [J]. 黑龙江农业科学，2020，318(12)：64-66.

[3]　翟敬华，蒋细旺. 酵素对红菜薹生长发育及土壤特性的影响 [J]. 长江大学学报：自科版，2017，14(18)：12-17.

[4]　孙雨浓，李光耀，张欣雨，等. 环保酵素对菠菜幼苗生理生化指标影响的研究 [J]. 园艺与种苗，2017(5)：10-13.

[5]　杨文静，田佶，张杰. 芳香植物营养液对苹果生长及果实品质的影响 [J]. 北京农学院学报，2015，30(1)：19-21.

[6]　梁会欣，连玉武，孙文彬，等. 植物酵素对马铃薯的影响及其作用机理 [J]. 科技创新与品牌，2016(12)：75-77.

不同配方复合肥对加工型马铃薯产量的影响

姜　波[1*]，李　辉[1]，于晓刚[1]，刘秩汝[1]，任　珂[1]，王贵平[1]，

敖　翔[1]，毕晓伟[1]，汤存山[2]，陈　东[2]，梁春兰[2]

（1. 呼伦贝尔市农牧科学研究所，内蒙古　扎兰屯　162650；

2. 呼伦贝尔市华晟绿色生态发展有限公司，内蒙古　大雁　021100）

摘　要：探讨不同配比的复合肥对加工型马铃薯产量和淀粉含量的影响，为生产中的使用和推广提供参考。以加工型马铃薯品种"维拉斯"为材料，分别于 2019 和 2020 年在呼伦贝尔市扎兰屯市中和镇进行两年一点试验，收获后对产量和淀粉含量进行比较分析。试验结果表明，不同配方复合肥处理的加工型马铃薯株高、茎粗、总产量和商品薯产量均显著高于 CK 处理，淀粉含量和干物质均显著低于 CK 处理。其中处理 E 六国（10∶15∶20）的总产量和商品薯产量两年的平均产量均排在第一位，总产量和商品薯产量两年平均分别较 CK 提高 54.46% 和 71.87%，增产幅度大且表现稳定。

关键词：加工型马铃薯；复合肥；产量；淀粉含量

马铃薯（*Solanum tuberosum* L.）是世界第三大粮食作物，在 160 多个国家均有种植。马铃薯是中国的第四大粮食作物，总产量与种植面积均占世界首位[1]，据农业农村部网站数据统计，2017 年全国马铃薯种植面积为 580 万 hm^2，年总产量达 9 682 万 t，其中食用消费 5 895 万 t，加工消费 823 万 t[2]。内蒙古自治区是中国五大马铃薯主产区之一，马铃薯是内蒙古自治区的重要经济作物。内蒙古自治区马铃薯鲜薯加工能力达到 300 万 t 左右，其中 85% 以上用来加工马铃薯淀粉[3]。近年来，国内学者针对氮磷钾合理配施对马铃薯产量的影响开展了大量研究，但大多数针对鲜食品种进行研究，很少有人针对加工薯进行研究。内蒙古自治区加工业现状主要是加工型品种较少且产量较低，主要使用菜薯进行加工，不仅浪费水电等资源，也加大了生产成本。为了缓解这一现状，可以通过栽培技术手段来提高加工型马铃薯品种产量。

农作物的生长发育及产量、品质的高低优劣与栽培时的多种因素有关。气候因素、土壤因素、农业技术因素等，都会对作物的生长发育、产量、品质产生不同程度的影响[4]。合理施肥是作物增产综合因子中的一个重要因子，对指导作物施肥具有重要的意义。施肥不能只注意到养分的种类和数量，还要考虑影响作物生长发育、形成产量及品质和发挥肥效的其他因素，只有充分考虑、合理利用各生产因素之间的综合作用，才能做到用最少的

作者简介：姜波（1966—），男，研究员，主要从事马铃薯育种和高产栽培技术研究与开发推广。

基金项目：国家马铃薯产业技术体系专项资金（GARS-09-ES04）。

* **通信作者**：姜波，e-mail：zltjiangbo@163.com。

肥料投入，获取最大的产出和最好的经济效益[5]。本试验通过两年一点进行研究不同配方复合肥对加工型马铃薯产量和淀粉含量的影响，来筛选可以提高加工型马铃薯产量的复合肥，为种植者提供基础数据。

1　材料与方法

1.1　试验材料

试验于 2019 和 2020 年在呼伦贝尔市扎兰屯市中和镇试验基地进行。供试肥料：富岛（12∶19∶16）、富岛（10∶16∶24）、撒可富（15∶15∶15）、施可丰（12∶18∶15）、六国（10∶15∶20）、云天化（13∶17∶15）；供试品种："维拉斯"（呼伦贝尔市农牧科学研究所提供）。

1.2　试验设计

试验设 7 个处理，氮磷钾比例分别为富岛（12∶19∶16）（A），富岛（10∶16∶24）（B），撒可富（15∶15∶15）（C），施可丰（12∶18∶15）（D），六国（10∶15∶20）（E），云天化（13∶17∶15）（F），以不施肥处理为对照（CK）。试验采用随机区组设计，3 行区，行长 6 m，株距 0.25 m，4 次重复。

1.3　试验实施

试验分别于 2019 年 4 月 29 日和 2020 年 5 月 1 日播种，分别于 2019 年 9 月 22 日和 2020 年 9 月 21 日收获。试验采用底肥 50 kg/667 m²，中耕追肥 20 kg/667 m²。其他管理水平同大田管理水平一致。

1.4　测定项目及方法

在马铃薯盛花期从每个小区内随机选取 10 株马铃薯植株对农艺性状进行测量。株高：从土壤表面到生长点的高度（cm），用木尺测量，精确到 0.01 cm；茎粗：最粗茎的直径（mm），用电子游标卡尺测量，精确到 0.01 mm。收获时，以小区为单位混收，用 WeiHeng 电子手提秤（10 g~50 kg）测定小区 ≥75 g 马铃薯块茎重量，即为商品薯重量；同时测定小区内所有马铃薯块茎的总重量，即为总产量。测定时除去小区内腐烂的马铃薯块茎。每个小区随机挑选 5 kg 具有代表性马铃薯，采用水比重法对马铃薯块茎进行淀粉含量的测定。

1.5　统计分析

采用 DPS（V14.10）数据处理系统[6]对试验数据进行联合方差分析和平均值比较（LSD 法）。

2　结果与分析

2.1　不同配方复合肥对马铃薯农艺性状的影响

施肥在一定程度上提高了马铃薯植株的茎粗和株高。表 1 中各肥料处理下的茎粗与对照相比，2019 年 6 个肥料处理的马铃薯植株茎粗均显著高于对照，茎粗较对照增加 19.80%~28.80%，其中处理 A 的茎粗较对照的增幅最为明显，处理 F 次之。但各肥料处理间没有显著差异。2020 年 6 种肥料处理中只有处理 C 与对照没有显著差异，其他 5 个肥料处理均显著高于对照，茎粗较对照增加 15.46%~20.53%，其中处理 B 较对照的增幅最为明显，处理 A 次之。2019 和 2020 年 6 个肥料处理间均不存在显著差异。

各肥料处理下的株高与对照相比，2019 年 6 个肥料处理间均显著高于 CK，处理 E、F 显著高于处理 B，6 个肥料处理较对照提高 9.75%~20.16%，其中处理 E 的株高较对照增幅最为明显，处理 F 次之；2020 年 6 个肥料处理的株高均显著高于对照。但 6 个肥料处理间没有显著差异，6 个肥料处理较对照提高 12.10%~15.94%，其中处理 D 的较对照增幅最为明显，处理 B 次之。

表1 不同配方复合肥对加工型马铃薯农艺性状的影响

年份	处理	茎粗（mm）	株高（cm）
2019	A	12.88 a	69.91 ab
	B	12.19 a	66.95 b
	C	11.98 a	71.09 ab
	D	12.38 a	71.14 ab
	E	12.35 a	73.30 a
	F	12.54 a	72.74 a
	CK	10.00 b	61.00 c
2020	A	13.84 a	61.18 a
	B	14.03 a	62.07 a
	C	12.95 ab	60.29 a
	D	13.44 a	62.35 a
	E	13.45 a	61.04 a
	F	13.56 a	60.49 a
	CK	11.64 b	53.78 b

注：同列不同小写字母表示 0.05 水平差异显著。采用 LSD 法进行多重比较。下同。

2.2 不同配方复合肥对马铃薯产量的影响

2019 年总产量变化为 1 452~2 418 kg/667 m²，6 个处理均显著高于对照对照，排在前三位的处理为 E、A 和 D，分别较对照增产 66.53%、47.45% 和 42.29%；2020 年总产量变化为 1 734~2 469 kg/667 m²，6 个处理均显著高于对照，排在前三位的处理为 E、B 和 F，分别较对照增产 42.39%、41.98% 和 39.33%；两年平均增产幅度的大小依次为处理 E、B、A、C、F 和 D，增产幅度分别为 54.46%、38.66%、38.40%、37.49%、36.23% 和 34.76%（表 2）。

2019 年商品薯产量变化为 1 031~1 923 kg/667 m²，6 个处理均显著高于对照，排在前三位的为处理 E、C 和 A，分别较对照增产 86.52%、66.83% 和 62.08%。2020 年商品薯产量变化为 1 199~1 885 kg/667 m²，6 个处理均显著高于对照，排在前三位的处理为 E、C 和 F，分别较对照增产 57.21%、53.63% 和 50.96%。两年平均增产幅度依次为处理 E、C、A、B、F 和 D，增产幅度分别为 71.87%、60.23%、53.06%、50.88%、46.48% 和 41.80%。处理 E 的总产量和商品薯产量在两年试验中平均增产幅度均排在第一位，处理 C 的商品薯产量在两年试验中平均增产幅度排在第二位，总产量平均增产幅度排在第四位。

表 2　不同配方复合肥对加工型马铃薯产量的影响

年份	处理	总产量（kg/667 m²）	增产幅度（%）	商品薯产量（kg/667 m²）	增产幅度（%）
2019	A	2 141 ab	47.45	1 671 ab	62.08
	B	1 965 b	35.33	1 577 b	52.96
	C	2 008 b	38.29	1 720 ab	66.83
	D	2 066 ab	42.29	1 585 ab	53.73
	E	2 418 a	66.53	1 923 a	86.52
	F	1 933 b	33.13	1 464 b	42.00
	CK	1 452 c	—	1 031 c	—
2020	A	2 243 ab	29.35	1 727 ab	44.04
	B	2 462 a	41.98	1 784 a	48.79
	C	2 370 ab	36.68	1 842 a	53.63
	D	2 206 b	27.22	1 557 b	29.86
	E	2 469 a	42.39	1 885 a	57.21
	F	2 416 ab	39.33	1 810 a	50.96
	CK	1 734 c	—	1 199 c	—

2.3　不同配方复合肥对马铃薯加工性状的影响

从表 3 可以看出，2019 年马铃薯淀粉含量的变化为 16.17%～18.36%，对照的淀粉含量最高，且显著高于其他处理；2020 年马铃薯淀粉含量的变化为 16.81%～18.11%，对照的淀粉含量最高，但与其他处理差异不显著。2019 年马铃薯干物质含量的变化为 21.93%～24.12%，对照的干物质含量最高，且显著高于其他处理；2020 年马铃薯干物质含量的变化为 22.57%～23.69%，对照的干物含量最高，但与其他处理差异不显著。

表 3　不同配方复合肥对加工型马铃薯加工性状的影响

年份	处理	淀粉（%）	干物质（%）
2019	A	16.92 b	22.68 b
	B	16.81 b	22.57 b
	C	16.44 b	22.20 b
	D	16.32 b	22.03 b
	E	16.44 b	22.20 b
	F	16.17 b	21.93 b
	CK	18.36 a	24.12 a
2020	A	17.13 a	22.89 a
	B	16.81 a	22.57 a
	C	17.35 a	23.11 a
	D	17.18 a	22.94 a
	E	17.82 a	23.66 a
	F	17.51 a	23.27 a
	CK	18.11 a	23.69 a

3 讨 论

本试验结果表明，增施不同配方复合肥可以显著提高加工型马铃薯的株高、茎粗、产量、商品薯产量；但淀粉含量和干物质均显著低于对照，但6个肥料处理间没有显著性差异。2019和2020年总产量变化分别为1 452～2 418 和 1 734～2 469 kg/667 m²，6个肥料处理均显著高于对照，处理E、B、A、C、D、F两年平均增产幅度分别为54.46%、38.66、38.40%、37.49%、34.76%、34.23%。2019 和 2020 年商品薯产量变化分别为 1 031～1 923 和 1 199～1 885 kg/667 m²，6个肥料处理均显著高于对照，处理E、C、A、B、F、D 两年平均增产幅度分别为71.87%、60.23%、53.06%、50.88%、46.48%、41.80%。

本试验得出处理E六国(10∶15∶20)的总产量和商品薯产量在两年试验中平均产量和平均增产幅度均排在第一位，建议大面积推广应用。

[参 考 文 献]

[1] 李丽淑,樊吴静,杨鑫,等.不同栽培方式、播种深度对冬种马铃薯土壤水热及产量的影响 [J].西南农业学报,2018,31(4):673-679.

[2] 李辉,白雅梅,宋志军,等.马铃薯高世代无性系锌的稳定性及广义遗传力估算 [J].西南农业学报,2019,32(8):1 701-1 707.

[3] 韩志刚,高瑞,郭景山,等.内蒙古自治区马铃薯加工业(淀粉)发展概况 [C]//金黎平,吕文河.马铃薯产业与美丽乡村.哈尔滨:黑龙江科学技术出版社,2020.

[4] 韩霜.土壤、施肥及气候因素对作物产量贡献的研究 [D].哈尔滨:东北农业大学,2012.

[5] 石铭福.不同类型肥料追施对马铃薯生长特征、产量构成及品质的影响 [D].兰州:甘肃农业大学,2018.

[6] 唐启义,冯明光.DPS数据处理系统—实验设计、统计分析及数据挖掘 [M].北京:科学出版社,2007.

土壤含水量对马铃薯产量、品质和耗水特性的影响

秦军红，高春燕，李广存，金黎平*

（中国农业科学院蔬菜花卉研究所/
农业农村部薯类作物生物学与遗传育种重点实验室，北京　100081）

马铃薯是浅根系作物，对水分亏缺十分敏感。然而，当前马铃薯生产中，过量灌溉加上高肥料投入，虽然可以获得较高的产量，但对品质和贮藏造成了一定影响，同时，也大大降低了水分利用率。中国约有60%的马铃薯种植在旱区，一味追求高产的水分管理措施也给水资源带来了极大的挑战。近几年来，喷灌和沟灌改滴灌对这一现状有所缓解，但生产者对滴灌下马铃薯的水分需求规律了解较少，过量灌溉的问题仍然存在。有研究表明，适度的水分亏缺不仅会显著提高水分利用效率，还有利于提高品质，但对产量的影响不大。因此，研究滴灌条件下不同土壤含水量对马铃薯的产量、品质和耗水特性的影响，为稳定马铃薯产量、提高马铃薯品质和水资源利用效率提供理论依据，同时，对提高旱区薯农收益具有重要意义。

试验于2020年5~9月在张家口市察北管理区，中国农业科学院蔬菜花卉研究所试验基地进行。设水分处理和基因型2种因素，水分处理4个，分别为充分灌溉（W1：苗期55%~65%、块茎形成期65%~75%、块茎膨大期70%~80%、淀粉积累期50%~60%）、亏缺灌溉，即各生育期水分处理均比W1低20%（W2）、过量灌溉，即各生育期水分处理均比W1高20%（W3）、各生育期不灌溉，即雨养（RF）。基因型为"中薯18""中薯19"和"中薯28"。采用裂区设计，水分处理为主区，基因型为副区，株距18 cm、行距90 cm，每小区8行，每行30株，小区面积38.88 m^2（5.4 m × 7.2 m）。灌溉方式为滴灌，滴头间距0.2 m。5月11日播种，出苗阶段统一灌水15.2 m^3/667 m^2，齐苗后开始水分处理，每隔7 d左右灌一次，每次灌水前用TDR仪测定土壤含水量，然后根据目标含水量计算补灌量。灌溉处理施纯N∶P∶K = 20∶16∶35。磷肥（过磷酸钙，P$_2$O$_5$≥12%）全部基施，氮肥（尿素，N≥46%）和钾肥（硫酸钾，KO$_2$≥52%）40%基施；剩余氮肥和钾肥分别在齐苗期（30%和15%）、现蕾期（20%和20%）和盛花期（10%和25%）随滴灌追施。雨养处理施肥量为灌溉施肥量的1/3，且全部基施。9月9日收获。马铃薯生育期收集相关气象数据计算ET0，收获时测定产量并测定干物质、淀粉和粗蛋白含量。

各品种产量随着灌水量的增加而增加，过量灌溉处理下各品种产量最高，但与充分灌溉之间差异不显著。产量"中薯18"的W3与RF之间差异显著，"中薯19"的W3与W1之

作者简介：秦军红（1985—），女，助理研究员，从事马铃薯抗逆生理与节水栽培。
基金项目：国家马铃薯产业技术体系（CARS-9-P11）。
*通信作者：金黎平，博士，研究员，主要从事马铃薯遗传育种，e-mail：jinliping@caas.cn。

间差异不显著，但显著大于 W2 和 RF，W1 显著大于 RF，但与 W2 差异不显著。"中薯28"各处理之间差异均不显著。而水分利用效率则随着灌水量的增加而降低。从整体上看，各品种水分利用效率表现为"中薯 18" > "中薯 19" > "中薯 28"，"中薯 18"在 RF 和 W2 处理下的水分利用效率均高于其他两个品种同等条件下的。水分和品种对马铃薯干物质和粗蛋白含量的影响均达显著水平，但二者交互作用均不显著。品种及交互作用对马铃薯淀粉含量影响显著。不同水分处理间表现为，雨养条件下马铃薯块茎干物质和淀粉含量最高，均值分别为 20.83% 和 16.22%，且该条件下干物质含量与亏缺灌溉和过量灌溉差异不显著。供试 3 个品种各处理间淀粉含量差异均不显著，而粗蛋白含量仅在过量灌溉下显著降低。品种间上述 3 个品质指标均表现为"中薯 18" > "中薯 19" > "中薯 28"。各品种耗水量随着灌水量的增加而增加，W3 处理的最高，其值为 355.98 ~ 366.51 mm，W1 次之，为240.78 ~ 244.19 mm，依次为 W2(207.95 ~ 223.24 mm)和 RF(171.58 ~ 202.71 mm)。耗水强度和耗水模数也表现出同样的趋势，而同一水分不同品种间总耗水量差异较小。从整个生育期看，各品种马铃薯耗水量表现出两头小中间大的"纺锤形"分布，即块茎形成期和膨大期大于苗期和淀粉积累期，这点从耗水强度可以更直观地看出。各生育期耗水强度表现为块茎膨大期(4.51 mm/d) > 块茎形成期(3.74 mm/d) > 淀粉积累期(1.06 mm/d) > 芽条生长期 + 苗期(0.72 mm/d)。马铃薯生育期 ET0 随着生育期的推进呈波浪下降趋势。全生育期 ET0 为 420.44 mm，日均值为 3.45 mm/d。各生育期 ET0 主要受气象条件影响，表现为芽条生长期 + 苗期 > 块茎膨大期 > 淀粉积累期 > 块茎形成期。各生育期 Kc 整体上表现为随着灌水量的增加而增加，灌水处理下其均值依次为芽条生长期 + 苗期 0.17，块茎形成期 1.23，块茎膨大期 1.50，淀粉积累期 0.77，雨养条件下各生育期均值依次为 0.24、0.84、0.77、0.26。

马铃薯产量随着灌水量的增加而增加，但过量灌溉与充分灌溉之间差异不显著。"中薯 28"各处理间差异均不显著。水分利用效率随灌水的增加而降低，不同品种间表现为"中薯 18" > "中薯 19" > "中薯 28"。块茎品质则表现为雨养条件下最高，而过量灌溉显著降低了粗蛋白含量，各品种间表现为"中薯 18" > "中薯 19" > "中薯 28"。马铃薯全生育期耗水量也随着灌水量的增加而增加，相同水分不同品种间差异较小。各生育期 Kc 也随着灌水量的增加而增加，灌水处理下其均值依次为芽条生长期 + 苗期 0.17，块茎形成期 1.23，块茎膨大期 1.50，淀粉积累期 0.77。因此，在水分管理上应因品种而异，且土壤含水量不应超过 W2。

关键词：马铃薯；水分；品质；产量

钾高效马铃薯基因型筛选及不同钾水平下生理响应

邓振鹏[1,2]，刘　勋[1,2]，赵　勇[1,2]，易小平[1,2]，

唐道彬[1,2]，吕典秋[1,2]，王季春[1,2]，吕长文[1,2]*

(1. 西南大学农学与生物科技学院，重庆　北碚　400715；

2. 薯类生物学与遗传育种重庆市重点实验室，重庆　北碚　400715)

马铃薯($Solanum\ tuberosum$ L.)是世界上第四大粮食作物，也是典型的喜钾作物。开展不同马铃薯钾营养高效的筛选鉴定与评价，并探讨不同基因型马铃薯在不同钾水平下的农艺性状及生理生化响应差异，对深入了解马铃薯钾高效的生理生化机制、加强钾高效品种资源的推广应用具有重要的现实意义。

品种筛选试验采用二因素裂区试验设计，以钾素营养水平为主区，设低钾水平和高钾水平(低钾水平为 75 kg/hm²，高钾水平为 300 kg/hm²)；品种为副区，设 20 个水平[来自西南地区 20 份代表性马铃薯品种(系)]，通过沙培盆栽方式分析测定含钾量、钾素吸收和利用效率，并对参试品种进行钾素营养效率聚类分析。机理研究试验采用随机区组设计，供试品种基于品种筛选试验结果，分别选用高钾高效品种("中薯 19 号")和低钾高效品种("华渝 5 号")，设 5 个不同钾肥水平处理，分别为 0，75，150，225 和 300 kg/hm²，研究不同钾效率类型品种在不同钾肥水平的生理响应。其他管理措施如浇水、喷药、培土、收获等同一般大田管理。

方差分析表明，试供的 20 份马铃薯品种(系)的吸收效率和利用效率均存在显著差异，马铃薯产量、植株含钾量、块茎含钾量、钾素吸收效率和利用指数与品种、钾素水平及二者的相互作用存在极显著差异。低钾水平下"黔芋 6 号""川芋 117""378711.7""郑薯 5 号"的产量高于 300 g/株，而在高钾水平下，产量高于 300 g/株有 9 个品种(系)，且"S21""米拉""黔芋 6 号"的产量高于 400 g/株。低钾处理下吸收效率最大的品种为"郑薯 5 号"，其吸收效率达到 78.08%，吸收效率最小的为"09307-830"，其值为 18.02%。在高钾处理下，20 个马铃薯品种(系)之间吸收效率差异显著，吸收效率最高的品系为"S03-0452"，吸收效率最低的为"08CA0710"。在低钾水平下，钾素利用效率最高的为"09307-830"，为 22.30 kg/kg，而最低的为"B20-7"，其利用效率只有 11.51 kg/kg。而"378711.7""华渝 5 号"和"丽薯 6 号"钾素利用效率相对较高，分别为 21.39，20.11 和 20.43 kg/kg。在高钾处理下，钾素利用效率最高的品系为"2014X3-1"，最低的品系为"B20-7"，利用效率分

作者简介：邓振鹏(1994—)，男，硕士研究生，从事马铃薯高产优质高效栽培理论与技术研究。

基金项目：重庆市科企联合体种质资源收集利用与品种试验项目资助。

*通信作者：吕长文，博士，副教授，主要从事薯类作物栽培生理生化与高效栽培技术研究工作，e-mail: lvcgwn@swu. edu. cn。

别为 18.64 和 8.43 kg/kg。以两个钾素水平的相对产量和低钾水平下马铃薯产量进行聚类分析，对马铃薯品种(系)的钾素营养效率进行分类，可将 20 个马铃薯品种(系)分为 4 类，即双高效型、低钾高效型、高钾高效型和双低效型。进一步相关分析显示，除钾素利用效率与施钾水平为显著相关外，产量、植株含钾量、块茎含钾量、钾素收获指数等与马铃薯品种、钾素水平及二者的相互作用存在极显著关系。高钾水平下，马铃薯的产量、块茎含钾量、钾素利用效率和钾素收获指数均有所提高，而植株含钾量和钾素吸收效率则降低。

不同钾素水平下的品种响应结果表明，"华渝 5 号"植株鲜重在 80 d 时 150 kg/hm² 水平下最高，平均单株薯重 265.52 g，而"中薯 19 号"在 225 kg/hm² 水平时最高为 470.88 g。"华渝 5 号"的单株叶面积在 150 kg/hm² 水平达到最高值 65.30 cm² 后开始下降，而"中薯 19 号"在 225 kg/hm² 水平达到最大，叶面积为 93.06 cm²。两种不同钾效率马铃薯品种的叶绿素 a、叶绿素 b 和总叶绿素含量在 150 kg/hm² 时最大。随着施钾水平的提高，"中薯 19 号"叶片和块茎中还原糖含量都逐渐降低，而"华渝 5 号"叶片和块茎中还原糖含量在不同施钾处理下先升高后降低的变化趋势，其叶片还原糖含量在施 75 kg/hm² 水平达到最高 29.32 mg/g。"华渝 5 号"块茎蔗糖含量均值同一施钾水平下高于"中薯 19 号"块茎蔗糖含量。钾素在马铃薯植株各个器官积累分配均表现为块茎 > 茎 > 叶 > 根，"华渝 5 号"块茎钾分配比呈先上升后下降的趋势，"中薯 19 号"块茎钾分配比趋势为随着施钾水平的升高而升高。不同钾效率基因型马铃薯间钾素利用效率随着施钾水平增高变化趋势不一致，"华渝 5 号"农学利用效率在不同钾水平下呈先升高后降低的趋势，而"中薯 19 号"钾素则随着施钾水平的提高缓慢上升。

采用二元一次方程分别对马铃薯的产量随供钾水平变化的趋势进行拟合，结果显示"华渝 5 号"在施钾水平 159.45 kg/hm² 时达到最高产量，而"中薯 19 号"在施钾水平 281.4 kg/hm² 时达到最高产量。

关键词：马铃薯；钾；生理响应

基于产量反应和农学效率的马铃薯推荐施肥方法

何 萍*

（中国农业科学院农业资源与农业区划研究所，北京 100081）

施肥后作物的增产效应定义为施肥的产量反应，产量反应通常通过施肥处理与不施肥处理的产量差获得。田间条件下不施肥小区的产量越低，表明基础地力越低，需要施用更多的肥料才能获得高产，因此作物的产量反应就越高；相反基础地力越高，则需要施用较少的肥料就能获得高产。因此，可以根据作物施肥后的产量反应来间接表征土壤的地力状况。

中国农业科学院农业资源与农业区划研究所在汇总过去十几年在全国范围内开展的马铃薯肥料田间试验的基础上，建立了包含作物产量反应、农学效率及养分吸收与利用信息的数据库，基于土壤基础养分供应、作物农学效率与产量反应的内在关系、以及具有普遍指导意义的作物最佳养分吸收和利用特征参数，建立了基于产量反应和农学效率的马铃薯推荐施肥模型，并采用信息技术，把复杂的施肥原理研发成用户方便使用的"养分专家系统"（简称 NE 系统）。用户只需提供地块的基本信息，如往年农民习惯施肥（FP 处理）下的作物产量、施肥历史、有机无机肥料投入情况、秸秆还田方式，NE 系统就能给出基于该地块的个性化施肥方案。该方法可在土壤测试条件不具备或测试结果不及时的情况下用于肥料推荐，并可通过微信关注"养分专家"后使用。该方法解决了长期以来氮肥难以推荐的重大难题，实现了小农户不具备测试条件下的肥料推荐，是一种先进轻简的指导施肥新方法。

对于氮肥推荐，主要依据作物农学效率和产量反应的相关关系获得，并根据地块具体信息进行适当调整；而对于磷肥和钾肥推荐，主要依据作物产量反应所需要的养分量以及补充作物地上部移走量所需要的养分量求算。对于中微量元素，主要根据土壤丰缺状况进行适当补充。该方法还考虑了作物轮作体系、秸秆还田、上季作物养分残效、有机肥施用、大气沉降、灌溉水等土壤本身以外的其他来源养分。在制定施肥方案时考虑了施肥的农学、经济和环境效应，即在保障作物增产、增收的同时提高肥料利用率，保护环境。该方法采用 4R 养分管理原则，帮助用户在施肥推荐中选择合适的肥料品种和适宜的用量，并在合适的施肥时间施在恰当的位置。

田间验证结果表明，与农民习惯施肥比较，NE 推荐施肥具有降低成本、提高收益和一定的增产优势。施肥量结果显示，与 FP 处理相比，NE 处理各试验点平均氮和磷肥施用量显著降低，分别降低了 32.6% 和 25.7%，平均钾肥施用量增加 4.0%。产量和经济效益结果显示，与 FP 处理相比，NE 处理马铃薯产量平均增加了 5.4%、经济效益增加了 6.3%、肥料投入成本降低了 18.2%。氮肥利用率结果显示，与 FP 处理相比，NE 处理增

作者简介：何萍（1970—），女，研究员，从事马铃薯养分管理研究。
* 通信作者：何萍，e-mail：heping02@caas.cn。

加了马铃薯氮素回收率、氮素农学效率、氮素偏生产力，分别增加了 10.7 个百分点、18.8 kg/kg 和 44.5 kg/kg。

以上实践证明，基于产量反应和农学效率的推荐施肥能够在保障马铃薯产量和农民收益的条件下，能够科学平衡氮、磷和钾肥的施用，提高肥料利用率，特别适合中国作物种植茬口紧、测土施肥不及时以及测试条件不具备的小农户的国情，是当前协调农学、经济和环境的重要的推荐施肥方法，具有广阔的应用前景。

关键词：马铃薯；养分吸收规律；产量反应；农学效率；推荐施肥方法

有机肥施用对作物养分供需关系的作用及主要影响因素分析

李 超，石晓华，樊明寿*

（内蒙古农业大学农学院，内蒙古 呼和浩特 010019）

中国目前是全球最大的化肥消费国，且化肥施用量仍处于上升阶段，由此带来一系列生态问题，特别是农业环境问题日益凸现。随着生态农业思潮的兴起，人们开始寻求各种减少化肥用量的技术途径，考虑到中国的基本国情，化学肥料减施技术应用的前提是稳产，且在不影响产量的情况下实现提高资源利用效率、提升耕地质量，改善农产品品质的目的。自20世纪以来，随着有机农业的回归，有机肥的应用研究有了新的进展，目前，国内外对有机肥配施、有机肥替代化肥的相关研究已成为学科研究热点。减施化肥增施有机肥能增加土壤有机质，降低土壤容重，增加孔隙度，改善土壤综合理化性状，为作物生长提供良好的土壤条件。有机肥替代化肥是实现农业可持续发展的重要目标，也是实现化肥零增长的重要技术途径之一。但针对有机肥替代化肥对作物的养分需求规律和土壤的养分供应特征方面的耦合性研究开展的并不多。特别是针对特定气候、土壤和轮作体系的研究仍缺乏系统性和规范性。明确有机肥替代化肥对土壤养分供给状态，以及促进作物吸收的协同效应对最终实现作物稳产、养分高效、环境安全具有重要的理论和现实意义。

有机肥替代部分化肥与单施化肥相比，可对作物氮、磷、钾养分吸收规律产生不同程度的影响，研究表明，合理的有机肥替代化肥比例可提高氮素向经济器官的转运率，提高了氮素利用效率，进而有效降低了氮素进入环境的风险，同时，可加强作物对磷的吸收作用，增加作物营养体磷素的再分配率和对经济器官的贡献率，而针对钾素大多数作物仅体现在对整株钾素吸收量的增加。

有机肥合施替代化肥对于调节土壤养分平衡，改善土壤养分供应有重要意义，但有机肥的替代效果受到土壤类型、有机肥肥源、作物种类等因素的影响，但国内外大多数研究均发现，有机肥替代化肥的比例是影响有机氮矿化的重要因素。有机肥替代部分施磷肥，可减少土壤对磷吸附固定，释放更多的有效磷，从而提高土壤供磷能力。有机肥替代钾肥后对土壤钾素的供应具有促进作用，虽有一定的缓释效果，并有潜在的提高钾肥利用率的可能性。

有机肥替代化肥对改善土壤养分供应及作物稳产增产效果受多个因素的影响。研究表明，土壤的基本理化性状是主要影响因素之一，如 pH、电导率、土壤有机质等均是重要

作者简介：李超（1997—），男，硕士研究生，从事马铃薯营养生理与栽培技术研究工作。
基金项目：内蒙古自治区科技成果转化专项（2019CG030）；内蒙古自治区高等学校科学研究项目（NJZY20052）。
＊**通信作者**：樊明寿，博士，教授，主要从事植物营养的教学与研究工作，e-mail：fmswh@126.com。

参考指标。同时，研究也表明作物种类，特别是作物根系特征是影响有机肥替代化肥效果的另一重要因素。

综上所述，对有机肥施用对作物养分吸收规律及农田土壤养分供应特征进行了分析和总结，以期为有机肥替代策略及土壤健康施肥提供参考依据。

关键词：有机肥；土壤养分供需；作物养分吸收；合理施肥

有机肥部分替代化肥对马铃薯生长和土壤肥力的影响

王西亚，赵士诚，仇少君，徐新朋，丁文成，何　萍*

（中国农业科学院农业资源与农业区划研究所，北京　100081）

　　马铃薯产量高，适种区域广，为人类重要的粮食作物，是国家粮食安全的重要保障，因此中国对马铃薯主粮化日益重视。内蒙古自治区为中国重要的马铃薯产区，播种面积和产量占中国总产量的 15%~20%。内蒙古自治区马铃薯产区多为砂质土壤，保肥保水能力较差，多依靠频繁的灌水施肥保证产量，导致人力物资投入成本较高和经济效益降低。利用有机肥部分替代化肥可以提高土壤肥力、质量和降低化肥用量，是提高耕地质量和减肥增效的重要措施，而有机肥替代化肥在内蒙古自治区砂质土壤马铃薯产区的研究较少，对有机肥部分替代化肥的改土培肥机理也不够清楚。

　　研究于 2019 年在内蒙古自治区武川县武川试验站进行，计划定位长期进行，试验共设置以下 6 个处理：（1）有机肥（腐熟羊粪，N∶P∶K = 1.15%∶0.48%∶2.1%）替代 60%化肥（60%M，M 为 Manure，主要替代氮元素，下同），（2）有机替代 45% 化肥（45%M），（3）有机替代 30%化肥（30%M），（4）有机替代 15%化肥（15%M），（5）全化肥（即 NE 或 0%M，N∶P₂O₅∶K₂O = 210∶100∶190），（6）农民习惯施肥（FP，施肥量采用当地农民常用施肥量，N∶P₂O₅∶K₂O = 250∶113∶113）。处理（1）~（5）等氮量，氮磷钾肥用量根据马铃薯养分专家系统（Nutrient Expert，NE）进行推荐，不足的磷用过磷酸钙补齐。小区面积 30 m²，3 次重复，随机区组排列。有机肥、磷钾肥全部一次基施，氮肥一半基施，一半开花期追施。马铃薯品种为"华颂 7 号"，2020 年 5 月初播种，同年 9 月中旬收获。试验田为灌溉农田，能根据作物需要及时灌水，同时及时进行病虫害防治。

　　试验结果表明，基于马铃薯养分专家系统的推荐施肥处理 NE 的氮磷肥用量较 FP 处理分别降低了 16.0%和 11.3%，而钾肥用量增加了 68.1%，优化了肥量用量。NE 较 FP 处理降低养分用量的同时提高了马铃薯鲜薯产量 9.1%。与 NE 处理相比较，15%M 和 30%M 处理的鲜薯产量没有显著变化，而 45%M 和 60%M 处理的产量分别降低了 6.5%和 6.9%。各处理马铃薯植株养分吸收前期随生育期逐步增加，在末花期达到最高又逐步降低；不同处理间前期养分吸收差异不大，在末花期呈 NE、15%M、30%M、FP、45%M 和 60%M 的顺序依次降低趋势。收获期养分吸收降低量降低部分由于后期落叶没有计入总生物量所致。NE、15%M 和 30%M 处理的植株 N 和 P 吸收量高于 45%M 和 60%M 处理，而

作者简介：王西亚（1996—），男，硕士研究生，主要从事有机肥资源高效利用研究。
基金项目：现代农业产业技术体系建设专项资金（CARS-09-P31）。
*通信作者：何萍，研究员，主要从事养分资源高效利用研究，e-mail：heping02@caas.cn。

植株 K 吸收量低于 45%M 和 60%M 处理，这与有机肥 NP 养分释放较慢，不利于植株吸收，而 K 素为矿质态释放较快有利于植株吸收有关。不同有机肥替代比例对薯块的粗蛋白含量没有影响，60%M、45%M 和 30%M 处理较 NE 和低比例替代处理提高了薯块的淀粉含量，而降低了薯块的维生素 C 含量。各处理土壤 NH_4^+-N 均以 $0 \sim 20$ cm 最高，20 cm 以下各层含量差异不显著。在苗期、始花和盛花期的同层土壤，NO_3^--N 和 NH_4^+-N 表现为按照 60%M、45%M、30%M、15%M、NE 和 FP 处理的顺序逐步增加。在同一生育期和同一处理，土壤速效磷含量由表层（$0 \sim 20$ cm）向深层逐步降低，40 cm 以下的含量差异较小；在同一生育期的不同处理，土壤速效磷的变化主要在 $0 \sim 20$ cm 表层，表现为按照 60%M、45%M、30%M、15%M、NE 和 FP 处理的顺序呈逐步增加趋势，这可能与磷在土壤中的移动性较差和有机肥对磷的固持作用有关。不同施肥处理的土壤细菌丰度和多样性在马铃薯生长前期没有显著变化，细菌丰度和多样性指数在末花期后表现出按 60%M、45%M、30%M、15%M、NE 和 FP 处理的顺序逐步降低，说明增加有机肥替代比例逐步提高了土壤细菌的丰度和多样性。有机肥替代化肥对真菌群体组成的影响大于细菌，主要是降低了 Dothideomycetes 和 Mortierellomycetes 纲丰度和增加了 Pezizomycetes 丰度。综上所述，低量有机肥替代化肥短期对产量没有影响，而高量替代降低了马铃薯产量，而有机培肥是一个缓慢过程，有机替代对马铃薯产量和土壤肥力的影响还需要多年试验的进一步研究确定。

关键词：马铃薯；有机替代；养分管理；土壤肥力；土壤微生物

外源喷施液态钙肥对干旱胁迫下抗旱性不同马铃薯的影响

王一好[1,2]，毕真真[1,2]，秦天元[1,2]，许德蓉[1,2]，

孙　超[1,2]，刘玉汇[1,2]，张俊莲[1]，白江平[1,2]*

(1. 甘肃农业大学农学院，甘肃　兰州　730070；
2. 甘肃省干旱生境作物学重点实验室/
甘肃省作物遗传改良与栽培种创新重点实验室，甘肃　兰州　730070)

马铃薯是世界第四大粮食作物。近年来，随着农业种植业结构调整和马铃薯加工业的发展，马铃薯已经成为中国日益重要的粮、菜、饲料和加工原料等的重要作物。干旱是限制植物生长发育最主要的非生物胁迫因素之一。中国马铃薯的生产格局被划分为 4 个不同的区域：北方一作区、西南混作区、中原二作区和南方二作区，但除了西南混作区外，其他地区水土资源大都匮乏。干旱胁迫下马铃薯会产生光合作用降低、代谢途径破坏等一系列不良的生理生化反应，最终导致作物产量降低，品质下降。而钙在马铃薯的生长发育中起着重要作用，钙可以促进植物生长发育，提高产量品质。目前钙肥对植物生长生理、品质和产量影响已有报道，但就钙肥对干旱胁迫下抗旱性不同马铃薯的影响还少有报道。本研究通过对正常浇水和干旱胁迫下马铃薯叶片喷施液态钙肥，测定不同时期马铃薯的形态、生理和产量等指标，旨在分析外源喷施液态钙肥对干旱胁迫下抗旱性不同马铃薯的影响，以期为钙离子参与干旱胁迫反应的调控机制研究奠定基础。

试验以干旱敏感程度不同的两种马铃薯脱毒种薯为材料，分别是干旱敏感型品种"大西洋"(Atl)和抗旱型品种"青薯 9 号"(QS9)，由甘肃省农业科学院提供。试验采用盆栽覆土的方式进行，设置 4 个处理组：充分灌溉 + 自然降雨组(CK，θw：65%~75%)，水分限制处理 + 自然降雨组(D，θw：40%~50%)，CK + 钙处理(CK + Ca，θw：65%~75%，于播种后第 51 和 66 d 对马铃薯植株叶面外源喷施液态钙肥，作用天数 15 d)，D + 钙处理(D + Ca，θw：40%~50%，于播种后第 50 和 65 d 对马铃薯植株叶面外源喷施液态钙肥)。每盆装土约 5 L，浇水至土壤饱和含水量，于 2 d 后开始播种。每盆播种 50 g 左右脱毒种薯一粒，播种在土层约 8 cm 深处，浇水至土壤饱和含水量。种植后 35 d 开始水分处理试验，设置 CK 组和 D 组，之后分别于种植后 50 d(干旱处理 15 d，块茎形成期)开始和种植

作者简介：王一好(1995—)，女，硕士研究生，研究方向为作物遗传育种。

基金项目：国家自然科学基金(31960442，32060502)；国家马铃薯产业技术体系(CARS-09-P14)；甘肃农业大学国重实验室开放基金(GSCS-2017-8)；甘肃农业大学人才专项(2017RCZX-01)；甘肃农业大学学科建设专项基金(GAU-XKJS-2018-084)。

*通信作者：白江平，博士，教授，研究方向为作物遗传育种，e-mail：baijp@gsau.edu.cn。

后 65 d(干旱处理 30 d，块茎膨大期)对 CK 组和 D 组下设 CK + Ca 和 D + Ca 组。自播种之日起，分别于播种后 50，65，80 和 110 d(即干旱处理 15，30，45 和 75 d)取样和测定相应表型、生理和产量等指标，研究外源喷施液态钙肥对干旱胁迫下抗旱性不同马铃薯的影响。

试验结果显示，无论在正常浇水还是干旱处理条件下，外源喷施液态钙肥都会显著降低 Atl 和 QS9 植株高度，Atl 降低程度较 QS9 大；而干旱胁迫下外源喷施液态钙肥会显著提高 Atl 和 QS9 茎粗，同样 Atl 升高程度较 QS9 大，说明外源喷施液态钙肥会通过降低马铃薯植株增长趋势和增加茎粗来缓解干旱胁迫对马铃薯植株形态的影响。与正常浇水组比，正常浇水喷施液态钙肥后 Atl 和 QS9 地上部分和根的鲜重均在不同程度上显著降低，而与干旱处理组相比，干旱条件下喷施液态钙肥后 Atl 在干旱后期(80 和 110 d 时)地上部分干重显著上升，根干重间无显著差异，而 QS9 地上部分和根的鲜重仍显著降低。这表明外源喷施液态钙肥会降低马铃薯地上部分和根鲜重，但对干旱胁迫下不同抗旱性马铃薯影响不同，钙肥会通过降低干旱敏感型品种 Atl 的地上部分相对含水量而增加其根部相对含水量来使其应对干旱胁迫。干旱处理下喷施钙肥对干旱敏感型品种生理指标影响较大，Atl 在干旱胁迫下随着钙处理时间延伸，脯氨酸含量和过氧化物酶活性较对照组显著升高，过氧化氢酶在 65 d 时较对照组显著升高，而丙二醛含量较对照组显著降低；而对抗旱型品种生理指标影响较小，QS9 在干旱胁迫下随着钙处理时间延伸，脯氨酸含量和过氧化氢酶活性较对照组显著升高，升高幅度较 Atl 小，丙二醛含量较对照组显著降低。产量上，在正常浇水和干旱处理条件下，喷施钙肥后 Atl 单株产量无显著差异，QS9 单株产量显著降低，但 Atl 和 QS9 平均薯重却显著升高。表明喷施钙肥可能会降低马铃薯产量，但会提高马铃薯的大中薯率。

综上所述，外源喷施液态钙肥会通过降低马铃薯植株增长趋势和增加茎粗来缓解干旱胁迫对马铃薯植株形态的影响；而对干旱胁迫下不同抗旱性马铃薯影响不同，钙肥会通过降低干旱敏感型品种 Atl 的地上部分相对含水量以及丙二醛含量而增加其根部相对含水量及脯氨酸含量、过氧化物酶和过氧化氢酶活性来缓解干旱胁迫对干旱敏感型品种的影响。另外，外源喷施液态钙肥可能会降低马铃薯产量，但会提高马铃薯的大中薯率，提高其商品价值。

关键词：马铃薯；干旱胁迫；外源喷施；液态钙肥；产量

典型黑土马铃薯种植下温室气体排放对施氮量的响应

李　珺，何　萍，徐新朋，赵士诚，仇少君*

（中国农业科学院农业资源与农业区划研究所，北京　100081）

农田是温室气体产生的主要源，马铃薯是中国第四大粮食作物，水肥需求量大，当前对马铃薯块茎类作物温室气体的排放规律了解较少，为此，于 2018 年在吉林省黑土上开展不同氮素梯度下马铃薯温室气体排放，以明确马铃薯生育期内温室气体的排放强度。本研究设置氮肥施用量分别为 0，100，150，200，250 和 300 kg/hm^2，重复 3 次。试验分 3 次施肥，基肥、第 1 次追肥、第 2 次追肥的时间分别为 4 月 26 日，6 月 12 日和 7 月 15 日。每周上午 8：00~11：00 采集温室气体，施肥后适当增加采集温室气体的次数。研究结果表明，随着施氮量的增加，各温室气体排放通量总体呈增加趋势。由于马铃薯是旱作作物，农田排放的温室气体以 N_2O 和 CO_2 以排放为主，而 CH_4 表现为土壤吸收为主。温室气体排放的峰值主要出现在降雨、施肥后一周以内。在基肥、第 1 次追肥和第 2 次追肥后，各处理 N_2O 的排放峰值分别为 42.3~62.9，45.6~210.4 和 52.8~279.4 $\mu g/m^2 \cdot h$，第 1 次施肥后各处理排放峰值无显著差异，第 2 次施肥后排放峰值最大值出现在 N 250 kg/hm^2，为 210.4 $\mu g/m^2 \cdot h$，第 3 次施肥排放峰值最大值出现在 N 300 kg/hm^2，为 279.4 $\mu g/m^2 \cdot h$，各处理 N_2O 排放无显著差异。CO_2 的排放峰值分别为 132.6~284.3，168.8~523.9 和 256.1~2 010.4 $\mu g/m^2 \cdot h$，第 2 次施肥后 CO_2 排放峰值最大值出现在 N 300 kg/hm^2，为 523.9 $\mu g/m^2 \cdot h$；第 3 次施肥后排放峰值最大值出现在 N 300 kg/hm^2 为 2 010.3 $\mu g/m^2 \cdot h$，显著高于其他处理（$P < 0.05$）。CH_4 的吸收峰值分为 -25.1~37.9，558.9~603.4 和 43.5~211.3 $\mu g/m^2 \cdot h$。各处理温室气体排放主要出现在施肥后的一周以内，并且在降雨后的一周内，温室气体排放又会出现一个峰值。随着马铃薯生育期的进行，气温的变化，温室气体排放呈现明显的生长前期及后期排放通量较低，夏季排放较高的规律。施用氮肥在增加马铃薯产量的同时也增加温室气体的排放量，但当施氮量超过适宜施氮量后，马铃薯产量并不能继续增加。不同处理产量大小顺序为：N 200 kg/hm^2 > N 250 kg/hm^2 > N 300 kg/hm^2 > N 150 kg/hm^2 > N 100 kg/hm^2 > N 0 kg/hm^2，对增温潜势增加作用的顺序为：N 300 kg/hm^2 > N 250 kg/hm^2 > N 200 kg/hm^2 > N 150 kg/hm^2 > N 100 kg/hm^2 > N 0 kg/hm^2，温室气体排放强度大小为：N 300 kg/hm^2 > N 100 kg/hm^2 >

作者简介：李珺(1994-)，男，硕士，主要从事温室气体排放研究工作。

基金项目：马铃薯产业体系岗位科学家(903-19)。

* 通信作者：仇少君，副研究员，主要从事土壤氮素管理研究，e-mail：qiushaojun@caas.cn。

N 150 kg/hm^2 > N 250 kg/hm^2 > N 200 kg/hm^2 > N 0 kg/hm^2。各施氮处理 N$_2$O 和 CO$_2$ 的排放总量均显著高于不施氮处理($P < 0.05$)，N$_2$O 及 CO$_2$ 的排放总量随着施氮量的增加而升高，增温潜势随施氮量的增加而显著($P < 0.05$)上升，各施氮处理温室气体排放强度均显著($P < 0.05$)高于不施氮处理，最高施氮量温室气体排放强度为 CO$_2$ 0.028 kg/kg。总之，随着施氮量的增加，温室气体排放量增加，合理的施肥量有降低温室气体排放潜力。

关键词：氮肥；温室气体；排放强度；黑土

氮追肥时期后移对西南地区马铃薯农艺性状及产量构成因素的影响

向竹清[1]，马海艳[1,2]，龚　静[1]，方晓亭[1]，刘娟娟[1]，秦家浩[1]，郑顺林[1,2*]，艾忠岩[3]

（1. 四川农业大学农学院/作物生理生态及栽培四川省重点实验室，四川　温江　611130；
2. 成都久森农业科技有限公司，四川　新都　610508；
3. 南江县小河职业中学，四川　巴中　635600）

马铃薯（*Solanum tuberosum* L.）作为中国第三大口粮作物，在农业生产上的地位日益凸显。氮素是马铃薯生长发育的必需营养元素，土壤中氮的有效性决定马铃薯的产量和品质，合理施氮能提高马铃薯的产量及品质。目前在中国马铃薯生产上存在盲目施用氮肥的情况，致使马铃薯产量提升受限制、氮肥利用率不高以及生态环境受干扰等问题出现。在马铃薯生产上，人们常习惯将氮肥作底肥重施，而西南地区马铃薯播种至出苗时间间隔长，苗期吸收少，致使施入土壤的氮肥前期得不到吸收，浪费严重，故合理氮肥运筹是提高马铃薯氮肥利用效率的关键。寻求一种栽培管理新模式，减少氮肥损失，提高氮肥利用率，是亟待解决的问题。为此，在前期获得马铃薯氮肥基追比8∶2的基础上，将氮肥按一定比例在马铃薯不同生育时期追施，对马铃薯植株的农艺性状及产量构成因素进行分析，确定适宜的氮肥后移时期，为该地区马铃薯生产的氮肥运筹提供切实可行的依据。

试验采用双因素随机区组设计，供试材料选用"川芋50"。在150和225 kg/hm² 施氮水平上将80%的氮肥做基肥，余下20%做追肥后移至马铃薯齐苗期、现蕾期和块茎膨大期，设置CK为不施氮做对照，磷钾肥按60和300 kg/hm² 施用。田间单垄种植，每小区起垄4行，垄高30 cm，每行种植24株马铃薯，株行距17 cm × 70 cm，播种深度10~15 cm。3次重复，共计21个小区。播种后喷施芽前除草剂施田补，后覆黑膜。完成追肥10 d后进行田间取样，分别于马铃薯块茎膨大前期、块茎膨大期中期、成熟期取样测定植株农艺性状及产量因素。

试验发现，在相同播种期条件下，马铃薯出苗期、现蕾期提前，较CK处理提前3~5 d，但成熟期推迟，较CK推迟10 d。可见在适宜施氮条件下，追肥时期早晚对马铃薯各生育期到来无明显影响。氮肥后移时期对马铃薯株高、茎粗无显著影响，不同施氮水平下，225 kg/hm² 施氮水平上马铃薯株高、茎粗略有增长。植株根冠比随生育时期推进不断增大，块茎膨大前期各处理无显著差异，块茎膨大中期及成熟期表现为150 kg/hm² 施

作者简介：向竹清（1987—），男，硕士研究生，从事马铃薯高产栽培技术研究。
基金项目：主要粮油作物新品种关键栽培技术创新与应用（21ZDYF2178，2021-2025）；突破性薯类育种材料和方法创新及新品种选育（2021YFY0019）；国家现代农业产业技术体系四川薯类创新团队项目（sccxtd-2021-09）。
＊通信作者：郑顺林，博士，教授，主要从事薯类高产高效优质栽培理论研究，e-mail：248977311@qq.com。

氮水平高于 225 kg/hm² 施氮水平，三种氮肥后移时期处理表现为现蕾期追施处理根冠比最大。植株叶面积指数（Leaf area index，LAI）表现为高氮处理显著高于低氮处理，块茎膨大前期 LAI 在现蕾期追施表现最高，块茎膨大中期 150 kg/hm² 施氮水平上现蕾期追氮 LAI 最高，225 kg/hm² 施氮水平上齐苗期追氮 LAI 最高，成熟期 LAI 应呈降低趋势则更有利于干物质积累，150 kg/hm² 施氮水平上现蕾期追氮 LAI 有所下降，其余各处理均有一定程度增加。植株功能叶片 SPAD 值表现从块茎膨大期至成熟期呈逐渐降低趋势，多施氮肥有利于 SPAD 值的提升，150 kg/hm² 施氮水平上块茎膨大期追氮处理的植株 SPAD 值最高且与齐苗期、现蕾期追氮处理差异显著，225 kg/hm² 施氮水平上各处理无显著差异。各处理马铃薯单株产量与 CK 有显著差异，较 CK 单株产量提高了 29.10%~78.61%，150 kg/hm² 施氮水平上各氮肥后移时期处理的单株产量差异显著，表现为现蕾期追氮产量最高，可达608.00 g/株，225 kg/hm² 施氮水平上各氮肥后移时期处理的单株产量差异不显著，但也表现为现蕾期追氮略胜一筹。各处理马铃薯单株结薯个数差异较小，保持在 6~7 个，增加施氮量有提高结薯数的趋势。150 kg/hm² 施氮水平上各氮肥后移时期处理的大薯数（≥ 100 g）差异显著，表现为现蕾期追氮最高，平均可达 3.33 个/株，225 kg/hm² 施氮水平上各氮肥后移时期处理的大薯数（≥ 100 g）无显著差异。小薯个数表现为随追氮时期后移有增加的趋势。150 kg/hm² 施氮水平上各氮肥后移时期处理的单株大薯率差异显著，表现为现蕾期追氮大薯率最高，为 48.84%，225 kg/hm² 施氮水平上各氮肥后移时期处理的单株大薯率差异不显著。各处理商品薯率均高于 CK 处理，其中 150 kg/hm² 施氮水平上现蕾期追氮处理商品薯率最高，为 82.27%，其次是 225 kg/hm² 施氮水平上齐苗期追氮处理，为 81.88%，分别较 CK 处理提高了 13.13% 和 12.74%。现蕾期追氮的马铃薯块茎收获指数最高，且 150 kg/hm² 施氮量处理优于 225 kg/hm² 施氮量处理。各处理的马铃薯产量与 CK 有显著差异，施氮后均有明显的增产效果，增产幅度达 29.10%~78.58%。其中150 kg/hm² 施氮量 + 现蕾期追肥处理的产量最高，为 52 110 kg/hm²，相比 CK 增产78.58%。150 kg/hm² 施氮水平上各氮肥后移时期处理的产量差异显著，现蕾期追氮产量最高，225 kg/hm² 施氮水平上各氮肥后移时期处理产量无显著差异，表现为现蕾期 > 齐苗期 > 块茎膨大期。说明在相同施氮水平条件下，现蕾期追施氮能有较好的增产效果。

由此可见，在适宜的施氮水平上采取适宜的氮肥后移处理即 150 kg/hm² 施氮水平上80% 氮肥基施 + 20% 氮肥现蕾期追施，能有效保持马铃薯生长期各阶段的正常供氮水平，促进马铃薯植株源库流协调，优化植株农艺性状和产量构成因素，提高马铃薯的氮肥利用效率和产量。

关键词：施氮水平；追肥；氮肥后移；农艺性状；产量

病 虫 防 治

利用马铃薯病原菌芯片法监测云南大田马铃薯质量

卢丽丽[1,2,3]，刘凌云[1,3]，姚春光[1,3]，胡　蝶[2]，包丽仙[1,3]，杨琼芬[1,3*]

(1. 云南省农业科学院经济作物研究所，云南　昆明　650205；

2. 云南农业大学植物保护学院，云南　昆明　650201；

3. 农业部云贵高原马铃薯与油菜科学观测实验站，云南　昆明　650205)

摘　要：为监测和评价云南大田马铃薯种薯和商品薯繁育质量，研究利用14种马铃薯病原菌芯片评价了2019年云南省内7个地点的21个春作马铃薯品种共325个样品的质量情况。结果显示，不同来源地的不同级别马铃薯品种样品的带病率和各病原菌检出率存在差异。样品中检出的主要病原菌种类为马铃薯S病毒(PVS)，总样品中PVS检出率为24.3%，个别样品检出了马铃薯Y病毒(PVY^N)、马铃薯卷叶病毒(PLRV)、马铃薯A病毒(PVA)和马铃薯黑胫病病原菌(Pca)；样品带病率随着种薯繁殖代数的增加而升高，不同来源地的马铃薯原种(G2)、一级种(G3)和商品薯样品的带病率均值分别为13.3%、16.9%和46.67%。研究结果可为云南马铃薯品种的种薯质量提升提供理论指导，同时为云南省马铃薯产业的健康发展提供技术支撑。

关键词：马铃薯；病原菌芯片；病毒；种薯；质量

马铃薯是粮菜兼用型作物，是云南省仅次于水稻和玉米的第三大主要粮食作物[1]。全省16个州市的129个生产县、市、区中有128个地区种植马铃薯[2]。2016年云南省马铃薯种植面积55.78万 hm^2，总产量862万 t，总产值60.4亿元[3]。

马铃薯属无性繁殖作物，植株和块茎都易感病。马铃薯的常见病害有几十种，病原菌类型主要包括真菌、细菌、病毒和类病毒等。其中，马铃薯病毒病及类病毒病常引起马铃薯品质退化和产量降低，严重时可致减产达80%以上[4]。侵染马铃薯的病毒及类病毒达20多种，常见的主要有马铃薯 X 病毒(Potato virus X，PVX)、马铃薯 Y 病毒(Potato virus Y，PVY)、马铃薯卷叶病毒(Potato leaf roll virus，PLRV)、马铃薯 S 病毒(Potato virus S，PVS)、马铃薯 A 病毒(Potato virus A，PVA)、马铃薯 M 病毒(Potato virus M，PVM)和马铃薯纺锤块茎类病毒(Potato spindle tuber viroid，PSTVd)等。此外，一些细菌性病害也会影响马铃薯的质量[5]。近几年，马铃薯青枯病、软腐病、环腐病和黑胫病等细菌性病害在西南地区发生日趋严重[6]，这些病原菌不仅危害当季马铃薯生产，也可通过种苗或种薯的调运进行远距离传播，控制不好就会造成严重的经济损失，在一定程度上威胁着云南省马铃薯的健康生产。

从产前、产中和产后的各个生产环节对马铃薯生产过程进行监督控制是提高中国马铃

作者简介：卢丽丽(1982—)，女，硕士，副研究员，主要从事马铃薯组培和病害研究。

基金项目：云南省农业科学院应用基础研究专项(YJZ201802)；国家马铃薯产业技术体系岗位专家(CARS-09-P03)；云南省马铃薯产业技术体系种薯岗位专家(2018KJTX003)。

* **通信作者**：杨琼芬，硕士，研究员，主要从事马铃薯种薯繁育技术研究，e-mail：524402193@qq.com。

薯生产质量和确保马铃薯种薯质量行之有效的措施[7]。植株生长中期，轻微的系统性侵染病害仅凭肉眼准确判断较困难，但这些病害对后期产品的产量和质量又有较大影响，所以需要借助实验室辅助检测以达到准确评价的目标，为进一步的管理和决策提供科学依据。本研究利用马铃薯病原菌芯片检测法评价了云南省7个来源地的大春马铃薯品种的田间生产中期质量，重点分析了不同级别种薯主要感染的病原菌种类及其带病程度，研究结果可为云南马铃薯品种的脱毒及种薯质量的提升提供理论指导，也为云南省马铃薯产业的健康发展提供技术支撑。

1 材料与方法

1.1 供试材料

供试马铃薯样品为采集于云南省大理市、丽江市、迪庆州、剑川县、昭通市昭阳区(简称：昭阳区)、大理英茂种业有限公司(简称：英茂公司)和昆明云薯农业科技有限公司(简称：云薯公司)共7个来源地的2019年大春生产的马铃薯原种、一级种或商品薯植株，样品共计325份(原种120份、一级种100份、商品薯105份)。样品来源信息详见表1。

表1　马铃薯样品来源信息表

样品来源	样品级别	品种	品种数(个)	样品数(个)	采样地点
大理市	原种	合作88、丽薯6号	2	10	洱源县牛街乡福和村、鹤庆县草海镇新峰村和安乐村
	一级种	凤薯6号、凤薯9511、丽薯6号	3	15	
	商品薯	合作88、丽薯6号	2	30	
丽江市	原种	丽薯6号、丽薯7号	2	20	太安乡、天红村、吾竹比村
	一级种	丽薯6号、丽薯7号	2	10	
	商品薯	丽薯6号、丽薯7号	2	35	
迪庆州	原种	青薯9号、YS505、中甸红	3	20	小中甸镇、碧古村、联合村、塘安个村
	一级种	丽薯6号、青薯9号	2	10	
剑川县	原种	合作88、剑川红	2	15	金华镇、庆华村
	一级种	YS304、合作88、剑川红、丽薯6号	4	20	
	商品薯	合作88、剑川红、丽薯6号、师大6号	4	20	
昭阳区	原种	合作88、丽薯6号、宣薯2号	3	20	靖安乡、松杉村、碧海村
	一级种	青薯9号	1	5	
	商品薯	青薯9号、宣薯2号	2	20	
英茂公司	原种	合作88、丽薯6号	2	10	大理市大松坪基地
	一级种	合作88、丽薯6号	2	10	
云薯公司	原种	YS107、YS108、YS109、YS304、YS505	5	25	会泽县野马村基地
	一级种	S10-515、YS105、YS108、YS202、YS506、YS901	6	30	
合计			21	325	

1.2 试验方法

1.2.1 取样方法

田间取样采用十字交叉法,每个地块至少选5个点取5个样品,每个点随机选取3个植株,每个植株取一片中上部小叶,混合作为1个样品装于采样袋中,采样袋上标记好采集地点、采集时间、品种、级别和冰袋一起寄回实验室。

1.2.2 病原菌检测方法

采用马铃薯病原菌芯片(IV)试剂套组(购自台湾巨合生物科技股份有限公司),按操作要求[8]检测样品感染病原菌情况。测定病原菌种类有马铃薯A病毒(PVA)、马铃薯M病毒(PVM)、马铃薯S病毒(PVS)、马铃薯X病毒(PVX)、马铃薯Y病毒普通型(PVY^o)、马铃薯帚顶病毒(PMTV)、马铃薯Y病毒N型(PVY^N)、马铃薯卷叶病毒(PLRV)、马铃薯纺锤块茎类病毒(PSTVd)、马铃薯软腐病病原菌菊欧文氏菌(*Erwinia chrysanthemi*,Ech)、马铃薯黑胫病病原菌黑腐果胶杆菌(*Pectobacterium carotovorum*,Pca)和胡萝卜果胶杆菌胡萝卜亚种(*Pectobacterium carotovorum* subsp. *carotovorum*,Pcc)、马铃薯环腐病病原菌密执安棒形杆菌环腐亚种(*Clavibacter michiganensis* subsp. *sepedonicus*,CMS)和马铃薯青枯病病原菌茄科雷尔氏菌(*Ralstonia solanacearum*,RS)。

1.3 数据分析

统计每个样品各病原菌检测的结果,阳性计为"1",阴性计为"0"。

样品带病率(%)为带病样品数/总样品数 × 100;病原菌检出率(%)为单一病原菌阳性样品数/总样品数 × 100。

2 结果与分析

2.1 不同来源地的马铃薯原种、一级种、商品薯质量和病原菌检出情况分析

不同来源地的马铃薯原种(G2)和一级种(G3)样品总带病率分别为13.3%和16.9%,感染病原菌种类及检出率如表2所示:样品中主要检出病原菌为PVS,而Pcc、Pca、Ech、RS、CMS、PSTVd、PVX、PVM和PMTV在所有样品中均未检出。原种样品中主要检出病原菌为PVS,来源地以昭阳区和剑川县为主,两地样品PVS检出率分别为55.0%和33.3%,主要感染PVS品种为"宣薯2号"和"剑川红"。丽江市、迪庆州、大理市、英茂公司和云薯公司的原种样品均未检出病原菌;一级种样品主要检出病原菌仍为PVS,但来源地相比原种更为广泛,丽江市、剑川县、大理市和迪庆州的一级种样品均检出了PVS,检出率分别为50.0%、40.0%、13.3%和10.0%,感染PVS的品种主要有"凤薯6号""丽薯6号""丽薯7号""YS304""合作88""剑川红""宣薯2号"等。昭阳区、云薯公司和英茂公司的一级种均未检出任何病原菌(表2)。

表2 不同来源地马铃薯原种和一级种各病原菌检出率

(%)

样品来源	样品级别	PVX	PVY^O	PVY^N	PLRV	PVS	PVA	PVM	PMTV	PSTVd	CMS	RS	Ech	Pca	Pcc
丽江市	原种	0	0	0	0	0	0	0	0	0	0	0	0	0	0
	一级种	0	0	0	0	50.0	0	0	0	0	0	0	0	0	0

样品来源	样品级别	PVX	PVY^O	PVY^N	PLRV	PVS	PVA	PVM	PMTV	PSTVd	CMS	RS	Ech	Pca	Pcc
迪庆州	原种	0	0	0	0	0	0	0	0	0	0	0	0	0	0
	一级种	0	0	0	0	10.0	0	0	0	0	0	0	0	0	0
剑川县	原种	0	0	6.7	0	33.3	0	0	0	0	0	0	0	0	0
	一级种	0	0	0	0	40.0	15.0	0	0	0	0	0	0	0	0
昭阳区	原种	0	0	5.0	5.0	55.0	0	0	0	0	0	0	0	0	0
	一级种	0	0	0	0	0	0	0	0	0	0	0	0	0	0
大理市	原种	0	0	0	0	0	0	0	0	0	0	0	0	0	0
	一级种	0	0	0	0	13.3	0	0	0	0	0	0	0	0	0
英茂公司	原种	0	0	0	0	0	0	0	0	0	0	0	0	0	0
	一级种	0	0	0	0	0	0	0	0	0	0	0	0	0	0
云薯公司	原种	0	0	0	0	0	0	0	0	0	0	0	0	0	0
	一级种	0	0	0	0	0	0	0	0	0	0	0	0	0	0

4个来源地提供的马铃薯商品薯样品总带病率为46.67%，感染病原菌种类及检出率如表3所示：各地商品薯样品主要检出病原菌种类均为PVS，检出率在30.0%～57.1%，主要品种有"合作88""丽薯6号""丽薯7号""剑川红""青薯9号""宣薯2号"等。另外，剑川县和丽江市的样品分别检出了1个PVA与PVS及Pca与PVS复合侵染的样品(表3)。

表3 不同来源地马铃薯商品薯各病原菌检出率 （%）

样品来源	PVX	PVY^O	PVY^N	PLRV	PVS	PVA	PVM	PMTV	PSTVd	CMS	RS	Ech	Pca	Pcc
丽江市	0	0	0	0	57.1	0	0	0	0	0	0	0	2.86	0
剑川县	0	0	0	0	50.0	20.0	0	0	0	0	0	0	0	0
昭阳区	0	0	0	0	30.0	0	0	0	0	0	0	0	0	0
大理市	0	0	0	0	36.7	0	0	0	0	0	0	0	0	0

2.2 不同来源地"丽薯6号"和"合作88"的原种、一级种和商品薯的质量比较分析

不同来源地的"丽薯6号"和"合作88"的原种、一级种和商品薯的质量分析表明(表4)，2个品种不同级别的样品仅部分检出了PVS，其余各类病原菌均未检出；4个来源地的"丽薯6号"原种均未检出病原菌，质量很好；5个来源地的"丽薯6号"一级种中有3个来源地的样品检出了PVS，平均带病率为20.0%；3个来源地的"丽薯6号"商品薯中有2个来源地的样品检出了PVS，平均带病率为30.0%。4个来源地的"合作88"原种中有1个来源地的样品检出了PVS，平均带病率为10.0%；2个来源地的"合作88"一级种有1个来源地的样品检出了PVS，平均带病率为20.0%；2个来源地的"合作88"商品薯样品均检出了PVS，平均带病率为76.7%。

"丽薯6号"和"合作88"是云南省种植面积最大的2个主栽马铃薯品种，检测结果显示2个品种原种质量均较好，一级种和商品薯的病菌感病率则随着种植代数的增加而升高，质量逐渐降低，但感染病毒种类较单一仅为PVS。

表4　不同来源地的"丽薯6号"和"合作88"相同级别样品各病原菌检出率 　　　　　　　　（%）

品种名称	样品级别	来源地	PVX	PVY^O	PVY^N	PLRV	PVS	PVA	PVM	PMTV	PSTVd	CMS	RS	Ech	Pca	Pcc
丽薯6号	原种	昭阳区	0	0	0	0	0	0	0	0	0	0	0	0	0	0
		丽江市	0	0	0	0	0	0	0	0	0	0	0	0	0	0
		英茂公司	0	0	0	0	0	0	0	0	0	0	0	0	0	0
		大理市	0	0	0	0	0	0	0	0	0	0	0	0	0	0
		均值	0	0	0	0	0	0	0	0	0	0	0	0	0	0
	一级种	丽江市	0	0	0	0	20.0	0	0	0	0	0	0	0	0	0
		英茂公司	0	0	0	0	0	0	0	0	0	0	0	0	0	0
		剑川县	0	0	0	0	60.0	0	0	0	0	0	0	0	0	0
		迪庆州	0	0	0	0	20.0	0	0	0	0	0	0	0	0	0
		大理市	0	0	0	0	0	0	0	0	0	0	0	0	0	0
		均值	0	0	0	0	20.0	0	0	0	0	0	0	0	0	0
	商品薯	丽江市	0	0	0	0	50.0	0	0	0	0	0	0	0	0	0
		剑川县	0	0	0	0	40.0	0	0	0	0	0	0	0	0	0
		大理市	0	0	0	0	0	0	0	0	0	0	0	0	0	0
		均值	0	0	0	0	30.0	0	0	0	0	0	0	0	0	0
合作88	原种	昭阳区	0	0	0	0	40.0	0	0	0	0	0	0	0	0	0
		英茂公司	0	0	0	0	0	0	0	0	0	0	0	0	0	0
		剑川县	0	0	0	0	0	0	0	0	0	0	0	0	0	0
		大理市	0	0	0	0	0	0	0	0	0	0	0	0	0	0
		均值	0	0	0	0	10.0	0	0	0	0	0	0	0	0	0
	一级种	英茂公司	0	0	0	0	0	0	0	0	0	0	0	0	0	0
		剑川县	0	0	0	0	40.0	0	0	0	0	0	0	0	0	0
		均值	0	0	0	0	20.0	0	0	0	0	0	0	0	0	0
	商品薯	剑川县	0	0	0	0	100	0	0	0	0	0	0	0	0	0
		大理市	0	0	0	0	53.3	0	0	0	0	0	0	0	0	0
		均值	0	0	0	0	76.7	0	0	0	0	0	0	0	0	0

3　讨　论

云南省属于立体性高原气候，多样性的气候导致云南种植的马铃薯品种也呈现多样化。"丽薯6号"和"合作88"作为当前省内主栽品种在大部分地区均有种植，但各地区也有本地较适宜品种的种植。例如大理市的凤薯系列品种、丽江市的"丽薯7号"、剑川县的"剑川红"、迪庆州的"中甸红"和昭阳区的"宣薯2号"。研究结果显示部分地区的本地品种的质量相对较差，可能会成为病原菌传染源影响其他优质种薯的质量，所以各地应注重加强当地主要种植品种的种苗和种薯质量的控制，以更大程度保障生产中的种薯质量。

研究共检测了14种危害马铃薯的重要病原菌，结果显示云南省当前生产中主栽或主要马铃薯品种感染病原菌的种类相对较少，PVS为主要检出病原菌。此结果与2010~2013年张丽珍等[9]对云南省马铃薯试管苗和原原种的质量调查结果一致，PVS均为检出率最高的病毒。但与2010年范国权等[10]对全国马铃薯病毒病跟踪调查显示PVY为大田种薯检测出率最高的病毒的结论存在差异，这可能与云南省当前主栽马铃薯品种对PVY具有一定的抗性有关。已有研究显示"合作88"具有PVY和PLRV抗性[11,12]，"丽薯6号"抗马铃薯花叶和卷叶病毒病[13]，"青薯9号"具有PVX、PVY和PLRV抗性[14]，本研究中对3个品种的检测结果与前人研究一致。另外，试验中剑川县的"剑川红"一级种和商品薯均检出了PVA，因为PVA是中国进境检疫性有害生物，故应采取措施以防止病害进一步扩散。

参试的21个马铃薯品种中有8个品种的样品检出了PVS，其中云南省主栽品种"合作88""青薯9号"和"丽薯6号"均不具有PVS抗性。研究表明PVS单独侵染一般可导致马铃薯减产10%~20%[15,16]，但是PVS与PVX或PVM复合侵染时可引起马铃薯重花叶症状和较大的产量损失[17,18]。因此，主栽马铃薯品种种苗或种薯的生产过程中要特别关注PVS的脱除和感染情况。此外，云南马铃薯新品种选育也要考虑筛选和利用具有PVS的抗性的资源材料。样品中PVS检出率较高，除与品种抗性弱有关外，也可能与PVS较难脱除有关。

马铃薯病原菌的室内鉴定通常是根据目标病原菌的种类而采用相应的方法。马铃薯病毒检测常用方法有ELISA、核酸杂交、PCR（RT-PCR、QPCR）和电镜等，类病毒则主要通过双向电泳、NASH或RT-PCR等技术检测[19]，细菌的主要检测方法为PCR技术[20]，且不同检测方法对应的病原菌样品的提取方法不一样。一般一个样品要完成病毒、类病毒和细菌类病原菌的检测至少要同时取3份样品，应用3种以上方法才能获得最终结果，操作相对复杂。本研究应用的马铃薯病原菌芯片检测技术综合运用了PCR和核酸杂交技术，其优点是可同步检测多种马铃薯病原菌，检测速度快、灵敏度高、专一性强[7]，可作为马铃薯植株、块茎和种苗质量监测的一种辅助方法加强推广应用。

大田马铃薯质量评价结果与种植品种、种薯来源、种植地块的具体环境条件息息相关，试验采样时间、采样量和覆盖面亦会影响马铃薯质量的综合评价。所以，大田马铃薯质量的评价建议以地块和种薯来源为主要划分单元，采用田间检验和实验室检验协同进行的措施进行综合评价。

本研究综合分析了2019年云南省大春马铃薯生产区域中7个来源地的21个马铃薯品种的种薯或商品薯生产中期的质量，研究结果在一定程度上反应了云南省大春马铃薯种薯和商品薯的质量现状。结果显示，当前云南省大田繁育的马铃薯品种主要感染病原菌种类为PVS病毒；马铃薯原种、一级种和商品薯质量逐级降低；不同来源地的种薯综合质量因种植品种、种薯来源及环境条件的不同而存在差异；省内主栽品种"合作88"和"丽薯6号"的原种质量总体较好。全省马铃薯生产中应继续推进各品种的脱毒种薯的应用及加强田间病害防控措施，持续提升种薯和商品薯的质量。

[1] 梁武, 张德亮. 云南省马铃薯产业发展分析 [J]. 农村经济与科技, 2015, 26(9): 135-136, 200.

[2] 桑月秋, 杨琼芬, 刘彦和, 等. 云南省马铃薯种植区域分布和周年生产 [J]. 西南农业学报, 2014, 27(3): 1 003-1 008.

[3] 卢丽丽, 包丽仙, 刘凌云, 等. 云南省马铃薯产业及贸易分析 [J]. 作物研究, 2018, 32(3): 227-233.

[4] 白艳菊, 韩树鑫, 高艳玲, 等. 马铃薯 Y 病毒对不同马铃薯品种的致病力 [J]. 西北农业学报, 2017, 26(11): 1 713-1 720.

[5] 邱彩玲, 申宇, 高艳玲, 等. 中国马铃薯种薯生产及质量控制 [J]. 中国马铃薯, 2019, 33(4): 249-254.

[6] 徐进, 朱杰华, 杨艳丽, 等. 中国马铃薯病虫害发生情况与农药使用现状 [J]. 中国农业科学, 2019, 52(16): 2 800-2 808.

[7] 赵建宗, 申建平. 我国马铃薯种薯质量监督控制体系现状、问题与建议 [J]. 种子, 2017, 36(12): 92-94.

[8] 颉瑞霞, 张小川, 王效瑜, 等. Genetop 马铃薯病毒试剂盒在马铃薯病毒检测上的应用综述 [J]. 现代农业科技, 2016 (21): 104, 106.

[9] 张丽珍, 董家红, 郑宽瑜, 等. 云南省马铃薯脱毒试管苗和微型薯病毒检测与分析 [J]. 中国马铃薯, 2015, 29(1): 42-45.

[10] 范国权, 白艳菊, 高艳玲, 等. 中国马铃薯主要病毒病发生情况调查与分析 [J]. 东北农业大学学报, 2013, 44(7): 74-79.

[11] 罗杰, 唐唯, 王培, 等. 四倍体马铃薯"合作88"PVY、PLRV 抗性基因的基因型分析 [J]. 安徽农业科学, 2018, 46 (17): 98-101, 128.

[12] 梁静思, 陶宇, 汤淑丽, 等. 马铃薯合作88抗卷叶病毒基因的 QTL 定位 [C]//彭友良, 王文明, 陈学伟. 中国植物病理学会 2019 年学术年会论文集. 北京: 中国农业科学技术出版社, 2019: 306.

[13] 王绍林, 和平根, 和国钧, 等. 马铃薯新品种丽薯 6 号选育 [J]. 中国马铃薯, 2009, 23(4): 255.

[14] 佚名. 青海省马铃薯主导品种—青薯 9 号 [J]. 青海农技推广, 2017(4): 26.

[15] Lin Y H, Abad J A, Maroon-Lango C J, et al. Molecular characterization of domestic and exotic potato virus S isolates and a global analysis of genomic sequences [J]. Archives of Virology, 2014, 159(8): 2 115-2 122.

[16] Cox B A, Jones R. Genetic variability in the coat protein gene of potato virus S isolates and distinguishing its biologically distinct strains [J]. Archives of Virology, 2010, 155(7): 1 163-1 169.

[17] Wang J H, Meng F, Chen R, et al. RT-PCR differentiation, molecular and pathological characterization of Andean and ordinary strains of Potato virus S in potatoes in China [J]. Plant Disease, 2016, 100 (8): 1 580-1 585.

[18] 吴兴泉, 裴杨, 陈士华. 马铃薯 S 病毒的基因组结构与株系分化研究进展 [J]. 河南农业科学, 2015, 44(1): 9-12.

[19] 卢丽丽, 白建明, 陈恩发, 等. PSTVd, PLRV 和 PVS 在马铃薯试管苗不同部位继代积累规律研究 [J]. 云南农业大学学报: 自然科学版, 2012, 27(4): 483-489.

[20] 魏琪, 闵凡祥, 张抒, 等. 采用 DNA 条形码技术检测马铃薯 4 种细菌病害 [J]. 中国马铃薯, 2016, 30(2): 105-111.

马铃薯 S 病毒 SYBR Green I 实时荧光定量 PCR 检测方法的建立

齐恩芳[1,2,3*]，刘　石[1,2,3]，贾小霞[1,2,3]，黄　伟[1,2,3]，吕和平[1,2,3]

(1. 甘肃农业科学院马铃薯研究所，甘肃　兰州　730070；

2. 甘肃省马铃薯种质资源创新工程实验室，甘肃　兰州　730070；

3. 国家种质资源渭源观测实验站，甘肃　渭源　748201)

摘　要：马铃薯S病毒(Potato virus S，PVS)对马铃薯生产危害严重但发病表型并不显著，建立灵敏准确的检测方法有助于提高PVS的检出率。以PVS外壳蛋白基因保守序列为模板设计特异性引物，建立了马铃薯S病毒SYBR Green I实时荧光定量PCR检测体系，并进行了特异性、灵敏度及重复性验证。结果表明，该方法能有效区分马铃薯卷叶病毒(PLRV)、马铃薯Y病毒(PVY)、马铃薯X病毒(PVX)，对马铃薯S病毒具有良好的特异性；检测灵敏度可达10拷贝/μL；重复性试验结果显示变异系数小于0.5%，重复性良好。

关键词：马铃薯S病毒；SYBR Green I；实时荧光定量PCR

马铃薯S病毒(Potato virus S，PVS)是侵染马铃薯的主要病毒之一，在中国马铃薯主产区普遍存在。PVS属香石竹潜隐病毒(*Carlavirus*)成员，基因组为单链正义RNA，可通过接触、摩擦和蚜虫非持久性方式进行病毒传播，此外，还可随种薯传播[1]。在田间，PVS的传播很快，一旦被侵染便在马铃薯块茎中长期存在，感染率高达70%，对马铃薯的生产造成严重的危害[2]。在田间PVS经常与其他病毒混合感染，齐恩芳等[3]对甘肃省马铃薯主要病毒病发生情况调查发现，PVS发生比例最高，且易和其他病毒混合侵染，当与PVX或PVM混合侵染时，减产可达20%~30%，但受PVS单独侵染的植株，一般不表现症状[4,5]，难以直接进行诊断鉴定。因此，建立高效快速的检测方法，对PVS的预防和控制具有重要意义。

实时荧光定量PCR(Real-time PCR)是在PCR定性技术基础上发展起来的核酸定量技术[6]。Real-time PCR在整个PCR扩增过程中对荧光信号的强弱进行了实时监测，反扩增反应的进行过程中荧光信号也会随之产生变化，再根据变化后的结果进行量化后可以绘制一条标准曲线，据此可以对未知模板进行定量分析。利用Real-time PCR对病毒进行快速、敏感的检测是该技术在病毒学研究中最基础的应用之一。实时荧光定量PCR技术具有特异性强、灵敏度高，同时可以对样本进行实时快速定量检测等优点[7]。

作者简介：齐恩芳(1974—)，女，研究员，主要从事马铃薯品种资源研究。

基金项目：国家自然基金(31860401)；甘肃省科技重大专项计划(19ZD2WA002)；甘肃省农业科学院农业科技自主创新专项(2019GAAS16，2020GAAS16)；甘肃省农业生物技术研究与应用开发项目(GNSW-2014-13)。

*通信作者：齐恩芳，e-mail：qefang@126.com。

实时荧光定量 PCR 技术已被广泛运用于猪[8]、牛[9]、羊[10]、兔[11]、大熊猫[12]等动物病毒的检测，以及建兰[13]、竹[14]、番茄[15]、甘薯[16]、柑橘[17]、菠萝[18]等植物病毒的检测。也有学者针对马铃薯病毒开展了大量的研究，Bright 等[19]采用 TaqMan real-time RT-PCR 对马铃薯块茎中的 PLRV, PVY, PVA 和 PVX 进行了检测；尚晓楠和吴蓓蕾[20]研究建立的 PVX 实时荧光定量 PCR 体系，可以定量检测到 PVX 的 RNA 拷贝数，为研究该病毒在单一寄主或多个寄主侵染循环中的进化特点奠定了基础；李玉琦等[21]研究建立了马铃薯 Y 病毒实时荧光定量 RT-PCR 检测技术体系，可特异性检测 PVY，并利用建立的检测方法对山东省、青海省、贵州省、黑龙江省和河北省 5 个地区马铃薯植株中的 PVY 进行检测，检出率较常规 RT-PCR 技术分别高 16.00、33.33、25.00、14.29、20.00 百分点；但目前利用荧光染料法对 PVS 的定量检测还未见报道。本研究基于 SYBR Green I 检测技术，根据 PVS-CP 基因保守序列设计了荧光定量 PCR 特异性引物，建立了马铃薯 S 病毒的荧光定量 PCR 检测方法，可为监测预警 PVS 引起的病害提供技术手段。

1 材料与方法

1.1 材料与试剂

含马铃薯卷叶病毒(PLRV)、马铃薯 S 病毒(PVS)、马铃薯 A 病毒(PVA)及马铃薯 X 病毒(PVX)的外壳蛋白基因质粒，由甘肃省马铃薯种质资源创新工程实验室保存。

质粒提取及纯化试剂盒购自北京天根生化科技有限公司；SYBR® Premix Ex Taq™ 荧光定量试剂盒购自宝生物工程有限公司；其他试剂药品均使用分析纯。

1.2 试验仪器

QuantStudio® 5 实时荧光定量 PCR 仪为美国 ABI 公司产品；Nanodrop 2000 超微量紫外分光光度计为美国 Thermo Scientific 公司产品。

1.3 试验方法

1.3.1 引物的设计与合成

根据 GenBank 上发表的马铃薯 S 病毒外壳蛋白基因序列(GU319954.1)，使用 Primer 50、Oligo 7.0 以及 NCBI 的 Primer-Blast 软件在基因保守区设计引物，上游引物(S3F)：5'-TTTGAGATAGGTAGGCCCTCG-3'；下游引物(S4R)：5'-AGGGGTCATACTGAAAGTTGT-3'，由上海赛百盛基因技术有限公司合成。

1.3.2 阳性质粒的制备

含 PLRV、PVS、PVA 及 PVX 的外壳蛋白基因质粒用核酸提取试剂盒提取，具体操作按说明进行。用超微量紫外分光光度计测定质粒的浓度和纯度，取 OD_{260}/OD_{280} 在 1.8 ~ 2.0 的质粒作为标准品。

1.3.3 荧光定量 PCR 反应条件的优化及体系优化

以制备的标准品为模板，对实时荧光定量的引物的浓度及温度梯度进行优化，确立最佳反应体系。SYBR Green I 实时荧光定量 PCR 反应总体积为 20 μL，反应体系的组成为：SYBR Premix Ex Taq™ 10 μL，灭菌双蒸水 6.4 μL，上、下游引物(10 μmol)各 0.8 μL，DNA 质粒模板 2 μL。反应条件为：95℃ 5 min；95℃ 25 s，58℃ 30 s，

72℃ 30 s，40 个循环。熔解曲线程序为 95℃ 15 s，65℃ 20 s，95℃ 15 s，65℃开始收集荧光信号制作熔解曲线。

1.3.4 标准曲线的制作

按公式计算质粒标准品的拷贝数制备阳性标准品，其中拷贝数 = 测得质粒样品浓度/质粒 DNA 分子量 6.02×10^{14}（拷贝数单位为拷贝/μL，质粒样品浓度单位为 ng/μL）。以 10 倍梯度稀释的标准品为模板，建立 20 μL PCR 反应体系，根据优化的反应条件进行荧光定量 PCR 扩增，根据所得的 Ct 值与对应的标准质粒浓度，绘制标准曲线。

1.3.5 特异性试验

分别提取 PVS-CP、PVX-CP、PVY-CP 和 PLRV-CP 的 RNA 并反转录成 cDNA，以 cDNA 作为模板进行实时荧光定量 PCR 操作，同时设阴性对照。扩增程序为：95℃ 5 min；95℃ 25 s，58℃ 30 s，72℃ 30 s，40 个循环；熔解曲线程序都是 95℃ 15 s，65℃ 20 s，95℃ 15 s，65℃开始收集荧光信号制作熔解曲线，实验可以经熔解曲线和扩增曲线来鉴定分析，验证其特异性。

1.3.6 敏感性试验

用 ddH$_2$O 对 PVS 外壳蛋白基因质粒进行系列梯度稀释制备为标准品（10^{-1} ~ 10^{-10} 拷贝/μL），并进行荧光定量 PCR 反应确定本实验所设计引物可检测的最小拷贝数。将制备的 PVS 标准品浓度分别为 10 倍梯度稀释模板后样品各浓度作为模板（10^9、10^8、10^7、10^6、10^5、10^4、10^3、10^2、10、10^0 拷贝/μL）进行 SYBR Green I 实时荧光 PCR 反应，扩增程序为：95℃ 5 min；95℃ 25 s，58℃ 30 s，72℃ 30 s，40 个循环；熔解曲线程序为 95℃ 15 s，65℃ 20 s，95℃ 15 s，60℃开始收集荧光信号制作熔解曲线。试验通过扩增曲线结合熔解曲线分析该体系及引物对每种马铃薯病毒所能达到检测灵敏度。

1.3.7 重复性试验

使用马铃薯病毒不同批次 10^4、10^3、10^2 拷贝/μL 质粒浓度梯度标准品进行 SYBR Green I 实时荧光定量 PCR 批内反应，在不同时间内进行 SYBR Green I 实时荧光定量 PCR 批间反应，并对各浓度梯度标准品的 Ct 值进行统计分析。扩增程序为：95℃ 5 min，95℃ 25 s，58℃ 30 s，72℃ 30 s，40 个循环；熔解曲线程序都是 95℃ 15 s，65℃ 20 s，95℃ 15 s，65℃开始收集荧光信号制作熔解曲线。实验结果通过荧光定量 PCR 仪软件得到的扩增曲线以及 Ct 值进行统计分析确定变异系数，验证建立体系的可重复性。

2 结果与分析

2.1 SYBR Green I 实时荧光定量 PCR 反应条件的优化

最终确定优化后的 SYBR Green I 实时荧光定量 PCR 体系为 SYBR Premix Ex Taq^{TM} 10 μL，灭菌双蒸水 6.4 μL，上、下游引物（10 μmol）各 0.8 μL，DNA 质粒模板 2 μL。荧光定量 PCR 反应条件为：95℃预变性 3 min；95℃变性 15 s、57℃退火 20 s、72℃延伸 30 s，40 个循环；65℃时开始收集荧光。

2.2 标准曲线的建立

取 10 倍梯度稀释的 PVS 质粒标准品进行 SYBR Green I 实时荧光定量 RT-PCR 扩增，

并建立标准曲线(以拷贝数对数为横坐标，Ct 值为纵坐标)。标准曲线方程和相关系数 R 都符合所需要求(图 1)。

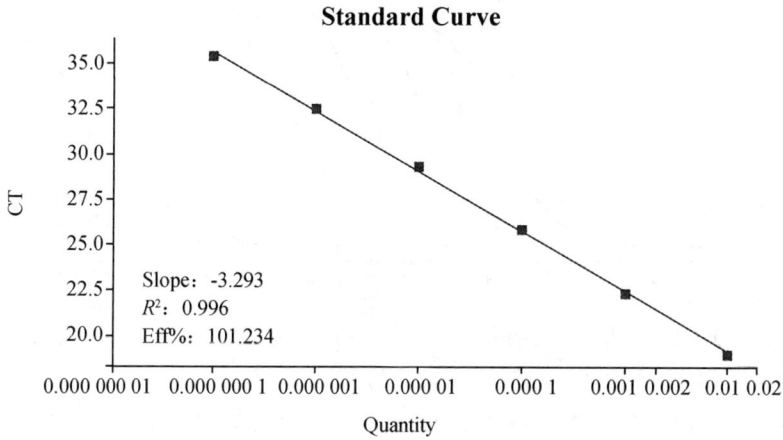

Standard Curve

Slope: -3.293
R^2: 0.996
Eff%: 101.234

图 1　PVS 外壳蛋白基因 SYBR Green I 实时荧光定量 PCR 标准曲线

2.3　特异性试验结果

用建立的 SYBR Green I 荧光定量 PCR 方法检测 PLRV、PVY、PVX 核酸样品，以 10 倍梯度稀释的 PVS 质粒标准品为阳性对照，结果表明该 3 种病毒均未出现阳性扩增，并且无非特异性扩增条带(图 2)，表明该检测方法具有良好的特异性。

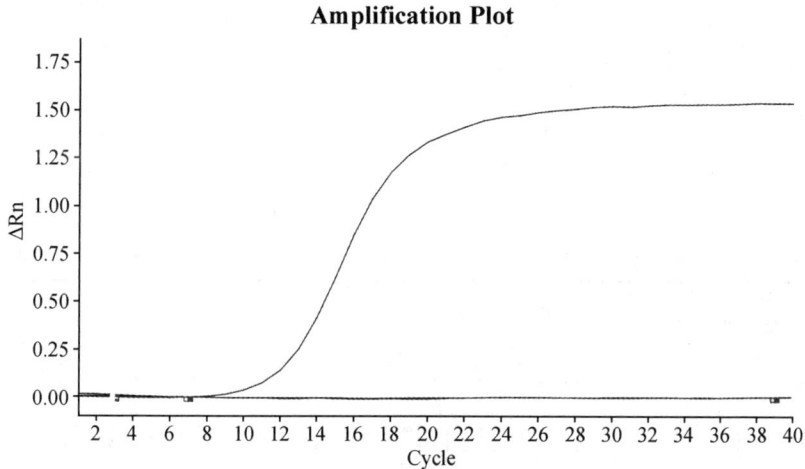

Amplification Plot

图 2　PVS 外壳蛋白基因 SYBR Green I 实时荧光定量 PCR 特异性检测

2.4　敏感性试验结果

用建立的 SYBR Green I 实时荧光定量 PCR 检测 10 倍梯度稀释的 PVS 外壳蛋白基因质粒标准品，最小检出模板浓度约为 10 拷贝/μL(图 3)。

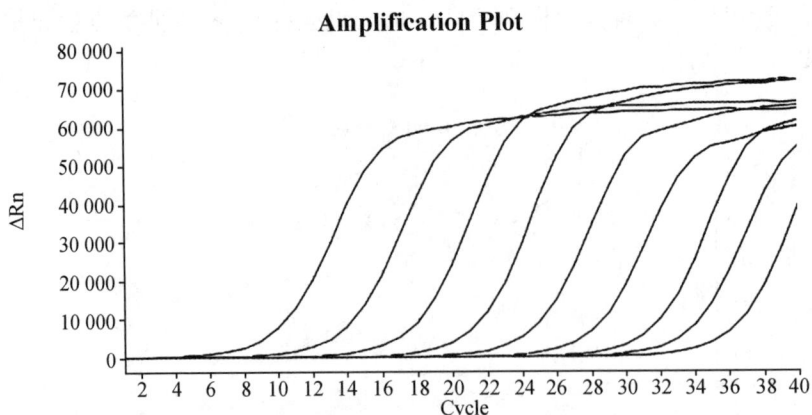

Amplification Plot

注：图中曲线从左到右依次为 1.0×10^9、1.0×10^8、1.0×10^7、1.0×10^6、1.0×10^5、1.0×10^4、1.0×10^3、1.0×10^2、1.0×10^1 拷贝/μL。

图 3　PVS 外壳蛋白基因 SYBR Green Ⅰ 实时荧光定量 PCR 敏感性检测

2.5　重复性试验结果

分别取 3 份不同稀释度的 PVS 质粒标准品，用建立的 SYBR Green Ⅰ 实时荧光定量 PCR 分别做组内和组间重复试验，结果分析显示变异系数 CV 均小于 0.5%，表明重复性极好(表 1)。

表 1　SYBR Green Ⅰ 荧光定量 PCR 批间与批内重复性试验

质粒拷贝数 （拷贝/μL）	组内重复			组间重复		
	Ct	SD	CV(%)	Ct	SD	CV(%)
1.0×10^2	85.58	0.098	0.11	85.54	0.096	0.11
1.0×10^3	85.56	0.104	0.12	85.58	0.119	0.14
1.0×10^4	85.68	0.046	0.05	85.61	0.163	0.18
1.0×10^5	85.70	0.020	0.02	85.66	0.200	0.23
1.0×10^6	85.69	0.012	0.01	85.64	0.185	0.21

3　讨　论

荧光定量 PCR 主要分为杂交探针检测和荧光染料检测，该技术检测病原不仅可以定性，还可以定量[22]。SYBR Green Ⅰ 染料是目前应用最广的一类荧光染料，可以与双链 DNA 的小沟结合在激发光下产生同双链 DNA 数量成正比的荧光信号，达到实时定量的目的[23]。

SYBR Green Ⅰ 染料法与 TaqMan 探针法相比，无需设计合成特定高价的探针序列，相对简便经济；与常规 PCR 相比，虽然 SYBR Green 实时荧光 PCR 对引物的要求较高，但是其检测结果实时显示，且只在离心管内，不需要后续的检测，不会对样品以及环境产生污染。近年来马铃薯 S 病毒的分子生物学检测技术研究以反转录-聚合酶链式反应(RT-PCR)技术较为成熟[24-26]，但也只是定性检测，而且存在假阳性现象，为了可以定量检测 PVS，本研究成功地设计了马铃薯 PVS 实时定量荧光 PCR 特异性引物，建立了 PVS 实时定量荧光 PCR 检测体系，并且优化 PCR 反应条件，在 PCR 退火温度为 57℃，引物浓度为 5 μmol/μL 时，各梯度浓度均可在 40 个循环前获得较好的扩增效果。

因为 SYBR Green I 与 DNA 的结合具有非特异性，不仅结合目的片段，还结合其他非目的片段的双链 DNA 分子，检测结果容易受非特异性扩增产物和引物二聚体的干扰。本试验为了排除这种干扰，在 PCR 反应结束后进行了一个溶解曲线分析，获得的熔解曲线只有一个特异峰，表明了该反应为特异性扩增，没有引物二聚体及错误的扩增产物的出现。

荧光定量 PCR 的灵敏度检测结果表明，本试验建立的方法最小检出量为 PVS 外壳蛋白基因 10 拷贝/μL，其敏感性完全满足检测低量样品和基因微量变化的要求。在特异性试验中，PLRV、PVX 和 PVY 等常见的马铃薯病毒与该体系均不存在非特异反应，说明本方法特异性强。对标准品分别重复检测，结果表明该检测方法具有良好的准确性和稳定性。

本研究成功建立了一种基于 SYBR Green I 马铃薯 S 病毒荧光定量 PCR 检测方法，且灵敏性、特异性和重复性都较好，可用于马铃薯 S 病毒的实际检测，为马铃薯种薯繁育、种薯调运的检验，实施病毒病害有效的防治措施提供了科学基础和技术保障。本研究所建立的方法可用于 PVS 的检测，也为其他马铃薯病毒的准确检测提供了借鉴，下一步将继续对主要马铃薯病毒开展多重荧光定量 PCR 检测体系研究。

[参 考 文 献]

[1] 李济宸,唐玉华,谭宗九,等. 马铃薯病害及其防治 [M].石家庄:河北科学技术出版社,1992:129-131.

[2] 杨文美,李大同. 马铃薯 S 病毒的蚜虫传播 [J].青海大学科技译丛,1992(1):34-40.

[3] 齐恩芳,刘石,贾小霞,等. 甘肃省马铃薯主要病毒病发生情况调查 [J].植物保护,2018,44(4):171-176.

[4] 吴兴泉,祖建,谢联辉,等. 马铃薯 S 病毒外壳蛋白基因的克隆与原核表达 [J].中国病毒学,2002,17(3):248-251.

[5] 王玉娟,孙政. 会川良种基地马铃薯病毒病种类的初步鉴定 [J].甘肃农业科技,1986(3):11-12.

[6] Hadidi A, Montasser M S, Levy L, *et al*. Detection of potato leafroll and strawberry mild yellow-edge luteo-viruses by reverse transcription-polymerase chain reaction amplication [J]. Plant Disease, 1993, 77: 595-601.

[7] Arya M, Shergill I S, Williamson M, *et al*. Basic principles of real-time quantitative PCR [J]. Expert Review of Molecular Diagnostics, 2005, 5(2): 209-219.

[8] 贾云飞,赵福杰,朱静静,等. 非洲猪瘟病毒 SYBR Green I 实时荧光定量 PCR 检测方法的建立 [J].河南农业大学学报,2020,54(1):69-80.

[9] 贾伟强,曹禹,周玉龙,等. 牛轮状病毒 SYBR Green I 实时荧光定量 PCR 检测方法的建立及应用 [J].动物医学进展,2020,41(5):1-5

[10] 林裕胜,江锦秀,张靖鹏,等. 羊传染性脓疱病毒 SYBR Green I 实时荧光定量 PCR 检测方法的建立 [J].福建农业学报,2018,33(4):341-345

[11] 王波,李桂黎,王印,等. 兔出血症病毒 SYBR Green I 实时荧光定量 PCR 检测方法的建立及初步应用 [J].浙江农业学报,2016,28(3):400-405.

[12] 曾杨茹,颜其贵,杨锐,等. YBR Green I 实时荧光定量 RT-PCR 与常规 RT-PCR 检测大熊猫轮状病毒的比较研

究 [J]. 中国兽医科学, 2016, 46(10): 1 248-1 252.

[13] 梁芳, 张燕, 王若斓, 等. 建兰花叶病毒 SYBR Green I 实时荧光定量 PCR 检测方法的建立 [J]. 江西农业大学学报, 2017, 39(3): 572-580.

[14] 朱丰晓, 陈家璐, 张智俊. 竹花叶病毒 SYBR Green II 反转录实时荧光定量 PCR 检测方法的建立及应用 [J]. 农业生物技术学报, 2019, 27(4): 752-760.

[15] 孙晓辉, 高利利, 刘锦番. 茄褪绿病毒 SYBR Green I 实时荧光定量 PCR 方法 [J]. 植物病理学报, 2018, 48(5): 700-706.

[16] 潘明森, 王震铄, 方敦煌, 等. 土壤中黑胫病菌荧光定量 PCR 快速检测体系的建立及初步应用 [J]. 江西农业大学学报, 2015, 37(4): 712-718.

[17] 王艳娇, 崔甜甜, 黄爱军, 等. 柑橘脉突病毒实时荧光定量 RT-PCR 检测体系的建立与应用 [J]. 园艺学报, 2016, 43(8): 1 613-1 620.

[18] 胡加谊, 罗志文, 范鸿雁, 等. 菠萝凋萎相关病毒实时荧光定量 RT-PCR 检测方法的建立 [J]. 园艺学报, 2014, 41(6): 1 257-1 266.

[19] Bright O A, Patrick J S, Philip H, et al. Simultaneous detection of potato viruses, PLRV, PVA, PVX and PVY from dormant potato tubers by TaqMan real-time RT-PCR [J]. Journal of Virological Methods, 2007, 142: 1-9.

[20] 尚晓楠, 吴蓓蕾. 马铃薯 X 病毒荧光定量 PCR 检测体系的建立及应用 [J]. 植物保护, 2016, 42(3): 165-169.

[21] 李玉琦, 李秋丽, 王雅丽, 等. 马铃薯 Y 病毒实时荧光定量 RT-PCR 检测体系的建立及应用 [J]. 中国蔬菜, 2020(12): 22-27.

[22] 王玉倩, 薛秀花. 实时荧光定量 PCR 技术研究进展及其应用 [J]. 生物学通报, 2016, 51(2): 1-6.

[23] Navarro E, Serrano-hears G, Castano M J, et al. Real-time PCR detection chemistry [J]. Clinica Chimica Acta, 2015, 439: 231.

[24] 吴丽萍, 王蒂, 司怀军, 等. 马铃薯 S 病毒的 RT-PCR 检测 [J]. 中国马铃薯, 2006, 20(4): 200-203.

[25] 程群, 朱云芬, 沈艳芬, 等. 马铃薯 S 病毒 RT-PCR 检测技术的研究 [J]. 氨基酸和生物资源, 2010, 32(4): 8-11.

[26] 张威, 白艳菊, 文景芝, 等. 马铃薯六种主要病毒通用 RT-PCR 检测体的建立 [J]. 中国马铃薯, 2015, 29(4): 222-227.

5 种药剂处理对马铃薯疮痂病防治效果

刘齐栋[1]，陈焕丽[2]，张晓静[2]，李志敏[3]，陈亚伟[3*]

(1. 商丘市睢阳区农业技术推广中心，河南 商丘 476100；

2. 郑州市蔬菜研究所，河南 郑州 450015；

3. 商丘市金土地马铃薯研究所，河南 商丘 476100)

摘 要：为明确不同药剂防治马铃薯疮痂病效果，将 1.5%噻霉酮悬浮剂、77%氢氧化铜干悬浮剂、2 亿/g 枯草芽孢杆菌可湿粉剂、100 万/g 寡雄腐霉可湿粉剂、43%五氯硝基苯可湿粉剂采用沟喷带病种薯方法，进行马铃薯疮痂病田间药剂试验。结果表明，各处理对马铃薯出苗无影响无药害。各处理均有防效。从防治效果看 1.5%噻霉酮 800 倍液沟喷和 77%氢氧化铜 800倍液沟喷效果最好，防效最高为 76.9%；2 亿/g 枯草芽孢杆菌 300 倍液沟喷效果最差，防效仅为 67.3%。从增产效果看 2 亿/g 枯草芽孢杆菌 300 倍液沟喷处理效果最好，增产率最高为25.60%，其次是寡雄腐霉增产率为 18.75%，43%五氯硝基苯增产率最低为 12.03%。因此可以看出生物菌剂除具有杀菌功能还有增产作用，五氯硝基苯增产作用低可能是既杀有害菌又杀有益菌的原因。

关键词：马铃薯；疮痂病；杀菌剂；防效

马铃薯疮痂病被誉为马铃薯的癌症，广泛存在于世界各马铃薯种植区，一旦发病很难治愈[1]。马铃薯疮痂病可以分为普通疮痂病、网斑型疮痂病和酸性疮痂病，主要危害马铃薯块茎，初期在表面产生褐色小点，扩大后形成褐色圆形或不规则大斑，后期斑点中央稍凹陷或凸起呈疮痂状。病斑多集中于薯块表面，由于品种的不同产生的病斑也不同[2-4]。此病虽然对马铃薯食用影响不大，但薯块外观变劣，不耐贮藏，商品价值显著降低，经济损失可达 10%~40%[5,6]。引起马铃薯疮痂病的主要病原为 *Sterptomyces scabies*，称疮痂链霉菌，厚壁菌门链丝菌属放线菌疮痂链霉菌，有分枝的菌体呈细丝状，菌丝尖端和孢子丝常呈螺旋状，连续分割生成大量表面光滑的分生孢子。病菌在土壤中腐生或在病薯上越冬，寄主带菌肥料和病薯是主要最初原始侵染源[7-9]。块茎生长的早期表皮木栓化之前，病菌从皮孔或伤口侵入后染病[10]。在生产过程中，种薯和土壤是病原传播的重要介质[11,12]。目前国内马铃薯疮痂病的防治研究主要集中在网棚薯的生产，如李青青和李继平[13]、张建平等[14]发表的在网棚条件下《5 种药剂不同稀释液浇灌防治脱毒马铃薯疮痂病效果初报》和《内蒙古马铃薯疮痂病发生与防治途径》等方面的文章，但没有见到在生产上大面积应用；杨如达和白小东[15]研究了大田马铃薯疮痂病的防治，在生产上防效达到 40.3%~

作者简介：刘齐栋(1965—)，高级农艺师，主要从事马铃薯技术推广工作。

基金项目：现代农业产业技术体系专项资金(CARS-10)。

＊通信作者：陈亚伟，硕士，研究员，主要从事马铃薯育种技术研究，e-mail：sqqflcx@sina.com。

56.5%；赵萍等[16]使用微生物药剂防治大田疮痂病，但其试验结果受气候、土壤质地影响，具有局限性，未见大面积推广。试验采用药剂浸种或沟喷带病种薯两种方法，从源头阻止或抑制病原菌的再次浸染，并筛选出相对安全且防效好的药剂，为综合防治马铃薯疮痂病提供科学依据。

1 材料与方法

1.1 试验材料

1.1.1 供试品种

"商马铃薯1号"，级别为原种，由商丘市金土地马铃薯研究所选育，并提供100%带疮痂病斑种薯，带病级别Ⅳ级。

1.1.2 试验药剂与处理方式

供试化学药剂名称、有效成分、剂型与处理方式等见表1。

表1 供试杀菌剂与处理方式

序号	名称	有效成分	剂型	处理浓度	施药方式	供应厂家
C1	氢氧化铜	77%	干悬浮剂	800倍液/60 g	开沟-播种-喷药-封沟-起垄	杜邦(上海)实业有限公司
C2	噻霉酮	1.5%	悬浮剂	800倍液/65 g	开沟-播种-喷药-封沟-起垄	西大华特科技实业有限公司
C3	枯草芽孢杆菌	2亿/g	可湿粉剂	300倍液/100 g	开沟-播种-喷药-封沟-起垄	潍坊万胜生物农药有限公司
C4	寡雄腐霉	100万/g	可湿粉剂	300倍液/100 g	开沟-播种-喷药-封沟-起垄	捷克生物制剂股份有限公司
C5	五氯硝基苯	43%	可湿粉剂	30 kg干土/1 kg	开沟-播种-撒药-封沟-起垄	捷克生物制剂股份有限公司
C6(CK)	清水	清水	清水	清水	清水	—

1.1.3 试验地选择

试验地安排在商丘市睢阳区郭村镇东街村科技园。试验地前茬为玉米，田块为沙壤土，肥力中等，土壤有机质含量18.6 g/kg、全氮1.3 g/kg、有效磷18.5 mg/kg和速效钾128.3 mg/kg，pH 7.8。结合翻耕整地施商品有机肥3 000 kg/hm² 作基肥，播种前撒施复合肥(12:18:15)2 250 kg/hm²。

1.2 试验方法

试验设6个处理(表1)，每个处理3次重复，共计18个小区，随机排列，每个小区4垄，单垄单行，小区面积21.6 m²，行距90 cm，株距20 cm，长600 cm。每个小区种植120株。试验四周设保护行。沟喷施药方式：将药剂稀释成试验处理规定的浓度，按照开沟-播种-喷药-封沟-起垄顺序随播种随喷药。施肥按当地习惯进行。试验于2020年2月

24 日播种，田间管理为当地常规方法。

1.3　病害调查

病情调查：收获时调查每个小区块茎的发病率和病情指数。

发病率(%) = 发病薯块数/调查薯块总数 × 100

病情指数 = $\sum$(各级病薯数 × 各级代表值)/(调查总薯块数 × 最高一级代表值) × 100

防病效果(%) =（对照病情指数 − 处理病情指数）/对照病情指数 × 100

马铃薯疮痂病块茎症状分级，分 6 个等级：

0 级：无病，薯块无病痂；

1 级：< 1% 的病痂覆盖率；

2 级：1% ~ 10% 的病痂覆盖率；

3 级：11% ~ 20% 的病痂覆盖率；

4 级：21% ~ 50% 的病痂覆盖率；

5 级：> 51% 的病痂覆盖率。

1.4　数据统计分析

发病率(%) = 发病块数/调查薯块总数 × 100

出苗率(%) = 出苗数/种植数 × 100

防治效果(%) =（对照区发病率 − 处理区发病率）/对照区发病率

增产率(%) = [（对照区产量 − 处理区产量)/对照区产量] × 100

处理结果采取 LSD 法进行显著性分析。

2　结果与分析

2.1　药剂处理安全性

试验期间，马铃薯出苗、生长、结薯等正常、无药害，说明各药剂处理对马铃薯作物安全。

2.2　不同药剂处理对马铃薯出苗率的影响

从表 2 可以看出，除处理 5 外其余处理出苗率均高于对照。其中，处理 3 出苗率最高为 97.06%，高于对照 5.9%，与对照差异极显著，与处理 4 差异不显著，处理 4、处理 2、处理 1 之间差异不显著，与处理 5 和对照差异显著；处理 5 出苗率最低为 90.51%，但与对照 6 差异不显著。说明各药剂处理后不但没有影响马铃薯的出苗，而且出苗率显著提高。其原因一是药剂杀死了种薯上抑制马铃薯生长的病菌；二是药剂中含有诱导作物生长的助剂，促进种薯发芽。这些作用与药剂生产厂家说明基本一致。

表 2　不同药剂处理对马铃薯发芽率的影响

处理	发病率（%）				差异显著性	
	Ⅰ	Ⅱ	Ⅲ	平均	0.05	0.01
C3	95.10	98.46	97.62	97.06	a	A
C4	89.75	95.22	99.53	94.83	abc	AB

处理	发病率(%)				差异显著性	
	I	II	III	平均	0.05	0.01
C2	91.38	92.65	93.42	92.48	bc	ABC
C1	99.54	85.81	91.73	92.36	bc	ABC
C6(CK)	91.50	95.62	87.70	91.61	de	BC
C5	96.90	83.12	91.52	90.51	e	CD

注：不同小写与大写字母分别表示 0.05 和 0.01 显著水平。下同。

2.3 不同药剂处理对马铃薯发病率及防效的影响

从表 3 可以看出，各处理对马铃薯疮痂病均有较好的防治效果，防效介于 67.3% ~ 76.9%，其中处理 1、处理 2 最高均为 76.9%，处理 3 防效最低为 67.3%，高于 60%。各药剂处理发病率均低于对照，防效均高于对照，各处理发病率与对照相比差异极显著。处理 1、处理 2、处理 4、处理 5、处理 3 这 5 个处理之间差异不显著。

表 3　不同药剂处理对马铃薯发病率的影响

处理	发病率(%)				防效(%)	差异显著性(发病率)	
	I	II	III	平均		0.05	0.01
C6(CK)	5.6	5.1	4.9	5.2	—	a	A
C3	2.5	1.0	1.6	1.7	67.3	b	B
C5	1.1	1.8	2.0	1.6	69.2	b	B
C4	1.2	1.4	1.5	1.4	73.1	bc	BC
C1	1.2	1.3	1.2	1.2	76.9	bcd	BCD
C2	1.2	1.1	1.3	1.2	76.9	bcd	BCD

2.4 不同药剂处理对马铃薯产量的影响

分别对各小区收获的马铃薯进行测产，计算各处理的平均产量、增产率，并采用 LSD 分析。从表 4 可以看出，各处理与对照相比均增产，增产率在 12.03% ~ 25.60%，其中处理 3 增产率最高为 25.60%，与处理 4 差异不显著，与对照和处理 5 差异极显著，处理 5 增产率最低仅为 12.03%，与处理 4 差异显著。各处理(除处理 5)与对照相比均差异显著。

表 4　不同药剂处理对马铃薯产量的影响

处理	小区产量(kg/21.6 m²)				折合产量 (kg/667 m²)	增产率 (%)	差异显著性	
	I	II	III	平均			0.05	0.01
C3	77.29	88.56	84.65	83.50	2 578	25.60	a	A
C4	80.37	77.89	78.56	78.94	2 438	18.75	ab	AB

续表4

处理	小区产量（kg/21.6 m²）				折合产量（kg/667 m²）	增产率（%）	差异显著性	
	I	II	III	平均			0.05	0.01
C2	78.12	78.32	75.83	77.42	2 390	16.42	bc	ABC
C1	78.80	78.12	71.82	76.25	2 355	14.71	bc	ABC
C5	75.05	75.40	73.06	74.50	2 300	12.03	cde	BCD
C6(CK)	68.75	64.13	66.56	66.48	2 053	—	ef	E

3 讨 论

试验结果表明，各处理对马铃薯出苗无影响无药害。各处理均有防效。从防治效果看 1.5%噻霉酮 800 倍液沟喷和 77%氢氧化铜 800 倍液沟喷效果最好，防效最高为 76.9%；2 亿/g 枯草芽孢杆菌 300 倍液沟喷效果最差，防治效果仅为 67.3%。从增产效果看 2 亿/g 枯草芽孢杆菌 300 倍液沟喷处理效果最好，增产率最高为 25.60%，其次是寡雄腐霉增产率为 18.75%，43%五氯硝基苯增产率最低为 12.03%。同时可以看出生物菌剂除具有杀菌功能还有增产作用；五氯硝基苯增产作用低可能是既杀有害菌又杀有益菌的原因。

国内在马铃薯生产中尽管采取了种薯处理、药剂浇灌、茎叶喷雾、土壤处理或更换基质，加施酸性肥料等单一手段防治疮痂病的发生，但效果并不理想[17,18]。目前尚未见到有关通过化学药剂完全治愈疮痂病方面的报道[19]。本试验筛选两种防效最优药剂对防治马铃薯疮痂病效果好，安全可靠，薯农可在生产上因地制宜选用不同施药方式大面积推广应用。

沟喷筛选出的药剂 1.5%噻霉酮和 77%氢氧化铜在生产应用上，防治率高于刘大群[6]、张彦红等[11]、李青青和李继平[13]筛选出的拮抗链霉素、53.8%氢氧化铜药剂。研究认为要想取得理想防效，就要采取综合防治：一是轮作倒茬，选用无病种薯，土壤和种子消毒，增施中微量元素和生物有机肥。二是抓住防治关键时机，选用筛选评价过的药剂于现蕾期、盛花期、膨大期等关键时期采用"药肥一体化"。三是适时合理灌水是防治马铃薯疮痂病的有效措施之一。土壤干燥、通气性好的地块易发病。在块茎形成期及膨大期注意合理浇水，保持土壤湿润，注意排出田间积水，可以有效地防止马铃薯疮痂病害。

[参 考 文 献]

[1] 杨雅伦,郭燕枝,孙君茂.发展现状及我国马铃薯产业未来展望 [J].中国农业科技导报,2017(1):16-18.

[2] 佚名.我国学者揭示马铃薯疮痂病发病新机制 [J].蔬菜,2019(4):88-89.

[3] 张良,程林润,卞晓波,等.中国马铃薯疮痂病的研究与防控 [J].浙江农业科学,2019,60(10):1 778-1 781.

[4] 张笑宇,胡俊,安智慧.几种杀菌剂对马铃薯疮痂病菌的室内毒力 [J].内蒙古农业大学学报,2009,30(4):47-50.

[5] 汤红玲,沈清景,林涛,等.网棚秋繁马铃薯原种疮痂病防治试验 [J].福建农业科技,2003(1):28-29.

[6] 刘大群.拮抗链霉菌防治马铃薯疮痂病的大田试验研究 [J].植物病理学报,2002,30(3):237-244.

[7] 高晶.温室秋播生产微型薯防治马铃薯疮痂病试验 [J].辽宁农业科学,1989(5):33-36.

[8] 汤晓莉, 薛红芬, 邓国宾, 等. 水杨酸诱导马铃薯疮痂病抗性的生理机制研究 [J]. 西南农学报, 2010, 23 (6): 1 851-1 854.

[9] 赵伟全, 杨文香, 李亚宁, 等. 中国马铃薯疮痂病的鉴定 [J]. 中国农业科学, 2006, 39 (2): 313-318.

[10] 奚启新, 杜凤英, 王凤山, 等. 调节土壤 pH 值和药剂防治马铃薯疮痂病 [J]. 马铃薯杂志, 2000, 14 (1): 57-58.

[11] 张彦红, 魏艳芳, 高林广. 马铃薯疮痂病防治技术 [J]. 西北园艺, 2011 (4): 42-43.

[12] 白晓东, 杜珍, 范向斌, 等. 基质对马铃薯疮痂病抑制效果研究初报 [J]. 中国马铃薯, 2002, 16 (6): 332-334.

[13] 李青青, 李继平. 5 种药剂不同稀释液浇灌防治脱毒马铃薯疮痂病效果初报 [J]. 甘肃农业科技, 2006 (8): 31-32.

[14] 张建平, 尹玉和, 闫任沛, 等. 内蒙古马铃薯疮痂病发生与防治途径 [J]. 中国马铃薯, 2013, 27 (1): 56-59.

[15] 杨如达, 白小东. 马铃薯疮痂病防治技术 [J]. 中国马铃薯, 2005, 19 (4): 234.

[16] 赵萍, 岳新丽, 康胜. 采用不同基质防治马铃薯微型薯疮痂病的试验 [J]. 中国马铃薯, 2012, 26 (1): 43-45.

[17] 孙静, 金光辉, 刘喜才. 不同药剂及施用方式对马铃薯疮痂病的防效 [J]. 中国马铃薯, 2015, 29 (2): 107-111.

[18] 卞春松, 金黎平, 谢开云, 等. 必速灭防治马铃薯疮痂病效果试验 [J]. 中国马铃薯, 2004, 18 (4): 211-213.

[19] 时新瑞, 范书华, 邵广忠, 等. 利用新型土壤颗粒剂防控马铃薯疮痂病 [J]. 中国马铃薯, 2015, 29 (6): 362-364.

不同药肥对马铃薯主要病虫害防治效果及对产量的影响

王效瑜，张国辉，郭志乾*，魏国宁，胡智琪

（宁夏农林科学院固原分院，宁夏　固原　756000）

摘　要： 根据试验设定研究目标，在隆德县观庄宁夏农林科学院固原分院科研基地布设试验，进行药肥产品对马铃薯主要病虫害防治效果及对产量影响的研究，客观评价 DR-YF-M-2020 药肥在马铃薯上的健康作用和对设定对象(防病种类：晚疫病，早疫病，黑痣病，枯萎病，病毒病，疮痂病虫害种类：蚜虫，二十八星瓢虫，蛴螬，金针虫)的防治效果，为该药肥的大面积推广应用提供科学依据。结果表明，其中处理 1(噻虫嗪 70 g/667 m² + 嘧菌酯 40 g/667 m² + 60 g/667 m² 噻二唑)、处理 3(噻虫嗪 70 g/667 m² + 嘧菌酯 40 g/667 m² + 60 g/667 m² 噻唑铜)、处理 5(噻虫嗪 70 g/667 m² + 嘧菌酯 40 g/667 m² + 10 g/667 m² 噻霉铜)配方在宁夏马铃薯产区效果较好，没有发生真菌性和细菌性病害，也没有发现地下害虫，产量较高，分别为 2 112，2 005 和 2 240 kg/667 m²，分别较对照增产 49.9%、42.4% 和 59.0%。

关键词： 药肥；马铃薯；主要病虫害；防治效果；产量

马铃薯是宁夏特色优势作物，全区每年种植面积稳定在 26.7 万 hm² 以上，主要分布在经济欠发达的宁南山区和中部干旱带。由于马铃薯的独特优势，已经成为当地农民脱贫致富的当家作物，近几年随着种植结构的进一步调整，经济效益的凸显，品种多样化，导致病虫害日趋加重。针对当前区域马铃薯产业发展需要，种植面积不断扩大，为减少病虫害的发生，提高马铃薯的种植水平，布设试验，从中筛选出不同药肥配方，为当地马铃薯产业布局提供科学依据。

1　材料与方法

1.1　试验地概况

2020 年试验地设在宁夏农林科学院固原分院隆德观庄科研基地旱地上进行，海拔 2 330 m，年平均温度为 6.2℃，年降雨量 415.2 mm，无霜期 140 d。土壤类型为浅黑垆土，地势平坦，肥力均匀，前茬为糜子

1.2　试验材料

供试马铃薯品种为"宁薯 18 号"。供试药剂为河北德瑞化工有限公司提供的 DR-YF-M-2020 药肥颗粒剂。设处理配方 11 个：肥料 N：P₂O₅：K₂O 配比为 18：4：18，用量 40 kg/667 m²，各个处理药剂有效成分用量为：

作者简介： 王效瑜(1965—)，男，推广研究员，主要从事马铃薯新品种杂交选育研究和农业新技术推广服务工作。

基金项目： 马铃薯固原综合试验站(230000001)；马铃薯优良新品种选育与示范(1220001005)。

*通信作者：郭志乾，推广研究员，主要从事马铃薯新品种选育研究工作，e-mail：nxguozhiqian@126.com。

处理 1：噻虫嗪 70 g/667 m² + 嘧菌酯 40 g/667 m² + 60 g/667 m² 噻二唑；

处理 2：噻虫嗪 70 g/667 m² + 嘧菌酯 40 g/667 m² + 60 g/667 m² 噻唑锌；

处理 3：噻虫嗪 70 g/667 m² + 嘧菌酯 40 g/667 m² + 60 g/667 m² 噻唑铜；

处理 4：噻虫嗪 70 g/667 m² + 嘧菌酯 40 g/667 m² + 5 g/667 m² 噻霉铜；

处理 5：噻虫嗪 70 g/667 m² + 嘧菌酯 40 g/667 m² + 10 g/667 m² 噻霉铜；

处理 6(CK)：空白对照；

处理 7：噻虫嗪 70 g/667 m² + 嘧菌酯 40 g/667 m²；

处理 8：噻虫嗪 70 g/667 m² + 嘧菌酯 40g/667 m² + 10 g/667 m² 噻霉铜(肥料中添加过磷酸钙)；

处理 9：噻虫嗪 70 g/667 m² + 嘧菌酯 40 g/667 m²(肥料中磷酸二铵换成磷酸一铵)；

处理 10：噻虫嗪 70 g/667 m² + 嘧菌酯 40 g/667 m² + 40 g/667 m² 噻二唑；

处理 11：噻虫嗪 70 g/667 m² + 嘧菌酯 40 g/667 m²(噻虫嗪采用低含量 10%，其他处理噻虫嗪采用 97% 含量)。

1.3 试验方法

防治对象病害种类：晚疫病，早疫病，黑痣病，枯萎病，病毒病，疮痂病；虫害种类：蚜虫，二十八星瓢虫，蛴螬，金针虫。随机排列，重复 3 次，行长 10 m，行宽 6 m，行距 10 cm，10 行区，小区面积 60 m²，株距 60 cm，密度 3 200 株/667 m²。生育期间管理同一般大田。

2 结果与分析

2.1 生育期

各药肥配方中，生育期相差 2 d 以内，集中在 104~106 d，其中处理 3、4、5、7、8、9 的生育期较对照晚 1 d，其余处理较对照早 1 d 或相同(表 1)。

表 1 不同处理生育期

处理	播种期 (D/M)	出苗期 (D/M)	现蕾期 (D/M)	开花期 (D/M)	成熟期 (D/M)	收获期 (D/M)	生育期 (d)
1	12/05	12/06	10/07	18/07	23/09	26/09	104
2	12/05	11/06	09/07	18/07	23/09	26/09	105
3	12/05	11/05	09/07	18/07	24/09	26/09	106
4	12/05	11/06	10/07	18/07	24/09	26/09	106
5	12/05	11/05	10/07	18/07	24/09	26/09	106
6(CK)	12/05	11/06	09/07	18/07	23/09	26/09	105
7	12/05	11/05	09/07	18/07	24/09	26/09	106
8	12/05	11/06	10/07	18/07	24/09	26/09	106
9	12/05	11/05	10/07	18/07	24/09	26/09	106
10	12/05	12/06	10/07	18/07	23/09	26/09	104
11	12/05	12/06	10/07	18/07	23/09	26/09	104

2.2 植株茎粗、主茎数、株高

各药肥配方中，茎粗以处理1、处理3、处理5、处理8、处理10较粗，分别为1.7，2.3，2.7，1.7和2.3 cm，较对照1.3 cm分别粗0.4，1.0，1.4，0.4和1.0 cm，主茎数各配方基本接近，处理1较对照多1个，株高以处理1、处理3、处理4、处理5、处理10较较高，较对照80.0 cm分别高6.7，13.3，13.3，10.0和6.7 cm，综合表现丰产性较好（表2）。

表2 不同处理茎粗、主茎数、株高

| 处理 | 重复 | | | | | | | | | 平均 | | |
| | 1 | | | 2 | | | 3 | | | | | |
	茎粗（cm）	主茎数（个）	株高（cm）	茎粗（cm）	主茎数（个）	株高（cm）	茎粗（cm）	主茎数（个）	株高（cm）	茎粗（cm）	主茎数（个）	株高（cm）
1	3	5	90	1	3	90	1	7	80	1.7	5.0	86.7
2	1	4	100	2	4	70	1	4	80	1.3	4.0	83.3
3	2	2	80	4	3	100	1	8	100	2.3	4.3	93.3
4	1	4	100	1	7	90	2	2	90	1.3	4.3	93.3
5	2	5	90	3	1	90	3	6	90	2.7	4.0	90.0
6(CK)	1	4	80	2	4	80	1	5	80	1.3	4.3	80.0
7	2	4	80	1	3	70	2	2	80	1.7	3.0	76.7
8	2	4	70	2	4	70	1	4	80	1.7	4.0	73.3
9	1	4	70	1	4	60	2	4	70	1.3	4.0	66.7
10	4	5	90	1	6	90	2	2	80	2.3	4.3	86.7
11	2	2	70	1	4	70	1	6	80	1.3	4.0	73.3

2.3 植株出苗率、叶绿素、植株活力

各药肥配方中，出苗率以处理1、处理3、处理5最高均为100%，叶绿素含量也以处理1、处理3、处理5最高，SPAD分别为47.3，46.3和46.1，植株活力以处理1、处理3、处理5最强，作物安全性较好，没有发生药害（表3）。

表3 不同处理出苗率、叶绿素含量和植株活力

处理	调查株数（株）	出苗株数（株）	出苗率（%）	叶绿素（SPAD）	作物安全性（设CK=0）如有药害，描述症状	植株活力
1	120	120	100.0	47.3	0	7
2	120	113	94.2	45.0	0	6
3	120	120	100.0	46.3	0	8
4	120	118	98.3	43.8	0	5

处理	调查株数（株）	出苗株数（株）	出苗率（%）	叶绿素（SPAD）	作物安全性(设 CK = 0)如有药害，描述症状	植株活力
5	120	120	100.0	46.1	0	7
6(CK)	120	117	97.5	40.4	0	5
7	120	116	96.7	40.9	0	6
8	120	117	97.5	41.8	0	4
9	120	112	93.3	44.0	0	6
10	120	117	97.5	41.6	0	6
11	120	117	97.5	38.5	0	6

2.4 出苗后 30 d 虫害和病害调查情况

五点法调查百株病虫数，各药肥配方中，以处理 1、处理 3、处理 5 的抗蚜虫能力较强；其他处理中对照的蚜虫发生率较高，对照为 36 头/100 株，处理 2、处理 4、处理 10 也达到防治的虫口密度；各个处理均没有发生白粉虱，二十八星瓢虫(这两种虫害当地基本没有发生过)；金针虫是当地危害较严重的地下害虫之一，配方中除处理 1、处理 3、处理 5 没有发生外，其他处理均不同程度发生，以对照 5 头/100 株较严重达到防治标准；各个配方均没有发生晚疫病和早疫病，当地还不到发病时间，也没有发生病毒病和枯萎病(表 4)。

表 4 出苗后 30 d 调查结果

处理	虫害情况				病害情况											
	蚜虫（头/100株）	白粉虱（头/100株）	二十八星瓢虫（头/100株）	金针虫（头/100株）	晚疫病			早疫病			病毒病			枯萎病		
					发病率（%）	病情指数	防效（%）	发病率（%）	病情指数	防效（%）	发病率（%）	病情指数	防效（%）	发病率（%）	病情指数	防效（%）
1	0	0	0	0	0	0	100	0	0	100	0	0	100	0	0	100
2	21	0	0	3	0	0	100	0	0	100	0	0	100	0	0	100
3	0	0	0	0	0	0	100	0	0	100	0	0	100	0	0	100
4	16	0	0	2	0	0	100	0	0	100	0	0	100	0	0	100
5	0	0	0	0	0	0	100	0	0	—	0	0	100	0	0	100
6(CK)	36	0	0	5	0	0	—	0	0	100	0	0	—	0	0	—
7	6	0	0	3	0	0	100	0	0	100	0	0	100	0	0	100
8	14	0	0	2	0	0	100	0	0	100	0	0	100	0	0	100

处理	虫害情况				病害情况											
					晚疫病			早疫病			病毒病			枯萎病		
	蚜虫（头/100株）	白粉虱（头/100株）	二十八星瓢虫（头/100株）	金针虫（头/100株）	发病率（%）	病情指数	防效（%）	发病率（%）	病情指数	防效（%）	发病率（%）	病情指数	防效（%）	发病率（%）	病情指数	防效（%）
9	8	0	0	1	0	0	100	0	0	100	0	0	100	0	0	100
10	21	0	0	1	0	0	100	0	0	100	0	0	100	0	0	100
11	21	0	0	3	0	0	100	0	0	100	0	0	100	0	0	100

2.5 出苗后 60 d 后调查结果

五点法调查百株病虫数，各药肥配方中，以处理1、处理3、处理5的抗蚜虫能力较强；其他处理中对照的蚜虫发生率较高，为21头/100株，处理2、处理9、处理10、处理11也达到防治的虫口密度；各个处理均没有发生白粉虱和二十八星瓢虫；金针虫配方中除处理1、处理3、处理5没有发生外，其他处理均不同程度发生，以对照11头/100株较严重达到防治标准。各个配方均除了处理1、处理3、处理5、处理10、处理11没有发生晚疫病和早疫病外，其他配方均不同程度有所发病，但影响不大；所有没有发生病毒病和枯萎病(表5)。

表 5　出苗后 60 d 调查结果

处理	植株活力	虫害情况				病害情况											
						晚疫病			早疫病			病毒病			枯萎病		
		蚜虫（头/100株）	白粉虱（头/100株）	二十八星瓢虫（头/100株）	金针虫（头/100株）	发病率（%）	病情指数	防效（%）	发病率（%）	病情指数	防效（%）	发病率（%）	病情指数	防效（%）	发病率（%）	病情指数	防效（%）
1	10	0	0	0	0	0	0	100	0	0	100	0	0	100	0	0	100
2	10	13	0	0	2	10	1	90	0	0	0	0	0	100	0	0	100
3	10	0	0	0	0	0	0	100	0	0	0	0	0	100	0	0	100
4	10	6	0	0	2	20	1	80	0	0	0	0	0	100	0	0	100
5	10	0	0	0	0	0	0	100	0	0	0	0	0	100	0	0	100
6(CK)	5	21	0	0	11	100	1	0	10	2	90	0	0	100	0	0	100
7	7	5	0	0	1	10	1	90	5	1	95	0	0	100	0	0	100

处理	植株活力	虫害情况				病害情况											
						晚疫病			早疫病			病毒病			枯萎病		
		蚜虫（头/100株）	白粉虱（头/100株）	二十八星瓢虫（头/100株）	金针虫（头/100株）	发病率（%）	病情指数	防效（%）	发病率（%）	病情指数	防效（%）	发病率（%）	病情指数	防效（%）	发病率（%）	病情指数	防效（%）
8	6	7	0	0	2	5	1	95	15	1	85	0	0	100	0	0	100
9	5	11	0	0	2	80	2	20	20	1	80	0	0	100	0	0	100
10	10	13	0	0	1	0	0	0	0	0	0	0	0	100	0	0	100
11	10	16	0	0	6	0	0	0	0	0	0	0	0	100	0	0	100

2.6 收获期

2.6.1 结薯性调查

各药肥配方中，单株结薯数相差不大，以对照处理 6 较多，但块茎较小，单薯重低；商品薯率集中在 67.2%~89.2%，其中处理 5 最高为 89.2%，处理 3 为 84.4%次之；理论产量以处理 1、处理 3 和处理 5 较高，分别为 2 016，2 048 和 2 656 kg/667 m²，但是最终的产量以实际测产为准（表 6）。

表 6　不同处理结薯性调查

处理	10 株（kg）				单株结薯数（个）	单株块茎重（kg）	单薯重（g）	商品薯率（%）	播种密度（株/667 m²）	理论产量（kg/667 m²）
	小薯（<50 g）		大薯（≥50 g）							
	个数	重量	个数	重量						
1	13	1.3	19	4.9	4.2	0.63	193.75	79.0	3 200	2 016
2	35	1.9	17	3.9	5.2	0.58	111.54	67.2	3 200	1 856
3	19	1.0	22	5.4	4.1	0.64	156.10	84.4	3 200	2 048
4	18	0.7	25	4.9	4.3	0.59	137.21	82.5	3 200	1 888
5	16	0.9	34	7.4	5.0	0.83	166.00	89.2	3 200	2 656
6（CK）	25	1.0	27	5.8	5.2	0.62	119.23	83.8	3 200	1 984
7	10	0.6	21	5.1	3.1	0.37	119.35	83.8	3 200	1 184
8	27	1.1	25	4.3	5.2	0.62	121.15	82.5	3 200	1 984
9	29	1.1	14	2.6	4.3	0.37	86.05	70.3	3 200	1 184
10	25	1.0	15	2.9	4.0	0.39	97.50	74.4	3 200	1 240
11	32	1.1	16	2.9	4.8	0.40	83.33	77.5	3 200	1 280

2.6.2 块茎病害和虫害

各药肥配方中处理1、处理3和处理5没有发生任何病虫害，其他处理没有发生晚疫病、黑痣病、疮痂病和枯萎病，均不同程度感染了软腐病，但影响不严重，蛴螬和金针虫吭食较严重，影响商品性，没有发现蝼蛄危害(表7)。

表7　不同处理块茎病害和虫害情况

| 处理 | 10株产量(kg) | | 病薯情况(染病块茎重量/总重量,病害单独计算) | | | | | | | | | | 虫害情况(为害块茎重量/总重量,各虫害单独计算) | | | | | |
| | | | 晚疫病 | | 黑痣病 | | 枯萎病 | | 软腐病 | | 疮痂病 | | 蛴螬 | | 金针虫 | | 蝼蛄 | |
	个数	重量	重量	发病率(%)	重量	发病率(%)	重量	发病率(%)	重量	发病率(%)	重量	发病率(%)	重量	危害率(%)	重量	危害率(%)	重量	危害率(%)
1	42	4.04	0	0	0	0	0	0	0	0	0	0	0	0	0	0	0	0
2	38	3.96	0	0	0	0	0	0	0.5	1	0	0	0.5	1	1	1	0	0
3	51	4.96	0	0	0	0	0	0	0	0	0	0	0	0	0	0	0	0
4	49	4.21	0	0	0	0	0	0	0.6	1	0	0	1	1	1	1	0	0
5	52	3.96	0	0	0	0	0	0	0	0	0	0	0	0	0	0	0	0
6(CK)	42	4.10	0	0	0	0	0	0	0.3	1	0	0	0.8	1	1	1	0	0
7	48	4.01	0	0	0	0	0	0	0.6	1	0	0	0.8	1	1	1	0	0
8	53	4.21	0	0	0	0	0	0	0.8	1	0	0	0.9	1	1	1	0	0
9	42	3.99	0	0	0	0	0	0	0.5	1	0	0	0.5	1	1	1	0	0
10	52	4.58	0	0	0	0	0	0	0.7	1	0	0	0.9	1	1	1	0	0
11	48	5.23	0	0	0	0	0	0	0.8	1	0	0	0.9	1	1	1	0	0

2.6.3 产量调查与统计分析

各药肥配方中的产量以处理1、处理3和处理5较高，分别为：2 112，2 005和2 240 kg/667 m²，较对照分别增产49.9%、42.4%和59.0%，其次处理4和处理8产量相同为1 888 kg/667 m²，较对照增产34.0%，但防病治虫效果不明显(表8)。

表8　不同处理产量调查

| 处理 | 重复 | | | | | | 总和 | | 折合产量(kg/667 m²) | 较对照增产(%) | 位次 |
| | I | | II | | III | | | | | | |
	面积(m²)	产量(kg)	面积(m²)	产量(kg)	面积(m²)	产量(kg)	面积(m²)	产量(kg)			
1	36	107.13	36	117.50	36	117.50	108	342.13	2 112	49.9	2
2	36	100.22	36	81.21	36	81.21	108	262.64	1 621	15.1	7
3	36	100.22	36	112.31	36	112.31	108	324.84	2 005	42.4	3

处理	重复						总和		折合产量 (kg/667 m²)	较对照增产 (%)	位次
	I		II		III						
	面积 (m²)	产量 (kg)	面积 (m²)	产量 (kg)	面积 (m²)	产量 (kg)	面积 (m²)	产量 (kg)			
4	36	101.95	36	101.95	36	101.95	108	305.85	1 888	34.0	4
5	36	143.42	36	76.03	36	143.42	108	362.87	2 240	59.0	1
6(CK)	36	107.13	36	54.12	36	66.96	108	228.21	1 409	—	9
7	36	63.93	36	96.76	36	96.76	108	257.45	1 589	12.8	8
8	36	108.88	36	98.49	36	98.24	108	305.61	1 888	34.0	4
9	36	63.93	36	110.59	36	110.59	108	285.11	1 760	24.9	6
10	36	66.96	36	112.31	36	112.31	108	291.58	1 800	27.8	5
11	36	66.12	36	77.76	36	77.76	108	221.64	1 387	-1.6	10

3 讨 论

河北德瑞公司在隆德县观庄宁夏农林科学院固原分院科研基地马铃薯主产区布设试验，进行药肥对马铃薯主要病虫害防治效果及对产量影响的研究，在全生育过程中严格按照试验设定防治对象操作调查，结果表明，处理 1、3、5 配方没有发生真菌和细菌性病害，未发现地下害虫，产量较高，分别为 2 112，2 005 和 2 240 kg/667 m²，较对照分别增产 49.9%、42.4% 和 59.0%，处理 4 和处理 8 虽然产量水平不错，但对病虫害的防治效果不明显，其他处理不适合在宁夏马铃薯产区推广。河北德瑞公司应尽快和固原庆丰商贸有限公司等联系布点，大力推广该产品配方，使这批化肥农药尽快投入农业生产中，为宁夏 26.7 万 hm² 马铃薯提供环保的配方药肥，推动宁夏马铃薯产业的健康发展。

内蒙古乌兰察布市地区马铃薯晚疫病
发生特点及防控工作

王玉凤[1]，王　真[1]，林团荣[1]，智小青[2]，申集平[3]，王　伟[1]，

张志成[1]，范龙秋[1]，韩素娥[1]，韩万军[1]，尹玉和[1]*

（1. 乌兰察布市农牧业科学研究院，内蒙古　乌兰察布　012000；

2. 乌兰察布市农牧局，内蒙古　乌兰察布　012000；

3. 乌兰察布市植保植检站，内蒙古　乌兰察布　012000）

摘　要：内蒙古自治区是中国马铃薯的重要生产基地，大约占中国马铃薯总播种面积的10%。乌兰察布市作为内蒙古自治区马铃薯主产区，生产的马铃薯种薯及商品薯质量上乘，是中国主要的马铃薯种薯、商品薯和加工专用薯生产基地，马铃薯产业已成为该市农民增收致富的支柱产业。马铃薯晚疫病，是一种马铃薯生产上的毁灭性病害，已经被列为中国乃至世界粮食作物的第一大病害，马铃薯晚疫病的发生情况值得高度重视。从乌兰察布市地区马铃薯晚疫病发生的严重年份角度入手，总结了该地区马铃薯晚疫病的发生危害特点及工作情况，为马铃薯产业的长足发展提供指导。

关键词：内蒙古；乌兰察布市；马铃薯；晚疫病；发生特点；防控

　　马铃薯作为中国四大粮食作物之一，其种植面积和产量常年位居世界前列，与玉米、水稻、小麦等传统主粮作物相比较，其具有经济效益高、耐旱、耐瘠薄、水分利用率高等优势特点[1]。据统计，2008 年中国种植马铃薯的面积已经超过 580 万 hm^2，产量为 8 480 万 t，面积和产量分别占全世界的 1/4 和 1/5[2]。内蒙古自治区是中国马铃薯种薯和商品薯的重要生产基地，2004 年的栽培面积已达 52 万 hm^2，之后，常年马铃薯种植面积在 53.3 万~86.7 万 hm^2，大约占中国马铃薯总播种面积的 10%[3]。近几年来，由于种植结构的调整及市场影响，内蒙古自治区马铃薯播种面积有所减少，2018 年种植面积为 49.71 万 hm^2[4]、2019 年种植面积为 29.74 万 hm^2[5]。马铃薯是内蒙古自治区重要的经济作物，在农业生产中占据重要位置。

　　乌兰察布市位于内蒙古自治区中部，属中国北部边疆，地处内蒙古自治区高原，气候冷凉，昼夜温差大，降雨集中在马铃薯生长季节，雨热同季，土壤为沙性土，有利于马铃薯块茎膨大和干物质积累，生产的马铃薯种薯及商品薯质量上乘，在中国马铃薯生产中占有较大优势，也是内蒙古自治区马铃薯的主产区之一。2018 年种植面积为 15.07 万 hm^2，

作者简介：王玉凤（1991—），女，农艺师，主要从事马铃薯病虫害防治、栽培研究。

基金项目：现代农业产业技术体系（CARS-09-ES05）。

* 通信作者：尹玉和，研究员，主要从事马铃薯育种、栽培研究，e-mail：wlcbsyyh@163.com。

2019 年种植面积为 13.02 万 hm^2，2020 年种植面积为 12.06 万 hm^2，是中国主要的马铃薯种薯、商品薯和加工专用薯生产基地，马铃薯产业已成为乌兰察布市农民增收致富的支柱产业。2009 年，中国食品工业协会正式命名乌兰察布市为"中国马铃薯之都"，2011 年，在国家工商总局成功注册了乌兰察布马铃薯地理标志证明商标，乌兰察布成为在全国具有一定影响力的"中国薯都"。

随着马铃薯的不断种植，发生在乌兰察布的马铃薯病害种类也较多，主要有马铃薯早疫病、晚疫病、黑痣病、枯萎病、疮痂病、气生型茎基腐病等病害，已经对马铃薯生产造成了一定损失。马铃薯晚疫病，作为马铃薯的主要病害，是一种毁灭性病害，已经被列为中国乃至世界粮食作物的第一大病害[6]，全球马铃薯种植区均有发生，每年在全球造成的经济损失高达 67 亿美元[7]。中国每年因晚疫病造成的经济损失达 10 亿美元左右[8]。据报道全球每年用于晚疫病化学防治的费用大约 10 亿美元，在马铃薯生产上使用的化学药剂远远超过了在其他任何粮食作物生产上所使用的化学药剂[9]。晚疫病于 2012~2013 年在北方一作区暴发流行，发生面积均在 100 万 hm^2 次以上[10]。

近些年，马铃薯晚疫病、早疫病等病虫害的发生给农业生产带来了巨大的经济损失，严重制约着中国马铃薯产业的发展，威胁着粮食安全[11,12]。据报道，伴随着马铃薯种植面积的增大，加之栽培措施不合理，连作严重，致使马铃薯晚疫病的病菌频繁变异和毒性增强，导致内蒙古自治区马铃薯晚疫病发生频繁[13]。对于乌兰察布马铃薯晚疫病的发生特点的研究值得高度重视。

1 马铃薯晚疫病发生及防治情况

中国马铃薯病虫害发生面积较大，北方一作区马铃薯病虫害发生面积于 2012 年达顶峰，为 348.74 万 hm^2，随后逐年下降，于 2016 年和 2017 年稳定在 225 万 hm^2 左右[10]。2012 年受降雨偏多且持续时间较长的特殊气候影响，乌兰察布马铃薯晚疫病自 1994 年以来首次大面积发生，并在部分地区流行危害，对马铃薯生产造成了一定的危害。

2013 年，降雨较多，晚疫病在各旗县、市（区）均有不同程度发生。2014 年，降雨偏少，仅在卓资县小气候区内小面积发生。2017 年，晚疫病零星发生，发生面积 53 hm^2，发生在卓资、中旗，累计预防与防治面积 9.6 万 hm^2。2018 年，晚疫病发生面积 0.7 万 hm^2，累计预防与防治面积为 7.8 万 hm^2。2019 年晚疫病轻发生，发生面积 453 hm^2，累计预防与防治面积 8.0 万 hm^2。2020 年晚疫病轻发生，发生面积 0.2 万 hm^2，累计预防与防治面积 8.5 万 hm^2。

2 马铃薯晚疫病发生特点及危害情况

以马铃薯晚疫病发生较严重的 2012 和 2013 年为例说明。

2.1 气候影响的偶发性

马铃薯晚疫病受气候因子的影响较大，在空气潮湿或多雾条件下发病重[14]，相对湿度 85%以上，马铃薯晚疫病易发病流行[15]，天气晴朗、日照充足、风速增大，则不利于晚疫病发生发展[16]。乌兰察布市地区属于半干旱大陆性季风气候，一般年份降雨量为

300 mm 左右，而其蒸发量却是降水量的 5 倍左右，这不利于马铃薯晚疫病的发生与流行，只有在降雨偏多的特殊年份，晚疫病才会大发生，如 2012 和 2013 年这样特殊的年份，正常年份如 2018 和 2019 年仅在个别特殊小气候的地块轻度发生。这与重庆、四川、贵州、甘肃等马铃薯晚疫病常发区情况不大相同，晚疫病在乌兰察布地区具有偶发性的特点。

2.2 气流传播的流行性

2012 年，7 月 27 日首先在商都县小海子镇六号地喷灌圈出现中心病株，7 月 31 日卓资县、凉城县相继出现，8 月 12 日发生面积已遍布全市 11 个旗县、市（区），面积达 0.9 万 hm²。截至 8 月 21 日，全市发生 3.7 万 hm²，其中重度发生面积 0.4 万 hm²，中度发生面积 2.3 万 hm²，轻度发生面积 0.9 万 hm²。马铃薯晚疫病发生范围广、面积大、程度重，确实罕见。

2.3 扩散迅速的暴发性

2012 年，7 月 27 日商都县小海子镇六号地喷灌圈发生中心病株，8 月 5 日局部发病株率达 85%以上；8 月 10 日小海子镇下井村已有 4 个喷灌圈相继出现全田发病，植株枯死，8 月 15 日全部杀秧。2013 年，8 月 1 日统计，全市马铃薯晚疫病发生 0.1 万 hm²，发病株率 5%~20%，主要发生在兴和县、凉城县、卓资县、察右后旗、商都县。8 月 10 日统计，晚疫病发生 3.2 万 hm²，发病株率 5%~30%，高的达 80%以上，仅 10 d 左右已扩展、蔓延到全市大部地区，其扩散速度及暴发性极强。

2.4 严重减产的危害性

2012 年，8 月 15~16 日，在察右中旗黄羊城镇和商都县小海子镇植株枯死地块调查，经估算减产 70%以上。2013 年，马铃薯晚疫病发生偏早，正值马铃薯块茎膨大期，中度发生的地块经调查减产 10%~20%，预防及防治较差的地块尤其是农户种植 8 月中旬全田枯死的零散地块，经调查减产 40%~50%。

3 马铃薯晚疫病防控工作情况

马铃薯晚疫病防治上坚持"防病不见病"的防治原则，综合应用农业防治、科学用药技术和马铃薯晚疫病数字化监测预警系统早预警指导防治。

3.1 利用数字化监测预警手段，为适时有效开展防治提供科学依据

目前中国使用较多的晚疫病预测预报系统主要有利用 CARAH 模型预测的比利时马铃薯晚疫病预警系统[17]和中国马铃薯晚疫病监测预警系统"China-blight"[18]。乌兰察布市马铃薯数字化监测预警平台是基于比利时马铃薯晚疫病预警系统，从 2012 年首先在商都、后旗投入两台马铃薯晚疫病监测仪，截止到 2020 年底，共在乌兰察布市范围内安装了 34 台晚疫病监测仪，基本覆盖了阴山北麓 5 个旗县市区和阴山南麓 6 个旗县市区的马铃薯种植区。

根据气象条件、马铃薯生长状况、晚疫病监测仪监测情况等分析，市、旗县两级农业相关部门高度重视，在做好系统监测工作的基础上，加大田间普查的范围和力度，组织广大技术人员全力以赴投入到一线。选择有代表性的地区，深入田间特别是土壤黏重、地势低洼、种植感病品种（"大西洋""夏坡蒂""底西芮""费乌瑞它"等）、施氮肥过多的地块，

开展发病率和病情指数调查，防止漏查漏报，准确、全面掌握晚疫病发生、发展动态，科学、有效指导防控工作。

3.2 强化行政推动力度，提高防控效率

马铃薯晚疫病发生期间，各级政府及农业部门均积极采取行动，下发关于加强马铃薯晚疫病监测与防治工作的相关文件，进一步强调防治马铃薯晚疫病的重要性与紧迫性，要求领导高度重视，加强组织协调，强化监测预警，积极开展联防联控，同时加强农药市场监管，并在马铃薯发生严重地区召开现场会，进行晚疫病地毯式排查。上级农业主管部门也及时指派工作组深入生产一线调查了解发生动态和危害情况。各旗县、市农牧业局及时向当地政府汇报病害的发生危害情况。依靠上级、本级、下级政府及农业行政主管部门的协同联合推进，马铃薯晚疫病的防控效率得到较大提升。

3.3 及时发布信息，为适时防治赢得宝贵的准备时间

市、旗县两级农业相关部门每年从7月中旬开始密切监测晚疫病发生动态，利用"乌兰察布市农牧业信息网""农信通""病虫情报""简报""微信群"等多种手段，向马铃薯生产企业、种植大户及农户，开展马铃薯晚疫病发病症状及防治方法的宣传；同时，会同气象局生态与农业气象中心在市电视台联合发布"马铃薯晚疫病预报"。各旗县市也充分利用各种媒体，及时发布情报和防治警报，争取做到及时发现，有效治疗，尽最大可能减少马铃薯种植者的损失。

3.4 发挥专业化统防统治队伍作用，提升防治效果

乌兰察布市专业化统防统治队伍不断壮大，截至2020年底，经工商行政管理部门注册的专业化统防统治组织共有48家，拥有专（兼）职防治队员，大、中型药械，植保无人机等多种防治力量，对于防治流行性、暴发性的马铃薯晚疫病等重大病虫害，充分发挥专业化统防统治队伍的作用，相比于一家一户种植的农户自行开展防治，防治面积小、防治效果低，造成发病率高，损失大的缺点。利用专业化统防统治扑灭迅速、防控面积大，防效好，且省工、省时，浪费少的优点，及时遏制其蔓延。

3.5 科学使用农药防治，契合绿色发展理念

根据马铃薯晚疫病监控预警系统监测结果理论上分析：当马铃薯数字化监测预警平台第3代首次侵染达到4~6分的时候，需要喷施代森锰锌、氟啶胺或氰霜唑等保护性药剂1~2次进行保护预防。如出现中心病株，可喷施内吸治疗剂烯酰吗啉、丁子香酚或氟菌·霜霉威、氟噻唑吡乙酮等治疗剂1~2次消灭中心病株。喷雾时，确保整个植株地上部、叶片正反面都喷到，否则影响防治效果。为防止抗药性的产生，建议不同药剂交替使用。

4 讨 论

近年来，中国马铃薯产量损失挽回率整体呈先下降后上升的趋势，2017年中国马铃薯损失挽回率达到了73.71%，说明中国马铃薯病虫害防控工作取得了阶段性成果[10]，乌兰察布马铃薯晚疫病的防控亦是如此，依托各级政府、农业部门的行政推动力量，监测预警的水平不断提升，防控手段逐步升级更替，防控效果显著提升，且防控更有针对性、农药的使用达到了减量控害的目标，直接降低了生产成本，减少了经济损失，使马铃薯晚疫病

可防可控，促进了当地马铃薯产业的可持续发展。

[参 考 文 献]

[1] 杨雅伦, 郭燕枝, 孙君茂. 我国马铃薯产业发展现状及未来展望 [J]. 中国农业科技导报, 2017, 19(1): 29-36.

[2] 柳俊. 我国马铃薯产业技术研究现状及展望 [J]. 中国农业科技导报, 2011, 13(5): 13-18.

[3] 李志平. 内蒙古马铃薯产业发展现状及应对措施 [J]. 中国农技推广, 2017, 33(11): 8-11.

[4] 李志平, 郭景山. 2018年内蒙古马铃薯产业现状、存在问题及发展建议 [C]//屈冬玉, 金黎平, 陈伊里. 马铃薯产业与健康消费. 哈尔滨: 黑龙江科学技术出版社, 2019: 51-55.

[5] 李志平, 郭景山. 2019年内蒙古马铃薯产业现状、存在问题及发展建议 [C]//金黎平, 吕文河. 马铃薯产业与美丽乡村. 哈尔滨: 黑龙江科学技术出版社, 2020: 129-133.

[6] 郭军, 屈冬玉, 巩秀峰, 等. 内蒙古马铃薯晚疫病菌交配型和生理小种研究 [J]. 西北农林科技大学学报: 自然科学版, 2007, 35(11): 120-124.

[7] 吴娥娇, 李冬亮, 杨丽娜, 等. 马铃薯晚疫病研究进展—病原与综合防控 [C]//屈冬玉, 陈伊里. 马铃薯产业与中国式主食. 哈尔滨: 哈尔滨地图出版社, 2016: 158-170.

[8] 曹静, 客绍英. 马铃薯晚疫病流行学及防治方法研究进展 [J]. 中国马铃薯, 2005, l9(1): 33-39.

[9] Groves C T, Ristaino J B. Commercial fungicide formulations induce *in vitro* oospore formation and phenotypic change in mating type in *Phytophthora infestans* [J]. Phytopathology, 2000, 90(11): 1 201-1 208.

[10] 马中正, 任彬元, 赵中华, 等. 近年我国马铃薯四大产区病虫害发生及防控情况的比较分析 [J]. 植物保护学报, 2020, 47(3): 463-470.

[11] 王腾, 马爽, 孙继英, 等. 中国马铃薯晚疫病菌生理小种研究进展 [J]. 中国马铃薯, 2017, 31(1): 45-53.

[12] 王平, 王晓黎, 李洪浩, 等. 四川省马铃薯晚疫病绿色防控与生态环境保护 [J]. 农学学报, 2018, 8(12): 13-17.

[13] 周长艳, 王珊珊, 张向前, 等. 不同药剂浸种对马铃薯晚疫病防治效果和产量的影响 [J]. 北方农业学报, 2019, 47(1): 80-84.

[14] 丁俊杰, 郑天琪, 马淑梅, 等. 马铃薯晚疫病发生因素研究 [J]. 中国农学通报, 2005, 21(2): 253-259.

[15] 孙忠科, 牛畅, 杨淑慎. 马铃薯晚疫病研究 [J]. 生命科学研究, 2006, 10(2): 71-75.

[16] 姚玉璧, 张存杰, 万信, 等. 黄土高原马铃薯晚疫病发生发展与气象条件关系的研究—以甘肃定西市为例 [J]. 植物保护, 2008, 34(4): 90-91.

[17] 谢开云, 车兴壁, Christian Ducatillon, 等. 比利时马铃薯晚疫病预警系统及其在我国的应用 [J]. 中国马铃薯, 2001, 15(2): 67-71.

[18] 胡同乐, 张玉新, 王树桐, 等. 中国马铃薯晚疫病监测预警系统"China-blight"的组建及运行 [J]. 植物保护, 2010, 36(4): 106-111.

马铃薯田杂草—牛膝菊种子随牛畜粪便的传播途径

张等宏，肖春芳，王 甄，高剑华，张远学，闫 雷，邹 莹，沈艳芬*

(湖北恩施中国南方马铃薯研究中心/
恩施土家族苗族自治州农业科学院，湖北 恩施 445000)

摘 要：通过采集牛畜粪便，观察牛膝菊种子随牛畜粪便的传播过程，明确了单位重量牛粪中牛膝菊株数 9 月最多，达到了 30.89 株/kg，8 月采集的最少，为 11.70 株/kg，3 个月之间采集的牛粪中所含杂草数量之间差异不显著。研究为从杂草种子传播途径控制杂草，切断杂草来源，为马铃薯田杂草绿色防控提供理论依据。

关键词：牛畜粪便；马铃薯田杂草；牛膝菊

牛膝菊(*Galinsoga parviflora* Cav.) 为菊科牛膝菊属一年生草本植物，花、果期为 7~10 月，以种子繁殖。牛膝菊原产墨西哥、中美及南美，如今遍布世界各地[1]。牛膝菊是农田作物的恶性杂草，且是优势杂草，对马铃薯危害十分严重[2,3]。在一株牛膝菊上，同时存在不同花期的花序，一个花序具有几十粒种子，败育的很少，有很强的繁殖能力[4,5]。

牛膝菊结实期为 7 月初至 11 月初，其种子为黑色或黑褐色瘦果，其长度约为 1 mm 左右。牛为反刍食草性动物，常食牛膝菊，但是对其种子却难以消化，种子会随着牛畜粪便排出，并且会形成富集效应，如果将其粪便直接施到农田中，会导致牛膝菊基数短期增多，爆发成灾，危害马铃薯生长。通过采集牛畜粪便，观察牛膝菊的传播过程，以期从杂草种子传播途径控制杂草，切断杂草来源，为马铃薯田杂草绿色防控提供理论依据。

1 材料与方法

1.1 牛畜粪便的采集及处理

牛膝菊的花期为 6 月中旬至 11 月初、结实期为 7 月初至 11 月初。分别在 2019 年 8、9、10 月采集，采集地点为天池山汾水村，牛畜为农户放养。采集后置于花盆中浇水使其中的种子萌发。

1.2 杂草分析

在杂草出苗后，在其花果期进行识别鉴定分析。

2 结果与分析

2.1 牛畜粪便中的杂草种类

通过对牛畜粪便进行盆栽后，在杂草花果期进行识别鉴定发现，8 月采集的样品中含

作者简介：张等宏(1984—)，男，农艺师，主要从事马铃薯病虫草害防控研究。

基金项目：现代农业产业技术体系资助资金(CARS-09)；农业部华中薯类科学观测实验站；湖北省农业科技创新中心创新团队项目(2016-620-000-001-061)。

*通信作者：沈艳芬，研究员，主要从事马铃薯遗传育种研究，e-mail：shenyanfen197518@163.com。

有杂草为：牛膝菊、马唐；9月采集的样品中含有杂草为：牛膝菊、马唐；10月采集的样品中含有杂草为：牛膝菊、马唐。

2.2　牛畜粪便中的杂草生物量

由表1可知，在采集的3个月的牛畜粪便中，单位重量牛粪中牛膝菊株数9月的最多，达到了30.89株/kg，8月采集的最少，为11.70株/kg，3个月之间差异不显著。在采集的3个月的牛畜粪便中，单位重量牛粪中马唐株数7月的最多，达到了3.22株/kg，9月采集的最少，为1.39株/kg，3个月之间差异不显著。

表1　牛畜粪便中的杂草生物量

采集时间	单位重量牛粪中牛膝菊株数（株/kg）	单位重量牛粪中马唐株数（株/kg）
7月	（14.37 ± 4.77）a	（3.22 ± 2.13）a
8月	（11.70 ± 3.08）a	（2.91 ± 2.11）a
9月	（30.89 ± 17.81）a	（1.39 ± 0.88）a

注：不同小写字母表示处理间在0.05水平上差异显著。

3　讨　论

在前期的试验观察中，马唐并未发现存在于牛畜粪便中，本次试验结果中也发现马唐的分布极不规律，在采集牛畜粪便周围有马唐存在的地方，种植后发现有马唐生长，有可能是牛畜粪便表层沾染了外界的马唐种子，还有可能是种植的网室隔离不严格，杂草种子飘落在了花盆中，因此不能认为马唐依靠牛畜粪便进行传播。

牛膝菊依靠种子进行繁殖，植株的结实量非常大，种子边成熟边脱落。杂草种子传播的途径多种多样，包括仅依赖自身的主动传播和依赖外力如水流、风力、动物的搬运、人为活动所携带的被动传播等，是杂草难于防除的重要原因之一。

研究杂草种子的传播，明确其机理，不仅能够丰富植物和杂草生物学理论，而且有助于阐明外来杂草的入侵机制以及农田杂草发生机理，从而能够为采用生态控草措施、预防外来杂草的入侵、减少化学除草剂的使用量以及减轻环境压力提供理论依据。

[参　考　文　献]

[1]　何永福,陆得清,叶照春,等.50%乙草胺对旱地杂草辣子草防除效果研究 [J].植物保护,2007,33(4):132-134.

[2]　朱峰,何永福,叶照春.大叶芥菜对牛膝菊的化感作用潜力 [J].杂草科学,2015,33(1):14-16.

[3]　张等宏,肖春芳,高剑华,等.恩施州马铃薯田间草害流行规律及危害调查研究 [C]//屈冬玉,陈伊里.马铃薯产业与脱贫攻坚.哈尔滨:哈尔滨地图出版社,2018.

[4]　齐淑艳,徐文铎,文言.外来入侵植物牛膝菊种群件生物量结构 [J].应用生态学报,2006,17(12):2 283-2 286.

[5]　徐萌萌.牛膝菊的入侵生物学特性及其化学防除 [D].呼和浩特:内蒙古师范大学,2019.

风媒介导下马铃薯田杂草种子的传播途径

张等宏，肖春芳，高剑华，王　甄，张远学，闫　雷，邹　莹，沈艳芬*

（湖北恩施中国南方马铃薯研究中心/
恩施土家族苗族自治州农业科学院，湖北　恩施　445000）

摘　要：利用杂草种子拦截网进行拦截杂草种子，以探索杂草种子在风媒介导下的传播途径。结果表明，牛膝菊、稗、马唐、小飞蓬、反枝苋可以在风媒介导下传播。牛膝菊在海拔1 000和1 200 m的3个拦截高度都存在，稗只在8月拦截高度0.5 m处存在，马唐存在于高度为0.5和1.0 m的拦截网中，小飞蓬分布的规律不明显，主要集中在8月，9月的不同高度的拦截网中，反枝苋存在于海拔1 000 m的9、10月高度0.5 m的拦截网中。

关键词：风媒；杂草；牛膝菊；稗；马唐；小飞蓬；反枝苋

　　杂草伴随着马铃薯整个生产过程，在田间与马铃薯竞争营养物质与生存空间，对马铃薯产量损失可达44.01%[1]。多数杂草依靠种子进行繁殖，杂草种子传播途径主要分为主动传播（弹射传播）和被动传播（生物和非生物传播）[2-5]。其中，风媒传播是长期持续不间断的传播方式[6]，成熟种子因其附属物毛、翅、外稃等而具备长距离风传扩散潜力[7,8]，是物种得以迅速扩散的重要因素，种子的风媒传播对植物群落演替具有重要意义[9-11]。杂草种子扩散后，可在土壤中形成数量巨大且长久性的种子库，具有长久性土壤种子库的植物在适应复杂多变的生境和不良的生长条件下具有优越性[12]。

　　通过制作杂草种子拦截装置以探究其在风的作用下传播能力，以期了解这些物种种子风传潜力及其对环境适应策略，为防止杂草入侵蔓延、减轻环境压力提供理论依据。

1　材料与方法

1.1　供试材料及仪器

　　杂草种子拦截装置，共3种规格，拦截网：宽度1 m，长度2 m，拦截面积2 m²，距离地面高度分别为0.5，1.0和1.5 m；电子分析天平，英国艾德姆（HCB123）。

1.2　数据采集方法

　　2018年在天池山基地海拔1 000和1 200 m马铃薯收获后的田块每处设置一组杂草拦截装置，每隔30 d，将拦截装置中的草种子取下，置于阴凉通风处干燥后用分析天平称量，于次年种植后鉴别杂草种类。2019年通过盆栽待杂草生长后进行识别鉴定。

作者简介：张等宏（1984—），男，农艺师，主要从事马铃薯病虫草害防控研究。

基金项目：现代农业产业技术体系资助资金（CARS-09）；农业部华中薯类科学观测实验站；湖北省农业科技创新中心创新团队项目（2016-620-000-001-061）。

***通信作者**：沈艳芬，研究员，主要从事马铃薯遗传育种研究，e-mail：shenyanfen197518@163.com。

2 结果与分析

2018 年拦截的种子通过盆栽种植后，鉴定其种子分别为牛膝菊（*Galinsoga parviflora* Cav.）、稗［*Echinochloa crusgalli*（L.）P. Beauv.］、马唐［*Digitaria sanguinalis*（L.）Scop.］、小飞蓬（*Erigeron canadensis* L.）、反枝苋（*Amaranthus retroflexus* L.）。牛膝菊在海拔 1 000 和 1 200 m 的 3 个拦截高度都存在，稗只在 8 月拦截高度 0.5 m 处存在，马唐存在于高度为 0.5 和 1.0 m 的拦截网中，小飞蓬分布的规律不明显，主要集中在 8 月，9 月的不同高度的拦截网中，反枝苋存在于海拔 1 000 m 的 9、10 月高度 0.5 m 的拦截网中（表 1）。

表 1 不同地点时间杂草种子拦截结果

海拔（m）	距地面高度（m）	采集日期（D/M）			
		10/08	10/09	10/10	10/11
1 000	0.5	牛膝菊、稗、马唐	牛膝菊、反枝苋、马唐	牛膝菊、反枝苋、马唐	牛膝菊、马唐
	1.0	牛膝菊、小飞蓬	牛膝菊、马唐、小飞蓬	牛膝菊、小飞蓬	牛膝菊
	1.5	牛膝菊、一年蓬、小飞蓬	牛膝菊、小飞蓬	小飞蓬	牛膝菊
1 200	0.5	牛膝菊、稗	牛膝菊、马唐	牛膝菊、马唐	牛膝菊、马唐
	1.0	牛膝菊、一年蓬、小飞蓬	牛膝菊	牛膝菊	牛膝菊
	1.5	牛膝菊、一年蓬、小飞蓬	牛膝菊	小飞蓬	牛膝菊

3 讨论

结果表明，牛膝菊、稗、马唐、小飞蓬、反枝苋种子成熟后可以随风媒进行传播，杂草在一个生育周期完成后，往往会通过种子传播来完成其群落的扩散演替，对植被结构具有深刻的影响。

研究杂草种子的传播，不仅能够丰富植物和杂草生物学理论，还能够为采用生态控草措施提供依据。对减少化学除草剂的使用，保护农田生态环境，发展绿色食品生产，保障粮食安全具有非常重要的意义[12]。

[参 考 文 献]

[1] 张等宏,肖春芳,高剑华,等.恩施州马铃薯田间草害流行规律及危害调查研究 [C]//屈冬玉,陈伊里.马铃薯产业与脱贫攻坚.哈尔滨:哈尔滨地图出版社,2018.

[2] 张自生,文慧慧,张仕林,等.酢浆草种子弹力传播机制初探 [J].植物学研究,2014,3(5):200-206.

[3] Will H, Maussner S, Tackenberg O. Experimental studies of diaspore attachment to animal coats: Predicting pizoochorous dispersal potential [J]. Oecologia, 2007, 153(2):331-339.

[4] Hughes L, Westoby M. Effect of diaspore characteristics on removal of seeds adapted for dispersal by ants [J]. Ecology, 1992, 73(4): 1 300-1 312.

[5] Tackenberg O, Poschlod P, Kahmen S. Dandelion seed dispersal: The horizontal wind speed does not matter for long-distance dispersal-it is updraft [J]. Plant Biology, 2003, 5(5): 451-454.

[6] 诸葛晓龙, 朱敏, 季璐, 等. 入侵杂草小飞蓬和钻形紫菀种子风传扩散生物学特性研究 [J]. 农业环境科学学报, 2011, 30(10): 1 978-1 984.

[7] 郑景明, 桑卫国, 马克平. 种子的长距离风传播模型研究进展 [J]. 植物生态学报, 2004, 28(3): 414-425.

[8] 张海亮, 朱敏, 李干金. 影响加拿大一枝黄花种子非随机脱落的因素 [J]. 植物生态学报, 2015, 39(3): 258-263.

[9] 郭强, 朱敏, 徐勒, 等. 五种杂草种子沉降速度 [J]. 生态学杂志, 2008, 27(4): 519-523.

[10] 王学进, 李鑫, 戴梅. 一种测量风传种子沉降速度系统的设计与实现 [J]. 常熟理工学院学报, 2014, 28(4): 95-99.

[11] 花奕蕾, 田兴军. 9 种风传杂草种子的扩散能力及传播策略 [J]. 安徽农业科学, 2017, 45(15): 21-25.

[12] 李儒海, 强胜. 杂草种子传播研究进展 [J]. 生态学报, 2007, 27(12): 5 361-5 370.

2020年全国马铃薯主产区田间杂草分布及除草剂使用调研分析

闫　雷，张远学，邹　莹，张等宏，肖春芳，王　甄，高剑华，沈艳芬*

（湖北恩施中国南方马铃薯研究中心/
恩施土家族苗族自治州农业科学院，湖北　恩施　445000）

马铃薯是世界四大粮食作物之一，具有营养全面、水肥利用率高、产量潜力大、种植面积广、产业链条长等优点。中国马铃薯种植面积常年在533.33万hm²以上，年产值在1 460亿元左右，是粮食安全保障及乡村经济发展的重要作物。草害是农业生产中的重要问题，影响作物产量和品质，进而影响相关产业的发展。在马铃薯整个生育期都伴有杂草存在，其不仅与马铃薯争夺光照、水肥、空间等生存资源，还能传播病虫害，释放有害物质，干扰马铃薯正常的生长发育。如果防控不当，则可能导致减产，严重甚至可能绝收。杂草防治手段多种多样，如人工除草、化学防治、生物防治、农艺措施防治等，其中化学防治应用最广，省时省力、效果明显、经济投入少等优点明显。但是，如果除草剂使用不当，必然影响马铃薯的产量与品质，严重时产生农药残留会危害人畜健康，同时还会破坏农田生态环境。为明确中国马铃薯主要生产区域杂草种类、分布、危害以及除草剂的使用和药害情况，依托国家马铃薯产业体系相关人员，针对中国马铃薯主要种植区进行了调研分析，为薯田杂草田间防控研究提供理论依据及数据参考。

本次调研以电子调查问卷的方式为主，辅以现场考察的手段，由草害防控岗位专家带领团队整理分析，在综合试验站站长和示范县相关人员的协助下完成。本次调研区域马铃薯主栽品种丰富，土壤类型多样，广泛分布于海拔10～3 650 m的马铃薯主要种植区域，包括24个省68个地级市113个县，调查人员为多年从事马铃薯田间生产研究的技术人员，结果具有一定的代表性和可靠性。调研内容包括种植区主要杂草类型、分布、危害；马铃薯田间使用除草剂名称、成分分类、喷施时期及方式。

此次调查发现，中国马铃薯田内常见杂草种类非常丰富。能够精准识别的杂草包括27科79属113种。马铃薯田间杂草中，菊科、禾本科、蓼科杂草种类最丰富；具体又以藜、马唐、狗尾草、稗草分布最广泛；其中有藜、马唐、稗草等79种杂草在1个以上的调查点导致马铃薯减产；有藜、马唐和鸭跖草等60种杂草在1个点以上的调查点妨碍收获；刺儿菜、马唐、藜等58种杂草在1个点以上的调查点表现难以防治。在杂草丰富度方面，

作者简介：闫雷（1989—），男，硕士，助理研究员，主要从事马铃薯栽培育种研究。
基金项目：现代农业产业技术体系专项资金资助（CARS-09）；农业部华中薯类科学观测实验站；湖北省农业科技创新中心创新团队项目（2016-620-000-001-061）。
*通信作者：沈艳芬，高级农艺师，主要从事马铃薯遗传育种与病虫草害防治研究，e-mail：13872728746@163.com。

内蒙古自治区、贵州省、重庆市能精准识别的马铃薯田间杂草种类最丰富，分别有36，35和25种。调查地点数以内蒙古自治区调查点数最多，调查了17个县级地区。

在调查的区域中，通过对马铃薯田间使用除草剂的调查，发现除河南省栾川县、湖北省来凤县、贵州省三都县、长顺县、瓮安县、惠水县、黄平县7个调查点未使用除草剂外，其余106个县级区域均有使用除草剂除草。此次调查发现，马铃薯田间使用除草剂有乙草胺、金都尔、二甲戊灵、精喹禾灵等45种除草剂，药物商品名称比较繁杂；按化学主成分可以将这些除草剂分为13种类型，分别是有机磷类、酰胺类、苯氧羧酸类等，其中有机磷类、二元复配型、三元复配型种类最多，其次是苯氧羧酸类；而从使用范围上来看，三元复配型类农药使用最广，在调查区域的37个县市有使用，其中又以二甲戊灵施用最多。通过对马铃薯主要种植区除草剂使用的调查发现，除草剂通常在马铃薯苗前、苗后(苗期)、播前以及收获前施用。其中，以苗前为主，其次是苗期。一般情况下，除草剂喷施方式分为土壤喷雾、叶片喷雾和定向喷雾；本次调查中发现，各调查点中，以土壤喷雾为主，其次茎叶喷雾，再次是定向喷雾。综上，中国马铃薯田间杂草一般在出苗前后进行化学药剂防控，并且以苗前土壤喷施为主要方式。另外，有5个点播种前喷施除草剂，1个点在收获前喷施除草剂杀青。

通过对马铃薯种植区除草剂使用情况的调查，多种药剂在多个调查点出现叶片发黄、卷曲、坏死、植株停止生长等不同程度的药害。从2020年度药害来看，其中复配型除草剂的要害比例较大，约占出现要害药品种类的40%，其次是脲类和有机杂环类，均为15%；这些药剂在其他地点使用未发现药害现象，对比分析，这种药害的产生可能由于种植户在使用除草剂过程中喷施不当或者未按要求计量使用造成的。

因此，中国马铃薯主产区田间常见杂草种类非常丰富，难防的杂草、导致减产的杂草以及妨碍收获的杂草既有表现出多区域一致性，又有局部地区特有性。除草剂应用范围比较广泛，但在一些地方出现了药害情况，经过分析可能由于使用不当或者操作不规范造成的，要加大对合作社或者种植散户相应技术的培训。

关键词：马铃薯；田间杂草；除草剂类型

新型纳米载体递送免疫诱抗剂和植物源杀菌剂提升马铃薯晚疫病防控的研究

郑康凯[1]，李　洁[1]，沈　杰[1]，窦道龙[1]，尹梅贞[2]，闫　硕[1]，王晓丹[1*]

(1. 中国农业大学植物保护学院，北京　100193；

2. 北京化工大学材料科学与工程学院，北京　100029)

晚疫病是由卵菌致病疫霉菌(*Phytophthora infestans*)引起的一种马铃薯流行性病害，可造成马铃薯茎叶、块茎腐烂，常年发生，造成大面积减产，被列为中国一类农作物病虫害。生产中防控该病害需要施用大量化学杀菌剂，导致抗药性、环境污染等问题突出。因此，马铃薯晚疫病防控仍然面临着防病任务重和农药投入减量的双重压力，但市场上的农药产品同质化严重、结构不合理，主要的减量措施以高效低毒的农药产品为主。近年来，植物免疫诱抗剂和植物源杀菌剂作为环境友好型生物药剂在该病防控中具有一定优势，但其水溶性差、递送效率低，严重制约着其进一步发展和应用。因此迫切需求研发新技术来拓展植物免疫诱抗剂和植物源杀菌剂的性能并提升其效率，推动农药减量化和全程免疫调控绿色杀菌剂的创新与应用。

本研究合成了一种结构相对简单、低成本、环保的纳米级星状聚合阳离子(Star Polycation，SPc)，通过分子间作用力或包埋方式负载药物活性成分形成稳定复合体，大幅减小其粒径至纳米级。研究表明，该纳米载体SPc可通过氢键和范德华力与植物免疫激发子(Elicitor)壳聚糖(Chitosan)复合，将壳聚糖粒径由144.61 nm降至17.40 nm；通过静电作用与植物源杀菌剂丁子香酚(Eugenol)组装，改善丁子香酚的理化性能，从而提升其在水溶液中的分散性和稳定性。另一方面，壳聚糖作为重要的植物免疫诱抗剂可通过调节植物自身的免疫、代谢系统来增强植物对晚疫病菌的抗性，然而壳聚糖水溶性差，不利于植株的吸收和转运，因此其作为激发子的生物活性和吸收性是限制其大规模田间应用的关键因素。本研究发现SPc通过纳米递送系统激活植物细胞的介导胞吞胞吐作用，使其在细胞膜表面重新分布，参与细胞各种吸收途径，提升壳聚糖的吸收与扩散，进一步增强马铃薯与壳聚糖接触的比表面积及其对壳聚糖的内吸能力，进而放大了壳聚糖介导的植物诱抗免疫反应相关基因和通路的上调与激活，提高了壳聚糖对马铃薯的诱抗能力，从而使马铃薯更好地抵抗晚疫病菌的侵染。与壳聚糖类似，丁子香酚与SPc组装后，经SPc递送的丁子香酚对马铃薯晚疫病菌的毒力也有所提高。田间和室内药效试验也证实该类型纳米农药

作者简介：郑康凯(1995—)，男，硕士研究生，从事利用植物免疫诱抗剂及纳米载体防控植物病害的研究。

基金项目：国家自然基金(32061130211，32072497，32030012)；国家重点研发计划(2018YFD0200804)；广东省重点研发计划(2020B020219002)。

*通信作者：王晓丹，博士，副教授，博士生导师，主要从事马铃薯晚疫病菌致病机理、晚疫病菌与寄主互作、晚疫病绿色防控技术研究，e-mail：xdwang@cau.edu.cn。

显著提升了壳聚糖和丁子香酚对马铃薯晚疫病的防效。

因此，本研究基于马铃薯晚疫病发病机制，通过合理设计，将纳米级星状聚合阳离子有效递送植物免疫诱抗剂和植物源杀菌剂，显著放大了壳聚糖施用后马铃薯的诱导抗性，提高了丁子香酚的毒力，从而提升了上述药剂对马铃薯晚疫病的防控效果。结合前期纳米杀虫剂的系列研究，揭示了新型功能化纳米载体应用前景广阔。该研究将对推进绿色免疫诱抗剂植保技术发展具有重要意义，同时助力于农药"增效、减量"的国家重大战略需求。

关键词：纳米载体递送；生物活性增强；纳米化激发子；植物源杀菌剂；植物防御

内蒙古马铃薯黄萎病绿色综合防控技术研究及应用

王 东，孟焕文，周洪友*

（内蒙古农业大学园艺与植物保护学院，内蒙古 呼和浩特 010018）

马铃薯是世界第四大粮食作物，其主粮化开发是保障国家粮食安全、促进农民持续增收的一项重要举措。内蒙古自治区是中国重要的马铃薯种薯和商品薯生产基地，马铃薯产业对于地区经济的发展具有重要意义。马铃薯黄萎病又称"马铃薯早死病"，属于典型的土传维管束病害，常造成 10%~15% 的产量损失，严重时可达 30%~50%。马铃薯黄萎病的主要病原为大丽轮枝菌（*Verticillium dahliae*），由于其寄主范围广泛，能形成抗逆性强的微菌核在土壤中长期存活，因此极难防治。

近年来，在马铃薯种植管理中存在多年连作，超量、滥用化肥和化学农药等现象，导致农田污染严重，土壤微生态环境遭到破坏，内蒙古自治区马铃薯黄萎病的发生呈现日益加重的态势，严重制约着马铃薯产业的发展。现阶段，国家倡导创新机制推进农业绿色发展的农村振兴战略，更加重视生态平衡和农业发展的可持续性。因此，进一步探索高效、可持续、生态安全的绿色防控技术将成为解决马铃薯黄萎病等土传病害问题的有效途径和发展趋势。本研究表明通过合理轮作、选用抗病品种和生物防治等绿色防控技术，能够避免传统防治方法的弊端，减轻病害发生，减少化学农药和化肥的施用，改善土壤微生态环境，具有绿色环保、生态安全等优点。

选择非寄主植物进行合理轮作，可以有效控制多种作物黄萎病。项目组在内蒙古自治区马铃薯主要产区开展田间试验，初步明确了西兰花轮作对马铃薯产量、马铃薯黄萎病的发生，以及对土壤中大丽轮枝菌微菌核数量的影响。结果表明，以马铃薯连作方式为对照，西兰花轮作后土壤中大丽轮枝菌微菌核的数量明显减少，其中人工病圃可减少 8.46%~36.41%，自然病圃可减少 7.22%~48.84%；马铃薯地上叶片和地下块茎的黄萎病发病率和病情指数均显著降低，在人工病圃防治效果为 32.91% 和 54.82%，自然病圃的防效可达 46.72% 和 34.78%；马铃薯总产量和商品产量均有所提高，在人工病圃分别增产 27.74% 和 40.08%，而自然病圃分别增产 7.12% 和 8.77%。

选用抗病品种是防治马铃薯黄萎病既经济有效，又对环境安全的绿色防控措施。本研究初步明确了内蒙古自治区主栽马铃薯品种对黄萎病的抗性情况。试验采用室内与田间鉴定相结合，通过调查地上部植株和地下部块茎的发病程度评价马铃薯品种的抗性。室内抗性鉴定结果显示，在所测定的 16 个马铃薯品种中，抗病品种有 3 个（10 ≤ 病情指数 < 20），占

作者简介：王东（1985—），博士，讲师，主要从事马铃薯土传病害综合防控研究。
基金项目：内蒙古自治区科技成果转化专项（2019CG026）；内蒙古自治区科技计划项目（2019GG180）。
*通信作者：周洪友，博士，教授，主要从事植物病害生物防治，e-mail：hongyouzhou2002@aliyun.com。

总品种的 18.75%；中抗品种有 8 个（20 ≤ 病情指数 < 35），占总品种的 50.00%；感病品种有 5 个（病情指数 ≥ 35），占总品种的 31.25%，未发现免疫和高抗品种。田间人工病圃和自然病圃抗性鉴定结果显示，"合作 88""云薯 401""克新 1 号""冀张 12 号""大白花""同薯 20""晋薯 13""同薯 23"表现中抗或抗病，且表现较为稳定。

筛选并利用微生物是防治作物土传病害的有效措施之一。本研究针对马铃薯黄萎病共筛选拮抗菌株 780 株，完成 220 株生防菌株的室内防效评价，获得具有防病潜力的生防菌株 26 个；完成 190 个生防菌株的田间防效评价，获得优良生防菌株 10 个，防效在 50%以上。此外，还评价并明确了播期、密度、施肥、灌溉频率等农业措施的防病效果，为高效马铃薯黄萎病综合防治体系建立提供了科学依据。

在前期研究基础上，2016~2020 年在内蒙古自治区马铃薯主要种植区开展了以"合理轮作、选用抗病品种及微生物菌剂拌种"为主要技术要点的马铃薯黄萎病绿色防控综合示范。该技术主要应用 15 亿芽胞/g 枯草芽胞杆菌菌剂（2.5%用种量拌种）、使用抗病品种"冀张薯 12 号"以及与西兰花、燕麦、玉米轮作，对马铃薯黄萎病平均防效为 42.45%~86.57%，马铃薯商品薯增产达 5.02%~43.37%。该项绿色综合防控技术的应用对于内蒙古自治区马铃薯的高品质安全生产具有一定的指导意义。

关键词：马铃薯；黄萎病；绿色防控；示范推广

马铃薯腐烂茎线虫生防细菌的筛选与鉴定

张 妞, 王 东*, 孟焕文, 周洪友

(内蒙古农业大学园艺与植物保护学院, 内蒙古 呼和浩特 010018)

马铃薯腐烂茎线虫(*Ditylenchus destructor*), 属于迁移性植物内寄生线虫, 是国际上重要的检疫性线虫。该线虫寄主范围广, 已知寄主大约 120 种, 主要寄主为马铃薯和甘薯。由马铃薯腐烂茎线虫引起的病害在美国、加拿大、德国、法国、中国、日本、澳大利亚等国均有发生, 近年来随着中国马铃薯、甘薯种植面积的不断扩大, 该线虫的分布也越来越广, 在北京、天津、山东、河北、河南、江苏、新疆、甘肃等地均有发生, 并以山东、河北两省的发生最为严重, 已成为北方甘薯最严重的病害之一。该病害一般可造成甘薯和马铃薯减产 30%~50%, 严重时可减产 80% 以上, 甚至绝收, 严重威胁着马铃薯、甘薯等相关产业的发展。由于腐烂茎线虫抗逆性强且寄主范围极广, 可在土壤、病残体中长期存活, 对于该病害的防控极其困难, 效果甚微。本研究通过筛选高效杀线虫生防菌, 为微生物杀线剂的研发提供了新资源, 也为马铃薯腐烂茎线虫病的有效防控奠定了基础。

将 34 个菌株于 LB 培养基平板上进行活化, 利用 9 mm 打孔器打成菌饼放入 250 mL 三角瓶, 每瓶装入 100 mL 液体培养基, 25~28℃, 150~180 r/min 摇床发酵 2~3 d 后将菌株的发酵液 6 000 r/min 离心 5 min, 取上清液备用。参考改良贝曼漏斗法获得马铃薯腐烂茎线虫悬浮液。采用直接触杀法, 将马铃薯腐烂茎线虫悬浮液分装在 2 mL 离心管中, 每管约含 100 条线虫, 5 000 r/min 离心 1 min, 弃上清液, 用移液枪将菌株发酵液上清液先加入 2 mL 离心管中, 每个离心管中加入 1.5 mL 菌液, 在微型漩涡混合仪充分震荡, 每个处理重复 3 次, 以无菌水为对照。用橡皮筋固定, 放入无菌聚乙烯塑料袋中, 25℃ 恒温培养 48 h 后在显微镜下进行观察, 记录马铃薯腐烂茎线虫的总数以及死亡数。计算马铃薯腐烂茎线虫的死亡率和校正死亡率。对马铃薯腐烂茎线虫校正死亡率大于 72.36% 的 9 个细菌菌株进行鉴定, 参考《伯杰细菌鉴定手册》和《常见细菌系统鉴定手册》对菌株生理生化特征进行鉴定以及菌株的 16S rDNA 鉴定。

本研究以马铃薯腐烂茎线虫为靶标, 从 34 个细菌菌株中筛选出 9 株芽胞杆菌, 表现出较高的触杀活性, 其 48 h 的抑制率达到 72.36%~82.59%。其中菌株 Chi9-7 与 Xia4-11 发酵液对马铃薯腐烂茎线虫的校正死亡率在 80% 以上, 菌株 Xia4-11 发酵液对马铃薯腐烂茎线虫致死作用最强, 校正死亡率达 82.59%; 菌株 Nong3-5、Z-1、Gu4-7、b5-4、b1-3、Nong5-6 和 Chi9-2 发酵液对马铃薯腐烂茎线虫的校正死亡率为 72.36%~77.94%,

作者简介: 张妞(1992—), 硕士研究生, 研究方向为马铃薯腐烂茎线虫病防治技术研究。

基金项目: 内蒙古自治区自然科学基金(2020BS03034); 内蒙古农业大学高层次人才科研启动项目(NDYB2018-53)。

* 通信作者: 王东, 博士, 讲师, 主要从事植物线虫学及植物病害生物防治, e-mail: wangdong@imau.edu.cn。

且不同菌株间触杀作用差异并不显著；另外菌株 X1″、Chitu8-4、Gen7-3、S-6、Gen9-3、Gen6-10 和 CF4-51 发酵液对马铃薯腐烂茎线虫的校正死亡率为 60.53%~69.16%；其余菌株对马铃薯腐烂茎线虫的致死作用较差，校正死亡率均在 24.49%~59.42%，其中菌株 Chi1-15、3-6、C-11 发酵液对马铃薯腐烂茎线虫校正死亡率分别仅为 24.49%、27.04%、29.51%。经鉴定，菌株 Chi9-7、Nong3-5、Nong5-6 和 b1-3 为枯草芽胞杆菌，菌株 b5-4 为贝莱斯芽胞杆菌，菌株 Chi9-2、Xia4-11、Gu4-7 和 Z-1 为解淀粉芽胞杆菌。本研究筛选并鉴定了杀线虫作用明显的 9 株芽胞杆菌，为微生物杀线剂的研发提供了新的生防资源，也为马铃薯腐烂茎线虫病的有效防控奠定了基础。

关键词：马铃薯腐烂茎线虫；芽胞杆菌；触杀活性；生理生化特征；16S rDNA

硅酸钠增强马铃薯黑痣病抗性

霍宏丽，东保柱，申建芳，李得宙，姚润鹏，张冬梅，张笑宇*

（内蒙古农业大学园艺与植物保护学院，内蒙古 呼和浩特 010019）

马铃薯产业是内蒙古自治区农业重要支柱产业，也是西部开发、贫困地区脱贫致富的重要产业。马铃薯黑痣病（*Rhizoctonia solani* Kühn）是世界马铃薯生产上的一种重要病害，在内蒙古自治区马铃薯种植区危害也非常严重。目前还缺乏有效的防治措施，主要使用化学防治，但效果不理想，且易污染环境，导致残留残毒。近年来，随着人们对食品安全认识的提高，对无毒、无污染食品的需求也逐渐增加。诱导植物抗病性因其具有安全、高效、不污染环境的特点，被许多学者所关注。硅及硅酸盐类能提高植物抗病性，在很多病害中得到证实，未见在马铃薯黑痣病中报道。

课题组结合室内和田间试验研究了硅酸钠增强马铃薯黑痣病的抗性。试验了硅酸钠（$Na_2SiO_3 \cdot 9H_2O$）在培养皿内对马铃薯黑痣病菌（*R. solani* AG-3）的抑制作用；将硅酸钠加入 MS 培养基中，再把幼苗移到马铃薯黑痣病菌毒素中，观察长势调查发病情况；在花盆中分别用 Kimura B 和 MS 营养液培养马铃薯脱毒组培苗并接菌施用硅酸钠，观察硅酸钠对幼苗的影响；选择不同的试验地进行田间防效试验，硅酸钠以单株穴播施用和叶面喷施，同时接种麸皮培养物培养的病原菌，设置不施硅酸钠不接菌、不施硅酸钠接菌、施硅酸钠不接菌及施硅酸钠接菌处理。

结果表明，硅酸钠对马铃薯黑痣病菌具有显著的抑制作用，浓度为 10 mmol/L 时对黑痣病菌菌丝生长抑制率为 95.4%。将加入硅酸钠（0.604 mg/L）的 MS 培养基培养的马铃薯大西洋脱毒组培苗培养到高 12 cm，再移到马铃薯黑痣病菌毒素中，该苗对毒素具有较强的忍耐力，病情指数降低了 46.88%，且能使马铃薯幼苗的根和鲜重增加，叶面积增大，叶色变浓绿，促进幼苗的生长。在花盆中以蛭石为基质用无硅的 Kimura B 培养液培养马铃薯脱毒组培苗，待苗壮后，加入 0.48 g/L 的硅酸钠，同时接菌，施入硅酸钠的马铃薯幼苗地下茎发病率降低了 46.56%，幼苗长势增强；在花盆中用 MS 营养液中按照 3.02 g/L 浓度加入硅酸钠，接种处理地下茎和匍匐茎 8 d 时，地下茎防效为 42.86%，匍匐茎防效为 66.67%。田间防效试验结果，在不同试验地点马铃薯对硅酸钠的敏感程度不同。在内蒙古自治区察右中旗大滩乡，单株穴施硅酸钠 5 和 8 g，叶面喷施 100 和 130 mmol/L 硅酸钠溶液表现出不同程度的药害，单株穴施 3 g 硅酸钠和叶面喷施 70 mmol/L 硅酸钠溶液对马铃薯安全，显著增强马铃薯黑痣病的抗性，且能提高马铃薯产量和改善品质，马铃薯颜

作者简介：霍宏丽（1991—），女，硕士研究生，主要从事马铃薯病害研究。

基金项目：国家自然科学基金项目（31460468）。

*通信作者：张笑宇，博士，教授，主要从事马铃薯病害研究，e-mail：zxy2000@126.com。

色鲜亮，表皮光滑，硅酸钠喷施 70 mmol/L 接菌处理对地下茎、匍匐茎防效为 48.84% 和 61.96%，且能增加产量，硅酸钠穴施 3 g 不接菌增产 20.49%，硅酸钠喷施 70 mmol/L 不接菌增产 13.87%。在武川试验地单株穴施硅酸钠 5 和 8 g，叶面喷施 200 mmol/L 硅酸钠均未表现药害，单株穴施 5 g 硅酸钠接菌地下茎防效为 62.2%，叶面喷施 200 mmol/L 硅酸钠接菌防效为 57.9%，产量分别增加 20.4%、11.4%，且块茎表皮颜色鲜亮光滑。

硅酸钠能增加马铃薯对黑痣病菌的抗性，增加马铃薯的产量，改善品质，这为马铃薯黑痣病的防治提供了新的思路，为制定安全、高效、环保的新型防治措施提供理论依据，同时为增加食品安全提供新型实用技术。

关键词：马铃薯；硅酸钠；黑痣病；丝核菌；抗病性

布拖县晚疫病发生、防治及建议

徐　驰[1]，廖　倩[1]，朱嘉心[1]，杨　勇[1]，严奉君[1]，

余丽萍[1]，廖　为[2]，赵汝斌[2]，王西瑶[1*]

（1. 四川农业大学农学院，四川　成都　611130；

2. 四川省凉山州布拖县农业农村局，四川　布拖　615350）

马铃薯产业是四川省凉山彝族自治州布拖县在取得脱贫攻坚决胜工作中发挥重要作用的支柱产业，也是进一步衔接乡村振兴战略的重要产业之一。2018 年全县马铃薯种植面积 13 980 hm²，鲜薯总产达到 34.57 万 t，平均产量 1 650 kg/667 m²，而造成布拖县马铃薯产量低的重要原因之一是在马铃薯生长盛期严重爆发的晚疫病。2019 年 7 月上旬，通过对乐安乡伟子坡村、补洛乡沙合洛村和吉为谷村实原种繁育基地 106.67 hm² 调查，品种为"青薯 9 号""米拉""凉薯 14"，田间已出现早、晚疫病，周边田块种植的地方品种因晚疫病危害，植株未正常成熟已枯死。各种植区晚疫病发生严重，病级指数呈海拔差异，平坝区补尔乡、特木里镇晚疫病发生时间早、危害面广，至 7 月下旬，马铃薯茎叶均感病；高海拔区美撒乡莫此村发生较晚，也全范围感病，13.33 多 hm² 布拖县"乌洋芋"感病尤其严重；至 8 月上旬，布拖县全县马铃薯植株均出现未正常成熟就死亡现象，产量损失达到 30% 以上，按全县 1.4 万 hm² 马铃薯，常年平均产量 1 600 kg/667 m²，价格 1.42 元/kg 计算，2019 年损失将在 1.41 亿元以上。

晚疫病是马铃薯生产中危害严重的真菌病害，病菌菌源主要侵染叶、茎、薯块，在病薯内越冬；叶片受害后，先在叶尖或叶缘出现暗绿色水渍状病斑，其后逐渐扩大，呈黑褐色焦斑，潮湿时病斑边缘产生一圈白霉，在叶背面特别明显；发病严重时，成片的植株变得焦黑，散发特殊的腐败臭味。布拖县现生产上大面积推广的品种有"青薯 9 号""凉薯 14""米拉""乌洋芋"，随着马铃薯晚疫病生理小种的变化，其抗性逐年丧失。田间马铃薯植株在进入 6 月下旬后，因布拖县马铃薯种植规模较大，轮作空间小，布拖县低温阴雨天气增多，低温高湿的气候条件，在一定程度上为病害流行提供了有利条件，导致马铃薯晚疫病出现大爆发；同时马铃薯主产区主要在交通不便的贫困乡镇，缺乏基本防治药械，没有防治晚疫病的习惯，造成晚疫病常年中等发生，且 3~4 年一次大发生，在贮藏期间造成的烂薯也十分普遍，带来的损失也十分巨大。

布拖县马铃薯生产上要实现有效控制晚疫病危害极为困难，主要面临以下问题：其一，对晚疫病在马铃薯主产区的发生规律和影响病害流行成灾的关键因子不清楚，难于制

作者简介：徐驰（1996—），女，硕士研究生，从事马铃薯种薯活力调控及幼苗抗性研究。

基金项目：国家现代农业产业技术体系四川薯类创新团队项目（川农函[2019]472 号）。

＊通信作者：王西瑶，博士，教授，主要从事薯类贮藏、繁育与营养研究，e-mail：wxyrtl@126.com。

定出有效的防治对策和技术措施；其二，四川省马铃薯晚疫病菌以自育型菌株为主，广泛分布于各马铃薯产区，A2 交配型主要集中在昭觉、布拖等地，以复合型生理小种为主，超级生理小种发生频率均有上升趋势，对目前主栽品种均具有致病力；其三，布拖县唯一一套马铃薯晚疫病预测预报设备不能联网，难于及时指导科学防治；其四，广大农户没有防治马铃薯病虫害的意识。

通过科技扶贫万里行活动马铃薯产业技术服务团全体专家、布拖县科技特派员、马铃薯产业专家、中国农村专业技术协会四川布拖马铃薯科技小院团队调研走访，科技小院研究生长期入驻调查布拖县马铃薯病害发生情况后，向县委、县政府提出了"关于建立布拖县马铃薯晚疫病统防统治无人机体系的建议"。2020 年布拖马铃薯科技小院协助布拖县农业农村局采取以推广抗病品种和脱毒种薯为基础，应急防控为重点，栽培管理和药剂防控为补充的全程综合防控策略；采用无人机统防统治的马铃薯晚疫病防治措施对布拖县马铃薯晚疫病的发生进行了飞防工作。按县委、县政府要求并结合布拖县的实际情况，选择了 18 个村作为马铃薯晚疫病无人机飞防示范点，防治面积为 666.67 hm^2，共防治 2 次。2020 年收获时通过实际测产增幅以及"青薯 9 号"销售价 1.50 元/kg 计，总增值达到了 143.37 万元。此为布拖县第一年进行马铃薯晚疫病的统防统治，但在实施过程中仍存在一定问题且还具有较大的提升空间。于是布拖马铃薯科技小院针对无人机统防统治过程中出现的人畜安全；设施局限性、防治效果分区化；农户不理解、不重视、不支持等问题，整理形成了进一步巩固无人机统防统治机制；保障人畜安全问题、提升防治效率；改善设施局限性、规划种植地块区域；建立健全马铃薯病害提前预警、全面防治的高效防控体系；增强科普宣传与培训等改进建议，旨在布拖县形成马铃薯晚疫病防治体系，保障全县马铃薯安全生产。

关键词：马铃薯；晚疫病；防治；建议；布拖县